西方人文经典

人类的征服
人类发现和探索世界陆地和海洋的故事

［德］保罗·赫尔曼 著

傅志强 译

知识产权出版社
全国百佳图书出版单位

图书在版编目（CIP）数据

人类的征服：人类发现和探索世界陆地和海洋的故事 /（德）赫尔曼（Herrmann, P.）著；傅志强译. —北京：知识产权出版社，2015.8
（西方人文经典译丛）
书名原文：Conquest by Man：The Marvelous Story of the Men Who Discovered and Explored the Lands and Seas of Our World
ISBN 978-7-5130-3365-7

Ⅰ. ①人… Ⅱ. ①赫… ②傅… Ⅲ. ①世界史—通俗读物 Ⅳ. ①K109

中国版本图书馆CIP数据核字（2015）第041062号

内容提要

本书生动地描述了人类发现和探索世界陆地和海洋的故事，既有浓厚的可读性，又不失事实的准确性，那些具有学术追求的读者定能对其产生强烈的兴趣。本书分11章，从石器时代欧洲的青铜产品、琥珀运输、埃及法老到津巴布韦开采黄金、环绕非洲航海、亚历山大远征、北欧海盗发现格陵兰和北美洲、葡萄牙人航海通往印度、中国汉代开辟丝绸之路、阿拉伯人到广州、泉州，唐太宗与基督教的往来，罗马帝国时期天主教与在北京的忽必烈之间的使节往来，等等，书中都有生动的描绘，且史料翔实。

责任编辑：高 超	责任校对：董志英
装帧设计：品 序	责任出版：刘译文

西方人文经典译丛
人类的征服：人类发现和探索世界陆地和海洋的故事
Renlei de Zhengfu：Renlei Faxian he Tansuo Shijie Ludi he Haiyang de Gushi

［德］保罗·赫尔曼 著　傅志强 译

出版发行：知识产权出版社有限责任公司	网　址：http://www.ipph.cn
社　址：北京市海淀区马甸南村1号（邮编：100088）	天猫旗舰店：https://zscqcbs.tmall.com
责编电话：010-82000860转8383	责编邮箱：morninghere@126.com
发行电话：010-82000860转8101/8102	发行传真：010-82000893/82005070/82000270
印　刷：北京科信印刷有限公司	经　销：各大网上书店、新华书店及相关专业书店
开　本：880mm×1230mm 1/32	印　张：18.75
版　次：2015年8月第1版	印　次：2015年8月第1次印刷
字　数：450千字	定　价：58.00元

ISBN 978-7-5130-3365-7

出版权专有　侵权必究
如有印装质量问题，本社负责调换。

前　言

本书在欧洲大陆获得的成功似乎表明了：本书的题材虽然对这一特殊领域的研究者而言是老生常谈，但是，它毕竟对那些具有学术追求的读者产生了强烈的兴趣。确实，存在着这种情形：有些专家并不像想像的那样对本书涉及的事物很熟悉，这并不是由于作者的博学，而仅仅是表明了无人地带是何等宽阔，今天阻碍科学和学术各个分支之间的壕沟与藩篱有多么高深。在各种情况的压力下，我们都走上了变成专家的道路。虽然专家在各自的领域也许能够取得一些成就，但在他们生活的时代，他们在知识总量占有的份额与他们的父辈和祖辈相比就相距甚远了。

这是一个最令人遗憾的事实，而我这本书的目的之一就是尽自己的绵薄之力扩展我们的经验领域以抑制这一趋势。因此，我无意于将本书写成一部有创造性的研究著作，本书的目标读者不是专家学者或科学家，而是大街上那些劳苦的大众，他们为生活而奔波，为自己的专业与技能而努力拼搏，却没有时间来扩充自己的常识。因为这一原因，我尝试着把这本书写得更有可读性，而不像涉及古代这种可怕题材（至少在欧洲是如此）的著作通常表现的那样，但又不减少任何事实的准确性。迈克尔·布洛克先生承担翻译本书的艰苦工作，他的工作尽善尽美，对他把握本书精神实质的方法，我必须表示感谢与赞美。

本书的另一个目的就是去削弱一种广为传播的信念：我们在文明的

技术层面所取得的进步，在任何真实的意义上讲，都要比我们的祖辈所取得的成就更伟大。原子能的发现与古代钻木取火或车辆的发明相比是同样重要的。这两项发明对早期的人类而言都是极为重要的。但是，它们是否对古人最深层的本质产生了任何变化，或使古代的人们生活得更好或更幸福，则仍然是个巨大的问题。

作者对技术进步的教条主义者的怀疑并不比对有些学派的否定更严重，这些学派认为我们世界的末日即将到来，并且从这一信念出发得出了存在主义的或者其他的结论。与今天相似的精神状态肯定也会出现在从石器时代向青铜时代转变的时期，出现在大约500年前从中世纪向现代转变的时期，那时的人们也会思考与今天非常相似的事物，他们也会像今天一样谈论、写作和思考。

当然，人类也完全可能像蜥蜴与猛犸一样毁灭了自己或从地球上彻底消失，但是，把自己看成一种悲剧人物，而且从这里得出一种新的智力方式是没有道理的。因此，纵贯本书，不停地召唤的乃是常识，乃是命运赋予每个活的生命，即使是最脆弱、最短暂易逝的生命的充满活力的乐观主义。

在太阳下面没有新的东西。但是，每次日出都是同样伟大和荣耀的奇迹，就像在天地诞生的太初时刻。

保罗·赫尔曼

目 录

前 言 ·· i

第一章　早期的旅行 ·· 1

　　神奇的画家／石器时代的印象／阿尔塔米拉的秘密（西班牙桑坦德尔附近的岩洞）／被施了魔法的唐·马奇里诺／菲尔绍说不行／石器时代的写生本／14 000年前的采矿／燧石与宿命论学说／石器时代的工具制造业／图林根的"世界声望"／石器时代的"垄断资本主义"／主干道的禁忌／早期的运输与旅行／盐，山脉的白金／哈尔施塔特（奥地利一村庄，欧洲早期铁器时代文化，公元前700~公元前450年）的新财富／琥珀，太阳的汗水／石器时代的象牙航程／商人的诞生

第二章　贵金属 ·· 29

　　贝采利乌斯与催化作用／皇冠上的金属／"时间已经成熟"／邪恶的他施（Tarshish）／大西洋、美洲与月亮／克里特的批发商／希腊人吃鱼吗？／货币的发明／律师莱斯亚斯与巨额资本／牛头，青铜时代的美元／产自锡利群岛（Cassiterides）的锡／金属的发现／提尔的染色业／以赛亚的预言与塔提色斯的陷落／竞争者眼中的砂粒／高卢的黄金走私／分支、商旅、样品箱／菲尔绍再次说不／欧洲内部的公路／亚得里亚海和北海因扰的陆路运输／但泽的奥德赛／特鲁索，史前期埃尔宾，黑海—波罗的海之路／斯堪的纳维亚的金属工业

第三章 朋特，神的大地，神圣群岛 63

公主的化妆盒／舵手尼姆霍提普的墓志铭／"年轻海洋一代的领袖"希克索斯（Hyksos）／哈特舍普苏特掌权／森姆特总理与他的外交政策／乳香／朋特，上帝的大地在哪里？／哈特舍普苏特说香料就是黄金／朋特公主的丰臀／东非的印度商品／埃及人的航海船队／论拜布鲁斯（Byblus）的逃跑／所罗门知道俄斐在哪里／津巴布韦的神秘／公元前600年环非洲航海／托勒密不相信太阳在北方／法老的苏伊士运河／泰尔红紫与加那利群岛／汉诺海军上将与喀麦隆／大猩猩会投石头吗？／亚速尔群岛的迦太基人

第四章 希腊传奇及其背后的故事 107

马拉战车的陷落／施里曼（考古学家）与鸵鸟蛋／美狄亚公主，悲剧的模特／赫拉克勒斯偷盗苹果／巨石阵与唱歌的天鹅／特洛伊王普里阿摩斯隔断达达尼尔海峡／只有野蛮人穿长裤子／塞西亚人（Scythian）的痛饮者／希腊资本30%的利润／有人到过奥杰吉厄岛（荷马史诗《奥德赛》中女海神居住的海岛）吗？／希罗多德赚了5 000英镑／通往蒙古乌尔加的大干道／来自马赛的派斯亚斯教授／图勒岛（古人相信存在于世界北端的国家、极北之地、世界尽头）在哪里？／毕提亚斯（Pytheas）解开琥珀之谜／厄立特里亚古海（Erythrean）的难题／鳄鱼怎样来到印度河？／亚历山大大帝在激流上航行／发现海洋／挖掘黄金的蚂蚁／捕捉大象的简要指令

第五章 从罗马到远东和美洲 161

怕水的罗马人／迦太基人知道贸易季风的秘密吗？／里昂的赛普图曼努斯旅馆／东普鲁士的罗马琥珀专家／法国花瓶与来自尼罗河湿地的侏儒和仙鹤／不用罗盘穿越印度洋／导航员与灯塔／古代航海手册／一小时有多长？／古代2 000吨的货船／罗马关于在印度港口抛锚的指令／僧加罗人在罗马感到惊奇／中国人有蓝眼睛吗？／罗马商人在北京／西陵氏皇后与家蚕（Bombyx mori worm）／马可·奥勒留夫人无钱购买丝绸衣服／考斯岛上邪恶的女人／通往中国的道路／谁航海到了新加坡？／靠折叠船穿越大西洋／古代世界对美洲有什么了解？／在欧洲登陆的红色印第安人

第六章　美洲：惠特拉马纳大地与白种人的土地 217

特米斯蒂安的死亡预感／科尔特斯和唐纳·玛丽娜夫人／玛雅人关于战神沃坦的传说／谁是奎兹尔考特？／惠特拉马纳大地／圣·布兰丹和马多克王穿越大西洋／美洲的"白色印第安人"／金发碧眼的曼丹人／印第安人懂得使用车轮吗？／使用欧洲人名字的红皮肤北美印第安人／皮德罗·德·坎迪亚在图姆布兹生气／谁是威拉括查？／金发碧眼的印加人／白色波奇卡神的传说／复活节岛之谜／金发碧眼的波利尼西亚人／谁把马铃薯带到夏威夷／图尔·海尔达尔乘木筏横渡太平洋、秘鲁和波利尼西亚／舷外浮材独木舟与波萨轻木筏子／南美洲腓尼基人的铭文／印第安人说希腊语吗？

第七章　肯辛顿如尼文石板和格陵兰北欧海盗之谜 285

欧罗夫·奥赫曼的发现／一份奇怪的宣誓书／乔治·欧·库尔姆教授说："一个拙劣的骗局"／谁是赫加尔马·R. 贺尔德？／大约在1362年，明尼苏达出现过北欧海盗吗？／造假者也能施展魔法？／The hälristningar and kökkenmöddingar／石器时代北欧的海上交通／龙船与克诺尔／北欧海盗的罗盘／冰岛有罗马人？／冰岛航线上北欧海盗的航海指南／"没有房屋者"的传说与金发王哈拉尔德／死胡同格陵兰／为什么汉斯·埃格德成为因纽特人的使徒／艾斯垂拜哥德在哪里？／丹麦考古学家在格陵兰北欧海盗的墓地／格陵兰中世纪时尚／红头艾里克／甘伯卓恩低小岛／"绿色大地"／格陵兰古挪威人的菜单／北欧气候的变化？／格陵兰的出口／中世纪挪威的巨额资本和商品运输／格陵兰航线的汉萨同盟／梵蒂冈和格陵兰大主教／北欧海盗西部营地神秘的衰落／斯克林斯人／白色"因纽特人"／全体人的大饥荒

第八章　文　兰 349

横渡大西洋的第一人：布加尼·赫尔鸠夫森（Bjarni Herjulfsson）／里夫·埃里克森（Leif Ericson）航海到文兰／野葡萄、野生玉米和大马哈鱼／文兰在马萨诸塞州吗？／E. F. 格雷教授与"雷夫布迪尔"／北欧海盗与科尔特转膛手枪／多德先生与比尔德莫坟墓／Leitadi是什么意思？／主教是逃兵？／

梵蒂冈知道文兰／苏必利尔湖上的自然铜矿区／还是曼丹印第安人／马格努斯是印第安名字？／北欧海盗与皮宁和波索斯特北美洲探险／格陵兰的勃艮第小帽／约翰・卡波特发现马克兰德／巴西的童话岛／哥伦布到过冰岛吗？／哥伦布与文兰的传统

第九章　从乔顿海马和斯瓦尔巴德到巴格达和广东 ……………… 391

总管苏雷曼说："到刺桐的票已经售完。"／中国平底帆船：有套间、浴室和厕所／法律学生伊本・巴图塔成为全球的漫游者／伊本看到了印度的绳索戏法／一个妾值多少钱？／伊本・巴图塔的女人、椰子与印度大麻／论缎子、"芳香的坚果"与丝绸／中国纸币／Konnungsskuggsja是什么？／它的作者是谁？／但丁怎么知道南十字座？／伊德里斯的世界地图与罗杰的论文／埃及的北极熊皮／阿拉伯人对挪威滑雪的描述／伊卜拉辛・伊本雅格在美因茨感到吃惊／斯堪的纳维亚人使用阿拉伯货币吗？／一本摩尔人从马格德堡到布拉格的"旅行指南"／基辅的内斯特是否讲了真话？／米克拉加德和巴格达的瓦朗吉亚北欧海盗／奥斯里尔船长在阿尔汉格尔／远到乌拉尔与西伯利亚／阿拉伯的巴尔・瓦伦克／合恩的如尼文的石头／童贞女喝水能怀孕吗？／巨人是小精灵之地吗？／斯瓦尔巴特是"寒冷海岸"的意思

第十章　十字军东征，祭司王约翰与大汗 ……………… 439

西安府的铭文刻石（即大秦景教流行中国碑）／特里高特老爹不是造假者／马利亚是圣母吗？／丝绸之路的历史／拉克坦提乌斯教授论地理学中的不道德／早期游记中的偏见／谁是东方三大博士？／圣多马的基督教／拿破仑为什么没有修建苏伊士运河？／查士丁尼大帝使用经济间谍，波斯人却抢在了前面／中世纪前往圣地的贝德克尔旅行指南／谁是祭司王约翰（Prester John）？／祭司王约翰的公开信是伪造的还是幻想？／塞迪库斯（sidicus）的故事／大汗派来的使馆／教皇使者在哈喇和林／特兰斯尔瓦尼亚（罗马尼亚北部地区）专家在阿尔泰山／"Visum fuit mihi, quod evasissem de manibus daemonum"（我感觉好像逃出魔鬼的手掌）／两个和尚逃走／中国皇帝说："如果你会魔法，我就归依基督教"／马可波罗在"世界屋脊"受冻／中国纸

币／赤盘国的魔岛／约翰·孟高维诺成为中国大主教／来自胡椒故乡的报告／汉斯·施尔特贝尔格在异教徒中／方济各修士在阿斯特拉罕

第十一章　葡萄牙与非洲 ………………………………… 513

第一份德国菜单与古老的德文食谱／每天都吃咸肉／针对西方的冷战／天堂在阿比西尼亚吗？／欧洲与东方的贸易赤字／关契斯人是什么人？／他们从哪里来？／来自索法拉（Sofala）的黄金／马来人发现马达加斯加／航海家亨利王子与非洲／简·梅尔莫兹飞过诺尔港／黑奴，轰动欧洲的新闻／塞内加尔是尼罗河的三角洲吗？／葡萄牙与祭司王约翰／迭戈·康（Diego Cão）标出一切东西／马丁·贝海姆与星盘／通往非洲的新航向／本笃·戴在廷巴克图（马里城市）／欧洲通货膨胀，百夫长银行与金本位／安东尼奥·马尔凡特在撒哈拉／葡萄牙打了两张好牌／卡博·托曼托索与佩德罗·考威豪的探险／从萨兹的庄稼汉到新时代

索　引 ……………………………………………………………… 553

参考书目 …………………………………………………………… 581

第一章

早期的旅行

　　神奇的画家／石器时代的印象／阿尔塔米拉的秘密（西班牙桑坦德尔附近的岩洞）／被施了魔法的唐·马奇里诺／菲尔绍说不行／石器时代的写生本／14 000年前的采矿／燧石与宿命论学说／石器时代的工具制造业／图林根的"世界声望"／石器时代的"垄断资本主义"／主干道的禁忌／早期的运输与旅行／盐，山脉的白金／哈尔施塔特（奥地利一村庄，欧洲早期铁器时代文化，公元前700～公元前450年）的新财富／琥珀，太阳的汗水／石器时代的象牙航程／商人的诞生

一

　　个匍匐而行的人用一些大石块把石洞的洞口堵住，并且用桦树和杉树枝把洞伪装起来，他又小心翼翼地在那里堆积了一捧一捧的石子。现在再也看不到它了，即使是一群原始人当中目光锐利的猎人也无法从下面的河谷发现这个石洞。

　　如果被人发现，那将是一场灾难。因为那时他们将会打破咒语并把它占为己有，而这个咒语是他为自己群落的利益施加的。这个咒语对他

的群落非常必要，他们要最终能找到猎物，他们需要食物和皮毛，还需要点灯用的油脂。这个群落已经挨饿了。

这个人对自己的工作很满意，他蹲了下来。现在他完事了。几天以来，他都离群索居待在这个洞穴里，在岩壁上画他们明天正打算捕猎的野牛。他带来了最好的赭石和新鲜的动物油脂，然后用一根很细的通气的骨头仔细地把颜料粉末吹到涂有油脂的石壁上。黑色的锰土勾勒出轮廓和阴影，使图画有了纵深，使它栩栩如生。赭石是在石臼里研成细粉的，再加上白垩使它变轻，然后再掺上二氧化铁使它变红或变暗，最后再把它们涂到平面里去。现在这头野牛站在那里，就像一头活的野牛，在闪烁的火炬照耀下，它的双眼放射光芒，在光亮的牛皮下面，肌肉绷得紧紧的，牛尾巴则用力地抽来抽去。它完全像他们将会在绿草茵茵的山坡上看到的正在吃草的那些庞大的野牛。

作为一位艺术家，作为一个有许多青年学生的著名绘画学校的校长和教师，我们的朋友确实超越了这类的现实主义作品。《古老的一群》就是用这种方法绘画的，即使是在没有狩猎魔法或不用施加咒语的时间和地方也能绘画出来。在各处的岩洞都可以看到，在卡斯蒂里亚和拉帕斯加，在品都斯山和考尔瓦兰纳斯都有。它肇始于早期的、天真的、简朴的时代，那时冰川

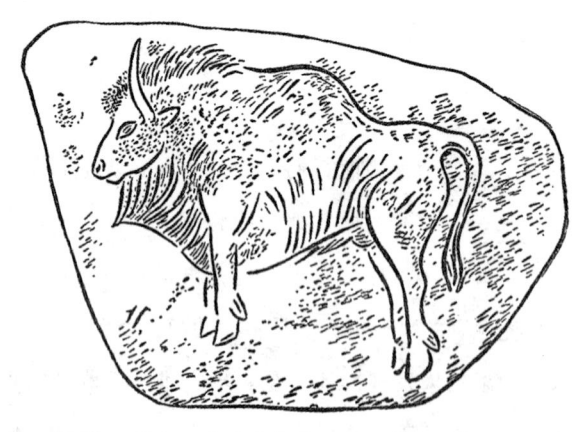

插图1　野牛。法国多尔多涅省一个岩洞中石器时代的岩刻画。

从山上缓缓滑下来，那时天空不停地下着雨，如果太阳偶尔洒下阳光，人们就会感到幸福，那时人们就用这种平白的、直率的风格绘画。

现在他们懂得了更多的东西，由于蒸发，薄雾出现很久了，冰雪只是待在高高的山脊上，一年之中，有许多天会是阳光灿烂，现在人们看到了，现在他们第一次能够看到大自然是由迅速变换的一系列形象组成的。这就是需要描绘的东西。比如：快速奔跑的驯鹿群。他清楚地看到了前面的两头鹿，所以也必须清楚地把它们画下来，连它们的鹿角，小腿很长的腿和躯体。

鹿群中最后一头也很清楚，因此也必须清清楚楚地描绘下来。但是，在开头与结尾之间的每头驯鹿却都不过是用线条、阴影和皴擦组成的一条波浪线，它们都朝着同一个方向奔跑。那时除了粗略的轮廓没有其他方法完成这幅作品。

这就是艺术家所描绘的，这就是他所必须绘画的。在过去的一周里，他在这神圣的洞穴里所完成的一切在艺术上都是站不住脚的，他确实想知道：下一次他是否要派自己的助手来，而自己不来了。

插图2　飞奔的驯鹿群。第一头和最后一头驯鹿描绘得很清晰。中间的那些驯鹿则用一系列简单的线条勾勒出来，显示奔跑的动作，这对现代印象主义者是一种技术性的启发。这幅画是画在骨头上的，出自法国多尔多涅（Dordogne）的台耶特（Teyjat）的一个洞穴。

他的父亲始终相信追猎的成功与箭镞飞行的准确性都有赖于这幅画

的逼真程度，相信从洞穴中的形象发出的迷惑力会作用到远在大山后面某个地方的活生生的动物身上。现在没有人会相信这个了，只有那些可爱的风格古旧的傻瓜猎人们才会相信。人们不希望剥夺他们的幻觉。毕竟，在这个昌明的世纪里，又有什么东西会取代它呢？此外，按照他祖先的风格，按照从无法追忆的年代传承下来的习俗，去画一头野牛对任何人都不会有伤害。这就是这洞穴的神圣用途所要求的。只要年轻的猎手能命中目标！

随着这位不知名的人从我们的视野永远地消失了，三万年的时间犹如一天就成为过去，就像一捧谷壳随风而去。那是1868年。在距西班牙桑坦德省不远的桑提兰纳·德·玛尔城堡正在进行猎狐。其中有一只猎犬突然从地面上消失了，距猎人一步之外的地上有个裂缝。在西班牙，十一月的天气很热，而从裂缝中吹出来的空气却像冰一样寒冷。有一个入口通往那些完全一样的神圣洞穴，冰川时代晚期的魔幻画家仔细地封闭了它们。

很快，猎人们带着灯笼和火把进入了这些洞穴。他们首先发现了工具，就像在法国的冰川时代的洞穴里已经发现的那些工具，比如锥子、钻子、鱼叉、刮刀、粗锉刀、缝针，总之，适合冰川时代一个设备完好的家庭所有的工具都应有尽有。再深入洞穴就没有发现这类东西了。那里从来没有人居住过，那里是个神奇的地方，是块神圣的地面。那里有许多绘画。

绘画，洞穴四壁和穹顶上有数以百计的绘画，历经了千万年的岁月，它们依然新鲜灿烂如初。这些绘画的颜色还粘在触摸它们的指尖上，这些绘画从一问世开始直到公元1868年年末的这一天，还没有被人看到过。那是一头神奇、精美的红色雌鹿，那是一头野牛，我们的魔幻画家在它身上施加了咒语，野牛站起来，鼻孔喷着粗气，在扑咬，后来它的内脏受伤了，跪倒在地。这些画栩栩如生，充满了原始的力量，它们是如此逼真，以至人们依然能感受到这种咒语的全部魔力。

马塞李诺·德·索图拉侯爵是一位养尊处优、文雅的古旧的西班牙贵族，他是阿尔塔米拉地区的狩猎场和村庄的主人。那些藏有所有这些宝物的洞穴就坐落在那里。冰川时代那些神奇的绘画的魅力也将猎物击倒在那

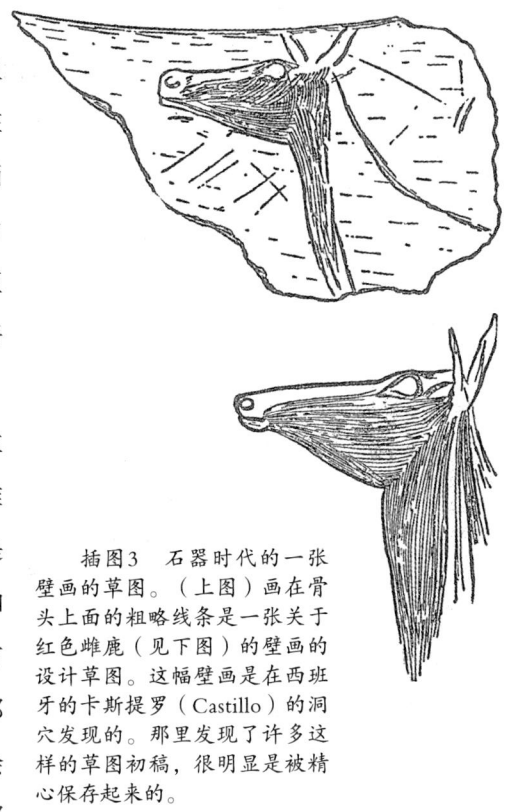

插图3 石器时代的一张壁画的草图。（上图）画在骨头上面的粗略线条是一张关于红色雌鹿（见下图）的壁画的设计草稿。这幅壁画是在西班牙的卡斯提罗（Castillo）的洞穴发现的。那里发现了许多这样的草图初稿，很明显是被精心保存起来的。

里。他一生余下的时光都奉献给了它们。多年以来，他除了藐视、嘲讽和无情的轻蔑以外一无所获。但他对此毫无顾忌。1880年，里斯本的史前史学家学会全体一致谴责他。来自德国的老菲尔绍，是细胞病理学的创始人，他作为一名医生、考古学家、物理学家、人类学家和自由主义政治家也享有同样的声誉，他是继歌德之后世界所产生的最后一位真正的博学多才的文化精英；温塞特是挪威史前史学的代表人物；来自瑞典的伟大的蒙特留斯以及来自英国、意大利、葡萄牙和其他地方的最杰出的人物全都表示反对。他们都持一种观点：这是一个骗局，伪造和捏造

的谎言。他们都完全同意用不着费力到阿尔塔米拉去访问。当然，到此时为止，他们只知道1856年在杜塞尔多夫附近的尼安德特出土的原始人类骨架的碎片，这是由埃伯尔菲尔德语法学校的教师富勒罗特发现的。沉重的头盖骨上面有凸起的眉弓，使人想到了大猩猩，还有那些粗大笨重的大腿骨，采石场的工人根本不认为它们是人类的骨骼，毫不在意地把它们扔到旁边。认为这样的野兽画出了阿尔塔米拉辉煌的绘画，这是不可能的。

插图4 那时的人们还在撒哈拉游泳。这些有数千年历史的岩画是在距离最后一泓细水125英里的地方发现的。这些画似乎表明古代撒哈拉游泳的人已经会自由式的游泳。

今天我们了解得更多了。我们知道在冰川时代结束之前，一个新的种族从外面移居到了欧洲，可能是从东方移居的，这就是高大的、细长的奥维尼亚克人（Aurignac），他们有漂亮的穹形头盖骨，脸部狭窄、线条明显，是与我们非常接近的人种，被认为是现代人的最早代表，甚至里斯本学会的史前史学家都对他的能力更为信任。但是，奥维尼亚克人的第一具骨架是在1909年发掘的。后来终于得到确认：马塞李诺侯爵是正确的，他洞穴中的绘画是真实的：这是冰川时代的绘画，是一位与欧洲野牛同时代的人的作品。与此同时，我们还发现了阿尔塔米拉绘画中的一幅作品的"草稿图"：一幅关于非常生动的红色雌鹿的作品，这是一块石板，上面刻着壁画的粗略草图或草稿。这幅野牛草图是在很久以前发现的另一个洞穴中做装饰的。我们很早就知道这些壁画是怎样开始绘制和展现的。第一步是用指甲在洞穴内松软的墙壁上勾出轮廓，就像洞熊用爪子在墙壁上抓出的痕迹；然后是人用手掌印上色彩的压痕，然后再勾出动物的简单轮廓，再用力地刻到墙壁上，首先试探性地在这里和那里涂些颜色，然后在整体上涂色，同时还有围绕绘画中的光线与阴影、景深与透视等问题进行持久地思考。这幅绘画中，后来出现了印象主义的新纪元，它集中于绘画中的运动、集中于飞逝的视觉瞬间；随之而来的是表现主义的时代，在那里所描绘的物体被简化了，被分解了，分解为三角形、立方形、圆形的片断、菱形和长方形，这与我们今天的艺术很相似。在长期发展中，早期图画记载法（picture-writing）的程式化与象征主义达到了顶点，而这一阶段乃是关键的一环。

也许所有这些冰川时代的绘画都与巫术连接在一起，并具有魔幻的意味。在它们表现为直白的现实主义的地方，当大多数观者能够立即和完全理解它们的时候，毫无疑问，它们就是从这个角度被理解的。但是，在应用了印象主义的简化手法的地方，在捕捉了转瞬即逝的时刻的地方，比如，在台耶特发现的那根漂亮的骨棒上面（插图2），那群驯鹿就是由两头精心描绘的驯鹿组成的，鹿群的其余部分则由一组模糊的线条波浪来显示，这是闪电运动的象征，这是与时间同步的形象，在这个时刻一种艺术也许就诞生了，它们再也不依赖于魔幻的宗教，再也不是功利主义的了。因为这种象征主义的再现再也不是可以被普遍理解的了，因此，就

插图5 这不是毕加索而是一位不知名的石器时代艺术家的作品，它画在西班牙靠近阿博卡塞尔（Abocacer）的瓦尔托塔大峡谷的石壁上。正如当地的艺术一样，弯曲的弓与飞驶的箭都被转变为射手的身体。

图版1 保卫神牛的战斗。"一根羽毛部落"与"三根羽毛部落"争战,保卫自己神圣的财产。箭镞飞鸣,弓弦嘭嘭作响,鲜血奔流。这幅壁画来自非洲北部的沙漠,创作于数千年前,但其风格却是绝对的现代派。

第一章　早期的旅行　　9

图版2　作为魔幻咒语的艺术。这位石器时代的艺术家把自己的手掌轮廓拓下来，在其中的白色部位画了几个人形。他是打算把他们置于自己的保护之下，还是打算对他们施加魔法？这是在非洲北部发现的岩画。

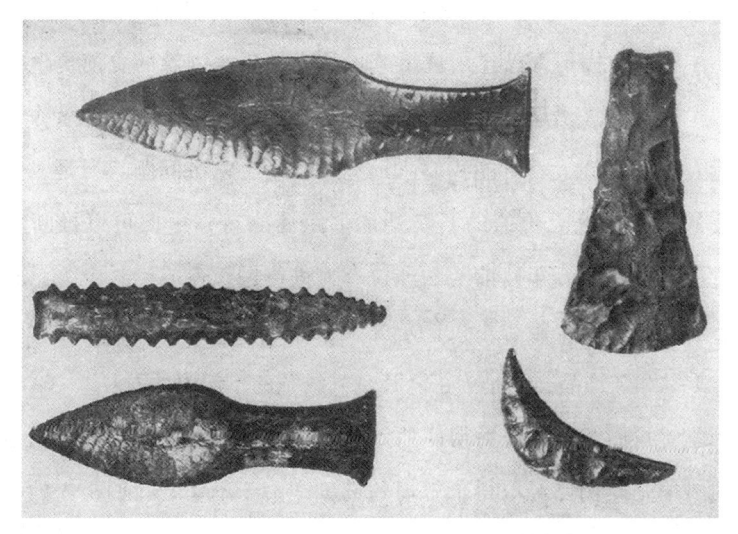

图版3　德国北部发现的公元前2000年制作的燧石工具。这些新石器时代的武器和工具（斧、镰刀、锯、两把匕首）制作得如此精良，这表明它们是由专家在一个制造中心制作的。

不大可能仍然具有魔幻意义了。通过描绘和彩绘进行再现，已经变成一种私人事务，是一种具有本我意识的个人的事情，是对运动、对时尚、对流派的关注。而这也许就打开了最终通向图画记载法的道路。

9　　　1903年，史前史学家在法国的多尔多涅的丰德高姆城堡（Font-de-Gaume）发现一幅巨大的老野牛壁画，这是一头庞大的野兽，绘画表现出强烈的个性。1926年夏季，23年过后，在距此188英里（约300公里）的安省（Ain）的几处史前居所内发现了一块石板，上面刻有在丰德高姆城堡发现的壁画的草图。这是令人惊愕的事实，确实，它几乎比发现这幅冰川时代的绘画本身更令人惊奇。因为我们必须得出结论：虽然这仅仅是幅草图，它只勾勒了一些轮廓，还没有着色，考虑到它没有任何严肃的现实主义意图，它可能不具备魔幻的意味，但是，它却具有如此之高的价值，以至被某位石器时代艺术的爱好者收藏在自己的家中，被保存得如此精心，它经历了一万年，甚至是两万年的岁月。

在那些年代是否已经出现了艺术品交易？美因茨的史前史学家赫伯特·库恩曾经提出这个问题。我们一直在关注他最近出版的著作《冰川时代人类的足迹》。可能我们永远也回答不了这个问题。但是，这块在物质的意义上毫无价值的石块却能远距离旅行，由此可以推断一个事实，那就是在上万年以前的欧洲曾有人进行过长途旅行。令人感到吃惊和感动的是，这次旅行不仅仅是为了那些具有直接价值的物品，比如武器、工具和装饰品，而是为了一片刻满线条的不起眼的石片。

即使我们诚恳地努力彻底地做到不抱偏见，努力摆脱对我们祖先虔诚的迷信，我们已经取得了辉煌的进步，由于不幸，我们祖先的早期岁月掩藏在不完美的浓雾之中，对我们来说依然很难相信我们这些遥远的祖先对艺术具有如此之高的热情，甚至更难相信他们竟然能够进行这么长距离的旅行。如果史前史研究表明即使在远古时期偶然的远距离旅行是无法排除的，然而，如果把这些特殊物品无可争辩的长途漫游解释为从一个地方到另一个地方，从这个人到另一个人的局部性交换，则会感到更稳妥些。

这个观点是否正确有待验证。在我们可以回溯的十多个世纪里，占有和捍卫自己的财物都会带来最强烈的刺激。更为自然的推论乃是早期的时代也完全遵守同样的法则，这样长途的旅程就是为了获取利益。而且由于那时的大地要比现在人烟更为稀少，所以旅行者很有可能要跨越非常遥远的距离才能看到另外的人。然而，这一事实减少了受到敌对攻击的危险。于是似乎很有可能的就是：我们所谈的旅行不仅是从一个地方到另一个地方，从一个栖息地到另一个栖息地，从一个渡口到另一个渡口的穿梭往来，而且是长途的旅行。

二

毫无疑问，这一切都是以工具为开端的。尽管在一开始，粗的木棒就已经可以胜任，但是，由于有切削、锯断、劈开、刮和刺的愿望，这就需要去寻找一个适当的基本物质。这样的物质就是石头，用石头可以很容易地制成箭镞、长矛矛头、刀、匕首和钻，就像制作装饰品和家庭用具一样。此外，石头还包含着神圣的火花，在长达几千年的时间里，这足以使它成为人类钟爱的原料。

这个时期被称为石器时代，当然，它没有确切的开始和结束的时间。即使在今天，对众多人类和广大的地区而言，世界时钟的指针仍然停在日出前的黎明时刻。澳大利亚的土著人，南非的布希曼人，南美的印第安人都被人不断地报道说仍然生活在石器时代。离开了石头，甚至我们自己的存在也无法想像，如果我们仔细想一想，我们赋予作为基本原材料的钢铁的巨大价值，我们对石头在世界上所发挥的作用的过低评价，都仅仅是一些迹象：这种用来制作基本工具和用具等的新型基本物质被人们认识也仅仅有几千年的历史，换言之，只是一个非常短暂的时期。

另一方面，由于认识到石头的重要性，我们感到惊奇的是：偶然闯入广袤的森林或沙漠中的早期人类是如何得到工具的？一般而言，这些地方对20世纪的城市居民来说是非常险恶的，但对于生命而言，它们与汪洋大海中孤寂的珊瑚岛同样不是充满敌意的。人类在任何地方都可以顽强地生活下去。然而，在文明与文化的起点，没有石头的地区是办不到的。如果没有石头、没有偷到石头或通过贸易获取石头的可能，那么，伟大的时钟在长时间内就要静止不动了。

然而，被原始人占据的广阔地区都是没有石头的大草原、茂密的没有石头的森林、苇塘和沼泽。即使那里有石头，那里也没有黑曜岩和燧石、天青石、玛瑙、孔雀石、软玉，也常常没有角闪石、石英岩和闪长岩，这些种类的石头很容易被打成薄片，因此也容易用于工作，如果人们打算在生存斗争中取得胜利，就必须占有它们。于是任何人如果不能在自己的身边拣到石头，他们就不得不到远处去寻找，不得不通过贸易和购买来获取。因此就开始了地球大发现。

在古代的欧洲，在那些遥远的早期岁月，燧石是最昂贵的原料。人类很快也认识到依然埋在泥土中的燧石，在采石场新采下来的燧石，要比躺在地面上的、经过风吹日晒风化了的材料更轻些，也可以更快地进行加工。

因此，在远古时代，有组织的燧石开采得以发展，它的起始年代大约在从12 000年到14 000年以前，而且持续了几千年之久。这种史前史的燧石开采业的主要中心在英格兰南部，那里发现了数百座旧的矿井，还有比利时，这些原始的开采场占地竟有数十英亩（一英亩等于6.07亩）。后来，在公元前4 000年左右，瑞典也出现了燧石开采业。当然，这些"开采企业"都不是个体经营的。显然，开办这样的企业只能由一大批工人来完成，劳动分工也很广泛。我们不知道确切的情况，但很有可能是所有企业都与历史时期煤矿开采业的早期情况恰好相似。

很有特色的是正如我们今天的情况一样，围绕这些开采地区，出现了工业，即燧石加工业，对就近从采石矿上得到的原材料"进行击打"。这些工业企业是为了贸易而生产的，是为了许多购买者而生产的，他们往往住在很远的地方，而且，为了有价值的燧石工具肯定付出了很高的价钱。

另一方面，燧石本身似乎也作为原材料而被出口，被运输到有制造业的地区。比如，在图林根就有一个这样的工业区，显然，在一段时间内它制作的石斧、锤子和小斧头享有"世界声誉"。在东普鲁士和美因河，在勃兰登堡和吕讷堡灌丛曾经发现了生产于图林根工业区的工具。古代欧洲的另一批工具工业好像坐落在康斯坦茨湖畔。它是否与图林根的"康采恩"有联系我们不得而知，因为我们对这种早期工业兴起背后的组织毫无所知。

但是，它很自然地出现了，正如在今天是偶然出现的一样。那里有一些石器时代的设陷阱捕兽者或猎人，搭起自己的帐篷，铺上厚厚的皮毛毯子和兽皮，或挂上简易的防风门帘。这个孤独的人在渺无人烟的荒

12

野仔细地观察四周。附近有一条溪流，河水清清。不远处还有猎物出没的地方。身后高高的悬崖成了天然屏障。现在他只需要在四周点起一圈火就行了，他就会获得一夜的平安。这就是帐篷的营地。

首先他必须把地面挖出一小块地，然后在四周堆上一圈石头把帐篷的裙角压牢，把它们拉紧，然后他才能躺下。

夜幕很快降临了。我们这位石器时代的用陷阱捕兽者正忙碌地工作着。他挥动大斧劈入土壤中，这时突然迸出一团火花！这个人没有被吓得后退，而是扑到地面上，激动若狂地用双手刨了起来，然后借着渐渐微弱的火光观看他找到了什么？啊，是燧石！这全世界最昂贵的物品！

很快，清晨的第一缕阳光出现了，这个人就开始工作了。他沉醉在喜悦之中，他在土壤中搜寻着，他惊奇地看到下面深处还有燧石。因此，现在他树起木桩标示出所有权。当然，他自己不能用它做成很大的生意，从这时开始，古代的燧石开采者就与今天的黄金开采者和勘探者没有任何相似之处。然而，他的发现具有不可估量的价值。他所隶属的那个部落立即开始挖掘矿井。一堆一堆的燧石被挖到地面上来，一时间，我们的猎人成了部落中最受尊敬的人。当然，这并不能持续很久。过了一段时间，部落中的长老们就把握了局面，他们组织了燧石的开采，把俘虏赶入地坑里，招来村子里有制造燧石工具特殊技术的专家，让他们住在挖掘现场的附近，而邻近部落和群落派来的交易代表带来了鹿肉、兽皮、油脂、稀有的装饰品，等等，这时长老们认识到他们发财了，他们的人民是世界上的优秀者。

很自然地，首先要制作的是武器，箭镞、长矛的矛头、大斧、匕首、鱼叉，等等；曾在世界各地发掘出来的物品都是工艺精湛的。在燧石采石场上的部落为了保持武器生产的技术优势，很快就施行了武器出口禁运措施。受到其他不太富裕的部落第一次成功的攻击之后,他们肯定会认识到技术创新的扩散是无法防范的。因此,随之而来肯定出现了一个经济渗透的时期,肯定出现了一种努力去抚慰其他部落,使他们依赖于自己,这是通过和平手段,通过向他们提供缝针而实现的。缝针光滑锐利的针尖很容易刺破任何兽皮,而且它们磨光了的针眼却不像那些不会弯曲和不易折断的骨针和缝针那样容易把线割断。他们还制造了装饰品,更重要的是用来加工木头的斧头、钻和锤子,还有用来加工兽皮的锉和刮刀。这种无可估量的神奇天赋给人留下极其深刻的印象,以至语言学家推测,像镰刀、锤子和萨克森这些词汇(萨克森是从Sax即短的匕首衍生出来的)都是从石器时代流传下来的。

由于很难去降低人们的生活水准,很难放弃便于生存斗争的技术成果,很自然地,燧石矿场的老板会做出一切努力在邻近的部落中激起需求,因而将它们置于依赖的地位。任何邻居不服从命令,扰乱既成的秩序、制造动乱,都再也不会得到供应了。如果他胆敢造反,如果他发动战争,那么,他在技术上的劣势将会不断地被证明是决定性的劣势。因为他即使占领了燧石开采场,占有了工具制造业,但他既没有对开采和加工燧石而言是必不可少的知识,也没有有经验的专家。因此,在战乱和流血的年代之后就会出现长时期的和平年代,在此期间贸易和商业便会繁盛起来。

有大量的非常古老的证据证明,一些重要的贸易道路都是普遍受到尊重的禁忌对象,按照这种禁忌,任何商道上的行者都是极为神圣的,这些贸易道路就是在这一时期被开辟出来的,它们通往欧洲和亚洲的各个方向。很明显,这种禁忌的目的就是通过保护他们免遭暴力的侵扰而鼓励商旅,这不是出于道德的考虑,(尽管在那些时代,一个人的生命很微贱，）而仅仅是因为担心攻击将不可避免地导致急需物品的供应中断。

因此不足为奇的是，在石器时代，工业产品和原材料往往会运输到非常遥远的地方。举例而言，来自波罗的海的吕根岛（Rügen）的燧石由于它们特殊的化学成分很容易被人们认出来，这种燧石就曾在瑞士的纳沙泰尔（Neuchâtel）湖畔被发掘出来；明显是产自芬兰的和在那里加工制造的石斧却出现在俄罗斯的中部地区；利帕里石（liparites）产自西西里北部的七个火山岛之一的利帕里岛，而在其他任何地方都没有这种石头，却在第四个一千年的埃及古墓中被发现了；正如我们已经谈到的，只在图林根生产的一种燧石工具却跑到了远方的东普鲁士。

这自然引起19世纪的史前史学家进行了大量的反省。因为在那时他们所有人都没有真正意识到自己是受到了达尔文进化论的影响，他们都相信：一个人只要到非洲中部和澳大利亚现在尚存的原始人那里去观察一下，就会看到12 000年到14 000年前整个世界活生生的展示了。由于他们在非洲西部海岸的土著人那里看到欧洲的贸易商品竟能在短时间内从一个部落到另一个部落、一个村庄到另一个村庄穿梭般地穿越了整个非洲大陆，直到它们出现在非洲的东部海岸，于是他们感到有理由做出假设：事情与石器时代的欧洲没有区别，早期的贸易肯定只能在短距离内进行。

当然，这是有可能的。但如果我们听到这个事实：在德国北部、瑞典和英国，从石器时代中期到大约公元前10世纪的坟墓中竟然并非偶然地会发现考里贝壳❶，这些贝壳只出现在印度洋和红海，直到相当近的

---

❶ Cowrie shells，产自印度洋的小型腹足纲软体动物。——译者

时期,它们才具有货币价值,才在世界广大地区作为钱币使用,那么,我们就不会这样轻率地断言,某些印度或阿拉伯的商人在原始时代从孟买来到伦敦出售自己的考里贝壳了。我们确实应该做出下列假设,陆路运输是分为不同阶段进行的。但是,另一方面,我们也绝不能忘记石器时代后期(或称为新石器时期)人类已经有能力把大宗的货物运送到非常遥远的地方。英国巨石阵(Stonehenge),这是凯尔特人谜一般的圣地,其中硕大无比的石块就是从190英里(304公里)以外的采石场运来的。胡夫金字塔❶的巨大石块就是从尼罗河对岸的一块巨石上采下来的;由此可见,远在公元前4000年前,人类就已经懂得如何把重达数千吨的物体运到大河对面去。直到今天,这是如何完成的,也仍然是或多或少无法解释的。甚至现代的工程师面临这样的任务,也会茫然地直挠自己的头皮。

人类早期时代曾进行过非常远距离的旅行,这是无可争辩的。比如,在公元前4000年的美索不达米亚平原,产自后印度(Further India)的柚木就已经广为人知了,古代香料贸易中心也门的富有商人,就对这种不会朽坏的外国木材情有独钟,用它们为自己的别墅和商号做门柱和柱顶过梁。但是,柚木只能通过海路来到美索不达米亚和也门,而不可能靠穿越无法通行的俾路支沙漠的商队运来。在印度洋的非洲海岸,情况也是如此。大约在公元前1500年,许多印度的贸易物品已经开始在那里流通,它们是利用季风穿越外海从1 250英里(2 000公里)之外运来的。这种可能性长期以来一直受到怀疑,因为早期的人类已经认识到季风的秘密似乎是不可思议的。但情况又必然是如此,因此很难回避这个

---

❶ 胡夫金字塔:约公元前2590~公元前2568年,第四王朝吉萨金字塔。——译者

事实：新石器时代的人类已经冒险穿越外海进行大规模的航海了。

很明显，从早期时代开始，这个世界几乎就与我们今天的世界一样辽阔宽广。而且很明显，没有任何东西阻碍早期的人类从他们欧洲或亚洲的故乡扬帆驶向美洲和澳大利亚的遥远地区。这是怎样完成的，什么时候完成的，哪些史前的种族参与了这些迁徙，我们毫无所知。这个浪漫传奇要等到考古学家把西伯利亚冻土带的每一平方英尺、把东南亚热带丛林和阿拉斯加冰封的荒原都筛选过后才能写作。到那时之前，我们必须继续对古代传说进行研究，继续对不同部落和民族的故事与关于创世纪、龙和大洪水无所不在的主题进行比较性的研究，这一任务到目前为止仅仅进行了一些片断性的开端。在这些古老故事的背后还有多少秘密，我们将在后面讲述。

三

迫使早期人类长途跋涉、迫使他们探索自己周围和远处环境的，乃是仅次于武器和用具的物品，最重要的是各种食品和美味以及珠宝和装饰品。正如在历史时期的中世纪，调料和最重要的食盐占据首要地位。如果胡椒和小豆蔻、姜、肉豆蔻等调料能在欧洲本土地区生长，那么十字军远征可能就永远都不会发生了，现代时代开始时地理发现的伟大航海可能要推迟得很晚很晚，如果在那片土地上没有找到食盐，那么，重要的史前文化可能就永远也不会发展，或者，无论如何也发展得很晚。

在世界上有很广阔的地区没有这种矿物质，很久以前为了获取食盐资源进行过血腥的战斗，正如今天为了油田进行战斗一样。如果我们对燧石矿场及其工业区进行一番推测,似乎也会重复发生这样的情况;而拥有食盐矿藏的群体,以其"强大的资本优势"可能会足够聪明地说服周围那些饥饿的"穷人",战争和暴乱与明智地接受不可避免的和平贸易相比是远远不合算的。同样,奥古斯都没有暴力的稳定时代似乎是在无休止的战乱之后出现的。哈尔施塔特地区的村庄为早期的欧洲提供了食盐,它们再也不蜷伏在无法进入的河谷了,而是坐落在宽敞的峡谷中,对自己的安全所抱有的同样信心肯定曾经确立了德国中部许多村落的位置。在那时德国中部是北欧进口食盐的主要地区之一。

另一个重要的食盐生产区是上奥地利的哈尔(Hall),那里有萨尔茨卡默古特(Salzkammergut),其意为:食盐皇家领地。由于长期不受干扰地拥有财富,容易使人们趋向保守,使他们产生收藏家而不是艺术家,因此这一地区充当了一座史前学和史前时期博物馆的角色,但它本身创造的东西却很少。情况似乎是这样的:在一个时期内,这一地区的每个农民都以自己的收藏品和积累的宝物自豪,他们收藏了古老的青铜器、埃及的玻璃珠、来自非洲的漂亮象牙雕刻、精致昂贵的琥珀、豪华的瓷器、华丽的黄金装饰品、迷人的锻造或用锤敲打出来的银器、稀有的贝壳等等,一句话,一切有价值的东西。他们把这些物品中的许多东西都藏在长筒袜子里或藏在床下,它们或是在烟火中化为灰烬了,或是依然埋藏于地下。这不是偶然的,位于瓦茨曼(Watzmann)和达赫施泰因(Dachstein)之间的萨尔茨卡默古特到处流传着地下藏宝的古老故事。同时,这类宝物也常常作为陪葬品被放在坟墓中。它们安全地保存在那里,现在用流畅的语言向我们展示:手镯、神奇美丽的黄金和铁制的扣衣针、镶嵌着青铜和琥珀的盔甲和剑。

哈尔施塔特盐矿是大约在公元前2500年开采的。开始时这一地区是沿着一些古老的商道从西到东延伸的，它们位于欧洲冰河的南缘与阿尔卑斯山漫长的冰川地岬之间。现在这里出现了一个稠密的公路网，几乎没有例外的是，这个网络的交叉点都处于古老的盐井附近。那里有一条公路从赫尔戈兰（Heligoland）湾由北向南穿过易北河、勃伦纳山口和阿迪杰河（River Adige）直到亚德里亚海。还有一条商道通往罗纳河，然后沿莱茵河向北，或与阿尔卑斯山脚平行在多瑙河上伸向东方。在东普鲁士海岸的珊兰登有一条交通要道，上面是铺满琥珀的"蓝泥"❶，越过维斯杜拉河和奥得河，然后又斜着穿过德国东部的原始森林到达摩拉维亚隘口，再通过塞默灵（Semmering）山口到达意大利和达尔马提亚（南斯拉夫一地区）。关于这些道路，亚里士多德后来说道，这些道路是"神圣的"，任何在上面旅行的人都受到诸神的庇佑，被认为是不会受到伤害的。

　　直到中世纪很长时间，这些道路对欧洲内部的交通而言都具有重要意义，它们肯定是远距离的商道。与此同一时期，对荷马和他的同时代人而言，像埃及、意大利和巴比伦这样的国家都是远在天边的国度，只能透过神秘的烟雾和传说才能了解，来自世界各地的人肯定都聚会在萨尔茨卡默古特：他们有宽头颅的意大利北部伊特拉斯坎人（Etruscan），来自西欧的身材矮小的商贩；来自东方的长腿、高个子外国人，黑头发、黄皮肤，还有很漂亮的、金发碧眼的斯堪的纳维亚人；肥胖的克里特商人和宽脸庞的珊兰登人（Samlander）。然而既没有歌谣也没有故事讲起哈尔施塔特，就像讲述史前时期的小小的巴黎一样，甚至凭借在哈尔施塔特的坟墓中出土的骨骸也无法就那些长眠于此的人们的种族、起

---

❶ Blue Earth，地表下面100~300英尺的土层。——译者

源和文化得出任何确切的结论；他们的坟墓往往带有明显夸张的装饰。

在这里，古代世界的贸易也许也是从猎物和皮毛，从食盐和武器开始的。但那时有两种贵重的物质开始从北方和南方大量涌入山区，它们似乎是为了加速那过分平静的步伐而涌入的。南方的青铜器和北方的琥珀几乎是同一时间出现在安宁的山谷中；毫无疑问，投机和谋取暴利的女巫安息日聚会都会同时出现繁荣与萧条。

诚然，人们发现的出自早期石器时代或旧石器时代的琥珀是在摩拉维亚、法国和西班牙的许多洞穴中加工过，普遍很有理由地认为我们在这里所看过的东西乃是移居到南方的个别游牧部落的琥珀财产。但是，几乎毫无例外，这种经过加工的琥珀是以这种方式扩散到整个欧洲的。把那种黄色的松脂作为原材料从北海和波罗的海出口的时间还是相当遥远的。于是将近石器时代的末期，琥珀似乎一下子成了"时髦的"物品。一般都认为，大约在公元前2500年，在克里特岛的坟墓中经常发现有琥珀，几个世纪以后在埃及也发现了琥珀，但是，现在它就从珊兰登和日德兰半岛（Jutland）随着海浪运到了南方。存在于公元前1700年到公元前1300年之间的迈锡尼文化几乎总是离不开琥珀，因此有理由可以推断迈锡尼人具有北欧人的血统，而且哈尔施塔特时代似乎明显地被这种北方的黄金淹没了。这种气味芬芳、有光泽的金黄色的物质，有时晶莹剔透、有时则是乳白色的半透明的松脂，很容易也很适于加工，其形式有很多种类，如念珠、项圈、青铜针饰的头、剑柄的镶嵌、纽扣、垂饰和胸针，还有戒指等。沿着交通要道发现了大量的琥珀，它们被仔细地埋藏在地下、洞穴中和岩石的缝隙中！曾有人推断（可能是正确的）：与其说这些发现是某位富翁的宝藏，还不如说是一些大商人的仓库和货栈，它们是按照客户的订单储藏起来的。

琥珀在希腊文中就是著名的"电子"一词，它包裹着一层神秘的面纱。在古希腊，琥珀珠子被认为是法厄同（太阳神阿波罗的儿子）的姐姐流下的泪水结成的化石，她看到自己的弟弟飞向太阳，后来被宙斯甩到地上摔死时流下了泪水。因为有这种神性的怜悯，所以这种黄色的泪珠被赋予了神奇的医疗和保健作用。这是一种诗意的、敬神的和天真的解释。但是，即使在石器时代，珊兰登的山民、波美拉尼亚人和日德兰岛拾取琥珀的人都可能很少了解，甚至可能并不太关心这种海中黄金来自何处。虽然如此，它并没有逃脱这些大自然之子的观察，他们发现有许多小的生物，如苍蝇、小昆虫和蚂蚁经常被封闭在琥珀中，这表明它的起源来自树的树脂。但是，得出这样一个没有诗意的解释将会损坏它们在南方的商业前景。*Mundus vult decipi*，❶ 世界"需要"欺骗：这句具有讽刺意义的格言早在拉丁文存在之前就已广为流传了，因此它们与下面的故事并不矛盾：琥珀是大海的泡沫，甚至可能是太阳流出的汗水被冻结而成的。

现在每个到过波罗的海的人都知道，那里并没有大量的阳光。即使在非常炎热的日子里，任何人也绝不会看到天空中那个伟大的发光体会流下亮晶晶的汗水。这些想法只能出现在遥远的南方地区，那里的人们深切地痛恨太阳灼人的光线，并且天真地从他们自己的汗流浃背推测出天空中的光线肯定也会出汗的。

很久以前就有这些想法、讲究信誉的亚得里亚海进出口公司短腿但身材苗壮的萨尔马提亚（Sarmatian）代理商，走进了克朗兹或考尔贝格

---

❶ *Mundus Vult Decipi, Ergo Decipiatur*! 拉丁文，意为：世界需要被欺骗，那么就让它被骗吧！——译者

第一章 早期的旅行

一位渔夫和商人的作坊。他虔诚地用手掌掂了掂那些琥珀，每次都有一磅多重，这是他波美拉尼亚或东普鲁士的对手们从屋角的木桶中拿出来的。他在心里迅速地按照在阿奎雷亚❶最新的汇率计算这些北方的蛮子有多少财富。于是他把自己的葡萄酒放到桌子上，小心翼翼地观看着，就像凶猛的长胡须的海狗一样，他明天才会和这些人做生意呢，他沉入了一种幸福的状态。而他自己则只喝蜜蜂酒或发酵的很快就会醉人的马奶酒，或者最好是喝会使人丧命的发酵的蜂蜜。这是当地生产的饮料，自远古以来，这种叫做"狗熊陷阱"的东西一直流传到我们的时代，这使得无数勇猛的酒徒烂醉如泥。

然而我们诡计多端的商人心中燃起一股好奇心，他要弄明白琥珀究竟是从哪儿来的，他开始谈论流淌汗水的太阳，谈论他的猜测：这种散发香气的金黄色石头除了是天空中的汗水之外，什么都不是。普林尼❷后来讲述这个故事，似乎考尔贝格、克朗茨、劳森或帕尔姆尼肯的佩尔桑特人（Persante）肯定曾经也讲述过这个故事。他在关于希腊一位科学家的报道中说，"尼基亚斯（Nikias）认为琥珀是一种阳光的汁液。按照他的观点，这些汁液被猛力摔到西方的土地上，其中储存了含有油脂的汗水。然后又被大海的波涛抛到德国的海岸上。"

我们波美拉尼亚和东普鲁士的渔民会以极欢快的心情听他们南方做生意的朋友讲述这样的故事。最后他们对琥珀的来源做出解释，这显然是为了满足那些古怪的南方人，尽管他们完全清楚这根本不符合事实。我们可以在眼前看到他们，这些高大魁梧的家伙，饱经风霜的脸膛，布

---

❶ 罗马皇帝在亚得里亚海的一座城市。——译者。
❷ Pliny，约公元62~公元114年，罗马作家，官员。——译者

满了皱纹，天真地咧嘴笑着，他们简洁地点着头，对希腊那些自以为无所不知的人所想像出来的想法表示肯定，然后再编造出一堆谎言作为补充。这些谎言故事编造得非常真实，它们瞄准了"科学专家"的心理，以至过了2000年以后，有一位德国专家发表声明说："琥珀是水的泡沫，混合了大量的盐，并被压缩了，然后由于空气和太阳的热变干燥了，获得出乎寻常的硬度。"弗里德里希·萨缪尔·博克是普鲁士科尼斯堡宗教法庭的法官，他不得不在1767年写一本巨著《试论普鲁士琥珀的自然史》来证明琥珀乃是松树树脂的化石。

琥珀也经历了大地上出产的其他宝物——食盐和燧石所曾经历的事件。在距产地很近的地方，紧邻真正的开采场地，建立了加工工业，就此情况而言，它首先而且最主要的是生产琥珀珠子。关于这种情况，也没有文献记载，没有历史证明。我们只能局限于对一些发现进行解释。而这些发现是如此丰富，如此广泛，以至排除了一种假设：它只是为了满足琥珀出产国的需求而雕琢的，各种迹象都表明在石器时代末期就可能出现了与南方进行的繁荣贸易。自从在德国东部的几座坟墓中发现了早期伊特拉斯坎的货物以来，肯定会得出假设：伊特拉斯坎就是北方黄金的最终购买者。显然它们也经历了伟大的琥珀之路，这条路始于乌迪内省（Udine）的阿奎雷亚，而抵达珊兰登，罗马帝国后来就是靠这条大道保障它的琥珀供应的。

从这一点我们必须得出结论：这条欧洲主干道绝不是只用于从北向南的单向交通的。在石器时代末期，来自南方的也有一股货物和旅客的洪流。不言而喻，来自北方的货物无论是琥珀还是食盐，都不是用货币支付的，而是以实物交易的，换言之，就是通过以物易物的手段交易的。在这种交易中，南方的主要商品就是象牙，在古代的北欧，象牙是很"时髦"的,正如在南欧,琥珀很受人追捧一样。在许多情况下,这些象牙可能是象牙化石,也就是说,猛犸或大象的长牙是被幸运的人在某个"坟场"找到的,这些坟场是一些神秘的地方,那些庞然大物而又机智的动物在它们感到末日来临时往往会寻找这样的地方。另一方面,在史前时期,地中海地区仍然有很多大象。公元前500年,希罗多德曾报道说,那时在摩洛哥沿海地区,人们热切地捕捉大象。在公元前9世纪,在叙利亚和巴勒斯坦仍然有许多这样原始的动物。因此,从公元前2000年以来,在欧洲使用的大量的象牙用具都是用捕猎时获得的象牙制作的,而不是用挖掘出来的象牙化石制作的。把这种物质运到北欧和斯堪的纳维亚是一种相当了不起的运输功绩。

与此同时,我们必须记住,至少象牙和琥珀不是普通的物品而是奢侈品,在某种意义上,食盐和燧石工具也是这样。可以设想,从它们身上获得的明显巨额利润会在很早以前就已促成了一系列个人的伟大旅行。但是,很难想像有现在翻越阿尔卑斯山的长长的首尾相连的驮子商队,但设想无数的商人马帮沿着崎岖不平的中欧和北欧的公路长途跋涉的情景,也许还有一点理由。这一直延续到后来的几个世纪,由于发现了黄金,也就产生了交易者。

这种价值的尺度,这种国际性有效的交换媒介在古代世界是一无所知。因此,我们这些古代长途贩运的商人并不知道办公室,不知道什么是账房,他不知道汇票和支票,不知道代理商和代理人,他一切都要亲力亲为。在开始的时候,他甚全不知道车轮或车子为何物。他提供的一切货物:食盐、象牙、石制工具和石制武器都是极为沉重的。它们必须由奴隶或毛驴和马匹运送。那时没有我们概念中的道路。在一些特别的不能通行的地区,我们时而会发现一些用圆木铺成的道路,这是当地的人铺成的,这样旅行的商人就不用害怕了,在这里也可以通行了。

  他小心翼翼、无所畏惧地走过来。他右手握着一柄出鞘的剑,左手握着盾牌。只有最勇敢的人、最坚忍不拔的人、最好的剑客和武士才能成为商人。交易常常是以"无言的物物交换"方式进行的,就像今天仍然在非洲中部进行的那样,史前时期的许多神话和故事都是这样描写的。外地的商人来到陌生人的疆界里,那里有无数双眼睛紧盯着他,但是他看不到,也听不到,于是过往的客商把自己的货物放在地上。第二天早晨,那些货物还一动不动地放在那里。但是,在货物旁边却堆上了那个地区的人为了交换新奇货物而拿出来的物品。如果商人觉得合适,他就把它们都装进驮子和背篓。如果他觉得东西太少,他就让它们原封不动地放在那里。也许当地人会再多加上一些物品。如果他们不加,他就收起自己的货物走人。

  于是他就产生了一种想法,带着这样沉重的货物继续往前走是否明智呢?奔腾的河流流向左面和右面。哪里有河流,哪里就有人烟,哪里有人烟,哪里就有有利可图的生意。是不是应该把自己大部分的石斧、石匕首和针埋在这个地区?是不是最好把货物分散开,只带些样品,去收取订单,当收到订单后再去发货? 他能不能还把自己的仆人、自己第一个奴隶派出去,以便使生意做得更快?

  事情是不是像这样呢?人们不断地在进行争论。但是大量藏匿的宝物被不断挖掘出来,这些只能是过往的商人建造的仓库和货栈。如果是这样,如果大量的相同的斧头、匕首和楔子,成堆的外国贝壳、成堆的比较珍贵的石头,如软玉、翡翠、暗绿玉都可以被看成是仓库,是后世国外代理商和分支的原始雏形,那么,我们就必须承认这个观点:石器时代的商人已经懂得如何组织他的商业了。从这里再到发明样品箱和商业旅行也仅仅是一步之遥了。

在下面一章，我们再做详细讨论。

第二章

贵金属

贝采利乌斯[1]与催化作用／皇冠上的金属／"时间已经成熟"／邪恶的他施（Tarshish）／大西洋、美洲与月亮／克里特的批发商／希腊人吃鱼吗？／货币的发明／律师莱斯亚斯与巨额资本／牛头，青铜时代的美元／产自锡利群岛（Cassiterides）的锡／金属的发现／提尔的染色业／以赛亚的预言与塔提斯的陷落／竞争者眼中的砂粒／高卢的黄金走私／分支、商旅、样品箱／菲尔绍[2]再次说不／欧洲内部的公路／亚得里亚海和北海困扰的陆路运输／但泽的奥德赛／特鲁索，史前期埃尔宾，黑海——波罗的海之路／斯堪的纳维亚的金属工业

一

大约100多年前，有一天傍晚，瑞典化学家贝采利乌斯站在曲颈瓶前想出了一个奇妙的想法。他为植物的化学现象进行研究将近十年了，他 次又一次地观察：某些化学过程几乎是以

---

[1] 瑞典化学家贝采利乌斯，Berzelius J. J. 1779~1848年，他提出"从有生命的动植物体内得到的化合物为有机化合物，研究这些化合物的化学称为有机化学"。——译者
[2] Rudolf Ludwig Karl Virchow，1821年10月13日~1902年9月5日，德国医学家、人类学家、公共卫生学家。——译者

神奇的速度完成的。肯定有某种未知的力或化学剂发挥了作用。正在他对这种奇迹深思的时候,他找到了答案。他在笔记本中写道:"某些物质与其他物质接触,对后者产生了影响:产生了化学反应,化合物被破坏了,或者说,形成了新的化合物质,而引起这一反应的物质却丝毫没有参与这种反应。"

这很像是炼金术或巫术,贝采利乌斯本人生活在一个昌明的理性主义的世纪里,他没有经验主义地去追寻这个想法。他满足于为这种神秘的过程和这种神秘的物质构想出一个概念。他把这个过程叫做催化,把这种物质叫做催化剂。

这并不新奇,过去就曾经出现过这种现象。当我们的煤与金属时代开始时,大约4 000年前,当青铜被发现并横扫欧洲的时候,也发生过非常类似的现象。同样,这种纯粹的技术性进步也是极为明显的。人类最终发现了一种可以很容易锻造和铸造的有用的金属,另一方面,又几乎能满足生活的各种需要。但,这并不是决定性的因素。当我们看到一种已经存在于萌芽状态的文化突然获得了力量,哲学和美术繁盛起来,社会或经济生活立刻创造出与我们自己非常相似的形式,贸易和商业跨越海洋,穿过未知的荒野走向陌生的海岸;一个单独的个人从芸芸众生当中脱颖而出,随之而来的是法律和正义脱离了习俗而植根于神秘的迷蒙之中,这时我们会想:如果没有这种新的金属,在所有这一切当中发生的直接的因果关系,这一切会如何产生呢?此时我们看到一种催化过程,正如贝采利乌斯和奥斯瓦尔德所描述的和用化学过程所展示的一样。

显而易见,辉煌的时代随着青铜出现了。起初一件一件地,后来则是大量地生产出来:从南方和遥远的西方运来了用这种神奇的新金属制作的剑、手镯、扣衣针和盾牌上的浮雕、匕首和皮带扣。它们像黄铜一样闪闪发光，那时人们已经认识了黄铜，或者像纯金一样被名门贵族收藏在保险箱里以便在节日里展示。黄铜，甚至黄金与这种新的金属相比会怎样呢？这种金属真正是帝王的金属：它的颜色与延展性与黄金相似，但又有黄金无法比拟的硬度。它使石器工具变得一文不值，甚至黄铜的器具现在也可以弃而不用了。一个新的时代露出了曙光。

当然，青铜不是一夜之间出现的，不是突然出现在欧洲文化社会的。但是，当人们一旦认识到这种新的金属，就迅速发生了变化，这种变化明显地出现在精神和艺术领域，就像在技术领域一样。这样一种灿烂的萌芽出现了，以至人们不能不留下这样的印象：时代和革命一直在等待它们最后摆脱世世代代造成的障碍的那个时刻。从实用技术的角度而言，铁器对于人类一直都具有远为重大的意义，在这个时代（第二个千年开始的时候）已经被人类认识了，但是，除了装饰品，用于任何东西它都太昂贵了，几乎被人忽略了。确实，事情看起来几乎是这样的：似乎铁器进入文化历史为青铜所带来的艺术兴盛造成了明显的制约。犁是用铁制作的，皇冠和武士的剑是用青铜制作的。铁是农民的金属，青铜是贵族纪元的金属。因此，起源于这个时代的任何事物都具有一种高贵的、英雄的风采。

二

青铜是由10%的锡和90%的黄铜化合而成的，这个经典的混合比例是在哪里首先发现的，尚不得而知。我们可以猜想它可能出现在当地盛产黄铜的地区,从远古时代就有人试图使这种柔软的红色金属变得坚硬起来,而在浇铸黄铜的过程中,由于偶然的机会出现了这种新的合金。其他地区的情况肯定也是如此:在欧洲主要的青铜生产地区英格兰和西班牙,在古印度文化中心、著名的"工业"城市摩亨佐—达罗[1]和哈拉帕[2],约翰·马绍尔25年前开始在那里进行挖掘,在那里发现的青铜可以追溯到与西方发现的同一时期。在新世界,除开秘鲁,尽管有丰富的黄铜储藏,却没有发现其自己生产的青铜,这难道不值得注意吗?虽

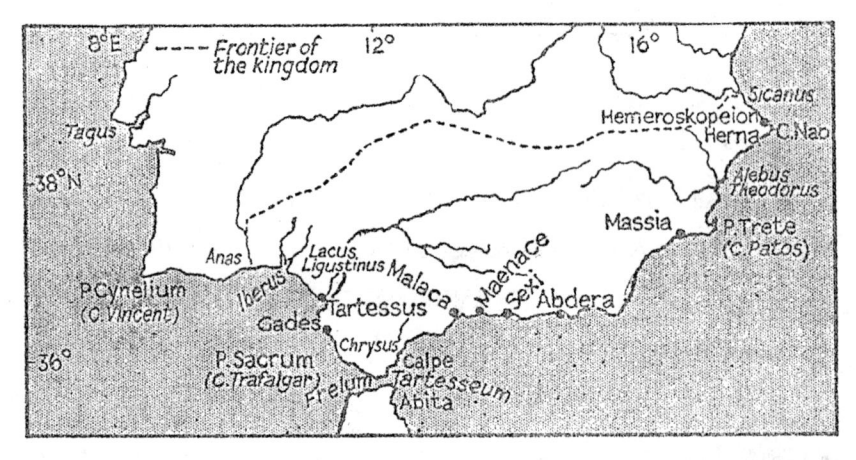

地图1 塔提色斯(Tartessus)王国。塔提色斯王国加的斯,大约就在现在的加的斯的地址,是由腓尼基人建立的。用来与塔提色斯和麦纳克人竞争。麦纳克现在的马拉加不远,是古代希腊的殖民前哨基地。它与塔提色斯用碎石路相连接,沿西班牙的东海岸与意大利相连。

图中地名(逆时针方向)

------ 王国边界

塔古斯河 P.塞尼留姆(C.文森特) 阿纳斯 勒勃鲁斯 利古斯提努斯湖 塔提色斯 加的斯 克瑞苏斯 P.塞克瑞姆(C.特拉法加) 佛雷鲁姆 塔特苏姆 卡尔帕 阿比塔马拉加 麦纳克 塞克西 阿布德拉(色雷斯) 马斯亚 P.特莱特(C.帕图斯) 阿勒布斯 西奥多勒斯 赫摩尔罗斯括佩昂 赫尔纳 C.纳欧 塞卡努斯

[1] Mohenjo-daro,位于巴基斯坦南部的信德省拉尔卡纳县,靠近印度河右岸。1980年联合国教科文组织将摩亨佐·达罗考古遗址列入《世界遗产名录》。——译者
[2] Harappā,是印度河流域文明的中心,位于沙西瓦尔(Sahiwal,距拉哈尔约250公里)西南35公里处。——译者

第二章 贵金属

然锡不是非常丰富,但铅、银或锑也可以用来增加黄铜的硬度,在匈牙利,巴比伦和苏美尔(Sumeria)就是最早这样做的。显而易见,"时机已经成熟。"但在新世界,显然时机从来没有成熟。

这样一来,相对于其他物质,这种锡与黄铜的新合金在很长时间内主要在欧洲享有绝对优势。而且以一种完美的逻辑方式,在革命性的技术创新时期,人们发现,这些同时发现了锡与黄铜的地区获得了广泛的利益。这些地区就是西班牙和英格兰。因此,这些国家在旧世界的早期历史中具有极为重要的意义。

起初,伊比利亚半岛的矿石供应量显然完全可以满足缺少金属的欧洲对青铜的需求。在里约·廷图(Rio Tinto),黄铜与锡的矿区几乎就在一处,因此早期西班牙的青铜工业中心可能就在这里。在这里肯定还有里帕(Ilipa)黄金矿区,还有阿梅利亚(Almeria)和卡图拉的繁盛而丰富的银矿。在加深世界对西班牙矿产资源的兴趣时,它们发挥了自己的作用。

28

这种兴趣在著名的神奇富有的城市塔提色斯的崛起中得到了最明显的展示,塔提色斯就是《圣经》中记载的淫荡、罪恶的他施(Tarshish),塔提色斯真的坐落在什么地方?是坐落在今天的塞维利亚附近的瓜达尔基维尔河口❶,还是像其他人设想的那样位于后来的赫雷斯·德·拉·弗特拉❷附近,这都是一个尚未解决的问题。我们对这座城市的创建者和居民的国籍和种族同样知之甚少,而那种认为他们只能是

---

❶ Guadulquivir,是西班牙南部主要河流,发源于哈恩省与阿尔瓦塞特省、格拉纳达省三省交界附近的山间谷地,流经科尔多瓦省、塞维利亚省、韦尔瓦省以及加的斯省。——译者

❷ Xeres de la Frontera,西班牙海港城市,雪利酒(Sherry)就以该城市命名。——译者

伊特拉斯坎人的论点绝不是无懈可击的。最后，我们也不知道塔提色斯实际上是在什么时间建造的，也不知道它是在什么时间衰落的，但是，它肯定是在接近第三个千年末尾的时候建造的。同样，虽然有这样多的东西是令人怀疑的、是未知的和未经考察的，但塔提色斯确实曾经存在过则是绝对可以肯定的。

这是一块不容置疑的辽阔而极其富有的地方，这一点由于犹太、亚述和希腊的证据得到了可靠的证实。围绕它的所有细节而出现的完全迷蒙的状况造成了一种观念：塔提色斯就是神秘莫测的大西岛。这种假设是由德国考古学家阿道夫·舒尔腾提出的，他是关于塔提色斯问题的最伟大专家之一，毫无疑问，在他论述这个课题的著作中，他提出了许多有说服力的论据支持他的论点。众所周知，关于大西岛的传说是以柏拉图的《克里底亚篇》（*Critias*）的叙述为基础的。他在那里说道：根据古埃及的传说，9 000年前紧靠着直布罗陀海峡的大西洋中有一个大岛，它"比亚洲和利比亚的总和都大，"这个岛的几个国王统治着非洲和欧洲的广大地区。当大西岛的统治者开始去征服欧洲其他地区的时候，希腊军队在雅典人的领导下成功地反抗了他们。然后就出现了这幕戏剧的伟大高潮，它突然转变为一场灾难和毁灭。"但是，当地震和水灾发生时，全部的希腊军队在一个不祥的昼夜之间沉陷到地下去了，而大西岛则沉没到大海中，再也不见踪影。因此这个地区的海洋变得无法航行，一直都没有得到开发，因为沉没的海岛留下的泥泞浅滩使得开发非常困难……"

因为在全部古代文献中没有找到其他提到大西岛（亚特兰蒂斯岛）的地方，因此柏拉图的叙述就一直困扰着地理学家和历史学家的心灵。起初，许多人相信这个巨大的岛屿就是美洲，相信柏拉图的叙述与非常早期关于新世界的知识有关,但是后来被人们忘却了。但恰恰是大西岛传说中最敏感的部分:"在不祥的一昼夜之间"沉没了,将是站不住脚的,因为美洲依然屹立着。因此,对地理灾难富有想像力的业余爱好者就不得不寻求其他的假设。他们也正是这样做的。比如,大约60年前,有人断言在最初的千年,我们的月球脱离了地球,而所有情人和诗人可信赖的这个朋友实际上就是大西岛,它恰恰不在天空,而在大西洋潮湿的海底。相反,我们这个时代的冰河宇宙起源论者曾经做出解释:我们的月神星球曾接近过地球,并对海洋的海水施展出一种拉力,于是大西岛就淹没在海水下面了。

但是,这场和其他的灾难肯定是发生在地球最近的过去中,否则柏拉图的记述不可能如此清晰,它在地理学上肯定是可以论证的,在地球上肯定留下了某些踪迹。根据这一观点,有人曾对大西洋进行过细密的考察。也就是说,在其东部,人们认为大西岛曾经所处的部位,海床有11 500英尺厚(3.5千米)的所谓海洋红黏土,这是主要由死去的浮游动物的红色外壳构成的。众所周知,这样的沉积需要1 000年才能达到0.3英寸的厚度,所以要生成11 500英尺厚的沉积层就需要用5亿年的时间。因此,不幸的是,在大西洋没有这样的地方。同样,也没有月亮从大西洋之中挣脱出去。从大西洋海底提取的岩样无可辩驳地表明了依赖冷水生存的浮游生物与只能依赖热水生存的浮游生物交替存在的状况。换言之,这些岩样表明沉积层完全没有受到搅动,而岩样可以反映冰川时代的出现与终结。然而,如果在史前时期真正出现过冰川宇宙起源说所谈到的巨大规模的月球潮汐,那么,它们就不可能保持原状。沉积层将表明搅动的持续性痕迹。

另一方面,在1898年曾有人指出,在修理一条穿越大西洋中央海岭的电缆时，从海床上采集的岩石是火山喷发出的熔岩，根据其结构分析，这种岩石肯定不是在水中而是在空气中凝固的。大西洋中央海岭是欧洲与新大陆之间由北向南走向的海底山脉。如果这种说法是正确的，那么在远古的某个时间，大西洋海底山脉的一座座火山的山峰肯定是突出于海平面的，而后来又沉入了海底。如果确实发生了这种情况，那肯定是发生在地壳造山运动的第三纪：那时候地球上还没有人类。

关于大西岛的位置的各种观点之间的冲突，到此就与我们无关了。任何想要继续探索这一问题的人可以参考霍格勃姆，嘉法塞和贝斯梅尔特尼（Högbom，Gattefosse和Bessmertny）的文献目录，其中关于这一课题大约有25 000种的出版物。如果我们打算了解多少世纪以来塔提色斯在觉醒的欧洲的青铜制造业中享有的明显至高无上的地位以及更重要的是它在青铜器贸易中享有的位置，这就足够了。一开始，在直接生产过程中，它作为冶炼和制造业中心可能就发挥了关键作用。从公元前1500年起，附近的西班牙锡矿开始枯竭了，从此它就表现出特殊的重要性：它成为世界贸易的大都会和大西洋交通的主要核心。

三

是的，它是大西洋交通的主要核心！因为随着青铜的发明，它更多地进入到人类的生活当中，而不仅仅是一种新型的原材料。正如我们曾听说的，新石器时期就已经有了自己的采矿企业和工业生产中心。现在在青铜的冲击下，一切都以迅猛的速度发展着：出现了商人，发明了货币，与货币紧密相联的是在外海上的航行和远距离的交通。

然而我们对这一发展的开端所知还是甚少。但埃及、苏美尔,特别是克里特似乎首先出现了经营远距离业务的批发商。大约从公元前2000年到公元前1400年,在任何情况下,在地中海成为海上霸权的都是克里特,而不是西班牙,不是罗马,也不是希腊。如果说大约在公元前2500年,克里特本岛能够出现西班牙银币以及稍后在特洛伊出现,如果在特洛伊与西班牙之间存在着活跃的货物贸易,如果在大约公元前2000年的埃及使用了西班牙的青铜器,那么,这只能用这种假设做出解释:那几个世纪里的主要海上霸主同时也经营海外贸易。

究竟这种克里特的海上交通是如何发展的,现在仍不得而知。但是,在最初的时刻,米诺斯克里特人似乎一直对海洋抱有敌意,就如同几千年之后另一个岛屿不列颠一样。众所周知,英国的海上交通起初是由汉萨同盟经营的,只是到了童贞女王伊丽莎白的铁腕迫使英国人民走向海洋的时候,汉萨同盟的援助和代理才变得越来越多余,直到这一情况彻底反转过来,直到大不列颠独霸了海洋,而汉萨同盟的后裔如果获准也可以悬挂自己的旗帜就会感到幸运了。

地中海早期的历史似乎也遵循了一种非常类似的模式。在开始的时候,与克里特的交通主要是掌握在埃及船主和水手们的手中,他们悬挂的却是克里特的旗子。在法老托特美斯三世(Thothmes III,公元前1481~公元前1447年)的时代,埃及舰队〔即所谓的克弗悌乌(Keftiu)舰队〕中有相当一部分仍然留给克里特的航线。但是,正如我们将要听到的,这些埃及船只根本不是用于航海的,而只是用于内河航行的。

希克索斯是亚洲的一个游牧民族,他们对水的兴趣只限于是否能够饮用,大约公元前1680年他们侵入了埃及,埃及的霸权就开始衰落了。在地中海,他们把自己的地位逐渐地转让给克里特人,克里特人最后彻底控制了国际上的交通。在这个时刻，克里特人的商业和技术已经可以胜任新的任务。关于克里特的船只我们只具有很少的肤浅印象，那时它们已经不再用桨划行，而是完全靠帆行驶了。曾有人猜测它的索具是从埃及的船只模仿的。这很有可能，但对更为重要的船体，情况就不是这样了。根据它的龙骨、伞骨和甲板来看，这种船只肯定是来自外海岛屿上的产品，而不是一个主要关注内陆水道的国家的产品。

插图6　带有古代克里特象形文字的石头印章

从一开始，在希腊诸岛之间进行的所有海运贸易都掌握在克里特人手中，因为所有希腊的大陆农民和养牛者都是从北方移民来的，自古以来就与海洋格格不入。曾有人说，他们最初甚至连"海"这个概念都没有，而是从印欧人种的先民卡里亚人那里引进的。在他们开始从事捕鱼学会驾船和航海之后很久，希腊人也仍然没有参与水上运动，比如，在奥林匹克运动会上，水的元素对他们仍然很陌生。这可能是真实的：希腊的城市居民认为鱼非常不好吃，他们只有在极为短缺的时刻才会吃鱼。

是什么内在的过程使得克里特人占据了他们命中注定的海上主导地位，我们不得而知。但是，这个岛屿由于其桀骜不驯的居民，它不可避免地不可能长期满足于运输在希腊港口偶然遇到的一些什么油、酒和玉米之类的货物，然后去交换青铜器、装饰品和陶器。克里特人肯定在早期就开始扬帆到外海并且在遥远的海岸登陆了。但是后来证明，对远途的国际商业而言，仅仅以货易货是不适当的。西班牙的银锭、英国的锡、德国北部的琥珀、非洲的象牙，都不可抵御地呼吁一种独立的价值标准，一种普世有效的支付媒介，他们需要货币，而一种货币其钱币与硬币的价值是一致的。

在我们所谈论的这个时代之后整整一千年，亚里士多德用几句意味深长的话总结了这些考虑。他认为："所有进行交换的东西都必须是可以互相比较的。这一目的是由货币完成的，在某一方面，它已经成为一种媒介，货币进行度量和比较，它表明一种东西的价值是否超过了另一种东西以及超过了多少，比如，多少双鞋与一间房屋的价值相等呢？它显示了泥瓦匠的工作与制鞋匠的工作之间的价值关系，也表明了必须用多少双凉鞋才能买一间房屋。"

这段话是在公元前350年左右写下的，货币已经存在很长时间了，他思考得很周密，表达得也很明晰。但是，在这位伟大的希腊哲学家将其写入文字之前，多少世纪就有人已经认识到这一点。这个公式使我们能够评价这一支付媒介的发明是一个多么值得赞美的智力成果。它预先假定了一种绝对新奇的经济观念，与以前各时代的经济观念截然不同。而这些时代很久以前就采取了第二个逻辑上必不可免的步骤，远远超越了亚里士多德。虽然他们最初只是把货币仅仅当作价值的标准，当作以货易货的辅助手段，这种辅助手段的构建本身很快就独立了出来，其独立的方式甚至会令其发明者感到大为吃惊。货币，至少是其较小的单位，同时也具有重量单位的作用，其本身立即变成了一种商品，它成了一种国际商业价值，而且与任何其他财产一样都遵守市场规则，即供求法则。大约公元前400年，雅典的武器制造商和律师吕西阿斯❶抱怨说：

---

❶ Lysias，希腊演说家，公元前458~公元前380年，他用当时的日常语言演说，是准确和简明的典范。——译者

"只是由于出生的原因,这些人才成为我们国家的公民。他们认为任何可以获取利益的领土都是他们的祖国,因为他们并不认为自己的国家,而认为他们的财产才是自己的祖国。"说这样的话,他就不得不把世界时钟的指针向后拨回1 000多年,以便再次生活在正直、诚实和满足于自己的地位的旧日美好时光。

吕西阿斯如此雄辩、如此徒劳地痛斥这个商人,但他绝对不是卖廉价货物的小贩。他在皇室时代是一位皇室商人,也是最早的伟大探险家和广阔的荒蛮世界的发现者之一。

我们看到这个商人再也不像他石器时代前辈的前辈那样孤独地带着驮重的牲畜和奴隶脚夫去经商了,他赤脚走在路上。带篷的马车很早就已经投入使用了,沉重、笨重的货物用巨大的圆盘车轮(disk-wheel)拖拉, 就像用四头牛拖拉的车辆。大约在公元前1200年,普勒萨塔人(Pulesata)、腓力斯人就用类似这种车辆侵入了埃及。哈布城(Medinet Habu)庙宇的文书和教士在他们的浮雕中就描绘了这种车辆。这种经商的大车笨重地、非常缓慢地在崎岖的道路上颠簸摇晃着。但是,在它皮制的帐篷下面却堆满了大地上的财宝:青铜剑、匕首、剃刀、长矛和标枪的枪头、缝衣针、服装的扣衣针、手镯和镜子。而且在一些用粗的箍扎起来的厚重木桶中,收藏着其他特殊的珍宝:克里特的牛首,青铜时代的"美元"。

插图7 称量黄金。这是在埃及的底比斯一座雕塑家的坟墓中发现的壁画(约公元前1380年左右,描写的是一架异常精准的天平。右侧秤盘中是一个牛首形状的砝码,左侧是金锭。)

第二章 贵金属

它们同时既是砝码又是支付单位，它们有的是一些小块的银子，上面刻印着图案，显然这是一种小的辅币，而大的则是金制的牛首，在克里特许多书写版上都描绘着这种牛首。砝码的测量与独立的支付媒介之间的同一性乃是发明"货币"这一概念的先决条件。因为所有克里特的支付媒介：小的银制辅币、金制的牛首和大的硬币：重达64磅的黄铜和青铜的铸锭都浇铸成伸展开的牛首形状，并印有克里特造币厂的标记。它们都是它们国王的使者，住在克里特岛上宏伟的克诺索斯宫殿里，伟大的米诺斯国王，他已经消逝在神话里了。它们作为一种交换媒介之所以在凡有人居住的地方（oikoumene）都能被人们接受，其原因就在这里。因为在区区的称重单位背后还蕴藏着权力的神话。

由于人们很快知道了青铜的熔点低，青铜铸造得到非常迅速的发展。所以铸造厂和铸造工具也多有发现。一般而言，从南方和西方流入的粗糙的青铜都是这个国家自己生产的。很自然这是一种极为重要的活动，在大多数印欧传奇中对铜匠表示的极度尊敬，可能就是从这个早期时代而来的。

当西班牙的锡矿开始枯竭的时候，布列塔尼和诺曼底的锡矿矿脉，更为重要的是位于康沃

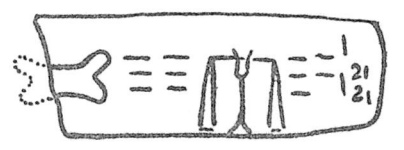

插图8 克里特书写版。上面刻有黄铜条与天平。

插图9 克里特书写版。上面刻有牛首形状的砝码。

尔 ❶海岸之外的锡利群岛上的大锡矿开始崭露头角。早期地中海上运输西班牙锡矿产品的航运现在都被运送来自非常遥远的不列颠和法国锡矿产品的航运取代了。当然，塔提色斯人自己不会远航到英格兰。他们可能只是航行到乌锡萨姆（Uxisame），即现在的乌尚特❷，从那里到英伦三岛的航程是由凯尔特的船只完成的。对所有这一切的详情，我们所知甚少。但是，可以肯定的是在西班牙西南部与不列颠之间存在着紧密的文化关系，如果在他们之间存在着非常紧密和繁茂的商业关系，这种文化关系是完全可能存在的。然而，没有疑问，少数单独驶往英国的航行是由西班牙人进行的，正如塔提色斯人也可能会远航到北海一样。克里特人在任何情况下都要穿越直布罗陀海峡前往塔提色斯，他们甚至会远航到英国。我们知道，锡在石器工具仍在应用的时候就已经从英伦三岛出口了。因此，它的价格异常便宜，在任何情况下，都要比在塔提色斯便宜得多，在那里的商业利润无疑会达到几倍。克里特的商业大亨对利润的追求就足够促使他们冒险航海前往神秘和危险的北方，这是完全有可能的。无论如何，在康沃尔的法尔茅斯（Falmouth）就曾发现过可以追

插图10　扛着牛皮形状金属锭的黑人们

❶ Cornwall，英格兰西南部的一个郡。——译者
❷ Ushant，是法国布列塔尼半岛外大西洋中的小岛。——译者

溯到大约公元前1700年的克里特牛皮形状的金属锭，那里还发现了一些与施里曼❶在特洛伊发现的珠宝极为相似的珠宝。

当然，他们可能是通过西班牙来到英国的。希腊文中的锡字，cassitéros 非常可能是从凯尔特语借用的，无论如何，这都很有启发性。有人认为这是从凯尔特人对英伦三岛的描述引申而来的。他们用 cassiterides 称英伦三岛为"非常遥远的岛屿"，我们也许可以从这个凯尔特单词的吸收和转化中推断出克里特的文化势力与欧洲北方遥远地区之间的直接联系。

由于古代世界的航海和造船能力远远高于人们通常所估计的水平，所以塔提色斯人完全可能已经发现了大西洋群岛，至少是发现了马德拉群岛（Maderia）和加那利群岛。这是无法证实的。但是，这些群岛与大陆相距如此切近，它们不可能逃脱久经航海的塔提色斯海员的目光的。

从古时就习惯穿越比斯开湾的人们根本不可能想像沿非洲西海岸航行，根据后来的证据，我们有任何理由假设塔提色斯人曾到达过西非。在这种情况下，他们肯定是在中途经过了马德拉群岛。这里有一种迹象表明塔提色斯已经发现了大西洋沿岸岛屿，克里特人和希腊人也知道了这些，下面我们将介绍荷马在《奥德赛》中对赐福之岛（the Isles of the Blessed）的描述， 这也许会解开塔提色斯的衰落和毫无踪迹地迅速消失之谜吧。

当米诺斯的制海权（thalassocracy），亦即克里特的海上霸权解体的时候，它的地位被腓尼基人取代了。在遥远的西部，这一任务落到了强

---

❶ 海因里希·施里曼（Schliemann Heinrich, 1822~1890年），德国考古学家，1870~1902年他在一次私人探险活动中，首次发现了特洛伊，1876~1878年他还在迈悉尼进行了发掘活动。——译者

大的腓尼基殖民地迦太基❶的身上，当这座富裕的城市觉得足够强大的时候，它就向西班牙的南部进军了。它的第一个行动就是只允许迦太基人的船只通过海峡，违者处死。这个事件发生在大约公元前530年，也就是说，在那时，出现了一种逐渐增长的趋向：就是放弃青铜而选用铁器。这时不列颠的锡已经不再占有显要地位，以至封锁直布罗陀海峡完全凭借自身即可成功，这种封锁意味着放弃了西班牙西南部旧日世界贸易中心轻而易举获取的巨额利润。如果迦太基人禁止船只通过直布罗陀海峡，那么，其中必定另有原因。而这些原因只能是大西洋群岛，腓尼基人早就知道这些岛屿，它们出产的产品是提尔（Tyre）和西顿（Sidon，黎巴嫩港口城市）的庞大印染厂所急需的。在大西洋各岛屿上可以发现一种植物性染料，这种染料与他们本地的染料混合就能使腓尼基人获得一种紫色的纺织品，它那种红得发亮的颜色在整个古代世界非常有名。为了确保塔提色斯不在这方面妨碍他们，腓尼基人利用他们征服西班牙的机会把这座讨厌的城市连根拔掉了。迦太基做任何事情都是彻底的，在这里更是特别彻底。它的军队放纵于杀人放火的狂热，直到塔提色斯除了松散的瓦砾之外，一切荡然无存，因此考古发掘一直无法使这座繁荣的城市显露出来。以赛亚在公元前700年，即塔提色斯陷落之前的200年，就曾预言："在神的日子，他施的船只都要毁灭。"现在这一天已经来临。塔提色斯消失了，随之消逝的是关于广阔西部海洋的口头传说。魔鬼、可怕的黑暗、泥滩、任何船只都无法逃脱的无边无际的海草丛生的地方，恐怖的怪兽和幽灵般的死神正在等待着那些敢于冒险闯过

---

❶ Carthage，腓尼基语，意为"新的城市"，坐落于非洲北海岸，今突尼斯，与罗马隔海相望。——译者

直布罗陀海峡的水手们。这些都是腓尼基人让人们看到的景象。人们信服了他们。这样竞争就最终被消除了。2 000年后，当葡萄牙人沿着非洲谨慎地向南探索自己的道路时，这些无稽之谈依然在流传，航海家亨利是通往印度的海路的真正发现者，他创建了葡萄牙海军，后来在其一生当中，劝说这支海军的舰长们驶入那片神秘的海洋时，简直困难重重。

这是非常显著的，人们可能已经想到：伊比利亚半岛犬牙交错的海岸，有许多海角伸入海中，似乎是按照大自然的法则天造地设产生水手的地方。当然，西班牙经常会有渔民，甚至在迦太基占领时期也是如此，但是，塔提色斯人曾经航行了1 000年之久的辽阔外海，它与比斯开湾、往往还有远处的英伦三岛遥遥相望，随后也都从记忆中完全消失了。后来罗马人艰苦地重新发现了海上商业的旧日航线。然而，这些一度像大动脉一样贯穿地中海的航线，都集中在西班牙的中心地带，延伸到遥远的北方：这里挤满了装载着锡和黄金的货船，由数以千计的水手有序地驾驶着。多少世纪以来，这都是人类心灵所有渴望的目标，都是那个时代世界所有语言中长篇誓言的主题。

由古代地中海人经营的途经塔提色斯前往英国的航行实际上已被迦太基人封锁了。当然，对这一点还要补充下列事实：现在，锡已经不再发挥其在500年前或1 000年前所发挥的重要作用了。反之，爱尔兰的黄金则受到青睐，在熔化铁或生产钢的时候是不需要锡的。要绕过迦太基人的障碍，现在开辟了一条陆上通路，沿着罗讷河（Rhone）和卢瓦尔河（Loire）或沿着塞纳河通往北方。早期历史上的波尔第萨拉，即现在位于加龙河（Garonne）河口的波尔多，它肯定要被卷入这种陆路交通的。但是，很自然地，那些利用这条道路的人有足够的理由将自己的发现隐秘起来，因为他们担心迦太基人，正如迦太基人伪装了他们自己的消息一样。结果,除了双方都曾频繁地造访盎格鲁——爱尔兰的黄金和锡的宝地之外,迄今为止,关于通往这些矿区的这条高卢后门道路的任何细节都无法确定。相互竞争的两大经济集团,他们的保密状态能持续多久?南欧集团是由罗马人领导的,北非集团是由迦太基人保护的。国际上的经济间谍活动是如何兴盛的?这些都可以在罗马编年史学家斯特拉博❶的叙述中找到,斯特拉博在叙述其他事情时讲到,有一位迦太基船长曾驾驶一艘船使它搁浅,以阻止罗马人的商船跟随着他,来探知他的目的地。

这些都是具有明显资本主义特征的态度,同时也有明显的民族主义特征。由于它们不可能在一夜之间表现出来,因此有理由想像新石器时期对它们的发展也发挥了作用。然而这些推动力只有到了青铜时代才充分显现出来,新的金属似乎起到一种催化剂的作用,似乎以一种魔力加速了缓慢燃烧的进化过程。

四

当然,即使是在古代世界,企业家也不可能亲自去做一切事情。正如他为自己的船只雇佣水手和船长一样,(虽然在一开始,他也经常亲自驾船航海,)因此完全可以肯定,在海外贸易中,他也雇佣一些助手。甚至商务代表这个职业似乎也是在很早的阶段就发展起来的,按照逻辑来讲,是伴随着根据订单购物而发展的。没有比这更自然的

---

❶ Strabo,古罗马地理学家、历史学家。约公元前64或公元前63年生于小亚细亚的阿马西亚,约公元23年去世,著有《历史学》(43卷)和《地理学》(17卷)。——译者

了。生产中心与购买者之间的距离遥远，道路恶劣不堪，徒劳地带着宝贵的货物周游各地的风险很大。建立一些分支机构和仓库，派出自己的代表携带样品去推荐商品并争取订单都是更可取的办法。库潘瑙（Koppenow）靠近劳恩堡（Lauenburg），大约在几十年前，在波美拉尼亚（Pomeranian）的泥炭沼中就曾发现了一个这样的青铜时代的样品箱。这是一个坚固的木箱子，长26英寸，在专门掏空的小格子里装有各种形状的斧头、剑的剑身部分、装饰性的坠子、纽扣、扣衣针等等，也许它要给顾客留下关于商人的商品的印象，因此可以取得订单。

这个出自库潘瑙的木箱子是否真是一位旅行商人的样品箱，还无法绝对地予以肯定，菲尔绍（Virchow）已经否定了西班牙冰川时代的洞穴绘画，他又激烈地反对这一设想：在库潘瑙的发现就是一个样品箱。但是，考虑到青铜时代普遍的"资本主义"经济倾向和样品箱逻辑上的对应物品，再考虑到这一事实：那些履行整个地区订单的仓库或分支机构也被频繁地发掘出来，这一观点似乎就很有根据了。如果我们想到跨越欧洲商道所需的漫长时间，（假如商人必须返回到生产中心，在那里提取根据订单制作的货物，）那么，他在乡村分散地、秘密地储藏这些货物就非常自然了，从这里他才能满足顾客的需求。青铜时代的这种贮货仓库往往藏有相当可观的货物，已经有许多被发掘出来。比如，1880年在洪堡—沃尔—霍荷（Homburg-vor-der-Höhe）发现了一个仓库，其中有几百件长矛的矛头、镰刀、发卡、扣衣针、指环等等，当然，这是名副其实的青铜时代商场上的货物。在康斯坦茨湖畔（Lake Constance）、在瑞士、在瑞典和英国也发现了类似的货栈。当然也许有人会反对说，这些都只是一些秘密仓库，而其中那些有价值的东西则被藏了起来，然后都被遗忘了。另一方面，这里也没有真正具有说服力的理由说明：为什

39

么在其他方面组织得如此资本主义的青铜时代,却没有明确的商业仓库和旅行商人的概念。因此,我们必须假设所有这一切都在公元前很久就已存在了。

早期欧洲的越野道路很像征服北美洲时的情况,肯定都是沿河而行,这样的道路自然要比在狭窄的森林或湿地中几乎未开垦的道路上行走更为舒适。只有在穿越沼泽的时候才会利用后面那种道路。穿越符腾堡(Würtemburg)南部的菲德莫斯(Federseemoos)用木板铺设的栈道就是这样的,它或是绕过了急流浅滩,或是穿过了两条河流的分水岭。

在这样的地方,使道路建造得安全、使落差得以克服的那些方法,其技术造诣是令人吃惊的。比如,他们利用了隧道。早在公元前第三个千年,就以极高的精确度进行测算和修建了一些隧道。此外,还有一些把船只提升到陆地上的滑轮。在现存的分水岭上有一些由滚筒构成的阶梯,通过一个复杂的木块和滑轮组组合装置可以升降船只。这些水陆运输设施有一个就位于科林斯地峡,今天的科林斯运河就在其附近。这个机械装置就是所谓的"拉升机"(*diolkos* / pull-through),至今仍清晰可辨。也许它就是另一种同样著名装置的原型。那种装置设在位于今天南斯拉夫境内的纳诺斯山脉的一些隘口,旧日的珊兰登—亚德里亚大道(Samland,属波兰)就是穿越了这里。我们知道这条干道只是在罗马帝国时代才达到其鼎盛的时期。当然,在非常早的时候,人们就发现了这条干道,在德国东部的许多墓地发掘出来的伊特拉斯坎物品即可证明。无论如何,似乎都可以肯定地假设:在这条伟大的国际通道上,在很早的早期,就已经进行了复杂的技术安排,其目的就是使阿尔卑斯山区从南流向东南的河流的水路得以延伸,这种货运方法使这一山区运输货物得到双倍的便利。

第二章 贵金属

另一个非常早期就使用的水路联运设施建在石勒苏益格地峡正对面，构成了连接北海与波罗的海两个海洋的"轮子上的运河。"对这条人工连接起来的道路，我们了解得非常详细，因为直到公元12世纪以后很久，它仍然在应用。甚至在中世纪鼎盛时期，人们仍然非常勉强地去冒险驾驶船只穿过斯卡格拉克海峡（Skagerrak）与卡特加特海峡之间危险的海路从北海驶向波罗的海。反之，人们乐意从艾德河（Eider）溯流而上，沿其支流特雷纳河（Treene）进入今天的霍棱斯泰德（Hollingstedt）地区。那时这里有许多的商业中心，我们从传说中知道，英国人在这一地区握有市场权（market rights），但是，毫无疑问，荷兰人，上莱茵和下莱茵的商人，也许还有来自马赛的商人也在霍棱斯泰德设有仓库和分支机构。从霍棱斯泰德有一条通向石勒苏益格的坚固道路：即施莱湾（Schlei）富足而古老的斯利斯索普（Sliesthorp）航道，在这条航道上，乘客和货物在几个小时之内即可抵达波罗的海。

在大约1000年或更长的时间里，就有源源不断的商旅背负着地上各种珍宝从西方到东方，从波罗的海到北海络绎不绝于途。比尔卡（Birca）是斯堪的纳维亚的商业化大都市，它坐落在玛拉湖（Lake Mälar）中的一个岛上，从比尔卡来的商人身材高大，身穿缀有毛皮的昂贵服装，慷慨大方。特鲁索（Truso）现在称为埃尔宾❶，来自那里的短腿斯拉夫人带着许多琥珀，还有撒尔马提亚（Sarmatian）和本廷（Pontic）地区的刺绣品和饰带。皮肤黝黑的阿拉伯人，他们作为商人和朝拜丹麦各位国王的使者从遥远的西班牙跋涉而来，他们带来了色彩绚丽、宽大的穆斯林头巾，还有颤巍巍的呢斗篷，上面的宝石闪闪发光。

---

❶ Elbing，又称埃尔布隆格，今属波兰。——译者

佛兰芒的商人带来大宗的羊毛服装和起绒粗呢（frieze），来自下莱茵地区的陶器商人带来了陶罐、陶壶和陶碗；来自科隆的制帆匠和制绳匠带来了用海象皮制成的粗绳，也带来了鲸油的气味。从马赛运来了香料和芳香剂。携带这些货物的优雅而欢快的男人们散发着一股甜美的气味，他们的硕大包裹和箱笼也散发着甜美的气味。沃尔姆斯河和施派尔河（Worms and Speyer）附近有肥沃的平原，沉重的马车车声隆隆地沿着这条道路运来了一桶一桶的美酒。

离这些五颜六色、闪闪发光的人群不远，可以看到船只在滑动着翻山越岭，爬上了到分水岭的最后一段陡坡。船只装在一种类似雪橇的装置上，船只可以被牵引着向下滑动，这个装置安装在对面的山坡上，同时要由对面的制动刹把加以控制。在它们前面和后面都有一些滚轴，这样一来，尽管上面载有非常沉重的重量，它们也能滚动，由于摩擦，那些轴承会发热，就要不断地用水和沥青润滑，以保持灵活。在这条滚轴跑道的两旁，缓慢地走着一队一队的牛，奴隶拽着绳子，驾驭者挥动长鞭，打在弓起的牛背上，隆隆隆，嘎嘎嘎，嘎吱吱，呲啦啦地，这些船只带着高高的桅杆，迎风抖动的船帆和吱哑哑作响的船帮缓慢地摇摆着滑向河水当中。当然，所有沿这条道路旅行的人早就听说过这种神奇的技术了。但是，他们现在亲眼看到了这个奇迹，他们感到大吃一惊。

斯莱斯索普（Sliesthorp）是同样富有的海特哈布（Haithabu）的先驱者，它从公元800年以来就是波罗的海所有商人的大本营，正如1 000年后伦敦是北海和世界商业的首要都市一样。自从古代开始，通往日德兰半岛（Jutland）并且穿过岛屿间的桥梁到达斯堪的纳维亚的贸易公路就已经在斯莱斯索普与波罗的海南岸那些道路交会了。自古以来巨额的财富就在这里积聚起来。公元800年，丹麦的国王们也在斯莱斯索普定都，除

第二章 贵金属

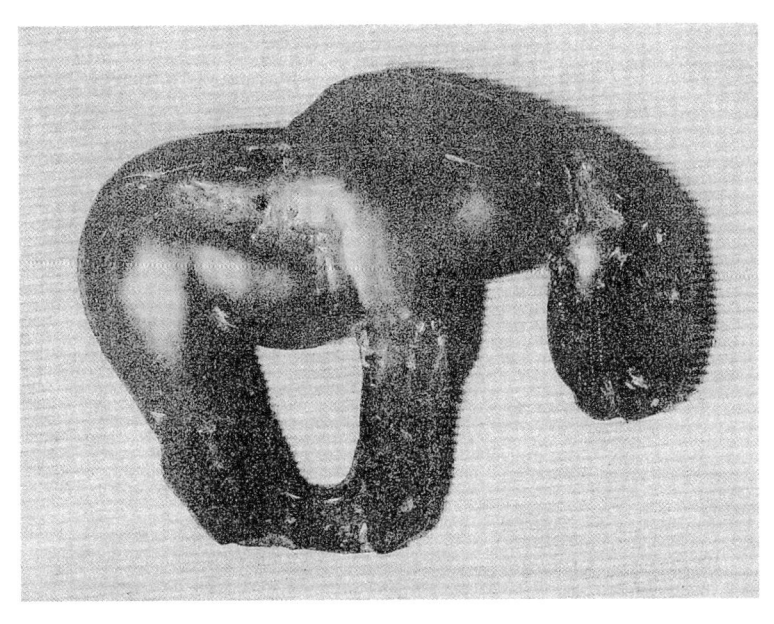

图版4 琥珀小马。这枚可爱的琥珀雕刻,制作于5 000多年前,它是某些美妇人项链上的坠件吗?

图版5 产自德国北部的青铜装饰品:项圈、装饰针和扣衣针。这些都是贵妇人的装饰品。

图版6　库潘瑙的样品箱。箱长2英尺6英寸（约760毫米），橡木制成，在波美拉尼亚的库潘瑙附近出土，其中装有一把剑、几枚装饰性的扣衣针，斧头、纽扣等。据估计可能是青铜时代一位巡游商人的样品箱。时间大约在公元前1000年。

图版7　哈尔施塔特时代的装饰陶器。这些用鲜艳的色彩描绘的碗和罐子制作于公元前7世纪或公元前6世纪，它们制作得极为薄细，只能作为装饰而不能实用。

了商人们的财富、奢华与他们无穷无尽的狂欢和宴饮,这里还增添了宫廷高贵的荣光:这是一幅熠熠生辉的画图,它的某些童话般的光彩可能被折射到传奇的城市温尼塔(Vineta)身上了,正如当地传说的那样,这座城市多少个时代以前就已经沉没到波罗的海当中了。

欧洲山脉的褶皱与亚洲荒野的山脉相比已经消磨殆尽了,从整体上看,它对人类的旅行已经不像想像的那样具有阻碍效果了。在第三个一千年,勃伦纳山口(Brenner)就已经是通衢大道了,它是阿尔卑斯山所有山口中最低的一处,但是,大小圣伯纳德山(St. Bernard),蒙热内夫尔(Mont Genèvre),塞尼峰(Mont Cenis)等也都是很重要的隘口。从琥珀之乡到意大利的南北通道首先是沿着易北河(Elbe),莫尔道河(Moldau),因河(Inn)行走的,穿过勃伦纳山口后,与埃萨克—阿蒂捷(Eisack-Adige)水系联系起来,但是,考虑到后者的激流,与其说它是一条道路,还不如说是个路标。

与这条南北通道垂直的是一条极为古老的道路,可能在冰河时代就已经通行了,毫无疑问,它是沿着多瑙河行走的,是通往黑海的。这条东西贸易通道在铜器时代开始的时候,其重要性就已经达到了巅峰,因为它将铜矿产区与后来的匈牙利青铜工业和德国南部、意大利和瑞士甚至还有俄罗斯的购买者连接了起来。沿着这条道路有大量的发现,其中有极其丰富的金制装饰品和用具,这证明了这一地区高度发达的经济水平,其先决条件就是多瑙河河口周围异常肥沃的平原。虽然这条处于北方冻土地带和阿尔卑斯山冰川突出的冰舌间的道路已经通行了数千年之久,但是,多瑙河河道却是在非常晚近的时候才为人所知的。可能是因为与这条道路有关的商业公司封锁了他们的知识,并且隐瞒了关于它们代理商的报告,就像塔提色斯人和迦太基人曾经对自己的贸易通道严加保密的那样。这是对有关远古时代多瑙河的一些荒诞故事的唯一解释。据说,多瑙河曾经为许多巨大的蜂群包围着;人们模糊地听到过阿尔卑斯山和喀尔巴阡山脉,而且认为它们就是山间的溪流,都是多瑙河的支流,其源头在西班牙;多瑙河除了在黑海的河口之外,还有另一个流入亚德里亚海的河口。这些传说在形式上稍有差异,但是,都与塔提色斯人和迦太基—腓尼基人关于大西洋同样恐怖和混淆的故事如出一辙。无论如何,这些神话故事的目的都是为了向其商业竞争者的眼中抛撒沙土而已。

500年以后,当罗马人开始对不列颠感兴趣时,也发生了完全相同的事情。同样荒诞至极的传说流传起来。当罗马人拒绝这些恐吓的时候,他们的竞争者假装着愚昧无知。甚至当恺撒来到通往英格兰的十字路口时,他都不能从高卢人的渔民和商人那里得到任何消息。不难想像,当这位万能的罗马将军和他那些高雅而聪明的情报官向他们提出一些关于一个近在咫尺的国家最古怪的问题时,那些凯尔特的老水手肯定会偷偷地笑起来。

如果我们把多瑙河路线看做是欧洲贸易通道所形成的坐标轴系的横坐标,那么,亚德里亚海—珊兰登的连接就是东部纵坐标,而罗纳河—莱茵河道路则是西部纵坐标(原文如此)。当然,随着希腊的殖民地马希利亚(Massilia),即今日的马赛(Marseilles)大约在公元前600年的建立,沿着罗纳河的交通才变得非常活跃。但是,罗纳河在西欧的贸易通道网络上已经是一个重要的元素。在一段时间里,它是爱尔兰—不列颠向北方和西北运送黄金和锡的道路的组成部分;然而,同时它也构成了通向东北的莱茵河和美因河上富有地区的一个有用的路标,那些遥远的琥珀大地被笼罩在远方的迷雾当中。

第二章　贵金属

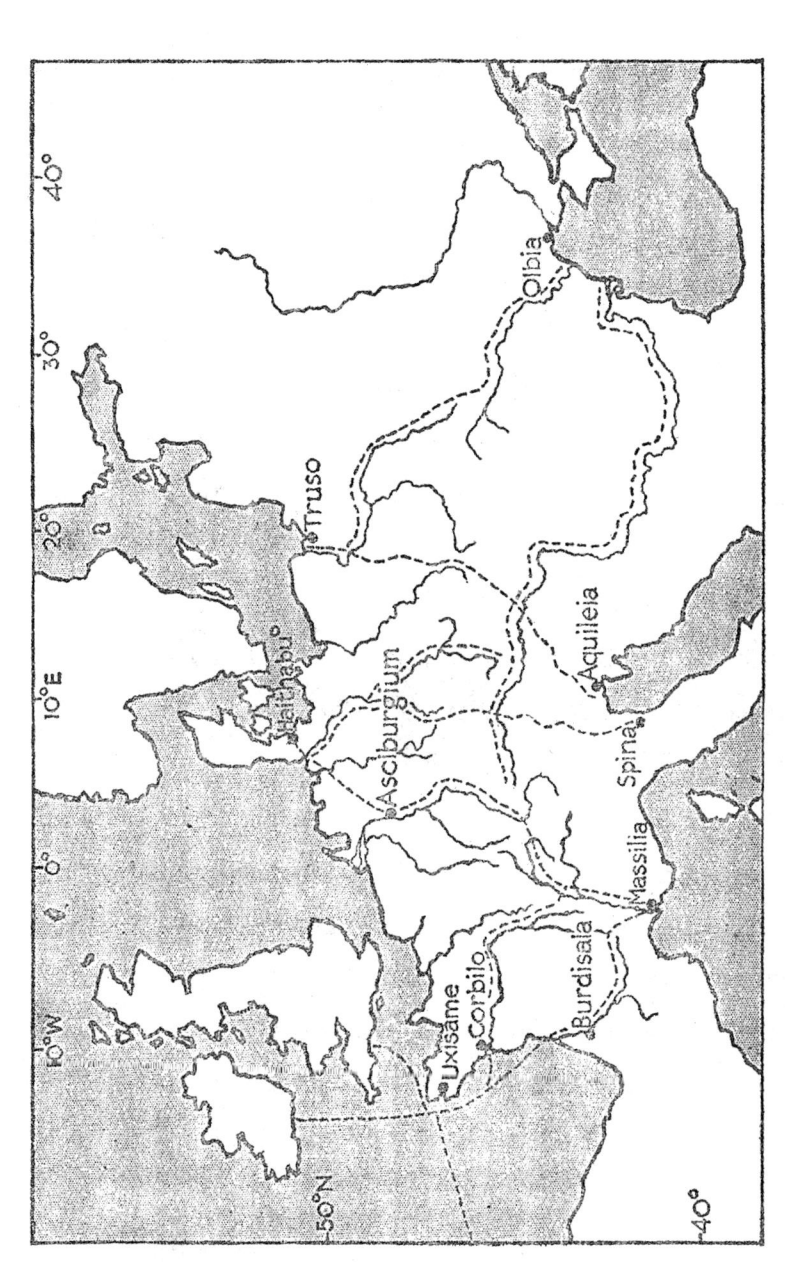

44

地图2　欧洲史前和史初的商道路线图。（顺时针顺序）海特哈布（Haithabu）特鲁索（Truso）阿喜布尔基乌姆城（Asciburgium）、阿奎利亚（Aquileia）斯皮纳（Spina）马布利亚（Massilia）布笫萨拉（Budisala）考比娄（Corbilo）乌克西萨姆（Uxisame）

马希利亚的大商人自己是否到那里旅行过,我们不得而知。北方有大片的森林和沼泽,对地中海的人来说就是一个可怕的地方。但是,精明的希腊商人肯定到过遥远的阿喜布尔基乌姆城(Asciburgium)和条顿族的埃申堡(Eschenburg),埃申堡坐落在今天的杜伊斯堡(Duisburg),它是琥珀之乡的主要商业中心。这一点可以从塔西陀的《日耳曼尼亚志》一书中提供的一则信息推断出来。他在那里说道:据说奥德修斯(Odysseus)在他的漫游历程中,曾漂流到北海,而且曾到过阿喜布尔基乌姆城,"它坐落在莱茵河畔,那里仍有人居住,据说它是由奥德修斯建立的。"因此,罗马认为这个非常著名和繁荣的大港口就是希腊人的殖民地。至少它可能是一个马希利亚人的殖民地,而事情可能就是这样:那些通往北方的荒凉道路是在皮西亚斯❶之前开辟的,他是来自马塞利亚的伟大商业专家和地理学家。关于这个人,现在我们还要详加介绍。由于地理原因,在莱茵河河口的岛屿上不可能发现任何琥珀,"海洋黄金"肯定是来自日德兰半岛和波罗的海的海岸。住在埃申堡的有魄力的希腊居民要自己到那里去,这是再自然不过的事情。我们不知道他要走哪条路。但是,很可能他会经过索斯特(Soest)和帕德博恩(Paderborn)到波塔韦斯特法利卡(Porta Westfalica),越过宁堡附近的威悉河,再经过阿勒尔(Aller)河上的威尔登(Verden)和汉堡附近的斯塔德(Stade)他就可以到达青铜时代的一条古商道,这条商道可以通向现在的艾达河河口地区。然而,没有记录表明阿喜布尔基乌姆城的任何著名人物曾经到达过北海,由于皮西亚斯后来很明显地受到委派去考察这些琥珀之乡,我们肯定会怀疑我们的安德普罗斯先生(Mr.

---

❶ Pytheas,公元前3世纪的古希腊航海家、地理学家。

Andropoulos）或任何一位埃申堡的商人曾经到达过他们的目的地。

埃及人和赫梯人（Hittites）乘坐他们的船只到克里特销售他们的玻璃珠子、器皿和青铜铸像。克里特商人则把商品运到阿奎莱亚（Aquileia, 意大利东北部军事重镇），这是与远处的东北进行贸易的重要港口。跟着两轮大车和驾车的牲畜，（在山里则是驮畜），商队弯弯曲曲地走向塞默灵（Semmering）。在这里，来自巴尔干的商人越过了纳努斯山（Nanos mountains）山上的关口，他们可能也加入到这庞大的商队中。现在商队穿过了摩拉维亚山口（Moravian Gate），利用奥得河（Oder）或是维斯杜拉河到达今天的埃尔宾北面的特鲁索（Truso），这里是与珊兰登和最北方的森林中无数条商道进行贸易的繁荣市场。毫无疑问，伊特拉斯坎人从托斯卡纳把青铜器带到北方，把他们的货物在途中的某些地点交给商队的领头人，他知道通往欧洲东北部的道路。然而，只有在几个时代之交的世纪里，就像普林尼遗憾地说的那样，在罗马琥珀非常昂贵，以至"一个极小的琥珀人像都要比真人更值钱，"用现在的货币来计算大约是20或30英镑，只有这样这1 200英里长的道路才能体现其真正的重要性。但是，1 000年以前，富豪、王公和高官在埋葬他们的夫人，他们的大臣，他们忠实的仆人时，都在坟墓中填满了来自埃及的宝贵的、闪闪发光的琥珀珠子，沿着这条道路都是这样的坟墓，这就是其伟大古典的象征。

当然，沿着伟大而古老的道路进行贸易和运输的不仅是盐、青铜和琥珀。昂贵的毛皮，尤其是一些宝贵的皮革和其他奢侈品肯定都曾扮演了同样的角色，如同在后来的千年里。公元前700年以后，在我们东北方的道路上，这显得更为明显，那时希腊人在黑海岸边建立了殖民地，它们已经克服了最初的困难。就像所有新生的殖民地一样，它必须在当地大量地制作货币，而且要同样迅速地消费。因此，就出现了对奢侈品的需求，这种需求对那个时代的人来说似乎是前所未有的，这是极度堕落的征兆。第聂伯河河口处的奥尔比亚（Olbia）港在其获得的巨大财富中尤为突出。在这个港口的影响下，珊兰登—亚得里亚海之间的道路开辟了一条通向东南的支线，它利用了维斯杜拉河—第聂伯河水系，直接到达黑海。现在，奥尔比亚是由米利都人建立的，米利都是小亚细亚的商业城市。从很古老的年代起，它就与南亚建立了广泛的交通联系。但与此同时，许多道路也深入到以奥尔比亚为终点的俄罗斯内地。从商业角度讲，这样一个重要的地方很自然会有极大的利益，我们可以假设：第一次世界大战前不久在埃伯斯瓦尔德（Eberswalde）发掘出土的神奇黄金宝库，其中有粗重的黄金手镯、皇冠、项链和酒碗都是出自欧洲南部和希腊的，它们都与黑海的"巴黎"：奥尔比亚有某种联系。沿着这条东部道路流入欧洲的大部分货物肯定都消磨殆尽了：丝绸、地毯、宝石、香料和其他类似的物品。其他的东西则保存在泥土中：钱币、陶器、武器等等。七世纪以来，这些发现在维斯杜拉河地区就非常之多，因此我们可以从中看到这一地区曾经是多么"繁盛"。

我们的叙述可能造成了这种印象：中欧和北欧除了琥珀和毛皮之外，就没有什么东西可以交换南欧的金属财富了，似乎他们的输出大于输入。在青铜器时代早期，这是非常真实的。诚然，近来有人断言，北方的矿山很早就开始生产青铜了，确实，锡掺入黄铜的经典比例实际就是在这里被发现的。但是，看起来似乎是这样的：首先，西班牙和托斯卡纳的青铜一直控制着这个市场，而没有遇到挑战。这一点非常重要。因为这一时期，西班牙和意大利的青铜生产都掌握在神秘的民族，即：伊特拉斯坎人的手中。显然他们很久以前就熟悉这种新的金属了。

第二章　贵金属

我们对这个卓越的民族非常熟悉，他们肯定是从小亚细亚移民过来的。但是，我们的知识就像一个混乱的，而且是十分不完整的拼图玩具。因为，尽管可以找到许多确切的知识碎片，但是，我们根本无法把无数细小的文化—历史之谜拼成一幅完整的画图。

在阿尔诺河（位于意大利中部）和台伯河[1]之间的伊特拉斯坎意大利出现了许多非常漂亮的文物发现：瓮、花瓶、剑和黄金、白银、象牙以及琥珀制成的装饰品，还有许多

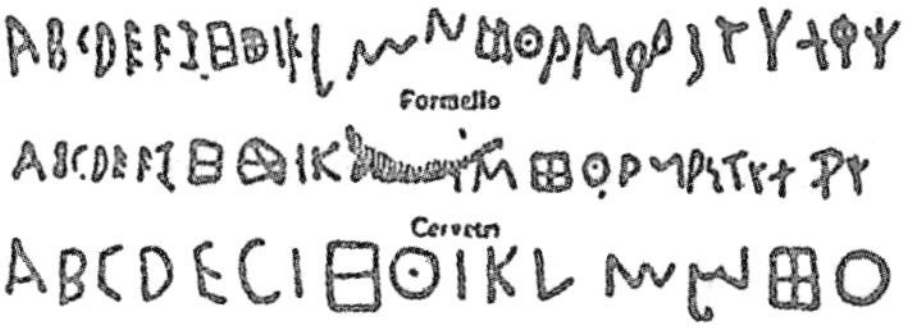

插图11　公元前8世纪至公元前7世纪，三行伊特拉斯坎人的字母。虽然伊特拉斯坎人使用了地中海其他文化的许多书写文字，但是，他们的手稿至今仍未被识别。

藏在古老墓室内的绘画，大量的男子和动物的雕像，所有这些都显示出对形式的高度和引人注目的意味。但是，罗马人为他们的邻居描绘的图画从完全不同的角度再现了这个艺术的，而且毫无疑问是具有高度天赋的民族。他们说，伊特拉斯坎人非常富有，在商业和航海上非常能干，他们热衷于美好的生活。但是，他们是极端的物质主义者，完全专注于世俗事务，一点道德观念都没有，甚至在大庭广众都可以进行性行为。他们的妇女都仅仅是物品，通常属于所有有生育能力的男人。这可能是夸张。但是，事实上，伊特拉斯坎人对男性生殖器抱有一种宗教般的敬意，在秘密祭神的纵酒欢宴上，男子生殖器的形象受到崇拜。同样，这也是事实：尽管有其高度的形式性特征，伊特拉斯坎人的全部艺术都展

47

---

[1] Tiber，意大利语：Tevere，一名韦雷河，位于意大利中部，全长406公里，是该国第三大河流。

示了许多粗糙的唯物主义的特征。

因此，没有任何东西能拼装到这副模糊不清的镶嵌图案中。但是，可以肯定的是，伊特拉斯坎人是从小亚细亚移民过来的，也许是由于那场发生在公元前第二个千年开始时的民族大潮流推动而来的，那场潮流从亚洲席卷了地中海。还可以肯定的是，当这潮流流动时，他们精通掌握了采矿、青铜制造、金属浇铸和锻造艺术。另一点可以肯定的是，在他们从小亚细亚被驱赶出来的时候，他们曾试图在埃及落脚。埃及的记载把他们叫做图鲁斯卡人（Turusca）。但是，埃及的法老太强大了，他们赶走了外来者。于是他们转向西方，绕过马耳他和西西里航行到意大利，他们有一部分人在那里定居下来。其余的人似乎只好经过撒丁岛和巴利阿里群岛（Balearics），直到抵达西班牙。在西班牙，坐落在瓜达尔基维尔河畔的古代商业城市塔提色斯，由于融入了这种新的血液，在财富和强权上达到了它的辉煌顶点。

无论如何，在很长时间内，青铜的滚滚洪流都是从塔提色斯和托斯卡纳流遍欧洲的，托斯卡纳即是古代的图西亚（Tuscia），这是托斯卡尼人或伊特拉斯坎人的领地，后来被称为伊特鲁里亚（意大利中西部古国）。大约公元前700年，经过500年疯狂的开拓，伊特拉斯坎的铜矿开始枯竭，他们北方的邻居不得不扩展自己的青铜工业。斯堪的纳维亚在这方面尤为突出，很快北欧的青铜制品：工具、装饰品和武器都向南欧和埃及打开了道路。在迈锡尼（Mycenae，希腊伯罗奔尼撒半岛东北阿尔戈斯平原上的爱琴文明城市遗址）和尼罗河都曾出土过这些制品。埃及国王的管家对等级和精确性的爱好甚至为我们提供了关于几件非常古老的文物的确切年代：法老的专用标记曾被镌在三柄北欧的青铜剑上，将近公元前13世纪末，它们收藏在塞特基二世（Setekhy II）的国库里。

在那个时期，海上交通主要掌握在腓尼基人的手中，他们是地中海东岸的闪米特人，在克里特人衰落以后，他们就取而代之。但是，海上交通开始是由西班牙人经营的，很长时间都掌握在伊特拉斯坎人手中。

在很长时期内，从他们的斯皮纳（Spina）港口卸下大量货物，然后输送出去。这港口坐落在波河一条支流（现已干涸）的河口，即现在的博洛尼亚（Bologna）附近。除了金属或昂贵的热带产品，诸如：玛瑙贝壳、珊瑚、香，还有玉米和其他食品，很有价值的日用必需品，后来都在古代世界的海外贸易中发挥了重要作用。

48

当然，在陆路上运输日用必需品的风险非常巨大。此外，陆路上长途旅行的成本与利润不成比例，它自然要远远低于贩运奢侈品的利润。但是，这并没有排除运输数量非常巨大的货物，虽然几乎没有什么道路适合车辆行走，而且在山区根本没有现成的道路，虽然当时四轮马车尚不普及，但远古时代的商人却完全能够运输庞大沉重的货物了。下列事实就可以证实这一点：在整个欧洲，甚至远到瑞典和挪威，都可以发现非常早期的大量青铜器皿，甚至是罐槽车，它们作为巨大的活动的盛酒器皿，把清爽的饮料送到节日欢宴上的所有客人面前。它们的重量往往非常大，以至出现了种种猜测，人们不知道如此沉重的货物是如何运送的。

我们再一次遇到了显然是不可思议的技术成就，我们再一次徒劳地自问：古代的人怎么能完成这种或其他的任务呢？我们如何理解呢？难道我们要假设我们的祖先只在一方面具有天赋？他们生活在一个技术上占优势的时代，却还不能适当地发展他们特殊的精神潜力？这种看法没有令人信服的根据，尤其是这一时期的艺术创造完全可以与纯技术性的创造相媲美。人们从这里只能推测：早期历史存在的这些因素虽然已经逝去，但它们也得到了全面的发展。无论是形式还是内容，肯定与我们自身存在中的类似因素极为相符，因此，在我们的叙述中偶尔应用的倒叙技巧绝对不能被当作一种电影手法，而是试图找出将有助于为我们确定方位的相似之处。正如几何平行线在无穷远处交叉一样，因此我们的平行线也在人的不可改变性中相交了，对人而言，诸神早就承认：他将是万物的尺度，是万物开始和终结的尺度。

第三章

朋特，神的大地，神圣群岛

公主的化妆盒／舵手尼姆霍提普的墓志铭／"年轻海洋一代的领袖"希克索斯（Hyksos）／哈特舍普苏特掌权／森姆特总理与他的外交政策／乳香／朋特，上帝的大地在哪里？／哈特舍普苏特说香料就是黄金／朋特公主的丰臀／东非的印度商品／埃及人的航海船队／论拜布鲁斯（Byblus）的逃跑？／所罗门知道俄斐在哪里／津巴布韦的神秘／公元前600年环非洲航海／托勒密不相信太阳在北方／法老的苏伊士运河／泰尔红紫与加那利群岛／汉诺海军上将与喀麦隆／大猩猩会投石头吗？／亚速尔群岛的迦太基人

一

我们这一章要从一位漂亮的妇人，或者说，要从她的化妆盒说起。当然，我们不知道这位妇人究竟是谁，也不知道她的容貌如何。但是，自从她从这个世俗的世界上消逝4 500年以来，对于一位如此重要的见证人，我们却无法以令人满意的准确性描述她的特征。她可能是第六王朝法老的一位公主，或者，无论如何也是法老的一位亲属，一般都认为这位法老代表着古王朝时期的终结。但是，这对我们的

讨论并无特殊意义。我们唯一感兴趣的是这个事实：在这个伴随她前往冥国的化妆盒里还有一点胭脂，而这些胭脂的成分之一是锑。

这里锻造的证据链条的下一个环节就是在埃勒芬蒂尼[1]发现的舵手尼姆霍提普的墓志铭，艾勒芬蒂尼是靠近尼罗河第一大瀑布的小镇。尼姆霍提普大约死于公元前2300年，也许比我们这位带胭脂盒的公主晚了几十年，他的葬礼非常隆重。他肯定是个非常有名的人物。我们对他知道的也很少，假如不是他的墓碑恭敬地记载了下列的事实：他与他的船长奎曾经11次驶往上帝的大地——朋特，平安无事地完成了这些旅程，那么，他对我们来说，也没有什么意义。

这是第二个环节。第三个则是女王本人。她就是埃及的哈特舍普苏特公主（意为最受尊敬的）。她在公元前1501年执政，仅仅20年之后，可能就被她的丈夫残暴地处死了。詹姆斯·H. 布雷斯特德是著名的埃及史学家，他称赞哈特舍普苏特公主是"世界历史上第一位伟大的女性。"而且她可能真的就是这样的女性。但是，在这里，这与我们没有关系。因为她的重要性只是在于她是两条线索之间的交叉点，两条线索来自那位带有胭脂盒的夫人与舵手尼姆霍提普。无论如何，我们都要对这位公主多花费一点精力。

哈特舍普苏特是托特美斯一世（Thothmes I）的女儿，也是他唯一合法的继承人。托特美斯是个伟人，凭借他的力量，埃及经过亚洲的希克索斯人毁灭性的打击之后重新又恢复了它作为世界强国的地位。从公元前1700~公元前1555年，在将近150年的时间里，这个外来民族奴役了埃

---

[1] Elephantine，亦称象岛，埃及东南部的一个岛，位于尼罗河上，在第一大瀑布下。1903年在该处发现公元前5世纪前埃勒芬蒂尼纸莎草文件。——译者

及,一切都混乱不堪。希克索斯的各位君王自称为"年轻好战的一代人的领袖"。我们知道这意味着什么,那时肯定是一个相当动荡的年代。非常重要的是,在驱逐了希克索斯人之后,埃及人热切地希望的只是恢复法律和秩序。因此,托特美斯一世作为一个统治者,肯定是名正言顺的,虽然这位法老只是一个公主的丈夫。因为王朝奠基者的血统,法老的真正和纯正的血统全部都在他妻子阿赫梅斯(Aahmes)公主的血管中流动。她是传统的继承者,关于这些秩序的力量,是不需要判断力来理解的,而且被认为是神授予了她这些力量(在动乱时期总是如此),仅仅这一点就可以使埃及避免重新堕入没有法律的年代。

埃及人肯定关切地注意到在亲王的婚姻中没有诞生出男性的继承人,只生下一个女儿。当阿赫梅斯死去的时候,亲王托特美斯一世的权力将会终止,并将全部转交到他女儿哈特舍普苏特的手中。那么将会发生什么事情?出现另一个亲王?将有什么能够保证新的权力执掌者,他毕竟是从底层擢升起来的,不会捣乱以便平衡他自卑的情结?

在她母亲去世后,哈特舍普苏特自己解决了这个棘手的难题。因为在埃及,女人不能成为女王,她只是被法律尊为:"国王伟大的王后。"当她嫁给托特美斯三世这位年纪很小、又不知道其出身的男人时,最初她还是满意的。然而,从一开始,整个国家机器就掌握在她的手中,过了几年,在她的大臣和心腹森穆特的支持下,她还为自己僭取了法老的称号。现在她就是"南和北的国王、太阳的儿子、金色的何露斯、岁月的施予者、上升的女神、世界的女主人、两地的圣母、心脏的原动力、她,强大的……",总之,她就是法老;因此她自己的肖像被描绘成下巴长着胡须,穿着短款的缠腰布,换言之,穿着埃及国王的传统装束。

53　　在哈特舍普苏特显然是暴死之后，她的丈夫领导埃及走向了势力最辉煌的阶段，他一生都深切地痛恨他身边这个具有高度天赋的女人。当她最终让开了道路时，他下令尽一切可能彻底销毁她的所有肖像。因此我们无法知道她的相貌。她所遗留下来的一切就是寺庙墙壁上被刮去和擦去的她的浮雕的轮廓。这是象征性主义的。因为文字历史也很少记载她的轮廓。

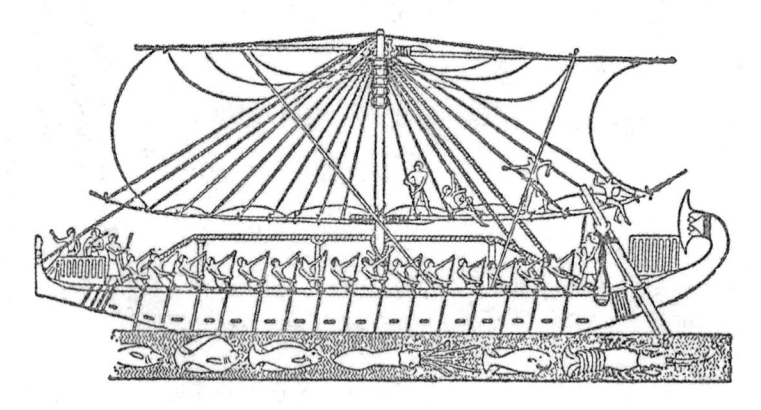

插图12　哈特舍普苏特女王探险的船只。公元前1493年，埃及人进行了前往上帝的大地：朋特的发现之旅的航海。黛尔·埃鲁——巴赫瑞❶神庙的铭刻记载了这次航海，本图就选自此处。

我们必须自己来填充这位成功地改变了自己性别的女人脱离了肉体的轮廓。明显的问题是：一个精力充沛、有智慧的女人，她可以合法地继承王位，面对国家占主导地位的法律，要抓到权力，她要做什么呢？她要做在此情况下通常都会做的那些事。她要与正统王权拥护者结成同盟，对那些人而言，传统比国家的理性更重要。这是第一件事。第二件则是：她要

---

❶ Dehr el-Bahri，阿拉伯语，意为"北方的修道院"，指建于此地的考普迪克修道院，被认为是哈索尔女神Hathor的圣地。——译者

努力通过广为人知的，引人注目的成功来使自己被人们认知。

于是她的大臣和朋友森穆特可能就建议她，通过一次到上帝的大地朋特的伟大探险来建立与法老们的古代传统之间的联系，朋特位于南方遥远的大海中。按照古代法老的真正精神，这是一件伟业，而且将会产生深远的影响。另外，祭司们也将站在她这一边，最后，通过攻打朋特这个没有能力防御埃及现代军队的原始国家也将容易获得军事上的成功，对百姓产生影响。这是很明显的。森穆特的建议对哈特舍普苏特是否具有决定性意义，仍然不得而知。一般而言，女人很少关心纯理论性的推理，因为上帝把计算的和实用的头脑放到了她们娇嫩的肩头，她们喜欢寻找现实的理由。这些理由并不难找。根据古代记载，在所有早期的探险中，（最后一次是在500多年前进行的），在朋特抢掠了大量的香。现在为什么不可能发生呢？在这一事件中，森穆特的计划可以不用任何经济开支就得以实施。因为那时候香非常昂贵，比黄金都昂贵，而神庙中的祭司对香的需求无穷无尽。也许这次探险还会带回来金钱！

让我们开始谈论哈特舍普苏特这个偶然、但可能是决定性的想法吧。自从远古以来，埃及就从红海之外的东方邻居那里购买了大量的香，因为它需要敬拜诸神、需要制作木乃伊、需要与黄金一起配药，它还购买了与黄金一样昂贵的货物。我们来引用一些数字：大约在公元前1200年，仅一年就有2 189坛和304 093蒲式耳这样珍贵的物品被送到底比斯的阿蒙神庙。要把这样巨大的数量转换成当代的价值，谁都会感到犹豫。但是，其他古代民族也是完全如此。比如，午复一年，迦勒底的祭司就要在巴力[1]的祭坛前烧掉重达一万他连得[2]的香。阿拉伯人要向

---

[1] Baal，犹太教以前迦南的主神，太阳神，雷雨和丰饶之神。——译者
[2] talent：古代中东地区的重量单位，约等于90斤。——译者

波斯国王大流士交纳一千个他连得的香作为固定的贡物，在耶路撒冷的神庙旁，为了储存神的礼品还建造了巨大神圣的仓库。在希腊各地，敬拜奥林匹亚宙斯的香烟直冲云霄，后来又有无数的船只把香源源不断地运到罗马。

这种香从古代开始就产自阿拉伯南部的哈德拉毛（Hadramat）。这是《圣经》中的Hatzar Ha-Mavet，希伯来语意为："死神的庭院，"这块可怜的不毛之地由于它芳香的树脂而获得了财富和世界性的声望。有三千个贵族家庭由于世袭的权利可以从香树上切口取树脂。在从三月到八月的割取过程中，要遵守所有的宗教传统，任何有权参与这一过程的人都被看做是神圣的。收获之后，在重兵看护、严加保卫的商队中，香开始了运往消费国家的旅程，从一个绿洲到下一个绿洲，从一个皇城到另一个皇城。首先，这些商队选择的路线：一条明确的香之路，正如亚洲的丝绸之路、欧洲的食盐和琥珀之路一样，是沿着南部阿拉伯的海岸通往西方的。在也门的东部，可能离现代的亚丁不远，这条路拐向北方，沿着红海海岸向前。在这里，这条路分为两支，一条向西前往埃及，一条向东前往巴比伦或银色的叙利亚。普林尼曾比较详细地描述了这条路，他还记载了从哈德拉毛到地中海每匹骆驼驮重的成本是688第纳尔，大约等于100英镑。

千万年以来，在这条道路上，香就与来自印度和远东的珍贵物品和奢侈品一起运送。因为这些地区也是从哈德拉毛得到香的供应的。乘着季风，印度商人从婆卢羯车（Barygaza）港赶来，即现在印度西海岸的纳巴达河河口的布罗奇。他们从后印度（Further India）带来柚木，（也门的富商用柚木建造宫殿），从恒河带来馨香的甘松油膏，从喜马拉雅山带来芳香的柴桂（Malabathrum，即肉桂的叶子），从塔普拉班（锡兰）

带来麦斯林纱一样的纺织品，从秦（中国）带来丝绸，从马六甲带来龟板，还有从印度带来的靛蓝、胡椒、钻石、绿宝石、蓝宝石和天青石，他们用这些货物购买香。从哈德拉毛或亚丁，这些昂贵的外国物品现在就要和香一起踏上向北，向欧洲的旅程。当它最终到达目的地的时候，就可获得500%的利润。因此，到处贫瘠的、被黄沙窒息的阿拉伯，拥有了无穷无尽的财富，它成了罗马人的阿拉伯费利克斯❶，它成了《天方夜谭》绚丽的梦幻之地。

从远古以来，埃及人就是购买哈德拉毛阿拉伯人的香的顾客；尼罗河大地骄傲的领主们肯定对年复一年地为一团团的松脂花费无数的黄金感到愤恨，而这些松脂对他们的祭司而言却又非常重要。很自然的，法老的官员只购买品质最好的货物，他们不允许用劣质品来搪塞他们，就对像在叙利亚和海外的外国人那样。在拉美西斯三世的商品明细单上就注明了质量标准，时间大约是公元前1200年，要求香的颜色可以在有云纹的琥珀黄到朦胧月光似的玉石绿之间变化。其他的一切都毫无价值。但是，恰恰是这样的质量极其稀少，因此十分可能，在早期阶段，埃及政府曾经打算把香的供应抓到自己手中。非洲东部沿海有一些产香的地方，除了那里，没有另外的产地。

公元前3000年左右，在第五王朝第二位统治者萨胡拉（Sahu-Rê）法老的安排下，对远方的朋特进行了第一次香的远征。不幸的是，关于这次远征留下的记载很少。远征可能是从红海北面的库塞尔开始的，我们既不知道它进行了多久，也不知道是否还有第二次。在古代的记载中，甚至连朋特的确切位置都没有记述。另一方面，它却自豪地宣布

---

❶ Felix，拉丁文：幸福的或幸运的。——译者

了萨胡拉冒险的巨大成功：8万份没药，6 200份埃列克特鲁金银合金（electrum）和2 600块珍贵的木料都从朋特运到了埃及。朋特还提供了小矮人，很长时间以来，他们在埃及的宗教舞蹈中都扮演重要角色。大约在公元前2400年，第五王朝倒数第二位统治者伊色西法老（Ysesi）在位时的铭文对此做了记载。到这时，古代埃及对远征朋特产生了兴趣。在随后的世纪里，远征进行得越来越频繁，而且显然形成了一种固定的制度。这一点至少从建在埃勒芬蒂尼的优秀舵手尼姆霍提普的墓志铭上得到了不容忽视的推断，我们在这一章开始的时候，就对他做了介绍。

但是，所有这些都被遗忘了。到朋特的定期交通终止了，只是大约在公元前2000年，在门图荷太普四世（Mentu-hotep IV）的治下，才再一次提到前往神的大地的旅行。在这次旅行中，埃及人离开了大海，而选择了陆路，他们显然遵循一条未经考察过的规律，根据这条规律，一个民族热爱大海并向世界开放的时期似乎被从外部世界退缩回来的时期所取代。直到充满活力的托特美斯一世（公元前1555～公元前1501年）打败了入侵的希克索斯人之后，衰落的时期才被进取的时期取代。

这使我们又回到了哈特舍普苏特，回到了她大臣的建议和她自己的谋略。当然，她比我们更熟悉朋特。虽然到朋特的定期航海已经终止将近750年，但是，人们肯定还知道朋特的确切位置。在这一点上，哈特舍普苏特和她的大臣要比我们占有优势。事实上，我们并不确切地知道朋特的位置，因此，它的位置就成了学术竞猜游戏的问题，正反面的结论层出不穷。很长一段时间，人们在印度寻找朋特。后来证明是错误的，因为这与我们所了解的哈特舍普苏特远征的时间不符。然后又考虑到厄立特里亚，这是红海南部的沿海地区一片狭长的土地。但是，由于种种原因，这里也不符合条件。

于是，一位德国教授出于对知识的渴望，更加仔细地研究了我们在开始的时候就提到的那位埃及美人的胭脂；突然他能够告诉我们朋特肯定在什么地方。我们已经知道，这位不知名的颇有魅力的女人生活在第六王朝的中期，与曾经航海到朋特的舵手尼姆霍提普生活在同一时间或稍早些。另外，我们知道锑是我们见证人的化妆品的构成成分之一。现在我们知道，直到很晚的时候，才在波斯和小亚细亚发现了巨大的锑矿。而在非洲的北部和西部，锑矿藏可能是在我们的埃及美人埋入尘土之后很久才被发现的。在非洲唯一的另一处锑产地就是德兰士瓦（南非地区）和南罗得西亚（津巴布韦共和国的旧称），尤其是赞比西河下游。因此，如果锑是在4 500年前就在埃及使用的，也就是尼姆霍提普航海到朋特的同一时期，那么，它只能是来自赞比西。

初看起来，这似乎是个荒诞的故事。因为从北埃及到赞比西河沿海岸有5 000英里（约8 000公里）的距离。这是一段如此漫长的路程，人们有各种理由怀疑在那样早期的时代怎么可能完成这样的旅行。此外，锑并不是在海岸边发现的，而是在300英里外的内陆马绍纳兰和圭洛❶的小矿区附近发现的。我们会假设埃及人绕了半个世界旅行，仅仅是为了挖掘锑？确实，这种金属能够用来使黄铜变硬，并制造青铜。在很小的范围内，埃及确实就是这样做的。然而，到赞比西远征的决定性原因并不是锑，而是黄金。从远古时代以来，黄金就在马绍纳兰被人淘洗和开采了。当著名的哈里斯纸草书（*Harris Papyrus*）被发现并被解读后，赞比西的黄金矿就非常正确地立即闪现在大脑中，这份纸草书是拉美西斯

---

❶ Mashonaland，津巴布韦一地区，Gwelo，津巴布韦中部的一座城市，中部省首府。——译者

三世时的文件，它记载了这位法老怎样在公元前1180年在南方遥远的黄金产地建立了一个庞大的埃及采矿殖民地。早在第五王朝和在萨胡拉到朋特的远征之前，可能就有无数的埃及探矿者彻底搜索了东非海岸，而且（无论是偶然地还是在当地人的暗示下），还淘洗了赞比西的黄金冲积砂矿，这也就刺激了第五王朝和第六王朝的远征以及哈特舍普苏特的探险。

发生在这条路线上的事件似乎是十分明显的。我们后面将会讨论，埃及人的造船技术非常先进，足以使他们在自己非常古老的历史时期就能进行远程的航海。但是，我们不想在本书一开始就过分利用读者的轻信，为了完整起见，我们将介绍一个折中的解决方案，对关于谜一般的朋特大地的位置进行的史地拉锯战，人们提出了这个方案。我们曾假设朋特是一个在千年之中变化不定的地理概念，因此富饶的"神的大地"并没有固定的位置，可能是在厄立特里亚，也可能在阿拉伯或其他地方。

插图13 工人搬运哈特舍普苏特远征朋特时带回的没药树。图片选自黛尔·埃鲁—巴赫瑞神庙。

第三章　朋特，神的大地，神圣群岛

关于这个论点还要做一些补充，但是，如果它是由哈特舍普苏特的专家提出来的，那么她可能就不会接受。当然，她准确地知道朋特在什么地方。而且她确切地知道从那里能得到什么。如果她公开地说到乳香、没药和其他神圣的东西，那么，她的意思就是黄金，正如后来有人谈到基督，却意味着谷物贸易一样。据她自己的叙述，她远征朋特的收益专门是为了建造她的黛尔·埃鲁—巴赫瑞神庙和里面的豪华设施的，她打算将她父亲托特美斯一世的遗体迁移到这座神庙中，而且她希望自己将来也安葬在那里。无疑她的计划有一部分是出于对她父亲这位伟人的热爱和崇拜。我们在黛尔·埃鲁—巴赫瑞神庙读到这样的文字："按照他的旨意，我在他的花园里为他建造了一个朋特……那里非常宽阔，他可以在里面散步，"其中还高兴地提到哈特舍普苏特的船只从非洲南部带回来的用木桶种植的31棵没药树，从这里可以看到真诚的孝顺之情。但是，这位公主是个聪明的女人，她肯定知道老王国宏伟的金字塔如果没有巨额的黄金，是绝不可能在上埃及东部的沙漠中建造起来的。现在这对她来说尤其有必要去建造宏大的宗教陵墓，因为她完全遵循着大量的古代先例。然而，从第12王朝开始，大约自公元前2000年以来，上埃及的黄金矿藏就被采掘完了。她父亲开采了40多吨黄金，从那些金矿，他挖走了最后一盎司的黄金。如果她要按照皇家的规模进行建造，那么，她就必须为此到遥远的外邦去获得黄金。

关于这一点，我们必须想到哈特舍普苏特的困难处境。大家都知道国家法律是反对她的。她的丈夫，（历史上后来称其为"伟大的"）托特美斯三世正沉默地和充满仇恨地等待着自己的时刻到来，这已不是秘密。公主自己肯定深切地意识到这个事实：她需要戏剧性的成功，就如她需要每日的饮食一样，因为她运用权力是与所有传统相矛盾的。

于是在公元前1493年，哈特舍普苏特派出了五艘巨大的单层甲板大帆船，每艘船有30名桨手，从库塞尔前往朋特。红海的航海特性是从6月末开始刮北风，这就表明夏季是出发的时刻。到了晚秋，船只必须到达瓜达富伊角（Cape Guardafui），这是180英里的距离，然后吹来从北向东的季风，它的风头驱动着船队平稳地驶向南方。绝对没有文件可以证明：在这样早的时期人们就掌握了季风的秘密。但是，在第六王朝期间，前往朋特的定期航海肯定是利用了季风。如果没有季风的帮助，哈特舍普苏特的水手将很难到达赞比西。

女皇伟大的远征队是何时归来的，我们不得而知，但绝不会在公元前1491年之前。但是水手们是如何在库塞尔再次登陆的，是有记载的，他们充满成功的喜悦，毫无疑问，他们骄傲地意识到：这证明了他们不愧是自己的世界航海祖先的继承者。哈特舍普苏特自己在黛尔·埃鲁—巴赫瑞神庙的墙上很长的铭文中就写道："船只装满了朋特大地昂贵的物品，其中有许多珍贵的木材、大量馨香的松脂和新鲜的乳香、大量的乌木和象牙，还有来自阿穆大地的纯金，馨香的松脂、阿赫姆香、圣香、还有让人看了高兴的画着狗头的猿猴，长尾猴和灰狗（灵缇），此外还有豹子皮和带着孩子的当地土人……"

女皇的艺术家在黛尔·埃鲁—巴赫瑞神庙的一幅画中永久地记录了这次凯旋，其中有舰队、有用花盆栽种的没药树苗，有麻袋和箱子、有猿猴和狗，还有朋特王子和公主的画像，哈特舍普苏特的人把他们俘虏了。对南非土著人来说，朋特公主殿下的丰臀被清楚和无误地画下来也是正确和适当的。德国的地理学家和动物学家艾伯哈特·斯特乔最近对此做出解释：航海到朋特的埃及人曾经相当地深入到南非内部，这是支持这个观点的又一个论据。朋特公主显然是位霍屯督妇女，毫无疑问，

按照霍屯督人的标准,她是个非常漂亮的女人。

插图14　朋特王子和公主接见埃及大使。

哈特舍普苏特是否凭借她对朋特的伟大远征达到了毫无疑问她为自己设定的政治目的,我们不得而知。但无论如何,没有再次进行远征的任何迹象。然而,如果第一次远征已经获得了国家所宣传的成功,那么这就是很自然的事。但是,她通过重复古人的伟业来赢得声望的打算也许从一开始就注定要失败,因为她所呼求的旧式埃及人已经不复存在。因此,我们没有必要进一步探询为什么没有再次进行到朋特的远征,也没有必要去探询这位伟大的女性(到现在我们已经谈论得这样多了)是怎么死去的,是上了绞刑架,是饮下了毒酒,还是被尖利的匕首刺死?也许她对朋友森穆特的爱征服了她,让她变得软弱了。我们希望如此,因为这样将会为严厉的、专横的神一般的女皇披上一层悲剧性的人性色彩。

我们叙述的严谨结果迫使我们要离开哈特舍普苏特了。我们剩下来的一切事情就是要引证在她的神庙中纪念这次远征时所做的总结:"女皇为她父亲,底比斯的阿蒙准备的来自托托神❶的礼物准确无误,按照指令对白银、黄金、蓝宝石、绿宝石和其他所有的昂贵的宝石都进行了称量……"

---

❶ Tehuti,埃及神话中智慧和学习之神,他和妻子一共生有八个孩子,其中最著名的就是阿蒙神。——译者

很明显这些"昂贵的宝石"是印度的祖母绿和绿松石、天青石和青玉，这些同样珍贵的宝石大部分产自锡兰，从那里通过哈德拉毛和亚丁可以从陆路到达埃及。因为这是第一次提到非洲东海岸出现印度的商业产品，我们应该不要从此引出过分牵强的结论。然而，十分可能的是，关于季风的知识要比历史记载的久远得多，季风就是不知疲倦地变换着的在印度和非洲之间稳定吹动的风。索马里半岛东面的索科特拉（Socotra）岛的名字就来自梵文，它是从梵文 *Dvípa Sukhádhára*，即"天堂住所之岛"，引申而来的，另外，赞比西南边的索法拉港的名字是从梵文 *Supara* 一词，即"美丽的海岸之地"得来的，这些都为上述观点提供了支持。然而，印度洋早期的航海历史依然是模糊不清的，我们必须将有关问题留给这一领域的专家去讨论了。

二

另一个课题暂时需要我们予以关注：早期的埃及是否拥有能够经得起外海风浪和进行远距离航海的船只。这一问题是更为正当的，一方面，到赞比西航海的前提是要有相当高的造船技术和航海技术，而另一方面，埃及是一个没有森林的大地，因此也就没有长的木材做横梁和厚板。这样一个国家怎么能制造远洋航海的船只？这样的民族怎么能去航海？但是，这却是已经存在的事实。毫无疑问，埃及人在基督教时代之前几千年就已经来到海上。前王朝时期，也就是公元前3500年以前，那时的无数花瓶绘画和墙壁浮雕，尤其是关于希拉康波利斯❶逼真的描绘

---

❶ Hierakonpolis，埃及神话中的众神之国。——译者

中画了各种类型的船只,这都证明了船在尼罗河的大地上所起的重要作用。埃及人最初的航行肯定是在河流当中进行的。但尼罗河并不总是平静、温顺和缓慢流动的,在下游它非常汹涌湍急,在许多地方,它与大海一样危险。

从内河航行转到海洋航行,可能早在公元前第四个千年的后半程就已发生。金字塔周围的沙漠国家极度缺乏木材,这非常迫切地激励着埃及人去这样做,也许有人猜测带有铜矿和森林的西奈山国就是古代埃及远洋船只最初的目的地之一。于是发现了腓尼基,那里黎巴嫩的杉木提供了最好的建筑木材,随着引入这种木材,埃及开始建造了这些坚固的、可以航海的船只,她要进行世界范围的航海。

在早期的时代,尼罗河上的货船就具有了庞大的船身:第五个千年制作的花瓶上的图画显示的巨型单层甲板大帆船每一侧都有50名水手,也就是说,船的长度有200英尺到260英尺❶,但后来埃及的航海船仍然保持在合理的范围内。从船头到船尾大约有100英尺,横梁21英尺宽,吃水深4英尺,因此它的排水量肯定会在80吨到85吨之间。它是按照划桨船或帆船建造的,然后装到平滑的龙骨上。靠着划桨或顺风行驶,这种船的速度肯定很高。因为挂着正方形主帆,它似乎很难利用逆风。但是古代的航海不能用我们的标准来判断。古代的"风中飞梭(windjammers)"这种又快又大的商业船只的船长们完全没有竞赛的野心。如果顺风,他们就挂帆行驶,如果逆风,他们就在港口抛锚。

最初的埃及船,由于制造时没有任何长木材,只能用短木板制造,在外海上航行时肯定会因为波谷而吃了不少的苦头。当这种类型的船只

---

❶ 约为61~79米。——译者

78　　　　　　　　　　　　　人类的征服

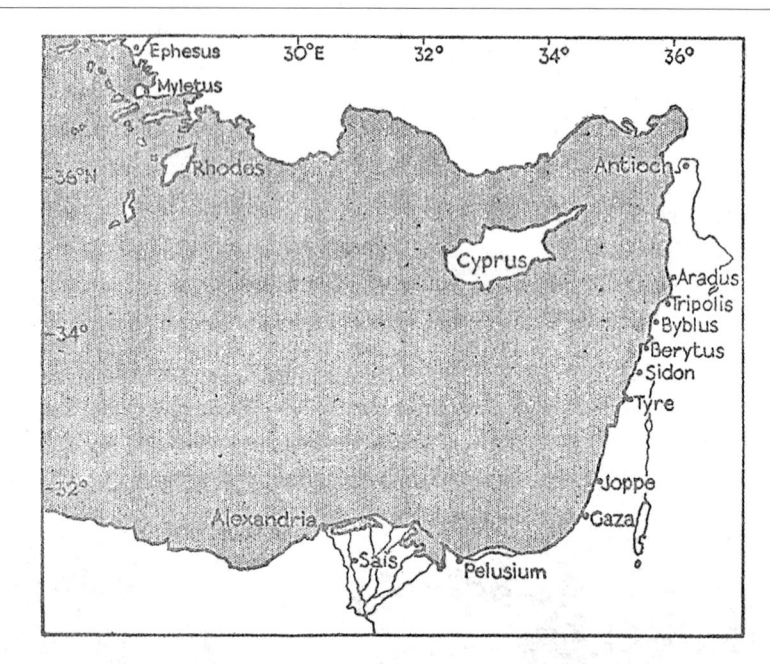

63

```
[地图：腓尼基人的海岸线，标注地点包括 Ephesus、Myletus、Rhodes、Antioch、Cyprus、Aradus、Tripolis、Byblus、Berytus、Sidon、Tyre、Joppe、Gaza、Alexandria、Sais、Pelusium，经纬度标注 30°E、32°、34°、36°、36°N、34°、32°]
```

　　地图3　腓尼基人的海岸线。地图中的地名（左上角顺时针）：以弗所　米利都　罗得岛　安提俄克　塞浦路斯　阿拉杜斯　的黎波里　比伯劳斯　西顿　提尔　约普　加沙　培琉喜阿姆（一译贝鲁西亚）　萨伊斯　亚历山大。

　　阿拉杜斯❶代表了腓尼基人的势力在北方的界限，而加沙代表了其势力在南方的界限。比伯劳斯（Byblus）和加沙是与埃及、提尔（Tyre）和西顿（Sidon）进行长途贸易的主要中心。提尔即Tshor，岩石的意思，它的名字是因为海岸边有突出100码（约300英尺=91米）的低矮悬崖，后来用巨大的防波堤将其连入海港。它的兴起不仅仅因为它是一个港口，而且也因为它的金属工业和泰尔红紫染料工厂。约普（Joppe，即"白色的"或"闪光的"）就在一些闪光的白色白垩悬崖上，那里有染料工厂和玻璃工厂；它属于提尔人的势力范围。贝来图斯（Berytus，其得名于beêroth，即泉水）属于西顿的势力范围，作为一个繁荣的城市和大马士革的港口，在奥古斯都时期它曾经被称为：朱利亚·奥古斯都·费力克斯的殖民地贝来图斯。比伯劳斯（Byblus）可能与西顿是同时建造的，它的名字得自于这个城市的保护神迦巴勒（Gebâl），阿拉伯语为朱拜勒市（Jebêl）。由于它靠近黎巴嫩，所以它就成了埃及人进口造船木材的主要市场。由于西顿、提尔和阿拉杜斯建造了一座新的城市：的黎波里（其意为三座城市），后来比伯劳斯的经济地位就衰落了。阿拉杜斯（得名于腓尼基语：arvâd，即避难所）是漫长的沙地海滩上唯一的避风港。

---

❶ Aradus，今的黎波里附近。——译者

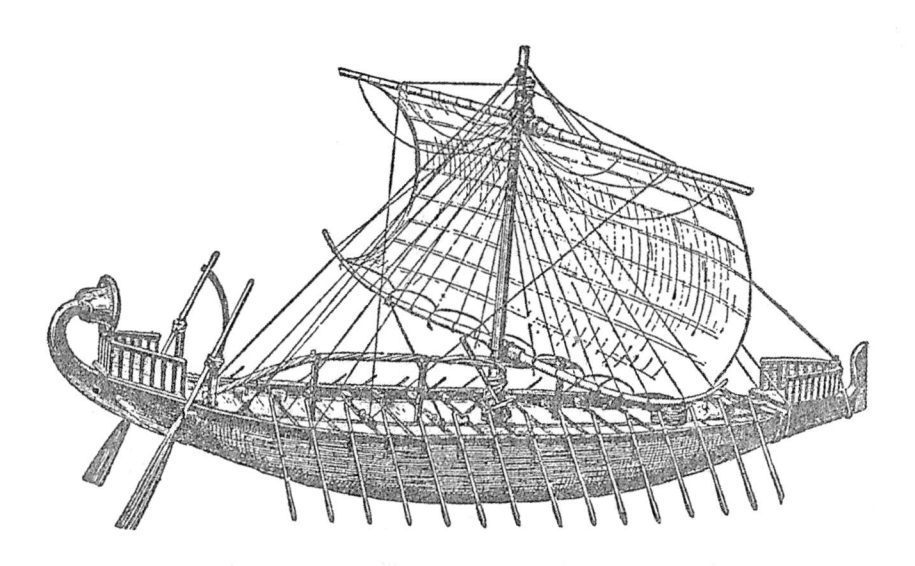

插图15 公元前1700~公元前1400年埃及的船只。

进入波涛汹涌的海洋时，如果同时有两排波浪把它们抬起来，事实证明它们的所有连接点都不足以承受那时出现的拉力。即使是北欧海盗用长木材制造的龙船也会常常遇到麻烦。最近的一个例子就是1950年夏季在北海的风暴中被击碎的瑞典北欧海盗船，船上所有人员全部沉入海底，这艘船完全是按照古老的龙船复制的。

今天的海员没有必要为这类事情烦恼了。他绝不会想到古代航海工程师必须要应付这样的难题。然而他们的许多成果至今仍然完全无法理解。比如，我们知道大约在公元前1500年，有两个每个重达700顿、高100英尺的方尖碑，用巨大的货船从坐落在卡纳克的哈特舍普苏特神庙运到尼罗河。因此，我们必须假设这艘船的吃水有1 500吨。根本无法理解的是这样一艘巨大的船怎么能完全用木头建造而又这样坚固，否则仅仅是其自身的重量就可以将其压碎。

我们离开主题探讨造船技术并不是偶然的。无论我们认为朋特似乎最有可能是在赞比西，还是倾向于旧的观点，认为它就在今天的索马里的瓜达富伊角（Cape Guardafui）南面，到朋特的航行都是一项惊人的成就，它们的前提绝对是要有高度发达的适于航海的船只。同样这些航行也不是孤立的仅凭力气就可完成的功绩（tours de force）。我们很久就知道，大约在公元前第三个千年中期，埃及人曾航行到西班牙，悬挂着他们自己的旗子和克里特的旗子，进行锡和青铜的贸易。埃及的船只可能多次在希腊和腓尼基的海岸登陆。可以说到小亚细亚海岸的航行是自发进行的，我们对它的条件相当熟悉。众所周知，在埃及海岸夏季的风主要是南风和从南向西吹的风，这些风或多或少会自动地把船带到腓尼基和叙利亚。另外，还有一股相当强劲的海流沿着叙利亚海岸流向北方，因此，花费四个昼夜的时间，横跨从尼罗河三角洲到位于腓尼基中部的比伯劳斯港之间大约300海里的路程并不困难，其航速相当于三到四节（海里／小时）。因为从埃及到腓尼基还有连续不断的陆路联系，这主要是用于军事远征，因此埃及和腓尼基的考察史很快就完全融合在一起了，以至这两个民族的人往往同时出现在海上，于是就再也无法区分是谁发起考察的，是谁完成考察的。在我们转到腓尼基海上霸权真正的古典时期之前，我们在这里必须谈一谈下面的两次航海，它们是由腓尼基人完成的，当然是在埃及人的默许和预先知道的情况下进行的，可能还是在他们的直接指导下进行的。

首先，高度文明的埃及人非常轻慢他们的邻居腓尼基人，很明显腓尼基人是沙漠游牧民中相当原始的一个部落，完全不可能依靠自己的能力去和大海打交道。我们多次在古代埃及人的文献中发现腓尼基人被称为："可悲的亚洲人"。"他们居住的地方很糟糕，由于有很多树木和很讨厌的水很难进出。因为有山,那里的道路也很恶劣。他们从来不在一个地方居住,而是徒步漫游……"但是,从比伯劳斯运来的优良杉木可以造船,可以为显贵的埃及人制造棺材;而香柏油又是涂尸防腐的极佳材料,最后习惯了腓尼基人的生活方式,这都使埃及的水手和商人采取了一种不太挑剔的态度。另一方面,由于闪米特的游牧民族被来自亚洲内部不知名的移民逼到了地中海的东海岸,他们也迅速地适应了新环境。起初他们的文化水平可能并不比朋特的文化水平高很多。我们从埃及人的描绘中知道:腓尼基人最早的船只完全是按照他们非常羡慕的埃及模式建造的。然而,他们渐渐地摆脱了模仿,很快就达到了那一时刻:腓尼基的造船者按照埃及人的订单制造的"比伯劳斯船"与埃及船只有了相当大的差别。

这些船只显然是为了在海上而不是在内河航行建造的。比起埃及人又长又窄的船只,这些船更加紧凑,由于同时出现的两排上举的波浪造成的拉力让法老的航海工程师头痛不已,但这些船却几乎不容易受其影响。这些桶状短粗的船滑入波谷,就像软木一样溜走了。一道很高的像栅栏似的舷墙挡住了碎浪,使它们无法冲到船员身上;在非常早的时期,从船头到船尾似乎就有了雏形的甲板;如果说高高的艏柱、方向舵安装的方式、帆缆的形式以及突出到外皮中的甲板梁都是毫无疑义地是借鉴了埃及人的原型,那么,腓尼基的造船工程师已经仔细地看到了埃及船型的缺陷,而且加以避免了。

腓尼基的造船工人肯定已经掌握了建造完整甲板的工艺。很自然地,这样的船只能为划船提供有限的条件,因此可以很容易地想像得到:鼓吹将划桨船和帆船结合起来的人与坚信纯粹帆船的人肯定会在腓尼基的造船设计室内引起怎样的冲突。无论如何,现代趋势取得了胜

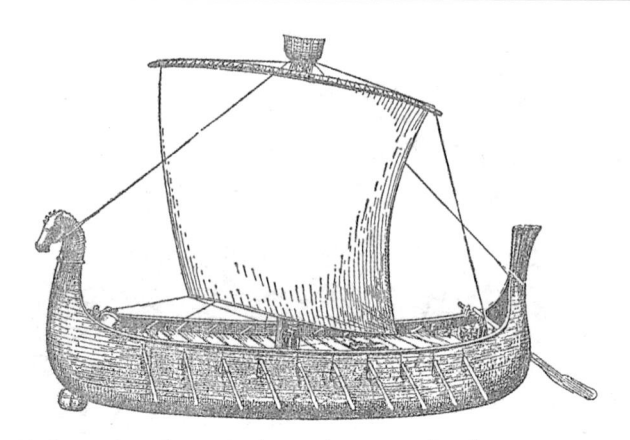

插图16　公元前11世纪到公元前8世纪，腓尼基人的船只。

利，我们将要谈到的那些参与航海的船只主要是帆船：100～130英尺长，26～33英尺宽，吃水8英尺，相应地其排水量高达400吨，装有一块大约380平方码（317.7平方米）的方帆，水手大约有30人。在腓尼基—巴比伦文化圈内，除了诺亚方舟以外，建造大型船只总要遭到拒绝，根据巴比伦的文献，诺亚方舟大约有480英尺。埃及人的国王喜欢建造特别大的内河航船，带有几层甲板，在船上还有厨房、浴室、运动场、卧室、起居室和餐厅，即使按照我们的标准，这也是惊人奢侈的造船技术奇观，与此相反，腓尼基人总是局限于制造容易操纵和实用比例的船只。正是由于这种理性的节制，他们才有权利在我们地球上的伟大探险家和发现者当中居于至高无上的地位。几千年后，时至今日，这权利仍然属于他们。

当然，他们的历史作用主要是商业性的。很明显，就大多数情况而言，腓尼基人都是在已经为人知晓的海洋里展示他们的帆船。他们不会简单地驶向蓝色海洋，我们祖父的时代对这个航海民族的无限崇拜，毫无疑问是被夸大了。然而，作为水手，他们在从事贸易、确立垄断和获得财富的努力中所取得的成就其本身就很宏伟了。

三

在哈特舍普苏特之后500年，腓尼基人在发现的故事中扮演了自己的角色：首先是沿着埃及人已经定期旅行的路线，而且显然是根据他们从尼罗河大地主人那里得来的知识进行的。这一次，《圣经》为我们提供了证据。《圣经·列王纪》上第9章记载了所罗门到俄斐的著名航行：

"所罗门王在以东地红海，靠近以禄的以旬—迦别制造船只。希兰差遣他的仆人，就是熟悉泛海的船家，与所罗门的仆人一同坐船航海。他们到了俄斐。从那里得了四百二十他连得❶金子，运到所罗门王那里……因为王有他施船只与希兰的船只一同航海，三年一次，装载金银、象牙、猿猴、孔雀回来。"

如果这段《圣经》记载是正确的，（在《历代志》下第8章中，几乎一字不差地重复了这段话，）那么，犹太人和腓尼基人大约在公元前945年就开始从以色列人的红海港口以旬—迦别（Ezion-geber），即现在的阿卡巴港，出发到南方的黄金产地了。据说他们从这里带回了猿猴和孔雀，（根据其他的译文：是猿猴和奴隶），此外还有象牙、银子，最后是413英担（每英担约等于100磅）的黄金，按照现在的价值，这大约相当于300万~400万英镑。这样的航海据说往返要用三年的时间。

可惜的是，这都只是《圣经》的记载，而且令人遗憾的是记载得很

---

❶ talent，约35公斤。——译者

少。更重要的是，关于俄斐的位置没有任何记载，因此，与朋特一样，人们曾到处寻找它，在南海、在印度、在秘鲁和圣多明各。起初，最有可能的解释似乎是把俄斐放到红海的马萨瓦（Massawa）地区，在那里靠近克伦（Keren）的腹地发现了非常古老的金矿。当人们开始知道在赞比西去找朋特的时候，对俄斐的问题也投下了一缕新的光线。所罗门的黄金之地，正如康德已经推测的那样，可能要到非洲东南海岸去寻找了，尤其是，这将与《圣经》所记载的这样的航海要用三年时间是吻合的。无论如何，在不太长的时间内，就会到达马萨瓦的。与示巴女王的访问联系起来，到马萨瓦的远征恐怕就不会激起《旧约》中所说的那种众所周知的注意了。

到目前为止，一切还好。但是，关于这个古代的探险故事，这里有一个特别值得注意的事实：有记载称腓尼基人和犹太人曾在所罗门到俄斐的远征中进行了合作。这与提尔和西顿庞大的商业机构正常的商业惯例完全相反，那些机构都竭尽所能地要隐瞒和垄断重大的发现。是什么使腓尼基人这一次改变自己的习惯呢？

这里似乎有一个非常简单的解释。众所周知，所罗门王（公元前972~公元前939年）娶了埃及法老舍珊克二世（Sheshank II）的女儿，试图与慢慢强大起来的尼罗河大地结成联盟。这样一来，他显然就与提格拉—帕拉萨（Tiglath-pileser，公元前1116~公元前1099年）刚刚建立的强大的亚述帝国为敌了。所罗门很自然地会意识到自己处在世界上两大帝国之间的内在危险：东面是亚述，西面是埃及。仅仅有埃及还不够，他需要更多的朋友，他完全遵循了他的前任大卫王的外交政策，他转向了腓尼基人。这个弱小邻国的一些富有的世界贸易公司也敏感地意识到自己处于东西半球两大支柱之间不稳定的地位。他们已经与大卫、与希腊人和塔提色斯人建立了友好关系。但是，十分重要的是，大卫刚刚征服了犹大和以色列，建立了一个王国，还不能把他认真地当作盟友。

由于所罗门已经登上宝座，情况是否不同了呢？喔，作为法老的女婿，在埃及他当然是受欢迎的人（persona grata）。另外，舍珊克二世已经为他征服了迦南城市基色（Gezer），把这座城市和女儿一起作为嫁妆赏赐给他。但是，事情肯定不仅仅是这样。所罗门是个聪明人，如果他打算在东西方之间建立"第三种势力"，他在袖子里就必须掌握另一张王牌。

在这场外交游戏中，腓尼基人只得到了温和的鼓励。他们的政策是"等着瞧。"他们的国王希兰写了几封热情的信，不时地派一些使者带着黄金和泰尔红紫，差遣一些泥瓦匠和建筑师去建造耶路撒冷的神庙，这时机会来了！所罗门打出了他的王牌：他让人散布出谣言，说他知道埃及人的朋特在什么地方，也知道法老从那里获得了巨量的黄金，自远古以来，这些黄金就构成了法老们在世界上显赫地位的真正基础。他在红海还有一个港口：以甸—迦别，从那里可以不引人注目地进行一次远征。但他既没有船只，也没有水手。于是他向提尔和西顿的绅士们提议进行合作：五五分成。他在这次冒险中以自己的知识作为投资，确实他可以保证成功，因为大约200年前由拉美西斯三世在朋特开采的金矿一直还在正常运营。作为条件，腓尼基人必须提供必要的船只和航海人员。

当然，我们没有关于这些讨论和谈判的记载。但是，它们肯定是按照这些或类似的路线进行的。显然腓尼基人的头脑非常清醒，他们只需要在第一次旅行中带自己的巴勒斯坦表兄弟一起去。在此之后，事情将完全不一样了，来自迦南的旱鸭子将永远也不能自己跑到朋特去。

如果在提尔和西顿他们真的是这样计算的，那么他们就是绝对正确的，毫无疑问，他们就是这样做的，因为从一开始人类就一点都没有改变。在所罗门之后100年，当以色列试图不和腓尼基人合作前往俄斐，当约沙王（King Jehosaphat）建造的船只起航时，船只就解体了。如果情况是这样的，那么，为什么没有犹太人再航海到俄斐的记载就得到了解释。一旦腓尼基人学到了他们所需要的东西，他们就再也没有任何理由要和自己迦南的表兄弟分享东非的贸易了。许多世纪，他们肯定都是继续独自航海到俄斐的，因此人们经常假设：他们就是那些曾在马绍纳兰，尤其是在圭洛、奎奎、舒鲁圭发现了其遗迹的高大城楼和防御土墙的建造者，舒鲁圭的中心可能就是津巴布韦庞大的防御工事。

津巴布韦位于南罗得西亚的维多利亚东南17英里 ❶，在萨比河支流姆特特克威上游（Upper Mtetkwe）峡谷中，距海280英里，萨比河流到了金矿附近。它似乎是大约38.5万平方英里 ❷ 的一个区域的中心，它的周围有500多个神秘建筑的遗迹，大多数是圆锥形的防御高楼，除了在巴利阿里群岛（the Balearics）和秘鲁，没有与此非常相似的东西。在这里，正如在东非一样，这些奇怪的雄伟建筑依然耸立，它们是用不知什么方法凿出来的大型石块建成的，这些石块凿得非常完美，以至不用沙浆就能把这些巨石垒成坚固的、没有缝隙的建筑。撒丁岛上同样的建筑，亦称努拉吉（nuraghi）很可能要追溯到伊特拉斯坎人。伊特拉斯坎人非常有可能通过埃及人在津巴布韦发挥了影响。然而，初看起来，与秘鲁的任何联系似乎都是不可能的。是否真是如此，那是另一个问题。因为类似努拉吉建筑的

---

❶ 在这里，作者所称的津巴布韦是一个历史性的地理概念，与于1980年4月建国的津巴布韦共和国具有不同的含义，津巴布韦与赞比亚过去都是英属殖民地罗得西亚，后来获得独立。——译者
❷ 原文如此。——译者

第三章 朋特，神的大地，神圣群岛 87

高楼同样也耸立在设得兰群岛和奥克尼岛，赫布里底群岛（Hebrides）和苏格兰北部，这是一个相当有趣的事实，我们后面再谈！

葡萄牙人在18世纪中叶来到津巴布韦。德国探险家卡尔·毛赫在1871年访问了这个地区，后来不久卡尔·彼得也在津巴布韦停留。他们两人完全同意这个观点：这些遗迹就是来自古腓尼基人的，甚至可能就是《圣经》中的俄斐。但是，不可能找到令人信服的证据。在他们之后，英国人、意大利人、美国人，还有更多的德国人也来了，在德国人

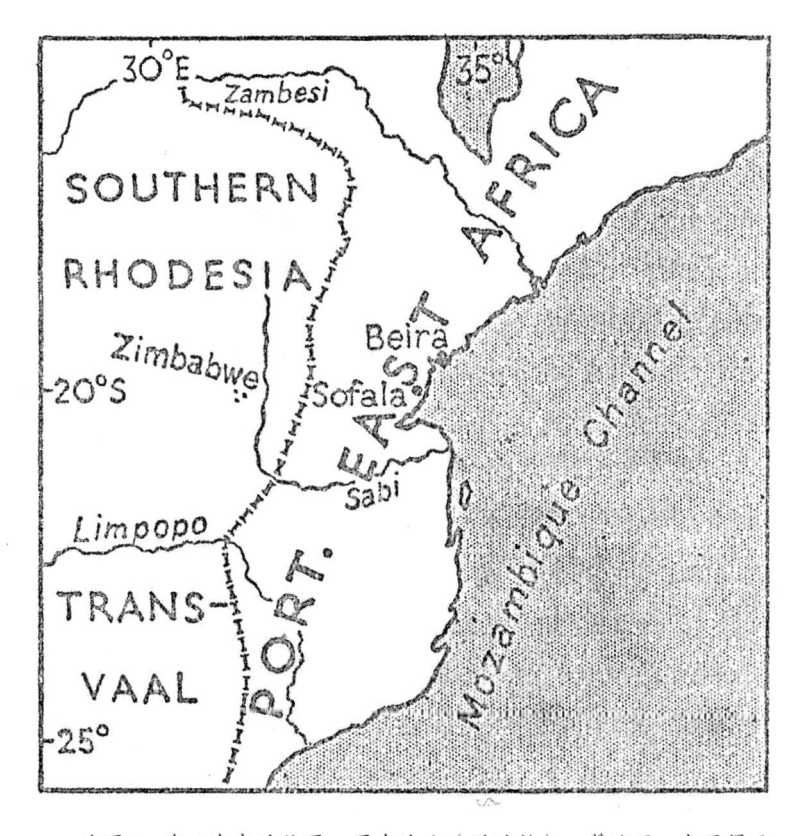

地图4 津巴布韦的位置。图中地名（逆时针）：赞比西　南罗得西亚　津巴布韦　林波波河　德兰士瓦　贝拉　索法拉（Sofala）　萨比　东非港　莫桑比克海峡

当中最重要的是列奥·弗罗伯尼（Frobenius）。

所有这些考古学家和地理学家都被他们遇到的巨石堆积的防御土墙震撼了，甚至完全是就事论事的、几乎是南非联盟的官方手册《南非、东非年鉴指南》在字里行间也流露出了一丝兴奋的色彩：

"毫无疑问，葡萄牙人在一个多世纪前就知道了它们。迄今为止，尚未发现有墓地和碑文，这增加了确定遗迹年代的困难。

"某些地方的主墙高达30英尺（约9.12米），底部10英尺厚，顶部7英尺。距离一座花岗岩小山不远，其主建筑被围在墙内，似乎是个城堡或避难所。

"就其现存的情况看，这些遗迹好像分为三组，但它们可能都是一个定居地的组成部分，那个所谓的城堡就是它的中心。到现在为止找到的全部范围大约占地2×1.25英里，但是，在几个孤立的山谷中和距这个区域之外一两英里的山坡上发现了墙的残存部分，其中有些被深埋了。

"在东部发现的遗迹经常有这种情况，各种建筑的尺寸互相之间都有一种数学关系。通过计算，就有可能追踪到原有设计的更大组成部分，而且能填补许多现存的空白。

"这里没有使用过沙浆，但是石块都用锤子修饰过并凿成了方块。在遗迹中发现了许多文物，其中包括阿斯塔蒂❶或像鹰一样的维纳斯小雕像；各种尺寸的男性生殖器象征；碗、小装饰品等等，最好的收藏品收藏在布拉瓦约❷和开普敦博物馆。"

关于1938年的《南非、东非年鉴指南》，我们就谈到这里。很明显，在作者的头脑中，津巴布韦的遗迹是来源于埃及—腓尼基，由于建

---

❶ 古闪米特人神话中司爱情与生育之女神。——译者
❷ Bulawayo，津巴布韦第二大城市。——译者

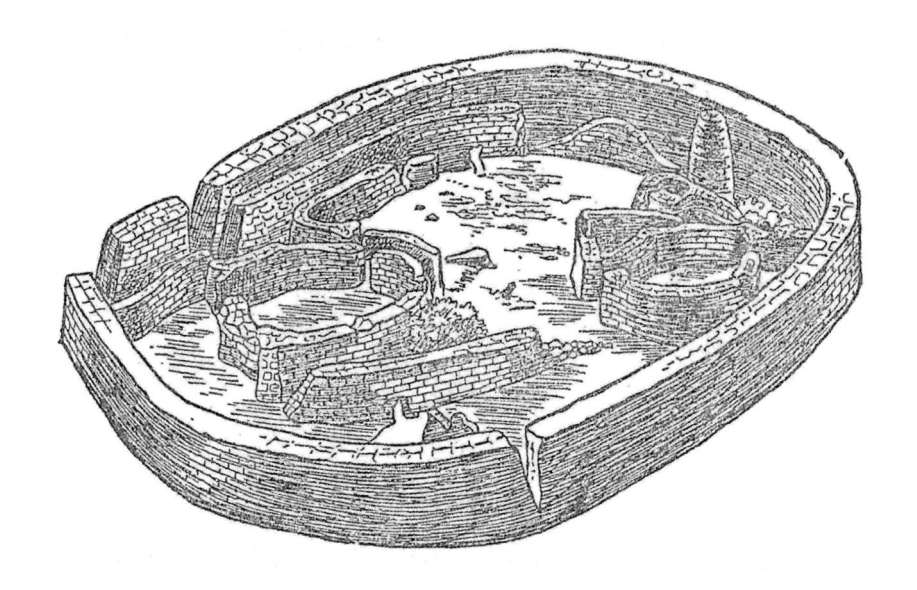

插图17 津巴布韦防御工事的重建模型。在其右面的背景中，是一些独特的圆锥形防御高楼之一。

造这些宏大的建筑没有使用沙浆，由于发现了鹰头的神像，使这种设想蒙上了非常自然的色彩。然而，个别的发现似乎不能充分确切地毫不含糊地推断出建筑者的身份；尤其是德国考古学家已经表明所有所谓的埃及的或腓尼基的发现都是伪造的。在这个地区还没有进行充分系统的挖掘作业。然而沿着良好的汽车路很容易到达津巴布韦地区，而津巴布韦大酒店就直接可以眺望这些遗迹。

对像我们一样的没有偏见、能以坦率的心理看待这些互相冲突的观点的读者而言，这样的假设似乎还是合理的：几千年之久的马绍纳兰矿的矿主围绕着巨大的中心城堡用外围要塞建成了一个战略体系。黄金是非常有吸引力的物质，对一帮熟悉航海的匪徒来说，沿着萨比河和姆特特克威河扑向金矿将是非常容易的。埃及人可能已经有了这样的思考，毫无疑问，腓尼基人的心里也想到了这些，他们肯定不会满足于与犹太人仅仅联手进行一次黄金探险。他们怎样才能最有效地防止外来入侵者染指非洲的黄金垄断呢，这个问题肯定更加有力地冲击着他们，因为他们自己就是在收获他人发现的果实。当然，自然的推断证明不了任何东西，而目前津巴布韦遗迹仍然是考古学尚未找到答案的谜团之一。

四

如果我们为到目前为止在这一章中列举的项目列一张清单，那么它们就再一次证明了世界范围的旅行并不是在现代开始的。人类从克里特航海到塔提色斯，然后再到不列颠；他们从黑海旅行到珊兰登；在罗讷河和易北河入海口之间，在日德兰和亚得里亚海之间建立了交通网络。在世界其他部分，在更远的距离之间也是如此。在历史的黎明时期，很明显人类要比在古典的古代更少受到约束；他们不惧怕长途旅行，因为他们不知道世界到底有多大；他们还不知道随着理解而来的恐惧，这种恐惧似乎是文化的伴随物，同时也是神对人类爱管闲事的好奇心进行的惩罚。

所有这些都解释了为什么在早期历史上最伟大的发现功绩之一后来竟被人遗忘了，那次发现就是在埃及国王尼科二世（公元前609~公元前594年）统治的时期，由埃及—腓尼基探险队进行的环非洲航海。希罗多德在这次航海进行了150年后做了记载，然而它似乎并不是环绕黑暗大陆进行的第一次航海。哈特舍普苏特的水手可能已经完成了这项惊人的事业。我们并不确切地知道，但是这种假设是有一定理由的。古代世界的

图版8 塔尔奎尼亚[1]的食人魔王之墓（Tomba dell Orco）的壁画上的伊特拉斯坎女人头像。装饰着宝石，头发经过了艺术性的梳理，眉毛也经过摘拣，这是不知名的画家为我们描绘的公元前4世纪的伊特拉斯坎的年轻妇女。

---

[1] 意大利北部城市。——译者

图版9　切尔韦泰里❶公元前6世纪一个石棺中的伊特拉斯坎夫妇。他们的杏核眼、线条分明的脸和又直又窄的鼻子都显示出他们小亚细亚的伊特拉斯坎血统。

图版10　公元前1世纪，一对罗马夫妇的墓碑。这就是我们常常想像的古代罗马人：左边的夫人，是家庭主妇，右边的男人长着丰满的嘴唇，嘴角有些向下倾斜。这是后来理想化的图像，还是原来的肖像？

---

❶ 意大利拉齐奥大区罗马省的一个镇，面积134平方公里。——译者

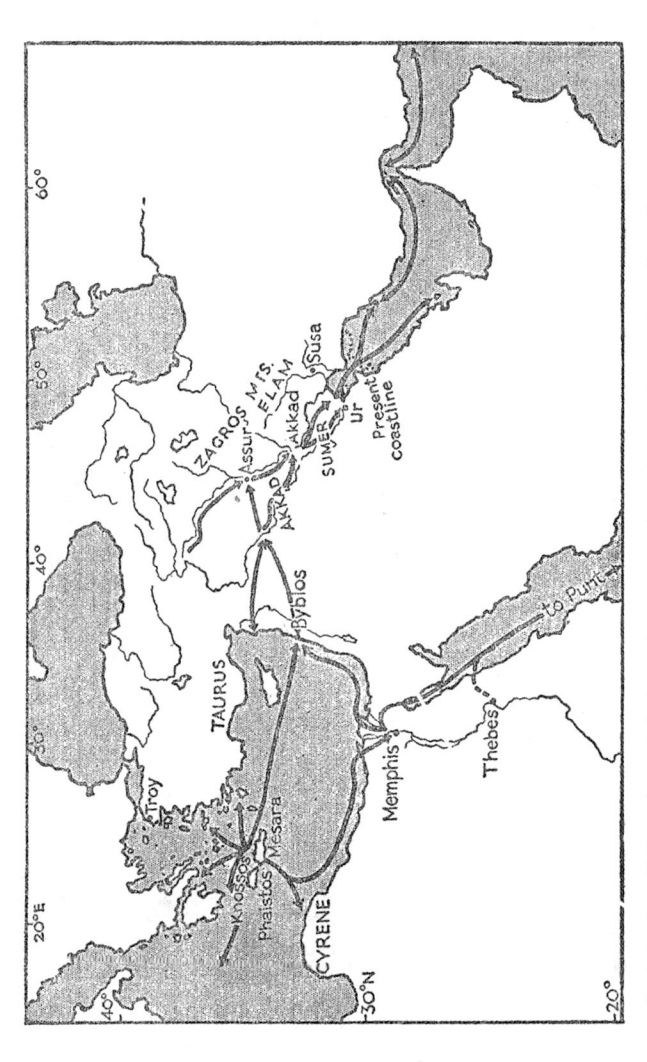

第三章 朋特，神的大地，神圣群岛　　93

地图 5 史前文明的贸易路线。图中地名（从左至右）：特洛伊（Troy）、克诺索斯（Knossos）、费斯托斯（Phaistos）、美沙拉（Mesara）、昔兰尼（Cyrene）、陶鲁斯（Taurus）、比伯劳斯（Byblos）、孟斐斯（Memphis）、底比斯（Thebes）、扎格罗斯山脉（Zagros）、亚述（Assur）、阿卡德（AKKAD）、埃兰（Elam）、阿卡德（Akkad）、苏美尔（Sumer）、苏萨（Susa）、乌尔（Ur）、至朋特（to Punt）、现在的海岸线（Present coastline）

❶ 公元前2334～公元前2193年，人类历史上第一个帝国，统治区域位于美索不达米亚（今伊拉克）。——译者

航海船只不大可能在马达加斯加和东非之间的莫桑比克海峡逆着强劲的来自北方的潮流挂帆航行。在莫桑比克海峡，一旦刚刚航行到了赞比西的南面，他们就不可能原路返回了。因此这里没有其他选择，只能顺着环绕非洲大约9 400英里的路程回到尼罗河三角洲。

对希罗多德关于尼科二世组织的探险所做的描述，人们有许多怀疑。下面就是一些摘要：

"除了与亚洲接壤的部分，利比亚（非洲）的形状表明它是四面环海的。到目前为止，就我所知，首先证明这一点的是埃及的法老尼科。当他停止开凿连接尼罗河与红海的运河时，他装备了一支探险队，命令它穿过赫拉克勒斯之柱（The Pillars of Hercules）即直布罗陀海峡，围绕利比亚航行，返回地中海，然后回到埃及。因此腓尼基人离开港口，扬帆驶离印度洋进入南海。秋天来临，他们就登陆，无论他们恰巧在利比亚的什么地方，他们都耕种土地，等待收获。当他们收获了玉米的时候，又扬帆起程，直到两年后，他们穿过了赫拉克勒斯之柱，于是在第三年又回到埃及。虽然我本人不相信，但可能有人相信，他们讲述道：在他们绕利比亚航行的时候，他们在右边看到了太阳。"

这番叙述中最令人吃惊的是关于非洲地理位置的两段，一段在开头，一段是在末尾。第一段显示了希罗多德清醒地知道非洲是被大海环绕的。在他以后不久，这种认识就消失了，而且是彻底消失了，以至古典的古代时期最伟大的地理学家和天文学家克劳迪乌斯·托勒密可以在大约公元150年教导说：印度洋是一个内海，因为非洲向东拐了弯，直接通过陆地与远东连接起来。但是，托勒密是生活在亚历山大的，这就是说，这个国家的统治者在不久前就曾确信他们的大陆是可以环绕航行的。然而，他没有得到更好的信息和暗示；只是到了葡萄牙人在1487年来到好望角时才暴露出托勒密是错误的。

然而，这个错误的主要责任在于希罗多德本人，托勒密负有次要责任，因为他在最后一句话中转述了这样的句子：尼科的探险队在环绕非洲航行时，他们在右边看到了太阳。对生活在赤道北面的人来说，这听起来就像公然的欺骗，从他的报道中很清楚地显示出，对于转述这样荒谬绝伦的话希罗多德本人感到极其羞愧。但是他非常看重他作为史料编纂者和旅行记者的职业。因此，一般说来，他会忠实地记录即使在他看来也是荒谬的东西。这一次他就是这样做的，就是这句使得他的报道在古代世界看来是如此难以置信的话，证明了某位大胆的船长确实是在非常早的时期扬帆环绕非洲大地进行了航行。如果这是向西航行，也就是说，是沿着尼科探险队的路线航行，那么，在赤道南面太阳将出现在右边，也就是北面。在古代地理学界，恰恰是使人们认为希罗多德的报道是荒谬的这件事毫不含糊地显示出它的精确性。

这次航海与许多其他航海一样，进行得太早了，以至它们自己的年代无法认识到它们的重要性。在尼科命令进行航海时，很难看出他的意图。他是个有进取心的人；这表现在他试图在上尼罗河三角洲靠近布巴斯迪斯（Bubastis）的地方开凿一条通往红海的运河。他放弃了这项未完工的工作，这不是因为人们以为这项惊人的工程要耗费12万人的生命，而是因为他从神谕得知：他恰恰是在援助波斯人，一个世纪后，波斯人在大流士一世的领导下确实开凿成了这条运河。在这里我们必须插入一句：苏伊士运河的血泪历史并不是从尼科开始的。在中工朝时期，尼罗河与红海之间的水路交通就已经建立了，因此尼科只是遵循旧的模式而已，我们在后面将会谈到苏伊士运河的先驱者。从心理学上讲，他的非洲探险也可能是重复更加古老的冒险事业，那只是追求一种古老的传

75

统，而其唯一的目的就是扩大法老的威望。希罗多德关于尼科指挥他的船长们环绕非洲并穿过赫拉克勒斯之柱❶航行的叙述，听起来好像埃及已经知道了印度洋与大西洋之间的连接，似乎埃及人—腓尼基人的勘察探险就是为了证实它的存在才进行的。无论如何，希罗多德的报道的措辞都暗示了尼科知道他的船只必然会从西面返回。

五

由于《圣经》对所罗门到俄斐的探险所做的证明和希罗多德关于尼科的非洲冒险活动的报道，我们得到了第一份文献证明，证明了闪米特腓尼基人同时在航海事业和世界商业中获得的重要地位。关于他们逐渐崛起成为强大的商业霸权的过程，我们几乎一无所知。大约在公元前15世纪，他们取代了突然从舞台上消失的克里特人的角色。为什么会发生这样的事情，地中海的克里特宏伟帝国为什么消失得没有一点踪迹，而且也没有任何敌国（比如说埃及）攻击的迹象，这绝对是个难以理解的谜。海洋学最近似乎提供了一个线索。1947年瑞典的一个研究协会从地中海东部海底取得了一些样品，他们确信在深层的海底沉积物中存在火山灰。化学分析显示这些火山灰可能只能从爱琴海中的席拉岛的圣托里尼火山喷发出来，而这就必须是在公元前的1500年到公元前1400年之间沉积的。

这些火山灰沉积物非常广阔，它们明显地显示出这是一场灾难性的

---

❶ 直布罗陀海峡在古典时期的称呼。——译者

喷发。虽然席拉岛距离克里特大约有60英里,但显然这次喷发肯定给这个繁荣富裕的岛国带来了灾难性的后果。也许从此它就衰落下来,最终将自己的主导地位让给正在崛起的腓尼基人。

克里特的灭绝为新兴航海民族的崛起开辟了道路。到此时为止,赫梯族一直统治着叙利亚,大约与此同时他们也从自己值得骄傲的辉煌中消退了,而埃及人则正全力以赴地和希克索斯人进行战争,于是腓尼基人的时刻到来了,他们急速地填补了空缺。

他们通过商业货栈已经占领了希腊的一些岛屿,从这里他们再通过已经将其殖民化的马耳他、西西里和撒丁岛,腓尼基人渐渐地找到了自己通往西方、通往青铜贸易中心的道路。在公元前12世纪,在塔提色斯创立后很短的时间,他们就在盛产黄金的他施附近建立了加迪斯(Gades)城,即今天的加的斯。他们具有竞争意识地选择了加迪斯的位置,至今它依然完好地屹立在那里,这是欧洲最古老的城市之一。此后不久,他们又在非洲海岸建造了廷加斯(Tingas),即丹吉尔,作为他们往来于北非和大西洋的船只基地,在摩洛哥的大西洋海岸建立了里克索斯(Lixus)。大约在公元前1000年,在离突尼斯不远的地方建造了乌蒂卡,即今天的罕奇尔城堡(Hanchir bou Chateur),200年后,在乌蒂卡东南附近又建造了腓尼基人最辉煌、最强大的殖民地迦太基(新城),据估计其建城时期是公元前814年。拥有许多强大的殖民基地,腓尼基人创立了一些向大西洋东半部发动进攻的出发点。

据我们所知,主要的打击出现在大约公元前530年,迦太基人闪电般地征服了西班牙的南部。当然他们的目的之一就是要获得与不列颠岛进行贸易的控制权。稍后不久,大约在公元前525年,他们派出了他们最有能力的人之一:希米尔科舰队司令,带领一支壮观的舰队开往北面的锡之岛（Tin Islands），这时迦太基的外交家特别强调了这是他们外交政策的目标之一。希米尔科从这次航行返回之后，他们可能允许透露的任何信息我们都不得而知。我们所能知道的只是大约900年后罗马人写的一首旅行诗歌，它可能是以原始报道为基础写作的，而且故意用力宣扬一些关于令人憎恶的妖怪的、永恒的宁静和大团大团的海草等等的恐怖故事。这就使我们能够推断出迦太基人确实公开了什么信息，显然这对他们恐吓其他到不列颠去的潜在航海者是很重要的。这次探险似乎是成功的，因为迦太基人在公元前2世纪仍然继续到不列颠旅行。

然而，可能正如前一章所述，占领西班牙南部和封锁海峡的真正原因肯定在于南方，事实上在马德拉群岛和加那利群岛有地中海地区所没有的宝贵染料。随着玻璃制造业和高度发达的金匠艺术的发展，腓尼基和后来的普诺—迦太基（Puno-Carthaginian）的工业都是以著名的非常温暖而富有光泽的泰尔红紫为基础的。希腊文的单词phoinix的含义既是腓尼基人，又是紫颜色，这是很有意义的。

首先，提尔的染料化学家主要是利用紫鱼——骨螺（Murex）的体液，希腊人也利用它来染纺织品。但是，大规模的生产，这种方法就太昂贵和太复杂了。从每个贝壳只能获得几滴染料液体。这种液体必须经过蒸汽加热使其浓缩到1/16的容量。此外，染色的过程也需不停地察看，以保证得到满意的颜色。因为紫鱼的体液原来是乳白色的。在光线的作用下，它出现了柠檬黄的色度，受光时间长一些，它就变成了绿黄色、绿色、紫罗兰色和红色。根据受光时间长短，可以获得最多样的颜色，直到它变成一种紫色，看起来几乎就是黑色。腓尼基人的紫色昂贵得惊人，这是可以理解的。大约在公元300年，也就是通货膨胀时期开始的时候，情况确实是如此，一磅紫色的丝绸，即著名的

metaxablatta，大约值10 000英镑惊人的高价。但是，因为在罗马和世界各地所有的等级徽章都是用紫色材料制作的，所以要花费这么巨额的费用。但是，上面简略介绍的生产方法自然只能在少数的工匠或家庭作坊中获得成功，在那里世世代代的经验是父子相传的。对腓尼基人建立的制造企业而言，这种复杂的过程是不可能的。每个企业为一次染色就需要几百万个紫鱼，而且下一次的色度也无法得到保证。由于在提尔获得了可重复的准确色度具有重大价值，所以寻找一种新的和实用的染料就具有全国性的重要意义。

不难想象，发现了大西洋群岛在腓尼基所引起的激动。这些岛屿生产了提尔长期寻找的染料：*Roccella tinctoria*，石蕊或染坊的地衣以及龙血树（*Dracoena draco*），它们深红色的树脂被称为龙的血液，这些树木也出产一种极好的紫色染料，它们最非凡的代表，即生长在特内里费岛❶上的奥罗塔瓦（Orotava）的著名的龙血树在1868年被风刮倒了，据说它已有6 000年之久的寿命。染料贸易的这两种原材料对腓尼基人来说自然具有极其重要的工业和商业意义，毫无疑问，后来这也促使迦太基人把马德拉群岛和加那利群岛纳入到自己的势力范围。

一点简单的苯胺制剂就足以使现代化学生产出有光泽的紫色染料，而在我们灰色的天空下，古代人对这些强烈色调的激情热爱是完全无法理解的。但是，当腓尼基人第一次从他们的加那利群岛带来紫色染料时，对希腊的制造者来说肯定是个猛烈的震撼。毫无疑问，他们肯定会一再地绞尽脑汁，然而直到相当晚的时候，整个古代世界一直都被泰尔红紫之谜所困惑。无论如何，关于大西洋中丰富肥沃的群岛的含糊不清

---

❶ Tenerife，一译特纳里夫。——译者

79 的谣言确实传到了遥远的希腊。关于这些，我们现在还应该说得更详细一些，但是，在这里我们仅限于谈论一篇几十年前由地理学家们提出的论文，其中的大意就是著名的神圣群岛，即希腊神话中的 *Nêsoi Makáron*，只不过是古代腓尼基人的"马卡尔群岛"（Isles of Makar）的词语变形而已，马卡尔是受人喜爱的提尔城市保护神：梅尔卡特（Melkart）。对如此重要的地理发现不能简单地置之不理。

大约与希米尔科被派遣到不列颠的同时，即公元前530年左右，迦太基的第二次、也是更大的航海探险在舰队司令汉诺的指挥下开始了，汉诺是希米尔科的近支亲属，这次探险证明了大西洋的岛屿对迦太基人来说是怎样的至关重要了。根据原始报告的文字，（它现存的文本是希腊文的译文，无可否认这份译文是不准确的，而且也不完整），这次精心计划的航海的目的就是沿一直到加那利群岛的大西洋西海岸建立殖民站点。毫无疑问，这些沿海站点的作用就是保卫通往大西洋群岛的海上航道不受到来自陆地的攻击，迦太基人牢牢地掌握着这些地方，并协助前往大西洋的船只。汉诺的舰队是由60艘单层甲板大帆船组成的，每艘船有50名水手划船，带去了大约3 000名男人和女人，还有许多物品和殖民地所需的各种植物。

汉诺探险队似乎圆满地达到了第一个目的。他建立了六个经过命名的殖民地，最南端的坐落在大约与加那利群岛平行的朱比角（Cape Juby）。然而，非常奇怪的是，汉诺对它并不满意，而是转过来向南驶去。曾经有人推测，他是受到仅仅两代人之前在尼科法老的命令下进行环绕非洲航海的刺激才亲自环绕黑暗大陆航行的。不能排除这一点，但它又无法得到证实。他抛锚停泊的各个地点都无法确定，但可以肯定的是他最远到达了喀麦隆火山。因为给养消耗殆尽，航海在这里中断了。

汉诺写下了下面的报告：

"现在我们已经航行了四天，而且每个夜晚我们都看见大地到处都是火焰，在这些火焰中，有一处火焰高耸在其他火焰之上，似乎可以碰到星星。在白天，我们看到这是一座非常高的山。我们给它起名叫做众神战车（喀麦隆火山）。当我们沿着火焰的河流航行了三天之后，我们来到一个叫做南角（Southern Horn）的海湾。在海湾深处有一个岛屿。岛上有一个湖泊，湖里也有一个岛，岛上住着成群的野人。其中大多数是长着粗糙毛发的女人。我们的译员称他们是大猩猩。我们追赶他们。我们抓不到那些男人，他们跑得飞快。他们可以跃过大石块，而且用石头使我们无法靠近。有三个女人坚决不肯服从，当我们俘虏她们的时候，她们又咬又抓我们的男人，非常凶猛，我们把她们杀了。我们把她们剥了皮，把她们的皮带回了迦太基。由于我们的供给断绝了，我们无法继续向前再走了。"

可以有把握地推断：在第一句引文中所说的一座喷发火焰，高达星空的高山就是一座火山。而且，因为在最近的地理时间内，在整个西非洲海岸没有其他的活火山或曾经是活的火山，另外那里也根本没有真正的高山，所以腓尼基人的众神战车肯定是13 500英尺（约4 114米）高的喀麦隆火山的山峰。因此汉诺几乎航行到了赤道，算上绕路和偏僻小路，其行程的距离大约是6 250英里（10 000公里）：这是一件惊人的成就，2 000年后，葡萄牙人几乎用了70年才完成。

如果现在可以肯定这一点，那么，关于与"大猩猩"相遇的报道就很难理解了。因为在很长时间里，汉诺的这一部分叙述都被认为是无稽之谈。直到1847年，当人们发现了加蓬大猩猩，即与汉诺的野人非常相似的类人猿的时候，古代迦太基人的描述才被认为是正确的。毫无疑问，关于那些身上长着粗糙毛发的生物的陈述被证实了：事实上，他们是类人猿，因为黑人的体毛很少。然而，如果他们真的是迦太基人杀死并制成标本的那种大猩猩,那么,人们就可以从此做出推断:汉诺和他的迦太基人几乎没有意识到他们的特性,几乎没有区分人与野兽的能力,对人类在我们之外的特殊存在状况更没有一个牢靠的概念。因为,从他们的报道中可以绝对明确的是:他们认为大猩猩就是野人,就是土著人,他们并没有本能地感觉到那些越过岩石逃到矮树丛中的生物就是动物。是什么使得汉诺这样含糊不清呢?或者,换一种方式提问,那些与汉诺同时代的人,如毕达哥拉斯或埃斯库罗斯,也有和迦太基人一样没有确定他们的人类尊严吗?也许他们也没有认识到那些像幽灵一样的大猩猩,虽然长得像人,但是事实上就是动物?

81　　没有,可能他们也曾认为他们就是:"林中的野人"或"野蛮人",正如2 000年后几乎所有欧洲探险家仍然认为的那样。无论如何,荷兰陆军医生威勒姆·邦提乌斯(Willem Bontius)就曾称呼他们为猩猩(orang-outang),这是17世纪中叶,他在婆罗洲的原始森林发现的。而瑞典的伟大分类学家林奈在一百年后对自己的专业一点也没有更多的把握。他
82　把猩猩归类为"林中野人,即人的第二物种,也可以称作夜晚人(night man)。"他认为黑猩猩就是俾格米人❶的近亲。尽管在荷兰期间,林奈有许多机会在奥伦治亲王❷的私人花园里观察到这两种动物,他仍然得出了这样的结论!这里可没有更多地意识到人类的尊严!

　　在我们离开迦太基人和腓尼基人之前,我们必须再次回顾他们进行的航海,这是一次英雄的航海和英雄的伟业:他们发现了亚速尔群岛。

　　没有史诗记述这件事,连历史学家经常需要的那种残缺不全的古老

---

❶ pygmies,生活在非洲和东南亚部分地区,身材矮小的人。——译者
❷ 荷兰国父威廉·奥伦治(Prince William of Orange)。——译者

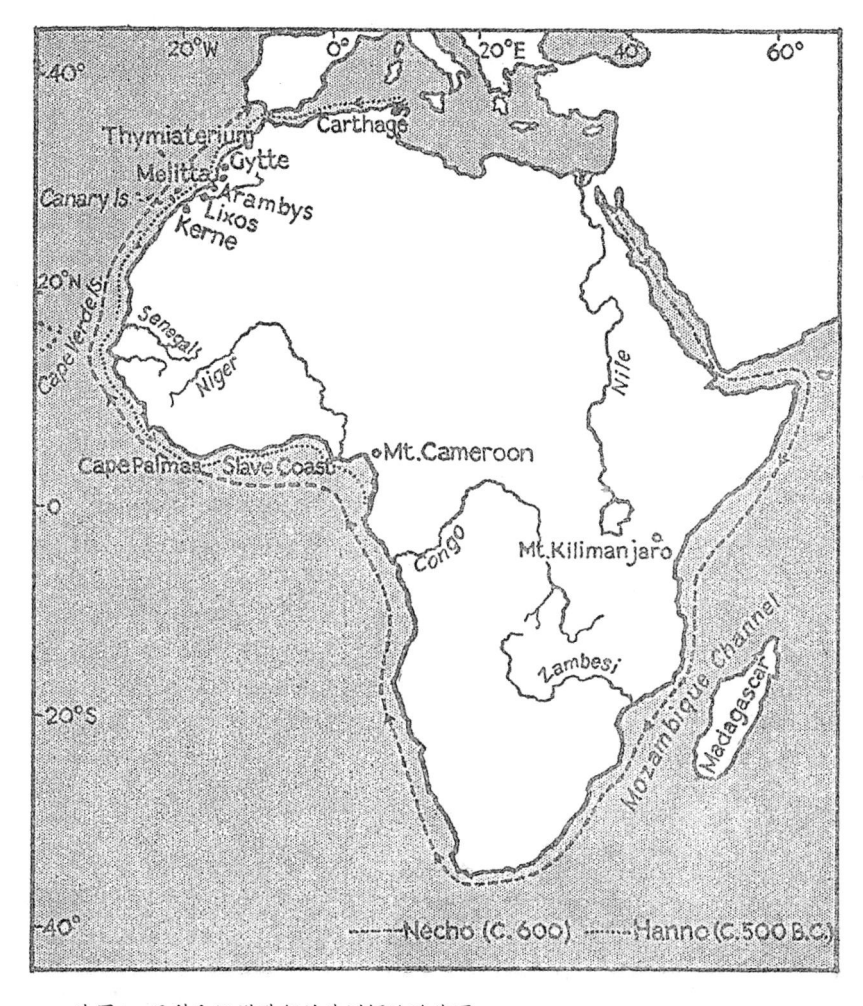

第三章 朋特，神的大地，神圣群岛　　　　　　　　　　103

地图6　尼科和汉诺进行的非洲探险路线图。
　　图中地名（逆时针）：迦太基（Carhage）　蒂米亚特里翁（Thymiateriug）　吉戴（Gytte）　莫利塔（Melitta）　阿兰比（Arambys）　利克苏斯（Lixios）　科尔内（Kerne）　加那利群岛（Canary Is）　佛得角群岛（Cape Verde Is）　塞内加尔（Senagal）　帕尔马斯角（Cape Palmas）　奴隶海岸（即今西非贝宁）（Slave Coast）　喀麦隆火山（Mt. Camreroon）　刚果（Congo）　乞力马扎罗山（Mt. Kilimanjaro）　赞比西河（Zambesi）　莫桑比克海峡（Mozambique Channel）　马达加斯加（Madagascar）　尼罗河（Nile）
　　人名（右下）：——尼科（约公元前600年）　……汉诺（约公元前500年）

文献也没有记述，历史学家认为文献具有神奇的效力，仅仅是因为它们是用白纸黑字进行了记录，甚至古代历史也没有记述。唯一的文物就是一个被烟熏黑了的罐子，里面装着一堆公元前4世纪初迦太基人的硬币。18世纪中叶，一场强烈的狂风巨浪冲击到亚速尔群岛的科尔武（Corvo）岛后，在海滩上的废墟中发现了这个陶罐。这些硬币有些是来自迦太基的，有些是来自昔兰尼（Cyrenaica）的，由于经过许多人的手，有些已经遗失，因此这很值得怀疑和不能确信。但是，关于这次发现的情况的报道却是如此毫不含糊和确切，无论如何必须相信它。亚速尔完全与世隔绝，远远处在海洋深处。我们上面提到过（原文如此）的德国地理学家理查德·亨尼希（Richard Hennig）15年前研究了这个值得注意的情况，提出一个被货币学权威地肯定的论点，无可否认地确认了18世纪的报道。货币学家认为，在1750年完全不可能得到一套从公元前330年到公元前320年十年之间几乎是一套完整的迦太基硬币。因为那里不存在赝品和造假的问题。

83　　因此专家们不再怀疑腓尼基人早期发现了亚速尔群岛。由于围绕群岛的洋流到处都把它们冲走，所以不可能设想在科尔武发现的硬币是被漂浮残骸带来的。它们肯定是随人力划动的船只来到亚速尔群岛的，换言之，有些人确实在离欧洲海岸大约940英里之外的地方发现了群岛。当然，这可能是由于持续不断的来自东方的飓风，船只偏离航道而造成的结果，完全可以理解的是：这些

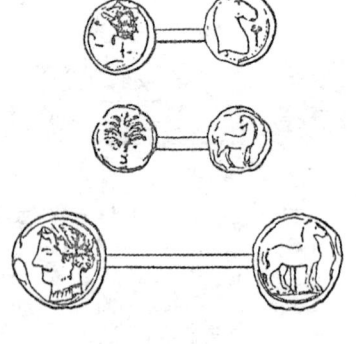

插图18　在亚速尔群岛发现的公元前4世纪的迦太基和昔兰尼（北非古城）的硬币。

迦太基的船只最后在大约公元前320年看到了陆地从大西洋汹涌的海水中突出出来，但船上没有任何人回到欧洲。因为在亚速尔群岛上生长或生产的东西没有任何可以吸引商人的，所以，即使这些不知名的船只上不知名的船员真的回到了故乡，它们也不会成为迦太基水手们遥远的目的地。也是因为这一原因，在古代文献中没有发现提到这些遥远群岛的文字，直到15世纪葡萄牙人发现了它们，它们还处在有人居住的世界之外❶。

所以他们的发现可能不像原来认为的那样是一件英雄的业绩，至少不是自觉地或有意识地进行的。但是正如某件事情干扰了汉诺到赤道的非凡的探险，超越了他的直接任务，也许是因为受到喜爱新事物的激励，受到冒险的呼唤，受到探险和发现的欢快鼓舞，所以那个时代的真正精神似乎在迦太基人向遥远无际的海洋航行中发挥了作用，宣告了新纪元的黎明：这就是英雄的时代。我们现在就转向这个时代。

---

❶ 希腊文 *oikoumene*，意指整个有人居住的世界，基督教的"普世"（ecumenism）概念即来源于此。——译者

第四章

希腊传奇及其背后的故事

马拉战车的陷落／施里曼（考古学家）与鸵鸟蛋／美狄亚公主，悲剧的模特／赫拉克勒斯偷盗苹果／巨石阵与唱歌的天鹅／特洛伊王普里阿摩斯隔断达达尼尔海峡／只有野蛮人穿长裤子／塞西亚人（Scythian）的痛饮者／希腊资本30%的利润／有人到过奥杰吉厄岛（荷马史诗《奥德赛》中女海神居住的海岛）吗？／希罗多德赚了5 000英镑／通往蒙古乌尔加的大干道／来自马赛的派斯亚斯教授／图勒岛（古人相信存在于世界北端的国家，极北之地，世界尽头）在哪里？／毕提亚斯（Pytheas）解开琥珀之谜／厄立特里亚古海（Erythrean）的难题／鳄鱼怎样来到印度河？／亚历山大大帝在激流上航行／发现海洋／挖掘黄金的蚂蚁／捕捉大象的简要指令

一

战斗在灾难中结束了。国王倒下了，所以军官都被杀掉了，或是被俘虏了，战车也丢失了，车上的乘员都被利箭射穿死去了。驾车的战马也都丢失了，或死或伤，或是惊慌逃窜到大草原上。然而，比人员、武器和设备损失更糟糕的肯定是知道了战车作为作战武器从此以后已经完全过时了。古人这种卓越的发明，就是一种

带轮子的堡垒，迄今为止都能确保使用者的优势地位。闪电般的进攻和撤退，瞬间集中兵力，对大量集结的移动不便的步兵脆弱的侧翼，这些优点一次又一次地使战车中队获得了无限巨大的利益。

这一切都成为过去了。他们第一次遇到那些长着细长眼睛，个子矮小的黄皮肤的家伙们，这些人让自己的勇士骑上战马并驱使他们进行马战的卓越计划，都证明了比使用战车远为有效。战车无法抵挡骑兵。除了采用这种新的战争方式，没有任何出路。

我们不知道这次战斗发生在什么时间，也不知道发生在什么地方。我们只知道大约在公元前第二个千年的中期，它发生在欧亚大陆南部辽阔的大草原上，我们对这一点有很大的把握。我们还知道蒙古游牧民族自从远古以来就习惯于鞍马生涯，擅长在马背上战斗和打猎，最终阻止了印欧战车部队势不可挡的进攻，使他们无法突破到中亚。也许希腊关于半人半马怪物的传奇就是对这第一次遭遇敌人骑兵的模糊回忆。

因为在这样的早期，印欧人还不会骑马。他们只知道马是牵引轻型战车的牲畜。他们没有任何办法抵抗快速的蒙古骑兵。直到很晚以后，他们自己才骑到了马背上，再到后来，他们发展了对付大量骑兵部队集群进攻的方法。

印欧人失望和沮丧的无名游牧部落中断了他们向亚洲腹地的进程。他们被迫向西面和西南退却，在公元前13世纪，他们与地中海东部人口稠密的地区遭遇了。公元前1227年，埃及国王米尔恩塔（King Mer-en-Ptah）驱逐了尼罗河西部三角洲的这些"北方人"。然而，在拉美西斯三世（公元前1198~公元前1167年）的时代，他们又回来了。在公元前1190年，即他在位的第八年，这位法老在底比斯附近的梅迪内（Medinet）圣殿的墙壁上写下一段题词：

北方人在他们的岛屿上出现了混乱，被风暴驱散了，一下子都被驱散了。在他们的手下，任何国家都无法安稳站立：他们无情地驱赶那里的人民，他们来到埃及，就像火焰一样在眼前燃烧……

尼罗河大地逃脱了毁灭，但是，赫梯王国[1]却崩溃了；几乎就在同时，迈锡尼[2]和梯林斯的皇家城堡都落入了多利安人的手中，他们随着移民大潮而冲到了南部。

当然，这个国家古代的主人也并没有在沉默中倒下。谋杀和纵火风起云涌，他们的要塞被夷为平地；在他们豪华的房屋的废墟上，积满了厚厚的灰烬、尘土和石灰，堆积在奢华的浴池中，在宽敞的大厅上，在充满来自世界各地宝物的珍宝室，在布满黄金的陵墓上，到处都覆盖着灰尘。在长满萋萋荒草的瓦砾堆上放牧着牛羊。

三千年的时光静静地停留在那里。然后，世界时钟的指针一下子转到了1867年8月7日。刚刚发掘了特洛伊古城的海因里希·施里曼开始在迈锡尼废墟堆的脚下进行挖掘。他的队员在堆积如山的瓦砾中奋力掘进，直到最后，从很深的地方露出了阿加门农的城堡的庞大墙壁。在无数的发现中，人们对一件大约8英寸长的椭圆形东西并没有过多的注意，而施里曼则认为是细纹大理石花瓶。人们对这个发现做了登记后，就把它放到一旁。那里还有太多太多的东西，都是更有价值，更加光彩夺目的东西。

只是由于偶然的机会，这件被认为是细纹大理石的花瓶后来才又回到施里曼的手中。这时，它才显露出来：在那层硬壳下面这里或那里显

---

[1] 一译西台王国，The Hittite Kingdom。——译者
[2] 古希腊语：Μυκναι，拉丁语转写：Mycenae，位于希腊伯罗奔尼撒半岛，是一座爱琴文明的城市遗址，位于科林斯和阿尔戈斯之间。——译者

示出的雪白的、闪闪发亮而又光滑的物质并不是细纹大理石,而整个东西也不是花瓶,而是一枚鸵鸟蛋。

89　施里曼意识到这个发现的重要意义。在伯罗奔尼撒的阿尔戈利斯（Argolis）的乡村从来没有鸵鸟。因此,阿加门农的鸵鸟蛋肯定是从亚洲或埃及进口的,而且由于它的稀奇,才被保存在城堡的地下珍宝室内。更多类似的东西出现了：在阿蒙霍特普（Amonhotep）二世的收藏章的一角有一个小巧精致的蓝色玻璃猿猴,阿氏就是继承了托特美斯三世（Thothmes III）的17王朝的法老,他从公元前1448年到公元前1420年在位；一块精致的雕刻成圣甲虫形状的宝石,这是阿蒙霍特普（Amonhotep）三世（公元前1411～公元前1375年）的妻子苔伊王后的宝物。然而,由于迈锡尼距离大海有四小时的旅程,施里曼绝对不会认为这些物件是从迈锡尼的船只上进口的。因此,他推断在埃及和小亚细亚之间原来存在一种文化联系,后来又包括了迈锡尼。当然,在这时他根本不知道后来在托特美斯三世（哈特舍普苏特女王的丈夫和继位者）的珍宝室中发现的那些迈锡尼陶器收藏品。同时,他也不知道从早期的希腊大量出口的迈锡尼瓦器,在塞浦路斯、叙利亚、巴勒斯坦、西西里、马耳他、撒丁岛和西班牙曾经发现过其中精美的样品。他还完全不知道西班牙的银子、北方的琥珀和在迈锡尼坟墓中堆积的努比亚象牙❶。他也不可能像我们现在已经知道的那样猜想到迈锡尼的希腊人和克里特人一样,在很早的时期就已经在外海进行冒险了。

然而,关于这个题目,考古学不可能告诉我们更多的东西,古典文

---

❶ Nubian,是非洲东北部民族,也分布在埃及南部。他们的主要活动地区从阿斯旺往南直到德巴。——译者

献学甚至更为吝啬。它提出一种观点，认为早期的希腊人从来没有到过西面的西西里和东面的特洛伊岛之外。当然这是一种谬论。因为我们要继续我们的故事，我们就必须去寻找比出土文物和语言研究更富有交流性的信息源。我们将把注意力投向那些对这两门威严和显赫的科学表示轻蔑的题材，比如：英雄传说、寓言、传奇故事等含糊不清的材料。然而，从它们的内容中可以获得无论是通过考古学还是文献学都不容易获得的信息。

首先，这里有我们从儿童时代就阅读过的无数经典的古代传奇故事，但是，如果我们今天重新再来看它们，它们就会以一种全新的面貌呈现在我们面前。因为这些古代寓言和传奇故事似乎用密码隐藏了大量的关于海洋的学识和商业知识。我们只需要正确地去阅读这些历史悠久的故事而已。

没有人知道这些传奇故事的主题实际上有多么古老，也没有人知道它们来自多么遥远的年代。然而，它们大多数可能属于迈锡尼文化圈，属于那些青铜时代印欧国君和贵族部落的世界，这些国君贵族坚不可摧的要塞和固若金汤的城堡大约在公元前1400年在迈锡尼和梯林斯的巨石大厦中达到了辉煌的顶点。因为这些贵族和半神半人的英雄都显然不仅是聪明的石匠，而且还是杰出的水手，他们的舰队与克里特的舰队在海上进行争夺，他们在世界上航行到四面八方。在小亚细亚、埃及和西地中海都曾出土过迈锡尼的文物，甚至还有人设想迈锡尼的水手为了掠夺和勘察曾经航行到过黑海。

这一点从著名的传奇故事《阿尔戈斯》得到了证实：海盗船长伊阿宋大胆的探险，他乘着有50支船桨的长长的大船阿尔戈号向黑海南部角落的科尔基斯（Colchis）出发了，船上坐着他那个时代所有著名的英雄前去盗取金羊毛。这种金羊毛是一只双翼公羊的纯金皮毛，人们认为金羊毛曾经属于希腊的商人、旅行者和盗贼的保护神赫耳墨斯，后来被科尔喀斯王占有了。整个世界都认为金羊毛是稀世珍宝，它在希腊已是家喻户晓。

历尽千难万险，伊阿宋和他的水手到达了科尔基斯人的河流费希斯河（Phasis），阿尔戈在它的河口抛锚停泊。开始事情还算顺利，但是后来他们遇到了非常不愉快的变化。科尔喀斯的国王埃厄忒斯有一个完全用铁制造的犁，伊阿宋出于一位青铜时代的人的兴趣，仔细观看了这件有价值的物品。但是，埃厄忒斯用来拉犁的公牛却极其任性凶猛，当英雄伊阿宋为了荣誉不得不架犁耕地时，两头公牛从它们的地下牛棚里声嘶力竭地咆哮起来，喷着沥青和硫黄，笼罩在浓烟和火焰中。现在这次探险的主要目标金羊毛，被一个同样凶猛的怪兽：一条凶龙看守着，显然，尽管伊阿宋出身于神祇世家，他也不急于和它决一胜负。然而，埃厄忒斯长着一头金发的女儿美狄亚帮助他克服了这个麻烦。她偷出了科尔喀斯的国宝：金羊毛，而且和伊阿宋登上了阿尔戈号，让英雄除了带着两件战利品胜利凯旋之外，没有任何麻烦。

为了安全起见，他们没有沿着来的路线回去，那条路线被证明多少有些危险，而是驶向了多瑙河。伊阿宋的英雄团队里，有些人带着古老的显示着多瑙河的手稿，远离它在黑海的海口，有一条支流通向"西西里海"（亚得里亚海）。由于好运气，我们的科尔喀斯探险成功地发现了这条支流，顺流而下驶向了亚得里亚海，经历了更多的冒险，终于在一个晴朗的天气里又回到了希腊。

关于传奇故事本身，我们就说到这里。我们可以按照它的字面意义来理解它，它表明：古代希腊的水手喜欢编造离奇的关于水手的冒险故事。但是，聪明的地理学教授曾经敏锐地仔细地分析了天真的水手的行话，这样一来，就无意中发现了各种非同寻常的事实。

他们开始用来编造那个离奇的故事的关键词就是费希斯，是科尔喀斯的一座城市和河流。我们从后来的记载（尤其是希罗多德的旅行日记）知道，这座城市和河流确实存在，希腊人在这里意外地看到了一种罕见的长着华丽羽毛、味道鲜美的鸟，环颈雉（Phasianos），就是我们说的野鸡。现代研究已经证实费希斯河就是高加索的里昂河（Rion），而与科尔基斯同名的城市就相当于今天的波提（Poti），是大约在巴统北面的一座石油和汽油城市。

按照地理学家的观点，第二个关键词：石油，为笼罩在浓烟和火焰中的公牛之谜提供了答案，伊阿宋不得不架着公牛去耕地，他就像消防队长一样，从头到脚都穿着石棉的服装。他们认为那是燃烧的石油，让那些来自迈锡尼希腊的长着美丽金发的蓝眼睛英雄们感到非常恐惧。在这里，我们必须再一次引证希罗多德，当然他完全不知道什么是石油，因为本茨和狄塞尔两位先生直到三千年后才出世。但是，他知道沥青，而且他事实上还记载了费希斯这座建筑在闪光的沼泽当中的土堆上的城市，这是出口沥青的重要中心。

金羊毛本身也可以得到一个并非不可能的解释。希腊地理学家斯特拉博大约生活在基督诞生的时期，记载了费希斯的居民从无法记忆的远古就已经习惯把阉公羊的羊皮放到有金子的河里，收集河水冲到羊皮上面的金砂。现在是用一种精心制作的筛子来达到这个目的。但是，如果那里的金子很多，羊皮也完全可以做好这件事。

甚至美狄亚这个人物，从欧里庇得斯[1]的悲剧开始直到当代美国戏剧家罗宾逊·杰弗斯[2]，她一直都是诗人和戏剧家的典型，她在古代故事神秘的光芒中出现了。诚然，她也像伊阿宋那样是个金发碧眼的人，只有这样才能作为迈锡尼世界的公主和统治者的女儿。然而，她是个邪恶的女巫、女魔法师和调制毒药者，与阴间的居住者保持密切的联系，她从最初与伊阿宋相识的时候起，就不断地忙于完全是可疑的活动。现在我们从前面的叙述知道，黑海的南部海岸很久以来就是腓尼基和亚述商人的目的地，科尔喀斯地方的古代居民在相貌上都像埃及人，他们都具有许多令人想到尼罗河大地的文化特征。如果这是真的，那么这就很清楚：为什么美狄亚在迈锡尼的青年农民看来肯定就是一个危险的女魔法师。任何像亚述人和埃及人那样成长起来的人，任何能够熟练地与死亡、与过去的年代、与地下的势力打交道的人，都像在金字塔和巴别塔脚下的古人那样，肯定能够实施魔法，即使他住在荒蛮的科尔喀斯，即使他的门第相当尊贵！

我们在相当于后来的的英雄世界和传奇故事中也遇到了同样的事情。在这里，而不是在埃及或科尔喀斯，当这些英雄选择美丽的外国人做新娘的时候，人们都会不约而同地提到"威尔士兰"（Welshland，不是威尔士，而是任何遥远的国家，尤其是法国和意大利地区）。但是，至少这些传奇故事特意地把这个异域的女巫描绘成黑美人，她往往有一个很不美妙的结局。如果在她门前可以摆出来的巫术没有做出任何事情，没有使牛染上口蹄疫，没有在男人当中酿成流行性感冒或其他灾祸，那

---

[1] 公元前485或公元前480~公元前406年，与埃斯库罗斯和索福克勒斯并称为希腊三大悲剧大师，他一生共创作了九十多部作品。——译者
[2] Robinson Jeffers，1887~1962年。——译者

么，她至少也是个臭名昭著的"维纳斯小姐。"事情总是这样。

然而，现代学术并不满足于不停地谈论美狄亚的魔法能力，现代学术还把伊阿宋经过多瑙河和亚得里亚海返回的寓言式旅程放到了显微镜下面仔细研究。结果，得出一个结论：想像中通往"西西里海"的多瑙河支流不是什么别的，而是曾经从多瑙河通往塞默灵山口（Semmering Pass）的古代贸易通道，它越过萨瓦河（River Sava）和纳诺山直到地中海；这条通道的南面，从旧日的海陆联运设施开始，事实上已经进行水上航行了。必须把阿尔戈英雄走的这条奇怪的迂回路线看做是对更遥远的时代的模糊回忆，如果仅仅把它当做神话故事而撇在一旁，那将是错误的。

不幸的是，我们没有足够的空间从全部的希腊传奇故事中详细查找未知的探险记载，而必须局限于少数的一些简单迹象。

除了阿尔戈英雄的冒险故事，我们还有许多关于赫拉克勒斯的神话，这些神话在他英雄般的劳动中达到了顶峰。其中第11则，讲他为迈锡尼的国王欧律斯透斯（King Eurystheus）去采摘赫斯帕里得斯的苹果。下面就是关于这些苹果的故事。当宙斯和赫拉在非常遥远的过去结婚时，大地母亲盖亚女神在婚礼上赠送了一份餐后甜点，其中有一些金苹果的样品，她当时透露：金苹果长在大洋无限遥远的西海岸上一棵有无数枝杈的树上。或许是因为她知道诸神喜欢这样的美味，或许是她担心好奇的人类的无知破坏，她派了四个美丽的仙女赫斯珀里得斯看守她的苹果树。为了防止盗贼不惧怕这四个美丽的仙女，而且可能恰恰相反……她为这四个年轻的小姐派了一个保护者、助手和陪伴：一条百头凶龙。故事没有告诉我们这一条百头凶龙要去保护什么，是苹果，还是四位赫斯珀里得斯仙女的贞操。

尽管有这五位守卫人员，赫拉克勒斯还是前去偷盗金苹果。但是，正如伊阿宋一样，这位神的英雄并不打算和凶龙争吵，众所周知，他对女人也不感兴趣。他最后成功地说服了巨神阿特拉斯，他当时正巧双肩扛着苍天站在附近，正在处理凶龙的事。一旦事情办成了，（我们必须遗憾地承认，赫拉克勒斯并没有非常公正地报答阿特拉斯，）这位神的英雄把苹果塞到他的兜里，赶忙回去见他的国王去了。

这非常像小孩子的故事。但是，德国的地理学家里夏德·亨尼希并没有打算就这样一听了之，他在这个传奇故事的背后，发现了各种令人惊奇的事实。其中的关键词是阿特拉斯。因为在荷马的《奥德赛》和其他古代记载中，这都是很明确的：它不是这里所说的摩洛哥境内的阿特拉斯山。虽然希罗多德曾听到过关于存在这个宏伟高地的某些模糊不清的谣传，但是，直到罗马时代，古代世界才知道阿特拉斯山；因此，像荷马所说的"把天地分开的高耸入云的柱子，"只能被理解为是加那利群岛上巨大的雪山特内里费峰，这座山峰高达海拔4 066公尺。亚历山大·冯·洪堡❶已经认识到这一点，后来的许多学者也赞同他的观点。如果赫拉克勒斯传奇故事中肯帮忙的巨人阿特拉斯就是特内里费峰，那么，大地母亲盖亚富饶的花园就不可能在远处：赫斯帕里德斯的大地就只能在加那利群岛去寻找。那么，金苹果肯定就长在那里，也许正如亨尼希所猜测的那样，这些苹果可能实际就是加那利群岛的草莓树（*Arbutus canariensis*）金黄色的果实。

换言之，赫拉克勒斯的第11项使命可能隐藏着关于直布罗陀之外的

---

❶ Alexander von Humboldt，1769~1859年，德国科学家，与李特尔同为近代地理学的主要创建人。——译者

大洋中阿特拉斯群岛的早期暗示,就是上述的那些"幸福岛"。迈锡尼的希腊人是从什么地方得到这样的知识,是从克里特人那里知道的?他们经常通过婚姻与那里的英雄家族建立关系,还是从腓尼基人那里知道的,他们与腓尼基人进行过繁忙的贸易,或者是他们自己曾经在赫拉克勒斯之柱以外的大洋航行过?我们都不得而知,可能永远也不会知道。

但是,这里还有更多这样的古代谜团。比如,其中有一个关于"希帕波利安"(Hyperboreans)大地的古老希腊故事,它在遥远、昏暗的北方,毫无疑问,那就是不列颠。传奇故事讲道:古代这里有一座巨大的圆形圣殿,有时一些天鹅唱着赞美神祇的颂歌走到里面来。这好像非常有诗意,但这是十分不真实的童话故事。然而,史前史学家和地理学家都认为这个圆形的圣殿就是索尔兹伯里平原上的古代凯尔特神庙:巨石阵,在夏至的时候,人们在那里庆祝盛大的宗教节日。这些学者认为,根据希腊的文献,那些唱着赞歌的天鹅崇拜它们的神,就像"长着羽毛的唱诗班歌手",这本身就是古代传说真实性的标记。因为在北欧,特别是在英格兰可以发现唱歌的天鹅,即大天鹅(*Cygnus Cygnus*或*Cygnus musicus*),而在欧洲中部和南部却不为人所知。布雷姆(Brehm)曾详细地描述了这些现在已经罕见的禽鸟。有一次他说:"它的声音就像银铃一样美妙。"他还说道:"当它们排成一小群飞向天空时,它们忧郁的声音就像远处的号角……有时听到这呼唤的歌声的人会把它比做铃铛的音符,又有时会把它比做某些管乐器的音符,但是,它与这二者都不同,它超越了这二者,因为它恰恰是从活的生物发出的声音,它更类似我们人类的声音,而不像无生气的金属发出的声音。这奇妙的歌声造成了一个关于天鹅之歌真实的传奇故事……"

会唱歌的天鹅可能是奉献给巨石阵的神灵:凯尔特的波尔封神(god

Borvon）的，在凯尔特人古代的圣地受到保护。夏至盛大的节日时，出现了这些天鹅，从这里可能就得到了解释。虽然在南欧，人们并不知道会唱歌的天鹅，但讲到这些天鹅的传奇故事，证实了设想中的水手们的奇谈再一次包含了坚硬的真实的知识内核。迈锡尼希腊人能从什么人那里知道它？是从塔提色斯航线上的克里特人那里？是从腓尼基人那里，还是从他们自己的经历知道的？

我们也无法回答这些问题。我们对此毫无所知；我们对欧洲的大迁徙时代知道得非常之少。但是，我们所知道的这一点点，就使我们能够感觉到：在希腊发挥作用的激励因素，与在埃及或在腓尼基和迦太基发挥作用的激励因素是截然不同的。北欧海盗之风正在兴起，海上航行和探险是男人的工作，是君王的工作，也是英雄的工作。赫拉克勒斯是半神半人的人物，他完成了希腊每个航海者肯定无法实现的理想，在整个有人居住的世界到处漫游，不是进行贸易和做生意，而是为了探险。正是为了这种冒险，为了在遥远大地上的英雄爱情和战斗，希腊民族英雄奥德修斯抗击着水手所遭遇的无数巨大灾难。如果荷马的听众和崇拜者没有完全理解伊萨卡王到遥远的大地上漫游的愿望，而是在帕涅罗帕❶身旁公正地办理公务，那么，《奥德赛》中那些把可怜的"神的受难者"在大洋上吹来吹去的逆风就不会刮起来了。但是，去经历这类事情的本身就恰恰是荷马的听众所渴望和梦想的。

因为在任何时代，诗人而不是商人都是英雄的使者，所以我们以后应该不断地拜访诗人、新闻记者和学者，让他们做我们的见证人。在许许多多擅长文字、精于写作的人物当中，首先就是荷马，或者更准确地

---

❶ 一译潘尼洛普，奥德修斯之妻。——译者

说，就是延续了几代人的一连串的无名歌手，对他们我们用了一个集合名词荷马来加以描述，他们的作品我们称为《伊利亚特》和《奥德赛》。这两部史诗错综纷繁的成分，使我们很难将它们归纳为一本普通的为地理学和历史学进行命名的著作。因为形象是不断地变化的，世界是不断地扩展的。

如果我们可以这样描述这个文学沉积物显然是最古老的层面，那么，古代的荷马描绘的世界大约就是公元前1200年的世界。确实，从这位想像中的盲诗人的心中，除了用诗句描述地理之外，他没有提供任何东西。他的兴趣集中在有血有肉的男人身上：像奥德修斯那样的英雄漫游者，或是像《伊利亚特》当中无畏的英雄斗士。然而，要描述来自伊萨卡的旅行者的历程，或是特洛伊战争的成败，就需要相当丰富的世界知识。这个荷马当然具备这样的知识。他所具有的惊人的大量地理学知识究竟有多少来自他本人的经历，还是个值得探讨的问题。但可以肯定的是，他准确地提供了其同时代人在当时所看到的世界的画面。持有这一观点，我们就必须坚决地反对埃贡·弗里德尔（Egon Friedell）最近在他精妙的《希腊文化史》（参见参考书目）中提出的观点，在这部著作中他强调指出，世界上只有一个荷马。弗里德尔是把他和我们的朋友当作早期条顿的吟游诗人来看待的：他是一个歌手和演说家，他把古代的事情用一种艺术的和人为的古老形式唱给当时"高贵的英雄们。"这是非常不可能的。因为一个生活在公元前800年的荷马，无论如何也不会遗漏大约在这个时间"发生"的壮丽探险：即希腊人向黑海的远征，也不会遗漏关于远东神奇的黑色故事，现在这些故事开始在欧洲文化圈中兴盛起来。

插图19　大约在公元前2000～公元前1500年（青铜时代早期），在索尔兹伯里平原上建造的巨石阵。用巨石按照其原来位置重建。

然而，荷马却把它们遗漏了。确实，他知道伊阿宋和埃厄忒斯的名字，他也听到过阿尔戈号这艘又快又长的船和可怕的撞岩：叙姆普勒加得斯（Symplegades），除此之外，他就不知道了。他既没有提到金羊毛，也没提到美狄亚，他还把叙姆普勒加得斯错误地说成是在地中海西部。换言之，这位从手指缝隙中遗漏了这个壮观的故事的荷马，实际上是生活在真正久远，真正古老的年代。回到我们开始的观点：荷马的作品实际上是一种文学积淀，是非常早期、非常古老的水手们的经历被不知名的诗人和吟游诗人注入适当的模具中形成的沉淀物，它们是那些非常有贵族气派的、非常狼狈的吟游诗人讲述的关于光荣往昔的骑士浪漫故事，他们的听众是那些渴望听些热闹事件的多利安农民，这些农民正遭受着蹂躏，他们对迈锡尼、梯林斯、阿尔戈斯、阿锡尼（Asine）、美狄亚和在他们的胜利攻掠之后被毁坏殆尽的其他迈锡尼希腊人的城堡充满敬畏和惊奇。

荷马所叙述的世界的支柱就是西部的特内里费和东部的高加索境内高耸的高地,那个世界的中心是高达9 900英尺(约3 300米)的色萨利(Thessaly)的奥林匹斯山,即众神的家园。因此,地中海就成了整个有人居住的世界的中心海洋,地中海将世界分为两部,黑夜在最北面高高的瑞帕安斯山脉(Rhipeans)上,白昼则在南方。关于这个寒冷、多雨而又凄凉的黑夜部分,人们所知甚少。在南方有埃塞俄比亚、利比亚和埃及,由于频繁的航海,人们已经较为熟悉。但是,唯一真正有确切知识的地区则是环绕特洛伊、基克拉迪斯群岛、克里特、伯罗奔尼撒、希腊的中部和南部以及大约远至西西里岛的地中海。由于我们获得了上述从古老的希腊传奇故事中浓缩出来的相当全面的知识,所以这块狭窄的地区更令人感到惊奇。这些知识大部分都在多利安人对希腊的入侵造成的混乱中遗失了,因此,它从白昼明朗的阳光下消失到传奇故事的晦暝之中。

然而,到了公元前8世纪中叶,就轮到了古希腊新的统治者走向海洋的时刻了。我们甚至知道那个时期最成功的船主和船长之一的名字:萨摩斯的柯莱欧司(Colaeus),显然,由于持续的大风,他偏离了航道,抵达了塔提色斯。他是否如传统观点所断言的那样,是第一个登陆法埃亚科安岛(Phaeaceans)幸福国度的人,似乎还值得怀疑。但是,柯莱欧司肯定是西班牙航线上最成功的船长,人们之所以能牢牢记住他的名字,原因就在于此。

关于东方和黑海,荷马知道的信息都很少。当然,他知道它的存在,而且也相当熟悉最靠近博斯普鲁斯海峡的海岸。但是,达达尼尔海峡存在特洛伊。一些强大的国君统治着这座繁华的大城市,它的联系可以远达埃及和巴比伦,也能伸展到希腊,但是,它特别擅长的却是与黑海周围富饶的地区进行贸易：它是一个海港，或多或少也像当时的塔提色斯一样繁荣，也像后来的佛兰德斯（欧洲西部一地区）和意大利的海港那样辉煌和强大。正像迦太基人1 000年后封锁了直布罗陀海峡一样，特洛伊人也禁止外国船只进入黑海。人们曾经断言关于叙姆普勒加得斯的传奇故事就是用传奇做掩护谈到一个赤裸裸的政治事实：任何希腊船只都不能不受骚扰地穿过这个海峡。叙姆普勒加得斯的传奇故事是说达达尼尔海峡可怕的岩石会在短暂的间歇之间轰然闭合在一起，压毁任何恰巧经过这里的船只。人们还进一步猜测：事实上，整个特洛伊战争只不过是用暴力铲除特洛伊在海峡设置的障碍而已。也许是这样，也许不是。但是，毫无疑问，早期的希腊人就非常关注要确保达达尼尔海峡的通道。在希腊人最晚定居黑海沿岸的时候，沿着海峡建筑了城堡和要塞，显然是认识到了这个事实：封锁了达达尼尔海峡就将切断来自俄罗斯南部的玉米供应。有许多关于在雅典的古代玉米交易所进行疯狂投机活动的记载，联系到这一情况，那些为了哄抬物价的"黄牛"就会散布谣言，说达达尼尔海峡已经被封锁了。因此我们可以有把握地假设：希腊人远征特洛伊无论如何也不是为了劫掠美女，而是通过宣传进行了特殊美化装饰的露骨的经济战争。

然而，也许直到公元前8世纪末，希腊人才能够到达黑海。于是他们精力旺盛地投身于新的地区。当然他们不是盲目地到这里去。到这时黑海已经不再是处女地了。很早以前，亚述人和腓尼基人就已经对这里进行了勘察，另外，生活在小亚细亚的希腊人也进行了勘察，尤其是米利都、爱奥尼亚海港和在迈安德河岸[1]的各个城市中的船主和商人对他们所

---

[1] Maeander，意为蜿蜒曲折。——译者

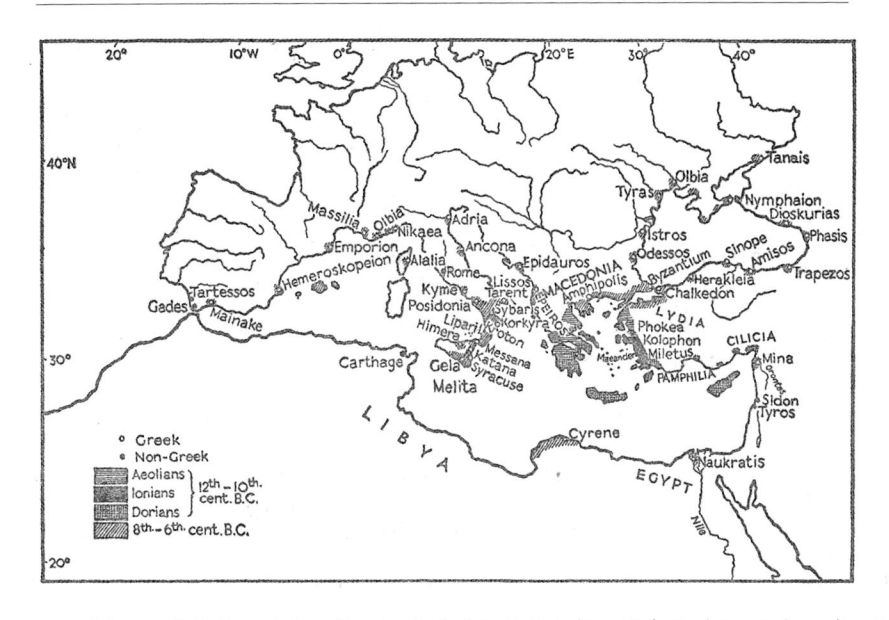

第四章　希腊传奇及其背后的故事　　　123

地图7　希腊的殖民化。图中地名（顺时针方向）：塔奈斯（Tanais）　奥尔比亚（Oblia）　泰拉斯（Tyras）　尼姆费翁（Nymphaion）　迪欧斯库里亚斯（Dioskurias）　费希斯（Phasis）　锡诺卜（Sinope）　伊斯特洛斯（Istros）　奥德索斯（Odessos）　拜占庭（Byzantium）　阿密苏斯（现萨姆松）（Amisos）　特拉裴苏斯（Trapezos）　赫拉克雷亚（Herakleia）　查克顿（Chalkedon）　吕底亚（LYDIA）　佛基亚（Phokea）　克洛封（Kolophon）　米图斯（Mietus）　克里西亚（CLICIA）　米纳（Mina）　奥龙特斯河（Orontes）　西顿（Sidon）　泰洛斯（Tyros）　潘菲利亚（PAMPHLIA）　瑙克拉提斯（Naukratis）　埃及（EGYPT）　昔兰尼（Cyrene）　利比亚（LIBYA）　迦太基（Carthage）　塔提色斯（Tartessos）　加的斯（Gades）　麦纳克（Mainake）　马西利亚（Massillia）　奥尔比亚（Olbia）　尼卡亚（尼斯的拉丁文拼写）（Nikaea）　安坡里奥昂（Emporion）　赫莫罗斯克佩昂（Hemeroskopeion）　阿莱利亚（Alalia）　罗马（Rome）　库梅（Kyme）　波塞多尼亚（Posidonia）　里帕利尔（Liparil）　希美拉（Himera）　杰拉（Gela）　梅他（Melita）　亚德里亚（Adria）　安科纳（Ancona）　埃皮道鲁斯（Epidauros）　利索斯（Lissos）　塔兰特（Tarent）　锡巴里斯（Sybaris）　科尔丘拉岛（Korkyra）　科隆顿（Kroton）　梅萨纳（Messana）　卡塔纳（Katana）　叙拉古（Syracuse）　马其顿（MACEDONIA）　安菲波利斯（Amphipolis）　米安德河（Maeander）

图例：○希腊　•非希腊

图块：1. 伊奥利亚人（Aeolians）2. 爱奥利亚人 3. 多利安人（1～3，公元前12世纪～公元前10世纪）4. 公元前8世纪～公元前6世纪谓的不好客的海（*Pontos Axeinos*）沿岸的各种商品都了如指掌。但是，只有到了亚述的西拿基立❶统治了腓尼基以后，黑海才向希腊人打开了大门。在很短的时间内，黑海的沿岸就都成了希腊人的殖民地。不好客的海（*Pontos Axeinos*）变成了友好、好客的海（*Pontos Euxeinos*）。

希腊人的殖民化是以如此令人钦羡的有计划的秩序进行的：人们几乎可以想像：它是在仔细的初步银行查询的基础上按照现代方式进行建造的。他们首先占领了锡诺卜（Sinope），它大约位于彭透斯❷海岸的中部，是古代腓尼基的商业中心，那里有非常有利可图的钓金枪鱼的渔业和庞大的烟熏作坊，我们下面将谈到这个巨大的储藏工业。

下一个打击来自这个城市宏伟的双重港口：它既能防御从阿西斯（Asis）猛烈袭来的东方巨风，又能防御同样可怕的西风。特拉裴苏斯（Trapezus）港口是按照两项功能建造的：既能输送安纳托利亚的矿石，又可以沿着通往幼发拉底斯河和底格里斯河各国的古老贸易路线重新装运货物。几乎就在同时，他们又占领了里昂河上的古城费希斯（Phasis），关于这里我们已经相当熟悉了，与其说是因为那些始终不断地从山上冲刷下来的黄金，还不如说是因为一条历史悠久的印度商道是以这里为终点的。在这一时期的希腊，所谓的海上贷款❸的借贷资本的利率是30%，这种贷款是由资金雄厚的商行贷给有能力的船长的；而由发货国对本都王国❹的货物征收的进口税却在15%～17%之间。但是，在锡诺卜、在特拉裴苏斯、在高加索的希腊殖民城镇，这是很容易赚回来

---

❶ Sennacherib，一译辛那赫里布，《圣经》译作西拿基立，（？～前681年），亚述国王（公元前705～公元前681年），萨尔贡二世之子。——译者
❷ Pontus，小亚细亚东北黑海南岸附近的古国。——译者
❸ sea-loans，古代开始用于资助远途航海商业的贷款。——译者
❹ Pontic，黑海南岸古国。——译者

的。因此他们都非常富有（只要提到希腊佬），人们就知道这是一个绰号：表示他们粗俗地炫耀自己的富丽堂皇和无度的奢华。

过了几乎一个世纪，黑海的希腊人才发现还有第二条从亚洲的腹地来的商道。这条路通到顿河，这里也有源源不断的宝石、黄金、丝绸和毛皮流到商人的手中。这条理由就足够让希腊人把黑海北海岸也控制在自己的影响之下了。于是就兴起了塔奈斯城（Tanais），它位于罗斯托夫和塔甘罗格（Taganrog）中间，这里有一个商队停宿的大旅店，在那里，亚洲的各种语言与流畅的希腊语混杂在一起。几乎与此同时，黑海北岸最大的希腊城市也在丹涅斯特尔（Dniester）河口发展起来了：这就是绵延广阔的奥尔比亚，通过玉米贸易，它繁荣和强大起来。希腊本身和小亚细亚的希腊化海岸逐渐地变得人口过剩了，它们逐渐变得不能供养自己了。在4世纪，丰饶的阿提卡❶每年要从黑海地区进口大约963 000蒲式耳❷的小麦，超过其消费量的一半。在希腊乡村的其他地方，情况更为严重。那里的人们都专门种植橄榄，或进行纯粹的市场园艺活动，因此，在5世纪的雅典，甚至在隆冬季节都可以买到温室生产的新鲜无花果、葡萄和紫罗兰等等，但是，没有一两玉米。北方的本都王国很快就成了希腊世界的粮仓，我们现在看到的垄断地位的所有这些特征都立即得到了发展。它完全是为了出口而进行生产，专业术语就是 *epi presi*，其含义就是塞西亚的农夫只种植小麦，其他什么都不种。他们种植几英亩适合自己食用的廉价作物，而用大部分土地来种植供应外国人食用的小麦。小麦要到奥尔比亚卖给商人，塞西亚人把得到的收入都花费到各种

---

❶ Attica，古代希腊中东部地区。——译者
❷ bushel，1蒲式耳小麦或大豆等于60磅，约27.22公斤，此处的数字约等于34 668公斤。——译者

奢侈品上。

这些奢侈品中，首先就是希腊的葡萄酒。诚然，塞西亚人自己也会用马奶酿制一种酒精饮料，但是，希腊的葡萄酒既甜又浓，味道更好。按照西方的风俗，用水来掺兑来自神的礼品，那是犯罪！从阿提卡来的希腊人，在本都王国的海岸吃惊地发现：这里喝的葡萄酒都是纯酒。以后在整个希腊世界就出现了一个词语："塞西亚人的狂饮"（Scythian boozing），用来描述野蛮的放纵。

除了这一点，希腊对野蛮人没有什么反对的地方。柏拉图以及伊索克拉底❶和埃拉托色尼❷明确表示把人类分为希腊人和野蛮人是不公平的，希腊人的称号只是标志着人的文化，而不是他的种族血统。

尽管如此，他们还是非常讨厌黑海的希腊人像塞西亚和波斯的野蛮人那样穿长裤子。众所周知，这篇关于服装的文章在古代欧洲是极其令人反感的，我们一次又一次在希腊的文献中发现对其非常不满的观点。当然，在希腊本土的希腊人与他们在小亚细亚和在黑海生活的同胞相比，那里的气候更温和，后者要经常忍受冬季冰冷的狂风。另外，长裤子也是骑马的民族的发明，有深厚教养的希腊人的祖先在早期的战车时代与这些真正的马背上的民族作战时，就已经经历了这种痛苦的经验了。因此，希腊人对裤子的厌恶显然就是一种遗传的本能。他们对于弓和箭也像对裤子一样蔑视和禁止。欧里庇得斯还让他悲剧中的一个英雄这样说："作为弓箭手，还没有人能显示出男子汉的勇气，懦弱的箭镞是他的武器，而他的艺术则是逃跑。"亚历山大大帝是第一个雇佣弓箭

---

❶ Isocrates，公元前436~公元前338年，雅典演说家和修辞学家。——译者
❷ Eratosthenes，公元前三世纪希腊天文学家、数学家和地理学家。——译者

手的人。弓和箭也是他骑兵部队的武器,很自然他军队中的骑兵部队都要穿长裤子了。

希腊人在很早的时期也在地中海的西部定居下来。大约在公元前725年,兴起了第一座城市库梅(Kyme),后来称为Cumea,这是那不勒斯人的母亲之城。随后大约在公元前600年,在罗讷河的河口又兴建了马西利亚(Massilia),即现代的马赛(Marseilles),地中海的海岸就被繁盛的希腊人定居地蚕食了,一直到直布罗陀海峡。尼斯(即从前的尼西亚)和安提比斯(Antibes),希腊人称之为安提波利斯,都起源于希腊;此外还有西班牙的安普利亚斯和罗萨斯,意大利南部的雷焦、塔兰托、希巴利斯和克罗顿(Croton)以及西西里的叙拉古也起源于希腊。希腊人甚至到达了非洲。他们从西拉岛[1]出发,在巴萨(Barca)建立定居点,这里是昔兰尼加的首府,也是古老的非洲贸易通道的终点。在一千年中,几乎有一半时间,地中海都是希腊人的海洋,而在这一时期,殖民地与本国的精神纽带始终没有中断。

当然,早在官方的殖民地建立之前,希腊就与这些国家进行贸易了。毫无疑问,在早期,希腊水手对地中海西部盆地和地中海东部一样熟悉。因此,科孚岛不可能就是希腊人地理学上的西部界限,许多作家都把这里当作荷马笔下法埃亚科安人(Phaeacians)的土地。同样,断言斯库拉(Scylla)和卡律布狄斯(Charybdis)(这两个深海的可怕海妖,实际可能就是危险的漩涡,奥德赛从这里死里逃生)就位于墨西拿(Messina)海峡,也是毫无道理的。反之,应当在直布罗陀海峡去寻找

---

[1] Thera,即圣托里尼岛(Santorini),基克拉泽斯群岛最南端有人居住的岛屿。——译者

它们，非常有意义的是，斯特拉博[1]已经宣称："荷马描写奥德赛的航海，让他们的大部分航程都发生在大西洋。"

关于这一问题，已经写下了卷帙浩繁的著作。亚历山大·冯·洪堡相信奥杰吉厄岛（Ogygia）就是马德拉群岛（Maderia，大西洋的群岛），起始于洪堡的现代地理学认为奥德赛的大部分探险都发生在海洋上，而古典语文学却有很多迟疑。但是，尽管维拉莫威兹（Wilamowitz-Moellendorff）曾经强调卡里普索（Calypso）的奥杰吉厄岛肯定无疑地位于公海，因为其非希腊化的名称是从闪族语 *ogeg*，即圆，一个圆形的海流衍化而来的，这表示它是一个海洋中的岛屿。然而，如果我们同意这个推导，那么，费埃希亚人也就必须到赫克拉斯石柱以外去寻找了，可能是在西班牙—不列颠的青铜天堂塔提色斯吧，我们对它已经做过论述。于是也就没有必要去追问这个薄雾笼罩的、没有阳光的辛梅里安人（Cimmerians）的大地位于什么地方了。它可能只是位于北方，在那片笼罩着昂贵的锡矿的天空之下：在布列塔尼的某个地方，在通往锡岛[2]，通往康沃尔（英格兰西南部一郡）的锡矿的途中。

二

自从对荷马史诗进行最后的加工之后，已经过去了400年。荷马早

---

[1] Strabo，公元前63～公元前20年，古希腊人。生于阿马西亚（Amasia），公元前20年后移居罗马。曾旅行希腊、小亚细亚、埃及、埃塞俄比亚和意大利各地。著有《地理学》十七卷和《历史学》四十三卷。——译者

[2] Cassiterides，希腊语意为锡。——译者

已成为希腊的经典,他的作品要在四年一度的泛雅典娜节上当众朗读,这是按照国家的规定由在校学生根据宗教和历史教科书朗诵的。每个人都会背诵荷马的诗句,他已经成为公共生活和私人生活不可分割的组成部分。

于是在公元前445年的一个吉日,在伯里克利[1]时期的雅典,来了一位非常高雅的外国人,50多岁,他是小亚细亚的哈利卡尔那索斯[2]的希腊殖民地居民,傲慢的雅典人认为他是"半个希腊人",是一个血液中流淌着父系的卡里亚人血统的半野蛮人。当时的雅典拥有10万居民,是希腊最大的城市。此人正是希罗多德,他毕竟不是一个彻底的无名鼠辈,他出身良好的家族,游历广泛,亲自到过埃及、波斯、阿拉伯、昔兰尼、黑海周围的地方、西西里岛和意大利,他大胆地请求要在雅典官方的集会阿果拉(Agora)上当众朗读他最近完成的历史著作中的几章。在过去几十年间,这种当众朗读很常见,但那经常是朗读诗歌作品,至少也是戏剧作品。那里也常常出现一些小插曲,比如披风穿得很笨拙,甚至是念出一个怪词,或是口齿不清,这都会引起听众的大笑。

但是,希罗多德知道他自己的情况。他的历史著作的主题是波斯战争,他的作品涵盖了过去300年的历史。在希腊的眼中,波斯战争就是波斯暴君企图吞并希腊祖国的战争。这一企图未能得逞。所有这些事件,其中包括:温泉关战役、萨拉米斯战役[3]和普拉提亚战役[4]都发生在40多年前。但是,当谈到这些英雄事迹的时候,每个人依然会心潮澎湃。

---

[1] Pericles,约公元前495~公元前429年,古希腊杰出的奴隶主民主政治家。——译者
[2] Halicarnassus,卡里亚(Caria)的古城名。——译者
[3] Salamis, 塞浦路斯古都,位于塞浦路斯东部法马古斯塔以北约9.6公里处。——译者
[4] Plataea,古希腊彼俄提亚境内城邦;公元前479年,在波斯战争中希腊联军大败波斯侵略者于此。——译者

希罗多德非常优雅地、非常机智地讲述了这些事件，有时也带一点讽刺。他并不是简单地贬低敌人和外国人的方式与习俗。这种天真的方法将不会让雅典人感到满意。他在一开始就宣称："我的主要任务就是描述传奇故事。"希罗多德信守自己公开的目标，并充分考虑到自己的听众，他展现了异国的探险、有特色的草图和奇闻逸事，随着他对历史事件的叙述，还出现了地理学的浪漫故事，他讲得如此引人入胜，以至雅典人都屏住了呼吸，最后才迸发出无穷的热情。他们为他的朗诵付给他价值为6 000德拉克马（drachma，希腊古银币）的一笔巨款，在当时这是很好的酬金了，那时一家人每天一个德拉克马就能生活得很舒服，一个家庭居住的房屋大约值5 000德拉克马。

但是，如果我们忘记了我们沉闷的学校生活的经历，在这么多年之后重新来审视老希罗多德，那么，作为现代人，我们可以肯定这是一笔完全应得的酬金！因为这位伟大的旅行作家始终还是一个楷模，他确定的标准直至今天也并不能经常付诸实现。荷马和他的时代已经想到：在历史性的叙述中添加一些地理学和人种学的内容是有价值的。但是，对希罗多德来说，地理学已经成为世界历史和历史著作的核心。在西方，这是第一次为了对地球和对地球发现的本身进行描述的。这是第一次，一个欧洲人穿越陆地和海洋去旅行，跨过令我们吃惊的遥远距离，没有其他目的，只是为了探索世界。因为希罗多德所报道的大部分内容都是他亲身经历的，他不可能经过严格的筛选然后利用精选出来的权威报道。他曾在亚洲和北非地区亲自广泛游历。他向东方凝视的目光曾经远达里海，向西方，他曾看到赫拉克勒斯石柱之外相当远的地方。不久之前，萨尔马提亚（Sarmatia）和塞西亚还只是传奇故事中的名字，但是对他而言，这已经是确切的概念。他栩栩如生地谈到了朦胧的北方的锡岛

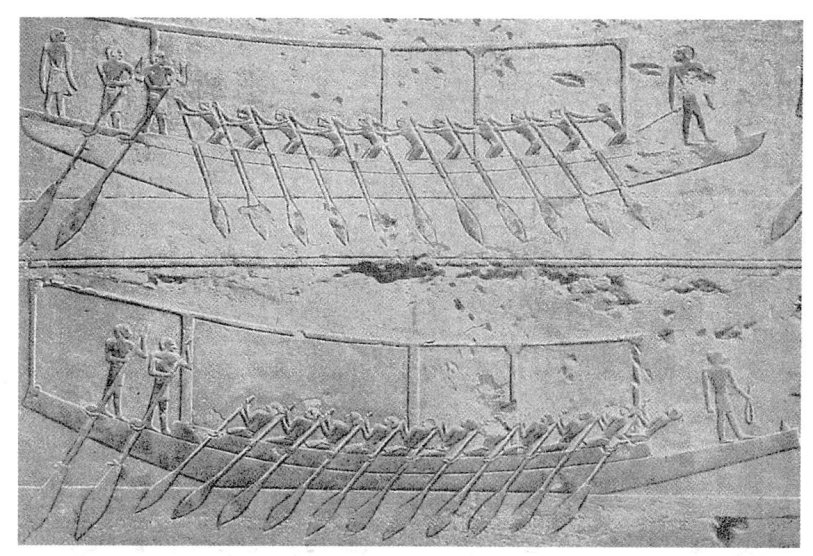

图版11　在尼罗河上划船。这是第五王朝的一位官员：提，在公元前2500年在萨卡拉❶建造的坟墓壁上的浮雕。

图版12　在卡叠什之战（battle of Kadesh）中，赫梯人反抗拉美西斯指挥的埃及人的战斗中使用的战车。这是公元前13世纪在阿拜多斯（Abydos）建造的拉美西斯神庙墙壁上的浮雕。

---

❶ Sakkara，孟斐斯（Memphis）古城墓地。——译者

图版13　仆人在为卡威特公主梳头。公主棺材上的浮雕。

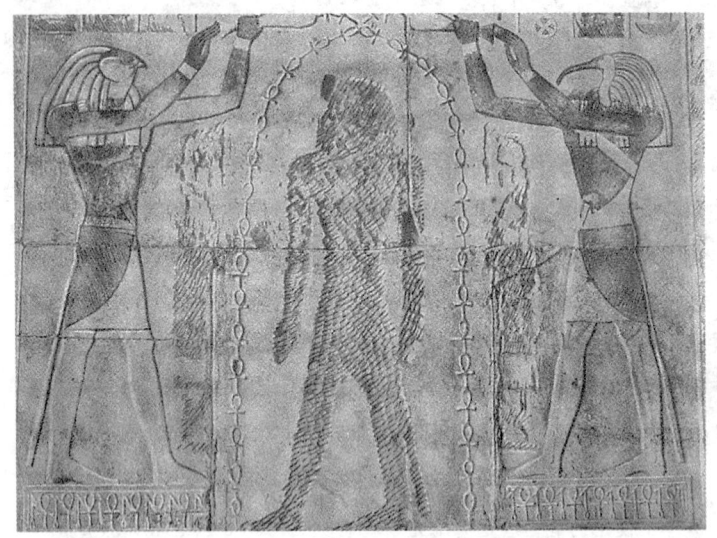

图版14　在黛尔·埃鲁——巴赫瑞峡谷❶的神庙中被抹掉的哈特舍普苏特女王的图像。

---

❶ Deir el-Bahri，阿拉伯语意为"北方的修道院"，指建于此地的考普迪克修道院。——译者

以及非洲和尼科环非洲的航行。他非常兴奋地站在巴别塔巨大的废墟脚下，在他的时代巴别塔依然存在着。他惊奇地为后世子孙谈到埃及法老庞大的金字塔，谈到无限广阔的世界，毕达哥拉斯认为地球是圆形的，他是这一学说的坚定支持者。他的发现和探险之旅明确地完善了古代的世界图景，正是他才把世界的图景传递给我们。所有后来的探险家，无论是从哪一方面，都是从他的发现开始进行探险的。亚里士多德也曾借重于希罗多德，直到进入中世纪很久，希罗多德依然是不容争议的权威；即使是我们的时代，也只是在确认他的大多数论述时取得了成功。

希罗多德的报道有时会有一些传奇故事的色彩，但是，即使涉及细节，他的信息也是可靠的，下面的例子就可以证明，我们是靠了德国地理学家里夏德·亨尼希的学术成就和才智才理解这一点的。希罗多德用了很长篇幅讲述一条从黑海通往北方的贸易通道。他讲道：东北方向的彭透斯（Pontus）跨过了顿河驶向伏尔加河，然后沿着这条河驶往塞卢努斯（Selonus），这是与卡马河❶汇合处的一座皮毛商和地毯商的城镇。

从这里，这条道路继续向东北方穿过荒凉的乡村，越过乌拉尔直到西伯利亚，越过准噶尔山口直到中亚高原。到此为止，这里的风土人情还是比较熟悉的。"有一部分是由于塞西亚人来到这里，通过他们很容易获得相关的信息，另一部分，是由于来自奥尔比亚和本都各个贸易地点的希腊人。"再向东更远一点就是北海（Northen Ocean），这里的冬天长达八个月之久，其中有六个月人们是要蛰居的。这一地区黄金特别丰富，但是，这里的黄金是由格里芬❷守护的，据说格里分可以从土地中

---

❶ Kama，俄罗斯中西部河流。全长1 805公里，为俄罗斯最重要的河流之一，历史上是前往乌拉山区和西伯利亚的通道。——译者
❷ griffin，希腊神话中的狮身鹰首兽。——译者

把黄金攫出，"而且以奇异的贪婪看守着黄金，而人们也会以同样的贪婪去窃取它。"

初看起来，这个故事很多地方似乎是不可理解的，它可能要追溯到某些古老而且早已消亡的传说，很长时间以来，希罗多德关于这个东方亚洲干道的叙述，都被人认为纯粹是虚构的。只是逐渐地才透露出：他描述的这条干道是存在的。确实，直到进入中世纪以后很久，人们仍然在使用这条干道。但是，即使在早期，彭透斯的商人也不可能正常地越过乌拉尔山。最有可能的是在非常偶然的机会，其中一两位越过了他们通常的终止驿站，于是他们听到了真伪难辨的关于北海金矿故事。冯·洪堡提出了一个猜测：希罗多德稀奇的故事指的是叶尼塞河上游和阿尔泰山中的金矿。但是，在那时，这完全是没有事实证据的猜想。只有到了今天，我们才知道洪堡的假设是正确的，而希罗多德肯定也获得了关于西伯利亚的某些模糊不清的信息。

现在的发掘工作显示，西西伯利亚的产金地区曾经是一个令人吃惊的高度进化的古代文化中心。尤其是在公元前1000年，在彭透斯地区和西西伯利亚之间存在着各式各样的、活跃的商业关系。因此，希罗多德关于一条古代的由北向东的贸易通道的模糊报道是有事实根据的。无数的发现都证实了这一点。1922年，在叶卡捷琳堡—斯维尔德洛夫斯克发掘出了大约40件非常宝贵的古代本都地区的银器，它们可能是为了交换皮毛而被运到西伯利亚的。此后几年，在蒙古的首都乌尔加❶附近有更多的早期历史发现，这使得这些考察达到了顶峰。对某些古墓的发掘显示了保持极为完好的塞西亚人的纺织品，随之出土的还有汉代（大约公

---

❶ Urga，乌尔加，乌兰巴托的旧称，意为套马竿。——译者

元前200年）昂贵的丝绸服装，这些纺织品只能是在黑海制作的，这显示出这些贸易通道具有多么广泛的国际性，它们在这样早的年代就已经环绕世界了。

三

很遗憾地，我们也必须把希罗多德留在后面了，虽然这里还要更多地谈到他，谈到他对世界事件引人入胜的考察，这些考察就像任何新闻短片一样令人兴奋。因为在银幕的边沿渐渐地出现了马赛探险家和经济学专家皮特阿斯❶强有力的身影。他是我们确切知道的第一位访问了遥远的、令人毛骨悚然的北方之海的南方人，他凭借着自己的决心，只是为了探险而访问了昏暗、充满迷雾的荒凉大地，访问了发霉的原始森林。

我们已经知道，大约从公元前530年起，直布罗陀海峡就被北非的贸易集团和代表它们的迦太基海军封锁了。我们还进一步知道，这样做并不是为了迦太基商人在大不列颠的利益，而是为了保护通往大西洋群岛的航道。虽然如此，因为那里的黄金贮藏，北方锡岛却具有可观的利益。由于南部欧洲人在这里的商业考虑还考虑到北方也是琥珀之乡。马赛在远到莱茵河下游的阿喜布尔基乌姆城（Asciburgium）建立了前哨基地，因此，通过这些渠道，将关于赫尔戈兰湾❷周围各国的信息渗透回

---
❶ Pytheas，约公元前380～公元前300年，古希腊地理学家，探险家。——译者
❷ Heligoland，赫尔戈兰湾位于北海东南部水域，处德国近德海湾的咽喉，逼近德国各主要港口和河流入海口，具有与其面积极不相称的重大战略价值。——译者

去也不是不可能的。但是，对于马塞利亚的大商人来说，这还不够。到殖民地去的人们往往是以实用能力而不是以科学知识著称的。前者完全可以建设殖民地，并有效地经营它们；而现在需要后者则是因为要在更大的规模上开发它们的资源。如果情况需要，工业巨头可以驱使科学家赴汤蹈火，不仅仅是在今天，而且在所有的时期都会出现这样的时刻：工业巨头是为此而感谢上帝的。

罗讷河上新兴的港口与迦太基早已确立的强权之间激烈的竞争不可避免地需要关于北方的黄金和琥珀大地更详细的信息。因此，在公元前325年，皮特阿斯就把勘察大不列颠和梅图欧尼斯（Metuonis）海湾即赫

地图8　皮特阿斯前往图勒（极北之地）的航线。图中地名（顺时针）：图勒（Thule）　阿喜布尔基乌姆城（Asciburgium）　科比罗（Corbilo）　马赛（Massilia）

尔戈兰湾的琥珀地区当作这一冒险事业的主要目标。皮特阿斯是一位地理学家，由于他到大西洋的航行和许多有关天文学的著作，他早已扬名天下。

迦太基人封锁了直布罗陀海峡，因此从海路出发是不可能的，在比斯开湾运气还好一点，对马塞利亚人那样天生的水手来说，这是更适合、也更习惯的旅程。但是，穿越高卢的陆路则是相当便捷的，自从海路被封锁以后，马赛一些公司的金属车队就利用这条道路了。它们首先沿罗纳河行走，然后在今天的罗亚尔（Loire）地区以外的圣埃蒂安（St. Etienne）转弯，从这里经过大约30天的跋涉，奔向科比罗，这是大西洋沿岸的装载港口，它在恺撒的时代就已经消失了，可能就在今天的圣纳泽尔（St. Nazaire）附近。从这里真正的使命才开始了。

这是一个非常伟大的使命，也是一个同样伟大的解决办法！毫无疑问，皮特阿斯主要关注的就是要确定马塞利亚人所说的遥远的迷雾之国大不列颠或阿尔比恩是一个岛屿，还是大陆上向北方突出的一部分。另外，北方的黄金之乡也要加以更详细的探查，到那肯定在东方更远的地方、完全未知的琥珀之国去旅行也在他的计划之内。最后，皮特阿斯似乎也打算继续研究潮汐问题，多年前他在西班牙的大洋海岸就已经开始研究这个问题了。要完成所有这些使命需要相当长的时间。这样一来，环绕大不列颠航行就花费了整整40天的时间。三百年后，斯特拉博说皮特阿斯曾经徒步在英格兰漫游。因为不幸的是，皮特阿斯自己的记录没有流传下来，而且只有十多份资料可以直接认定是来自皮特阿斯的伟大著作《论海洋》，因此谈论他是否登陆大不列颠就没有意义了。然而，非常有可能的是：恺撒关于大不列颠的全部知识可能就是从这位希腊探险家获得和传递的。地中海的子孙们不熟悉潮汐现象，由于皮特阿斯深入到英格兰的河流入海口很远的地方，肯定又重新研究了潮汐现象。不列颠群岛整个海岸的涨潮和落潮运动都特别汹涌。在布里斯托尔[1]海峡，涨潮落潮的落差可以十分有规律地达到53英尺（约17.6米），这一现象肯定吸引了皮特阿斯的注意。值得注意的是，皮特阿斯已经把潮汐的交替与月亮联系起来了。无论如何，安提俄克的埃提乌斯[2]说道：

"皮特阿斯断言涨潮是由月盈引起的，而落潮是由月亏引起的。"

没有太多的疑问，皮特阿斯也把设得兰群岛列入他的考察当中了。可以推测出，正是在这里他为自己特别辉煌的事业增添了一项杰出的成就：经过六天的航行跨过浩瀚的北海到达了图勒的大地，古人认为那是 ultima Thule，即世界的北方极地。关于这次高度冒险的旅行，后来出现了整整一系列的论述，这些论述无疑都可以溯源于皮特阿斯自己的报道。比如，公元一世纪普林尼[3]的叙述：

所有已知大地的最遥远的地方就是图勒。夏至的时候，也就是太阳经过巨蟹座时，这里没有夜晚。在冬天，白昼只有很短的时间，而那时的夜晚非常长。许多人甚至认为这是一个半年都没有间断的时间。

两百年后，地理学家索里努斯（Solinus）显然根据更多的知识对此进行了补充：

从奥凯德斯（Orcades）到图勒要有五天五夜的航程。尽管其位于北方，图勒仍然是一个肥沃富饶的地方，果实成熟较晚。自春天开始，居民就与自己的牛生活在一起。他们以牛乳和蔬菜为食，但储存果实是为了冬季食用。

---

[1] 英国西南部港市。——译者
[2] Aetius，西罗马帝国晚期的将领。——译者
[3] Pliny，公元23～公元79年，罗马作家、博物学家、百科全书编纂者。——译者

第四章 希腊传奇及其背后的故事

根据现存的少数迹象来看，要绝对确定图勒就是我们现代国家中的那个国家，这是不可能的。但是，弗里乔夫·内森❶以接近确切的概率证明了皮特阿斯的叙述只能适用于挪威，而且是大约在北纬64°的挪威中部，大概就在特隆赫姆峡湾（Trondhjem Fjord）地区。挪威是与大陆相连的，而图勒则被认为是个岛屿，这并不重要，因为斯堪的纳维亚半岛在基督纪元开始后很久仍然被认为是个岛屿。

很遗憾，上述引证的文字不可能包括皮特阿斯所提供的全部信息。但是，他论述海洋的著作所具有的长远影响可以推断为 *a posteriori*，即归纳性的。比如，塔西陀在他的《日耳曼尼亚（Germania）》中写道：

"在几欧尼斯（Guiones）［条顿？］之外还有一个海，茫茫的一片缓慢、几乎一动不动的海洋。圆盘似的陆地被这个海包围着，封锁着，下面这个事实可以证实这一点：长长的落日余晖可以一直持续到出现次日明朗的朝霞，这时星辰变得苍白了……根据他的观点，谣传道出了真理：世界竟然如此遥远，这里就是天涯海角。"

这是关于北冰洋最早的模糊的报道，其中掺有海员关于冰雪之辉的故事，这种奇异的光闪烁在广袤的冰原上，北冰洋的航海家不断地描述过这种光。所有这些信息无疑都要追溯到皮特阿斯。我们可以设想，只有通过他关于冰封的北方之海的知识才能传播到南欧。

我们不知道皮特阿斯在图勒停留了多久。他可能从这里返回到大不列颠，继续完成向南的环大不列颠的航行。越过了多佛海峡，他向东朝着一些琥珀之乡驶去。在这里，他的事业获得特殊的意义。皮特阿斯是

---

❶ Fritjof Nansen，1861~1930年，挪威探险家，进行过两项北极探险，颇有成就。他首次从东到西横穿了格陵兰，并且进行了非凡的北极探险。——译者

第一个已知的从海路到达德国的南方人。他也是第一个留下详细的航海记述的人。

我们已经说过，许多世纪以来，琥珀就是从赫帕波利安人[1]的国家进口的最热门商品之一。希腊文称之为 elektron，即电子，这种很容易加工的温暖、有光泽、气味芬芳的石头，作为各种艺术品制造商的最令人羡慕的原材料很快就成为时尚。但是，关于琥珀的起源，正如我们已经知道的那样，古人盲从于非常离奇的观念。去检验，如果有必要，去纠正这些观念，也是皮特阿斯主要的商业使命中很明显的一项。人们似乎已经知道，琥珀主要产在北弗里斯兰群岛（North Friesian Islands）和石勒苏益格—荷尔斯泰因州（Schleswig-Holstein）的西海岸。西欧在此后几个世纪中似乎都不知道琥珀也出产在波罗的海。皮特阿斯肯定成功地抵达了琥珀产区。但是，他没有再向远处走一点，特别是他没有越过斯卡根角[2]。

尽管如此，这已经完全可以解释琥珀的起源问题了，我们可以设想，皮特阿斯的报道对他同时代的人来说会产生最浓厚的兴趣。关于这个话题，普林尼说道：

> 皮特阿斯报道说：日耳曼人中的几欧尼斯人［条顿？］生活在一块叫做梅图欧尼斯（Meotunis）的阿斯图阿里乌姆（Aestuarium），即滩涂（tidal coast）上，这里距海洋有6 000斯塔德[3]，从这里到阿巴卢斯岛（Abalus），即赫里格兰只有一天的海路。到了春天，海水把琥珀冲刷到

---

[1] Hyperboreans，极北之国的人。——译者
[2] Cape Skagen，在丹麦日德兰半岛之最北端。——译者
[3] stade，古希腊长度单位，约607英尺，但，按此换算，此处距海约为1 100公里，恐怕原文有误。——译者

岛上。它是海水的结晶体（ejectum of the curdled sea），当地人用它来做柴火或卖给他们的邻居——条顿人……它肯定是在北海的岛屿上形成的，日耳曼人把它叫做 gleasum ❶……但是，琥珀是由松树渗出的树髓形成的，正如樱桃树凝出了胶质，松树也会结出松香。由于树木产生了过多的树液，它就从树上涌出来，然后遇冷凝结，或在春天涨潮时海水把它冲刷得离开岛屿时受到海水的影响而凝结。无论如何，它被冲上了海岸，琥珀很轻，似乎可以漂浮在水中，不会沉到海底。我们的祖先也认识到琥珀是一种树液……琥珀确实是来自松树家族的一种树木已经得到证实：摩擦琥珀会产生一种松脂的香味，如果点燃琥珀，它会燃烧，而且有一种和火把极其相似的气味……琥珀原来确实是以液态流出来的，这可以从包含在其内部，而且可以透过其透明物质而看到的某些小动物得到证实：比如蚂蚁、蚊蚋和蜥蜴，因为毫无疑问，当松脂还新鲜的时候，这些小昆虫被粘在松脂上，而松脂凝固后，它们就被封闭在里面了。

我们可以看出，普林尼的信息大体上是正确的。虽然他既没有听到大约在公元前 12 000 年的刀蚌海 ❷，也没有听到过大约在公元前 8 000 年的安希勒斯海 ❸，也没有听到大约到公元前 500 年的滨螺时期（Litorina Period），它们在琥珀的形成中发挥了作用，但我们还应该原谅他，因为所有这些深处含有石化松脂的海都只是被当代地质学家重新发现和制图再现的。

但是，皮特阿斯是从哪条路由琥珀之乡返回马塞利亚的，我们不得而知。由于迦太基人的封锁，他可能又走上了陆路：他很有可能是从汉

---
❶ 拉丁文，即琥珀。——译者
❷ Yoldia Sea，波罗的海维尔姆冰期后地质历史分期的第二阶段中的海洋，此时已进入全新世。——译者
❸ Ancylus Sea，今天波罗的海一部分。——译者

堡地区穿过莱茵河谷和摩泽尔河❶到达罗讷河,然后回到马塞利亚,这是一条伟大的由北向东的琥珀大道。自从公元前600年,这条路就开始取代通往北方亚得里亚海的一条道路,至少是要到西地中海的旅行者选择了这条路。但是,完全没有证据来证实这一点。因为,根据我们的观点,皮特阿斯是一个商业间谍,如果迦太基人抓住了他,他将很快会被处死,所以毫无疑问,马塞利亚理事会费尽心机要防止他的生活和工作引起公众的注意。无疑这就可以解释为什么我们基本上对他没有什么了解了,肯定是由于官方的沉默而蒙在他身上的这种朦胧晦暗的光线,才使得古代的希腊人认为他是个大骗子和吹牛大王,正如斯特拉博所说的:"*anér pseudéstatos*"。这肯定是非常不公正的!因为毫无疑问他是所有时代中最重要的地理学家之一。他的著作《论海洋》的遗失是极为遗憾的,此书肯定在马塞利亚的秘密档案库中存放了多年。过了多少世纪,那些具有能力、信息和求知欲望而又具备如此有利的外部条件的探险家才得以重新问世。皮特阿斯似乎不是一位商人,而是一位生活困窘的学者。然而,作为一座明显的商业城市的儿子,他充分地熟悉使他能够解决经济问题的商业观点。另一方面,他并没有把精力花费在纯物质方面的考虑上。他到图勒的航行似乎主要是为了科学的目的,这次航行对古代世界产生的直接商业价值还无法得知。他常常要选择方位角,以便确定他的地理位置,这就表明了他的科学目的。但是,无论情况如何,可以肯定的是他在相当大的程度上扩大了古典时期的世界图象。他为世界做出了贡献,他应该得到比他所得到的更多的感谢。

---

❶ Moselle,从法国东北部流入德国西部,与莱茵河汇合。——译者

四

大约与此同时，就在人们的地理视野从地中海西部无限地向北方扩展的时候，从地中海东部也发生了向神秘朦胧的东方进行深入的渗透：在西方的地理知识中又增加了印度。第一次提到这遥远仙境的古典文献是大约公元前500年的赫卡泰❶的著作。由于他是靠近亚洲的爱奥尼亚人，他不会发"h"的音，他把Hindus说成了*Indoi*，而且这个爱奥尼亚式的发音竟然进入了所有的欧洲语言当中。正是由于一种古代希腊方言的特点，也是由于哥伦布的地理学错误，美洲的印第安人后来也被旧世界赋予了这个名字。

显然，荷马从来也不知道印度这个名字。虽然就在《奥德赛》一开始的地方，他谈到了日落时的埃塞俄比亚人和日出时的埃塞俄比亚人；有人推测这是印度的达罗毗荼人（Dravidians），但并不令人非常信服。斯特拉博讥讽地说道：如果荷马已经知道了印度，那么，他绝不会忘了让他的《奥德赛》英雄们航行到那里去。荷马所知道的传闻中的世界，没有超过红海的东南方和印度洋开始出现的地方。甚至关于阿拉伯人，他也只是简单地与利比亚人和腓尼基人一起谈到的。多少世纪以后，像希罗多德那样的人也还只是知道印度西北最边远的地方，而且即使是这些，也只是通过第二手报道才知道的。这要等待亚历山大大帝去发动由白人对印度的征服了，亚历山大对兴都库什山和印度河发起了大胆的长征。

---

❶ Hecateaus，公元前540~公元前480年，古希腊地理学家，著有《旅行记》。——译者

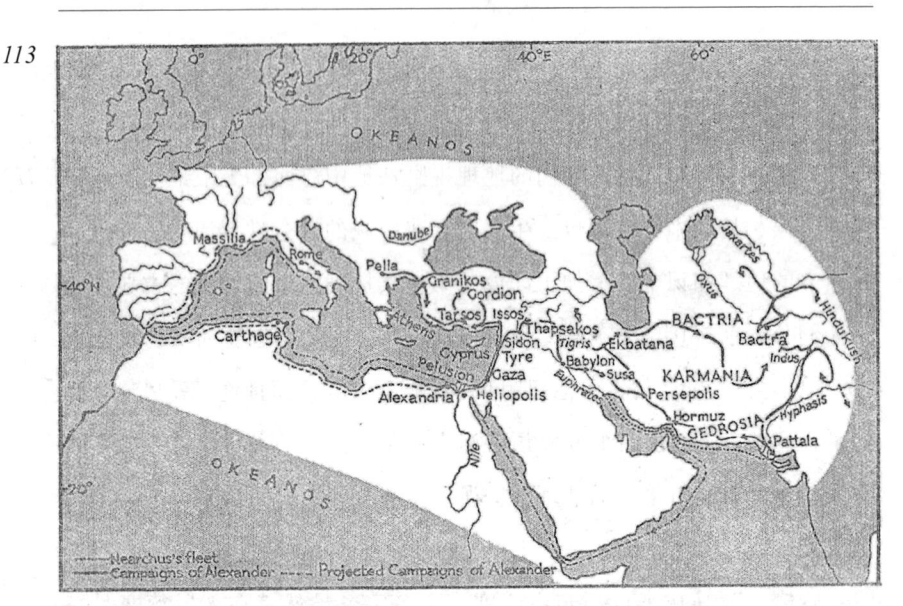

地图9　亚历山大的世界帝国的计划。大洋之神俄刻阿诺斯（阴影部分）（OKEANOS）

图中地名（顺时针）：马塞利亚（Massilia）　罗马（Rome）　多瑙河（Danube）　佩拉（Pella）　格兰尼科斯（Granikos）　戈尔迪翁（Gordion）　塔索斯（Tarsos）　雅典（Athens）　塞浦路斯（Cyprus）　佩鲁森（Pelusion）　亚历山大（Alexandria）　伊苏斯（土耳其 阿达纳）（Issos）　西顿（Sidon）　提尔（Tyre）　加沙（Gaza）　赫里奥波利斯（古埃及）（Heliopolis）　塔普撒克斯（Thapsakos）　底格里斯河（Tigris）　巴比伦（Babylon）　幼发拉底河（Euphrates）　厄克巴塔纳（Ekbatana）　苏萨（Susa）　巴克特里亚王国（我国古籍称为大夏国，亚洲西南阿姆河与兴都库什山之间，希腊人建立的古国）（BACTRIA）　卡尔马尼亚（KARMANIA）　波斯波利斯（Persepolis）　霍尔木兹海峡（Hormuz）　格德罗西亚（今巴基斯坦西南的俾路支省/Balochistan的古名）（GEDROSIA）　锡尔河（中国史籍称药杀水，即叶河）（Jaxartes）　妫水❶（Oxus）　巴克特拉（大夏的首都）（Bactra）　兴都库什（Hindukush）　印度河（Indus）　希帕斯河❷（Hyphasis）　帕塔拉（印度河三角洲首府）（Pattala）

……尼亚库斯舰队（Nearchus's fleet）
──亚历山大战役（Campaingns of Alexander）
－－－亚历山大设想的战役（Projected Campaigns of Alexander）

---

❶ 即阿姆河：Amu Darya，阿姆河河名系突厥语。妫水是阿姆河希腊名字Oxus的汉代音译，乌浒河为唐代音译。——译者

❷ 贝阿斯河，亦作Bias River，古希腊语作Hyphasis。——译者

亚历山大的主要目的很明确。虽然亚历山大攻击波斯人的主要目的就是要毁坏波斯人在腓尼基的海军基地，但是，他肯定感觉到他不得不越过这里再向前进军，去进攻波斯人的阿契美尼德帝国❶的心脏。亚历山大对波斯人的进攻是欧洲人在希腊人长期的防御性斗争之后，对来自东方的亚洲威胁发起的第一次重大打击。在公元前331年秋季，经过高加米拉胜利，亚历山大占领了波斯人在巴比伦和苏萨的行政中心，他达到了目的。也许亚历山大希望这样就能把整个亚洲踏在脚下。但是，与东方战斗的人就是与空间进行战斗。他从这里除了得到几个贸易、旅行或工业生产的据点之外，没有得到任何东西。他必须征服的是空间本身。

但是，亚历山大现在必须进军的空间是什么样子呢？

任何人都没有一点点暗示。没有人为亚历山大提供哪怕有一半是真实的关于印度的图景。这肯定是非常清楚的，因为我们都屈从于地图的诱惑，而心照不宣地假设：亚历山大大体上也完全像我们一样具有关于亚洲的概念。无论如何，这是没有问题的。

当这位伟大的帝王在公元前334年发动攻击波斯人的战役时，他一开始是在希腊人熟知的一些地区进行攻击的。他们的地理知识甚至扩展到阿尔贝拉和高加米拉，在那里进行了决定性的战斗。这是一些耳熟能详的地区，最初测量组没有什么事情可做，测量组（Bematists）就是他参谋部的科学家编队，如历史学家、测量员、绘图员、工程师和军医。

当侵入到伊朗的高原时，出现了麻烦。甚至没有人能回答最主要的问题：在这些未知的东部地区，陆地和海洋是怎么分布的？他们是否会走到世界的尽头？在这个时期，希腊知道在波斯南面的某个地方是大

---

❶ The Achaemenid Empire（公元前559～公元前330年），又称波斯第一帝国。——译者

海，他们马马虎虎地将这个海称为厄立特里亚海（Erythraean Sea）。当然，他们还知道幼发拉底河和底格里斯河，知道这两条古老的河流流入波斯湾。他们还知道底格里斯河北面的海湾，也知道一点关于红海的信息，古代世界称之为阿拉伯湾。他们进一步推测这两片水域是在南方远处的某个地方连在一起的。但是，无论厄立特里亚海是个内陆海，或者它是个海洋，这都不得而知，因为非洲和亚洲弯成了圆形，在赤道南面很远的一片广袤的陆地上连在一起了，古人还认为那个海洋把"整个有人居住的世界"（oikoumene）包围了起来。我们知道，亚历山大本人认为厄立特里亚海与里海相似，多少都有些洼陷。他的决策在很大程度上就是以这一信念为基础的。

对亚历山大和他的时代而言，关于里海确切的实况同样是值得怀疑的。古代希腊的地理学家毫无异议地认为这片引人注目的水域就是北海突入亚洲的一个大海湾的最南端。希罗多德和亚里士多德对这一概念提出了激烈的反驳。他们都认为：里海可能只是个内陆海。亚历山大也倾向这个观点，但他想像的是：地球上这片最辽阔的内陆水域最远可以抵达亚速海。直到公元前330年，他站在希尔卡尼亚[1]的里海南岸，才得到确信，希尔卡尼亚即今天的马赞德兰（Mazanderan）。在这里他查明：虽然这里有海豹，这是明显的证据证明这个巨大的湖泊曾经与外海相通，但是里海并没有海鱼；根据这一点他十分正确地推断出：在某个非常早的时期，里海与北海是相连的，但这个联系早已不存在了，现代科学也没有对这个结论提出争议。

有另一个因素值得考虑。普遍的观点认为，顿河是在古希腊的塔奈

---

[1] Hyrcania，古波斯和马其顿王国的一个省。——译者

斯殖民地流入亚速海的，它构成了欧洲和亚洲的边界。顿河右岸辽阔的平原和许多游牧部落属于西方；左岸的一切都属于亚洲。没有人知道顿河真正的流程，也没有人知道它的发源地：可能发源于北方，可能发源于东方，也可能发源于南方一个巨大的弧形地区。当亚历山大在公元前329年越过伊朗北部边界的山脉时，当他在阿姆河，古代的乌浒河涉渡的时候，当他在柯柬德（Khojend）涉水渡过古代的妫水，即阿姆河，到达锡尔河❶时，他认为他到达了迄今为止无人知晓的顿河上游，顿河明显地绕着里海流经一个巨大的河湾，因此也就证明了这个水域是一个内陆海，而不是海洋的水湾。

谈到这里，我们就可以追寻马其顿伟大帝王的推理了。他推论说他在锡尔河已经抵达了亚洲的边界，从他的角度而言，这是十分合乎逻辑的，但是，对我们来说就不可以理解了。要去理解亚历山大，我们就必须忘掉现代的地图集。我们必须简单地牢牢把握这一事实：顿河左侧的一切都是亚洲的，右侧的所有东西都属于欧洲。由此可知，任何到达锡尔河的人，看见锡尔河从那里流淌出来的高耸入云的山脉，都会相信顿河把欧洲和亚洲分隔开了，都必然会信服：这条河流左侧的一切都是亚洲，而在奔流的河水的另一侧则是欧洲。

对我们来说，这很难理解，然而事实就是这样。当马其顿的亚历山大抵达锡尔河时，他相信，而且他有理由相信，他到达了亚洲最远的边界。只有印度还有待征服，他已经赢得了与空间进行的战斗！

只剩下印度了。亚历山大就像一位坚定的、有条理的象棋大师，他

---

❶ Syr-Darya，在苏联中亚境内，源出天山，向西北流入咸海。——译者

在公元前327年从布哈拉[1]派他的军队向印度进发。他沿着古老的商队道路前进,在那些交叉点,希腊人建立了城镇,其中的哈拉德[2]和坎大哈今天依然存在。他沿喀布尔河谷趋向印度河。他的部队高兴地扑到寒冷清澈的溪流中。所有的马其顿人都会游泳。他们欢乐地游着泳,他们根本不在乎雅典知识分子关于游泳所说的话!尤其这里是亚洲。忽然从荒凉的河岸上传来震耳欲聋的垂死尖叫。可怕的魔怪从水下把他们的战友拖下去,鲜血染红了溪水,下巴咬合与嚼碎骨头的令人讨厌的声音打破了黄昏的宁静。

鳄鱼?不可能!只有埃及神圣的河流尼罗河里才有鳄鱼。其他任何地方都没有这种野兽。鳄鱼?

但这是事实,它们就在那里!一半没在水中的木桩子就在那儿,闪烁着绿色和黄色的光,一动不动,完全是死的,突然之间蹿了起来!印度也有鳄鱼!难道这条外国的河流与尼罗河相连?也许它就是那条伟大古老的河流的源头之一?非洲和亚洲真的在南方各地方连接在一起,难道鳄鱼的出现没有提供毋庸置疑的证据?

这就是亚历山大和他的部队所认为的观点。几个星期后,他们来到了赫达斯浦河,即现在的杰赫勒姆河[3]。这条河流也有鳄鱼在翻滚。难道还有什么怀疑,这里也有那些怪物?现在很清楚:印度河和赫达斯普就是尼罗河神秘的发源地。这是毫无疑问的:这两条河流中流淌着从高耸入云的山脉上融化了的雪水,它们奔腾直泻出滔滔的河水,而古老的

---

[1] Bokhara, 现乌兹别克斯坦布哈拉州首府,亚洲最古老的文化和贸易中心之一。——译者
[2] Herat, 今阿富汗城镇。——译者
[3] Jhelum, 巴基斯坦旁遮普平原上的河流。——译者

父亲河：尼罗河又年复一年地用这些河水浇灌它的两岸。

非常明显，厄立特里亚海的难题似乎已经得到解决。它可能只是一个内陆海，几乎与里海一样大。尼罗河围绕着它在某个地方转向了南方，如果有人沿着赫达斯浦河和印度河顺流而下，那么，他一定能够到达尼罗河。如果这是正确的，那将是一条轻松的路线，通过它整个军队就可以返回埃及和地中海了。

起初这只是一个临时的想法。但是，当亚历山大听到仅仅在他之前一代人的时间里，波斯的最后一位伟大的统治者亚达薛西三世（Artaxerxes III，公元前358~公元前337年）也认为印度河是尼罗河真正的源头，他曾计划要使印度河改道，这样就能使反叛的埃及人遭受干旱，让他们一劳永逸地屈膝投降，希腊的大帝命令他的舰队司令尼亚库斯（Nearchus）立即着手组建一支舰队；他还给他母亲写了一封信，说他发现了尼罗河的源头。

凑巧的是，这份自豪的捷报在他的值班参谋的帐篷里躺了几天。在这几天里，他的侦察兵送来的报告、当地人提供的信息以及印度战俘的供述都堆积在他面前，从这里可以看出：无论是旁遮普河，还是印度河，或是赫达斯浦河、亚辛河（Acesines），即奇纳布河❶，也无论是贝阿斯河❷，它们都与尼罗河没有任何关系，它们全都注入了当地人称之为"大海"的南方的无名辽阔水域。亚历山大很快就认识到自己的错误。寄给母亲的信被放进了档案库，这位帝王夸口说发现了尼罗河的源

---

❶ Chenab，发源于喜马拉雅山西段，在巴基斯坦同萨特累季河汇成潘杰纳得河注入印度河。——译者
❷ 亦作Bias River，古希腊语作Hyphasis，梵语作Vipasa，流经印度喜马偕尔邦与旁遮普邦，为旁遮普五条河之一。——译者

头的自豪也就销声匿迹了。

然而，亚历山大并没有收回他让舰队司令尼亚库斯立即组建一支舰队的命令。幸而没有收回！因为几个星期后，他比每日的面包更迫切地需要这些船只。当他来到贝阿斯河的时候，他的部队哗变了，他们再也不打算服从他们被当成偶像崇拜的帝王了。在过去几个星期的行军中，他们忍受了骇人听闻的艰苦。热带的降雨已经来临，暗淡的原始森林变成了乱糟糟的沼泽；根本没有办法点火，根本不可能烤干自己的东西或者稍微体面一点地吃点什么东西。但是，这并不是哗变的真正原因：所有这些他们都可以忍受。后来不久，他们穿越格德罗西亚沙漠（Gedrosian desert）时，经历了可怕的干渴行军的折磨。于是他们向西，朝着回家的方向走去。而在贝阿斯河，他们继续向南和向东走，走向世界的尽头。这太不可思议了，部队知道是什么牵住了他们的帝王！当地人说，在这条河那边居住的人们拥有数不胜数的大象。

马其顿人是在阿贝拉[1]和高加米拉与我们的这些坦克先驱进行战斗时认识大象的。他们最后成功地驯服了这些庞然大物。但是，对它们的恐惧一直存留在部队的骨子里。而他们的帝王和领袖却激情四射地要寻找更多的这种新的、战术上如此重要的武器，他们都感到极大的恐慌。难道他们还要再次与这些会踩死人的巨兽搏斗吗？难道他们必须再去听自己的战友被这野兽的獠牙戳穿而发出的极度痛苦的尖叫，然后流血死去？看着他们的皮上衣和健壮的躯干被大象挑起来，像轻飘飘的玩具一样抛到空中，然后甩到附近的岩石上摔得粉碎？

不，不，不能再这样了！这位帝王必须让路。

---

[1] Arbela，古波斯城市。——译者

第四章 希腊传奇及其背后的故事

亚历山大受到了痛苦的伤害,似乎被人出卖了,于是他命令向后转。一群绝望的马其顿农民创造了历史。泛希腊人的帝王跨过了漫漫的长途之后,他距离恒河大地上的旃陀罗笈多❶王的国土只有一段短短的路程了,这个国家后来很快崛起了,而且在印度的文化成就中达到了一个顶峰。如果希腊和印度的文化能在这样的早期就进行有成果的接触,那么,历史进程将会选择一条怎样不同的道路啊。当亚历山大在塞鲁卡斯一世❷的大夏王国死去后,两种文化很快就建立了联系。塞鲁卡斯是亚历山大的一位将军,在他们的统帅死后,他们宣布"独立"了。

但是,这显然不是有意而为的。通过强制的行军,希腊人返回到赫达斯浦河。帝王满心阴郁,他大部分时间都与后卫队在一起。然而,一天早晨,部队发现亚历山大出现在快速部队的前面,快速部队在大部队前面打了前哨战并进行了侦察。他想起了尼亚库斯去组建的舰队。如果这里没有尼罗河让他顺流而下,如果赫达斯浦河与印度河不是注入厄立特里亚海,如果当地人的"大海"就是海洋本身,那么,他至少也能通过海路到达世界的边沿!

亚历山大的头脑中出现了许多乱糟糟的新计划,焦躁、狂热,他鞭笞忠实于他的追随者向前进。八年来,他们跟随他踏上了这条道路,穿过了世界。在这么多年里,这是第一次他们走向西方,向着回家的路走去。现在凭借最后的至高无上的努力,整个部队在不可思议的短时间内奔向了赫达斯浦河。

果然不出所料,尼亚库斯没有食言。舰队驶来了:有30名桨手的单

---

❶ Chandragupta,"被月亮所护佑的",中文古籍称为月护王。——译者
❷ Seleucus,公元前358?~公元前280年,马其顿将军。——译者

层甲板大帆船，有一层半甲板的帆船，还有货船。老伙计尼亚库斯，太棒了！永远是那样值得信赖！但是，现在上船！开始起航！迎着船头闪闪发光的浪花，挂起风力鼓满的帆顺流而下。

亚历山大的"测量组"详细地记录下亚洲战役的这段行程。大约500年后，这些记录躺在了罗马将军：比提尼亚❶的尼科米底亚❷城的弗拉乌斯·阿里阿纳斯❸，又称阿里安（Arrian）的桌上。他在闲暇的时间里就沉浸于军事史，成了一位亚历山大问题的专家。很自然地，他的伟大同行设法让他的全部军队都登上船只这一事实使他大感兴趣。他关于这次大胆行动的报告非常清楚地显示了这一点，这份报告现在仍然保存完好，毫无疑问它可以追溯到亚历山大那个时代的资料。

亚历山大在岸上集聚了许多有30名桨手的单层甲板大帆船，有一层半甲板的帆船，还有装满部队航行时各种必需品的货船，这时，他决心沿着赫达斯浦河顺流而下驶向大海。亚历山大航行经过的赫达斯浦河整个河段大约都有20斯塔得（stades）宽（2英里）。但是，当赫达斯浦河与亚辛（Acesines）河交汇时，河流急剧地变窄了。河水湍急汹涌。河水咆哮雷鸣，波浪喧嚣就像轰雷，在很远的地方都能听到……

当亚历山大到达印度河的时候，他以更快的速度奋力赶向前去。他决心航行到河流的入海口，为了这个目的，他挑选了最快的船只。由于岸上的居民都逃走了，他找不到向导，这使航行变得异常困难。为此，亚历山大派出了步兵的快速巡逻兵深入内地，去抓获可以充当后续路程向导的印度人。当

---

❶ Bithynia，小亚细亚西北部一古老地区与罗马行省，与博斯普鲁斯海峡及黑海相邻。——译者
❷ Nicomedia，小亚细亚西北部的一座古城。——译者
❸ Flavius Arrianus，86~146年，一译阿利安，希腊历史学家。生于尼科米底亚，被哈德良任命为卡帕多西亚总督。主要著有《亚历山大远征记》，记述了亚历山大大帝历次战役。——译者

他们来到一处河流变得有200斯塔得宽的地方,忽然刮起了强劲的海风。河水汹涌异常,在波浪中几乎无法划桨。因此希腊人在印度河的一个宁静的支流抛了锚。当他们在那里等待天气好转的时候,潮水退潮了,所有船只都搁浅了。这是亚历山大的同伴从来没有见过的事,他们感到恐惧,而当河水随着回潮又涨起来并把船只重新浮起来的时候,他们感到更加恐惧。第二天,亚历山大通过印度河的入海口驶向了外海,表面上看起来他是要确定在什么地方是否还有更多陆地,其实,我相信,这样一来,他就可以说他已经航行到了印度洋。

阿里安最后的论述大意就是说:当然,亚历山大驶向外海的纯粹目标只有部分是正确的。因为,毫无疑问,这位马其顿人是打算确定这片浩瀚的、带有硕大沙丘和滔天巨浪的海洋是否就是 *Okeanos*(俄刻阿诺斯/大洋神),或者说在某个地方是否还会出现陆地。这次航行很有可能在他的头脑中激发出后来普鲁塔克所写的那些关于宗主权的想法。也许就在这里,亚历山大孕育了征服被海洋包围的整个世界的计划。无论如何,普鲁塔克认为:这就是亚历山大命令尼亚库斯去侦察从印度到波斯湾的海路的原因。

亚历山大派他的海军将领从海路返回波斯,而他本人则沿着海岸班师回家,他走的是一条干旱无水的沙漠之路,他的部队遭受了干渴和炎热的极度痛苦。甚至阿里安也用最刺目的颜色描绘了这次穿越俾路支沙漠的骇人听闻的行军,他断言这次行军没有任何军事意义,完全是出于求知的欲望而进行的。

与这次穿越俾路支沙漠的行军一样,尼亚库斯从印度河到底格里斯河的远征也纯粹是一次探险航行,其唯一的目的就是获得更多关于印度洋的信息。打算知道通往印度的海路与亚历山大本人侦察的陆路,很有可能都会有一个强权政治的背景。而更有可能的是：强烈的发现欲望就是真正的动机。普鲁塔克明确地指出：亚历山大认为尼亚库斯的这次航行只是一个更加雄心勃勃的事业的序幕，在他的舰队司令回来后，他打算进行环绕非洲的航行。无论其背后的动机是强权政治还是强烈的求知欲，尼亚库斯的远征依然是一项功绩，它是亚历山大本人的事业中一个有价值的附属物。

在尼亚库斯之前两个世纪，另一个人也航行了同一条路线：希腊的船长西拉克斯，他受波斯王大流士一世（公元前521~公元前486年）的派遣去侦察从幼发拉底河到印度河的海岸和红海北部。诚然，3 000年以来，有许多人曾经在这些海洋上航行过；但是，像西拉克斯和尼亚库斯为了探险的目的和公开宣称依靠偶然登陆来获取更详细的海岸知识这样的官方远征，还从来没有达到过这样的规模。

尼亚库斯似乎具有一种异乎寻常的认真性格，如果他能让他好冒险的舵手欧内希克里图斯（Onesicritus）更自由一些，那么他带回的信息可能就更多了。但是，另一方面，尼亚库斯的报告是非常可靠的。他是所有后来者的信息源头，必须把他列为这个时代最杰出的地理学家之一。尼亚库斯编辑了一份航行报告，但不幸遗失了，但是，阿利安肯定读到了这份报告。我们不能根据阿利安对这份报告的描述就认为尼亚库斯的经历就像预想的那样令人激动不已。这位希腊水手显然是根据自己的航海日志草拟呈送给亚历山大的报告的，他以学究式的严谨仅限于记录下每天航行的里程、锚地、海岸的构造、港口等等。然而他遇到一群鲸鱼的一次经历却是很有价值的，那时鲸鱼对希腊人来说还是闻所未闻的，这些"怪物"始终令阿利安的叙述让人感到恐怖，由于有这些怪物的惊恐刺激，人们清楚地知道了这是何等漫长和大胆的冒险了，即使对善于航海的希腊人而言，也是如此。当然，他们关注的不是众所周知的旱鸭子罗马人航海时所具有的那种惊恐，而是现在的情景。阿利安叙述道：

在这片陌生的海洋里，生活着巨大的鲸鱼和其他大鱼，远远比我们地中海的鱼大。尼亚库斯叙述了他遇到这些鱼的经历：当我们开始航行的时候，我们看到在我们东面的海里，海水仿佛遇到一股强劲的旋风，被风吹得高高的。我们很害怕，问我们的舵手这是怎么回事，它在什么时候发生。他们回答说，这是鲸鱼引起的，它们就生活在这片海里。我们的水手非常恐怖，以致把桨都丢到海里了。我走过去鼓励他们。我围着舰队走了一遭，命令我遇到的每个舵手紧紧跟着这些鲸鱼，就像进行海战一样。所有的人都奋力划桨，而且放开喉咙大声呼喊，甚至尖叫起来。水手们恢复了勇气，一声令下，我们全体一起出发了。当我们接近这些野兽的时候，每个人都极力喊叫起来。当达到高潮的时候，有人吹起了喇叭，而且船桨的声音也在大海中回荡着。我们看见鲸鱼就在船只的前面，它们惊恐地沉入深深的海水中。过了不久，它们又在舰队后面浮了上来，又像从前那样把海水喷到空中。水手们鼓掌欢呼，庆祝鲸鱼逃跑了，而且赞扬尼亚库斯的勇气和机敏。退潮的时候，有几只鲸鱼来到岸上，搁浅了。另外，它们常常被强烈的风暴吹到干旱的陆地上。然后它们就死了，腐烂了。当鲸鱼的肉腐败消失后，留下了骨架，沿岸的居民用它们来建造房屋。他们把两侧的巨大骨头当作房屋的横梁，小一些的骨头做板条。他们用鲸鱼的颌骨做房屋的门。许多鲸鱼都有25寻❶长。

这次经历，也许是想像的，给尼亚库斯同时代所有的人留下了非常深刻的印象，而且为大量的寓言提供了素材。400年后，"文明的"普林尼把这种无恶意的，也许是欢快的鲸鱼说成是巨大的海蛇，他的后继

---

❶ fathom，等于6英尺或1.8288米，此处约等于45.5米。——译者

者忠实地信奉他。因此，不足为奇的是：无论如何中世纪都要比古典时代更远地离开了大自然，然而，它却充满了各种恐怖的毛骨悚然的故事，除了少量故事是中世纪自己添加的，这些故事全部都是取材于古代故事。

在这些毛骨悚然的故事中，其中有一个是爱奥尼亚的希腊人麦加斯蒂尼❶讲述的关于挖掘黄金的印度蚂蚁的可怕故事。麦氏从公元前302年到公元前291年，曾担任大夏的塞鲁卡斯国王特派到旃陀罗笈多王的特使，后来所有古典和中世纪的游记都反复叙述了这个故事。麦加斯蒂尼在他的一份大使报告中说，这些"蚂蚁"像狐狸那么大，长着豹子般的漂亮皮毛，住在地洞里。就像鼹鼠一样，它们在自己的巢穴入口周围堆满了挖穴时刨出的土；当地人只需筛选这些土堆就可以获得土里包含的黄金。麦加斯蒂尼在报告中总结说："人们获取这些黄金是非常神秘的，如果被这些动物发现了，它们就会追赶那些逃跑者，并会杀死他们和他们拉车的牲口。"

122 这是无稽之谈？不完全如此。因为那里过去确实有挖掘黄金的蚂蚁，而且现在还有。比如，有人报道了得克萨斯州的收获蚁（*Pogonomyrmex occidentalis*），它们习惯用由细石（它们偏爱金砂）构成的马赛克把自己的土丘要塞披上装甲，因此，拆除这些蚂蚁堆就是一项极为有利可图的活动。当然，麦加斯蒂尼的掘金蚂蚁肯定是土拨鼠，它们在布拉马普特拉河❷附近和旁遮普的萨特卢杰河❸很常见，而且在土

---

❶ Megasthenes，古希腊历史学家和外交家，公元前350～公元前290年，著有《印度志》（Indica）。——译者
❷ Brahmaputra，上游即我国境内雅鲁藏布江。——译者
❸ Sutlej，印度河主要支流。——译者

堆顶上布满无数迷宫似的通道、洞穴和巢穴。这些动物肯定是无害的食草动物，如果它们开始挖掘一片含金的砂地和沙砾，那么它们堆积起来的土壤就很可能含有黄金。麦加斯蒂尼其他的叙述，比如这些土拨鼠的嗜血性、它们的个头和速度，很自然地都是纯粹的寓言，都是商人为了恐吓其他竞争者而编造出来的，这些竞争者可能曾打算为了自己的私利去冲洗和筛选那些有价值的土堆。

挖掘金子的蚂蚁，这真是必须报道的事情。而且绝对是真实的。因此它还说道：印度贮藏着大量的黄金、紫铜、铁、锡和宝石；那里还有"不用蜜蜂也能收获蜂蜜的芦苇"——甘蔗；还有，太阳在天空中升得那样高，阴影竟然投射到了南面。这些报告每一篇都同样神奇，在这样的国家里，有挖掘金子的蚂蚁是完全可能的。

然而，古代探险家的主要兴趣都集中在一种截然不同的动物身上：印度象。我们已经知道亚历山大极为遗憾的是自己从来没有进入这个真正的大象之国。公元150年，弗拉乌斯·阿里阿纳斯将军在尼科米底亚安静地坐在他书桌前，似乎也有同感。诚然，布匿战争❶很早以前就结束了，战争期间，罗马人也深深地领教了大象的可怕。但很难假设：在阿利安的时代，这种庞大的灰色动物，挥舞着淡棕色大鼻子的家伙还能发挥什么军事作用。充其量它们也只能偶尔地被当地人驱赶着在罗马帝国的东南边界阻拦罗马的侦察巡逻兵而已。然而，公众对大象的兴趣始终是生气勃勃的，罗马的大众经常到马戏团去看大象表演。无论如何，阿利安的大象故事在罗马和亚历山大的沙龙里都受到明显热烈的欢迎：毫

---

❶ Punic wars，公元前264~公元前241年，公元前149~公元前146年，罗马和迦太基之间的战争，前者胜利后成为地中海的霸主，后者灭亡。——译者

无疑问，这不仅仅是出于动物学的兴趣。

　　这位将军呈现的是一个专家纯事实性的叙述而无童话故事的因素。如果他为自己的故事添加一些杜撰的细节，那么，罗马人就不会相信他了，罗马人对大象很熟悉。但是，仅仅是这一点，还不足以解释他的叙述的客观性。事实上，这些叙述几乎可能是逐字逐句地从亚历山大的"测量组"的报告摘抄下来的，而且我们可以相信，亚历山大坚持这些报告要绝对属实和客观。因此，阿利安的著作精确地反映了亚历山大所获得的信息。他对印度用陷阱捕捉大象的方法的描述与今天使用的方法几乎完全一致：

　　虽然印度人也像希腊人一样用同样的方式狩猎其他的野兽，但是，他们狩猎大象的方式却与任何狩猎方式截然不同。因为大象本身与其他动物不同。如果他们找到一块平坦、暖和的地方，他们就会围绕它挖一条很宽的沟，这条沟很宽，可以容纳一大群大象。这条壕沟大约有5寻宽，4寻深（约等于9.15米长，7.3米宽）。他们把挖出来的土堆在沟的两岸。这个堤岸就等于是墙壁。

　　然后他们再把三四个特别温顺的母象放在这个围圈里面，只留下一个通往壕沟的入口。他们用土和草把这个入口盖起来，这样动物就不会看出这个桥是人造的，也不会怀疑这是陷阱。在白天，大象不会靠近居住的地方；但是，到了夜间，它们会到处漫游，而且追随象群中最庞大、最勇敢大象结成很大的象群一起吃食物，就像母牛追随公牛一样。当它们来到这围圈附近，听到里面母象发出的声音，它们就会朝着声音很快跑过去。它们沿着沟边跑去，直到它们跑到前面说的那个桥那里，它们冲过桥去，进入了围圈。猎人们一看到野象进入了围圈，有些猎人就把桥拆掉了，其他人则急忙跑到最近的村子里，宣布已经捉住野象的好消息。

　　这个详细的描述肯定是从亚历山大时代的那些军事资料得来的，当时阿利安仍然可以接触到这些资料,无疑这是来自马其顿军队档案库中的原始资料。但是,弗拉乌斯·阿里阿努斯感到他应当在这段摘要后面为自己的公众增加一点本人的特色。因此。他添加了某些独特的经历:

如果大象的骑乘者在战斗中被杀害了,它们甚至懂得自己把他们埋到坟墓里。虽然它们的骑乘者已经死去躺在地上了,其他的大象还会为他们去战斗。还有的大象会冒险保护自己倒下的主人。有一头大象在盛怒中杀死了它的骑乘者,自己却因为悲伤和悔恨而死去。我自己曾看到一头大象表演铜钹,其他的大象则随着音乐跳舞。表演者在它的两只前腿上都绑上一个铜钹,而在鼻子上也绑上一个。它有节奏地交替着用鼻子敲打前腿上的铜钹。跳舞的大象在一个圆圈内翩翩起舞,两只前腿随着铜钹的节奏轮番上下。

就其直接的政治效果而言,亚历山大的成就是轻微的,但是,它也具有无限深远的意义。它的影响不仅仅限于地理学方面,只要把希罗多德的世界图景与亚历山大的探险地图做一短暂的比较,就立即可以明显地看出他的成功和希腊oikoumene(整个人类居住的世界)的惊人范围。更为重要的是他光芒四射的形象所造成的心理效果。在远东,出现了亚历山大造成的关于一位来自西方的辉煌的、像灾星一样的英雄的神话,而从这些神话又产生了各种文学作品。也许他一生的终极意义并不存在于那种显而易见的效果中,而这种效果肯定是产生了。更为无限重要的是它无可估量地增加了白种人的自信心,在亚历山大时代之后,这种自信变得很明显,也许这就是创立罗马帝国的先决心理条件之一。与仅仅是炫耀力量相反,疆土才是终极的道德优越感。在亚历山大死后几个世纪,成千上万的街头吟游诗人是靠着竭尽所能地歌颂他的伟业为生的;每当文明的社会回顾亚历山大的时候,都会朗诵这些诗人的诗句;从这位英雄的生平产生的所有无可估量、无可衡量的影响都趋向一个方向,让子孙后代在回顾中体验这个事实：世界曾经向一位欧洲人，向西方低下了头颅。在亚历山大掌握的权力之外，还有就是他幸运地同时享受了繁荣的、高度发达的文化的光辉，这是西方产生所有的最重要的意义之一。因此，亚历山大骄傲地认识到他是一位希腊人，这使他获得了最强有力的道德激励去完成自己的功业，这种认识也为他的印度战役带来了我们曾经谈过的文化效益，迄今为止，这一效益已经超越了他冒险事业的政治意义。

第五章

从罗马到远东和美洲

怕水的罗马人／迦太基人知道贸易季风的秘密吗？／里昂的赛普图曼努斯旅馆／东普鲁士的罗马琥珀专家／法国花瓶与来自尼罗河湿地的侏儒和仙鹤／不用罗盘穿越印度洋／导航员与灯塔／古代航海手册／一小时有多长？／古代2 000吨的货船／罗马关于在印度港口抛锚的指令／僧加罗人在罗马感到惊奇／中国人有蓝眼睛吗？／罗马商人在北京／西陵氏皇后与家蚕（Bombyx mori worm）／马可·奥勒留夫人无钱购买丝绸衣服／考斯岛上邪恶的女人／通往中国的道路／谁航海到了新加坡？／靠折叠船穿越大西洋／古代世界对美洲有什么了解？／在欧洲登陆的红色印第安人

一

现在我们就来谈谈古代地理学中最令人兴奋的题材：关于在公元初年存在的真正是世界范围的罗马帝国的故事。无论我们在学校学到了什么关于古代世界的知识，往往没有人告诉我们它丰富多彩、繁忙的生活，它的商业联系以及它的航海事业。我们从来不知道一位来自亚历山大或米利都的批发商人，还有他在西欧的对手从马赛或加的斯与高卢和不列颠群岛，甚至与德国的琥珀之乡进行的贸易，而这位批发商人自己则与印度西部的婆卢羯车（Barygaza），即现在的布罗奇，甚至与卡蒂加拉港 [1]，即远在中国的大港口，进行联系。中国的丝绸堆积在他的货栈里，来自神话般富饶的塔普拉班岛（Taprobane）（锡兰）的香料和宝石装在他远东的货船上，乘着季风鼓满风帆从数千英里之外穿越外海加速驶来。哈德拉毛 [2] 出产的乳香从阿达纳 [3] 即今天的亚丁运来了，来自努比亚 [4] 的象牙和黄金，来自腓尼基的玻璃，来自黑海的银器和小麦，装满罗马金币的钱袋，装满浓烈的希腊葡萄酒的皮囊、昂贵的德国琥珀装饰品都启运回来了。当小亚细亚的买主正等待着来自亚洲腹地穿越喜马拉雅山的商队和中国的巨大平底帆船的时候，凯尔特的码头工人则从庞大的货船上卸下珊瑚和玛瑙贝贝壳，叙利亚的紫色原料和罗马的武器，这个货船是他西欧的商业伙伴派往不列颠的一个港口的，也许爱琴海的科斯岛上长着纤巧手指的工厂奴隶正在从远东的锦缎中拣出昂贵、薄纱般的丝绸。

我们也不会亲自遇到这位批发商人了。他肯定已经设立了一个"办公室"，在那里有一群待遇多少算是优厚的职员为他工作，在当时这些职员被称为奴隶。那里没有汇票，因此也没有票据投机，没有跳票，也没有任何其他让一个人遭受损失而对其他人造成影响的烦恼。但是，这里是有诚信的，因此，这里也有一个充分发挥作用的银行系统，有一个高度发达的票据交换所，还有为旅行客商提供的信用证，还有支票。确实，支票在罗马是非常有用的支付方法，奥维德在他探索女人的贪欲的

---

[1] Cattigara，一说即托勒密之交趾港。——译者
[2] Hadramat，也门中部地区。——译者
[3] Adana，土耳其南部城市。——译者
[4] 东非古国，今苏丹境内的尼罗河地区。——译者

《爱的艺术》中谈到了支票。如果你在交换所告诉他们,你的钱不够,他们就会傲慢地回答说:有支票就完全可以。当然,在细节上,这几乎不能得到证实。两千多年毁灭的碎片堆积在我们亚历山大批发商的身上,而他的票据、他的税单和海关收据以及他的商业信件也被付之一炬;以他的货栈为目标的劫掠使这一切成为不可能的事。但是,有一点可以肯定,他确实是存在过。他首先产生了拜金欲(auri sacra fames),即神圣的—肮脏的对黄金的渴望,这使他变得强大和活跃,然后吞噬了他,使他在后来无数的生活污泥与尘埃中窒息。但是,从远东的扬子江到西班牙的最西端,我们将会偶然地发现他的踪迹。也许他得到了某些暗示,某个模糊的谣传,关于西部海洋之外一片辽阔大地微不足道的暗示:美洲。我们还会听到这方面更多的信息。

走向真实世界交流的那些时代的道路是漫长而艰苦的。因为在开始的时候,罗马人根本就不是航海家和探险家,与希腊人相比,他们在有意识的地理发现之路上收获甚少,只有能为罗马的权力体系带来直接、具体的用途时,对他们来说,知识才具有内在的理由。因此,罗马人的探索与希腊人所进行的世界航海很少有相似性。因为他们的邻居和先驱者伊特拉斯坎人肯定是杰出的水手,这更加令人感到惊奇。作为抓钩的发明者和海盗,在很长时间内,他们都是海上的恐怖分子;多少世纪以来,伊特拉斯坎人都是"海盗"的同义词。然而,罗马人只是不情愿和迟疑地走向海洋的,直到非常非常晚的时候,他们才考虑把地中海叫做 mare nostrum,"我们的海"。

这种拖延没有什么明显的理由。我们必须把它作为一个事实加以接受。如果我们否定纯粹的偶然是历史进化的决定因素,我们也许就会得到这样的印象:某种力量在有意识和故意地保护着罗马人不要冒大海迷人的广阔所造成的分散之险。罗马的历史使命似乎就是巩固、保存和有条理地相互联系它的祖先通过努力、痛苦和奋斗所获得的成果。如果这是正确的,这就解释了为什么罗马人在探险上是这样晚的后来者,为什么他们普遍都局限于对现有知识的收集、详细审查和编目整理。

在台伯河畔的这座城市的门口,知识是丰富的,而且是俯拾即是。罗马帝国组织良好的新闻服务使它能够提供来自世界各地的绝妙的全面信息图景。数学和天文学的进展(首先应归功于希腊人)使得大量可靠的个人观察得以出现。土地登记处和国家档案库使收集来和经过编目的材料能够流传给子孙后代。在这方面,特别重要的是 *agrimensores*,即土地测量员行会,它负责罗马道路网络的建设和测量。(他们的一套数学仪器已被收藏起来,可以在美因茨的罗马—条顿博物馆看到。令人吃惊的是,这套仪器与我们现代测量员和工程师的数学仪器在每个细节上都是一致的。)为其中的每一道路都绘制了详细路线,不仅包括道路名称,还包括商队歇脚的各种客店的规模大小。

直到公元前150年,罗马还没有"正式地"认识到在构成他们的地理视野的高山和大海之外还有别的人类生活着。紧接着吞并迦太基后,他们进行了一次到非洲西北部海岸的海上远征,通过这次远征他们才得到了这一发现。在罗马探险的整体背景中,这次远征很奇怪地没有明确的动机。它是在希腊地理学家波利比乌斯❶的指挥下进行的,波氏是罗马的非洲将军西庇阿·艾米里阿努斯❷的朋友。我们不知道这次勘察远征的真正目的和目标。因此曾有人猜测,在征服了迦太基之后,罗马人在

---

❶ Polybius,约公元前200~约公元前118年,又译波里比阿。生于伯罗奔尼撒半岛。——译者
❷ Scipio Aemilianus,公元前185~公元前129年,罗马将军、政治家和文学家。——译者

他们的档案库里发现了汉诺关于宏伟的喀麦隆远征的报告,现在他们要奋力亲自去到黑色大陆的西海岸去探险。这个观点无法得到证实,但也无法彻底否定,特别是因为普林尼谈到了叫做"众神战车"的山,普林尼在两百年后报道了这次著名的航海。

普林尼怎么知道这个名字的?这是汉诺在自己的远征报告中使用的名字。这个知识只能来自迦太基人,我们可以假设:罗马人对可触知的现实具有冷静的情感,当他们最终征服了迦太基这座繁华的城市时,他们对其档案库和专利事务所产生了特殊的兴趣。我们可以推断,可能是精明的波利比乌斯利用了他的罗马朋友们骄傲的胜利情绪,激励他们向着海洋进行冒险事业。仍然让人感到吃惊的是,冷静的罗马人竟然容易受到他们民族虚荣心的吸引。无论如何,他们派出了七艘船只进行这次非洲和大西洋的探险,鉴于罗马舰队有限的规模,这可是一个很大的数量。或许西庇阿在追踪某个截然不同的东西?难道迦太基的庞大舰队有些部分逃到大海中去了?就像某些古代资料所断言的那样?他们是到汉诺在非洲西北部建立的布匿海岸基地寻求支援去了?我们不能确切知道西庇阿究竟走了多远。然而,他似乎到达了在北纬14度左右的塞内加尔和佛得角;如果我们回想到大约1 600年后欧洲舰队才再次推进到这样遥远的南方,这就是一个相当大的成就了。但是,我们从汉诺那里知道,那里并没有其他的布匿海岸基地,因为他们的目的就是保卫到加那利群岛的海路。因此,到整整10个纬度之南去建立殖民地,将是毫无意义的,在这种情况下,西庇阿的航行也是毫无意义的。那么,他为什么要把自己的冒险事业扩展到那么远呢?

大约在这个纬度上,东北贸易季风开始刮起来,1 500年以后,这种有规律的气流吹着一个叫做克里斯托弗·哥伦布的人从佛得角群岛用21

天的时间到达了美洲！如果他是个很好的海员，任何人被残酷的敌人追逐的时候，都更乐于把自己托付给贸易季风，而不是指望世仇的仁慈。迦太基人知道贸易季风吗？他们能猜到海洋对面有陆地吗？西庇阿把他这次在其他方面动机极其不明的航海扩展到如此遥远的南方，难道就是为了确定迦太基人真的是消失在海洋里吗？当哥伦布乘着三艘仅仅比迦太基的战舰大一点的可怜的船只完成了辉煌的伟业时，他根本不知道美洲。这是确切无疑的。他是否听到过贸易季风也是值得怀疑的。然而，他冒险进行了跨越。迦太基人也这样做了吗？但是，这一切都在眼前。

西庇阿的七艘船驶向非洲的航行给人深刻印象的是：它与迦太基是截然不同的！大约在公元前530年的时候，这座城市侵扰了西班牙南部，它一刻也没有迟疑就派出强大的舰队向北向南到大西洋去进行勘察了。当然，它的海员不必像罗马人那样要忍受长达三个世纪之久的海峡封锁，罗马人无法到西班牙东部以外的地方去冒险，而且只能偶尔地在迦太基与罗马处于和平的那些时间去冒险。台伯河畔的这座城市与另一个海上霸主，即西西里的锡拉库萨（一译叙拉古）之间的关系一般来说也是非常紧张的，无论在什么地方，只要西西里人的无敌战舰捉到了罗马人可怜的船只，他们就会用投石大炮将它们轰得粉碎。地中海的不利状况表明这对罗马的航海发展是个严重的障碍，必须加以考虑。然而，其本身并不能解释罗马人对海洋的反感。之所以这样的原因深深地植根于他们的天性。

我们听到的下一项似乎包含了发现航海之萌芽的任务主要是指向北方的。为了揭开笼罩在伊斯特河（即现在的多瑙河）上游的神秘面纱，他们做出了许多努力。他们曾向德国进发，最终对易北河西部进行了彻底的探察；大约在公元80年，他们又发起了对不列颠的海上考察，因因为关于这个国家的知识从皮西亚斯以来的300年间已经遗失了：这不仅是因为西欧的出口公司有意识的沉默，它们对外来者插手与不列颠群岛进行有利可图的贸易不感兴趣。最后是高卢的殖民化，它也与罗马人的势力范围保持着紧密的商业联系。

德国从来也不像高卢那样到处都是罗马、西班牙、希腊和叙利亚的商人，人们肯定不曾认为这个易北河和北海的迷雾之国就像高卢一样："这里密集着商人，到处都是罗马市民；没有罗马人高卢就无法做生意，在高卢流通的每一枚硬币都要经过一位罗马人的账簿！"这段从西塞罗的讲演《*Pro M. Fonteio*》中摘引的话，初看起来也许很夸张，但是，在法国土地上的无数发现都明显地支持了这一点。它们告诉我们，许多西班牙人都是里昂葡萄酒经销公司的成员，叙利亚人也被埋葬在里昂。在尼姆❶，海运和河运公司在剧院长期为它们的船长预定了座位，里昂的塞普图阿努斯旅馆的公关经理在旅馆的标牌上刻着："在本旅馆墨丘利让您发财，阿波罗保您健康，塞普图阿努斯为您提供食宿。在本旅馆住宿者将一路顺风。外乡人请仔细选择您的住处！"这家旅馆主要是罗马客商居住的。

德国的商业渗透仅限于科隆、特里尔、阿喜布尔基乌姆（Asciburgium）和其他一两处地方。只有在从莱茵河入海口到威悉河❷和易北河的海路上，那些勇敢的男人才有机会做真正赚钱的生意，后面这两个地方就在琥珀之乡附近。哥本哈根这个名字在这一方面很有意义：它起源于拉丁文 *caupo*，即葡萄酒商，和斯堪的纳维亚文 *havn*，即港口这两个单词。哥本哈

132

---

❶ Nîmes，法国加尔省的省会，法国南部城市。——译者
❷ Weser，流经德国境内的第二大河，仅次于莱茵河。——译者

根可能一度是南欧葡萄酒商人特别喜欢的港口。这就表明：罗马人最终适应了变幻无常的北方浅滩，并与巴达维亚人（Batavians）、弗里斯兰人（Friesians）和乔西阿人（Chaucians）的沿海部落进行了接触，罗马人与他们可以进行广泛的贸易，如：葡萄酒罐和玻璃、陶器和金属器皿，然后再用这些东西换取德国人的出口产品，比如琥珀、鹅绒、皮毛、女人的头发和兽皮。

然而，北海仍然是个神秘的地区，如果认为罗马人是在大约公元65年（即尼禄时代）一次到珊兰登的琥珀探险中发现波罗的海的，那么，这个功绩无论怎样评价都不会过分。因为塔西佗关于整个德国阴森的个性化描写具体地就是指德国东部和维斯杜拉地区："如果这个国家的外部形象显示出某种变化，那么因为它的森林，它则展现出一种普遍令人毛骨悚然的印象，因为它的沼泽又令人反感。"遗憾的是，没有关于这次珊兰登探险的特定动机的记载，因此我们只好将其动机付之阙如。这次探险所包含的努力与危险更可能是由于经济性而不是军事性的原因造成的，如果我们做这样的推断：大约在公元1世纪中叶，由于时尚的变化出现了一股琥珀热，因此促成了这次到珊兰登的航海，那么，我们也不会出什么大错。

无论如何，普林尼曾经告诉我们：执行这次探险的罗马官员带回了非常多的琥珀，"（在马戏团）指挥台的网子和防护栏都用琥珀珠子装饰起来，场内的土地上同样也撒满了琥珀；死人的担架上也装饰着琥珀，以至在这一天，所有节日用品上到处都是琥珀。他带回来最大的一颗琥珀重达13磅（1磅=0.45359千克）……"这个遥远的地区对罗马的重大经济意义从下面的事实也得到了证明：那时，有相当多的罗马硬币流通到波罗的海的沿海地区。而所发现的前几十年的硬币则相对罕见，但这一时期的出土文物无论是数量，还是个别文物的质量都是有价值的。与所有这些携手而来的是对以诗歌形式从波罗的海传来的消息的利用，这是尼禄王朝以来罗马文学的一个突出特色。而在公元50年，庞波尼乌斯·梅拉❶对波罗的海的存在一无所知，在公元100年，塔西佗则对波罗的海的各个部落有了彻底的了解，又过了50年以后，托勒密绘出了一张波罗的海南部的地图，在许多细节上都非常完备和准确。

罗马人的远征不仅仅限于走向北方。事实上，他们在南纬度地区的征服和探险是更为广泛的。但是，他们往往只是重新发现了古代文化很早就认为是整个有人居住的世界中的那些地区，关于这些地区的所有知识都在过去的历史间歇中遗失了。比如，公元前25年，伊利乌斯·加卢斯（Aelius Gallus）在奥古斯都的命令下试图征服阿拉伯半岛，并把那里的金矿收归罗马所有，但是徒劳无功。虽然他几乎前进到远至哈德拉毛的地方，但他也只是沿着前人的足迹，进行着几乎同样不成功的事业，许多许多年以前，埃及人、亚述人和波斯人都曾从事过这样的事业。几乎与他同时，另一位罗马将军，佩特罗尼乌斯（Petronius）从埃及出发进军到上尼罗河地区。以前罗马人从来没有如此深入到非洲的腹地，但是，他们并没有比500年前的冈比西斯（Cambyses）和他的波斯东道主走得更远。艾利凡泰因（Elephantine），即今天的阿斯旺仍然像以前一样是埃及与埃塞俄比亚接壤的最南端的边界城镇。❷

公元前19年，西尔特斯国的罗马总督，高乃里乌斯·巴尔布斯

---

❶ Pomponius Mela，古罗马地理学家。约公元前5年生于西班牙，卒年不详。梅拉公元43年或44年用拉丁文写了一本地理小册子，在当时的罗马很受欢迎，对整个中世纪也具有重大意义。——译者
❷ 原文如此，此处恐怕有误，因为阿斯旺以南为苏丹，并不与埃塞俄比亚接壤。——译者

(Cornelius Balbus)从的黎波里到南方的入侵也不是一次深入到完全未知和未开发领地的远征,这次入侵把他引到了法赞尼亚,即费赞❶地区,引到了加拉曼特人的首府嘎拉玛(Garama),它大概在迈尔祖格❷的东北部。大约1 800年以后,海因里希·巴尔特❸重新发现了它的遗址。希罗多德已经谈到了加拉曼特人,说他们是撒哈拉大沙漠以南水源充沛的低地上最伟大、最活跃的民族之一。自从远古以来,这里就有一条络绎不绝的商道,大约是沿着20度经线延伸的,它穿过了撒哈拉沙漠中一个又一个的绿洲,直到遥远的南方进入黑色大陆。因此,很久以来人们就知道在加拉曼特大地的南方生活着埃塞俄比亚人,但是,到这里的距离却被大大地低估了。因此,斯特拉博认为从加拉曼特人的领地到埃塞俄比亚国的南海岸只有10天的路程。这一设想的失误直到多年以后才被揭示出来,那时,罗马商人与加拉曼特人一起到南方进行突袭,一直前进到了乍得湖地区。当然,直到大约1 400年后,葡萄牙人开始到非洲航行的时候,其真正的位置早已被人遗忘了。

大约在这个时候,罗马还将它的注意力转向了对阿特拉斯山脉的探索❹。庞波尼乌斯·梅拉和普林尼告诉我们,北非殖民帝国的总督苏埃特尼乌斯·保利努斯(Suetonius Paulinus)在公元42年,于皇帝克劳迪乌斯在位期间,对吉尔溪谷进行了一次远征,在进军途中他越过了阿特拉斯山,他可能是第一个越过这座山的欧洲人。他的远征并不成功。但

---

❶ Fezzan,利比亚西南部地区。——译者
❷ Murzuq,今利比亚一个行省。——译者
❸ Heinrich Barth,1821~1865年,德国探险家,他于1850~1855年在撒哈拉、苏丹和中非进行的探险,开创了非洲探险的新纪元。——译者
❹ Atlas Mountains,位于非洲西北部,西南起于摩洛哥大西洋岸,东北经阿尔及利亚到突尼斯的舍里克半岛。——译者

是，普林尼在他的报告中写道：阿特拉斯山的最高峰终年积雪，即使在夏季也不消融，这就高度证实了关于白雪皑皑的阿特拉斯的古代神话。

二

大约在公元60年，帝国卫队的两位军官被派遣前往探寻尼罗河的源头。这次旅程从埃及直到北纬5°附近的尼罗沼泽。从而使最重大的古代世界之谜之一，即尼罗河的源头，得到了一个非常接近事实的答案。关于这次大胆的行动，我们有几种记载，其中哲学家吕齐乌斯·安涅·塞涅卡[1]在他的《自然问题》中所做的记述最为引人注目：

> 我有机会听到尼禄皇帝派遣的两位百夫长关于尼罗河源头的报告……他们报告说：我们来到一些无边无际的沼泽地，甚至当地人都不知道这里，没有任何人谈到它们。因为水生植物互相缠绕得非常紧密，没有人能对这片水进行测量，无论是步行还是乘船。即使这船只能坐一个人，那也无法在这密不可行的泥塘里行船。在那儿，我们意外地发现了两块岩石，尼罗河从它们中间喷涌而出。无论它是尼罗河的支流或是尼罗河的源头，也无论它是腾空而出的地下水，我们肯定不能设想它是一个大湖中的泉水吧？因为它是从两块岩石中以非常高的压力冲出来的，那它就只能是来自把整个地区的水都汇集和流到一起的一个含水盆地……

塞涅卡这里所叙述的旅行是按照尼禄皇帝的命令进行的。我们已经谈到尼禄在发动到珊兰登探察琥珀海岸的远征中所起的作用。在那个场

---

[1] Lucius Annaeus Seneca，公元前3~公元65年，古罗马政治家、哲学家、悲剧作家、雄辩家、新斯多葛主义的代表。——译者

合，这个事业肯定具有坚实的物质基础：我们也许可以肯定，尼禄命令要尽其所能地把大量的琥珀给他带回来。然而，第二次远征却没有可以想像的商业动机。也许它是由罗马总参谋部的两位军官执行的带有军事目的的侦察活动；也许它仅仅是尼禄为了当一个发现者而出的风头。尼罗河的源头以及如何找到它们，这是已经困扰了波斯几位伟大帝王的谜团。自从罗马征服了埃及以来，这就成了首都所有对地理学感兴趣的沙龙的热门谈话题材。作为地球探险家的声望一定会吸引这位独裁者，也许个人的虚荣心就是这次远征的动机。

无论情况怎样，可以肯定的是：这两位罗马军官奋力到达的这个地区直到1 800年后才有白人再度来临。他们十有八九是来到了Bahr el Ghazal，即加札勒河❶以及这条河流入尼罗沼泽的河口，这是不能通行的沼泽丛林地区。

无论如何，我们的两位罗马人并没有到达尼罗河真正的源头。但是，他们似乎是在古代人很久以来就知道的土地上活动的，至少这是道听途说过的。利文斯顿❷已经暗示了这一点，而且他的推测显然是正确的。自从远至太古的时期以来，位于大河汇合处（Mokren-el-Bohur）的尼罗河沼泽就是阿卡黑人的故乡，格奥尔格·施魏因富特❸在1870年著名的尼罗河探险中就发现了他们。普林尼也知道这些身材矮小的黑人，他在《自然史》中谈到了他们，而且显然荷马也知道他们，他的《伊利亚特》就有下列文字，这长期以来让学者们感到困惑：

---

❶ Gazelle River，苏丹尼罗河西侧的主要支流，长716公里。——译者
❷ Livingstone David，1813～1873年，英国传教士，非洲地理考察家。——译者
❸ Georg Schweinfurth，1836～1926年，德国植物学家、非洲探险家，生于俄国里加。——译者

第五章 从罗马到远东和美洲

特洛伊人像鸟一样吵嚷着、喧闹着向前走去。他们吵闹的声音震天震地，就像初冬飞舞的鹤群，就像突然降落的大雨，用沙哑的声音喊叫着走向洋流（Ocean Stream），把那些俾格米人弄死，把他们毁灭，在清晨发动了邪恶的攻击。❶

普林尼的信息可能直接追溯到那两个罗马卫队军官，毫无疑问他们闯进了阿卡地区，而荷马则肯定有早得多的信息来源，首先他从那里知道有许多侏儒生活在非常遥远的南方，其次，那些地区是无数的仙鹤迁徙的目的地。显然，荷马的叙述在他同时代人当中立即引起了轰动；也许后来更为详尽的埃及人的报道为其提供了补充。无论如何，佛罗伦萨那个世界著名的弗朗索瓦花瓶的底座就是用描绘侏儒与鹤群之间的战斗的图画装饰的，❷ 这个花瓶制作于[公元前]6世纪的阿提卡❸。因此，这个趣闻肯定是家喻户晓的，否则这个无名的艺术家将肯定不会认为它有描绘的价值。

不管怎样，我们这两个百夫长❹似乎并不是首先在尼罗河沼泽中跋涉的人，而埃及人则似乎在他们之前几千年就来到了芦苇丛生的萨德地区❺。尽管如此，他们也是最早探明有关尼罗河源头的任何详尽的地理学信息的人。因为关于尼罗河的源头和这条神圣河流的流程，那时仍有许多非常稀奇古怪的观念在流传。有些人断言尼罗河发源于大洋，如前所

---

❶ 企鹅古典丛书，艾米利·维克多·里欧翻译，第64页。
❷ Francois Vase，弗朗索瓦陶瓶是希腊陶器发展历史上的一个里程碑，现存于佛罗伦萨的考古博物馆。年代：公元前570～公元前560年，尺寸：57厘米×66厘米，1844年，亚历山德罗·弗朗索瓦在伊特鲁里亚墓地的坟墓附近发现了这只陶瓶，并以发现者的名字命名。——译者
❸ 原著此处有误，应为公元前6世纪。——译者
❹ centurion，古罗马的军官，指挥百人。——译者
❺ Sudd Region，白尼罗河上游地区，萨德是一种妨碍航行的浮游植物。——译者

述，其他人则认为它发源于印度；还有的人到无人知晓的西非洲，即刚果，去寻找它，正如斯特乔所说的：去寻找"另一条尼罗河"。最后，还有第四种意见认为，尼罗河的源头是在高耸的山峰上，它有一半即尼罗河流向北方；而另一半则流向东方。直到18个世纪以后，欧洲人才第二次进入到这个地区；只有这时，尼罗河源头的秘密才最终得到揭晓。

三

罗马对埃及和与其接壤的国家感到浓厚的兴趣，这自然有充分的理由。这个理由就是东亚。我们在上一章曾谈到：古代商队所走的道路从远东、从印度和中亚通向西方，这条道路的北部支线伸展到了黑海地区。但是，除了这些陆路交通，这里还有明显的海路，从印度到哈德拉毛和阿达纳，并且把东非和恒河的奇妙地方联起来。埃及的法老已经知道并利用了这些联系。诚然，关于季风的知识只是到了后来的年代才得到证实，季风在夏季从非洲吹向印度，在深秋则掉转风向从印度吹向非洲。古典的消息来源告诉我们：大约生活在公元前100年的希腊舵手希帕罗斯（Hippalus）是第一个有意识地利用季风的人。但是，他们肯定在很久以前就知道这一点，毫无疑问，印度和阿拉伯的船只早在希帕罗斯之前许多世纪就在印度洋上来来往往了。

毫无疑问，印度和非洲贸易的双方都尽一切可能对自己的知识保密。显然，他们成功地向大流士时代的波斯人和亚历山大大帝的希腊人隐藏了这个知识。因此，这两个暴发户和印度贸易中特别麻烦的竞争者只能看到小船沿着危险的海岸艰难地奋勇前进，如果经过一年的航行，

第五章 从罗马到远东和美洲

图版15 巨大的三角形船帆驱使船只静静地在从开罗到索法拉（Sofala），从桑给巴尔到孟买的水上行驶。它们是靠着季风穿越宽阔大洋的阿拉伯独桅三角帆船。图中所示是一艘尼罗河上的现代货船。

图版16 海底地震引发的海啸。高达40英尺（约12米）的水墙呼啸着以每小时40英里（约64公里）的速度冲向陆地。大约公元前1 500年，圣托里尼岛火山爆发，克里特可能就是被由此引发的海啸摧毁的。

命运眷顾它们的话，它们才能最后在印度抛锚。这一点也不比陆路无穷无尽的商队旅程好，完成这样的旅程就需要波斯人和希腊人都不具备的东方人的忍耐和克己。

因此，事实上，欧洲人直到很晚才懂得有可能把到印度的长途旅行从12个月缩短到两个月，如果人们有勇气在看不到陆地的茫茫外海航行1 200英里（约1 921公里）、往返都要依赖季风的话。大约在公元前100年，欧洲的船只就第一次尝试这样做了，我们从斯特拉博那里得知：这个时间大约有20艘货船驶往印度。当埃及在大约公元前30年被罗马人征服的时候，这一数字猛然上升了。现在每年有100艘船只被派往印度，它们不仅是有充足货物时才起航的货船和不定期货船；这里还有载客的定期班轮服务，航行时间是固定的。

这是一个巨大的成就，当我们回想在此15个世纪以后，哥伦布必须应对的辽阔外海时，其跨度与这里的跨度相比并不是特别大，很明显我们应该向古代的印度船长致以多么崇高的敬意啊。他们的后继者直到今天还在出海。年复一年，阿拉伯独桅三角帆船带着高高的船头和华丽的装饰，宽宽的船尾，外形就像中世纪的轻快帆船，在夏季来临时就从苏丹港起航。到了晚秋，他们趁着东北季风快速地驾着有巨大三角帆的船返回非洲。他们的纳库达斯（*Nakoudas*），他们的船长从来没有听说过六分仪。他们知道罗盘，但是，他们并不使用它。印度在什么地方，任何时刻他们在海上处于什么位置，这些知识世世代代都流传在他们的血液中。如果有人问他们，在茫茫荒野的水上，他们怎样和凭什么办法才能把握自己的方位？他们就会说："*Ana baref*"，"我本来就知道！"

当然，这不是在一天之内发生的，这只能是对长期逐渐的发展过程的总结。在开始时，毫无疑问，人们只能局限于沿海岸航行，在不断看到陆地的情况下，十分小心地从一个地方到另一个地方。无疑，他们很快就发现：在外海航行可以远离岩石和浅滩，远离任何打在岩石上的碎浪，在许多方面都比近海岸的航行更少危险。然而，最初他们缺少深海航行所必需的航海知识，但许多人都是为了躲避沿海岸航行的危险而这样做的。早在我们的时代以前，带有船闸的运河就已开凿，例如阿索斯运河。这是薛西斯❶在公元前480年进攻希腊时，为了避免绕着嶙峋的海角进行恼人的航海而穿越阿索斯山❷时开凿的。在关键部位，他们把木桩沉下去，作为水道的标志。在通往港口的通道上，导航员或巨大的当地船只使外来的商船安全地靠岸并抛锚。在海岸浅滩上建立起塔楼作为航线标志，夜间则在上面点起火来。有些地方已经建起了真正的灯塔，例如：在拉文那❸、奥斯提亚❹、比雷埃夫斯❺、滨海布洛涅❻和西班牙的拉科鲁纳❼。其中最著名的就是世界七大奇迹之一的法罗斯灯塔，它高达530英尺（约159米），约公元前280年建在亚历山大外面的法罗斯小岛上，据说在30英里（48公里）之外仍可看到它的灯光。西西里的罗杰王二世的阿拉伯地图绘图师艾德里斯（*Idrisi*），关于这个人，现在我们应该较详细地介绍一下。他在1153年看到了这座巨无霸的建筑，并做了描述。法罗斯灯塔是后世大多数灯塔的原型，直到14世纪才因地震倒塌。

---

❶ Xerxes，公元前486~公元前465年在位，波斯国王。——译者
❷ Athos，位于希腊东北部马其顿地区。——译者
❸ Ravenna，意大利东北部港口城市。——译者
❹ Ostia，意大利罗马西南25公里处，罗马时代的海港。——译者
❺ Piraeus，位于希腊雅典以南萨罗尼科斯湾畔。——译者
❻ Boulogne-sur-Mer，法国北部加来海峡省的港口城市。——译者
❼ La Coruña，西班牙西北部海港和军港，无敌舰队曾在此集结。——译者

第五章 从罗马到远东和美洲　　　　　179

插图20　亚历山大的灯塔，重新建造。这座灯塔耸立在亚历山大港入口处的法罗斯岛上。这是由建筑大师萨垂斯（Sostratos）大约在公元前280年建造的，14世纪前它一直耸立在那里。〔原文年代有误，已改正。——译者〕

航海指南也是很多的。其中有一种：Perilous Pontou Euxeinou，即《环黑海的航行》，写作于大约公元前90年，作者是希腊小船船长阿特米多勒斯，在克里米亚战争中和远至19世纪都发挥了重要作用。因为黑海的航海图本身并不太好，事实证明是非常不可靠的，在克里米亚战争中，在黑海的西方舰队司令经常按照差不多2 000年以前旧的航海日志的指示来掌舵。一本地中海的航行手册，Stadiasmos，叫作《测量指南》也保存了下来。它有许多段落，每一段落都标明沿海岸航行时海岸上各点之间的距离。只有在可以进行缩短很长距离的较大的内陆海湾或大水域海湾内，或在远离海岸的岛屿才可以进行diaplous，即穿越航行。在这本航海手册中，很少提到方位；一般而言，这没有必要，因为水手在任何

139

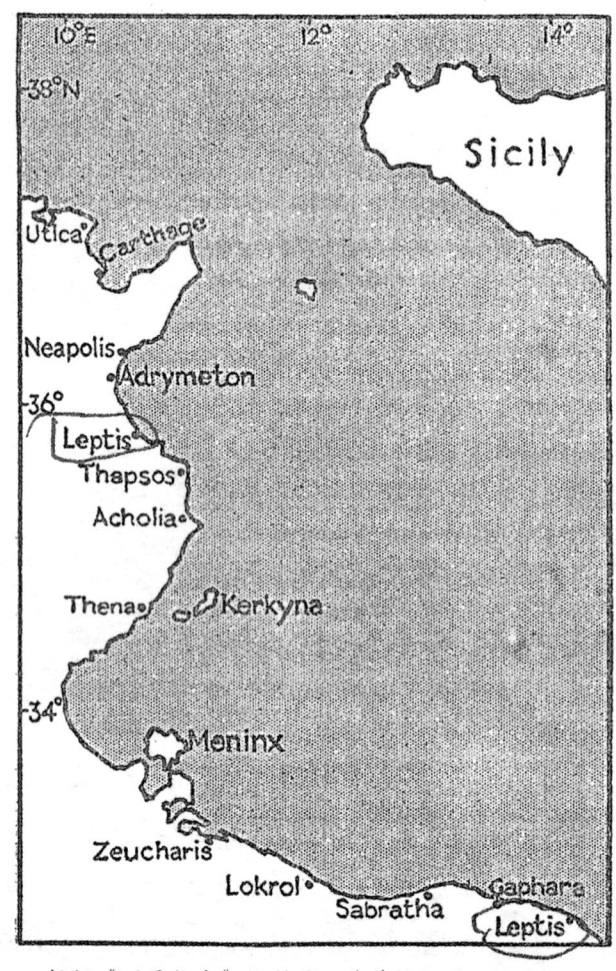

140　　地图 10　根据《测量指南》绘制的从莱普提斯到迦太基的非洲海岸。地图中的地名（从上至下）：西西里　乌蒂卡　迦太基　纳卜勒❶　安德雷米顿（Adrymeton）　莱普提斯（Leptis）　塔普索斯（Thapsos）　阿库利亚（Acholia）　提纳（Thena）　科尔基纳岛（Kerkyna）　敏尼克斯岛（Meninx）　祖卡里斯（Zeucharis）　罗科罗尔（Lokrol）　塞布拉塔（Sabratha）　加法拉（Gaphara）　莱普提斯（Leptis）

---

❶ Neapolis，突尼斯东北部城市，古代曾为罗马人殖民地，城市名源自希腊语Neapolis，意为"新城市"。——译者

情况下都紧靠海岸航行。另一方面,它却有规律地讲到某个地方是否有港口,甚至是否有锚地;讲到某地是否可以避风;讲到水深;讲到海岸的坡度是否陡峭,海床是沙底还是石底;浅滩或岩石是否妨碍航行;沿岸是否有什么陆标;一个城市是否有防御工事或堡垒;那里是否有饮水以及在什么地方能在海滩上掘井取水,等等。从下面摘录的关于从莱普提斯❶到迦太基的非洲海岸的记载中,就可以看出古代航海手册一丝不苟的严谨:

93. 从海上驶来,你可以看到一片低地,它前面有几座小岛。驶近后,就可以看到海边有一座城镇,一个白色土墩和海滩。整个城镇都是白色的。这里没有港口。但是,你可以安全地躺在赫迈恩(Hermaion)。这个城镇有时叫做莱普提斯。

95. 从赫迈恩到加法拉(Gaphara)有200斯泰得❷。海角两侧都有锚地。这里有饮水。

96. 从加法拉到阿马利亚有40斯泰得。防御土墙提供了栖身之处。这里有饮水。河边可以看到耕田。河流的名称叫欧伊纳罗顿。

在看不到海岸的情况下航行,古代航海科学只能局限于叙述方向和航行过的距离。他们无法测量在海上的速度。没有测程仪,水手只能依靠目测得到大约速度。现代的水手测量速度非常精确,我们可能会设想:古代的水手在这一方面至少与现代水手一样,因为他比我们庞大的深海船只的水手与大自然更接近,与大海有更直接的接触。然而,情况并非如此。因为古代水手缺少一项重要的先决条件,而今天我们则认为是理所当然的东西,即:准确的时间单位。一小时是每天的1/24这个概

---

❶ Leptis,的黎波里东120公里左右。——译者
❷ stade,约607英尺,185米。——译者

念在古代是没有的。他们的每一天都是以日出为始,以日落为终的。虽然每天的长度由于季节和纬度不同而有相当大的变化,但每天还是固执地被分为12等份:即小时。在盛夏时节,它们的长度要比我们的小时长得多,相反,在冬季又要短得多。在6月末的罗马,一小时大约有75分钟,但是,在12月末,它只有45分钟。而在不同的纬度,即使在同一天,小时的长度也是不同的。比如,在马塞利亚最长的一天,一小时有76分钟,而在罗得岛,一小时则是72分钟。只有日夜平分的时候,亦即春分和秋分的时候,每个小时才是相等的。1850年的罗马仍然持有这种时间计算法,它将无法用来测量固定和没有变化的时间段落,古代的人当然知道这点。因此,他们建造了特殊的精密计时器,沙钟或水钟,在其中一定数量的水或沙在给定的时间内从此处流到彼处。这样的精密计时器在市民生活中也得到广泛应用,另外,大约像现代怀表那样大小的小型日晷也得到广泛应用。内科医生用这些精密计时器计算病人的脉搏次数,学校也用它们来计时;法庭用它们来确定允许原告和被告发言的时间。

这样的精密计时器在一艘运动的船上,是否依然可靠,这是个问题。但无论如何,事实证明在船上安装日晷是不可能的。水钟或沙钟,虽然不依赖于船只与太阳的角度,但它们的流动要受船只运动的影响,一般来说是很不准确的。因此古代的水手只能大概地估计船只的速度;因此对所有关于古代世界航行速度的陈述,尤其是那些自以为有记录的陈述,都必须持保留态度。古代历史学家知道这一点;因此他们只引述对总的航海速度的大致估计。例如,希罗多德就估计在夏季的白昼航距是700斯泰得,夜间的航距是600斯泰得。大流士一世的航海专家西拉克斯在公元前500年认为,白昼航速只有500斯泰得;而马里努斯在同一时期认为，根据不同情况航距可在500斯泰得到1 000斯泰得之间。我们假定24小时的平均航距是1 200斯泰得或120英里，这表明航速大约是5节。从加的斯到奥斯提亚，乘一只快船顺风而行，需要六到七天，从非洲海岸到同一个地方，大约需要两天，速度是每小时6海里到7.5海里。从这里，我们可以看出古代船只的速度并不比我们的不定期货船低多少，当然它要远远地低于现代班轮的速度。

在白昼要根据太阳、在夜间要根据星辰来确定航线。因为在地中海地区，几乎整个夏季的天气都很好，因此也就很少需要用仪器来确定方位，正如预料的那样，仅就欧洲而言，磁能的发现及其确定方向的意义是在北方实现的。在冬季的地中海，很自然地，同样也非常需要方向指示器。然而，因为地中海的水手没有方向指示器，他们只能寻找可能选择的办法，从10月到3月完全停止航行。并不是秋季或冬季的风暴吓倒了古代的水手，他们通常能够应付这些风暴。他们所无法克服的困难是在长期阴云遮蔽的日子里确定方位。

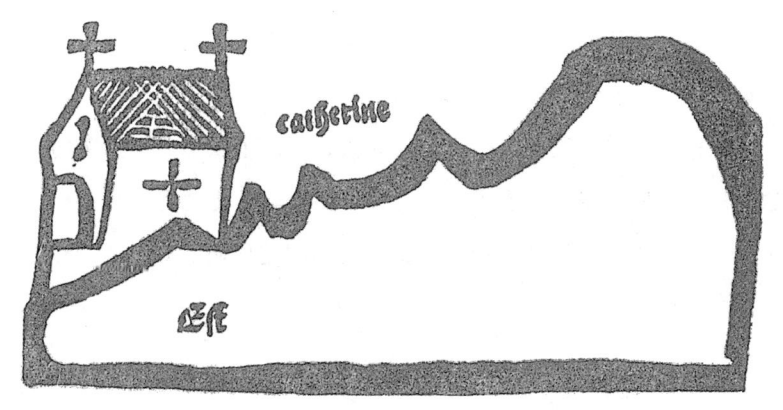

插图21 一本16世纪的航海手册中的草图。这些航海指令几乎完全是以古代航海指令为蓝本的，除了关于沿海岸航行的文字描述之外，还配有类似剪影的小幅草图。

在某个特定范围内,如果能见度很差,也可以利用水深测量（sounding）作为引导。在古代,人们就知道把铅锤的下面挖空,并涂上动物油脂,这样就能从海底取出样品。因此,在驶往埃及的一艘航船上,如果铅锤从11英寻[1]深的海底取上泥的样品来,船长就知道距尼罗河三角洲只有一天的航程了。在前往印度洋的航行中,记录了另一种判断位置的方法:如果船只向南航行得非常远,北极星沉到地平线以下了,就把鸟儿放出来。船只随着它们飞行的方向航行,这样就有希望靠近陆地。海水颜色的变化,也被用来判断位置。因此,一本古代驶往印度洋的航海手册就有这样的指令:观察在印度河附近,是否突然出现了浅颜色的水;顺着它就可以驶入印度河河口。在靠近婆卢羯车的地方,手册说道:如果船只首先遇到了许多大的黑色海蛇,紧接着又遇到了小的绿色海蛇,那么,船只就驶入了正确航道,离港口不远了。记载显示这个古代的识别标志直到18世纪依然被认为是有价值的。

很遗憾,正如我们所知,古代水手确定位置的方法是不准确的。在地理学和天文学作为一个整体尚未达到一定的成熟之前,它们无法得到发展。一旦一种比较好的能够确定太阳高度的方法形成了,就出现了进展,水手就能以某种精确性确定他的纬度了。

埃拉托色尼[2]在测量太阳高度的时候,利用了一个非常古老的传统方法,埃及人对此早已熟悉了。在一片平坦开阔的土地上竖起一根顶部有尖的木棍,即日晷指针,*gnomon*,法老们利用他们的方尖碑当作日晷

---

[1] fathom,约为1.829米。——译者
[2] Eratosthenes,约公元前275～公元前194年,生于昔兰尼（现利比亚境内）,古希腊地理学家、天文学家、数学家和诗人。因创地理学（geographica）一词,在西方被称为地理学之父。——译者

指针；以它的轴线为中心，在地上画出一些同心圆；利用这些圆，在圆上找出两个在早晨和下午木棍投下的太阳阴影都是同样长的点。然后把两点之间的圆弧等分，就可以找出子午线。测量正午阴影的长度，通过日晷指针的高度和阴影的长度之间的比例就可计算出太阳的高度。多少世纪后，北欧海盗也应用了非常类似的方法。这使他们成功地找到自己的道路，甚至在船上也能应用这个方法。古代远距离航行的船长可能也会应用这个方法，虽然关于它的效果很少有人记录，甚至没人记录。

然而，关于埃及人、克里特人和腓尼基人船只是什么样子，我们只有非常肤浅的认识，我们对希腊罗马的船只了解得还多一点。与埃及人和最早的腓尼基人的船只不同，希腊罗马人的船只从一开始就是打算进行航海的。他们在带有滑道和坡道的船台上造船，这些船台与我们使用的非常相似，这些船只都是龙骨船，船头、船尾、肋条和船板都很坚固。外部和内部的支撑物使龙骨非常坚固，适于进行冲撞，这是海战的主要战术。所有重型船只都是用平铺法钉造的，也就是说，它们的船板可以经受水流冲刷，因此外层很平滑，可以把摩擦造成的速度损失降到最低限度。

缝隙被填补起来，整个船壳都涂上了焦油，然后用金属外壳罩起来，以防备船蛆❶。至少在公元前后期的几个世纪里，大型的船只都是全部装了甲板的。但在荷马的时代，并不是这样。那时非常小的船只只有船首楼和后甲板，而在船身中部则没有甲板。在后来的商业帆船上，甲板并不是在一个平面上从船头铺到船尾的。甲板在船身中部铺得要低一些，以便容纳桨手，这样他们的桨就尽可能在水平线上划水了。

---

❶ Teredo，海洋中一种为害木材的贝类。——译者

即使是帆船有时也要借助桨的力量。船尾楼或后甲板则是船长和贵宾的位置，在那里为他们建造了小客舱。在这层甲板下面，是放行李和贮藏品的地方，再下面，在中层甲板则堆放着压舱物（通常是沉重的四方石块）以及货物。船首楼是全体船员的地方，下面一层甲板是帆缆库和缆绳平台；在这里还放着装饮用水的木桶。船的周围装有轨道，在战舰上，周围则是胸墙。小型船只只有用来安装防浪板的固定装置。

虽然即使大型商船的形状也是明显地从划桨单层甲板大帆船脱胎而来，有时还要依靠桨的推动力，但是，它们都装有相当沉重的帆。一根巨大的桅杆上挂着庞大的方形风帆，风帆用皮条十字交叉地绑起来以承受更大的力。辅助桅杆则竖立在船首楼，上面挂着小一些的类似横帆的前帆；在帝国时代的帆船上，桅顶下面往往安装着一张上桅帆，而在战舰上，桅顶很自然地要雕刻出战神的形象。从它们的装备上可以看出，古代船只是依赖顺风的。当然，它们也可以抢风航行。但是带方形风帆的船只在抢风航行时多少总是有些笨拙的。地中海的船只的船壳也表明它们按照平稳地挂帆航行来建造的。一般而言，古代的水手都要等到有利的风，也就是顺风，才会起锚航行的。

关于希腊罗马人的船只上的划桨装置，我们还没有清楚地了解。我们知道，希腊罗马的船只由于有大量的桨手，所以必须增加船身长度，从而导致不平衡，为了避免这些缺点，他们的造船木工很快做出了努力，避免这些缺点，他们把桨手分别安排在上下几个层次，并把船只造得非常高。这种类型的船只中最有用的是三层桨座战船（trireme），轻快地建造的"三层甲板船"长130～165英尺（约43～55米），宽约20英尺，有大约200名船员。这艘船的170名桨手分别坐在从上到下三层甲板上。我们不能确切地知道这些座位是怎么安排的。我们只是听说最上层

图版17　克里特宫廷的贵妇人，选自克诺索斯王宫的壁画。

图版18　爱琴海中的锡拉岛。公元前15世纪，圣托里尼岛火山爆发，火山灰堆积在岛上厚达100英尺（约33米）。

图版19　狄俄尼索斯❶在船中。在这个埃克塞基亚斯绘制的托盘上（约公元前540年），这只早期小船突出的船头撞角和美丽的弧线形的船尾都表明了希腊人观察得是多么仔细，希腊人从陆地走向了海洋。狄俄尼索斯的船就是周围的海豚的大兄弟。❷

图版20　用于祭祀的青铜车。沉重的可移动的"调酒器"是为了在宴会上便于给宾客提供饮料制作的。图中所示是来自塞浦路斯的"调酒器"，大约制于公元前1000年。带有翅膀的野兽清楚地显示出它来自亚洲。

---

❶ Dionysus，酒神。——译者
❷ 埃克塞基亚斯，Exekias，公元前6世纪雅典的陶工和画师，他是当时最杰出的黑绘大师，也是艺术史上最杰出的人物之一，许多陶瓶上都有他的署名。——译者

的桨手使用的桨非常长，这些巨型的木杆有30多英尺（10米）长，最后证明划动起来的困难是无法克服的。

然而，毫无疑问，古人在造船领域取得了伟大的成就。我们将不在这里讨论那些巨无霸式的船只，也就是大约公元前200年托勒密四世（笃爱父亲的人，King Ptolemy Philopator）的装甲特萨拉孔特热（*Tessarakontere*），人们认为它有426英尺（约132米）长，重达6 500吨；或是叙拉古（一译锡拉库萨）的希罗二世的亚历山大号，据说它是由阿基米德建造的，其吨位估计为4 500吨。普通的客船，一般的商

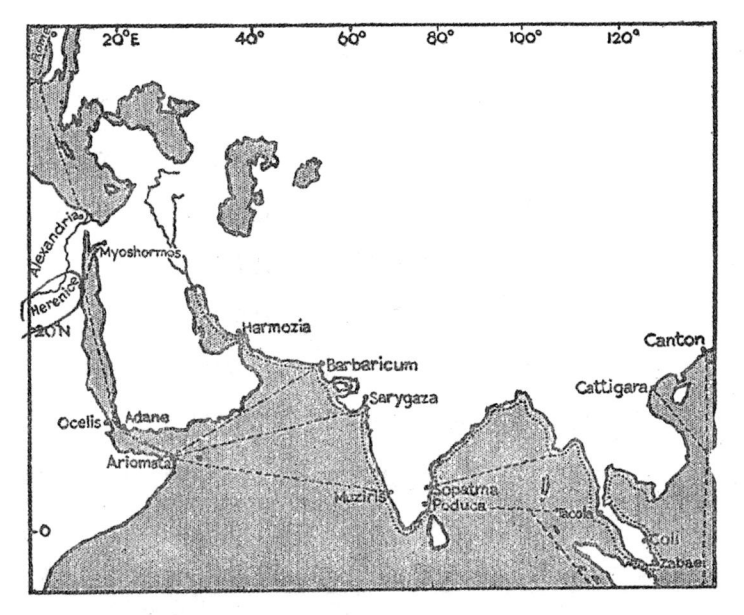

地图11 大约在公元前100年，从罗马到中国的海上交通路线。图中地名（从左向下向右，逆时针）：罗马（Rome） 亚历山大（Alexandria） 迈奥霍穆（MyosHormos） 贝伦尼斯（Berenice）（Herenice，此处拼写恐怕有误，原书P14做Berenice，译者按此改正） 奥塞利斯（Ocelis） 阿达尼（Adane） 阿里欧马塔（Ariomata） 哈尔马兹亚（Harmozia） 巴巴利库（Barbaricum） 萨雷加沙（Sarygaza） 穆兹里斯（Muziris） 波杜卡（Poduca） 索帕提那（Sopatina） 科里（Coli） 扎巴伊（Zabae） 交趾（Cattigara） 广州（Canton）

船,其规模也都不小。因此吕西昂[1]写道:亚历山大的小麦帆船"伊希斯"[2]号,长180英尺,宽45英尺,深43英尺6英寸。如果我们从这些数字计算其吨位,可以得知其排水量为2 672吨。吕西昂询问的造船木匠可能有些夸大,这艘"伊希斯"不会超过2 000吨。因此,它不会特别庞大。众所周知,保罗在《使徒信经》中说在载着他前往罗马的船上有276个人,而犹太历史学家约瑟夫谈到,在同一时期乘客名单上有600人,在这艘船上还装有货物:这两艘船肯定都是大型船只。

146   我们还确切地知道有关这些船只的信息,罗马皇帝们把埃及的一些方尖碑装到船上穿越地中海运回来。普林尼告诉我们:今天仍竖立在罗马圣彼得大教堂前的方尖碑重达500吨,是装在一艘还装有1 300吨玉米的小麦船上运回来的。因此,这艘船必须具有大约2 500吨的排水量。那些把弗莱明尼和拉特兰宫[3]的方尖碑运到罗马的船只肯定也有同样的规模。

希腊罗马人大量的船只大多只能限于靠近海岸航行,自然就明显地要小一些。就像腓尼基人的船只,它们必须具有200~400吨的排水量,毫无疑问,在地中海航行这就足够了。增加船只的体积,其主要的动机就是希望运载更多的货物,这不适合靠海岸航行。在这里,货物很容易被分发到大量的船只当中。这样就会分散风险,古代的风险自然要大于今天的风险。但是,对远距离航行而言,比如从埃及到意大利,大船当然更有优势。为了进行国际交通,毫无疑问,在古代与在今天一样,只使用那些能够一次就把堆积在一个港口的全部货物运走的船只更经济。如果只能装载

---

[1] Lucian,希腊作家,约公元前115~公元前200年,生于叙利亚,著作有《死神对话》和《真实历史》等。——译者

[2] Isis,埃及神话中司农业及受胎的女神。——译者

[3] Flaminian, Lateran 都是罗马的地名,前者位于现在的人民广场,后者建有圣约翰·拉特兰大教堂,1309年前一直是教皇的官邸。——译者

第五章　从罗马到远东和美洲

一半需要运输的货物，那么，船只或者要航行两次，或者再用另一艘船。这样就或是花费双倍的时间，或者使运输一批货物的船员增加一倍。除此之外，由于更长的仓储时间、税收和租金等，也造成了损失，这些负担对古代商人与今天的货运人一样都是压力。

在地中海，这并不重要，但是，对到远东的交通来说就非常重要，如上所述，到远东的交通与季风是紧密相连的。一般而言，驶往印度的船只都是在六月末从红海北部的迈奥霍穆（Myoshormos）海港或贝伦尼斯（Berenice）起航进入东南海道的。一个月后，它们抵达曼德海峡（Bab el-Mandeb）附近的奥塞利斯（Ocelis），从这里，它们乘着季风大约经过40天的时间穿过外海到达印度。这样一来，它们在海上的时间竟然比哥伦布到达美洲的航行还要长！它们在12月乘着东北风开始了返乡的旅程，一般而言，这比去的航程要长。这样的航行，每次所需的漫长时间使得雇佣相当大的船只成为可能。与位于孟买北面的西格鲁斯（Sigerus）和现在称为格朗格努尔（Cranganore）的穆兹里斯（Muziris）一起成为埃及—印度航线上主要港口的还有婆卢羯车（Barygaza），后者即现在的布罗奇❶，（婆卢羯车可能是从印度的巴卢卡查转化而来的）。❷ 在穆兹里斯，胡椒、药材、染料和宝石都被装运上船。现在已经淤塞的纳巴达河上的港口在古代是棉花的主要出口中心和希腊的葡萄酒、*objets d'art*（艺术品）和工业产品的进口港。由于纳巴达河从公元1世纪开始淤塞，上述前往印度的航行手册记载了非常精确的抛锚停泊的指令。

---

❶ Broach，印度西部城市。——译者
❷ Bharukhatsha，　意为布里古的田野，布里古是印度最古老的宗教文献《吠陀》中的英雄。——译者

这个手册还包括了关于印度其他港口的精确指令。对潮汐的异常涨落尤为关注，现在这种情况在印度的某些海岸依然是引人注目的。

这样准确的知识表明对遥远的地方进行了何等详细的研究。在印度发现了第一帝国的许多硬币，这说明欧洲和东方太阳大地之间的商业往来肯定非常活跃。锡兰，因为它的首都檀巴潘尼❶而被称为塔普拉班（Taprobane），而且古代人认为锡兰就是向南延伸很远的大陆的最北端，它并不广为人知。现存为数不多的关于锡兰的知识是来自亚历山大大帝的地理学家的报告，但是，它的名字在罗马却令人肃然起敬，这可能是因为这些报告说锡兰拥有惊人的财富。因此，大约在公元50~55年之间，这个梦幻般的岛屿上的国王派往罗马的使节受到欢迎，而且引起了人们的浓厚兴趣，人们提出了大量的问题。

这个神奇的故事是由一位航行于阿拉伯路线上的船长滔滔不绝地谈论他的航线而引起的，他受雇于罗马的百万富翁阿尼乌斯·普洛卡姆斯（Annius Plocamus）。普洛卡姆斯承包了罗马帝国在印度洋上的海关，他的船长是一个获得自由的奴隶，毫无疑问他会从进款中得到一定的分成，显然他的任务就是在印度洋上巡逻，搜索那些从海港海关的网络中漏网的货船，这类似现在海关的任务。无疑这是一个非常有利可图的工作。无论如何，当一场龙卷风把他吹到锡兰的时候，他的船上装载了大量的在许多不同地方制作的硬币。普林尼讲述了这个冒险活动，他说塔普拉班的苏丹非常惊讶：所有的第纳尔"尽管印在它们上面的图像不同，显然这是由各个不同的统治者发行的，但它们的重量却都是相同的。"

---

❶ Tambapanni，意为红铜色土地。——译者

第五章　从罗马到远东和美洲

国家事务上的这种连续性肯定引起一位东方统治者的兴趣。另外，锡兰是世界丝绸供应线上的古代前哨基地，是华丽宝石和许多珍贵香料的出产国，在这里很长时间以来肯定有一种好奇心，它要更多地了解那个遥远的西方伟大国度，这个国度在这么多的世纪里，源源不断地输入了这么多铸造的金币。因此，苏丹立即毫不耽搁地从他身边的随行人员中指派了四名高贵的王侯作为前往罗马的特使，送他们登上了他的罗马客人的船，并告诉他们要全速驶往罗马。

他们确实抵达了世界之都。至少是普林尼的报告毫不含糊地表明：这四个衣着华丽的棕种人肯定是来自靠近赤道的地区。"当他们来到我们这里的时候，北极星和昴星团让他们感到吃惊，天空对他们来说仿佛是一种全新的东西，"普林尼叙述道，他自己显然也非常惊奇。他继续写道：

"然而，最重要的，他们感到吃惊的是在我们国家，所有的阴影都是落到北面，而不像在他们国家，阴影都落到南面；另外，太阳也不像在他们的国家是从右边升起，在左边降落，而是恰恰相反……关于印度，他们说道：在伊莫典山脉（喜马拉雅山）之外，生活着色雷斯人（Seres），他们与这些人进行贸易。这些人身材高大，金黄色头发，蓝眼睛，嗓音非常粗，说起话来很难懂。"

显然，塔普拉班与其进行贸易的那些蓝眼睛、金黄头发高个子的男人不是中国人，而是某种印欧人种，可能是月氏（Yue-chi）部落吧，从远古的时代起，他们的男子汉就翻过喜马拉雅山把丝绸运到印度。色雷斯这个名称就是从中文的丝绸这个单词衍化而来的，在希腊语和拉丁语中，是指中国人（Chinese）的意思。 在这里，色雷斯肯定是一个行业，而不是一个民族的名称，这有些类似"丝绸商人"的意思。尽管印欧的血统不可否认地混合到中国和日本的民族中,但是,世界上并没有黄金头发、蓝眼睛的中国人!这就证明了丝绸不仅是通过海路运到印度的,也是通过陆路运来的,无论当我们想到庞大的高山障碍封闭了的印度北部,如何使这成为难以置信的事。这条陆路显然是极为古老的。尼亚库斯就曾对印度出现过 serica dermata,即中国的丝绸服装发表过评论。关于这一点,我们现在再多做一些介绍。

从婆卢羯车和穆兹里斯,与远东的联系通过在印度南端的几段路程延伸到普杜克塔(即本地治里/Pondicherry)和索普特马(马德拉斯)❶。从这里,这条路线穿过孟加拉湾抵达远印度(Further India)(即缅甸),然后沿着印度支那和中国的海岸,或穿过巽他海峡和婆罗洲到达广州和卡蒂加拉(Cattigara),卡蒂加拉可能就是现在的杭州。非常奇怪的是,欧洲文化和中国文化之间的这些最初接触,在西方始终没有任何显而易见的结果。然而,可以肯定的是,西方人早在公元2世纪开始时就已经到达了秦国,即色雷斯的故乡。当中国的东南部在公元前250年被秦(Ts'in 或 Ch'in)王朝统一后,印度的航海家把它称作柴那(China),阿拉伯人称作秦(Cin),希腊人则称为西奈(Sinai)。希腊人已经通过中亚的商人知道中国北方是产丝绸的地方。希腊语中的丝绸,serikon,和中国人,Seres,这两个单词都是从中文的丝,ser,衍化来的。同样,阿拉伯人也把中国南方与北方区别开来,他们称南方为秦(Cin),称北方为凯塞(Cathay)。凯塞可能是借用了可以追溯到通古斯契丹人的蒙古词汇,这个部落在10世纪初侵入了中国。这种区别似乎也被罗马人接受了。因此,托勒密在公元2世纪写到亚洲时说:"我们可

---

❶ Madras,南印度东岸的一座城市。——译者

以居住的大地,在东方与未知的土地相接,那里居住着小亚细亚东方的民族,西奈(Sinea)和色里卡(Serica)民族。"

有意义的是关于西方与远东之间的直接接触的第一份现存的报道是来自中国的。它们出现在《后汉书》中,这是公元5世纪编纂的关于东汉王朝的官方年鉴:

永宁元年(公元120年)掸国国王再次派遣一位使者,皇帝接见时献上乐师和变戏法的人。变戏法的人可以吞火和施魔法;他们可以把四肢捆紧,然后不用他人帮助自己解脱。他们还可以把牛头和马头互相交换,他们还有这样的技巧:带着一千个球跳舞。他们自己介绍说:我们是西海人。西海就是大秦(罗马帝国,特别指叙利亚)。穿过掸国的西南就可达到大秦。❶

也许我们认为这只不过是一种好奇心而已。然而,第二份记载是用官方公告的形式描述传说中(我们将会看到这不是十分可信的,)马可·奥勒留皇帝向中国皇帝派出了正式的使馆人员。《后汉书》记载如下:

大秦国地方非常辽阔。它有许多城市,拥有数目众多的属国。房屋都是用石头建造的,街道上有许多客店。大秦的居民都剃发,衣着华美。作战时,他们带着鼓手、旗手和帐篷。他们的首都周围有100里,其中有10座宫殿,每个宫殿相距10里。大秦的人民有许多宝石,大量的黄金和白银。他们变得非常富有,特别是通过与帕提亚人❷和印度人做生意而致富。因此,外国所有的贵重珍奇之物都从这个国度出产。大秦人性格开朗可靠。他们的商

---

❶ 译者注:此处英译文与《后汉书》原文稍有出入,现摘录《后汉书》原文如下,供参考:"永宁元年,掸国王雍由调复遣使者诣阙朝贺,献乐及幻人,能变化吐火,自支解,易牛马头。又善跳丸,数乃至千。自言我海西人。海西即大秦也,掸国西南通大秦。"
❷ Parthian,帕提亚是伊朗一个古代王国。建于公元前247年,公元226年被波斯萨珊王朝代替,中国古籍称为安息国,西方称为帕提亚。——译者

人都是正直人,从来没有二价。谷物总是很便宜。国库充盈。邻国使节被从边界驿站送到国都,还送给他们金币做礼物。据说大秦国王一直想派遣使节到中国去。但是,帕提亚人打算垄断丝绸贸易,因此,大秦未能与我们建立联系。直到延熹九年,安敦国王派使者带来象牙、犀牛角和龟板等礼品。从这时起,与大秦建立了直接交往。尽管大秦很富有,但使者带来的礼物中并没有宝石,这就让我们设想:这些使者自己盗用了礼品。❶

这位编年史家的惊奇和他对来自罗马皇帝的礼品的贫乏所作的幽默猜测,可能对这个出色的故事很关键:来访者显然不是皇帝马可·奥勒留的特使,而是罗马商人,(实际上,马可皇帝的家族名是安东尼乌斯)。❷ 他们说自己是邻国和友邦大秦的使者,是为了得到接待,这样就有接触的机会,这对更好地经商很有必要。这种诡计很难被识破,肯

---

❶ 译者注:这段译文与《后汉书·西域传》中的原文存在不少差距,现将原文摘录如下,以供参考:"大秦国,一名犁鞬,以在海西,亦云海西国。地方数千里,有四百余城。小国役属者数十。以石为城郭。列置邮亭,皆垩为之。有松柏诸木百草。人俗力田作,多种树蚕桑。皆髡头而衣文绣,乘辎軿白盖小车,出入击鼓,建旌旗幡帜。

所居城邑,周圜百余里。城中有五宫,相去各十里。宫室皆以水精为柱,食器亦然。其王日游一宫,听事五日而后遍。常使一人持囊随王车,人有言事者,即以书投囊中,王至宫发省,理其枉直。各有官曹文书。置三十六将,皆会议国事。其王无有常人。皆简立贤者。国中灾异及风雨不时,辄废而更立,受放者甘黜不怨。其人民皆长大平正,有类中国,故谓之大秦。

土多金银奇宝,有夜光璧、明月珠、骇鸡犀、珊瑚、虎魄、琉璃、琅玕、朱丹、青碧。刺金缕绣,织成金缕罽、杂色绫。作黄金涂、火浣布。又有细布,或言水羊毳,野蚕茧所作也。合会诸香,煎其汁以为苏合。凡外国诸珍异皆出焉。

以金银为钱,银钱十当金钱一。与安息、天竺交市于海中,利有十倍。其人质直,市无二价。谷食常贱,国用富饶。邻国使到其界首者,乘驿诣王都,至则给以金钱。其王常欲通使于汉,而安息欲以汉缯彩与之交市,故遮阂不得自达。至桓帝延熹九年,大秦王安敦遣使自日南徼外献象牙、犀角、玳瑁,始乃一通焉。其所表贡,并无珍异,疑传者过焉。"

❷ 在罗马共和国和罗马帝国时代,罗马男性公民名字的命名通常采用三名法(拉丁语: tria nomina),即组成名字的三个部分依次为个人名(praenomen)、氏族名(nomen)和家族名(cognomen)。——译者

定是被经常使用的！送给中国皇帝的礼品这样贫乏，这是唯一可能的解释。鉴于在那些世纪中，官方使节为了报效自己的国家所做的巨大努力，一位罗马帝国的使节带着如此低劣的礼品被派到中国去，这是十分不可想像的。

另外，西方的任何资料都没有提到过任何这样的使节，而且，马可·奥勒留也没有理由向中国皇帝派遣秘密特使，而他们的出访却没有记录在国家的年鉴里。尽管如此，这位使节也许不完全是个骗子。中国史书的报道不是在事件发生几个世纪后才写的，因此我们必须承认这里出现了某种模糊。无论如何，无论这位使节是真是假，可以肯定的是罗马商人确实早在公元2世纪初就到了中国。但是，同样可以肯定的是地理学知识并没有因此而得到非常大的扩充。虽然直到3世纪末，在罗马帝国和远东之间存在着相当活跃的贸易关系，（在中国经常发现有罗马的硬币就可证明），但是，在西方和远东的世界帝国之间可能建立起任何紧密的精神联系之前，这些接触就再次中断了。

四

这些关系，这些早在公元前就开始的与东方遥远和神秘的国度进行接触的努力，其真正的原因就在于47个世纪之前一个突然击中黄帝（黄色的国王）的皇后西陵氏[1]的那个灵光闪现，中国的传奇故事认为她在中央之国发明了养蚕抽丝技术。正如天子们古代的史家所写的：一个"吉

---

[1] 此处的译名与中文名称有异，此处译为：Empress Si-li-shi，中国传说中的黄帝的皇后即嫘祖，也称为西陵氏。——译者

日",当她和宫女们在皇家花园里散步时,她偶然看到了路旁的一棵桑树,她们轻轻地摘了些果实。突然之间,从其中一粒小球中爬出一只美丽、灿烂的蝴蝶,而且飞走了,西陵氏认为小球是桑树的果实。皇后好奇地更加仔细地考察这个特别的现象,她惊奇地观察到这些"果实"竟是极为精细的动物纤维构成的球。她用自己敏感的手指很快就找到了网的起点,有些凉意的银色的丝缠绕在她的两只手上,很快她的双手就完全被4 400码(1码=0.9144米)的丝线包起来了,这丝线是头上有角的那种蚕作茧时吐出的(the horned silkworms)。

发生这件事的时候,中国人还没有衣服穿。那时他们穿树叶或带羽毛的鸟皮。在山东的"三皇"古庙,从前人们可以自己看到在西陵氏之前,中国人的衣服有多么糟糕。当黄帝高傲地身穿适合他高贵身份的华丽丝绸服装站在那里时,他的两位前任却还穿着用草编织的褶裥短裙和一些可怜的树叶。

可怜的家伙,他们为什么必须挨冻呢?西陵氏把蚕茧的线卷绕到一个绕线筒上,并把它拿到织工的织布机上,立刻就出现了一件幸运的好事。多么幸运啊,黄帝并没有干涉,而是发布了皇帝诏书命令臣民学习纺织丝绸的艺术,"这样他们就会有衣服穿,再也没有人生冻疮了,手也不会干裂了。"

虽然很久以来人们都认为：中国发明丝绸纺织是极其久远的事，甚至可以追溯到［公元前］第四个千年❶，但是中国人坚信他们的神话传奇，把西陵氏尊奉为女神："嫘祖"，并尊她为天蝎星。

在随后的时期内，通过皇家的各种宣传手段，新的纤维得到了普及，甚至在今天，对2 000万到2 300万的人来说，养蚕和缫丝并不仅仅意味着面包和生计，这几乎就是一种崇拜。难道丝绸不是神的恩赐？难道用暗白色、淡黄—棕色带条纹的昆虫 *Bombyx mori*（中国家蚕）的身体产物进行纺织不是一种神圣的活动？这是非常神圣的；只有被选中的中国人才能从事这项活动，而不是周围的野蛮人，对野蛮人必须不惜一切代价封锁关于养蚕的奇迹！

但是，这种极度的保密状态本身（对间谍和背叛均要处死）就引起了人们的兴趣，它几乎超过了丝绸本身。因此，来自西方的商队络绎不绝，人和牲畜川流不息。他们带了象牙和泰尔红紫，还有乳香和香料，黄金和琥珀，还有罕见的美味和昂贵的皮毛。他们花费了六个月的时间挣扎着穿越塔里木盆地；当他们穿越沙漠和咸水沼泽时，他们面临来自干渴的死亡；他们攀登帕米尔高耸的山口，心跳加速，呼吸紧迫，极度痛苦；他们乘船穿越了几千英里的浩瀚海洋；他们付出了任何代价，就是为了丝绸。希罗多德谈到的、亚历山大大帝曾经想控制的，马可·波罗曾经走过的这条横贯亚洲的贸易路线，随着运往欧洲的丝绸，在全长6 000英里的道路上，现在都在沙沙作响、起伏不平和闪烁着火光。这大约是在公元前300年开始的，至少这是丝绸进口到欧洲最早的书面记

---

❶ 应为公元前第四个千年。——译者

录的年代。但是，只有得到帕提亚人的允许，这才能继续，帕提亚人是伊朗一个骑马的民族，他们占据了从里海到波斯湾的领土。大约在公元前150年，塞琉西亚王朝的巴克特里亚王国瓦解了，帕提亚人封锁了欧洲和亚洲之间的陆路交通以获得巨额利润，因为早在奥古斯都之前的那个世纪，罗马就穿戴丝绸了。这是一条由波斯人开通的，并由亚历山大大帝维持其畅通的道路。底格里斯河岸的塞琉西亚（Seleucia）和叙利亚的安提俄克都是靠丝绸而致富的，帕提亚人与神圣的丝绸之国是直接的近邻，他们认为自己据有世界巨头的地位，因为他们是丝绸贸易的中间商。后来卡利古拉❶曾经抱怨说，一磅丝绸竟值200英镑，马可·奥勒留拒绝为妻子买她梦寐以求的丝绸衣服，因为他花不起这么多钱！

　　欧洲人的精巧办法现在使丝绸更加"精美"了。爱琴海中的考斯岛出产美丽出奇的女人，女人喜爱穿戴丝绸，这种丝绸不像中国密致的丝绸那样遮掩了穿戴者的形体，而是朦胧地显现了她的形体。因此，从中国进口的材料都被摘成单股的丝线，然后重新纺织成蛛丝般的薄纱，就像蜘蛛网一样轻而透明。爱琴海的考斯岛的人穿这种薄纱，罗马的人穿这种薄纱，而且，很快就出口到了东方。而西方的男人，如果他们能付得起钱，则穿织上黄金、染上泰尔红紫色的锦缎。普林尼写道："这样一来，络绎不绝的朝圣就必须走向世界的尽头，这样我们的妇人就能用透明的薄纱包裹她们的美丽，而男人就能为了锦缎去花费自己的钱财。"作为"Buy Roman"宣传的狂热鼓吹者，他又补充道："据保守的估计，我们每年从印度、中国和阿拉伯的进口都有1亿塞斯特斯❷。这

---

❶ Caligula，盖尤斯·恺撒，公元12～41年，罗马皇帝。——译者
❷ sesterces，古罗马的货币名称。——译者

就是我们为了我们的奢侈和我们的妇人付出的代价。"他忽视了这一事实：这只是罗马帝国所遭受的货币损失。琥珀、金属、玻璃、羊毛、亚麻等等，简言之，罗马的大部分出口都为了交换中国的丝绸而付出了，肯定加入了借方的账目，增加了欧洲贸易的贸易逆差。

不可避免的事情终于发生了：国家破产了，事实上，如果支出大于收入，这是必然的。公元300年，在戴克里先的治下，国家走到了这一步。但是，在这种情况下，当私人召集债权人开会时，国家却采取了其他手段。它通过通货膨胀逃避了自己的责任。我们听到绝望的父亲们最可怜的倾诉，他们为了妻儿辛辛苦苦积攒起来的资本，打算作为妻子儿女的保险，却像一阵烟雾消失了。我们听到令人吃惊的陈述：一两天前，一只需要一个德拉克马❶就可以买到的鸡，却猛然爆涨到三万德拉克马或更多；或者，在公元307年，一所房屋的抵押贷款是380万德拉克马，而在公元267年，这所房屋只值2 000德拉克马。正如现代通货膨胀时期的某些国家，它们的计算都是数以十亿为单位的，因此，戴克里先时代也是以数千或数百万德拉马克进行计算的。正如所料，国家不得设定最高价格。著名的 *edicutum de rerum venalium preliis*（关于可购买性商品的法令）为一批各种可想像出来的商品和服务设定了价格，比如：食物和奴隶、工资、医生的收费、雇车子的价钱、其中包括包厢车，即古代世界的铁路包房车（*wagons lit*），修鞋匠和裁缝的账单；一句话，任何东西都不能逃脱国家的阿耳戈斯❷的眼睛。上述的法令为后来的所有价格法规树立了楷模，它以严厉的惩罚威胁作为支撑，但依然如现代同类

---

❶ 古代希腊的银币。——译者
❷ 希腊神话中的百眼巨人。——译者

的法规一样是无效的。

事实是：与东亚进行的贸易，不仅仅是以叮当响的硬币进行的，而且也是以物物交换的方式进行，这就破坏了中国传统的与外部世界隔离的政策。毫无疑问，来自西方和南方的商人常常并不能进入中国，在这样早的时期根本不可能；但是，易货贸易是以双方都准确地知道对方的商品为前提的。如果中国海关官员和商人把来自东非的质量较差的13种不同质量和种类的香登记在册，他们至少必须大概知道它们的出产国家，这些产品从低劣的土黄色的阿拉伯香到哈德拉毛香树的样品都有。

在遥远的早期世界，没有什么东西没有出口到中国的。来自印度的宝石、钻石、珍珠、玫瑰精油、大麻和檀香木；来自波斯和帕提亚的商队带来了水银、蜂蜡、水晶、珊瑚和安息香；香料群岛（马六甲）带来了胡椒，胡椒非常珍贵，它与红宝石、樟脑、肉豆蔻、肉桂、安息香精油同样珍贵，另外还有鹦鹉和椰子；最后，阿拉伯人带来了象牙、犀牛角，最重要的是还有黑奴。在富有的中国人当中，这些"魔鬼奴隶"特别受欢迎，从公元300年起，那些做这样好生意的阿拉伯人则带着这些"货物"定居在广州。诚然，中国对所有外国人都保持一种非常保守的态度。但是，关于"蛮夷"之邦的某些知识并非没有逐渐在天之骄子当中传播开来。

尽管与远东富饶的丝绸之乡有这些长期保持的、有生气的联系，但是，在古代地理知识方面，后者似乎仍然处在一道帘幕后面。因为，下面在《厄立特里亚海航行记》（*Periplus Maris Erythroei*）中所做的描述直到马可·波罗的时代依然保留着其中所有模糊不清的地方。这本著作是公元80年，由一位住在红海的贝伦尼斯（Berenice）的希腊商船的船长编写的航海手册，贝伦尼斯也与印度和中国进行往来。比如：

"在印度之外，海洋在陆地的某个地方终止了。在这片陆地的内地有一座叫支那（Thinae）的大城市。羊毛（棉花）、丝绸刺绣和丝线从这里通过大夏❶运到婆卢羯车港（Barygaza）。但是，到支那很不容易；只有很少的人到了那里。这个国家正在小熊星座下面。这就是说，这些地区在黑海和爱琴海遥远的地区当中……"

这种模糊不清，使人很难准确地追踪古代世界前往中国的路线。在某种意义上讲，至少大约在公元100年左右，中国皇帝和帝❷重新打通了旧的丝绸之路，旅客肯定会利用了这条古代陆路，我们知道，这条路早在远古时代就已开辟了。当然，帕提亚人的敌对行为使得这条道路对希腊人和罗马人来说变得异常困难，代价非常之高。然而在公元2世纪初，由于成功地结束了帕提亚战争，通往东方的道路终于变得容易了，由于野蛮的蒙古骑手的攻击，塔里木盆地再也不能通行了。从现在开始，海路可能受到了青睐。

这里有两个选择。其中快捷一些，但是，毫无疑问也是非常艰苦和吃力的路线首先要越过海洋，抵达缅甸的伊洛瓦底江河口。在这里旅行者换乘江船，沿险峻的道路顺伊洛瓦底江穿过山区到达八莫。从这里大致与现代的缅甸公路平行有一条非常古老的商道与云南和北方更远的地区相连。最近，理查德·亨尼希注意到这一事实：这条线路有许多优势。正如人们可能预料的那样，与远东纯粹的海路联系显然不能通过马六甲海峡，而是通过萨拜（新加坡，原文如此）沿北部湾（Tongking Gulf）沿岸航行，中国的首要港口可能就坐落在色鲁河河口（The River Serus），也就是现代的松奎（Song-Koi，即红河）。众所周知，只有在

---

❶ Bactria，巴克特里亚王国。——译者
❷ 东汉刘肇，公元89~105年在位。——译者

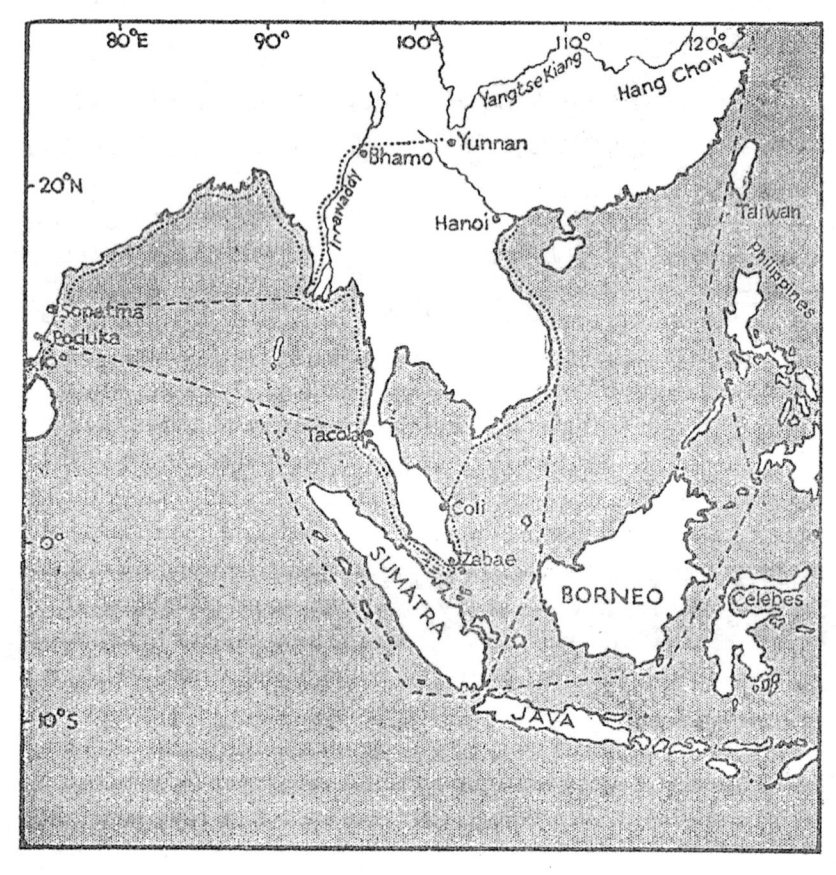

地图12 印度与中国之间的海路交通。由于风力条件,从印度到中国的海路只能在晚秋和冬季通过马六甲海峡。通常它要通过巽他海峡。如果卡蒂加拉港口(Cattigara)大约位于现代的杭州,那么,驶往中国的船只大部分将在婆罗洲东面沿着菲律宾群岛向北航行。另一方面,要到河内,他们就要在婆罗洲西面航行。到中国内地去的一条捷径是沿伊洛瓦底江到达八莫,那时有一条商道大致是沿着现代的缅甸公路直通云南地区。在中国贸易的早期,扬子江也被利用起来,这是个合理的推测。图中地名(自上而下):扬子江 杭州 八莫 云南 台湾 河内 菲律宾群岛 婆罗洲(Borneo) 萨拜(Zabae) 苏门答腊 爪洼 西里伯斯岛(印度尼西亚苏拉威西岛Sulawesi的旧称) 波杜克(Boduka) 索巴特马(Sopatma) 考里(Coli) 塔考拉(Tacola)

晚秋和冬季，在马六甲海峡才能利用风力航行；天气条件更有利于穿过东部群岛，尤其是巽他海峡。因此，我们可以有某些把握地假设：古代远东的水手与现代的航船一样，不是穿过马六甲海峡，而是穿过巽他海峡。然后，它们可以在外海航行到婆罗洲的西面，直到北部湾，从那里有一条良好的商道通往内地，这里变成了欧洲和远东海上贸易的重要中转站，尽管卡蒂加拉本身也许还在更遥远的东方。这个观点不断地被进一步扩展：肯定要到杭州湾去寻找卡蒂加拉，在3世纪以前，扬子江的一条支流一直注入杭州湾。如果这一观点是正确的，我们古代的水手可能就已经在婆罗洲东面穿过了巽他海峡，沿着菲律宾群岛航行了，这是一个令人怀有深深敬意的了不起的成就。

五

在我们的叙述中，我们曾很成功地预料到和省略了几个世纪。这不是偶然的。如果我们现在转回到西方，转回到这个问题：在早期历史时期，就像在东方海上进行的同样巨大规模的航海是否也曾发生在大西洋上？那么，我们首先必须讨论一个基本的问题：在这个狂暴和无法预测的海洋上，这样长距离的冒险事业是否具备必要的技术先决条件？也就是说，古人是否拥有能够闯荡西方海洋的船只？考虑到在印度洋上获得的成就，这个问题必须得到肯定的回答，即使是在非常早的时代；一切都表明了：古典的古代在技术上就能够远远地航行到大西洋，甚至是跨越了大西洋。这样长距离的航海，也许不由自主地进行了不止一次，那是由于持续不断的狂风把船只吹得偏离了航道的结果。1930年一条折叠

157

158

船穿越了大西洋，50年前一条敞篷游艇也跨越了大西洋，最近一条木筏子也征服了太平洋，这都清楚地证明了对一个经验丰富和勇敢的海员，他能够完成什么事情，这也证明了无限遥远的距离甚至可以用如此轻小的船只跨越。在过去的几十年里❶，曾经有几次有人乘单人皮划艇穿越了大西洋。因为在今天能够完成这样的事，很显然在古代也不是不能做到的，毫无疑问，早在基督纪元开始之前，人们就多次这样做了。然而，对于这些，并没有可靠的文献证明，到现在为止，除了古代斯堪的纳维亚人以外，我们不知道在哥伦布以前还有任何可以确切证实的对美洲的发现。

对大西洋上的海风和洋流地图做一个观察，就会令人感到十分惊奇。贸易季风和缓流为这片海洋的水体带来一股朝一个方向流动的几千英里、速度往往超过1.25节❷的洋流，形成了一个从大陆到大陆的流动的桥梁。一旦托付给它，水手就能穿越大西洋荒漠的水域。他首先要知道洋流的存在，其次，他要相信在大洋彼岸将会发现陆地。

然而，毫无疑问，这一信念在古代世界是传播得非常广泛的。另一方面，坚持这一信念还有其物理上的原因。只要世界看起来似乎是一个被大洋之神俄刻阿诺斯（Okeanos）的水包围的圆盘，从逻辑上讲，在俄刻阿诺斯之外就应当有海岸，俄刻阿诺斯的斜坡就像堤岸一样包着它的水。因此在这条浩瀚的河流湍急的广袤的水域之外，肯定有陆地。

另一方面，它与地中海的人们从远古以来就有的关于阴间河流的观念也非常吻合。在西方的某个地方，在大海之外，太阳每天傍晚在那里

---

❶ 注意：此书出版于1954年。——译者
❷ 每小时1.25 海里，一海里等于1.852公里。——译者

降下休息,那里肯定是死亡之国,是亡灵的故乡。古代埃及人,引导亡灵乘着众神的渡船越过最后事情之河(Last Things)静静的河水进入了阴间。吉尔伽美什❶,乌鲁克人传说中的国王,越过了冥河,赛丝告诉奥德赛在大洋外面延伸着死神王后佩塞芬尼的领地。❷

当希腊人从他们古代的大陆家乡向地中海推进时,显然他们还没有关于西方大海之外的阴间的概念。他们认为死亡之国是在地下的。有一段时间,这两个概念似乎是并存的:地下黑暗的死亡之国,大洋波涛之外的另一个世界。于是模糊不清的谣传开始传到希腊,其大意是:那些勇敢的水手在赫拉克勒斯之柱外面发现的岛屿根本不是什么幽灵之乡,不是阴云遮蔽、灰蒙蒙的,而是喜气洋洋的、和平和肥沃的,于是古代关于东方的概念现在就与极乐世界(Elysium)的美丽故事重合了,那是天国的祝福之地。因此普罗透斯❸向墨涅拉俄斯❹应许道:

"阿尔戈斯那里有马匹在放牧,你不会在那里遇到灾难,不会死在那里。反之,众神将把你送到天涯海角的伊利西安(Elysian)大平原,去与生活在那里的红头发的拉达曼提斯❺在一起,那里的生活非常安逸,没有冰雪、没有风暴、从来也不下雨,但是,西方和煦的微风每天都从大洋上吹来,为那里的人们带来清爽。"(企鹅古典丛书。E.V里欧翻译,第78页。)

---

❶ Gilgamesh,人类历史上最古老的叙事诗,流传于古代美索不达米亚平原,距今约有5 000年历史。——译者
❷ Persephone,希腊神话中冥王普路托的王后。——译者
❸ 希腊神话中变幻无常的海神。——译者
❹ Menelaus,阿特柔斯之子,阿伽门农的弟弟,海伦的丈夫和特洛亚战争中的希腊高级将领。——译者
❺ Rhadamanthus,希腊神话中冥府的三判官之一。——译者

因此,"赐福群岛"(Blessed Isles)在古代诗歌中就成了反复出现的题材,很有可能:希腊文学中许多关于大洋之外西方遥远的陆地的或多或少是朦胧的资料,归根结底,都可以追溯到古代这个关于伊利西安之地的信念。

显然柏拉图一直也是这样认为,他在《蒂迈欧篇》(Timaeus)中,让这位塞斯的祭司长篇叙述了阿特兰蒂斯之后,谈到在这个岛屿之外:"在大洋的边沿有一大片大陆。"当然,这个大陆不是美洲:这是根据上述内容进行推理的结果,按照这一结果,那里肯定有一片像堤岸一样包围着大洋的陆地。这里也涉及天国祝福之地❶的概念,后来毕达哥拉斯的假设展示了这样的景象:世界不是一个圆盘,而是一个球体,柏拉图自然会知道这点。

他的学生亚里士多德(公元前384~公元前322年)明确地表示:大地是个球体,有一片完整的大海从赫拉克利特石柱之外延伸到印度。根据大地是球体的概念,人们立即得出推论:包围着大洋的"堤岸",即旧时的伊利西安之地,就是亚洲的东海岸。

在亚里士多德之后几十年,埃拉托斯特涅斯(公元前275~公元前195年)❷为这个关于世界已经非常新颖的概念又增添了明显的现代笔触。他说:"大地上面只有我们生活的和我们所知的地区才被我们称作整个有人居住的世界(oikoumene),即有人居住的世界。但是,在温和的地区,可能还有另一个,甚至是几个有人居住的大陆。"他对亚历山大

---

❶ Elysium,即伊利西安之地。——译者
❷ Eratosthenes,希腊数学家、天文学家、地理学家和哲学家。博学多闻的学者,亚历山大图书馆馆长。——译者

和赛伊尼❶之间的度数进行了测量,因此埃拉托斯特涅斯得出结论: 旧世界的大陆大约构成了大地周长的三分之一;因此亚洲东海岸与西班牙之间的距离大约有240°的经度,这与事实相差不多。

这是令人吃惊的事实。埃拉托斯特涅斯怎样得到这个观点的?他是如何摆脱亚里士多德的权威的?这种权威直到中世纪很久以后都是被无条件接受的。对柏拉图伟大的学生而言,欧洲就是而且一直就是世界;准确地说西方人就是而且一直是所有事物的中心和尺度。所以,亚里士多德明确地宣布存在其他的大陆是不可能的。是什么促使埃拉托斯特涅斯进行了这场地理学界关于有人居住的世界的世俗化行动呢?

我们发现这很难想像:除了仅仅一个假设之外,在其背后没有任何东西。我们倾向于这个观点:这个伟大的希腊学者掌握了关于新世界的某类知识,在他的时代和我们的时代一样,人们都认为新世界与欧洲是通过大西洋的海洋桥梁相连的,而且关于新世界存在的新鲜迹象不断传到旧世界。

埃拉托斯特涅斯是否真的得到了关于美洲的某些暗示?现代地理学的奠基人之一奥斯卡·佩舍尔❷曾经说过:自从远古以来,"大西洋峡谷的两岸就都向对岸宣布了自己的存在。"仔细看一看哥伦布的传记,我们就会看到大量确实的证据证明:热那亚的这位探险家已经知道大西洋西面不是太远的地方有一片大陆,而且让我们相信奥斯卡·佩舍尔是正确的。毫无疑问,美洲竭尽自己的所能让遥远的东方人知道自己是确

---

❶ Syene,即今天的阿斯旺(Aswan),城名,有商场之意,位于埃及南部边境。——译者
❷ Oskar Peschel , 1826~1875年,德国地理学家,主张地理学二元论,用发生学观点阐明一般人类学和文化的地理分布,认为东方贸易在地理发现中发挥了重要作用。著有《发现时代史》《地理学史》《比较地理学的新问题》《民族学》《自然地理学》等。——译者

实存在的。

很自然地，在古代也是这样的。因为我们偶然发现一些古典文献，从那里我们可以推断出：在很古老的年代，就有这样从新世界来到欧洲的使者。在A.布拉格尼（A. Braghine）那本关于大西洋的有趣、但并不总是令人信服的著作中，他注意到一份可以追溯到历史学家帕萨尼亚斯❶（大约公元150年）的重要报道。帕萨尼亚斯说，在大洋遥远的西方有一组群岛，那里的居民都是红皮肤，他们的头发就像马的鬃毛。除非我们假设这两个细节：红头发和平直的马的鬃毛，是帕萨尼亚斯的想像，那么，这份报道只能解释为他谈论的是美洲印第安人。

帕萨尼亚斯真的具备关于美洲居民的知识吗？有什么方法可以证明？

帕萨尼亚斯本人对他的知识来源保持缄默。但是，他早期的同行，罗马编年史家庞普尼乌斯·梅拉❷生活在恺撒的时代，他提供了我们正在寻找的资料。

"……除了一些自然哲学家和荷马，考尔涅留斯·涅波斯是更晚近和更可靠的历史学家，他也肯定了大陆是被海洋包围着。他认为梅特鲁斯·策里尔（Q. Metellus Celer），是他在这方面的权威。后者的报告说：当他在高卢担任总督时［公元前62年］，作为礼物，苏伊万斯（Suevans）的国王送给他几个印度人。他问这几个人是从哪里来的，他们告诉他：他们是从印度的海洋上来的，他们被强风吹着，中间越过了一些海洋，最后被冲到德国的海岸……"

很显然，这些"印度人"也不是从印度来的，他们和哥伦布发现美

---

❶ Pausanias, 143~176年, 希腊地理学家和历史学家, 著有《希腊志》。——译者
❷ Pomponius Mela, 古罗马地理学家, 约公元前5年生于西班牙廷根提拉, 卒年不详。——译者

图版21 亚历山大大帝。这幅镶嵌图画是在庞贝发现的,大约制作于公元前310年,在亚历山大死后的13年。

图版22 帕米尔高原。亚历山大曾经跨越了这些巨大、荒凉的高山,前往印度的仙境。

图版23　坐有水手的三层桨战船的侧面。浮雕，大约公元前450年。超长的船很难保持平衡。因此，为了增加船只的尺寸，古代海船都不是加长船身，而是加高船身。于是就发明了三层桨战船，这种船有三层桨手，一层比一层高。直到公元前2世纪，这种船都占主导地位。我们现在仍然不知道在这些船上，座位是怎样安排的。

图版24　公元前4世纪带有一头牛的形象的罗马铜锭，这是罗马最古老的钱币形式。过去付款都是用牛付款。在早期罗马人的生活中，语言学构成也显示出牛与货币之间的联系：pecus的意思是牛，pecunia的意思是货币。❶

---

❶ 拉丁文中的钱"Pecunia"就来源于牲畜"Pecus"一词；印度现代货币名称卢比"Rupee"也来源于牲畜"Rupye"的古文。——译者

洲时看到的那些红棕色的土著人一样也不是从印度来的，哥伦布也把他们看做是印度人。在大洋以外的任何东西都叫做印度。印度全部的水手似乎对世界的发现很少做出贡献，没有记录说明印度的船只曾经在印度洋之外的远方航行过。根据地理位置，可以确定庞普尼乌斯·梅拉的"印度人"只能来自美洲。

除去有人驾驶和无人驾驶的船只，许多其他的东西也自然地被冲上了欧洲的西海岸：失事船只的碎片、竹竿子、"海豆"（sea-beans），据我们所知，这是鸭腱藤属（*Entada gigas*）植物的种子，它是加勒比海沿海的一种匍匐植物，是有很强浮力的外来树木，可能就是来自南美洲的 *cuipo* 树的圆木，还有类似的东西。毫无疑问，这些漂浮残骸和船只抛弃的货物都加强了已经存在的假设：在遥远的西方有一个大陆。

最近，这个观点又得到了发展，在考虑了庞普尼乌斯·梅拉和其他古典作者的论述之后，人们提出：所有这些登陆都发生在北纬度上，而且是由因纽特人进行的。我们在这里不能分析这个陈述，但是值得一提的是普鲁塔克（公元46~120年）的报告之一确实谈到了遥远的北方。柏拉图在《论月球的表面》对话中描述道：在大洋遥远的西方，与不列颠的纬度相同，有一个群岛，在它的外面、在大海的边沿，伸展着一片辽阔的大陆。这些岛屿有一个与众不同的事实：在30天的时间里，那里几乎都是阳光和白昼。现在来看这个论述，就使得这个明显是奇异的报告值得注意了。在夜间，大约有一个小时，太阳不见了，但是，天并没有完全黑下来，西方的天空还被发光的黄昏照耀着。

这不可能是虚构的，它明确地指出在不列颠西面，靠近北极圈的地方有一个岛屿。像这样严肃的信息不会是诗人想像力的产物；诗人需要更令人激动的材料去创作。去找出普鲁塔克可能指的是哪个岛屿，并没有多大意义。但是，无可否认的是，他的报告停顿了下来。根据大地的位置，他所说的辽阔大陆实际上只能是美洲。

我们至少必须承认：我们在这里引述的报告是令人震惊的，这份报告还可以从斯特拉博、塞涅卡、埃利阿努斯[1]和其他古典地理学家的著作中上百条的引证得到相应的补充。如果我们回忆一下，早在我们的时代开始之前，就有大量的古代船只冒险穿越了印度洋，在外海，航行在一条大约1 250英里的航道上，也就是说大约25天看不到陆地，那么，我们必须问一问我们自己，如果这些有能力的水手有一天乘着来自西非洲的东北贸易季风向西航行，会有什么严重的困难阻碍他们呢？为了沿这条路线抵达印度，他们对这个季风非常了解。在基督诞生的时候，人们早就知道了加那利群岛和亚速尔群岛，但后来这样的认识又消失了，如果我们考虑到这一事实：东北贸易季风是直接从佛得角西部开始的，它具有足够的风力持续地推动一艘船只航行到很远的地方，那么，我们必须得出结论：在很早的时期，人们就可能到达美洲了。

然而，到目前为止，还没有明确的证据证明确实发生了这样的事。诚然，人们曾反复地做出努力，尤其是葡萄牙的地理学家，去寻找无可置疑的证据：早在哥伦布之前，就有人穿越了大西洋。但是，这一观点的论据可能既不是无可怀疑的，也不是令人信服的，下一章我们将详细地谈论这一点。就航海和造船技术来讲，在古典的古代可能就存在征服大西洋的可能性，这是没有疑问的。但是，只要这个命题是有效的：*Quod non est in actis, non est in mundo*，用普通的英文讲，就是：没有用白

---

[1] Aelianus，克劳狄乌斯·埃利亚努斯，claudius aelianus，175~235年），古罗马时期的希腊作家兼修辞学教师，雄辩家，著作有《论动物本质》和《历史杂记》。——译者

纸黑字写下来的东西，就根本不存在，那么，想在哥伦布之前航行到美洲，至少对地中海的人们来说，它多少还是一个假设。

第六章

美洲：惠特拉马纳大地与白种人的土地

特米斯蒂安的死亡预感／科尔特斯和唐纳·玛丽娜夫人／玛雅人关于战神沃坦的传说／谁是奎兹尔考特？／惠特拉马纳大地／圣·布兰丹和马多克王穿越大西洋／美洲的"白色印第安人"／金发碧眼的曼丹人／印第安人懂得使用车轮吗？／使用欧洲人名字的红皮肤北美印第安人／皮德罗·德·坎迪亚在图姆布兹生气／谁是威拉括查？／金发碧眼的印加人／白色波奇卡神的传说／复活节岛之谜／金发碧眼的波利尼西亚人／谁把马铃薯带到夏威夷／图尔·海尔达尔乘木筏横渡太平洋、秘鲁和波利尼西亚／舷外浮材独木舟与波萨轻木筏子／南美洲腓尼基人的铭文／印第安人说希腊语吗？

一

蒙特祖马皇帝在墨西哥峡谷有座辉煌的城市：特米斯蒂安，在这个城市中流传着一个古代传说。这个古老的传说在这个国家往日的统治者、今日的贫苦渔民和农民托尔特克人统治的时候就不愿意堕入沉默，现在在新的统治者、来自阿兹特兰的强大的贵族统治之下也不愿堕入沉默。这个传说告诉我们：在阿兹台克人统治他们这个新的繁荣、富饶的家园几个世纪里，无论他们把多少抽搐的心脏奉献到惠兹罗波西特利[1]的祭坛上，祭司都是不能消除的。阿兹台克人是从阿兹特兰（Aztlan）迁徙过来的。现在就出现了这样的情况：聪明的预言家预见到并写到圣书中，让所有的人都可以阅读：在遥远的东方，闪电之神奎兹尔考特[2]，是未孕而生，他成长起来，着手恢复曾经被阿兹台克众神剥夺了的土地，使其成为自己的土地。和他在一起的还有白色的闪电和光亮之神，光亮的空气，而且来了一群光芒四射的神人，他们骑着四脚的龙神，龙神们的鼻子喷着蒸汽，他就像飓风一样飞速穿空而过，它们的鬃毛和尾巴就像从冰雪覆盖的波波卡特佩特尔火山口[3]喷发出的一缕缕烟雾。侦察兵说道：这些白色的神仙用自己的手发出了雷鸣闪电；他们自己亲眼看到许多勇士被那些激怒的白色神人从长管子中发出的闪电夺去了生命。如果不能获得他们的友谊，这是没有办法补救的。

正在临近的毁灭的预感传遍了大地。有诗歌唱道：

多么悲哀！多么沉重！
我知道我们的王国正在沉没，
星辰冒着烟，
这座拥有图书和鲜花的城市，
很快就不复存在！

到处都报告险恶的预兆。天空出现了邪恶的彗星；庙宇突然燃起了火焰；神圣的特斯科科（Texcoco）湖突然喷着泡沫冲出堤岸；空中回响

---

[1] Huitzilopochtli，阿兹台克人的太阳神。——译者
[2] quetzalcoatl，是墨西哥的羽蛇之神。——译者
[3] Popocatépetl，墨西哥火山，海拔5 465米，在首都墨西哥城东南，popoca，意为冒烟，tépetl意为山。——译者

着低沉的声音和极度痛苦的哭声。

所有这些迹象都提到的那个人就是费尔南多·科尔特斯，"白色神人"的领袖，在那时，他还没有意识到由于自己在墨西哥的存在而引起的惊恐。他曾经是西班牙的一个小贵族，来自一个富裕的古老家族，但是，已经一贫如洗。他刚刚（我们写的是1518年11月的事）接受了古巴总督的命令：到尤卡坦和中美洲沿海地区进行侦察。命令就是命令，他只能服从，尽管他非常喜爱古巴，喜爱那里所有热情奔放的女郎。他闷闷不乐地离开了那里，三个月后，当他在塔巴斯科❶海口处抛下锚锭并发出第二天清晨必须进行登陆作业的指令时，他仍然闷闷不乐。

夜间，十多只印第安人的箭呼啸着袭击了舰队。科尔特斯几乎高兴起来。这里将有一场战斗了。但是，这儿只有一场大屠杀。当西班牙的十门铜铸大炮和四门小炮开始发言时，印第安人都吓得半死了。傍晚时分，辛特拉的酋长送来了投降书。作为无条件投降的象征，20个可爱的印第安人年轻的公主戴着沉甸甸的黄金装饰走来了，还有一些也戴着黄金装饰品的奴隶陪伴着。

在这20个年轻的处女中，有一位浅肤色的专横傲慢的少女。她是被蒙特祖玛（Montezuma）放逐的公主，是皇室的成员。非常自信，她每时每刻都清醒地意识到自己高贵的出身，她攀上了科尔特斯。她目不转睛地盯着这位苗条、优雅的西班牙骑士。然后，她用双手掩面，在距离科尔特斯几步远的时候，她跪倒在地。似乎是出于虔诚的宗教激情，似乎是面对一个神的化身，她拜倒在这个西班牙人面前。

科尔特斯震惊了，感动了，留下深刻的印象！翻译，快过来！

---

❶ Tabasco，墨西哥东南部一个州，北临坎佩切湾。——译者

两个印第安人，他们不知在哪儿学了几个西班牙的单词，在甲板上爬向科尔特斯。夜幕降临，船尾的沥青盘中火把闪闪发光，桅杆上面的天空里星光闪烁。司令后面站着一圈军官，水手肩并肩地排列在船首楼前。静悄悄地，感到困窘，他们被吸引了，听着公主讲述的、翻译磕磕绊绊翻译的这个新奇的故事。

这个阿兹台克女人说：很久很久以前，许多外国船只出现在尤卡坦的海岸边，白色神人的儿子们现在就在海岸边上的那个国家抛锚了，从这些船上走下了高个子、金发、蓝眼睛的男人。这些船只的舷缘就像蛇的鳞片一样闪闪发光，它就像一条巨大的闪光的蛇从海里缓慢地爬向海岸。这些陌生的男人穿着奇怪的服装，他们额头上的装饰品显然是一条盘卷着的蛇的形象。现在神圣的蛇就是尤卡坦的玛雅人崇拜的最古老的神明之一。当这些白皮肤的、戴着蛇样帽子的人乘着有鳞的闪光的蛇船到达时，人们相信这些陌生人就是神圣大蛇的儿子，就是神人。

著名的唐纳·玛丽娜夫人（Doña Marina），这个阿兹台克公主许多年都是他最忠实的战友，也是他胜利的一生中唯一值得信赖的伴侣。

科尔特斯的任何一位传记作者都没有讲清楚他与他波澜起伏的一生中唯一真正相爱的女人的初次相遇是怎样发生的。也许这与我们在这里描绘的图画有许多细节上的差异。但似乎可以肯定的是：这位伟大的西班牙人第一次从唐纳·玛丽娜那里知道了阿兹台克人是以怎样的焦虑在等待他。

毫无疑问，唐纳·玛丽娜肯定首先告诉了他我们上面谈到的玛雅传统，这个传统已经变成尤卡坦土著人著名的"沃坦"传奇。因为在阿兹台克公主在世的时候，所有这些也只要几百年的历史。大约在公元1 000年左右，玛雅人离开了自己在危地马拉原始森林中的故乡，占领了尤卡坦半岛；因此，任何关于在新国家海岸外出现船只的故事都是相对晚近的传说了。显然，这与在格陵兰岛定居的北欧海盗第一次试图在美洲建立殖民地的时间相同。

这个"沃坦"传说很早就已为人所知了。最近关于沃坦的叙述是由美洲女作家安妮·特利·怀特在她非常有趣的著作《消逝的世界》中叙述的。读了她的描述，我们立即就会回想起许多关于古代斯堪的纳维亚人的龙首船的古老图象，它们的船舷上缘都悬挂着船员闪闪发光的盾牌：在这些船的船头上，蛇头向外盯着大海，船的两侧肯定就像蛇的鳞片闪光。从这些长长的、狭窄的蛇船上走下来的人，额头上戴着蛇样的王冠，还有也许是条顿人喜欢的螺旋的装饰性的胸针，盘起来就像美丽的大蛇，这种标志肯定会特别打动玛雅人的。安妮·特利·怀特还说道："沃坦"传奇中金黄头发、蓝眼睛的陌生人在尤卡坦住了下来，他们与玛雅人生活在一起，成了他们的教师和向导。最后，她谈到这次登陆奇异地传播到了墨西哥。

因为有一天，大约在我们纪年中13世纪或14世纪的某个时间，墨西哥来了一个没有人认识的老人。这个老人来自远东，他立即开始传播一种新的宗教，教授一种新的道德规范。他头脑清晰、聪明，善良，非常高贵。他极其厌恶血腥残暴的事情，如果人们谈论战争，他就不听了。他的皮肤是白色的，长着长长的胡须，（印第安人几乎不长胡须），人们按照华丽灿烂的大咬鹃[1]的名字管他叫做奎兹尔考特（Quetzalcoatl）。这个传奇说，在一开始，祖先们很长时间都顺从他。后来他们造了他的反，于是他就只能逃出了这个国家，回到了大海外面远在东方的故乡。

---

[1] quetzal，产于中美洲的鸟，羽毛鲜丽。——译者

插图22　巴约挂毯中的北欧海盗船。❶1066年，征服王威廉出发开始入侵英格兰。图中所示是一艘满帆的龙船，为了增加干舷的高度，水手都把盾牌挂到船舷的上缘。

然而，在他离去之前，他预言道：终有一天，他的白人兄弟会回到墨西哥，并征服这个国家。

这是顺理成章的：这个传奇对科尔特斯来说正合时宜，他没有做任何事情去否定它。当他在墨西哥海岸登陆后，蒙特祖玛的一位特使告诉他：他们的祖先在奎兹尔考特时期就戴着这样的头盔，就像他的西班牙式中世纪高顶盔，现在在战神的庙宇中还挂着一个这样的头盔，他自己也半信半疑自己就是这样早期的白人探险者唯一的继承人了。无论如何，阿兹台克都坚定地相信这些西班牙人就是来自东方的雷电之神的子弟。

在这里，我们一定不要隐瞒这个事实：在这个原始的印第安传奇中，奎兹尔考特显然不是被当作白人的神被描绘的，这个传奇早在阿兹

---

❶ 巴约（Bayeux），法国西北部城镇。巴约挂毯（Bayeux Tapestry），原挂于13世纪大教堂的中殿，现陈列于附近一所旧学院。——译者

台克之前就已流传了。德国的美洲学学者沃尔特·克里克贝尔格在他的著作《阿兹台克、印加、玛雅和穆伊斯卡（Muisca）的传奇》（见参考书目）中就注意到这一点，他写道：

> 经常会发生这样的情况：在古代印第安人的故事里，通过宗教的热情或误解能够察觉出基督教教义的踪迹，而且其中增添了各种武断的基督教的装饰品。但是，我们必须小心，不要因为怀疑而把全部的传奇都当成西班牙人的杜撰就加以否定，因为有些基督教的补充内容，比如：像奎兹尔考特、波齐亚或威拉括查那样的文化名人都具备了使徒的外部特征……无疑，编年史家在这里是从一些已经出现在原有传统中的特征开始的，他们在神话的自然基础上进行了选择，他们只是对这些确切的基督教的装饰品增加了自己的发明。美洲传奇中所有其他因素都与早期基督教故事具有惊人的相似之处，这些因素只能算做新旧世界有教养的人们之间的大量相似之处，它们也存在于其他的领域，而且有待未来的研究加以解释。

我们这样长地引用了沃特尔·克里克贝尔格，是因为他不是突发奇想。尽管他非常谨慎，但他仍然特别强调了早期基督教故事和古代美洲传奇之间"惊人的相似性"，把它们当作新旧世界有教养的人们之间的"大量相似性"。[1] 他同样特别警告，不要对印第安人的传奇做不加鉴别的解释，他们的编年史家用基督教的各种装饰品装饰了古老的神话。

后面这一点是否适用于奎兹尔考特的形象？换言之，这些西班牙人是否在征服了墨西哥后不久，就开始记录下这片神奇的大地上的神话和传奇呢？是否就按照救赎者的形象来描绘奎兹尔考特呢？在他们那个时代和国度，他们只能想像到救世主的形象。他们是否把墨西哥的"白人

---

[1] 此处稍有差别：上文原文是"Great number of correspondences"，下文是"great number of parallels"。——译者

图版25 古罗马城镇中的街道就像这样狭窄。街角巨大的阳台使这所庞贝城中的房屋具有十分现代的形象。但是,图片右面的踏步石铺砌的形态使车轮要从两侧通过,而行人在雨天可以通过而不用弄湿双脚。

第六章 美洲：惠特拉马纳大地与白种人的土地 225

图版26 波萨塔木筏子孔—提奇，是由著名的挪威人种学家图尔·海尔达尔建造并驾驶航行的。

图版27 孔—提奇在波涛汹涌的大海上，十分原始的木筏也可能在外海航行。

救世主"描绘成橄榄色皮肤、黑头发、黑眼睛的样子？他们是否像西班牙人500年前按照自己的样子、现在依然是这样的去描述基督和使徒？这些西班牙编年史家是否也按照基督生活的年代的传统习俗描绘奎兹尔考特穿戴的服装呢？这就是说，它是一种希腊式的斗篷（*Chlamys*）：一件有漂亮褶皱的、厚重衣料做成的长披风，松松地系在腰间，形成许多褶皱，直垂到双脚。

完全不是这样！奎兹尔考特被描绘得完全不同：他不是橄榄色的头发和黑眼睛，而是金色头发和蓝眼睛。这不是很奇怪吗？而且奎兹尔考特也没有穿希腊式的斗篷。他穿的衣服是中世纪早期在欧洲流行的服装。但是，这种服装到征服时代早已消失了，只是在格陵兰岛北欧海盗，大约在公元1 000年发现了美洲的幸福的雷夫的后代们当中还在流行。很奇怪的是，制作这种服装的纺织品据说很粗糙，就像麻袋布一样，简直就像500年后丹麦考古学家在格陵兰岛永冻层中发掘古挪威人的农庄建筑时出土的纤维。

但是，让我们来看看关于奎兹尔考特的主要资料，即西班牙的让·德·托尔克马达[1]的编年史：

在托兰（Tollan）定居几年以后，

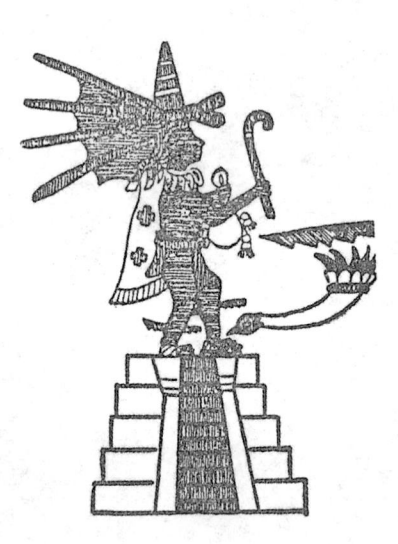

插图23　奎兹尔考特戴着一个王冠，穿着一件披风，上面有几个十字。他拿着一个牧杖，站在有阶梯的金字塔上。这是按照古代印第安人的手稿复制的。

---

[1] Juan de Torquemada，1388~1468年，西班牙红衣主教和教会作家。——译者

第六章 美洲：惠特拉马纳大地与白种人的土地

从北部地区来了一些部落，在帕努科地区登陆了。这些人穿着体面，他们穿着黑色麻袋布的服装，很像土耳其等人穿的服装，也像祭司的法衣：这些服装都在前面开口，没有兜帽，在脖颈处挖空，袖子短而宽，其长不到肘部。直到今日，当他们打算代表这些部落进行舞蹈时，当地人还穿这样的服装。后来的人不知疲倦地从帕努科推进，而且没有遇到任何反对，按照预定的路线，他们来到托兰，在那里他们受到非常友好的欢迎，因为他们经验丰富，有技术，非常有创造力，非常勤奋。他们知道怎样加工黄金和白银，他们是各种艺术的大师，比如：他们是非常出色的宝石匠，他们不仅在如此精细的事物上显示出极为娴熟的技巧，而且在其他更为实用的活动和农业中也是如此。简言之，他们令人羡慕的行为、勤奋和技巧使他们受到如此的喜爱，无论他们走到哪里，他们都受到高度的尊敬，得到崇高的荣誉……

当新来者看到因为这个国家的人口已经很密集，他们在托兰无法生存时，他们试图再次迁徙，前往乔鲁拉❶定居。在那里，众所周知，他们仍然受到非常友好的欢迎，并与他们通婚。经过很长时间，他们在那里定居下来，扎下了根。当地流传着下面的故事：当这些部落来到托兰时，他们当中有一个非常杰出的人物，他是他们的领袖，他统率着他们。他的名字叫奎兹尔考特；后来乔鲁拉的人们把他当成了神。人们普遍都认为他的外貌和蔼可亲：白皮肤、金黄色的头发，有胡须，身材匀称。

……可以肯定：奎兹尔考特在乔鲁拉生活了20年，在这一时期结束时，他沿着来时的道路返回去了。当他离去时，他从这个城市带走了四个杰出而有道德的青年人，但是，他又从寇特巴寇寇（Coatbacoalco，距那里有150里格［约450公里］，是一个靠海边的省）把他们派了回来，他喜欢他们遵守他为他们规定的良好戒律，而且对乔鲁拉城的居民宣

---

❶ Cholula，墨西哥中部城市。——译者

布：你们放心吧，将来某一天，像他一样长着长胡子的白人将会从东方的海上回来。这些人，是他的兄弟，将会成为墨西哥的主人。因此。印第安人经常等待这个预言的实现，当他们看到基督教徒来了的时候，他们把他们称作神人，称作奎兹尔考特的儿子和兄弟；虽然后来他们知道和体验了他们的工作以后，他们再也不把他们当作神人了。

因此有了一个奇怪的报告：图尔奎马达（Torquemada）！因为，如果奎兹尔考特的整个神话像某些时候人们认为的那样都是西班牙人杜撰的，是为了有助于对墨西哥的征服和基督教的胜利而捏造的，那么，它又是多么蠢笨，这个故事对西班牙的事业的宣传价值又是多么渺小啊！因为一个军事上和文化上都很优越的胜利者，要把自己的神强加给被征服的人们，他自然会把这些神描绘成自己的典范精华。但是，这里的西班牙人恰恰不是这样做的：如果这个故事是他们杜撰的。相反，奎兹尔考特的相貌是这样被描绘的：阿兹台克人不能不看出来这些黑色的西班牙人不像金发碧眼的神。阿兹台克人迟早肯定会得出结论：他们根本不是闪电之神的儿子。

如果西班牙征服者没有按照他们自己的形象描绘印第安人的白人救世主，那么，这就不可能是西班牙人的杜撰，这个神话肯定是来自印第安人的。这样，就出现了问题：阿兹台克人怎么会知道有金发碧眼的人存在呢？他们怎么知道在16世纪初，在欧洲已经没有人穿的衣物呢？但这些服装肯定是来自欧洲的。

172 仔细地思考一下，就只能得出下面的结论：闪电之神奎兹尔考特是一个真实的人物，他既不是西班牙人杜撰的宣传，也不是印第安人想像的虚构人物，而是在中世纪早期的某个时候，可能是一个经过尤卡坦来到墨西哥的基督教世界的白人。

二

阿里被大海带到了白人大地,那里也叫做大爱尔兰(Greater Ireland)。它位于西部,靠近美好文兰(Vinland the Good)。据说,它在冰岛西面,有6天的航程。阿里无法离开这个地方,他接受了洗礼。

这就是关于冰岛最古老的编年史之一的《地名录》(Landnámabók)中的叙述。如果它说的事实准确,那么,我们就必须假设惠特拉马纳大地,即著名的"白脸人大地",就是早在北美洲土地上建立的爱尔兰定居地,称其为"大爱尔兰"是恰当的。

惠特拉马纳大地、白人大地、白脸人大地,白人从来不会这样为自己居住的地方命名。无论如何,当古挪威人稍后不久发现美洲的时候,他们也不会称其为"白脸人大地,"而是称其为文兰,葡萄酒之地,因为在其南部地区,野葡萄生长得非常茂盛。从逻辑上讲,白脸人大地的说法只能是由美洲深肤色的居民发明的,正如许多世纪以后,辽阔的北美大草原上的印第安人也称那些从海上来的白种人压迫者为东方"白脸人"。

事实上,一份现存的非常古老的文献非常清晰地表明:"白脸人大地"一词实际上可以追溯到美洲褐色皮肤的土著居民那里。1010年,当冰岛的商人图尔芬·卡尔瑟弗尼打算在马萨诸塞州建立一个定居点(北欧海盗的文兰)时,有一天他和同伴们遇到了两个印第安的男孩,他们告诉他们:

在他们的国家那一边,有一片土地,那里的人们都穿白色衣服,高声喊叫着,他们前面扛着缠满白布的木杆。人们认为这就是惠特拉马纳之地,就是白人大地,也叫大爱尔兰。

无可否认，这些报道是非常令人吃惊的。因为毫无疑问，它们又引出了另一个独立的报道，所以这更让人感到吃惊。完全一致，他们都说到远在西海岸之外，有一片大地叫做大爱尔兰，或惠特拉马纳之地。当地人也知道这个名字。很明显，某个事实构成了这些报道的基础。另外，还有一个细节：为卡尔瑟弗尼提供信息的印第安人谈到惠特拉马纳之地的白人，有一个特殊的特征：他们穿着白衣服，在前面扛着一些缠满白布的长木杆，大声喊叫或高声唱歌。如果这不是一支唱着赞美诗、穿着白色长袍、举着教会旗帜的基督教队列，这是什么？这自然会给印第安人留下相当新奇的印象，使他们觉得这是白人大地的居住者有特征的活动。如果欧洲人也这样天真地描述一次教会活动，那是不可想像的。这只能来自土著人。

无可否认，这一推论只是根据情况得出的，但是，却无法摆脱这种可能性：在某个时间，白人殖民地就存在于新世界的有色人种当中，也许就在后来的北欧海盗的文兰的南面。足足100年以前，亚历山大·冯·洪堡就相当确定地断言：这一"白脸人大地"位于佛罗里达。这一点无法得到证实，但是，后续许多关于佛罗里达有一处非常古老的非印第安人的殖民地的报告为此提供了支持。比如，在1819年，美国地理学家J. 约翰逊就报道说：18世纪中叶，在佛罗里达和南卡罗来纳州流传一种传说，即携带武器和铁制用具的白人曾在这一地区居住过。O. S. 路伊特在他的著作《德意志天文学》（请参阅书目提要）中对此提出了有效的论据，他认为古挪威人沿新世界的海岸进行的勘察航行，一直远到佛罗里达。

如果情况就是如此，（我们上述的玛雅人的"沃坦传奇"就使其成为非常可能的事），这些传教士的故事就像一条欧洲传说的线索贯穿了美洲的神话，那么，这些基督教传教士就不会旅行到这么远的地方了。从佛罗里达到古巴也就是一水之隔。从古巴到尤卡坦和墨西哥也并不远。北欧人真的到过中美洲吗？目前尚无证据，但是，也不能否认这种可能性。我们从西班牙古代资料中得知，恰恰是在尤卡坦，玛雅人就具有三位一体的教义；另外，阿兹台克人相信奎兹尔考特是从尤卡坦来到墨西哥的，我们不能不感到惊奇。

关于阿里—北欧海盗到惠特拉马纳之地的航行的叙述，是援引自冰岛的《地名录》❶的。这一叙述表明这个欧洲人的定居地肯定早在公元982年以前就存在，而且爱尔兰人一定参与了这个事务。这使我们想到了无数的爱尔兰民间传奇故事，它们也讲述了远在西方的大洋彼岸有一片富饶的仙境。所有这些传说的核心都有关于圣·布兰丹（St. Brandan）航海的传奇。有一天，他受到神的召唤，要他舍弃所有的财产，穿越大海到一片辽阔的、未知的大地去宣扬上帝的真理。布兰丹遵从了这个神的指令，经过漫长而艰苦的航程来到远在西方的大地。那里有美味的野生葡萄，"它们的枝蔓都被丰硕的葡萄压到了地面。"北欧海盗是在那之后第一批踏上美洲大地的白人，现在我们从他们的报告中得知：在新大陆，野生葡萄确实生长得极为丰富。因此就有了文兰（Vinland）这个地名。由于葡萄在爱尔兰北部任何地方生长得都不茂盛，因此人们谈到的繁盛的葡萄大地肯定是在新世界，除了亲眼见证，就不会有关于它们的报道。

在那儿确实有这样一位叫圣·布兰丹的人，无可争辩的证据表明：他生活在公元6世纪。然而，值得怀疑的是：他本人是否曾经进行过任

---

❶ Landnámabók，12世纪关于最早定居者划分耕地的记录。——译者

何航海活动。由于我们未知的某些情况，显然他只是一个结晶点，围绕着这个点，在爱尔兰人当中流行的无数关于海洋的英雄传奇得以浓缩和凝结。因此，关于他所谓的航海的叙述，即《圣·布兰丹的航海》就是各种最丰富多彩的寓言的汇总，其中可能包含着一个坚实的历史真理核心。因此，非常可能的是，圣·布兰丹的传奇表现了关于白人在惠特拉马纳之地登陆的朦胧记忆，他们的身份已经无法准确考证，但是，各种事实都可以证明他们是真实存在的。关于翡翠岛（Emerald Isle）的航海英雄传奇就不断地提到在西方海洋中大雾弥漫的海岸、提到鸟和鸟蛋的岛屿，明显的推论就是：它们与位于拉布拉多海流和墨西哥湾流之间的地区有关，爱尔兰的水手很有可能到过那里。

切切不可忘记：大量的传奇也在其他的凯尔特部落，比如布列塔尼人（Bretons）和威尔士人中流传，其大意是说在遥远的西方，越过大海有一个伟大的国家。这个广泛流传的传说影响非常之大，以致一直到了1480年，还从布里斯托尔派出了一支探险队去寻找遥远的西方大陆。两份来自斯特拉塔·佛罗里达（the Welsh Caron Uwch Clawdd）和康威大修道院的古代手稿中包含的信息促成了这次探险，这与1170年北威尔士国王马多克发起的一次伟大探险有关。他和他的许多同伴围绕爱尔兰南部航行，在西方的大海中，他们发现几片辽阔的大地。根据那些古代编年史，马多克回到威尔士招募新的殖民者，他把120名定居者留下来。然后他带领10艘船只和几百名船员起航了。这是关于马多克和他的伙伴的最后的消息。那两份手稿也是如此。当然，关于他们的消极结论并不必然就暗示马多克没有达到自己的目的。正如古挪威人在150年后到美洲的航海所证明的，在这一时期，这个大洋被穿越几次，也绝不是不可能的。

值得注意的是，旧世界与北美新世界之间的这些联系似乎已经在后者的居民的血液中留下了他们的印记。在新世界的许多地方都有白种的印第安人，他们的欧洲发现者多次声称："这些人不是印第安人！"美洲的土著人在皮肤的颜色上有很大变化。除了有明显的红皮肤的人，那里还有淡黄色或青铜色皮肤的人，达科他人、梅诺米尼人[1]和祖尼人[2]看起来几乎是白色的，但是，他们的面相完全是印第安人的面相。但是，除了这些"几乎是白色"之外，印第安人部落中还有完全是欧洲人相貌的人，他们长着白皮肤、金黄色头发、蓝眼睛和完全不是印第安人的特征。委内瑞拉现在还有白色的印第安人，西班牙征服者的编年史中是有记载的，西班牙征服者把智利的里约帝国（Rio Imperial）的博罗阿（Boroanos）印第安人称为"白色印第安人。"

在北美洲也有一个白色印第安人部落的完整系列。尤其是美洲东北部的图斯卡罗拉人（Tuscaroras），人们认为他们体现了与欧洲人多年的混血迹象。亚历山大·冯·洪堡已经注意到"图斯卡罗拉白色的、常常是蓝眼睛的民族。"在他后面，人们对生活在密西西比河流域的曼丹部落给予了特殊的关注，而且观察到了一些独特的事实。曼丹人分布在达科他、威斯康星和明尼苏达各州的整个地区。一直到19世纪[3]中叶，曼丹人被天花流行病灭绝之后不久，白人农民始终没有到达他们定居的地区，他们向西推进到了更远的地方。但是，大约250年前，关于在1 000英里之外的西部荒蛮中，生活着一个白色部落的谣传就已经传到落后边远地区勇敢的法国人（courreurs du bois）的耳中，他们大约在这个时间开始从蒙特利尔和魁北克挺进到原始森林当中。法国第一位伟大的探险家

---

[1] Menomini，原居住于美国密执安；现居威斯康星州的一支印第安人。——译者
[2] Zuñi，居住在新墨西哥的普韦布洛的印第安人。——译者
[3] 本书出版于1954年。——译者

尚普兰 ❶ 在1615年就谈到了他们。1630年，另一位著名的落后边远地区的居民，让·尼可莱特（Jean Nicolet）把一件中国官员的长袍装到他桦树皮制成的独木舟的船头里：他打算到了西部的"白人"那里就穿上它。这些白人只能是中国人，而且从他们的领地上肯定有一条通往不太遥远的大汗（the Great Khan）王国。两年以后在魁北克，耶稣会士的神父勒热纳（Lejeune）在日记中写道，一个阿尔冈昆印第安人告诉他，在西方非常非常遥远的地方，有一个很大的印第安国家，据他描述，他们的城镇与欧洲的城镇很相似。

根据这些报道，当然其主要目的是为了抵达太平洋，加拿大的法国总督委派一位加拿大出生的皮毛商人和探险家德·拉·魏兰得莱（de la Verandrye），在1738年开始对这一杰出的民族进行考察。魏兰得莱是第一位熟悉了解曼丹人的白人。他打算用他的观察引起浓厚的兴趣。它表明：曼丹人与其他所有印第安人部落都截然不同，他们的习俗和行为以及身体的体形和相貌都是截然不同的，人们只能认为他们没有印第安人的血统。与其他在白人面前退却后重新成为游牧民族的红肤色的人种。相反，他们依然牢牢地坚守自己固有的生活方式和农业。据说，他们不仅有无数建筑坚固的村庄，而且显然还有一些大的、防御良好的城镇。这个奇怪的种族大约有1/5是白皮肤和蓝眼睛。金黄色头发也并不少见，所有曼丹人的相貌都与其他常见的印第安人的类型完全不同。

所有关于曼丹印第安人的描述都发表在非常罕见的地方。因此，我们将其中一些摘录如下。根据其重要性，首先摘录的是美国人乔治·卡特林的通信。他曾在印第安人当中漫游，用绘画描绘他们、观察他们的习

---

❶ Samuel de Champlain，约1567~1635年。——译者

俗,在19世纪初,他对曼丹人进行了仔细的考察。他叙述的(参见参考书目)要点如下:

从他们个人的外貌和举止上看,曼丹人肯定是非常有趣和令人愉快的种族;他们与我看到的所有其他部落在外貌和习俗的许多方面都不相同。作为一个很小的部落,在辽阔的大草原上,他们无法与苏族(Sioux)和其他游牧部落进行竞争,这些部落比他们要大10倍,他们明智地居住在一个固定的村庄里,那里有坚固的防御,可以得到保护。通过这种方法,他们在制造艺术上有了进一步的发展;他们要比我所知道的其他任何印第安种族都能为他们的棚屋提供更多舒适甚至是奢侈的生活。其结果就是:这个部落要比其他部落在举止和雅致(如果我可以把雅致一词用于印第安人的生活的话)方面都要先进许多,因此,他们被那些与他们生活在一起的商人和其他人亲切地(也是正确地)称为"有教养的和友善的曼丹人"。

这句话肯定非常公正,对这些人特殊的安逸和优雅,对这些人多种多样的肤色、头发和眼睛的各种颜色,对他们语言的独特性,他们特殊的、无法描述的习俗,我都曾经感到如此强烈的震撼,以致我完全相信他们是来自某个其他血统的,而不是来自北美洲其他部落的血统,或者,他们是与其他文明种族的混血种族。除了他们的时尚和习俗,仅仅是他们的相貌(*personal appearance*)就能立即或多或少地显示出他们不是野蛮人。

一个陌生人在曼丹人的村子里,首先会对周围人群的不同的肤色和头发的各种颜色感到吃惊,他几乎会立刻惊呼:"他们不是印第安人。"

这些人里有非常多的人,他们的肤色就像混血儿一样优美,在妇女当中就更明显,许多人的皮肤几乎是白色的,她们的身材令人极为愉快,匀称、合乎比例,淡褐色的、灰色的和蓝色的眼睛,还有温和可爱的表情,举止格外谦逊,都使他们极其惹人喜爱,极其美丽。

1850年,在卡特林之后几年,美国印第安人事务部主任D.米切尔也表达了相似的观点。他说:

就我能确定的，可以知道曼丹人作为一个整体与所有其他北美印第安人都不同；而且，我对大多数现存的部落都具有深切的认识。除了具有自己的语言和习俗，曼丹人在身体上也是截然不同的。他们许多人都长着金色的头发、蓝眼睛或褐色的眼睛。

我们上面谈到过的探险家德·拉·魏兰得莱，在他前往曼丹部落的旅行日记里写道：

……这个部落的人，有人是白皮肤，有人是红皮肤。女人漂亮极了，尤其是那些白皮肤的女人，她们有些人长着可爱的金发。男人和女人都很勤劳，努力工作。他们的棚屋很大，很宽敞，棚屋用厚木板分隔成几个房间。没有乱丢乱放的东西，所有东西都装在大袋子里面，挂在柱子上……男人身材高大、强壮，很勇敢。他们非常活跃，相貌很好看，令人愉快。他们的女人一点都不像印第安人……

这就是所有非常引人注目的信息。但是，其中最重要的是这一事实：曼丹人的神话学明确地讲到，这个民族的第一位祖先是一位白人。在朦胧的古代，他乘着一只独木舟来到这里。早在第一位传教士到曼丹人那里之前，据说他们就知道一位由童贞女生下、为了救赎而死的文雅、善良的神；他们讲了一个奇迹，与耶稣为5 000名信徒提供食物的故事非常相似；他们还讲了人类第一位母亲和她堕落的故事；讲了诺亚方舟和衔着绿色树枝的鸽子的故事，他们相信有一个人格化的恶魔，打算战胜和征服人类世界。这样的报道，不能不引起注意，这些听众越是更深入地认识作为一个整体的印第安民族，他们也就会更加相信：曼丹人就是与欧洲人混血的结果。卡特林就持有这个观点，他特别指出：曼丹人可能就是我们前面谈到过的威尔士王马多克的后裔。

当然，卡特林提出的曼丹人与马多克王及其跟随者之间的联系纯属

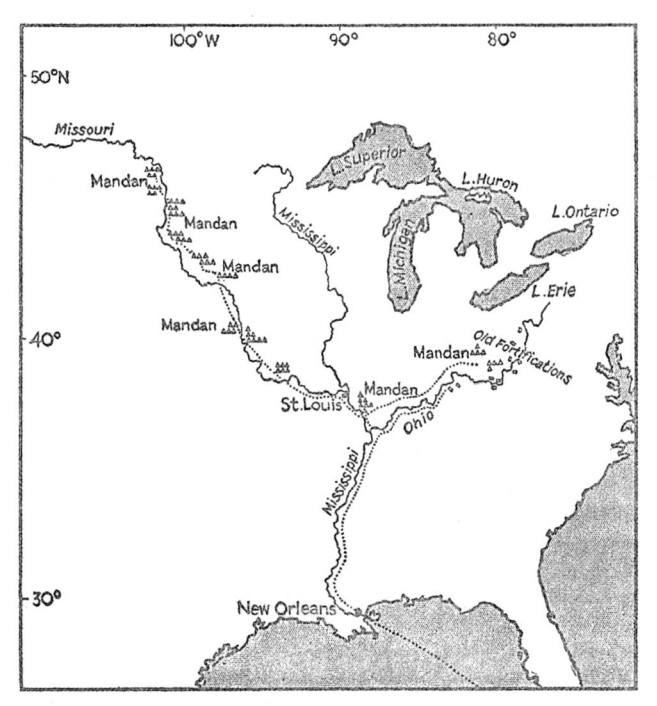

第六章 美洲：惠特拉马纳大地与白种人的土地　　237

地图14　曼丹人定居地的位置和据说是马多克率领的威尔士定居者所走的路线。图中地名（逆时针）：密苏里　曼丹　曼丹　曼丹　曼丹　圣路易斯　曼丹　曼丹　旧的防御工事　苏必利尔湖　休伦湖　密歇根湖　安大略湖　伊利湖　俄亥俄河　密西西比河　新奥尔良

猜测，但是，他关于曼丹人迁徙的叙述还是正确的。无论如何，与此同时，由于下面的事实，问题变得复杂了：几乎可以肯定的是，曼丹人占领的距大西洋西岸490英里的地区，确实早在哥伦布之前130年就有欧洲人定居了。然而，这些定居者并不是爱尔兰人，也不是威尔士人，而是斯堪的纳维亚的北欧海盗；另外，仅仅是这一小股人，凭借他们生物学的力量是不足以使整个曼丹部落欧洲化的。但是，据说曼丹人在1750年就已经清晰地显示了欧洲血统的迹象，这不可能是与白人相对短暂接触的结果；这肯定是某些更深远的混血造成的后果。这个奇特的、现在已

经消失的部落背后还有什么伟大的冒险经历，还有什么悲剧？我们不得而知。

许多学者认为，有关旧世界与新世界之间这样早期的文化关系的证据是极其贫乏的。他们否认存在这样的接触，其主要的论据往往集中在这一问题上：这些所谓的白人移民者带来了自己信仰的神，却没有带来关于车轮的知识，这怎么可能？因为，哥伦布之前的美洲不知道车轮。我们必须承认：美洲领土上大片土地都是森林、山脉或沼泽，在那里车轮和车辆无论如何都是没有用的。但是，也有广阔的平原可以很好地使用车轮和车辆，而且任何假设的白人移民者都肯定会应用自己的知识，而且不可能严格保守秘密，看起来就像目前的情况一样。

这一反驳听起来很有说服力，但是，它并不是确凿的。尽管伊斯兰民族与西方有长时期的亲密接触，但他们也没有使用车轮和车辆。甚至直到今日，他们仍然喜欢骑乘牲畜或驮畜，而不喜欢任何有车轮的车辆。另外，关于新世界土著居民不知道车轮的假设显然是错误的。事实是：印第安人对这一原理非常熟悉，他们甚至把儿童的玩具都加上了轮子。1950年10月，在纽约出版的《国家历史》杂志所报道的最近在墨西哥进行的发掘就无可争辩地证明了这一点。然而，无论是托尔特克人，还是阿兹台克人，或是奇姆人似乎都没有使用带车轮的车辆。首先，他们没有适当的挽用家畜。另外，哥伦布之前的美洲也没有马，由于没有适当的挽用家畜，长期以来使用的轿子就是一种自然的替代品。有了马以后，没有道路或没有修建道路的知识，仍然是印第安人使用车辆的障碍。

因此，可以不再对此进行争论了：印第安人不懂得使用车轮，这就排除了哥伦布之前白人移民到新世界的可能性。印第安人懂得车轮原理，但他们没有像我们那样利用它。对我们来说，这不可理解，但是，在历史上有许多这样无法解释的"未实现的预期（failures of expectation）"。比如，早在基督诞生之前几千年，埃及人和腓尼基人就都曾掌握了制造玻璃的技术，而且都制造出了玻璃艺术品。然而，与这两个民族有最紧密的商业联系的希腊人却绝对没有利用过玻璃。他们对它根本不感兴趣！对我们而言，玻璃似乎是极其有用的物质，我们无法想像，希腊人为什么没有采用它。如果说埃及人和腓尼基人与希腊

插图24　印加和皇后坐在装饰有十字架的轿子里。选自华曼·普马·德·阿亚拉的绘图编年史。❶

---

❶ Huaman Poma de Ayala，约1535～1616年后，危地马拉的贵族，著有《编年史》，其中对西班牙征服者残害安第斯山地区土著居民的行为提出谴责，现在此书颇为著名。——译者

之间的交往不是无可怀疑的，没有丰富的文献记载，那么，我们就可以从后者对玻璃的显然无知推断出：这样的接触根本就不存在。对罗马人而言，也是如此。我们曾经说过，他们的邻居和先行者伊特拉斯坎人是杰出的水手。然而，尽管罗马人与他们大量地通婚，甚至接受了他们的神祇和与日常生活有关的许多事物，但是，在台伯河畔的这个城市的居民，很长时期以来却受到大海的阻碍，他们没有利用伊特拉斯坎人任何关于航海的知识。这是另一个无法解释的"失败"。

许多这样的事情发生了。甚至有确切证据证明：在哥伦布之前，欧洲定居者在美洲大地上建造了有坚固的房屋和大教堂的定居地，换言之，那时无疑要使用车辆运输木材、石头和其他建筑材料，那时没有任何东西显示印第安人在旁边观看，也许会帮忙，或自己也采用使用车辆的技术。然而就是这些印第安人，300年以来就为自己的孩子取了欧洲人的名字，后来的白人探险家感到非常吃惊地听到：在美洲东海岸的荒野中，那里显然是从来没有白人涉足的处女地，有一个印第安人的小男孩叫做"马格努斯"。❶ 但是，现在还有更多的这种事例。

三

皮德罗·德·坎迪亚，身材高大，双肩强而有力，头盔和胸甲擦的闪闪发光，肩上扛着火绳枪，剑带上挂着巨大的双手使用的剑，他从船上迈步出来。在他后面几链长❷的地方，皮扎罗的轻快帆船抛锚停泊下来，舷侧

---

❶ Magnus，丹麦国王的名字。——译者
❷ cable lengths，美制约等于219米，英制约等于185米。——译者

对着陆地,打开了舷窗,枪手拿着点燃的火柴站在那里。如果出现问题,皮德罗·德·坎迪亚就会得到1527年一个西班牙征服者所能盼望的全部火力支持。

但是,没有出现问题!相反,皮德罗·德·坎迪亚只能支持他的同僚阿隆索·德·莫利纳的声明。皮德罗出生于克里特,但他是西班牙最信奉基督教的国王陛下的武士。而莫利纳是昨天才登陆的,他是第一个踏上神圣印加帝国领土的西班牙人。图姆布兹(Tumbez)是神奇的秘鲁的富饶港口,它已经向西班牙人开放了,那里的人卑躬屈膝,匍匐跪地,仿佛面前就是一个下凡的神仙。皮德罗发现这有点难以承受,也非常不合适,因为实际上,他只不过是那个很值得怀疑的皮扎罗先生的海盗船队里的一个小小的中尉。

坎迪亚在两排鞠躬致敬的人们当中走过去。两旁的人把头用力扎在尘土中。"威拉括查,威拉括查(Virakocha, Virakocha)",他周围的人窃窃私语。

皮德罗·德·坎迪亚不知道这是什么意思。他感到很尴尬、烦躁和不安。因为他还非常年轻,突然他从肩举起了火绳枪,向天空放了一枪。

这些吓得要死的人把腰弯得更低了。"依拉 提奇,依拉 提奇!(Illa Tiki, Illa Tiki!)""这个神打雷了,"他们在四周悄悄地说。

皮德罗·德·坎迪亚感到越来越局促不安了。他不知道这些褐色皮肤的土著人实际上是把他当作神的化身了。他不知道几个星期、几个月来,血红色的彗星曾经横扫了印加帝国的天空;可怕的地震撕裂了大地,赤裸裸地露出大地灼热的内脏。他也不知道占卜师根据鸟儿的飞行曾经预言将有灾祸,另外还有,月亮曾经被三个圆环围绕了,这是世界末日来临绝对准确的征兆。

"威拉括查，依拉 提奇！"人们窃窃私语，恐惧的人群中每个人都在想，怎么回事？去年，4 000个男人和女人，印加·怀那·卡帕❶（Inca Huayna Capac）最亲密的侍从，他们刚刚回家朝拜神明，就在他的火葬堆的烈焰中化为祭品，因为威拉括查正愤怒和仇恨地站在帝国的边界上。

威拉括查！今天，400多年过去后，这个称谓在秘鲁、玻利维亚和厄瓜多尔，其实就是"上帝"的意思。实际上它与"白人"是一个词。今天，白人仍然是万能的威拉括查的子民。

威拉括查是谁？是什么？

这里有一个关于非常、非常古老的神的神话，印加人在最初移居到秘鲁时就发现了他。威拉括查可能意味着某个类似"从海上来的神人"的东西。但是，这也无法肯定。然而，可以确定的是：当印加人发现了的的喀喀湖畔庞大的城市蒂亚瓦纳科❷时（据说蒂亚瓦纳科是威拉括查和他的跟随者建造的），甚至当他们来到利马南面宏伟神圣的城市帕恰卡马克（Pachacamac）的时候，他们曾经祈求那个叫做孔—提奇（永恒者）的陌生的神，他们称他是帕查亚查奇（Pachayachachi），也就是：世界的创造者和统治者。

他们说威拉括查是一个无名氏，上了年纪，长着胡须，他戴来一个十字架，并把它放到一块高地上。他进行布道，赦免世人的罪恶，据印第安人编年史家帕卡库提（Pachacuti）说，然后，他又做了一件非常奇怪的事：他把水淋洒到追随他的一个王子的头上：为他洗礼。

---

❶ Huayna Capac，1450~1527年，秘鲁印加帝国皇帝。——译者
❷ Tiahuanacu，或 Tiwanaku，位于玻利维亚，海拔3 840米，位置：的的喀喀湖以南17公里，鼎盛时期：公元前15 000到公元前12 000年以前。——译者

据说印加帝国古代首都库斯科❶是威拉括查建造的,同样,的的喀喀湖的太阳岛上著名的庙宇也是他建造的。这里曾经是白种圣人的主要场所。他在这里受到阔奎姆博陶(Coquimbotal)的卡里国王的攻击,并被打败了。在这里,威拉括查的白人男子被屠杀了,为神做了献祭,而妇女和儿童则得到饶恕。从这里,白人的神和他最亲密的几个追随者逃到西边的大洋里。在那里,他对他的世界和他的创造物做了一次告别布道,他说了未来将要发生的事情。将会出现虚假的预言家,但是人们不会相信他们。然后,在那个时刻来临的时候,他自己将会为他们派遣使者来,"长着胡须的白种人!"于是,孔—提奇"把他的斗篷铺在海上,"和他的追随者站在上面,离开了。

下面是另一个非常奇特的故事。如果它不是很熟悉1527年第一批进入秘鲁的西班牙人曾受到恐惧、敬畏的印第安人(Indios)喊着"威拉括查"欢迎他们,那么,人们就可以认为它只是没有历史根据的传说。西格弗莱德·胡珀(Siegfried Huber)在他的《印加王国》(参见参考书目)一书中就指出,这"是完全无法解释的,它缺少某种先在的传统,也就是说,除非在古代他们就知道长着胡须的白种人,也期望他们将在未来重新回来。"因此,可以肯定威拉括查的神话既不是印第安人也不是西班牙牧师的杜撰。在西班牙入侵之前,最后登上王位的印加国王:伟大的怀那·卡帕曾发布了著名的政治誓约。上述一点为它赋予了与西班牙编年史家报道的墨西哥的蒙特祖玛退位的著名行动同样重要的意义。正像后来的文献中的阿兹台克一样,在前面的文献中,印加就把他的权力交到那些突然出现在南美洲神权政治广阔海岸上的不知来自

---

❶ Cusco,秘鲁南部山城,16世纪中叶为古印加帝国首都。——译者

何处的白人手中。当他行将就木的时候,他把他王国中主要的氏族艾柳(Ayllus)的首领们召唤到前面来,宣布:

> 许多年前,我们的父亲太阳神告诉我:在他12个孩子的统治之后,这些地区从来没有见过的一个外来民族将会来临,并将征服和统治这个王国和其他许多王国。我认为这可能就是最近在我们海岸上看到的那些人。据说他们是一个强大的种族,比我们的一切都要高明。现在,我们知道,到了我这里,已经达到了12个印加。因此,我向你们预言:在我归向我的祖先之后几年,那个强大的民族将会出现,而且将会实现我父亲太阳神的预言,他们将会征服我们的王国,并统治我们。我命令你们服从他们、侍奉他们,因为他们的一切都比我们高明,因为他们的法律比我们的好,他们的武器更强大,无法抵抗。
>
> 愿你们平安——现在我归向我的父亲——太阳神去了,他在召唤我……

当西班牙人在南美洲听到他们在中美洲就听到过的那个关于长胡须的白人降临的预言时,他们自然会加倍感到哑然失笑。那时他们还听到:印加人不仅实行口头忏悔,这些忏悔是根据极严格的告解秘密对神职人员说的,而且正像在欧洲一样,他们最后也要实行苦修并得到最后的赦免。让西班牙人同样感到惊奇的是,他们在秘鲁的神坛前看到了三位一体的符号:"太阳神""太阳之子""太阳兄弟"的形象,人们向它献祭,而这就使人联想到基督教的三位一体。西班牙人还非常惊讶地发现:那里还有实行残忍的禁欲和定期严格斋戒的僧侣教派;秘鲁还有神圣的隐士,他们也像在旧世界一样,生活在荒野中,献身于沉思默想。然而给他们留下最深切印象的是:他们在印加的艾柳当中遇到了大量的金黄头发和白皮肤的人,也就是秘鲁贵族。特别是考雅斯(coyas),印加豪门的夫人们,她们在许多情况下,看起来都与欧洲妇女极为相似。秘鲁征服者的表兄弟佩德罗·皮扎罗在他的著作《秘鲁的发现与征服的故事》中，以确实惊愕的笔调描写了她们。他报道说，这些公主看起来整洁、干净、高贵、美丽。她们自己认为身材很好，事实上也是如此。皮扎罗继续写道："这些人都是金发碧眼，某些女士和先生实际上可能比西班牙人还要白。我在这里看到一个妇人带着一个孩子，那种白色简直罕见。印第安人认为这样的人就是艾德罗（Idolo），神的孩子。"

老一辈美洲历史文化学家，他们特别强调印第安人的蒙古人特征。他们对皮扎罗关于这一点所做的极为出色的报告表示姑妄听之。有一位表示同意这些报告。根据其他所有人的叙述，印第安人的女人，并不是特别有吸引力。但是，或是因为查理五世和菲利普二世时西班牙宫廷贵族阶层的理想中的美人与我们是截然不同的，欣赏那时期的西班牙绘画，我们很难理解那些美人；或是佩德罗·皮扎罗对考雅斯的描绘实质上是正确的。无论如何，卡斯提尔❶目中无人的贵族对自己的高贵血统非常自豪，但他们却大量地娶了印加金发碧眼的公主为妻，认为她们的血统与自己一样高贵，而且把她们引见给马德里皇宫的西班牙陛下。1603年，两代人后，由古老的印加家族567位代表签名的免税请愿书递交到西班牙王室。这充分有力地证明佩德罗·皮扎罗是正确的。

那些陪同皮扎罗到秘鲁去的讲拉丁语的神职人员，进行了大量有趣的语言学观察。印第安语的 *capac*，在语音上和语义上都与拉丁语中的 *caput*（即头或首领）相似。同样，印加语中的 *suma*（最好的）与拉丁语中的 *summus* 是相同的。印加语中的波浪或洪水一词是 *uno*，拉丁语则是

---

❶ Castile，15~16世纪中叶，伊比利亚半岛上人口众多的强国。——译者

unda。如果这些神职人员中有谁知道西班牙标记中从前的尺子就是哥特（Goths）的话，他肯定会对这一事实感到吃惊：印加语中的*marca*（边界标记）与哥特人的德语Mark（边界、边区）相同，还有，印加武士向长官致敬时用的雷鸣般的"*Hailla*"，在德语中也有相对应的词汇："*Heil*"❶。

这些外在的因素，可能是引人注目的，但它们对西方牧师或主教产生的兴趣要小于想像中的精神和宗教方面的相似性。后面这些相似性已经引起当代斯堪的纳维亚的人种学家和美洲文化学家的特别关注，他们当中有挪威的图尔·海尔达尔❷（对他我们稍后再详细介绍）和芬兰的美洲文化学者拉飞尔·卡斯滕。卡斯滕指出，虽然印加人与所有印第安人一样本身（*per se*）都是多神论者，他们崇拜许多完全是拟人的神祇，他们把一个至高无上的神放到奥林匹斯山上，他完全是非印第安人的样式，是一种精神的生命，即：创造之神威拉括查，印加人是从蒂瓦纳科文化中未知的民族那里吸取了对他的认识和崇拜的。威拉括查比太阳的地位还高，印加最古老的经文之一说："永恒的主，世界的象征，世界不朽的最初原因、主宰和统治者。他是太阳中的太阳。他是世界的创造者……"从这里可以清楚地看到，威拉括查不是太阳神，这就否定了某些美洲文化学者的推测：威拉括查的胡须解释了他的太阳神血统，这一观念在一个没有胡须的民族中是非常引人注目的。这些学者认为，太阳的光线像一个光环围绕在太阳神的头上，这就产生了胡须的观念。这个假设与太阳只是一个天体的概念不相符合，长胡须的世界创造者威拉括

---

❶ 万岁。——译者
❷ Thor Heyerdahl，1914~2002年4月，挪威人种学家和探险家，1947年曾乘手工制作的木筏穿越太平洋，从南美洲到土阿莫土群岛。——译者

查是远在太阳之上的至高无上的生命。卡斯滕和海尔达尔都认为,这是印加人对他们的认识。西格弗莱德·胡珀也持有同样的观点,我们前面已经讲过。

一个陌生的、长着胡须的白人宗教创始人,有一天从东方来到这个国家,这些传说并不局限于墨西哥和秘鲁。在中美洲和南美洲许多地方也可以发现这些传说,所有这些传说都同样讲到一点:经过一个时期的教导和传教活动,这个中心人物回到了他远在大洋彼岸的旧日家园。就目前所知,这里似乎有六个这样的白人宗教创始人:在墨西哥是奎兹尔考特,在尤卡坦是赞诺,在秘鲁是威拉括查,在巴西和巴拉圭是祖姆,在图皮部落中是图潘(Tupan)神,而在哥伦比亚是波奇卡。

仅次于奎兹尔考特和威拉括查,波奇卡是这些白人传教士中最令人感兴趣的一个。他是哥伦比亚的奇布查(Chibcha)印第安人的教师,西班牙征服者对这个民族令人惊奇的高水平的文化做了吃惊的评论,这可能要归功于他和他后来的使者。奇布查的神话说,很早很早以前,人们离开了上帝。为了惩罚他们,主让两条山涧的洪水淹没了波哥大大峡谷,于是大多数人都消失了。幸存者在山顶上祈求上帝的宽恕。这时波奇卡出现在彩虹上,让洪水退却了。

这个传说可能是直接来自《创世记》的。因为第一批研究印第安历史和神话学的编年史家通常都是西班牙僧人,他们自然要用基督教的服装来装饰印第安人的古代传说了。事实上,这是经常发生的;往往是由于某种天真的误解,但许多情况确实是带有有意识的浓厚的杜撰目的:为印第安人编造一种"基督教的经历",作为一种使他们免受西班牙冒险家常常是令人发指的残酷暴行的手段。早在1537年,教皇保罗三世就通过逐出教会的方式惩罚了把印第安人当作奴隶的做法,这就说明了这种杜撰有多么必要。教皇的惩罚是史无先例的，它大大地协助了传教士在新世界的转变人们信仰的活动。因此，就经常出现把基督教的因素嫁接到印第安人的传说上的事。然而，在上述的彩虹传说中，这就无法进行了。因为彩虹也是秘鲁古代上天仁慈的神话符号，后面我们将会看到，在波利尼西亚也有与西方观念非常突出的一致性。

当波奇卡认为自己已经完成了使命时，他退隐到一个人迹罕至的地区，他在那里像隐士一样生活，为他的人民斋戒、祈祷。然后他就消失了。后来，一个牧师从遥远的东方来到奇布查，宣称波奇卡派他来引领人民回到正直的道路上。这个白皮肤、长着长胡须、上了年纪的传教士在奇布查教给人们农业、天文学、气象学和纺织技术。他还为他们组织了国家，建造了自己的城镇，为他们选择了领袖：一个精神领袖和一个从属精神领袖的世俗领袖。波奇卡传说的记载说：

在巴卡塔（Bacata）的无树大草原上，降下一个从东方来的人。他的头发很长，他的胡须垂到腰带上。他的年纪很大，赤裸着双脚。他的肩头披着斗篷，手里拿着一根棍子。

奇布查人跪倒在他面前，听他讲话。他们将他叫作波奇卡，意思就是皇家的灯罩（Royal Mantle of Light）。

波奇卡很善良。他教导他们，要相信自己的灵魂是永恒的。他还教导他们要相信：善最终会得到报偿，恶要受到惩罚。他还教导他们要相信肉身的复活。他嘱咐他们为贫困者施舍……

但是，在伊拉卡（Iraca）王子的领地，他们这样说道波奇卡：

"从东方来了一个白人。他的头发很长，他的胡须垂到他手上拿着的棍子上，那是朝圣者使用的棍子。

他的头上和脖子上都戴着十字架。他的年纪很大。国王诺潘尼姆向他祈祷。他听从他的教导，这些教导似乎对他有好处。

第六章　美洲：惠特拉马纳大地与白种人的土地

于是王子宣布各处都要遵从主的教导。

诺潘尼姆向主问道："如果有人不遵从你的教导，应该如何处罚？"

主说："你不应该用现世的惩罚强迫人们遵从我的教导。除此之外，在另一个世界还有对恶的惩罚，对遵从上帝教导的奖赏。"

这就是波奇卡的传说，在西班牙征服者时期的一批西班牙编年史中也有非常类似的记载。难怪西班牙人感到很吃惊，因为这与印第安人正常的神的观念相差太远了，以至可以怀疑它是否真的来源于哥伦布以前的时期。但是，奇布查人与其他地区一样具有令人惊奇的高水平的文化。不仅是他们的艺术具有非常高的水平，他们还有一个以黄金为基础的货币体系，一种绝对现代化的历法，根据这种历法，一年被分为12个月365天，每年以12月22日的冬至为元旦。后面的信息尤其有趣，因为最近的调查显示，托尔特克（Toltecs）人的历法似乎也受到旧世界的某些影响，托尔特克人是公元10世纪到12世纪移居到墨西哥的古代印第安人，13世纪阿兹台克人也相继移居过来。很明显，与历法有关的问题不能通过孤立的过程、简单的接触解决，历法具有一套复杂的天文学和数学结构。如果在西半球，欧洲的影响发挥了作用，那么，新、旧世界之间

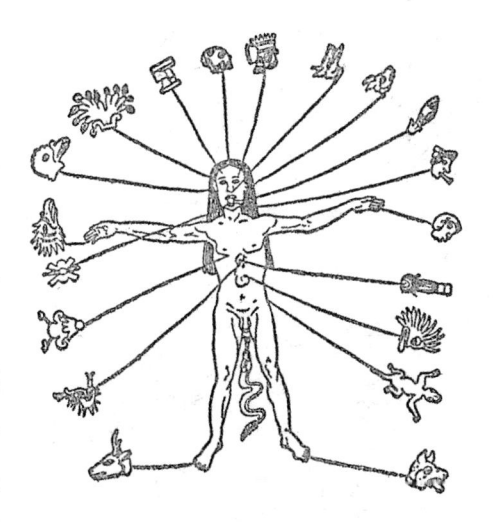

插图25　神奇的解剖。与中世纪的欧洲一样，墨西哥也发展了一种"放血的小人儿"。在他的身上，人类身体上的各个器官都被纳入一种由历法的20种天体符号组成的神奇关系之中。

的关系肯定非常紧密。

不幸的是，我们对古代美洲文明的知识多少有些是不完整的。我们知道，西班牙征服者在美洲遇到了许多高度发达的文化，而且这些文化明显地只不过是原为更加古老、更加灿烂的时期的微弱回声。在中美洲和南美洲辽阔的原始森林中，人们不断地发现了年代久远的遗迹，它们规模宏伟，即使颓败，也依然壮观。我们可以有几分把握地肯定：在公元前2000年到1000年之间，新世界的大地上曾经繁盛过高度发达的文化，但是，我们对所有这一切都无法确知。

遗憾的是，这些时代没有原始的文献记载流传给我们。这些古代民族当中的某些人已经精通了书写艺术，他们那些倒塌了的、正在破碎的巨石堆积的高大建筑让我们感到惊奇。但是，他们书写的文件，几乎毫无例外地都成了时间的牺牲品，在西班牙人到来之前它们就已经消亡了，这或是因为一个民族灭绝另一个民族的残酷战争，或是因为它们屈服于大自然和气候的毁坏。然而，毫无疑问，主要的破坏还是白人征服者狂热的毁坏，白人牧师认为自己是为了上帝而去烧毁印第安人（*Indios*）的本身和他们的文化产品。梅里达❶的主教，仅仅在

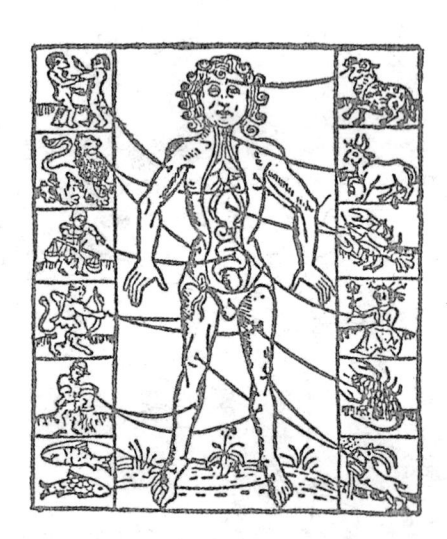

插图26　欧洲中世纪医学使用的"放血的小人"

---

❶ Merida，西班牙西南部巴达霍斯省的城市。——译者

一次盛大的判决仪式上就烧毁了224本玛雅人的手稿，53座圣坛和5 000个雕像。因此，毫无疑问的是，在浩如烟海的玛雅文献当中，到现在只有三件作品幸存下来，而到目前为止，这些文献也只得到了非常有限的破译。能否完整地阅读一个消亡了的文化的这些作品，还未可知。

对那些如此近似于基督教的宗教创始人来说，会出现什么情况呢？仅仅在一个案例中，就有一条似乎非常惊人的线索，值得追寻：波利尼西亚在秘鲁西面2 500英里的地方，他们把孔—提奇（Kon-Tiki），永生的神，当作自己的始祖和最高的神来崇拜，而孔—提奇是印加人赋予威拉括查的名称，威拉括查是印加人从秘鲁的先祖那里采用的名称。

很早以来，人们就知道不仅是个别船只的勇敢水手，而且是整个部落都能穿越浩瀚的海洋进行移民。经典的范例就是奇妙的马达加斯加岛：虽然它与非洲东海岸只隔着一个250英里宽的莫桑比克海峡，但是，在这里居住的并不是非洲人，也不是黑人，而是来自爪哇的人和马来—波利尼西亚人。

从爪哇到马达加斯加的距离大约有4 000英里，而且印度洋可能是相当难以驾驭的，两者之间的连接部分，一片非常辽阔的外海和在这些纬度上常见的令人胆战心惊的风暴，都让学者们长期以来感到怀疑：阿拉伯人关于马来—波利尼西亚在马达加斯加定居的信息来源是否可靠，而我们在这方面的知识就是从此得来的。但是，巴黎的学者加布里埃尔·费琅（Gabriel Ferrand）领导下的法国人进行的一次考察，几乎同时，由莱比锡的人种学家卡尔·伍勒（Karl Weule）领导下的德国人进行的调查，在世纪之初，最终确认了古老的阿拉伯地理学家是正确的，马达加斯加人确实是从爪哇跨过大海移民到这些岛屿来的。究竟是怎样移民的，没有人知道。究竟是什么时候移民过来的，几乎也同样无法确

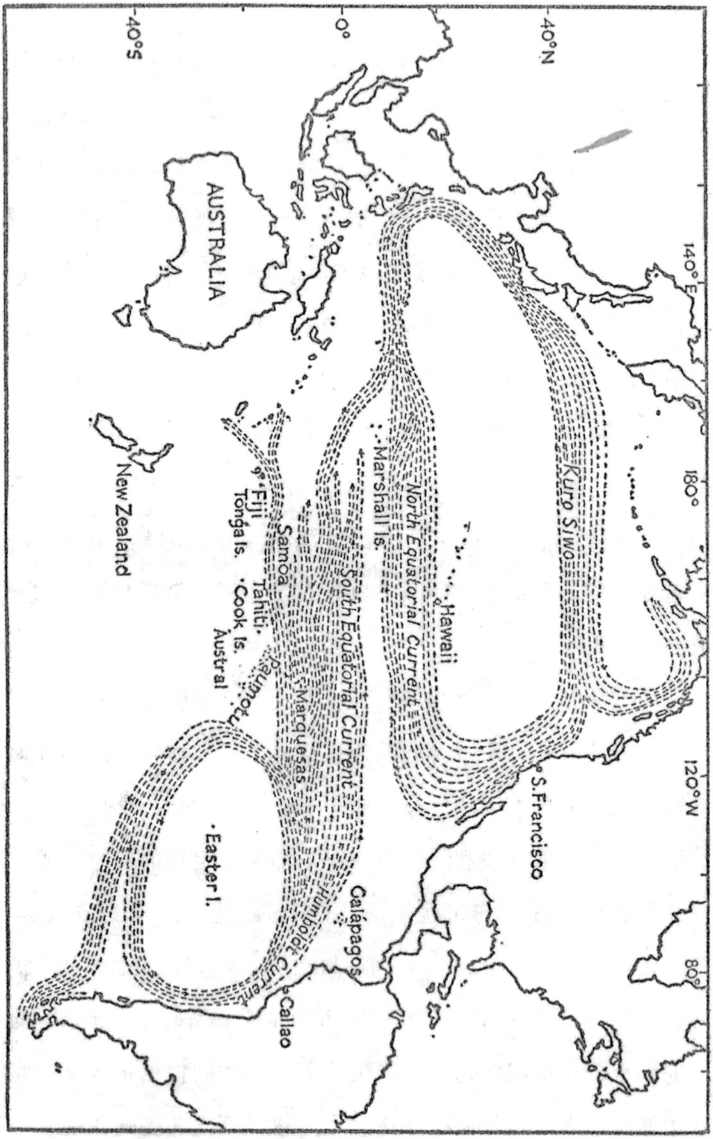

地图15 太平洋中的洋流。图中地名（从上至下）：日本洋流（Kuro Siwo）旧金山 夏威夷 北赤道洋流 马绍尔群岛 库克群岛 南赤道洋流 加拉帕戈斯 马克萨斯群岛 卡亚俄 洋堡洋流 萨摩亚 斐济 塔西提岛（Tahiti）汤加群岛 土阿莫土群岛 南方群岛（Austral）复活节岛 澳大利亚 新西兰

定。但德国的地理学家艾伯哈德·斯特乔（Eberhard Stechow）的考察似乎是这样的：这些跨海移民的第一波浪潮可能是在基督教时代之前抵达马达加斯加的。但是，无论如何可以肯定的是：马达加斯加·霍瓦[1]的人口超过了75万人，他们都是马来—波利尼西亚人。还可以肯定的是：这些移民能够只凭借原始的小船横跨浩瀚的海洋，是靠着贸易季风和洋流航行的。

人们可能认为这些事实足以激励对借助贸易季风而进行的其他理论上可行的移民加以研究。确实进行过这样的研究，但是，其结果从来都不过是些谨慎的建议。后来，挪威年轻的人种学家托尔·海尔达尔通过一次大胆的探险解开了这个科学上关于如果和然后的戈尔地雅斯难结（Gordian knot）。1947年，他乘着贸易季风和洋流，驾着一条按照古代美洲—印第安人的原型建造的越洋木筏穿越了太平洋。当然，他并没有因此解决所有问题，但是，对他在其有趣的著作《孔—提奇探险：乘木筏穿越南部海洋》（参见参考书目）报道的航海成果进行分析，还是值得的。

几十年来，人们已经知道，在几千英里之外的复活节岛上也可以发现类似秘鲁竖石纪念碑（menhirs）的建筑物，竖石纪念碑与欧洲石器时代的独块巨石建筑很相似，但是，它们往往被不知名的雕刻家刻成了人脸的形式。那里也竖立着硕大无比、用一块石头刻出的人头，有四层楼那样高，站在没有树木的岛上，凝视着浩瀚的永恒的大海。很自然地，这些重达几吨的巨无霸似的雕像吸引了第一次登岛的白人的目光。荷兰的船长雅可布·洛洁文（Jacob Roggeween）在1722年的复活节发现了这

---

[1] Malagasy Hova，马达加斯加平民。——译者

个渺无人迹的岛屿,他就曾经提到这些雕像。詹姆斯·库克和他的两个德国同伴:学者约翰·雷茵霍尔德·福斯特(Johann Reinhold Forster)及其儿子格奥尔格,50年后详细地描述了它们。从那时起,关于复活节岛的猜谜游戏就没有停止过。这些巨大的头像有什么意思?谁把它们竖立起来的?这些人是什么时候、如何来到复活节岛的?

这个岛与大陆相距2 500英里的大海,它与波利尼西亚最近的环礁也相距大约1 000英里。这个小岛完全孤立地处于茫茫大海之中。有人设想:某些西方文化的人被抛弃到这个岛上?这似乎是根本不可能的,因为自从洪荒时代以来,季风和洋流都是日复一日地从东方来的。还有人认为那些曾经在复活节岛居住过的人们,是有意识地按预想的计划航行到这个微不足道的火山岛的吗?难道这个想法不更令人惊讶吗?

然而,仅仅是这个假设就提供了一种解释:这些像房屋一样高大的人面是如何可能用复活节岛上的火山石凿制而成的,是如何在汹涌的海上从几千英里❶之外运到岛上,最后深深地把它们竖在地上的?因为这些雕像最小的也重达5吨之多,平均的重量也有10到12吨,最重的则达50多吨。移动它们就需要非常多的人,要抵达复活节岛,只能通过反复的、有计划的航行来完成。这样的壮举,绝不是几次航海遇难的人所能完成的。

或者说,复活节岛只是一个沉入大海深处的完整大陆的很小残存部分?那里曾经有过繁荣的城镇和兴盛的村庄,整个大地也曾经有过肥沃的土地和茂密的森林?这里是否曾有一个已经沉没到几百米深的大洋底部的"大西岛"?许多神智学者根据超自然的天启断然强调这一点。他

---

❶ 原文称:several miles,恐怕有误,译文已变更。——译者

们相信复活节岛上巨无霸似的偶像根本不是我们人类创造的,而是由古老的"雷姆利亚"大陆上巨人般的住民创造的,这个大陆曾经占据了印度洋和太平洋的区域,它最后的残余就是复活节岛。但是,在这里可以看到从岛上高地通往港口的铺砌好的道路,在海岸可以看到登陆地点,直到今天还可以使用的港口,这就说明那里的水平线没有变化。这很明确地否定了大灾难理论。为了搜集更多的证据,很多地理学家被派到复活节岛。他们敲打着、挖掘着,对每个角落和裂隙进行考察。完全可以肯定的是:这里没有大规模的地震灾害问题。因此,复活节岛不是一个沉没的大陆的遗存,它的文化也不是土生土长的,复活节岛肯定曾经有以某种方式从某个地方来的人居住过。

这也给所有文明国家的学者留下了同以前一样无法破解的谜团。后来,1864年在复活节岛巨型的雕刻石柱脚下,发现了几块木片,它们有一掌宽,大多数都有一拃长❶。这就是所谓的科号"荣戈—荣戈(kohau rongo-rongo)",也就是"新闻木片"(news-woods),它们用人像和

插图27 靠近秘鲁的乌马维湖(Umayo),有一个斯鲁斯塔尼半岛。这是岛上的竖石纪念碑圆阵。它们的布局让我们想到了英国的史前巨石柱。

---

❶ 英制的拃,为大指与小指指端展开时的长度,约为9英寸,约23厘米。——译者

"象形文字"进行了浓厚的装饰。至少可以推测,这些木片上的记号是某种图像文字。关于这些会说话的木片,现在岛上的原住民没有人能够提供任何令人满意的信息。最早的白人探险家的观察表明:这些"书写"木片是用于某种宗教祭礼的。后来,这些科号"荣戈—荣戈"就被基督教化了的复活节岛居民当作邪恶的东西毁灭了,只有19片这样的木片在这场浩劫中幸存下来,这使得学者没有什么太多的事情可做了。

在20世纪早期,似乎已经找到了解开复活节岛之谜的线索。1922年,英国考古学家约翰·马绍尔(John Marshall)开始发掘两处有5 000年历史的、曾经在印度河繁盛的巨大工业中心的遗址。这两个城市就是西南旁遮普的摩亨佐—达罗[1]和哈拉帕[2]。他在这两座城市的地下发现了铭文,它们的"书写"文字似乎与神秘的复活节岛上的文字一致。1938年,美国人种学家阿尔弗雷德·麦特劳克斯(Alfred Métraux)重新对复活节岛和那里的现象进行了彻底的调查,他可以显示马绍尔的推想是错误的。幸运的是,必须把它补充进来,因为这样就使我们避免了那些非常危险的扭曲,而这些扭曲又是对这样早期和距离遥远的文化接触进行最为陈旧的解释所需的。阿尔弗雷德·梅特劳克斯自己都感到极为惊奇,他肯定:复活节岛上著名的"书写"木片只不过有200多年的历史,而且是用年代为18世纪的漂浮木雕刻的。因此,在古代印度和与复活节岛的手稿之间不可能存在任何联系。

但是,事实还是存在的:学者们对摩亨佐—达罗和复活节岛的文字木片之间所做的比较,还是显示了许多相似之处。这是无可否认的。而

---

[1] Mohenjo-daro,又称死丘,Mound of the Dead,是印度河流域文明的重要城市,大约于公元前2600年建成,位于今天巴基斯坦的信德省。——译者
[2] Harappā,位于巴基斯坦旁遮普省。——译者

第六章　美洲：惠特拉马纳大地与白种人的土地　　257

插图28　复活节岛上的一片"书写木片。"

　　且，另一方面，史前史学家在南亚和大洋洲所进行的调查似乎也说明了这点：比如维也纳的史前史学家罗伯特·海因—格尔登指出："波利尼西亚文化的起源，或者说，其在台湾—菲律宾—北西里伯斯岛❶地区最重要的构成部分之一，应该用南岛语系（Austronesian）包含的有銎斧石凿（socketed celt）文化与南亚语系的青铜凿（palstave）文化的融合来解释。"用明白的英语来说，它似乎是这样：在远古朦胧的某个时候，某些波利尼西亚岛屿接受了第一批来自西方的定居者。

　　动物学家也持有这种观点。在哥伦布之前的美洲，既没有鸡也没有猪，至少是没有作为家畜存在的鸡和猪，但是，在波利尼西亚就发现了这些人类的古代伙伴。第一批白人探险家清楚明白地证实了这一点。

　　他们还报道波利尼西亚人还有狗，科学很快确认了：南海诸岛的人（South Sea Islanders）养的狗与澳大利亚和印度尼西亚的品种有很密切的关系。鸡与猪的情况也是如此。波利尼西亚物种的原始形态也同样是从南岛语系区来的。

---

❶ 印尼苏拉威西岛旧称。——译者

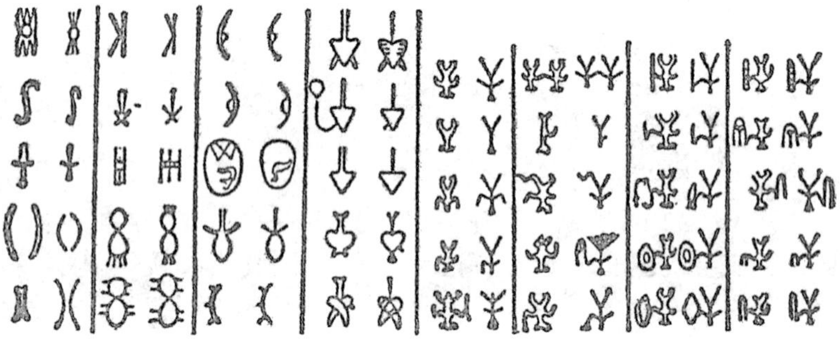

插图29　摩亨佐—达罗文化的书写记号与复活节岛的书写记号的比较。左侧：摩亨佐—达罗，右侧：复活节岛。

因为到现在已经证明了，印度和中国早在大约3 500年前就知道养鸡了，因此，关于某些波利尼西亚岛屿在非常古老的时期就有从西方来的人居住的假设很可能是正确的。在冰河时期之间以及以后很长时间，太平洋无疑出现了截然不同的气候和气象条件，其中包括在南极和北极极度扩大的冰盖之间的贸易季风带急剧变得狭窄的情况，这就可能导致季风和洋流出现完全不同的状况，因此，即使利用十分原始的木筏也有可能驶向东方。然而，无论在何种情况下，这一点都不适用于史前时期和历史时期，只要看一下太平洋的地图，就会使任何人都相信在这片海洋里存在着太古的荒原。史前的人们是如何乘坐摇摆不定的独木舟和原始的木筏迎风破浪跨越这些茫茫大洋的？如果有人提出理论：这些未知的早期人类不仅到了复活节岛，而且还到了南美洲，那么，人们就一定会问，为什么石器时代的欧洲人没有跨越旧世界与新世界之间狭窄得多的海洋成批地航海到美洲？

然而，谜团到这里并没有解开。18世纪初，当第一批欧洲人来到复活节岛的时候，他们遇到的人几乎就是白人。有几个男人留着长胡子：

在南海和南美洲的印第安人那里，原来是没有这种蓄须方式的，他们还说自己的许多祖先是白皮肤的，而其他人则是褐色的。他们细心地一代一代口口相传把这个传说传下来。美国军舰莫希干人号的事务长威廉.E.汤姆森，1886年在这个岛上住过一段时间，在他的正式报告中说：他们说自己的白人祖先曾经乘坐一些大船来到岛上，"是从东方有山的地方来的，太阳把那里烤焦了，他们一直向着落日航行。"第一批到达波利尼西亚的欧洲人也听到过类似的故事。在那里，尤其是在首领和贵族当中，他们发现许多白皮肤的土著人，长着红头发、金色头发，灰蓝色的眼睛，漂亮的鹰钩鼻子。这里也有一些古代传说，大意是波利尼西亚人的故乡在遥远的东方，太阳神提吉（Tiki）在久远的年代带着他的人民乘着大木筏来到波利尼西亚。除了这些几乎是白皮肤和完全是欧洲人相貌的土著人，那里还有其他长着褐色皮肤、乌油油的头发和南海常见的扁平鼻子的人。在波利尼西亚，所有首领的名字都可以通过口头追溯到这些岛屿最初有人居住的时候。

这个说法或是受到了彻底怀疑，或者，可能更糟糕，被篡改了，以符合卢梭的"高尚的野蛮人"理论。当库克和福斯特回到欧洲的时候，人人都受到了卢梭的自然哲学的影响。因此，关于半白皮肤、半褐色皮肤、友善而可爱的土著人的报道恰逢其时，当关于人类天真无邪的美好梦想被扭曲为荒谬的宫廷牧歌式的田园诗的时候，科学嘲讽地抛弃了这些事实。因此，100多年后，才有人钻研这个问题。

开路的先锋是夏威夷的伯尼斯H主教博物馆主任彼得.H.巴克，他是著名的人种学家和人类学家，20世纪初，他在波利尼西亚人当中进行了一项广泛的人体测量考察。巴克本人从母系来讲也是一个波利尼西亚人，根据数以千计的个体测量，他认为波利尼西亚岛屿上的居民毫无疑问是欧罗巴人种（Europoid）。他的发现概括如下：

在波利尼西亚各处对活着的人们进行的考察，其结果证明太平洋上的熟练水手肯定是欧罗巴人种，因为他们的特征中没有羊毛似的头发、黑色皮肤和黑色人种细小的小腿，也没有蒙古人种的扁平面孔、矮小的身材、向内下垂的上眼睑皱褶。(《日出的北欧海盗》，P16参见参考书目）

这与库克船长1773年第二次到南海航行时得到的印象是一致的："我们在他们当中看到了几百张真正的欧洲人的面孔和许多真正的鹰钩鼻子。"乔治·福斯特关于马克萨斯群岛的居民说道："他们许多人可以和古典艺术的杰作并肩而坐，而无任何差异。"关于塔希提岛[1]的国王阿黑图阿（Aheatua），他甚至写道："他的肤色比他所有臣民的肤色都白，他的头发长长的，有光泽、淡褐色，到了末梢则变成了红褐色。"

怀疑者可能认为，库克和他的科学伙伴多少有些热情地夸大了他们的发现。但是，波利尼西亚人自己却明显地为他们与这些不可思议的陌生人的相似感到吃惊。无论如何，乔治·福斯特都以极大的乐趣叙述了：波利尼西亚人珀里亚是乘船来到塔希提的，经过一段时间后，当他登上其他的波利尼西亚岛屿时，他请求允许他穿戴得像个欧洲人。

他穿着一件亚麻夹克和一条水手的裤子登陆了。他扛着库克船长的牛角制的火药筒和子弹袋，而且希望算做我们的一个成员。为了这个目的，他从来不说他的母语，而是嘀嘀咕咕地发出各种让人听不懂的声音，这确实还真的骗了当地人。为了更好地进行欺骗，他希望不要再叫他塔希提的名字：珀里亚，而是叫一个英国名字……

---

[1] Tahiti-iti，该岛在太平洋中部，为法属社会群岛的主岛。由大小两个部分组成：塔希提—努伊（Tahiti-Nui／大）和塔希提—艾提（Tahiti-Iti／小），中间有一个地峡连接。——译者

这非常重要。因为它表明：珀里亚知道自己穿上欧洲人的衣服，就非常像他欧洲的朋友，只是自己的波利尼西亚名字和自己不能说英语会暴露他的身份。正如乔治·福斯特证实的那样，他的同胞们确实把他当作白人了。

毫无疑问，这是有效的证明。因此，很难怀疑：在某个时间或其他时间，有大批的白人涌到了太平洋岛屿地区。白人可能在什么时间来到这里呢？

当然，毫无疑问的是，在某个时间，浅肤色的印欧语系的人居住在印度。同样可以肯定的是，孤立的印欧语系的部落曾深入到亚洲更远的地方。还可以肯定的是，太平洋阻止了他们的前进，至少是在历史时期之内，那时，地球上这片最大的海洋的航海条件与今天的条件完全相同。然而，另一方面，让人不能怀疑的是：这次白人向南海的移民是比较晚近的事。复活节岛和波利尼西亚的土著人都说，他们的祖先是在50代或60代人之前来到太平洋诸岛的，换言之，如果我们认真地对待他们的说法，那就是在12个世纪之前来的。这可能不准确或有夸大的地方。但是，波利尼西亚的移民不可能发生在中世纪之前，则由下面的事实令人信服地证明了：从北纬20°到南纬40°之间，所有波利尼西亚人都讲一种语言。库克和福斯特都非常惊奇地说到他们的塔希提同伴珀里亚，在所有的岛屿上都能同样良好地与人交流。而且，讲波利尼西亚南部方言的彼得.H.巴克也肯定了：在我们的时代，从夏威夷到塔希提之间几千英里内都讲的是同一种语言。同样，各处土著人的编年史家传授的都是同样的宗谱。关于这一点，巴克声称：

使波利尼西亚殖民化的祖先，他们的名字到处都是一样的，甚至远到新西兰、库克群岛、社会群岛、土阿莫土群岛、南方群岛和马尔库萨群岛和夏威夷。这就证明了在历史时期，所有波利尼西亚人都有共同的祖先。

这就无可辩驳地证明了，波利尼西亚的移民肯定是发生在历史时期，这更进一步强烈地捍卫了这个信念：这次移民不是来自西方，不是从印度和马来亚来的，在中世纪，那里已经不再有石器时代的民族，而是从东方，从美洲来的，他们的文化，在西班牙人入侵之前，基本上具有石器时代的特征。

看起来，这是一个非常大胆的假设。但是，如果完全接受了上面引述的证据，那么它的结论几乎就是不可避免的。另外，波利尼西亚人的技术—物质文化和精神—宗教文化都显示出与南美洲文化广泛的一致性。人们的注意力不断地投向了事物的这个方面。最近的是斯堪的纳维亚的人种学家厄兰德·诺登斯奎尔德（Erland Nordenskiöld，1877~1932年）在1931年所做的比较。他把秘鲁的物质文化和波利尼西亚的物质文化之间的相同点列表加以比较。不仅武器是相同的：喷矢筒（blowpipe）和奇怪的、像剑一样的木棍，个人装饰和梳妆用品是相同的，比如金属的宽大的手镯、龟甲或贝壳，还有一种刷子与梳子结合的用品，它只存在于秘鲁和波利尼西亚。另外，我们还发现：这两个地方都有一种双体独木舟、有特色的三角帆和鱼钩，所有这些都可能通过短暂的接触获得，但是，许多更复杂的知识也从秘鲁传播到了波利尼西亚。这包括对延伸到山上的梯田的人工灌溉、吹奏海螺壳的难度较大的艺术、极其古怪的为头盖骨穿孔的风俗，在南美洲西部和波利尼西亚都很普遍地流行这种风俗，使用木椅子，在宗教仪式上跳带面具的舞蹈，最特殊的是发明了著名的结点"书写"，印加人和波利尼西亚人都应用这种方法。

不带偏见的读者可能会感到，诺登斯奎德长长的关于相同性的表格中这些少数例证，已经能充分地驳倒那些认为这只是巧合的论点。尤其

第六章 美洲：惠特拉马纳大地与白种人的土地

是，这一事实：秘鲁和波利尼西亚都尝试（但世界各地都没有）发展一种把各种尺寸和各种形状的结点按照有意义的顺序安排，以便进行记忆的"书写"方式，这就不能用巧合来解释了。这里没有什么疑问了：程序上的相似性是以两种文化之间紧密的接触为前提的。

下面的论点对这一观点给予了强有力的支持：当第一批欧洲人来到波利尼西亚的时候，他们惊奇地发现：他们为岛上居民带来的一些栽培植物之一，即马铃薯，波利尼西亚人早就

插图30 拿着奇普❶和算盘的印加抄写员。引自插图编年史 *Huaman Poma de Ayala.*

知道了！这里生长的是甜品种，群岛的西部都不知道它，只有波利尼西亚人居住的地区知道。另一方面，它也出现在东方更远的地方，即复活节岛和南美洲。远古时期，这里的某些地区就培育了红薯❷。由于马铃薯非常容易受海水感染，它的根会立即腐烂，因此它不可能是漂流到海岛上来的，而肯定是有人类带来的。美国人种学家R. B. 迪克松在30年代初期对这一问题进行了专门研究，他说："这种植物只能通过人的手从美洲带到波利尼西亚的，"彼得. H. 巴克明确地肯定：夏威夷种植红薯大约不会晚于公元1250年，新西兰种植红薯不会比这晚100多年。他进一步

---

❶ Quipu，古代印加人的结绳文字。——译者
❷ Ipomoea batatas，又名番薯、甘薯、山芋、地瓜等。——译者

指出，在秘鲁北部的盖丘亚族[1]的方言中，红薯叫做库马尔（*kumar*），而在波利尼西亚，红薯则叫做库马拉（*kumara*）。这一观察很重要，因为它找到了南美洲和波利尼西亚之间的出发点。秘鲁南部不知道库马尔的名称。因此，至少就红薯的问题而言，秘鲁与波利尼西亚之间的联系，肯定是发生在秘鲁北部。

与秘鲁北部有关的各种各样的语言一致性，已经成为南美洲与大洋洲之间神秘联系的起点。

复活节岛	秘鲁北部	
unu	unu	水
hapay	apay	去拿
kiri	kiri	皮
toki	toki	斧
ariki	ariki	首领
tuu	tunu	柱子，桩子
karu	koroa	远离的
poko-poko	ponko	树干，深洞
rarako	raku	浅颜色、雪
kimi	kimi	瓠瓜

重要词汇之间的一致性，当然不是偶然的，特别是最后一个词，*kimi*，葫芦，*Lagenaria vulgaris*。和红薯一样，瓠瓜（bottle gourd）和所有其他种类的葫芦属植物都起源于美洲。尤其是葫芦，它是美洲原始森林中的一种植物。在波利尼西亚和秘鲁，不仅有葫芦的果实，从远古的时

---

[1] Quechua，南美印第安人的一大分支。——译者

代开始，那里就使用葫芦的壳了。用火烤干后，葫芦壳可以做极好的盛水容器。波利尼西亚的水手和渔民与秘鲁沿岸的印第安人，早在与旧世界来的征服者和探险家接触之前几个世纪就会使用葫芦壳了。然而，任何种类的葫芦都不能耐盐水，即使是短时间也不行。因此，瓠瓜、扁平葫芦（turban gourd）任何其他种类的葫芦都只能靠人驾驶的船只来到波利尼西亚。事实上，瓠瓜在太平洋两岸都叫做kimi，这就进一步指明了这种植物是来源于美洲。在上述关于相似性的表格末尾，有一种起源于热带美洲的药用植物：无患子（*Sapindus saponaria*），它有止血的效果，也可以用来做肥皂。这种植物也生长在波利尼西亚，而且，非常值得注意的是，它在复活节岛和美洲的居民当中都有一个相同的名字：*para-para*。

在精神和宗教领域，情况也完全相同。秘鲁关于威拉括查的神话说道：有一天，白人宗教创始人把自己的披风抛到西方的海上，坐在上面，然后就消失在海洋里，波利尼西亚西南的汤加群岛有一个古老的传说，说到早期的波利尼西亚人神秘地离开了，跨过海洋到东方遥远的地方。至高无上的神汤加洛雅（Tangaloa）在时间开始的时候，把滔天的洪水洒向大地。当洪水退去的时候，他派他的两个儿子带着家人占领了波利尼西亚的土地。但是，一个嫉妒、懒惰的儿子谋杀了自己勤劳、有创造力的弟兄。于是汤加洛雅发怒了。他把这个被谋杀的家族，也就是汤加人，迁到东方，跨过海洋到遥远的地方，他赐予他的人民白色皮肤、惊人的技术、无限的财富和建造大船的能力。然后汤加洛雅宣布："风要从你的国家吹到汤加。但是，其他人要留在汤加，他们长着黑色皮肤，没有财富。你们白色的兄弟将带财富给你们，和你们做贸易。"

这是英国人F.梅里安在1818年记录的，他是第一批系统地勘察波利尼西亚和系统地记录其发现的人之一。他确信：这是非常古老的传奇。德国探险家格奥尔格·格兰德对洪水传说进行了研究，一个世纪后研究了汤加神话，他也表达了这个观点："后来这里出现的白人，实际上是与某个非常古老的神话相连的，那个神话与上帝的普—罗图大地（Land of Pu-Lotu）及其经常来到汤加的白皮肤、神圣的居民有关。"

威拉括查向西消失在大海中，汤加洛雅的孙子们向东跨过浩瀚的海洋迁移到另外的土地上，他们二者都是白色皮肤，都以更精良的技术和无限的财富与他们黑皮肤的兄弟相区别，这样太平洋的两岸，从古代就通过他们的子孙向对岸伸了双手！因此，秘鲁的神孔—提奇在波利尼西亚也受到崇拜，值得注意的是，在波利尼西亚的东部和中部受到特别崇拜。 因此，正如图尔·海尔达尔报道的，威拉括查的追随者之一，塔尼也意外地出现在波利尼西亚的东北：作为孔—提奇的助手神，作为工匠和手工技巧的神。彼得·巴克早在海尔达尔之前就独立地在他的括号中说道：塔尼是作为白人部落祖先出现的！

在我们整个叙述的语境中，我们不能不对此感到惊奇。像提奇和塔尼这样的神在太平洋两岸都同样为人所知，这一事实表明了他们之间紧密的联系。因为神的转移很困难，而武器和装饰的转移却很容易，这二者的程度正相等。它需要坚固的桥梁，

插图31 秘鲁的金属高脚杯。这个人物的头上戴着一个王冠或环形饰物，这与在哥伦比亚的圣奥古斯蒂诺教堂（St. Agostino）或在复活节岛上发现的偶像极其相似。

需要两个民族之间漫长、不受干扰的联系,通常某种种族或血缘的亲属关系是一个必要的先决条件。秘鲁和波利尼西亚之间紧密的联系,也清楚地显示在艺术领域;尤其是通过复活节岛的雕像风格,这种风格出现在哥伦比亚、秘鲁和波利尼西亚。在复活节岛上,这些雕像都具有欧洲人的外貌:它们的脸面狭长,都有突出的、轮廓鲜明的鼻子,弯曲的薄嘴唇,似乎有些轻蔑,长着尖尖的胡须、突出的下巴。任何看到它们的人,甚至是看到它们的图像的人,都会同意:它们不可能是按照蒙古人种或黑色人种雕刻的。除非我们假设,复活节岛的雕像完全是从雕刻家不受约束的创造性想像中跳跃出来的,他完全是偶然地为自己的作品赋予了白人男子的形象;那么,我们只能得出结论:这些雕像具有肖像的性质,或者至少是:它们再现了代代恭敬地传下来的关于祖先的传统概念。这是海尔达尔的推论。

插图32 复活节岛上的阿里基(ariki),他站在独木舟上,戴着结成三角形的羽毛头饰。选自复活节岛的一个木片上的书写记号。

他还报道说,根据复活节岛的宗谱传统,白人是在公元400年到500年之间乘着大船从东方来到太平洋这个荒岛的,而褐色人种则是从波利尼西亚诸岛来的。我们必须把彼得.H.巴克看做是所有关于波利尼西亚问题的首位权威,但是,很显然他对这些一无所知。他报告了他的人类学考察的结果,这使他相信

插图33 带三角性头饰的首长。选自复活节岛的另一个木片上的书写记号。

波利尼西亚人是欧洲人，他说工匠之神塔尼被看做是白人的祖先，他叙述道：过去在芒阿雷瓦岛（Mangareva），那里有两个王，一个是白人王阿卡里吉提（Akarikitea），另一个是黑人王阿卡里番古（Akaripangu）。但是，显然他并没有重视这些传统，毫无疑问，这是因为在他写作那本书的时候，他无法恰当地解释白种的波利尼西亚人是什么时候来的。因此。巴克断言复活节岛巨人头像的雕刻者只能是来自马克萨斯群岛或是赖瓦瓦埃（Raivavae）岛的人，在那里也有类似的巨型雕像，而在社会群岛，夏威夷和新西兰只竖立着小的石头人像。他没有提到秘鲁，也没有提到复活节岛与南美洲的任何联系。

现在，复活节岛上大多数雕像的身上都有一条奇怪的腰带，是用火山岩雕刻的浮雕，在的的喀喀湖畔的秘鲁巨大的人头上也有这样的带子。正如海尔达尔指出的，这代表雨虹带子，即孔—提奇的神秘标志。在波利尼西亚的芒阿雷瓦群岛，流传着古代的传说：太阳神在他面前展开了雨虹带子，穿过这条带子，他来到了芒阿雷瓦群岛，好像在南美洲架了一座悬空桥梁。但是，在芒阿雷瓦却没有带子的浮雕。这似乎表示秘鲁与复活节岛之间的艺术交流要比复活节岛与马克萨斯之间的交流更密切。

有一系列细小的证据，虽然多年来已经为人所熟知，但却很少被放到整个问题的语境中加以评估。这些证据又加强了上述的观点。多年来乔森主教就是复活节岛居民的精神领袖，他还对他们进行了研究，他把插图32和33中复制的两个符号收入到他编纂的复活节岛语言词典中。它们表示一个独木舟上乘着男人，他们的头发或头饰被编成了三角形辫子。这种三角形的辫子或羽毛束，世界上只有其他两个地方出现过：亚马逊和秘鲁。人种学家I. Fr. Ph．冯・马提乌斯（von Martius），卡尔・冯・马修斯❶曾在上世纪❷初在亚马逊一个野蛮的印第安部落——尤里斯人那里看到过；另一个就是在秘鲁，正如插图34中的帕恰卡马克❸的装饰所示。

秘鲁著名的特鲁希略罐（Trujillo jug），是古代印第安工艺品的一件杰作，在每部重要的艺术史著作中都描述过它。罐子上有插图35描绘的形象，它刻画了一只被两根直立的棍子框起来的很有风格的鸟。这可能表现的是因蒂鸟❹，它是围绕威拉括查飞翔的长着翅膀的伙伴，就像奥丁❺的知晓万事，知晓过去与未来的渡鸦一样。这个标志特别使人想起了美拉尼西亚的祭祀鸟的形象，尤其是新几内亚旁边的所罗门群岛的黑人的祭祀鸟。这些记号与秘鲁发现的记号很相

插图34　帕恰卡马克的银箔装饰上的羽毛状镶嵌图案。秘鲁也有三角形辫子的头饰。

插图35　特鲁希略罐上的鸟形。

---

❶ 全名卡尔·弗里德里希·菲利普·冯·马修斯，Carl Friedrich Philipp von Martius，1794～1868年，德国植物学家和探险家。1817年前往巴西考察，从里约热内卢出发，到过巴西东方和南方各省，上溯到亚马逊河和几条大河的上游。——译者
❷ 即19世纪。——译者
❸ Pachacamac，秘鲁遗址。——译者
❹ inti，印加神话中的太阳神，亦是印加帝国的守护神。——译者
❺ Odin，北欧神话中的主神。——译者

205 似，复活节岛的书写木片上也描绘了这些记号。我们从库克船长和福斯特那里知道，鸟的雕刻有时会与鱼的形象搭配，常常出现在波利尼西亚首领和英雄的金字塔墓地玛莱（marai）上面。如果这些相似之处是出于偶然，那是非常奇怪的!

还有一个物件也必须列在这里，它或多或少能够使画面完整起来：这就是柏林人种学博物馆内所谓的彪马盒子（Puma Box）上的一个人物背上的装饰。它是扇形的，可以说是羽毛、皮毛或鱼鳞，还可以从两个相互独立的复活节岛木片上看出来：一个木片在列宁格勒修道院内，一个在比利时的布赖恩勒孔特（Braine-le-Comte)博物馆。世界其他任何地方都没有这样的记号。它只出现在秘鲁和复活节岛，至少可以说它是引人注目的。

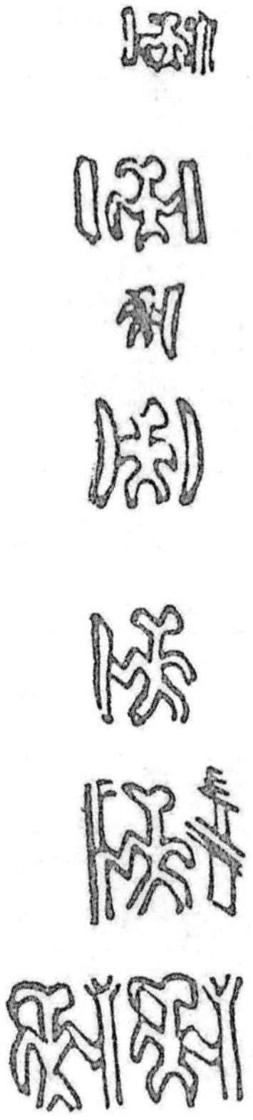

这是非常典型的，以至注意到这种奇特的一致性的不是严格正统的科学家，而是一位女画家K.冯·穆勒（von Möller）。10多年前，她在《人种学杂志》（Zeitschrift für Ethnologie）上报道了它。也就是说，作为局外人，她可以不受指责地指出这样的视觉上的相似，并从中得出结论，不可避免地必须应用常识：即这里存在着接触和联系，我们对此所知甚少，但是，我们不能因为没有确实的文字记载，就把它们作为纯粹想像虚构的东西加以摈弃。

我们怎样去理解这些事物？它们都是巧合吗？将近两个世纪以来，科学家一点一点地积累了证据，也许他们都误入迷途了？也许他们都在

插图36 两条木棍框起来的神秘的鸟。复活节岛上的书写标志。

预想的观点的驱使下而工作？只观察那些适合他们理论的那些事实？具体地说，太平洋真的是被从东到西跨越的吗，也就是说，从美洲到波利尼西亚诸岛？或者是相反，波利尼西亚人确实是一流的水手，难道是他们航行到了美洲？

人们可以假设，完全可能是这样：航海用的带有舷外浮材的船只时而都能抵达美洲西海岸。但是，这些船只肯定不是在秘鲁登陆的，而是在相当远的南方，在太平洋寒冷的西方洋流达到东海岸的地方。这个地方在南纬40°的地区，在瓦尔迪维亚和瓦尔帕莱索之间，在秘鲁以南很远的地方❶。但是，这里的红薯不叫 *kumar*，这里也没有葫芦和美洲无患子（*Sapindus saponaria*），没有结点书写，没有叫提奇或塔尼的神，没有巨人雕像，也没有从远方来到东方的白人宗教创始人的传说。所有这些只限于秘鲁，尤其是秘鲁北方，这表明了：美洲与大洋洲之间的交流是从美洲而不是从波利尼西亚出发的。贸易季风和洋流肯定是从秘鲁把海上的船只带走，然后赶上洪堡洋流来到大洋洲。

另外，尽管波利尼西亚的船长具有高超的航海技术，但是，他们的舷外浮材船从技术上讲，也是原始的小船。舷外浮材船的结构迫使它始终要保持顺风的方式航行，也就是说，当主船由于风帆的压力而倾斜的时候，舷外浮材就高出了水面，而不是浸没在水下。这对任何熟知帆船的人来说，都是不言而喻的。然而，对那些青年时期就在南海生活的人而言，却很难得到肯定，这主要是因为，受欧洲人的影响，舷外浮材船的航行已经成为被遗忘的艺术，即使是在南海。我们所能知道的就是，这些经历了所有七大洋的风浪的古代水手，没有一个人记得他们曾经看

---

❶ 实际上，这地区是智利中部。——译者

到过一艘波利尼西亚的船会满帆抢风航行。阿德尔贝特·冯·沙米索❶在1815至1818年期间的世界旅行,大约是在库克船长和两位福斯特之后的40年,仍然有机会看到波利尼西亚的舷外浮材船在航行,那些船现在已经收藏在我们的博物馆里。他对这样的小船做了如下描述:

"船的中部捆着一个摇摆的平台,从两侧探出水面:在背风面短些,在迎风面长些,那里有一个轻的木制结构向船尾弯曲,这个结构与一个舷外浮材连在一起,与船壳相平行。在这个平台的迎风面有一根桅杆,用几条绳子捆绑着,并向前倾斜,上面挂着一张简单的三角帆,帆的一角拴在船头。靠手动的舵来掌舵。水手站在或躺在平台上,遇到强风时,他就贴近浮材,遇到弱风,他就靠近船身……"

这很清楚地表明,波利尼西亚人是利用舷外浮材作为平衡杆的。只要抓住索具,这样的船就能在最强的风里航行,而且毫无疑问可以获得意想不到的速度。同样毫无疑问的是,操纵这些船只的水手在盛行风的正确角度下也能把握他们从塔希提到夏威夷的航程,反之也行。这些船只所不能做的就是在我们关于长距离的词义中抢风强行。在漫长无际的时间内,在无限遥远的距离中,为了从波利尼西亚航行到南美洲,而这恰恰是应该必须做到的。毫无疑问,偶然也会有些单独的船只做过尝试。但是,绝对不可能的是:在历史时期大多数的风向和洋流条件下,一些带着妇女、儿童,装载着生活物资和牛的完整舰队会冒险穿越横亘在波利尼西亚和美洲之间的浩瀚波涛。

这些被人遗忘了的南美洲移民究竟是如何抵达波利尼西亚的?沙米

---

❶ Adalbert von Chamisso, 1781~1838年,德国抒情诗人兼小说家,又是知名的生物学家和语言学家。——译者

索断言:"美洲人从来没有航海民族,"而且这个断言从他的时代就被不断地重复,而且很少遇到争议。当然,就我们所知,印第安人普遍都有相当原始的独木舟或苇编筏子,那是河流中使用的筏子,它们也可以在靠近海岸的近海航行。然而,除此之外,至少在南美洲,他们还有一种大型的航海用的带帆筏子,是用巨大的轻木(balsa)圆材造的,由于在圆木之间固定了许多中插板,它们也具备沿着航道航行的能力。西班牙船长巴托洛梅奥·鲁伊兹曾经参与了皮扎罗的一次预备性的探险。他生动地描述了1525年他感受到的极大震撼,当时他看到在厄瓜多尔海岸外面有一艘满帆的大船在航行。他说道,他只能设想:这样鼓胀的风帆是一艘西班牙船只的,另外某个西班牙绅士已经在他之前到这里来寻找埃尔多拉多[1]了。后来,他看到出现在他面前的不是西班牙轻快的小帆船,而"只是"一只印第安人的航海筏子,是一艘排水量大约30吨,有大约20名水手的船,这时他松了一口气。

普雷斯科特在他著名的关于皮扎罗征服秘鲁的历史著作中,详细地记述了这个插曲。人们千百次地读了这个插曲,但是往往忽略了它。我们欧洲早期的祖先,曾在千年的时间里迈出了巨大的步伐从带帆筏子发展到船只,这段历史已经变得非常遥远,以至我们有经验的航海家都不能想像如此笨拙的家伙怎么能航行。除了所有其他东西,他们认为这样一个筏子上的水手,只要遇到一个大浪就会被卷下船去。因此,这些难看的筏子似乎完全不可能在水手的操纵下,带着达到彼岸的期望穿越数千英里的太平洋。

即使是旱鸭子也能做到这件事,这样的证据是由一小群挪威人提供

---

[1] El Dorado,传说中的南美洲黄金之国。——译者

的。他们乘着洪堡洋流和贸易季风从利马的港口卡亚俄出发，用100天的时间，驾着一只按照古老的印第安人的原型制作的风帆筏子抵达波利尼西亚，这就是著名的"孔—提奇远航"，对此，我们在上面已经加以介绍。他们是六个挪威人，关于这些真正的古挪威人的后裔，我们在这里还要详细介绍。他们没有航海经验，但是，他们的远航提供了完全无可辩驳的证据：驾着最原始的筏子也能跨越不可思议的遥远距离。成功地完成了这次远航，对波利尼西亚可能真的是被从东方来的人定居的，就不可能再有什么怀疑了。至少也应该承认，由于海尔达尔和他的五位同伴生死与共、风雨同舟的事实，他的理论也增加了巨大的分量了。为了公平，现在要听听提倡下面这一理论的人了：在哥伦布之前，就有人从波利尼西亚驾着一艘大洋洲的外海独木舟向东方航行，从大洋洲来到美洲了。就我所知，目前还没有人讨论过这样的计划。

尽管如此，海尔达尔宏伟的漂流航海还不能证明：波利尼西亚确实是由从东方跨过太平洋而来的人定居的。因为，海尔达尔和他的同伴至少知道，在他们航程的终点等待他们的是陆地。他们对地球是熟悉的。他们的船上也有海图。他们还经常通过无线电与文明世界进行联系。公元1世纪中叶所谓的白人移民者却没有这些现代化的技术援助可用。他们既没有无线电，也没有海图。显然，他们只能带着男人、妻子和孩子，漫无边际地航行。

我们能这样设想吗？第一批定居者对自己向什么地方航行没有一点想法就下海了，我们能相信吗？他们乘坐自己简陋的筏子，凭着某些运气，对贸易季风和洋流能否把他们带到陆地没有把握，就把自己托付给浩瀚无际的南海？恰恰没有发生这样的事。在下面一章里，我们会看到冰岛的古挪威人是如何小心翼翼地摸索通往格陵兰的道路的，他们是如何细致和彻底地考察了新的大地及其生存条件，这时，我们就会理解这样的殖民化是如何实行的。完全不可思议的是，那些波利尼西亚水手会盲目地与命运之神去赌博。

海尔达尔并没有做这样的假设：来自秘鲁的白人流亡者利用了那些世纪里欧洲使用的航海型船只，虽然这一理论绝不是荒谬可笑的，如果人们承认：在哥伦布之前秘鲁就有一批白人的人口。他的推测是他们利用了古代印第安传统的轻木木筏。他可以用下列事实支持自己的观点：在欧洲人到来之后，波利尼西亚东部的芒阿雷瓦群岛依然使用同样类型的筏子。巴克也谈到了这个问题，他说芒阿雷瓦群岛使用的筏子是专门在周围各岛之间运送货物的，而更远距离的航程，则是用双体独木舟或舷外浮材独木舟来完成。他声称，他们现在还在使用独木舟，只是因为与航海独木舟相比，它们更容易制作，更少需要木材，更少需要高度专业化的匠人。对于我们在秘鲁海岸上的白人流亡者来说，这一论据可能也是有效的，因为在卡里酋长的攻击之后，他们的时间可能很紧迫，因为他们要从安第斯山的山林把制木筏的木材运到海岸。

海尔达尔对他的远航必须考虑的重要的预备性问题，不过是做了一个暗示。他猜测孔—提奇是在卡里的屠杀之后开始制作筏子的，只是为了躲避敌人，然后事与愿违地被洪堡洋流冲向了西方。然而，显然关于西方大洋中有一片大地的谣传是很早就流传的。传说曾说道：在西班牙人到来之前不久，秘鲁和厄瓜多尔的君王印加·图帕克·尤潘基（Inca Tupac Yupanqui）曾命令一支人舰队到海上寻找这些岛屿。他似乎找到了加拉帕戈斯群岛。无论如何，他在将近九个月之后凯旋。因此，有人倾向于假设威拉括查知道，或者至少希望他将在西方找到陆地。

海尔达尔在他的书中报道说，他的筏子在24小时之内航行了60到80

海里，就是说，时速是三节。完全不可思议的是这原始的木筏逆着这样强劲的洋流竟能向东航行。因此，海尔达尔否定了人们不可能从西方经海路来南美洲定居的观点。

四

一开始似乎就可以肯定的只有一件事：巴斯克人和凯尔特人在相当早的时期就航海到了大西洋的西北部，因此也就来到了美洲的紧邻地带。在巴斯克人当中，许多生动的口头传说仍然流传在几个世纪之前关于"鳕鱼大地"的发现中。"鳕鱼大地"是指纽芬兰海岸线。那里有异乎寻常丰富的鱼类，但没有文字记载了，因为巴斯克各城市的档案库都毁坏得片纸无存了。欧仁·格莱西（Eugen Geleich）几乎完全肯定地证实了：法国加斯科涅（Gascon）的渔民，早在哥伦布之前就在美洲的水域为家了。因此，对在美洲印第安人语言中，发现法国高加塞尔特人（Gallo-Celtic）词汇的无数报道就不值得大惊小怪了。确实，某些报道声称，用现代爱尔兰语或威尔士语能够与某些印第安部落勉强进行谈话。葛发雷❶在他的小册子《哥伦布之前美洲的爱尔兰人》（参见参考书目）中，引证了几个这样的报道。他们谈到了肯塔基、弗吉尼亚和卡罗来纳州，就是说，那些地区我们已经作为图斯卡罗拉和"其他"白色印第安人的主要首府命名的。事实上，它特别谈到卡罗来纳的威尔士居民还生动地记忆着他们部落的英雄马多克的旅程。在这里，特别提到的是图斯

---

❶ Paul Gaffarel，1843～1920年，法国迪松大学教授。——译者

卡罗拉印第安人。一个名叫欧文的英国地理学家在他的《不列颠古代风俗集成》(伦敦，1877年)中谈到乔纳斯·摩尔甘的历险，他在1685年被弗吉尼亚的图斯卡罗拉人俘虏了。由于他会讲威尔士语，他没有被剥皮，而是受到友好的接待。他在那里住了四个月，而且能没有太多障碍地用威尔士语和他们交谈。

对这些和与其相似的报道也应该持一种批评的态度，特别是关于在印第安人语言中也发现了波利尼西亚人和埃及人的根源的报道。在1746年，康达麦恩（Condamine）断言，他在印加语中发现了希伯来语单词。英国人唐尼雷（Donelly）"发现"在墨西哥的地名中有古代美洲的词干，他的同胞海德·克拉克"揭示"了非洲和墨西哥语言之间的一致性。面对这些想入非非，（美国人，奥古斯都·勒·普龙根，1886年甚至在他的著作《11 500年前，玛雅人和盖丘亚人神圣的秘密》中宣称，"玛雅人的语言有三分之一是最纯粹的希腊语。"）最好是在心里不断地记住：亚历山大·冯·洪堡曾经谴责了这些愚蠢："美洲的语言结构对讲现代欧洲语言的那些人来讲显然是极其怪异的。因此，人们很容易被偶然的相似误导。"

虽然如此，但是，1874年巴西的所谓"帕拉海巴铭文"（inscription of Parahyba）还是在整个科学界引起了极大的兴趣，科学界长期以来显然过高地估计了腓尼基人的航海能力。因为，在20年里他们都认为这是真的，而且认为这就是腓尼基人曾经被抛到南美洲海岸上的证据。

1899年，在里约热内卢附近发现了所谓的古代腓尼基的石刻铭文，它的生命更长久一些。这铭文表面上说是巴西国家博物馆的著名馆长拉迪斯劳斯·内托教授发现的，此后不久在一本科学地理期刊《北部非洲》上进行了详尽报道。下面就是这个铭文：

我们是叙利亚迦南土地的儿子，我们来到这里。我们受到厄运的追逐。我们陷入了可怕的境地。我们肯定会很快告别人世。我们感到绝望，啊，多么绝望！我们很快就会看到我们来到这里的第九，对了，第十个年头了……这里热得难以忍受。那些少量的可以饮用的水又非常难喝……这是一片多么应该诅咒的土地！发热消耗了我们，它就像一个灼热的烤炉。除了巴力❶，我们没有任何其他的安慰……

欧洲的东方学学者似乎在很长时间内都不知道这个模糊不清地出版的铭文，因此，德国地理学家理查德·亨尼希在1940年还在报道它。他对它也进行了深刻的思索，但是，他认识到对这样古老的，总的来说，还很少为人所知的语言进行研究是最为困难的事情。围绕19世纪发现的第一批波斯楔形文字手稿引发的冲突就是典型的。对据说是语文学家制作的里约热内卢手稿进行的研究，导致了这样的推测：手稿的作者是公元前146年迦太基城陷落后逃亡海外的迦太基人，或者是在他们逃跑时被狂风卷到海外的。不能把这当作完全不可能的事而加以否定，因为可以肯定的是：在此前300多年，亚速尔群岛就有迦太基人。

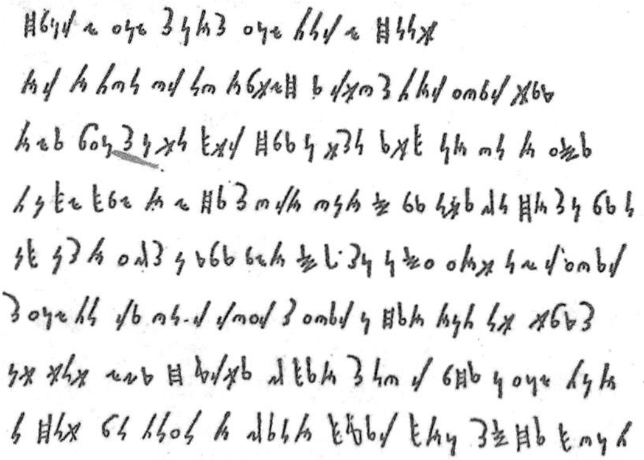

插图37　在里约热内卢附近发现的所谓"腓尼基"铭文。

---

❶ Baal，犹太教以前迦南的主神，太阳神，雷雨和丰饶之神。——译者

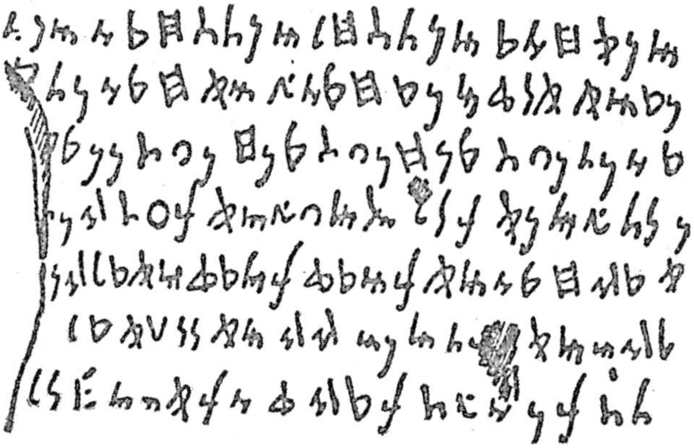

第六章 美洲：惠特拉马纳大地与白种人的土地 279

近来似乎解开了这个谜团。一位德国东方学学者，对插图37复制的所谓腓尼基手稿的副本进行了研究，他揭示说这是伪造的。本书作者

插图38 公元前9世纪的一份腓尼基手稿的原件

获悉，巴西教育部也宣布了这样的观点。这可能使这个神秘的事物归于终结，并使其像其他许多南美洲"费解的东西"一样都归于错误或伪造，但是，在我们目前关于腓尼基人的知识水平上，要伪造一份讲得通的文本，那也是极为困难的。

尽管学者对南美洲所谓的腓尼基手稿表示怀疑，但是，在里约热内卢附近还是发现了另一块表面上看起来是用腓尼基楔形文字雕刻的石块。在平台石（Pedra da Gavea，位于奇久卡国家公园）❶一个小的假日胜地，一块高耸3 000英尺的石壁上有一些看起来像铭文的笔画，从很远的地方就能看见。很长时间以来，这个"铭文"被认为是属于某个不为人知的美洲史前民族的，经过仔细研究，明显地揭示出它是腓尼基文。据说，它包括了这些单词："提尔、腓尼基、巴德奇尔、杰特巴勒的长子……"

如果翻译正确的话，那么，加平台石的铭文就有大约2 000年的历史

---

❶ Parque Nacional da Tijuca，海拔842公尺。——译者

了。巴德奇尔是从公元前855到公元前850年之间统治腓尼基的,他的父亲伊托巴勒或杰特巴勒是从公元前887年到公元前856年进行统治的。

做出这一发现的学者是非常了不起的人。他叫贝尔纳多·达·希尔瓦·拉莫斯。他来自巴西腹地的玛瑙斯(Manaos),他原来是辽阔的巴西原始森林里的一名cauchero,即割胶工人。他比他的同伴更勤奋、更聪明,也可能更幸运,他很快获得了独立和财富。他从一名割胶工人变成了橡胶企业家,而且他选择了一种在亚马逊河热带雨林中罕见的业余爱好作为消遣:他成了钱币收集者。为了全身心投入于自己的爱好,最后他卖掉了自己的企业,从橡胶工业完全退了出来。

这是在19世纪初,橡胶工业衰落之前。贝尔纳多·达·希尔瓦·拉莫斯保留了他的财富,他到了欧洲,在罗马出版了三卷关于他的钱币收藏的著作。然后开始了长达数年之久的对埃及、叙利亚和希腊的考察旅行,在此之后,年过50岁了,他再次返回亚马逊平原。

只有到了这时,他才开始自己真正的终身事业。很长时间以来,人们就知道在亚马逊原始森林不时会发现似乎刻有某种铭文的大石块。但是,迄今为止没有任何人关注它们。现在希尔瓦·拉莫斯前去寻找它们。他在埃及和小亚细亚炼就了训练有素的双眼,在他看来,这些石块上有腓尼基文字。但他不懂腓尼基文。于是他抄下了他看到的认为是引人注目的符号,徒步穿越热带丛林和沼泽回到了玛瑙斯,把他抄下的画片放到历史悠久的玛瑙斯犹太社区学识渊博的拉比面前。而且你瞧,这位犹太学者居然能够解密这些复杂的笔画!这些铭文来源于早期的闪族语言,那只能是腓尼基文。

那个年代,任何在亚马逊热带丛林的地狱中工作的割胶工人的预期寿命都很短。任何过了50岁的男人都一定会受到神灵的眷顾。而任何到了这个年龄还有精力年复一年地在丛林里寻找一些老石块的人，肯定是着了魔。这位非凡的人物在亚马逊热带丛林里寻找、拍照和描画那些雕刻，直到1931年因热病在73岁时去世为止。他被这20年异常的艰难困苦消磨掉了，但是，直到最后一息，他仍然充满强烈的、顽强不屈的能量。他在身后留下了厚厚的两卷著作，列举了2 800幅古代历史铭文，在他看来，其中大多数都是希腊和腓尼基文。

他的故乡玛瑙斯，选举他为当地的地理历史学会主席，现在仍在纪念他。科学界有些人嘲笑他，正如马塞李诺·德·索图拉侯爵曾因为他的西班牙洞穴绘画受到嘲笑一样，也正如商人亨利希·施里曼认为自己发掘了特洛伊受到嘲笑一样。在里约热内卢，他们没有嘲笑。在那里，他们感到震惊："我们在这里看到一位作者，他错误地浪费了自己的天才去描画最简单的东西，因而提出一些荒谬、没有逻辑的理论……"

很自然，本书的作者对里约热内卢的平台石的铭文进行了探索。可以想像，巴西官方的考古学对这些"铭文"也采取了完全否定的态度。教育和卫生部明确地指出：地质学家的研究已经证明，它们只不过是天气腐蚀的结果，看起来好像是铭文罢了。巴西有关权威的官方结论是："巴西考古学界完全否定无论在这个国家任何地方存在腓尼基铭文。"这是最终结论，没有任何讨论余地，除非在某个时间，进一步的考察揭示了新的事实。

这是否会发生，没有人能说得清。但是，有一个人大胆地进行了开拓，他就是法国内科医生和海洋学家路易斯·阿兰·庞巴德博士。他乘坐一个橡胶帆布制作的脆弱筏子跨越了大西洋，确实使这个问题得到了全新的解释。当然，庞巴德博士并没有什么更长远的意图。1952年8月末，他从北非的卡萨布兰卡出发，经过65天的漂流航行，同年圣诞节前夕安全抵达安的列斯群岛巴巴多斯岛的布里奇顿，他只是要证明我们上面曾提到的古迦太基舰队是依靠东北贸易季风从罗马人那里逃跑到美洲的。他打算完成挪威人种学家图尔·海尔达尔开始而又有其他探险家进行的著名的孔—提奇探险。他关注的问题是：正常体格的海难海员能否只依靠浮游生物和鱼生存几个星期，依靠海水和从生鱼中挤出的液体是否能满足人体对液体的需求。

他的活动得出了成功的结论，一劳永逸地回答了这些问题。在我们的叙述语境中，它进一步显示了：在古代，跨越大西洋都确定无疑是可能的。这就为所有在哥伦布之前跨越大洋的假设增加了新的重量。这些航海是以奥德赛从女巫塞希（Circe）那里听到关于大洋之外珀耳塞福涅（Persephone）的死亡大地的消息开始的，最后是以科学界的笑柄贝尔纳多·达·希尔瓦·拉莫斯的工作为终结。

现在我们必须放下这个话题。我并不打算从我的叙述中删除这些话题，因为我们在头脑中一定要牢牢记住：我们所关注的并不是一些可以从中推测出与新世界早期联系的孤立报道，而是一张用大量的各种各样独特线索紧密编织的网。这些报道种类非常繁多，每一个都完全不同于其他的报道，每个都叙述了人类生命和活动中最截然不同的方面，这样，真实的和事实性的事件就可能成为它们的基础。

总的说来，这就是学者们的立场，除了少数例外，学者们相信在欧洲和美洲之间存在早期的联系这种极端的可能性。

另外，不仅是地理学家持有这种观点。许多历史学家也对此发表了意见，特别是关系到爱尔兰人的时候。比如，爱尔兰早期历史的主要专家之一德国人尤利乌斯·伯克尼（Julius Pokorny）就曾明确地表示：爱尔兰水手发现美洲是完全可能的。另外一位著名的探险家斯科特. W. F. 斯可尼也表示了同样观点。关于布兰丹周期（Brandan cycle），他宣称："他们是以历史事实为基础的。"爱尔兰历史学家E. 欧库利也表示了类似的观点，他用下列的话语评估自己民族关于大海的传说："这些远古的叙述自然是不准确的，包含了许多诗意和浪漫的因素。然而，毫无疑问它们是以事实为基础的。极为可能的是：只要我们知道它们的原始形态，它们将会具有无限丰富的价值。"

从其他无数学者的著作中，也可以征引出类似的观点。因此，很清楚，我们一定不能把所有显然是空想的传说仅仅当作传奇而抛弃。这为惠特拉马纳大陆的长篇故事赋予了一定的重要性。当然，这个问题尚未解决，在近期，它似乎也不能解决。白人甚至在斯堪的纳维亚人之前发现美洲也完全是可能的，但是，这并不能彻底得到证明。白人在斯堪的纳维亚人之前发现美洲，显然是可能的，但是，这不能确切无误地得到证明。因此，惠特拉马纳大陆又成了另一个地理和历史谜团，它使古代地理学成了一个如此迷人的学科。

第七章

肯辛顿如尼文石板和格陵兰北欧海盗之谜

欧罗夫·奥赫曼的发现／一份奇怪的宣誓书／乔治·欧·库尔姆教授说："一个拙劣的骗局"／谁是赫加尔马·R. 贺兰德？／大约在1362年，明尼苏达出现过北欧海盗吗？／造假者也能施展魔法？／The hälristningar and kökkenmöddingar／石器时代北欧的海上交通／龙船与克诺尔／北欧海盗的罗盘／冰岛有罗马人？／冰岛航线上北欧海盗的航海指南／"没有房屋者"的传说与金发王哈拉尔德／死胡同格陵兰／为什么汉斯·埃格德成为因纽特人的使徒／艾斯垂拜哥德在哪里？／丹麦考古学家在格陵兰北欧海盗的墓地／格陵兰中世纪时尚／红头艾里克／甘伯卓恩低小岛／"绿色大地"／格陵兰古挪威人的菜单／北欧气候的变化？／格陵兰的出口／中世纪挪威的巨额资本和商品运输／格陵兰航线的汉萨同盟／梵蒂冈和格陵兰大主教／北欧海盗西部营地神秘的衰落／斯克林斯人／白色"因纽特人"／全体人的大饥荒

一

随着冒出一片火花，镐头从地上反弹了回来。这个男人生气地甩掉了额头上的汗水。1898年8月，该死的热天气！现在道路上有些石头或别的东西，这是一件糟糕透顶的工作。但是，他开始连根刨掉这棵树。很可惜，这是一棵好树。柔软、挺拔就像一根桅杆，足足有670年了。即使山杨不像其他树木那样浓荫密布，但

是，也没有别的办法。他就打算在那里建一个菜园，菜园必须有阳光。

再刨一镐。又冒出了火花。地下有块相当坚硬的东西！他拿起铁锹，戳了戳土，看看那石头究竟有多大。太阳高高地升上天空，这个人挖土、铲土，直到把它挖出来。在他挖的土洞边上，有一块长方形特别整齐的石块，31英寸长，16英寸宽，6英寸高，上面裹着一层沙子。它在这里肯定很长时间了。那棵树的根从两边包着石块，由于石块的压力，一面已经相当扁平了。它肯定是在山杨的种子落入土壤的时候就已经在那里了。

在8月下午的灼热中，包裹石块的沙子很快就干了。当沙子脱落的时候，就可以看出，它好像是一块刻有文字的石块，天呐，这是如尼文（runes）！

这个人被深深地打动了。因为很久很久以前，在他没有跨过宽阔的大洋，在明尼苏达买下这片农场之前，他在童年就看到过如尼文。那是在瑞典的赫尔辛兰德，那是他出生和上学的故乡。有一次，他的老师在博物馆让他看一块如尼文的石块，并告诉他古代人在山毛榉木板上刻了如尼文，他们在斯堪的纳维亚、在俄罗斯广袤的大地、在丹麦、在更远的南方：德国竖立起刻有如尼文的石块，作为他们存在的标记。

一种怀乡的情感压倒了这个人。如尼文！他必须让他的孩子看看，他对大洋彼岸的故乡一无所知。还要更多的邻居看看。这个地区有许多瑞典人生活。他们所有人肯定在旧日的童年在故乡都看到过如尼文。他们将会怎样目瞪口呆！这里也有许多文字。"让我们看看：一、二、三、四……九行，在石板的边缘上还有三行很长的文字垂下来。"

欧罗夫·奥赫曼把他儿子叫来。他让农场工人去叫邻居。这些如尼文怎么会到美国的正中部来的？这里距大西洋有940英里，在明尼苏达的肯辛顿的索勒姆，紧靠五大湖的西岸。

二

律师和公证员R.J.拉斯穆森在明尼苏达的道格拉斯县生活一些年头了。他是这一地区许多斯堪的纳维亚人的法律顾问和公证人。他是个正直和富裕的人。

1909年的一天，三个人来拜访他，R.J.拉斯穆森注册了他一生中最奇特的宣誓书。这三个人是欧罗夫·奥赫曼，农民，生活在明尼苏达州索勒姆镇第14区，年龄54岁，已婚，人品清白，自1881年定居美国。他的同伴之一，显然也是农民。他的名字叫尼尔斯·福拉滕，他是欧罗夫·奥赫曼的邻居，他也来自瑞典。两人都希望由公证人注册一份宣誓书。第三个人年纪相当小。他叫赫加马尔·R.贺兰德，看起来他是城里人，绝对不是农民。实际上，他与这件事没有关系，他只是陪伴奥赫曼和福拉滕的。

R.J.拉斯穆森在听奥赫曼的故事时，让另外两人到接待室去等候。最后，这个公证人为这个很长而又引人注目的故事起草了一篇概要，奥斯曼读后，进行宣誓。下面就是R.J.拉斯穆森注册的宣誓书：

> 我叫欧罗夫·奥赫曼，来自明尼苏达州道格拉斯县的索勒姆镇，郑重宣誓，做如下陈述：
>
> 我今年54岁，出生在瑞典赫尔辛兰德，1881年，我从那里移民到美国，于1891年在索勒姆镇第14区我的农场定居。1898年8月，我在儿子爱德华德的陪同下，正在一块长满树木、四周都是沼泽的高地刨树根，那里在我农场的东南角，距离我的邻居尼尔斯·福拉滕的房屋西面大约500英尺，在那里完全可以看到。在铲除一棵根部直径大约有10英寸的山杨时，我发现了一块刻有我不认识的文字的石板。这个石板就在地面下面，

位置有些倾斜，一个角几乎突出地面了。这棵树的两条最粗的树根包裹着石板，石板在这里的时间至少与树的年龄相等。一条树根垂直穿下去，贴着石板的一侧已经成为扁平的。另一条树根几乎是水平地爬过石板，在石板边缘成直角向下伸展。在转弯处，贴着石板一侧的树根是扁平的。此处树根的直径大约有3英寸。洗净表面上的泥土，铭文现出了风化的外貌，在我看来，这与石板保持完好的部分的年代一样久远。我立即请我的邻居尼尔斯·福拉滕来看这个发现，他当天下午来了，查看了石板和挖出石板的树桩。

我把石板保留了几天，然后存入肯辛顿银行，几个月来在那里接受考察。在这期间，石板还被送到芝加哥进行考察，很快又被原样送回。自从那时起，我把石板留在我的农场，直到1907年8月，我把石板送给H. R. 贺兰德。我记得这石板大约长30英寸，宽16英寸，高7英寸。我承认H. R. 贺兰德的《挪威人在美洲的定居历史》中第16页上的插图，就是这块石板的复制照片。

（签名）欧罗夫·奥赫曼

见证人：

R. J. 拉斯穆森

乔治·H. 莫赫里斯

签署完这份宣誓书，奥赫曼被请到招待室，他的邻居尼尔斯·福拉滕被叫了进去。他做了自己的陈述，与奥赫曼的陈述一致，拉斯穆森让他宣誓，然后让他在宣誓书上签名，然后注册了这第二份文件。

第七章 肯辛顿如尼文石板和格陵兰北欧海盗之谜

这个非常奇妙的故事有一处相当明显的含糊，当然，R.J.拉斯穆森马上就开始进行了调查。

这块刻有如尼文的杂砂岩石块是在1898年发现的。欧罗夫·奥赫曼为什么要在11年以后，直到1909年，才打算以宣誓和证书的形式记录他发现的事实和情况呢？另外一个问题：在这么多年之后，奥赫曼是否还能清楚地记得石板在树根中的位置这样的细节？因为，如果石板确实是按照奥赫曼所说的样子躺在树根当中，那么，这就证明它是极其古老的。大约在1830年，当奥赫曼的山杨开始扎根生长的时候，道格拉斯县、索勒姆和肯辛顿整个地区除了渺无人迹、尚未开垦的荒野之外，一无所有。那里根本没有白人，更不用说在石块上镌刻如尼文的白人了。

奥赫曼的证词是否真实？他的儿子爱德华·奥赫曼和他的邻居尼尔斯·福拉滕与他说的都一样。但是，看起来像是城里人的与他们在一起的第三个人是谁？

R.J.拉斯穆森把三个人都叫到办公室。出现了下面的事实：

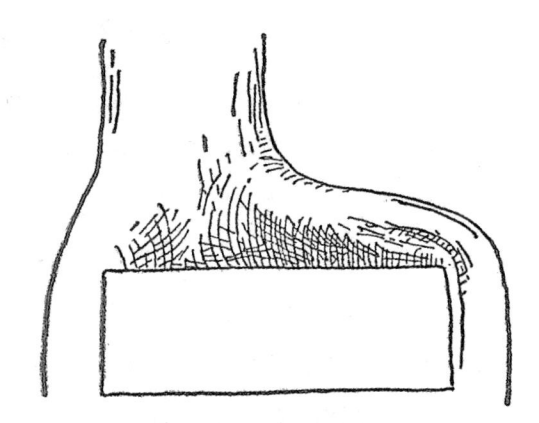

插图39　肯辛顿如尼文石刻在山杨树树根之间的位置。（根据赫加马尔·R.贺兰德的原稿复制。）

奥赫曼和他的邻居当即表示了这个观点，在发现石板的时候，上面镌刻的文字只能是如尼文，这和他们多年前在瑞典看到的一样。但，他们谁也不认识如尼文。于是，他们把石板上刻的符号拓了下来，这个拓片的片断曾被明尼苏达历史协会收藏，并且把拓片送给明尼苏达大学的斯堪的纳维亚语言学教授O.J.布里达。布里达教授把他破译的文字翻译出来：

——瑞典人和——挪威人从文兰西面出发进行探险旅行，———我们有营地——距离这块石块向北一天的旅程。我们———钓了一天鱼。我们回家的时候——发现有些男人流血、死了。A.V.M幸免于难——有——人在海上照看我们的船只——距这个岛有——天的路程。年——

除了这个翻译片段，布里达在一次采访中补充道：他不相信这段文字的真实性。首先，瑞典人和挪威人结合在一起进行探险或劫掠的远征是非常罕见的；其次，铭文上的文字不是古老的挪威语，而是瑞典语、挪威语和英语的混合物，当然，这不可能出现在中世纪早期。

1900年，布里达在明尼苏达是个权威人物。由于他对肯辛顿石板的态度似乎是明确无误地否定的，因此，这个石块几乎普遍被认为是这个地区许多瑞典人之一制造的赝品。埃文斯顿西北大学斯堪的纳维亚问题专家乔治·欧·库尔姆教授也得出了同样的结论，指责肯辛顿的如尼文石板是"笨拙的骗局"。在当时，这就结束了关于欧罗夫·奥赫曼起初引起广泛兴趣的发现的讨论。发现者本人相当清楚地是作为说谎者和骗子暴露于世的；愤怒之极，奥赫曼"把如尼文石板"当作粮仓的台阶，在那里，它可以用来敲直被弄弯了的钉子和锤打皮子。

这就是公证人拉斯穆森从两位委托人那里大致了解到的东西。首先，在发现石板11年之后，奥赫曼和福拉滕显然对遭受到的所有烦恼记忆犹新。毫无疑问，所有情况都深深地刻印在他们的头脑中。另外，他们两个人从这个事件中，没有得到任何利益。相反，由于这件事，人们认为他们很荒谬，把他们称作骗子：这是一个移民者特别不愿意听到的名字。因此，从心理学上，完全可以理解奥赫曼为什么要把这石板当作

第七章　肯辛顿如尼文石板和格陵兰北欧海盗之谜

台阶，这样一来，他就能名副其实地每天把它践踏在脚下了。发生了什么情况，使得奥赫曼又旧事重提呢？自从他再也不需要"恢复名誉"以来，多少岁月早已流逝。如果把所有事情彻底重新翻出来，他就完全不担心自己彻底丧失名誉了？或者，他完全不是一个造假者？或许他是正确的？

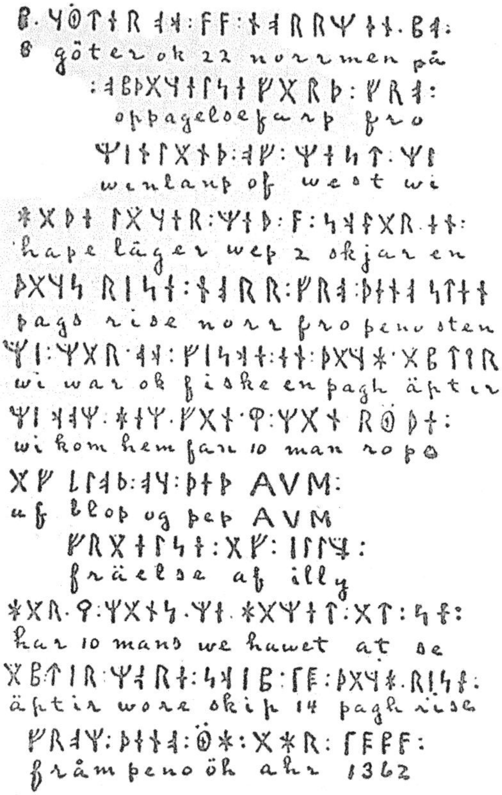

赫加马尔·R. 贺兰德，就是陪同奥赫曼和福拉滕的那个年轻人。他来到那里。他说，根据美国农业部保存的有

8 göter ok 22 norrmen på
oppageloefarp fro
wenlanp of west wi
hape läger wep 2 okjar en
pags rise norr fro peno sten
wi war ok fiske en pagh äptir
wi kom hem fan 10 man ropa
af blop og peþ AVM
frälse af illy
har 10 mans we hawet at se
äptir wore okip 14 pagh rise
främ peno öh ahr 1362

插图40　肯辛顿的如尼文石板上的铭文。（按照赫加马尔. R. 贺兰德复制的）

关西部地区山杨生长的数据，瑞典农民的山杨肯定确实已经有60到70年的树龄了。因此，肯辛顿的石板至少是从1820年就埋在那里了，也就是说，那时在五大湖以西还没有白人的定居点。第一位白人定居者是1858年在这里安家的，第一位斯堪的纳维亚人直到1867年才在这里安家。

1907年，在最初的发现之后九年，赫加马尔. R. 贺兰德，一位瑞典血统的美国人，恰巧来到他临近的地区。他听说了奥赫曼的发现，尽管已经有了陪审团的裁定，但是，这如尼文的铭刻毕竟是真的这个异想天开的可能性，使他失去了安宁。他观看了这块石板，石板上刻着所有已知的最长的镌刻如尼文文本，进行了破译，他相信石板和铭文的真实性，他要求奥赫曼在公证人面前宣誓，并确认其发现的情况。下面就是如尼文铭文的文本：

［我们是］8个哥特人［瑞典人］和22个挪威人，

进行［一次］探险旅行

从西部的文兰德出发，［就是说穿过西部地区］，

我们在距离这块石块一天行程北面的［两个低小岛附近］建了营地，

［也就是说，一个湖里有两个低小岛］，

我们都［出去了］，并且，

在我们回家后，捕了一天鱼，

［我们］发现［我们的］10个人都流血，死去了，万福马利亚

救我们脱离邪恶

除了石板表面上这九行文字，在6英寸宽的边缘上还刻有三行字：

［我们］在海边还有10个伙伴

照看我们的船只［或一艘船］14天的行程

距离这个岛屿 1362年

1908年1月，赫加马尔·R.贺兰德发表了这段译文，在学者和科学家当中，再次引起了关于肯辛顿石板的讨论。因此，对其发现情况，就有必要做一个适当的文件记载。

三

1948年初夏。那一年，美国中西部的雨水特别多。气温突然升高。玉米生长得非常快，很快小麦也开花了，此后马上就有了粮食。丰收开始了，正常情况下要用几周时间干的活，现在必须要在短短几天时间内完成。因为除了几个学者之外，肯辛顿石板也正在运往华盛顿。而整个明尼苏达州和威斯康星州没有一个人注意到可以说是这两个州的国家级文物的肯辛顿石板。在以前的某个时间，它存放在明尼苏达州的亚历山大。美国政府决定把这块著名的石板运到在华盛顿的国家博物馆史密斯森协会，这是迄今为止，在北美洲发现的最引人注目的历史纪念碑。

在此之前，欧洲的如尼文字学家和考古学家被邀请到美国，对这石板的真实性发表他们的意见，美国学者已经对它进行了彻底的考察。各种观点都有。除了少数例外，如尼文字学者认为：这铭文肯定是伪造的，而大多数考古学家与地理学家和历史学家一起宣称它是真实的。

至于华盛顿的国家博物馆，则决定公开展出肯辛顿石板。做出这一决定的关键因素就是对如尼文石板的风化情况进行的检验，当然，它必须符合已知的石板年代：

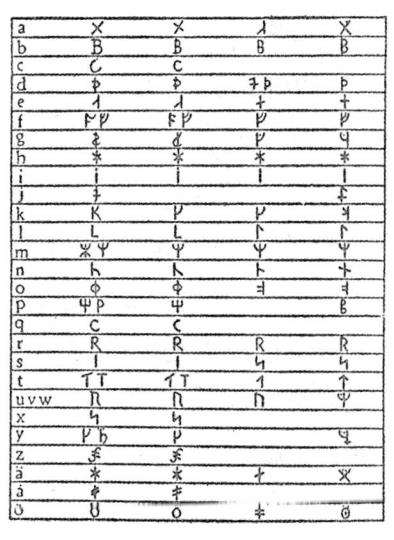

插图41 四个中世纪如尼文字母（模仿贺兰德的图表）。第一行与第二行：来自达勒卡里亚[1]。第三行来自斯库尼，大约1250年。右侧：是肯辛顿石板上的字母。

1362年。芝加哥的西北大学进行了化学和显微镜试验。大学的地质学专家曾在1899年宣称："石板的外部表象……是这样的：铭文可能足有600年之久了。"十年之后，威斯康星州的地质学家霍奇基斯考察了这块石板。他的报告写道："我仔细地考察了肯辛顿石板的各个风化阶段，并充分考虑到语言学家的观点，我相信这铭文不可能是近年制作的……"。明尼苏达州的地质学家温切尔教授，他的试验进行了一年多，正式宣称：石板的如尼文雕刻大约有500年了。因为要"人工地"在矿石上造成能经得起专家详细检查的风化效果，那几乎是不可能的。华盛顿的国家博物馆认为自己决定展出石板是有理由的。1951年8月，它出版了威廉姆·塔尔比泽尔的《两块如尼文石块》，它对由肯辛顿石板和在格陵兰西北的乌佩尼维克附近发现的同样令人困惑的如尼文石块所引起的历史和语言学问题进行了全面的研究，在详尽地考虑了其他学者提出的证据和反对意见后，这本著作强烈地支持肯辛顿石板的真实性。

关于威廉姆·塔尔比泽尔的观点，我们就讲到这里，尽管有某些如尼文字学家反对，他的意见在逻辑上还是无可争辩的，也没有多少怀疑的余地。

这里还必须补充一个事实：索勒姆的四个可敬的市民，他们都是奥勒夫·奥赫曼的邻居，他们宣誓：在挖掘之后不久，他们就看到了这块石板和其他东西，他们仔细地观看了包裹着石板的山杨树根，由于石块的压力而变成了扁平的。

尽管多年来他们遭受了新闻记者和学者的盘问，他们仍然像奥赫曼

---

❶ Dalecarlia，瑞典中部古代省份。——译者

本人一样坚持这一重要的声明。如果他们合伙发表一个虚假的声明，那么，在石块被发现后的50年里，这个由歪曲构筑的大厦的表面肯定会出现裂缝。此外，这些质朴的农民，他们的智力无法抵挡盘问他们的记者和教授，从整个事件中，获得的利益微乎其微，除了烦恼，他们什么也得不到。因为对什么人可以获益（*cui bono*）这个最重要的问题，这里并没有答案。而这个问题，在判断任何造假问题时是至关重要的。

因此，我们必须假设：奥勒夫·奥赫曼的石板确实是在他的树根下躺了将近70年。但是，如果这是真的，那么，毫无疑问石板也是真的。如果这里有人进行伪造，那么，这伪造必须在1820年代就已经完成了。这个伪造者还必须是古代斯堪的纳维亚各种语言和如尼文字学专家，他还要在130年前就知道五大湖西部整个地区，有一天会引起斯堪的纳维亚学家的兴趣。当然，这是荒谬的。确实，出现一位造假专家，他要同时精通如尼文字学、化学、语言学、历史，还要熟悉大约1820年五大湖西部的荒野，这将是一个远远要比一个来自14世纪的如尼文铭文更伟大的奇迹。

我们这么长时间讨论这个问题，是因为近年来，世界的新闻界经常提到肯辛顿的如尼文石板，这使它获得了一定的声望，因此读者可能会有兴趣了解有关这一奇怪的发现的事实真相。当然，长期以来，在与美国历史有关的范围内肯辛顿石板还是为人熟知的。由于美国新闻界经常暗示到这一块石板，赫加马尔.R.贺兰德在他极其有趣的著作：《肯辛顿石板：对哥伦布之前的美洲历史的研究》（1932年）中对此进行了详细叙述，其中包括了他对这一问题进行25年研究的结果。

这一著作之后，又有两部著作问世：〔H．R．贺兰德《文兰的西部》（1942年），H．R．贺兰德《1355～1364年的美洲：哥伦布之前的新篇章》（1946年）〕。在这些著作中，他宏伟的论题：在中世纪，美洲曾暂时被格陵兰的北欧海盗定居过。这一论题由于一系列新的考察而得到了支撑和扩展。

离开了它的背景，忽视了古代挪威人冒险跨越大西洋的伟大步伐之前多少世纪所从事的初步工作，最初听起来，这似乎非常离奇。但是，这一伟业的故事绝不是异想天开，也不是纯粹的假设。它是确切的事实。而且，这也是事实：在他们的时代，欧洲对格陵兰北欧海盗从事的这些光辉的探险航行并不是不知道。不仅海员和航海家听到过他们，完全可能的是：后来的哥伦布也知道。而且，梵蒂冈也是消息灵通的，毫无疑问，在中世纪鼎盛时期，欧洲的大财团和大商业集团也知道这些事情。

四

但是，我们必须开始来谈谈那些准备工作和初步的探险活动了，古代挪威人就是凭着这些活动逐步地摸索通往西方大洋以外的伟大目标之道路的。这个渐进的、暗中摸索的进展不是系统的，而多少是偶然的。

很自然地，人们开始在欧洲北面的海里航行，而且，就像南方的人们一样，在非常早的时期利用它们进行商业交流。但是，人们至今还有这样的印象：伟大的地理大发现航海大约是在15世纪中期开始的，因此，这个观念仍然很流行：直到中世纪后期，都没有航海的船只、没有能够跨越大洋的船舰。我们立即就能在头脑中浮现出一幅关于装有高层甲板的小吨位轻快帆船的图像，许许多多伟大的航海家，比如哥伦布、瓦斯科·达·伽马[1]、麦哲伦和其他航海家，都是靠着这样的帆船航海

---

[1] Gama Vasco da 约1469~1524年，葡萄牙航海家，首次建立同远东的贸易联系。——译者

的。再向前追溯，我们还能幻化出希腊—罗马时期的单层甲板大帆船。关于北欧造船者的成就却很少或无人说起，只有少数几个人能在脑海中想到它们美丽的流线型船只，这些船只早在葡萄牙和西班牙人之前就已经穿越了北海到波斯湾的所有海洋。

正像我们在第一章说过的，大约在5 000年前的新石器时代，肯定已经知道了活跃的和广泛的海上交通。当然，我们没有有关的文献证明，任何早期的这类船只也没有被保留下来。而另一方面，几年前，在施勒苏益格—荷尔斯泰因的杜文塞沼泽地发现了世界上最古老的木制工具：一支公元前第七个千年制作的木桨。此外，那里还有一些粗糙的

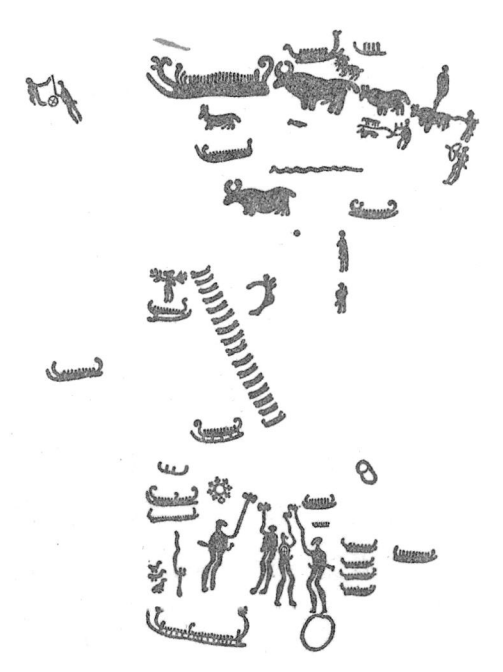

插图42　瑞典塔努姆❶附近的岩画。船只、公羊、狗和正在战斗的男人都是北欧岩画最常见的题材。

---

❶ Bohuslän，位于瑞典南部，约塔兰地区的一个旧省。——译者

岩石画，即所谓的*hällristningar*， 其中最著名的是在卡特加特海峡的布胡斯❶省的岩画，它提供了无可辩驳的证据证明：在遥远的远古时代，人们就已经知道了航海船只。但是，最重要的是，数以千计的发现已经清楚地表明：石器时代的人已经进行了长距离的航海。在新石器时代的厨房垃圾堆里就发现了海鱼（比如鳕鱼和鲱鱼）的残骸，即丹麦著名的*kökkenmöddingar*。这就意味着，新石器时代就已经具备了航海的船只。当然，除了军事战役，冒险进行海上交通只有为了奢侈品和特别有价值的原材料才是值得的。这些奢侈品和材料主要的就是燧石和用燧石制造的工具和武器。贸易路线都是从法国、比利时和英国南部各个燧石产地开始的。它们穿过北海直达瑞典南部，沿加来地区和斯海尔德河与易北河的河口之间的海岸；从瓦尔内明德❶到盖瑟（Gjedser）；从施韦因蒙德（Swinemünde）经博恩霍尔姆岛到瑞典南端；从特鲁索到哥特兰岛。在早期，他们把波罗的海各省变成了瑞典贸易的商业中心。比如，在博恩霍尔姆岛和哥特兰就发现了贮藏这种昂贵材料的仓库，那里是不出产燧石的。在瑞典北部各地都出土过燧石斧头和其他工具，人们假设这是从斯科讷❷和丹麦运来的，而且肯定是从海上运来的。

将近石器时代末期，大约在公元前第三个千年，海上交通似乎达到高潮。在这一时期，瑞典农民开始第一次大规模向芬兰和波罗的海各省移民。这些移民直接跨越波罗的海，跨越160英里的航程，其前提条件就是要有大型的、能够承载沉重货物的海船。移民与故乡的通讯线路也

---

❶ Warnemünde，波罗的海海滨度假区，位于瓦尔诺河入海口，离柏林仅仅240公里。——译者
❷ Scania，是瑞典斯堪的纳维亚最南部的一个省。——译者
❸ Tanum，塔努姆岩画位于布胡斯北部。——译者

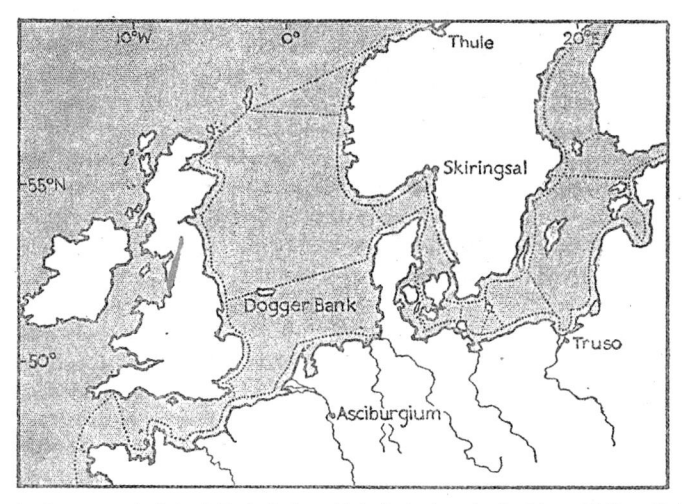

第七章　肯辛顿如尼文石板和格陵兰北欧海盗之谜

地图16　石器时代的航海路线。图中地名（从上至下）：图勒　斯吉灵萨尔（Skiringsal）　多格滩（Dogger Bank）　特鲁索（Truso）　阿喜布尔基乌姆城（Asciburgium）

要保障安全，在故乡与新的家园之间，必须有定期的几乎不受天气影响的交通。任何亲身经历过波罗的海凶险、翻滚着短促、沉重碎浪的恶劣条件的人，都能估计出凭借石器时代依然脆弱、不完善的船只进行定期航海需要些什么。这些用皮子缝起来的船只，能够达到的最高速度就是两到三节，即使它们要像人们设想的那样经过哥特兰岛进行跨海航行，它们肯定也有几个小时看不到陆地。而且，这不是在地中海或亚热带温和的天空下，而是在呼号怒吼、浓雾翻滚和北方寒冷的海上航行！

大约在同一时期，北海的交通繁忙起来了，它显然没有因为要穿越从瑞典到英国海岸的大约440英里的航行而退缩。在瑞典西部和英国发现的坟墓，它们的排列与在德国、丹麦或挪威发现的任何坟墓都不同，这似乎证实了那种繁忙的交通。这些坟墓显示了英国东部与瑞典西部之间紧密的联系。当然，还没有证据表明：这些建立了这种联系的船只一路上不是紧靠海岸航行的，而只是跨越了多佛海峡。但是，在赫尔戈兰岛（Heligoland）❶，发现了燧石工具，那里并不出产燧石，而且明显要冒着被漫长的海岸线上掠夺者攻击的危险，这都表明那些大胆的船长更愿意通过最短的路线获取宝贵的货物：直接穿越外海。此外，我们必须记住：北欧海平面完全可能上升了许多，每千年大约上升16英尺。如果这是正确的，最近的研究对此没有提出什么怀疑，那么，现在的多哥滩地区在大约公元前2000年的时候，还是一个岛屿，而现在这里已经是在50英尺的海水下面了。这可能会使得穿越北海要容易得多，特别是由于海平面低，海岸线也会从其现在的位置向海水推进得相当远。考虑到所有这些因素，我们就有很充足的理由设想：大约在公元前2000年，波罗的海和北海之间就有海上交通，其中包括在外海的航行。

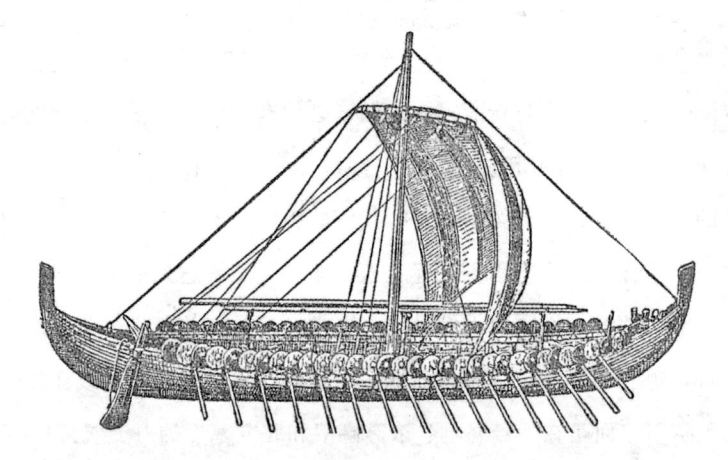

插图43　公元6世纪到8世纪的北欧海盗船。这种船只速度非常快、适宜航海，但是，由于有这样浅的吃水，它们也能在相当小的河流里航行。很长时间以来，这是很受欢迎的北欧海盗船。这种船都是在专门的带有船台和滑道的造船厂由技术高超、收入丰厚的工匠制造的。桅杆则像现代帆船一样有规律地固

---

❶ 欧洲北海东南部德国岛屿，属石勒苏益格—荷尔斯泰因州。在威悉河和易北河口湾西北，东南距库克斯港65公里。——译者

第七章　肯辛顿如尼文石板和格陵兰北欧海盗之谜

定在船上，只要几个动作就能把它降下来。横帆索和后拉索是用海象皮做的，帆是用起绒粗呢条缝制的。这种帆可以被拉紧，或通过类似于我们的串列滑车的滑轮组展成四方形。

遗憾的是，那个时期的海船没能保留下来。我们能看到的只是青铜时代初期的一系列相当粗糙的岩画，描绘的是没有帆、靠橹或长桨前进。这肯定是沿海的船只。如果在那个时代，真有人穿越了北海，那只能是用帆船穿越的，对于水手划桨的船只，特别是载了沉重货物的船只而言，那个距离太遥远了。在这些岩画描绘的船只中，最大的有20个划桨的人，根据每个划桨人所需的空间计算，这艘船的长度大约有80英尺。但是，我们可以猜测，这些画描绘的是被夸大和被美化了的现实，那时的造船技术不可能建造这样尺寸的船只。

后来的一些时期，尤其是那动乱的公元三、四世纪，为我们留下了大量的航海船只的样品。在下萨克森出土了一系列独木舟，其中有的船虽然只有50英尺长，却装载了25人到30人的食品供应；而在斯堪的纳维亚也找到了几艘船，关于北欧人的造船能力，这些船给人留下了的难忘印象。其中著名的高克斯塔德❶是在1880年发现的，造船年代是公元6世纪，可以说是那个时期典型的北欧海盗单层甲板大帆船，只是它的尺寸远远小于平均尺寸。它的总长度大约80英尺，它有一根大约16英尺的横梁。船的吃水大约是3英尺，在船的中部，干舷是2英尺高。它是用橡木按鱼鳞形状（clinker-built）建造的，划桨或用帆航行都很方便。它的结构使它能够在外海经受最恶劣的风暴，它与现代的救生艇非常相似。在与海岸失去联系的情况下，它肯定能在海上连续停留几个星期。

---

❶ Gokstad，是一艘相当大的海盗船，船长二十三点三米，现存于挪威奥斯陆海盗船博物馆。——译者

图版 28　在这山上住着众神。从墨西哥观看，右边是波波卡特佩特（Popocatepetl）火山，左边是伊斯塔西瓦托❶火山。科尔特斯曾经从两山之间穿过去，到达特诺奇提特兰❷峡谷（Ixtaccihuatl）。

---

❶ Ixtaccihuatl，墨西哥第三高峰。——译者
❷ Tenochtitlan，墨西哥特斯科科湖中一座岛上的古都遗址，位于今日墨西哥城的地下。该岛面积约13平方公里，当时人口约20万，是世界上最著名的人工岛之一。——译者

图版29 船只像蛇一样在海上爬行……尤卡坦的玛雅人的"沃坦"神话说:在远古时代,金发碧眼的白人航海民族就这样进行了攻击。

图版30 尤卡坦的奇琴伊察❶的金字塔神庙遗址。北欧海盗曾经登上这个著名的玛雅圣殿的台阶吗?他们是狂热祭司的牺牲品?还是他们是他们的"白人众神"?

---

❶ Chichen Itzá,古玛雅城市遗址,位于墨西哥尤卡坦州南部。南北长3公里,东西宽2公里,有建筑物数百座。——译者

从高克斯塔德单层甲板大帆船的结构推论出的假设,在其被发现后的十多年里,基本上得到了有趣的、实际的进一步证实。那是在1893年,芝加哥举办世界博览会时,一艘维京号的船,即高克斯塔德号的精确复制品从挪威驶向了美国。一艘几乎是按几乎2 000年前的样式建造的船只从欧洲靠帆驶向美国,这是一项引人注目的业绩。因此,这次航行为北欧海盗长长的船只带来了巨大的荣耀,但是,我们依然很难接受这样的事实:类似这样的船只与勇猛无畏的水手很可能在哥伦布之前500多年就发现了美洲,而发现美洲为哥伦布带来了声望,但也带来了痛苦。

当然,人们不可能把像高克斯塔德号那样的长船当作斯堪的纳维亚人真正的航海船只。它们的速度非常快,可以达到10节以上,就是说,几乎与现代不定期货船的速度一样。但是,速度快只对战舰来说很重要,而这就是挪威长船的主要用途,挪威长船被称做"龙船",因为它们有美丽、弯曲而且常常是艺术性地雕刻出来的船头和船尾柱子。在北海的碎礁和峡湾里,在地中海和黑海以及在欧洲的大江大河里,它们都显示了自己的价值。但是,在大洋涌浪中,它们的船长肯定希望他们的船只有更宽的横梁,有更高的干弦,更重

插图44 这是一艘诺尔,即北欧海盗的大洋航船,汉萨同盟的考格(kogge)的前身。这是1299年但泽最古老的印章上的图案。

要的是要更短些。许多长而细的龙船肯定是在穿越滚滚波涛的高峰时破碎的,就像1950年夏天,瑞典的龙船复制品在赫尔果兰湾破碎并带着所有水手沉没一样。

因此,北欧海盗越来越倾向于在更远的航海路线上,比如到英国、冰岛和格陵兰去的路线上采用一种叫做诺尔的船,这是一种很宽、甲板很高的桶状帆船,它在汹涌的海上要比龙船更稳,航行得更远。龙船的重量大约是50吨,诺尔的重量则在60吨到100吨之间,因此,它们的速度要比挪威人的战舰慢一些,但由于它们的航行区域更大,它们逐渐取代了长船。在后来的各个时期,龙船似乎只用于在平静水域中的快速冲击和侦察船,人们可以设想:斯堪的纳维亚人乘着沉重的诺尔驶往美洲,在海岸和河流里侦察的时候,则驾驶匆忙建造的长船,而让这些船只抛了锚。

遗憾的是,我们还不能彻底弄清楚:北欧海盗航海的辅助手段是什么。但,可以肯定的是,它们要比人们长时期所想像的那样广泛得多。到公元1000年的时候,他们就能估算纬度了,大约在这时,他们还知道确定北方的磁场了。否则就无法解释他们的伟大航海发现了。关于古挪威人到美洲的航行,传统上特别谈到:他们准确地到达了他们预定的地点。主要的问题就是计算纬度。因为挪威的航海家肯定很快就会感到吃惊:他们桅杆的阴影在法国和西班牙海岸要比在家乡时短得多,而且在南方的纬度上,北极星要比在故乡的峡湾上空低得多。同时,他们肯定也注意到:在北方,白天可以长达24小时,而在南方白天则很快就过去了。所以,他们很自然地要更多地注意估算自己航行的纬度,而不是经度。

只要有太阳照耀,估算纬度的问题就容易解决。但是,当几个星期连续都是阴天的时候,当然就很困难了。他们就没有办法来测量太阳的高度或阴影的长度了。即使是今天，没有无线电定位设备，在这样的条件下航海也是很困难的。在这样的情况下，北欧海盗就求助于天然磁石（*leidarsteinn*）了。

皮卡德，马林考特的彼得，在13世纪中叶详细地描述了天然磁石。他在那不勒斯看到意大利航海家在使用天然磁石，天然磁石常常被认为是磁力定位罗盘的一个重要先驱。在古挪威的萨迦中常常提到它，而且要比在南方的任何叙述更早。无论如何，在欧洲罗盘是北方，而不是在南方发明的，因为北方的天气经常是阴暗的，因此有特别急切的需要。

在北方和在南方一样，测量经度依然是航海家很难对付的问题。长期以来，测量经度一般都是靠航位推算法来解决的，就是说，航海家是依靠航行的方向和已经航行的距离来计算经度的。这种方法中最简单的部分无疑就是估计航速，在记程仪发明以前，这必须依靠眼睛。在不懂得航海的人看来，没有固定的参照点，要估计船只的速度似乎是不可能的，而海员却能非常精确地做到这一点。正在航行的船只上的船长和舵手在这方面达到了炉火纯青的程度，因此，一般而言，他们不需要记程仪。斯堪的纳维亚人整个一生都是在海上度过的，他们肯定已经成为高明的专家了。

测量时间肯定是远为困难的事，有趣的是北欧海盗与南方的航海民族一样，他们使用滴漏（水钟）来获得不变的时间量度。这些滴漏可能已经安装了万向架，因此不会由于船只的运动而受干扰，它们可以持续三小时、十二小时或二十四小时。后来的类型叫做艾特冒（*ættmal*），这个单词不仅意味着测量时间，而且也可以测量距离。它相当于正常情况下，24小时内航行的距离。这些方法肯定是远远不够精确的，但是，它们对北欧海盗肯定有好处，他们能够跨越长途距离直达目的地就说明了这点。

我们已经有机会来谈论古代南方的航海知识了。其结果也是非常惊人的。但是，他们并没有使我们大吃一惊，因为南方的气候条件在各方面都明显优越于北方。乌云密布的阴天是例外情况，在白天通常都会看到太阳。夜晚则是清澈的，因此，即使在白天不能进行观察，根据星辰也能确定方位。斯堪的纳维亚人在自己故乡的海上就很难做到这点。一般来说，落日只能持续几个小时，在北方夜晚明亮的黄昏里，要根据星辰确定可靠的方位，那是非常困难的。

尽管有所有这些问题，我们再也不会感到惊奇了：勇敢的航海家凭借航海知识和北欧海盗拥有的船只，将会横越半个世界的海洋，而且将其据为己有。很自然地，北方的大海首先吸引了他们，这里还有无可争辩的历史证据表明：斯堪的纳维亚人在公元863年就首先到达了冰岛。

五

首先，到冰岛的航程就是极其危险的。虽然距离并不是非常遥远，但在当时冰岛还是一个较远的目标之一，从挪威出发的航程，一般只能在夏季起航。航海者要在岛上过冬，通常要在来年的夏天返航。北欧海盗旅程的第一段就是他们长期以来所熟悉的：经过不列颠群岛、奥克尼岛、设得兰群岛和法罗群岛[1]，然后借助北大西洋暖流的西侧驶向冰岛的东南海岸，北大西洋暖流是墨西哥暖流的支流。不列颠群岛和沿途岛

---

[1] Faeroes，大西洋北部丹麦的群岛。——译者

屿的水手在北欧海盗到来之前就已经探索了冰岛。

最近美国的钱币学家甚至确定了：冰岛肯定是北欧海盗之前500年就被人发现了。这项主张的根据是发现了戴克里先皇帝时代的一些罗马硬币。但是，由于无法知道这些硬币在地上待了多少年，因此它们可能是被北欧海盗自己带到冰岛的，这个主张就不是非常可靠的。但是，似乎是这样，爱尔兰人也像设得兰岛的居民一样，从6世纪以来就受到斯堪的纳维亚人的管辖，他们大约在公元795年就航行到冰岛了，这比北方人的正式发现要早得多。这些人不是殖民考察队，而更像是一些小群的逃避世界、到某些孤立的小岛隐居的僧人，就像圣·布兰丹一样。

除了古代爱尔兰的资料，斯堪的纳维亚人自己也证实：在他们之前，就有爱尔兰人住在冰岛。在他们关于冰岛定居地的伟大文献：《地名录》中就有记载。虽然这部书直到公元1200年才开始记录，但在许多情节上都被证明是可靠的，因此必须非常重视它关于冰岛是被爱尔兰人发现的证据。《地名录》的记叙如下：

在那时，冰岛从海岸到山脉都被树木覆盖。那里居住着北方人称作帕帕尔（papar）的基督教徒。因为不希望和异教徒生活在一起，后来他们就离开了。他们留下了铃铛、牧杖和爱尔兰文的书籍，从这里可以看出这些人是从爱尔兰来的。

这是非常令人信服的证据：爱尔兰人首先到了冰岛。在这个遥远的岛屿上，没有发现任何更早的定居点的痕迹，因此冰岛土著居民就是凯尔特人这一观点就很难说是不正确的。在海上旅行发展到相当高的水平之前，这个岛屿距离任何适于居住的国家都太远了，以至没有人居住。直到冰岛的第一个定居点建立以后某些时候，挪威人自己才通过直接的海路航行到冰岛。

第七章　肯辛顿如尼文石板和格陵兰北欧海盗之谜

必须是强壮的男子才能勇敢面对这些北海的严酷。他们必须是极其强壮和刚毅的，才能把他们整个家族迁移到冰岛，即冰与火的土地。我们确切地知道，要进行这次移民的决定不是轻易做出的，而只能是对新国家进行彻底调查之后才做出的。尽管土壤贫瘠、气候冷酷，但北方人发现冰岛的生活条件并不比在挪威和瑞典故乡的条件更糟糕，尤其是在9世纪，那时后来可能出现的气候恶化还没有开始。虽然从气候上讲，这孤寂的岛屿位于温带和北极圈的分界线上，但是，它肯定不属于后者。这是因为北大西洋暖流的影响，这股暖流可以使充足的热水环绕冰

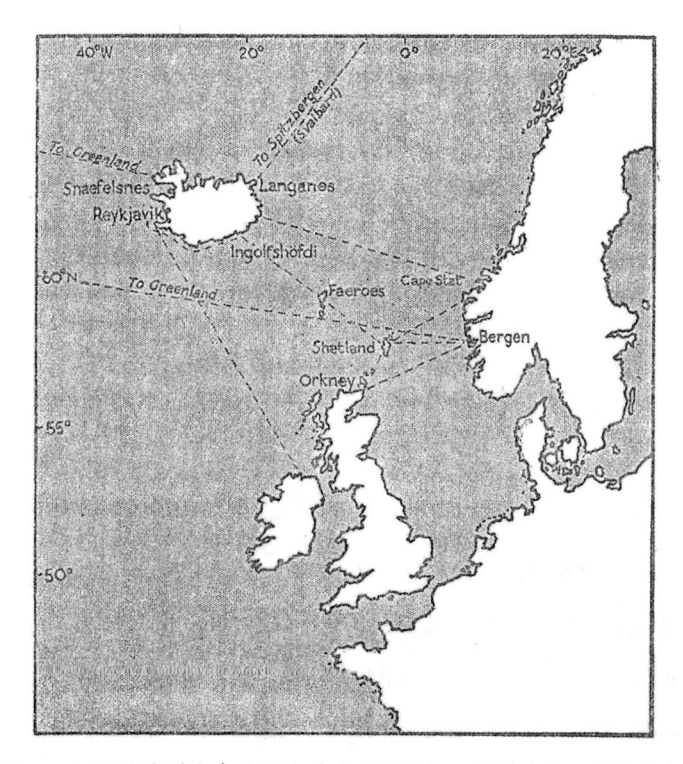

地图17　北欧海盗到冰岛的路线（从左开始）：到格陵兰　斯纳非尔斯尼斯（Snaefelsnes）　雷克雅未克　到斯匹次卑尔根（斯瓦尔巴特群岛）　朗加尼斯　因果夫朔夫地（Ingolfshöfdi）　法罗群岛　斯塔特海角　卑儿根　设得兰群岛　奥克尼群岛　从卑尔根到格陵兰

岛，使它的温度高于北极圈的中心。然而，这个独特的条件过去是、现在还是仅限于沿海地区，冰岛内地的高原地区过去和现在都是寒冷和贫瘠的。无论如何，我们都可以假设冰岛留给北欧海盗的第一印象不会是不友好的。

238　　在沿海地区，特别是在南部和西南部，他们发现到处都是茂盛的草场，其中许多要比斯堪的纳维亚的草场更葱翠，在有屏障的峡湾附近，可以种植菜园，它们和挪威菜园一样茂盛。河流里和沿岸附近的多礁水域有许许多多的鱼。只有玉米无法令人满意地大量种植，以满足定居地的需求。虽然夜间的光线能保证作物的生长要比在故乡少一些间断，但是，对作物生长而言，夏天太短了。另外，这里完全没有金属矿，而古挪威人在和平时期和战争期间都迫切需要金属。然而，缺乏这两种关键的自然产品，可以从挪威进口来解决。

　　因此，在冰岛定居并不意味着习惯了的生活水平有所降低。冰岛的殖民者所需要的就是适应稍有差异的自然条件，而不是采取一种全心的生活方式。乳牛业在农业中肯定占有优先地位，但是，由于挪威农民已经广泛地从事养牛业，这对定居者来说就不是什么十分重要的新问题了。

　　这些经济上的考虑，对选择新定居地具有重大影响，但并不是挪威移民背后的驱动力。这驱动力具有截然不同的性质，它非常强烈，足以驱使挪威人到格陵兰去，那里的条件与挪威的条件形成了鲜明的对比，冰岛所有可居住的地区一度都被殖民开拓了。挪威土地匮乏，由于当地居民采用的经济形态需要大量的空间，毫无疑问，虽然这是北方人进行劫掠和殖民远航的一个原因，但，这肯定不是到冰岛定居的主要动机。其目的不是经济的，而是政治的：逃避挪威各省的君王哈拉尔德金发王[1]的残酷统治，9世纪末，他把自己的势力伸展到整个挪威。

这次逃亡席卷了社会各个阶层，包括挪威各地的男人，从北方的哈罗加兰德直到南方的维克和乌普龙德。根据《地名录》，哈当厄尔峡湾（Hardangerfjord）和松恩峡湾（Sognefjord）附近的地区在移民中人数特别多。

很快真正的北方人的洪流就涌进了冰岛。大约公元1000年，在这个孤零零的岛屿上就生活着2万到3万人，在挪威的发掘显示：在阿格德尔（Agder）和罗加兰（Rogaland）地区，整个社区都被遗弃了；不仅年轻的儿子移民了，整个家庭都带着行囊和行李移民了，因此已经耕作出来的土地又变成了荒地。为了防止挪威减少人口，开始制定"移民税"：每个打算到冰岛的人必须交给国王10个"欧勒（öre）"，到后来则多达半个金克郎。当然，许多人是秘密地离开的。《地名录》只有四处提到哈拉尔德金发王预先知道出现了移民潮。许多人移民是因为个人原因。《地名录》多次提到去冰岛的人是因为犯了谋杀或过失杀人罪或是因为家族世仇而不得不背井离乡，家族世仇使他们的子孙无法在挪威待下去。这简单的回顾表明，挪威移民的原因是多么的多样化。如果政治原因是占优势的，那么，这里还有其他各种动机，因此，冰岛殖民者的内部凝聚力也绝不能予以过高地估计。

挪威人是殖民者的主要团体，除了他们之外，还有许多其他国家的人。最初开发冰岛的人当中有一位加达尔，他就是瑞典人。它还记载了，因果尔大的兄弟在船上有几个爱尔兰的奴隶。《地名录》也有这方面的信息。它详细地记载了参与冰岛殖民化的最重要的外国人的名字。

---

[1] Harald Fairhair，约860~940年，挪威国王。——译者

除了爱尔兰，苏格兰、丹麦、赫布里底群岛❶、瑞典和哥特兰岛都得到特别突出的描述。此外还有拉普人和芬兰人，芬兰人大多数是移民的奴隶和家奴。他们和许多凯尔特人都为移居冰岛的人的其他同类血统注入了外来元素，这可能有助于冰岛人逐渐地独立于他们的挪威母国。虽然如此，但是冰岛人以及古挪威的格陵兰人在习惯和风俗上仍然与母国保持着密切的联系。后面我们将会详细地谈论这一点。但是，一开始就应当记住：散布到世界各地的所有这些人，无论是在冰岛、在格陵兰或是在文兰—美洲，他们过去是、将来还是欧洲人。在我们谈论格陵兰的古挪威人的没落时，将会提到这一点。

冰岛是斯堪的纳维亚人前往其最终的目的地：美洲的第一站。当

地图18　红头埃里克在冰岛的德朗阿兰德（Drangaland）、豪克卡达尔（Haukadal）和奥克尼（Öxney）居住地。布雷达波尔斯塔德（Breidabolstadr）

---

❶ 英国苏格兰西部。——译者

然，这一步是完全无意识采取的，在同时代人看来，这似乎只是在一串外国海岸中发现了一个新的国家而已。现在回顾起来，古挪威人来到冰岛似乎是由某种不仅是偶然的东西决定的。因为格陵兰现在就在他们的家门口，迟早都必然会被北欧海盗发现。但是，打开了格陵兰的大门，也就打开了一个陷阱：格陵兰既没有树木，也没有金属，它不可能维持古挪威人的生活，他们必须离开这里。

他们要到哪里去？他们从格陵兰出发的道路直接穿越大西洋通往美洲，那里有取之不竭的木材和金属。当格陵兰的北欧海盗发现了马克兰德（Markland），即新斯科舍、新不伦瑞克和缅因州大片森林地区时，他们就清楚地知道这条路线。看起来他们似乎是把文兰作为出发点，他们渗透到五大湖附近出产金属的地区。但是，他们许多人都到非常晚的时候才意识到：他们在格陵兰的定居地把他们引入了一条死胡同，与欧洲的联系越来越脆弱，最后终于断绝，这使他们孤立无援地被囚禁在格陵兰的冰天雪地里。他们再也不能离开，因为没有木材，他们就没有自己的船只，他们就消失了：男人、女人和儿童。

六

1721年的夏天炎热而且干旱。日复一日，太阳照耀着干枯的大地，草场和田地干了，豪绅私人花园的喷泉不再喷涌了，农民为了雨水祈祷。

来自罗弗敦群岛❶的特隆德奈斯的汉斯·艾格德，此时正在前往格

---

❶ Lofotens，挪威北部的挪威海中的群岛。面积1425平方公里。南北约111公里，同大陆相距16~80公里，气候较温和。岛上多沼泽、山丘，最高峰1161米。——译者

陵兰的路上。对他来说，这种烧灼的世界惩罚就是上帝的神迹。海豹是格陵兰的因纽特人的主要食物来源，它们已经跑到远远的北方去了，小小的细眼睛的小家伙也都饿了，肠肚空空的男人常常准备洗耳恭听上帝的言辞。把上帝的言辞带给因纽特人则是汉斯·艾格德的毕生使命。

这个夏天的冰面也比往常向北方退缩得更远了。诚然，冰块不断地从高高的峭壁上轰然落下。整个冰山从悬崖嶙峋的边沿断开，带着地狱般的轰鸣翻滚下去，摩擦着发出刺耳的声音、隆隆地滚到泛着泡沫的大海中，把海水高高抛到空中。但是，英国的船长，戴维斯和巴芬在100多年前报道过的无边无际的冰原消失了。因此，汉斯·艾格德就在向北很远的地方抛了锚，那是深深切入陆地的峡湾入口，在戈特霍布❶，"上帝希望"港，大约是北纬65°。

他不知道在400年前，白人就曾在这个地区生活过。也许他家族中某些不知名的先辈就在这里把高台上的神柱抛到船外，以便在神灵指引它漂泊靠岸的地方登陆。那里曾经有过许多辽阔的农场、建造过两层的谷仓，也曾修建过一座庄严的教堂。但是，传教士却什么也没看见。

他们的祖先曾经发现和进行过殖民的格陵兰，在丹麦和挪威是家喻户晓的，但是，聪明的学者却把人们引入了歧途。在萨迦中，那些有学问的绅士写道，古挪威人主要殖民地叫作艾斯垂拜哥德（*Eystribyggd*），即"东定居地"，而第二个小一些的则叫作维斯垂拜哥德（*Vestribyggd*），即"西定居地"。因此，他们推断出，强大的艾斯垂拜哥德肯定在格陵兰东海岸，而早在1342年就消失了的贫穷的维斯垂拜哥德则在西海岸。这是一种误解：事实上，两个定居地都在这个

---

❶ Godthaab，位于格陵兰西南沿海。——译者

国家的西边，但是，东定居地在峡湾的最里面，而西定居地则在它的西边，更靠近外海。

汉斯·艾格德也相信这些有学问的人。尽管中间相隔了好几个世纪，他仍然默默地希望能在他认为曾经是艾斯垂拜哥德的地方找到他古代挪威同胞的某些遗迹。他没想到维斯垂拜哥德，事实上他是在那里登陆的。那里太小了，很早以前就没有了，以至没有留下任何可见的迹象。因此，他没有注意依然立在那里的废墟，一场饥饿和遗弃悲剧的遗址。他没有注意到，他随处都脚踏在坟墓上。

他一无所获。他在家信中写道："关于过去格陵兰的艾斯垂拜哥

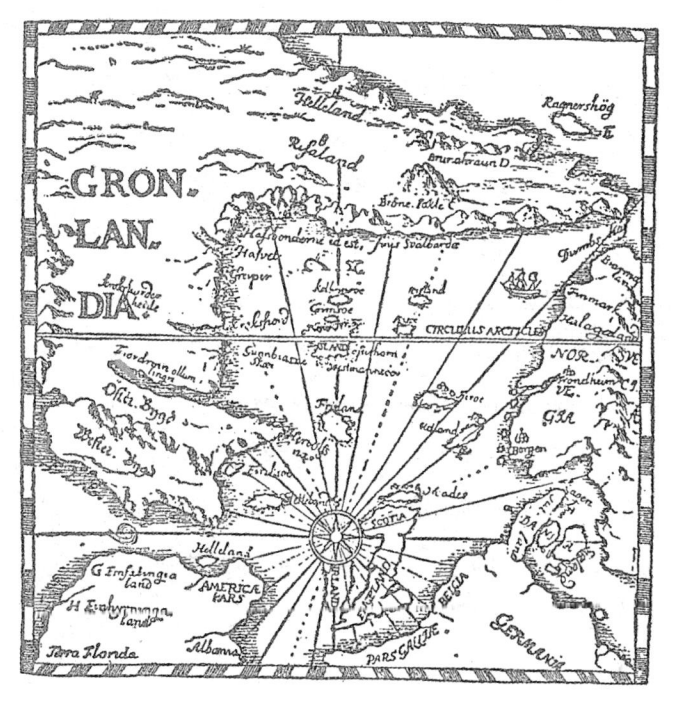

插图45　大约1600年扬·古德芒森地图上格陵兰岛两个挪威人的定居地，"东定居地"和"西定居地"。亚洲北部与芬马克和布加马兰德一起和格陵兰只有一道狭窄的海峡相隔。东定居地在格陵兰东海岸，西定居地在岛的大西洋一侧。格陵兰与美洲之间也只有一道狭窄的海峡。

德,我相信,毫无疑问它依然生存着,拥有众多纯粹的挪威人后裔,靠着上帝的恩惠,到时候就会被人发现。"1723年夏天,时刻冒着生命危险,沿着内地冰原正在崩解的冰山,他再次登船出航。他几乎是沿着艾斯垂拜哥德整个海岸航行的,所有这些都近在咫尺:古老的寺院遗址,格陵兰主教在靠近现在的尤利安娜霍布(Julianehaab)附近的加达尔教区高大的围墙,宽阔的墓地里冰封的坟墓,里面的逝者耐心地等待着同胞的到来,北欧海盗茂盛的花园依然绽放着许多在格陵兰是陌生的欧洲花卉。啊,近在咫尺!但是,汉斯·艾格德与她们失之交臂。他的使命不是考古发掘,不是考古学家,他要成为因纽特人的传教士。当他许多年之后在丹麦的法尔斯特岛(Falster,丹麦)去世时,无数的基督教因纽特人的称颂在遥远的格陵兰陪伴着他的灵魂,他使他们摆脱了对他们的恶魔的恐惧。

恰恰在汉斯·艾格德航行到格陵兰的200年之后,1921年炎热的夏天,另一支探险队在这里登陆了,他们特定的目的是寻找古代挪威居民。欧洲再次被酷热的太阳烤干了,格陵兰的冰原再次向北远远地退去了。海岸冰冻的土壤变软了,很容易暴露出其中隐藏的东西。

早在1586年,英国航海家和探险家约翰·戴维斯在格陵兰偶然发现了一座有十字架标志的坟墓。自从捕鲸者开始在格陵兰西海岸停泊以来,发现坟墓和骸骨的报告在哥本哈根就越来越多。所有在格陵兰西海岸获得的这些发现,都证实了学者的新理论:艾斯垂拜哥德和维斯垂拜哥德都坐落在这片冰雪大地的西部沿岸地区。这个理论获得了越来越多的信任,第一次世界大战刚刚结束,丹麦就派出了以考古学家保罗·诺伦德为首的科学委员会前往格陵兰。这个考察队发现了汉斯·艾格德所遗漏的东西:他们挪威人的祖先。

第七章 肯辛顿如尼文石板和格陵兰北欧海盗之谜

插图46　赫约尔夫斯尼斯（Herjulfsnes）墓地中的古德维格的如尼文杆。

他们已经死去四个世纪了。他们的田园荒芜了，他们的教堂坍塌了，他们的耕地和花园被野草和马鬃燕麦覆盖了。但是，在下面，在坟墓里，在永冻土壤中，时间停止不动了。那里躺着北欧海盗，他们似乎刚刚躺下休息。他们找到了绰号食鹰雀的主教扬·斯迈里勒，还有他的主教戒指和权杖，权杖是牧师的妻子玛格丽特用海象牙精美雕刻的。

那里躺着少女因吉波乔尔格，她死于800年前，她慈爱的父母把她埋葬在一个用砂岩砌成的精致坟墓里，而且刻上了如尼文的碑铭。那里沉睡着奥祖尔·阿斯波加纳松，他在冬季的一天死在峡湾中的一个小岛上，被埋在一块不圣洁的土地上。当坟墓填满了土的时候，在他的胸上立起了一个桩子。当春天复苏、冰雪融化的时候，桩子被拔去了，一个牧师就把圣洁的水从这个洞里倒在他的胸上。现在他就能安眠在圣洁的土地上了。在主妇古德维希的坟墓里，除了一根如尼文木杆，什么也没有。在这根木杆上写着："这个妇人名叫古德维希，已经被沉入格陵兰的大海中。"古德维希死在海上并被埋葬在这里，按照水手的方式：用帆布把她的尸体缝起来，然后再把压舱石拴在她的双脚上，安葬在大海里。但是，大海不是圣洁的，那是魔鬼的居所。因此，就要把如尼文木杆当作她的替身埋到圣洁的土地中。那里还有儿童的坟墓；这些孩子双手合拢安静地躺着，僵硬的手指拿着一个十字架，在坟墓的角落里还有他们的玩具。

1937年，保罗·诺伦德出版了那部学术性的、但是令人伤心的著作《格陵兰北欧海盗定居地》，其中记载了所有的这一切。它之所以令人伤心，不是因为它叙述了那些死者，让他人为他们落泪，而是因为所有这些死者都是重度残疾的，身材矮小、可怕地营养不良、患有佝偻病，身体弯曲、扭曲着，可能还受到肺结核的侵蚀。令人伤心的是因为这些由于世代的营养不良而受到羞辱的可怜人几乎没有人能活过20岁。令人伤心的是因为所有这些人，包括儿童都穿着当时欧洲流行的最新时装，不是像他们在斯堪的纳维亚的远亲那样用丝绸和丝绒制作的，而是在格陵兰用粗糙的羊毛起绒粗呢制作的。然而，这种粗糙的布还被制成了优雅的外套和帽子，就像中世纪鼎盛时期的欧洲人穿戴的那样，制成了作为14世纪法国时尚高峰的长达膝盖的考萨德（cothard），制成了带着辫子的兜帽，我们通过但丁和佩特拉克的描写熟悉了这种帽子，它们还被制成了高高的勃艮第帽，梅姆林和其他人把它们画成了那个时代豪绅的头饰，大胆的查理❶和法国路易十一世（1423～1483年）都曾佩戴过。

这只能意味着这些穷人当中最贫穷的人，消失和被遗忘在无边无际的冰雪荒原当中了，直到15世纪后期仍然与欧洲保持着联系，意味着外国船只来到他们的海岸、商人和水手在那里登陆，最后这些残疾的格陵兰侏儒依然决心保持服装的时尚。

耶德伦靠近挪威的斯塔万格，来自这里的索伐尔德·阿斯伐尔德松，他儿子红头埃里克出生的时候，没有人会预见到有一天他会长眠在西方数千英里之外格陵兰的永冻土中，而不是长眠在自己挪威农场的草场和耕地中。但是，可以肯定的是，从他的青年时代起，直到他死去，他都不会安宁。因为他的祖父卷入了许多激烈的争吵，他父亲也是这样。甚至当他达到责任年龄后，他的生活依然是风风雨雨，到了960

---

❶ Charles the Bold, 1433～1477年，勃艮第公爵。——译者

第七章　肯辛顿如尼文石板和格陵兰北欧海盗之谜　　319

年，更糟糕了：他杀了一个人，不得不逃离祖先的家园，带着家人移民到冰岛。

在这时候，他的儿子埃里克快10岁了，已经懂得德朗加兰德的农场根本无法与耶德伦的家宅相比，这里是冰岛北部最贫瘠、最不适合人居的地区之一。但是，别无选择。冰岛所有的土地在70年前就已经被分配

地图19　格陵兰东西两个定居地。西定居地在东定居地北面。二者之间的距离大约有200英里，或者用一部古老的编年史的话说，就是"六个人、六支桨的船，划行六天。"因为海道要经过危险的冰山，从冰山上崩溃下来的尖锐冰块常常把海峡完全截断，两个殖民地之间的联系不可能特别紧密。图中地名（逆时针方向）：乌佩纳维克　乌马纳克　迪斯科岛　艾格德斯敏德（Egedesminde）　伊格德卢塔里克（Igdlutalik）　霍斯滕斯伯尔格　戈特霍布　西定居地　弗里德里克霍布　尤利安娜霍布　东定居地　费尔韦尔角　林德诺夫斯峡湾　昂马沙利克　冰岛　斯科斯比湾

完了。像索伐尔德这样的后来者，此外，他还是一个逃犯，他们只能随遇而安了。索伐尔德接受了这个情况。但是，他的儿子却不接受。他知道他父亲的家族在耶德伦曾经是最受人尊敬和最强大的家族之一。在冰岛，根本没有人看重他们。

就像冰岛早期发生的许许多多的事情一样，《地名录》也详细地叙述了索伐尔德·阿斯伐尔德松的到达。他和他的儿子埃里克在德朗厄尔上的霍恩斯特兰德（Hornstrand）定居下来。父亲死后，红头埃里克接过了农场，结了婚，因此和冰岛最受人尊敬的一个家族建立了关系。这使他能够在向南更远的豪克达勒获得一个新农场。但是，现在他遇到了麻烦。与他父亲和祖父一样，埃里克也卷入了纠纷，连续再次发生了这样的事：野蛮的挪威人对手被打倒在地死了，982年年初，索恩斯的法院判决他和他的家人从冰岛放逐三年。《地名录》以下面的文字结束了记述：

> 埃里克在埃里克湾装备了一艘船……他说，他希望去寻找乌尔夫·克拉克的儿子贡比约恩（Gunnbjörn）当年在冰岛西部海上看到的那块土地，那时他在冰岛西面的海上漂流是看到的土地，因此那块土地就叫做贡比约恩低小岛。他向朋友们保证：如果他找到了那块土地，他就回来。他们都非常友好地与他告别。埃里克许诺说，如果他们需要，如果他能够，他就给他们提供援助。

因此《地名录》详细而清晰的报道是值得信赖的。在982年年初，可能是5月或6月，红头埃里克从冰岛向西出发了，去寻找海洋中一片未知的土地，在900年，也就是在80多年前，曾有人匆匆地看到过这片土地。冰岛西部的这片土地的真相是不明确的。当最早的定居者之一贡比约恩第一次看到它的时候，它在冰岛引起了很大兴趣，以至最年长的居民依然能记着对它的发现。显然，贡比约恩·乌尔夫森和其他航海家一样,也曾进行过环冰岛的航行,但是,他肯定走了一条把他带向更远的西方的航线。有记载说,他可以在冰岛看见斯奈山(Snaefells)冰山,与此同时,另一座冰山也从西面的海上浮现出来。这段叙述最初被理解为:贡比约恩发现的低小岛可能是格陵兰南端的费尔韦尔角外的一些小岛。但是,这并不确定,而且贡比约恩的航线也是有疑问的。我们一定不要忘记:在这样的纬度,夏季里大气反射是一种常见现象,而且,在比冰山本身更远的地方都能看到冰雪闪光,即:格陵兰辽阔的冰雪表面散射的阳光反射。此外,还一定要牢牢记住:在冰岛周围的地区,由于强烈的火山和地震活动,岛屿和岩石的突然出现和突然消失都是完全可能的。

然而,贡比约恩的低小岛可能不是发现格陵兰的真正明显的动机。因为,向西方遥远的地方航行,就导致红头埃里克来到了北大西洋暖流的北部支流区域,它在那里折向西方,随着顺风,就会带他来到格陵兰。幸运的是,他没有在格陵兰东海岸登陆,那里有大块浮冰阻挡,而且很荒凉不适合人居,而是在费尔韦尔角外的西南海岸登陆了,那里是这个区域气候最好的地方。因为,即使在这个纬度,墨西哥湾流(Gulf Stream)也能产生不同寻常的高温,北大西洋暖流就是从墨西哥湾流派生出来的。这里的平均温度是9华氏度❶,这要高于这个纬度所能得到的温度,而且比北美洲大陆也要高。当然,深入格陵兰内地,气温就急剧下降了。墨西哥湾流的影响也降低了很多,浩瀚的冰盖的冷却效应,这些都打消了所有殖民化的念头,这种效应笼罩了格陵兰,而且深深地渗透到地球内部的岩浆中。

---

❶ 摄氏-12°。——译者

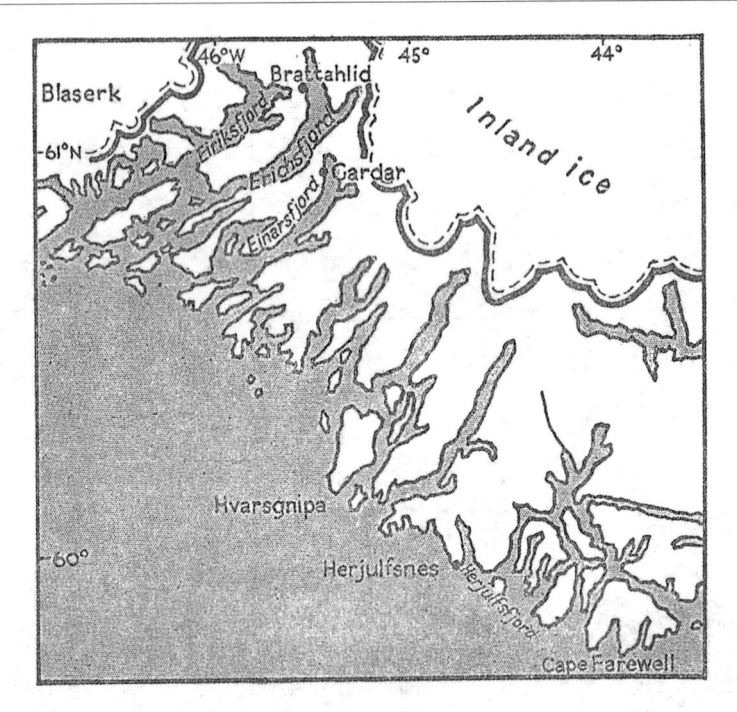

地图20　格陵兰岛上，古挪威人的东定居地。图中地名（顺时针方向）：布拉斯克　艾里克斯峡湾（Eiriksfjord）　布拉塔里德　伊利克斯峡湾　艾纳尔斯峡湾　内地冰原　法尔斯格尼帕　赫约尔夫斯尼斯（Herjulfsnes）　赫约尔夫斯峡湾　费尔韦尔角

确实，红头艾里克不知道等温线航线，他也不知道墨西哥暖流的热效应。但是，作为家族中精明的长者和追随者的领袖，他利用放逐的三年中的三个夏季对格陵兰进行了彻底的考察；他在放逐期结束时回到冰岛，此时他非常清楚地知道格陵兰的西南是可以居住的，他就打算在那里定居。这里就是艾里克峡湾的深处，现在叫作图奴格德里阿菲克（Tunugdliarfik），那里的高山挡住了冰冷的大风，这是整个格陵兰岛上气候最好的地方。北方逃亡者的新定居地是预先精心选定的。

红头艾里克被放逐后返回冰岛，停留时间并不长。在第二年夏天就

第七章 肯辛顿如尼文石板和格陵兰北欧海盗之谜

航行到格陵兰去了，这次是长期定居了。《地名录》也真实地记载了这项事业。12世纪到13世纪之交，在冰岛写作的一部历史著作：《古代挪威国王生平》（*Heimskringla*）中也详细地描述了这件事。

这两份见证对格陵兰定居地所经历的过程进行了非常精确的刻画。毫无疑问，红头艾里克原来的考察队的装备非常丰富，而且准备了长时期的生活必需品，参加那次远航的有他的一家人，几个孩子和五六个仆人。但是，这次航行与真正的开发这片土地相比则是无足轻重了。25艘船只出发了，因为它们肯定都是诺尔，即北欧海盗大洋航船，它们一定都装载着700多条性命和大批的牲畜和家用物品。因此，可以有几分把握地推断出：红头艾里克到格陵兰的殖民计划肯定在冰岛引起了很大的骚动。毫无疑问，由于人口过多，岛上的条件并不完全令人满意，但是，这些困难与艾里克的巨大声望和他对这个新领域的经济和气候条件炽热的描述相比，可能都不是决定性的了。毫无疑问，红头艾里克把它说得天花乱坠，《地名录》说，他把这个地方叫作绿色的大地（Green Land）不是没有原因的，"因为他相信，如果这个地方有个好名字，那就会有更多的人到那里去。"无论如何，格陵兰东定居地与冰岛之间的差别并没有大到让冰岛人可能会对到那里移民感到畏缩。

只是遗漏了一件事，那就是木材。在开发这片土地时，冰岛的某些地方还有相当茂密的树木，但是，在格陵兰，除了一些可怜的桦树，什么都没有。北极洋流能把漂木从西伯利亚冲到海岸边，但是这对造船是没有用的。红头艾里克肯定注意到这种短缺，但他主要是一个农民和养牛的人。也许他指望不费力气就能从冰岛或挪威获得必要的木材。无论如何，他没有认识到短缺木材，终有一天会成为致命的困难，尽管他有各种预见，但他到格陵兰定居的决定已经走入了死胡同。

正如《地名录》的叙述所揭示的,所有定居地毫无例外都是坐落在峡湾上。这构成了北方人❶在格陵兰的殖民活动与后来因纽特人对格陵兰的占领之间的重大区别。因纽特人仍然与大海和海岸保持接触。他们完全是猎人和渔民。因此生活在岛屿的外缘和沿海的低小岛上。只有在夏季,他们才偶尔进入峡湾狩猎驯鹿。而北方人主要是牲畜饲养者和农民。他们依赖的是耕地和牧场,因此住在峡湾附近的内陆地区,那里的气候特别有利。高高的岩石峭壁为峡湾最深处的溪流阻挡了寒风,因此,这里的温度要比附近的地方高几度。甚至有人声称,有时候这里的苹果都可以成熟。无论如何,格陵兰的牧师艾法尔·巴德森,在大约14世纪中叶报道说:"那里有一种像某种苹果似的水果,芳香无比。"在18世纪,汉斯·艾格德说,在特别受到遮挡的地点,还可能种植芜菁和洋白菜。现在的格陵兰凭借适当的方法,已经能够种植萝卜、胡萝卜、大黄和马铃薯。因此,毫无疑问,北方人在一开始就能养马和养猪,虽然在今天这已经不可能了,后面我们将解释其原因。但紧靠峡湾的内地就开始出现永冻土和内地冰原了。

格陵兰的北欧海盗靠乳制品和肉生活。即使今天格陵兰岛上的因纽特人,除了捕鱼之外,主要还是从事畜牧业,但是,他们几乎完全局限于饲养绵羊和山羊,而古挪威人大多数都饲养奶牛。今天看来,这将完全是不可能的。比如,在红头艾里克农场的四间牛棚的遗址上,就发现有总数多达40个单独的牛舍。在加达尔附近主教的庄园上,养的牛更多。那里的两大间牛棚是整个格陵兰最长的建筑,养了100多头牛。在东居住地,即使是普通的农场肯定也有15头到20头牛,这是相当大的数

---

❶ Northman,指北欧人和加拿大部分地区的人。——译者

字。所有这些牛棚都坐落在今天已经彻底荒凉了的一个地区。这或者是因为古挪威人的草场已经退化为贫瘠的苔原，或是因为从内地冰山崩落的冰块完全割断了峡湾。这就导致一个推论：中世纪早期的气候要比现在温和，植被要比现在丰富。

然而，在那些气候不稳定的地区，就像格陵兰西南部靠近北极的那些地区一样，即使是最微小的气候变化也会带来极严重的后果。即使在气候变化之前，畜牧业和乳牛业也只能在受到屏蔽的峡湾进行，那里夏季的高温能够种植大量的牧草。即使在这里，温暖的季节也非常短暂。到8月末就开始结冰了，10月里峡湾就封冻了。到那时任何没有把冬天的干饲料，尤其是他的那些植物性食品，存入仓库的人都要过几个月的苦日子了。那些食品主要包括浆果、当归和一些能食用的草和海草，在最好的情况下，这也是很匮乏的。因为在夏季几个星期内的好天气里，进行收获的困难是相当巨大的。必须记住要做好准备度过漫长的冬季，然而，人们很难想像，凭借自己的力量，单独的农场就能够完成这个任务。牲畜消耗的草料数量非常巨大。

收获的干草大部分都用来饲养乳牛了。在冬季大部分时间里，绵羊、山羊和马只能退居第二位。根据古代冰岛的数字，每头牛每天估计要用大约25磅（约12公斤）草料。在冬天，乳牛都要在牛棚中饲养，格陵兰的冬天大约有220天之久，因此，每头乳牛大约要消耗5 500磅干草。东定居地一个普通的农场大约有20头乳牛。因此，它需要450多吨干草做草料。仅仅从所需的劳动力而言，这也是不可能的，尤其是这些干草大多数都要用船穿过峡湾来运输。

在冬季，为牲畜提供饲料的困难导致在饲料中添加了鱼和鱼的内脏下水，现在挪威仍然这样做，否则，它们就只能吃到非常少的饲料，就像在南方更远的地区以及中世纪出现的情况一样。春季开始来临,它们被重新赶出去放牧时,这些牲畜一般非常虚弱,以至于必须要有人来扶持。冬季的牛奶产量降低到非常低的水平。因此,就要把夏季获得的牛奶保存起来,即:使它们变酸和加上盐,也就是制成脱脂酸牛奶(*skyr*),这是一种浓缩的牛奶,在木桶中可以保存相当长的时间。冬天还要准备和贮存大量的黄油和奶酪。因为这里不缺少肉类:主要是海豹肉,真正缺少的只是蔬菜和谷物。只要冰岛和挪威之间能保持联系,就不必担心这一点,因为必需的碳水化合物可以进口。我们下面将会看到,后来情况发生了变化。

首先,格陵兰岛上斯堪的纳维亚人的定居地非常密集。在峡湾内地地段,非常小的溪谷里挤满了农场;那里只要有几英亩的草地和牧场,

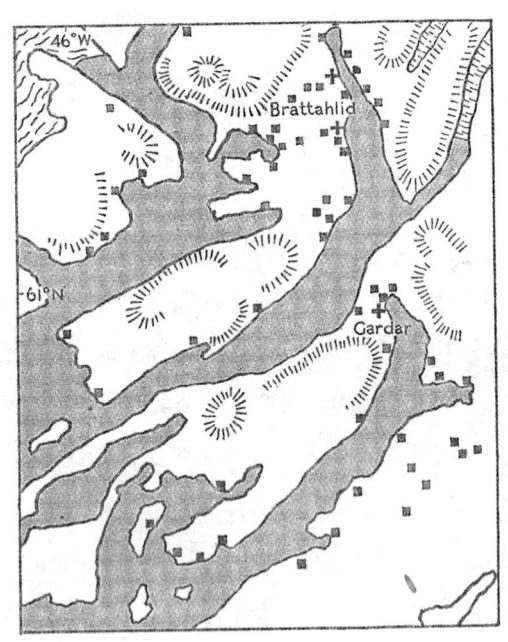

地图21 埃里克峡湾的布拉塔利德(Brattahlid,农场)和艾纳尔峡湾的加达尔,这是古挪威人在格陵兰东定居地的两个主要中心。

就有一个北欧海盗农民定居下来。据估计,整个格陵兰那时有280个农场,其中180个在东定居地,即艾斯垂拜哥德。这将使人口大约达到3 000人。如果我们想一想,现在同样地区的人口已经达到4 000人到5 000人,他们主要依靠来自欧洲和美洲的食品,那么,我们就可以看出:古挪威人的殖民活动在这片不毛之地上移居了如此众多的人口,那是一项多么惊人的功绩啊。这也说明了北欧各民族对北极和靠近北极圈的条件的巨大适应能力,稍后不久,他们在南方亚热带地区,比如,西西里也显示出了这种适应能力。

北方人还遇到了另一个困难:铁的匮乏。诚然,在西定居地北面的迪斯科湾,格陵兰有丰富的铁矿藏,而那里正是北欧海盗主要狩猎场。但是,它们是被瑞典探险家诺登舍尔德❶首先发现的,直到1870年才被开发。因此,北欧海盗就依靠地表面上的铁。那里的表面铁储藏量也很大,但是,即使用这种地表铁矿石生产铁,也会由于缺少燃料而遇到很大阻碍。正如在冰岛,这里的林下灌丛也由于乱砍滥伐和牛的损害(幼牛喜好咀嚼嫩的幼苗)而很快毁坏了,因此,他们只能依靠漂木和从欧洲和美洲进口的木材。缺少木材同样也妨碍了造船。后来几个世纪里,与欧洲的联系中断了,北方人就被困在格陵兰岛上了。开始时,他们依靠来自美洲的木材,特别是来自"马克兰德"(意为:森林之地)的木材,这个地方是格陵兰的北欧海盗大约在公元1000年发现的。直到14世纪中叶,船只还定期往来于格陵兰和马克兰德。下面,冰岛主教斯卡洛特的《冰岛编年史》1347年的词条就说明了这点:

---

❶ Nordenskiöld,Adolf Erik,Baron,1832~1901年,瑞典地质学家、矿物学家、地理学家和探险家。——译者

从格陵兰驶来一艘船，甚至比冰岛的小船还小。它驶进了外面的斯特劳姆峡湾（Straumfjord），没有抛锚。它载着七个男人，他们是驶往马克兰德的，但是，被狂风吹到了这里。

后来，这样长距离的航海就不那么频繁或彻底停止了，这也许是因为北方人由于他们的乳牛业崩溃而造成营养不良，没有力气了；也许是因为严重缺铁，他们没有钉子，不能把大型海船上的木板固定在一起。这就为格陵兰北欧海盗后代的处境投下了一层凄凉的光线。没有铁、没有木材、没有适当的营养，要想保持自己的生活方式和文化，那是不可能的。在一个为因纽特人提供了广阔生活空间的地区，他们的供应线一旦被切断，北方人最终只能消亡。

七

在一开始，并没有预兆会出现什么情况。格陵兰与挪威之间的交流很活跃，格陵兰人收到了他们所需的所有进口货物。开始时，航海者不愿意从挪威直航格陵兰，他们愿意先航行到冰岛。但是，过了一段时间，他们大多数人似乎选择了直航，就我们所知，或是从靠近黑罗（Herö）的卑尔根出发，或是从海角城（Stadt Promontory）出发，经过设得兰群岛和法罗群岛和冰岛的南面到达费尔韦尔角，即北欧海盗的避难所❶。根据古代编年史，第一个选择直航路线的人是红头艾里克的儿子雷夫。据说，他的两次航行都不平静，但是，每次他能平

---

❶ the Viking Hvarf，冰岛语，Hvarf意即Haven：避难所。——译者

第七章　肯辛顿如尼文石板和格陵兰北欧海盗之谜　　329

安地停靠港口。

　　绝对不是所有的船长都这样幸运。许多船只没有任何痕迹就沉没了。其他则船只消失在大片的浮冰群中了，这些浮冰是被北极洋流从北方带来、又被北大西洋暖流冲到格陵兰东海岸的，而从搁浅的船只上逃生的最不幸运的水手则跨过冰缘来到荒无人烟、到处是石头的海岸。他们之所以是最不幸的，是因为他们现在面临的是一种缓慢而极度痛苦的死亡。只有一次向西穿过内地冰原，试图从这种咆哮的狂风、刺骨的严寒和完全与世隔绝的地狱中逃跑的努力功败垂成。冰岛人埃纳尔·托杰尔松与两个同伴穿过内地冰原，距离最近的农场只有一天的路程了。在那里，他们精疲力竭地倒下了。他们的尸体后来被安葬在赫尔鸠夫斯尼斯墓地。

　　尽管格陵兰航线有这么多船只失事，但是还经常有人去挑逗命运

插图47　1490年的科隆。图的前方是驶往冰岛的诺尔船。此图是1492年出版的哈特曼·舍德尔（Hartmann Schedel）的《世界编年史》中的插图，插图是威廉姆·普雷德恩乌尔夫作的木刻。而木刻的画稿据说是阿尔布雷希特·丢勒[1]画的。

---

[1] 丢勒（Albrecht Dürer），1471～1528年，德国画家、版画家及百科全书式的学者。——译者

之神。在这些航行中获得的利润非常之高。木材、铁制品、玉米和盐都是格陵兰人迫切需要的物品，他们会付很高的价钱。当然，付款方式是物物交换。除了黄油、奶酪和羊毛，格陵兰人还可以提供起绒粗呢，长期以来这种布料在欧洲就特别受欢迎，此外，他们还有白色和蓝色的狐狸皮、北极熊皮、海象和独角鲸的象牙和海象皮。欧洲商业水手最需要的是后面三种商品。只要地中海的撒拉森海盗使真正的象牙难以进口，海象牙就被认为是最好的替代品。它们就像琥珀曾经在波罗的海北方条顿部落当中那样也是高档商品，因此值得通过长途、危险的航行到格陵兰去，当时人们认为格陵兰就是世界的尽头。独角鲸的牙也非常受人欢迎，人们传说它们是神秘的独角兽的角，据说还有非常高的药用价值。

这些独角鲸的牙基本上是由格陵兰岛的斯堪的纳维亚人垄断的，而且，很长时间以来都是维持与欧洲交流的一个手段。但是，挪威人开始在新地岛（Novaya Zemlya）东面的海上捕猎海象，来自欧洲中部的商人在挪威购买海象象牙自然比一路航行到格陵兰去购买要便宜。这里要补充一个事实：通过地中海的交通逐渐变得安全了，因此，象牙也容易获得了。但是，最重要的是，热衷象牙的时尚减退了。于是，格陵兰人把他们的信心寄托到独角鲸的牙上面了，这种牙之所以仍然畅销，不是因为它是象牙的替代品，而是据说它有神奇的特性。海象皮制的缆索也是令人非常垂涎的物品。这些物品的传统市场是科隆，用格陵兰海象皮制成的锚缆和帆绳从这里销售到整个欧洲。

但是，海象不是特别容易捕获的。有些要到格陵兰东海岸去捕获，因此古挪威人的狩猎团体有时就到那里去，虽然它们可能从来没有超过昂马赫沙利克（Angmagssalik）。然而，他们主要是在诺尔德斯图尔（Nordrsetur），即北纬70°迪斯科湾的狩猎场去狩猎。文献记载，每年夏季狩猎船只组成的舰队浩浩荡荡驶往迪斯科湾。毫无疑问，捕猎这些自卫能力非常强的动物，如独角鲸和海象，也会为北方人无畏的心灵带来一种难得的兴奋。当夏季末期，这些船只回到故乡的农场时，他们受到热切的欢迎。丰富的猎物就意味着来年可以从欧洲商人那里买到玉米、金属制品和其他珍贵的商品。

因此大宗的海象牙和独角鲸的牙都从格陵兰运往了南方。开始时，这些货物几乎完全是由挪威货船运输的。后来，汉萨同盟的阔根❶，即一种能更好地适合远程航海的船，进入了格陵兰的贸易。科隆的汉萨城是海象牙贸易的主要中心，这非常清楚地说明：早期与格陵兰的商业主要都掌握在汉萨同盟的海员和船主手中。在格陵兰发现了无数产自莱茵河的褐色石制品，也支持了这一观点。

无论如何，可以肯定的是：到1300年，格陵兰与挪威的贸易急剧地下降了。其原因就是挪威的商船队已经老化了，这支船队仍然使用大量的船舷上缘很低的划桨船。汉萨同盟船舷上缘很高的每一艘阔根都带有船帆，它们需要较少的水手，能装载更多的货物，而且更适宜航海。要使挪威的商船队现代化，就需要相当多的资金，但是，那些能够提供资金的人，即基督教会和世俗的大地主，由于其中的动乱与风险恰恰在这时期退出了海外贸易。中世纪鼎盛时期的普遍繁荣保障了他们从玉米和其他农产品的销售中获得了充足的利润。

另外还有其他重要的障碍。斯堪的纳维亚两次遭受了"黑死病"，即鼠疫的践踏。1349年和1351年之间，在叮怕的腺鼠疫第一次袭击挪威的时期，成千上万的人死去；1392年，恐怖再次降临，国家受到人口灭绝的威

---

❶ Koggen，11～13世纪的单桅高舷帆船。——译者

胁。一年之后，1393年，格陵兰航线上的重要港口卑尔根遭到海盗的袭击而毁灭了，经过了很长时间才重新恢复。显然，与这些灾难相比，对维持与遥远的格陵兰人的联系的关注肯定就远远地消失到背景中去了。

但是，对与格陵兰人的交流造成最后和决定性打击的可能是政治困难。根据挪威国王艾里克六世的专利证书，与格陵兰的贸易权完全属于挪威商人，特别是卑尔根的商人。其他所有的人都禁止前往格陵兰。这主要是针对汉萨同盟的；但是，实际上，这种限制也影响了挪威商人。因为挪威的国家建立于1294年，利用颁发专利证书逐渐地为自己在格陵兰航线上实现了垄断。从1261年开始，格陵兰人就隶属于挪威，那时一个国家商人纳里（knarre），（与这个字相同的是knorr，诺尔，这是一种取代了北欧海盗长船的斯堪的纳维亚船，）似乎就固定往来于卑尔根和格陵兰之间。因此，可以假设：挪威提供定期的国家航运服务，肯定是一种要格陵兰人放弃自己独立的强有力诱惑。在后来的文献中，有很多很多地方都提到了这个格陵兰的纳里，尤其是在14世纪后半叶的文献中。

1369年，国王的格陵兰船队中，有一只船在返回卑尔根时，在离海岸不远的地方沉没了。全体船员都获救了，但是，船只与毫无疑问价值非常高的货物却失踪了。显然这次灾难招致了挪威与格陵兰的官方交通的终结。无论如何，再也没有任何关于新纳里的消息了。然而，这并没有导致取消对私人与格陵兰之间的贸易和交通的禁令。相反，禁令更加强了。最后，国王宣布任何未经授权到格陵兰的航行都要处以死刑，1389年有几个海员被暴风吹到了海岸上，他们差一点就被判处死刑。1397年，瑞典、挪威和丹麦在卡尔马❶签署了《联合法案》，把三项

---

❶ Kalmar，瑞典东南港口城市，瑞典语意为垒石之地。——译者

皇冠授予了丹麦玛格丽特女王,完全停止了官方到格陵兰的航行。对哥本哈根的人来说,到格陵兰殖民地似乎比挪威人到格陵兰还要遥远。显然,恢复与格陵兰的贸易,对玛格丽特女王来说就没有意义了。

我们已经说过,这个缺口有非常大的部分是由汉萨同盟填补了。在航行到格陵兰的时候,他们不仅违反了挪威的法律,而且,还违反由汉萨同盟议会反复颁布的自己的法规。1416年,颁布禁令禁止到设得兰群岛、奥克尼岛❶和法罗群岛❷的航行,1434年汉萨同盟议会又把这一禁令扩展到冰岛。但是,尽管如此,汉萨同盟的城镇,特别是汉堡和不来梅,在北海广泛地开展了贸易,尤其是与冰岛的贸易。似乎可以假设:不少的货物被汉萨人从这里输送到了格陵兰。后者自己在多大程度上遵守了汉萨同盟船主和商人的行为准则,则是一个悬而未决的问题。

16世纪的文献谈到两艘汉堡船只在前往冰岛的途中,相当迅速地连续在格陵兰"搁浅了"。根据记载,这两艘船的船员没有在格陵兰登陆,它们分别在1537年7月1日和1539年8月9日分别重新回到汉堡港。然而,这是十分可疑的。因此,几年后,也就是1541年,当时汉萨同盟最大的一种船只克拉菲勒(*Kraffel*)被汉堡城市派遣去考察格陵兰。没有合理的成功期望,肯定不会这样做的,因此我们可以假设:考察的目的就是要把从冰岛到格陵兰的交通转移到汉堡承运商的手中。这次航行不可能单纯是为了考察的目的进行的,因为一艘最大型号的船只不可能被选来做考察。据说,它失败了,而且因为没有成功地"遇到人"而被遗弃了。下面就是使我们极为感兴趣的叙述段落:

---

❶ Orkney,位于英国苏格兰以北。——译者
❷ Faeroes,欧洲大西洋北部的火山群岛。——译者

在春天，一艘克拉菲勒第一次被派遣前去考察格陵兰。船长的名字叫格尔特·梅斯特马克（Gert Mestemaker）。它找到了格陵兰，但是在那里没有找到任何人。因此，他立刻就返回了。

1541年这次考察的真实情况、格尔特·梅斯特马克是否登上了格陵兰无人居住的东海岸，都是模糊不清的。但是，比较肯定的是：在此后多年，这次到北冰洋的航行都是这类航行中最后的一次。由于它的失败，将古挪威人的格陵兰与旧世界联系在一起的脆弱纽带就断裂了。

八

与欧洲之间的确切联系牢固地保持了一段不可思议的长时间。这些联系之一就是与罗马教会的联系。天主教会在极端北部地区与在中世纪欧洲其他地区同样都发挥了重要作用。严格的教会组织为格陵兰和其他地方的现存势力提供了有效运作的中介。在古代峡湾农民的相互对抗之上，建立了一个中央权力，它的控制可以从牧师和基督教传教士直到最卑微的平民。诚然，据传说，红头艾里克排斥基督教，但是，他似乎也没有全心全意地接受旧的信仰。当他宝座的支柱（the pillars of his high seat）被冲到格陵兰一个对他不利地点时，他毫不犹豫地纠正了命运之神的这个错误，在他自己选择的地点布拉塔席尔德（Brattahlid）建造了房屋。大约在1000年，他的儿子雷夫把基督教引进了格陵兰，他自己并没有信奉基督教，但是，同时他也没有采取措施对抗它。作为格陵兰殖民者强大的领袖，如果他愿意，他可以很容易地阻止基督教的传播。

但是，到格陵兰的路途很长，而且即使是对教会的高僧来说，生活条件也是相当艰苦的。因此，主教们往往不急于到加达尔（Gardar）去，如果基督教的某次会议叫他们到世界的其他地方去，他们很少会超过几年就回到自己的主教辖区。在14世纪，罗马教会最北端的教区荒废了将近20年：从1349年到1368年，格陵兰就没有一个主教。

挪威非常虔诚的国王马格努斯·埃里克松（Magnus Erikson）认为传播基督教就是自己毕生的使命，在这时期，他挺身而出。也许是由于他，格陵兰的北欧海盗，至少是在东定居地，才能在14世纪中叶的困难时期幸存下来。然而他的援助对西定居地来说就太晚了，这个定居地在1342年就消失了，很长时间以来人们就猜测，这是由于斯科林斯人（*Skrælings*），即因纽特人攻击的结果。1348年收到的来自加达尔的爱瓦尔·巴德森牧师的报告，可能是挪威宫廷得到的最早的消息。巴德森在1341年来到格陵兰。一年后，他被东定居地的首领命令前往西定居地，去察看那里一切是否正常。他的考察报告说：

从东定居地到西定居地，有12天的航程。那里除了满目荒凉，一无所有。在西定居地有一座大教堂，它坐落在斯特斯尼斯。有一段时间，它是主教堂，也是主教的邸宅。斯克林斯人现在掠夺了整个西定居点，因此，那里现在只有山羊、绵羊、牛和马，它们全部都是野生的，但是，那里没有人，无论是基督教徒还是异教徒。格陵兰人爱瓦尔·巴德森报道了所有这些情况，多年来他都是主教在加达尔的邸宅的管家。他亲自看到了这一切，而且是被法律演讲人❶派到西定居地去驱逐斯克林斯人的人之一。当他们到达西定居地的时候，他们发现那里没有人，既没有基督教徒，也没有异教徒。但是，他们看到一些野外放牧的牛羊。他们吃了几头牛，又装了满满的一船羊。然后返航了。

---

❶ lawspeaker，斯堪的纳维亚独特的法律机关。——译者

这份严肃的报告，与其他类似的报告一样，明显地促使国王马格努斯·埃里克松在几年后又组织了伟大的救援考察。我们现在要更仔细地关注这项事业，它是由鲍威尔·克努特松指挥的。他是皇家卫队的成员，也是非常受人尊敬和强有力的人物。考察队在1355年开始出海。现在依然保存着马格努斯·埃里克松命令这次考察的诏书。因为它对我们的叙述来说很重要，现引证如下：

国王马格尼的诏书 颁发给在阿纳姆（可能是昂纳海姆）的鲍威尔·克努特松令其航行到格陵兰。

靠上帝的恩典 马格努斯 挪威、瑞典和斯库恩（Skone）的国王颁发这一诏书与你等各人，凡看见或听见这一诏书之人均得主内平安与喜乐。

朕告知你们：你们要带领所有男人登上诺尔，无论他们登记与否，他们来自朕的卫队或其他人的侍者，或你们所推荐的其他男子。鲍威尔·克努特松将担任诺尔的指挥官，他有全权任命他选择的最优秀的人，无论是官是兵。朕命令你们以良好的善意为此事业接受朝廷的指挥，就如为了上帝的荣耀、为了我们的灵魂和我们的祖先一样。我们的祖先把基督教引入了格陵兰，并维持至今，我们不能让基督教在我们的手上中断。我们要让任何人都知道：谁要破坏我们的命令，谁就要感到我们的愤怒，谁就要为这一过犯付出全部代价。

此法令于本朝35年（即1354年）圣西蒙和圣犹大日（即10月28日）后的星期一在卑尔根实施，宫廷长官奥梅尔·奥斯汀松先生盖章。（参阅威廉·塔伯利泽尔：《两块如尼文石板》P49，史密斯森协会，1951年）

我们不知道这次在格陵兰的考察是否成功。但是，毫无疑问，这是一次宏伟和坚定的国家行动，打算去为东定居地处境艰难的格陵兰人提供援助，至少也要从朋友和敌人那里消除这种印象：挪威人的主权已经被母国遗忘了。

九

然而，在格陵兰殖民地最后几十年的历程中，不仅是虔诚的天主教国王们在关心自己的门徒，即使他们只是断断续续地在关心；最后，罗马教会自己也试图提供援助了。现在还有一份1492年亚历山大六世教皇书写的教皇敕书，它以辛酸的措辞悲叹格陵兰基督教教会生命的衰退，并且任命本笃会僧人马蒂亚斯为格陵兰主教，显然他是特意为此目的从斯堪的纳维亚来到罗马的。

如果亚历山大六世没有得到关于格陵兰存在一个基督教社区的确切信息，如果他不是相信能够对其提供帮助的话，他肯定是不会书写这个敕书的。这个被任命的主教，在1492年怎样了，我们不得而知。我们不能假设他真的到格陵兰去了，无论如何，没有文献记载他去了。他有可能像他的许多前任和继任者一样，无法找到前往那里的船只。马蒂亚斯也有一位继任者，他叫文森提乌斯·彼得森·坎普，是丹麦克里斯琴二世的告解神父。在克里斯琴二世的建议下，1520年文森提乌斯被利奥十世教皇任命为格陵兰主教。克里斯琴明确保证：他将提供船只把新任主教送到自己的主教辖区。但是，这一次最后试图与格陵兰的挪威人建立联系的努力也未能付诸实施。人身事故在这个计划中起了主要作用，政治上的麻烦也妨碍了丹麦的克里斯琴二世实现这个目的。加达尔最后一任主教从来没有到过自己的主教公署。

大约与此同时，格陵兰的北方人与欧洲的所有世俗接触都中断了，而与欧洲的精神联系也断裂了，这一联系几乎持续了整整500年，而且对格陵兰人具有巨大的实际意义。

这些联系所产生的宗教观点决定了挪威人对斯科林斯人，即因纽特人，的态度。当红头艾里克最初在格陵兰定居的时候，因纽特人似乎已经在那里生活了。无论如何，阿里·福罗德在他的《冰岛人书》是这样说的，他是在12世纪最初的25年里写作这本书的。但是，在那时，古挪威人似乎实际上没有看到因纽特人。显然，古挪威人是在12世纪末才看到因纽特人的。古代编年史说，在这一时期，格陵兰挪威人的狩猎探险队在他们定居地北方很远的地方遇到了他们称为的斯科林斯人的一些身材矮小的人。这些编年史说："他们没有铁，他们使用海象牙当作投掷武器，用有尖锐边沿的石头当刀子。"

在14世纪，关于斯科林斯人前进到格陵兰北部的事出现了一系列令人惊恐的报告。我们已经听到了：1342年，艾瓦尔·巴德森到西定居地毫无结果的航行，他向挪威国王马格努斯·埃里克松求援。但是，还有无数其他的记载谈到：北方人和因纽特人之间越来越多的频繁冲突，他们把北欧海盗的家园夷为平地了。

到目前为止，在格陵兰的发掘并没有为这些报告提供任何证实；虽然在西定居地的调查揭示了在最大的农场之一有毁灭的痕迹，这可能很清楚地暗示了农场主人是仓皇逃窜的。两种人之间相当大规模的战斗，其中可能包括对孤立农场的攻击，可能在各处都会发生的。然而，大体上说，丹麦人的发掘证实了艾瓦尔·巴德森1342年在西定居地看到的惊人画面：整个大地空无所有，显然遭到了劫掠，草地上无主的牲畜：山羊、绵羊、牛、马在自由地啃草。但是，没有任何东西显示发生过激烈的战斗。艾瓦尔·巴德森在任何地方都没有说过：教堂和农场被焚毁了，现在成了遗迹。他的报告说，斯科林斯人曾经抢劫过这个定居地，现在这个定居地孤零零地被遗弃了。这次发掘证实了这个引人注目的叙述。我们想知道，在西定居地到底发生了什么事？北欧海盗为什么放弃了他们的定居地？他们到哪里去了？

即使到今天，这些问题也没有明确和令人信服的答案。但是，这里有无数可能的假设。中世纪北大西洋地区气候条件的恶化，正如在西定居地的调查所表明的，又遇到了由于突然的干旱造成的植物变化。这场灾难肯定对北方人的畜牧业产生了彻底毁灭性的效果，人们认为这与北欧海盗时期的终结是吻合的。我们知道蓄养牲畜是格陵兰北方人经济存在的基础。一旦气候变得不能饲养牲畜，他们就面临着两种选择，或是接受斯科林斯人的生活方式，像他们一样以鱼和鲸油为生，或是移民。

西定居地的北欧海盗显然选择了后一种解决办法。在斯卡洛特（Skalholt）主教吉斯勒·欧德松的《冰岛编年史》中，我们看到了关于1342年的条目：

1342年，格陵兰的居民自发地减弱了对真诚信仰和对基督教的信仰，他们抛弃了所有良好的生活方式和真正的道德，他们变成了美洲的各种民族。他们有些人认为格陵兰与世界西部地区非常接近。这就是基督教徒开始放弃到格陵兰的航行的原因……（参见塔伯利泽尔：《两块如尼文石板》）

必须说明的是，在现存的情况下，这一令人吃惊的记载只是来自17世纪。当时，冰岛的斯卡洛特主要教堂的档案库已经在1630年被焚毁了，欧德松主教根据记忆重新记下了他认为是最重要的文献。上面引用的条目就属于这些文献，这自然就减少了其作为证据的价值。但它依然不是似乎不真实的。美洲，富饶的文兰和树木繁茂的马克兰德，毕竟离格陵兰只有几天的航程，而且正如我们已经知道的，这里还有明确的证据表明：直到1347年，还有格陵兰人航行到马克兰德。虽然这里涉及的是东定居地的水手，但是，没有理由认为西定居地的人就不能在5年前也会前往马克兰德的,特别是上述报告强调的是马克兰德的船只要比冰岛最小的船只还要小。

我们还可以从艾瓦尔·巴德森的叙述中得出推论:移民在野外没有走得太远,以至他们不能回到格陵兰的家乡去取牲畜。他说的很明白,在西定居地有牛、马、山羊和绵羊。没有遮盖,这些牲畜谁都不能在北极冬季冰天雪地的荒原上存活下来。因此,巴德森肯定几乎是在西定居地的居民刚刚离开后就来到那里的,那些居民还没有时间回来带走自己余下的牲畜。

然而,他们一旦做出这样的决定,他们就别无选择,只能穿过戴维斯海峡到彼岸去寻找领地。关于他们就是这样做的这个设想,(而且这仅仅是一种设想),大量有关这一地区存在白种、高大、金发碧眼的"因纽特人"的报告都对这一设想提供了支持。

这些报告中的第一份是来自英国渔船船长的。大约在17世纪中叶,他发现在北纬72°以南,除了身材矮小、黑皮肤、短腿的因纽特人以外,还有许多高大、身材健美、皮肤相当漂亮的土著人,他们的相貌明显地表示这是某些因纽特人与大量斯堪的纳维亚血统的混血。

约翰·富兰克林是第二个到达这个住着有欧洲人相貌的因纽特人地区的人。1824年,他遇到了这些"金发"因纽特人当中的一人,下面就是他的描述:

椭圆形的脸,大鼻子、小眼睛、前额很低,此外与欧洲人的脸也稍有不同。他的皮肤很鲜艳,红润,他的胡须是我在美洲土著人当中看到最长的。

13年后,1837年,两位美国北极探险家迪斯和辛普森在同一地区遇到了因纽特人。他们报道说:"其中一人看起来很特别,简直就像一个

第七章　肯辛顿如尼文石板和格陵兰北欧海盗之谜

斯堪的纳维亚人。"

关于北极的文献，充满了类似的报道。美国学者A. W. 格里利收集了这些报道，并在20世纪初出版。根据这些报道，格里利对北极的白人问题进行了深入细致的调查。这样就揭示了流传着许多关于因纽特人的神话：很早以前，一个高大的外国种族移民到这个地区，拉布拉多和巴芬岛的土著人把他们叫做突尼茨（*Tunnits*）。过了不久，冰岛的北极探险家斯蒂芬森在加拿大大陆北海岸外面荒凉的维多利亚岛上，就亲眼看到了这些引人注目的人们。1908年，带着明确要寻找白种因纽特人的目的，斯蒂芬森登上了这个人们认为是完全无人居住的，甚至是不适合居住的维多利亚岛。1910年5月中旬，他在岛屿东北的贝克斯利角上成功地找到了他们。其他因纽特人害怕他们，以为他们野蛮、不怀好意，但是，后来证实他们是和蔼可亲的、和平的人们。他们殷勤地欢迎 *kablunat*，即这个白人，因为他的相貌与他们几乎一样。这种相似让斯蒂芬森的因纽特人伙伴感到吃惊。他们惊呼道："他们不是因纽特人，他们只是穿衣服和行为像因纽特人而已。"斯蒂芬森自己生动地描述了与这些奇怪的人相遇的场面：

当我看到面前这些人的时候，我自己感觉到一个科学发现就要出现了。从儿童时代我就熟知北欧文学，我记得斯堪的纳维亚冒险家一百人，有时一千人组成团队，时常会消失在北极洋的薄雾当中。我或者是追寻到了这些历史事件的踪迹，或是提出了新的问题：如果他们没有欧洲血统，这些因纽特人为什么会像欧洲人？……他们当中少数人的上唇胡须里长着金色胡须，但下巴的胡子里往往就很少。某些上唇胡须是深褐色的。我从来没有在西部（阿拉斯加的麦肯齐/Mackenzie）看到过这种颜色。在这里（维多利亚岛），男人下巴上长着浓密的胡子，有3英寸长，在边沿上是淡褐色的，在下颌上颜色深一些。他们的面孔和体形使我想起了晒得黝黑的

图版31　库斯科附近的❶奥扬泰坦博庙宇城堡的遗迹。❷巨大的斑岩石块,每块重达40吨,是从背景中可以看到的山上开采的。开采后运到5 000英尺下面的山谷中,再运到乌鲁班巴(Urubamba),然后再运奥扬泰坦博山顶上的庙宇。

图版32　最近在墨西哥出土的烧制陶土儿童玩具,这似乎证明了印第安人已经懂得车轮原理。

---

❶ Cuzco,秘鲁东南方城市,海拔3 410米,古印加帝国的摇篮。——译者
❷ Ollantaitambo,印加要塞之一,位于秘鲁库斯克市西北88公里。——译者

第七章　肯辛顿如尼文石板和格陵兰北欧海盗之谜　　343

图版 33　乌玛尤半岛上（Umayo Peninsula）的希吕斯塔尼（Sillustani）遗址，上面耸立着两个26英尺高的塔。它们是用巨大的、精确开凿的石块建成的，可能是陵墓。古代什么人建造了这些塔，不得而知。

图版 34　库斯科地区的圣地亚哥寺庙，建在科里坎查（Coricancha，太阳神殿）太阳神庙旧的地基上。印加人如何能这样开凿完美地开凿出这些圆形的安山岩❶石块，至今没有答案。

---

❶ andesite，是中性的钙碱性喷出岩。——译者

344　人类的征服

图版35　坐落在尤卡坦的奇琴伊察的庙宇中的雕像。❶ 它就是"白人诸神"的形象吗?

图版36　数百尊这样巨大的头像,与4层楼一样高,单立在复活节岛。它们是仿照白人塑造的吗?

图版37　在俄罗斯和中国,这些古代纪念碑显示了蒙古人的特征。它们就是塑造者自己的形象。

❶ Chichen Itzá, 奇琴伊察是古玛雅城市遗址,位于墨西哥尤卡坦州南部,南北长3公里,东西宽2公里,有建筑物数百座。——译者

第七章　肯辛顿如尼文石板和格陵兰北欧海盗之谜　　　345

图版38　这是冰岛的德朗加兰德,就是红头艾里克最初定居的荒芜、多石的地区。

图版39　冰山正在崩解。水雾飞溅到空中,很快将会引发可怕的浪潮。这样生死攸关的危险潜伏在北欧海盗定居地从东到西的路线上。

斯堪的纳维亚人……

他们不是因纽特人，斯蒂芬森当时也是这样想的。他在突尼茨人当中生活了几年，当他回到文明世界的时候，他以他们为题材写了一部长篇著作。因纽特人是蒙古部落的后裔，身材矮小、黄皮肤、黑头发、黑眼睛，而突尼茨人则身材高大、皮肤白皙，常常长着灰色的眼睛、淡黄色或淡红色的头发。1910年5月16日，斯蒂芬森写道："这里有三个男人，他们的胡须几乎和我的一样漂亮，"那一天是他第一次遇到北极的白色居民。

就在那一天，他抓住了整个问题的核心。因纽特人与欧洲人结合的后裔，一般都像因纽特人。突尼茨人则毫无疑问是混血种族，但他们的相貌却是欧洲人的相貌。当斯蒂芬森测量他的新朋友的颅骨时，那些数据让他得出同样的结论：那比例不是因纽特人的，而是欧洲人的。这就意味着：一群强大的欧洲人群体与数量上相当弱小的因纽特人群体混种了。因此，白人和蒙古血统的因纽特人之间接触的这一种族证据是不能从捕鲸者的零星来访而推导出来的，他们的船员人数太少了。此外，几乎可以肯定的是：只有在两种情况下，捕鲸者或设陷阱捕兽者才能在斯蒂芬森之前渗透到如此遥远的北方。

因此，斯蒂芬森说，这些奇怪的"因纽特人"之谜依然没有解开，对没有偏见的观察者而言，最有可能的答案似乎就在于格陵兰的挪威人。后者不仅有足够的数量在多少代人之间传播遗传特性，而且维多利亚岛与北欧海盗在格陵兰的定居地之间的距离也相对很短，大约一年的时间就可达到。斯蒂芬森得出结论："如果维多利亚岛的因纽特人真有欧洲人的血统，那么，关于其来源，格陵兰的斯堪的纳维亚定居者就提供了唯一可能的历史解释。"

然而，关于西定居地的格陵兰挪威人是现在"白种因纽特人"的祖先的假设，还只是猜想。

北方人是什么时候在格陵兰最后消失的，多少还不能确定，这与斯科林斯人的任何攻击没有任何关系。根据斯卡洛特的冰岛主教欧格芒德的证明，1534年他和他的随从航行路过赫约尔夫斯尼斯（Herjulfsnes）时还看到了人，主教是从挪威到冰岛时被大风吹到格陵兰水域的。那时已经是黄昏时分，但是，他们航行时距海岸非常近，以至于可以清楚地区别出人、羊圈、绵羊和羔羊。

最后看到格陵兰北欧海盗的欧洲人可能就是冰岛的船长乔恩，虽然他只看到了一具尸体，他是跑汉堡—冰岛航线的，因此得了一个"格陵兰人"的绰号。1540年，这个乔恩格陵兰人进行了一次航行，他留下了下面的记载：

1540年，他驾驶的一艘德国商船被大风吹到了格陵兰。这艘船驶进了一个到处都是岛屿的峡湾，有些岛屿已经被因纽特人占领了。他们不敢在那里登陆，于是又航行到一个孤零零无人居住的小岛。在那里，他们看到了船屋和石头墙，就像在冰岛看到的一样。他们在那里还看见了一个死人，面朝下趴在地上。他戴着一个兜帽，做工很精细，另外，他还穿着海豹皮和起绒粗呢的衣服。他身旁有一把带鞘的弯形匕首，因为经常磨刀，匕首已经很薄了，也很弯了。他们把匕首带回来，当作纪念。

我们听说，汉堡的船长格尔特·梅斯特马克一年后，即1541年在格陵兰没有看到任何人，因此，乔恩格陵兰人看到的死人可能就是最后的古挪威人了，没有活人留下来去埋葬他了。

在他们驶向新海岸的运气不佳的突围中，根据古代人的地理概念，这个海岸肯定距离无底鸿沟金恩加格（Ginnungagap）非常近，那是一个巨大无边的漩涡。红头艾里克过多地服从了自己的悲剧命运。他不情愿地被世界新的统治原则驱使着把未来发展的重心从西方转向了北方。通过他的移民，艾里克为那些随后不久越过海洋在遥远的西方国度登陆的人们搭建了舞台，而这正是欧洲长时期以来没有说出的理想目标。

第八章

文 兰

横渡大西洋的第一人：布加尼·赫尔鸠夫森（Bjarni Herjulfsson）/里夫·埃里克森（Leif Ericson）航海到文兰/野葡萄、野生玉米和大马哈鱼/文兰在马萨诸塞州吗？/E. F. 格雷教授与"雷夫布迪尔"/北欧海盗与科尔特转膛手枪/多德先生与比尔德莫坟墓/Leitadi是什么意思？/主教是逃兵？/梵蒂冈知道文兰/苏必利尔湖上的自然铜矿区/还是曼丹印第安人/马格努斯是印第安名字？/北欧海盗与皮宁和波索斯特北美洲探险/格陵兰的勃艮第小帽/约翰·卡波特发现马克兰德/巴西的童话岛/哥伦布到过冰岛吗？/哥伦布与文兰的传统

一

985年夏季，赫尔鸠夫和索尔加德的儿子，布加尼从挪威回到父亲在冰岛的埃拉尔的庄园。这时他发现这里已经荒芜了。他从邻居那里知道，他父亲与红头艾里克合作一起航海到格陵兰去了。虽然刚刚20岁出头，但布加尼却是一个游历广泛、经验丰富的水手。没用多长时间，他就下定了决心：他要到格陵兰找到父亲和他一起在那里度过冬天，就像以前在冰岛做的一样。在这次航海中，他成

了第一位有明确证据发现美洲的欧洲人。

我们来看看布加尼关于他到美洲的航行的叙述吧。他从冰岛西部的埃拉尔出发，向西航行了三天，直到身后的陆地在地平线下消失了。他当然要等待好天气才能出发，在好天气里，冰岛的高山在大约100海里外依然可见。因此，在航行的第四天，出现了薄雾，布加尼航行到冰岛西面100海里的丹麦海峡，这里距格陵兰只有80海里。这时在灰蒙蒙的天空下，刮起了北风，把这艘船吹到了向南的航线上，或者说是吹到了西南的航线上，因为也必须考虑到格陵兰东部海流的影响。正如记载所说的，这样的情况持续了几天。当太阳终于重新照耀的时候，他们可以再次找到自己的方位了，布加尼却不知道自己在什么地方了。他不知道格陵兰湾流，因为他从来没到过格陵兰。他没有怀疑他们已经被吹向西南航行了，于是决定向西航行。格陵兰在冰岛的西面，因此他的决定是符合逻辑的。他和他的伙伴沿这条航线走了一天，突然他们看到了稍微有些山地和另外还有树木的陆地。

这是什么国家？毫无疑问这是美洲，这是肯定的。但，这是东海岸的什么地方？这很难是纽芬兰，因为纽芬兰的海岸有2 600英尺（约780米）高。它们都不是小山丘，而是相当高大的，尤其是从海上看。同样，北拉布拉多也被排除在外。在曼弗尔斯港和奈因，山脉都高达6 600英尺（约1 980米），除此之外，北纬57°是树木的北部生长界线，因此，那里的树木都很细小和稀疏。但是，在南拉布拉多，在哈密尔顿湾一般都是平坦的风光，只有几处有小山丘突起，这与布加尼的描述是吻合的。这里也有大片的参天大树的森林，因此，北方人看到的陆地肯定是美洲的某个地方，这里有大量的证据表明：他们首先登陆的地方就是南拉布拉多。

第八章 文 兰　　　　　　　　　351

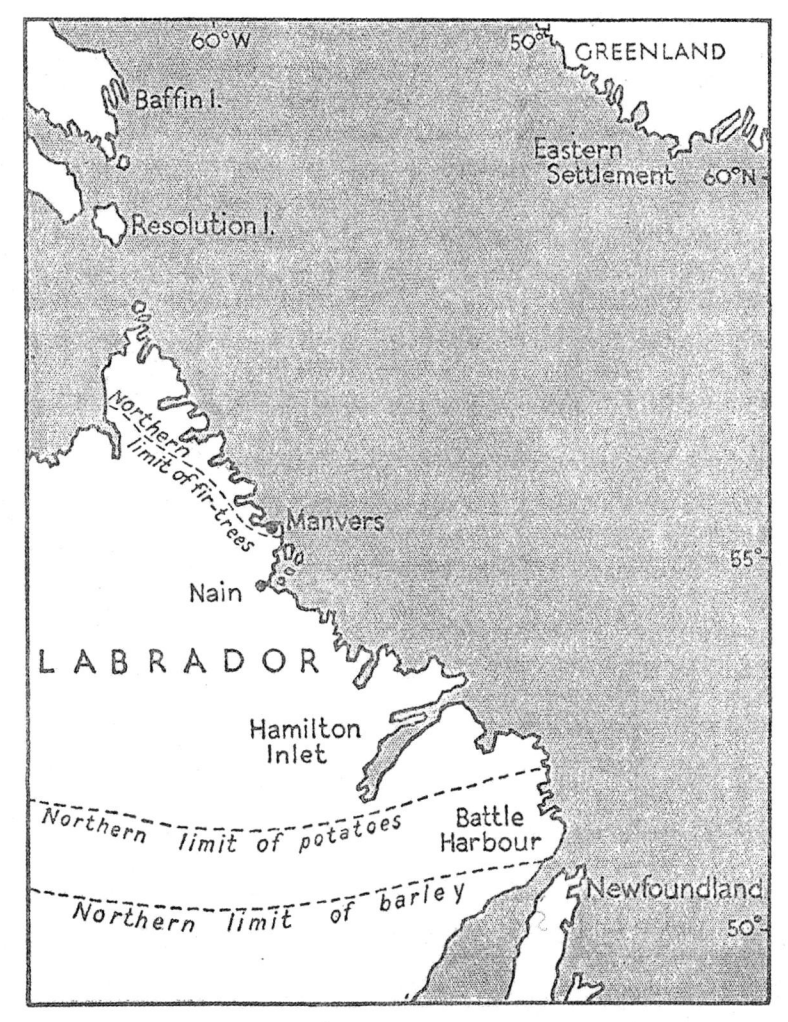

地图22　拉布拉多、巴芬岛❶和格陵兰西南的海岸线。图中地名（逆时针）：巴芬岛　雷索柳申岛　曼弗尔斯　奈因　拉布拉多　哈密尔顿湾　巴特尔港　纽芬兰　东定居地　格陵兰（三条虚线）：冷杉北部生长界线　马铃薯北部生长界线　燕麦北部生长界线

---

❶ Baffin Island，加拿大北极群岛中第一大岛，世界第五大岛，英国航海家巴芬1616年来此考察。——译者

记载告诉我们,他们看到陌生的海岸后,就用左舷对着海岸,继续航行。两天后,他们又看到了陆地。这里也有森林。布加尼的水手可能打算利用平静的天气抛锚,到海岸上获取淡水和木柴。但他们的船长强烈反对这个想法,他不理会水手们的抱怨。

布加尼的意志战胜了他的水手们,他乘着西南风起航了,一般还是保持向北的方向,但也向西偏离了几个罗经点❶。过了不久,他们就看到了高山和冰山,这个地区显然很像格陵兰,但是,它对布加尼似乎并没有足够的吸引力。根据他得到的关于格陵兰的信息,那信息肯定会说到有趣的峡湾、葱翠的牧场,这才符合它的名字(绿色大地),他相信这第三个地区也不是格陵兰。他看到了巴芬岛的南部,那里除了高山还有大冰山,拉布拉多没有这样的情况。

无论如何,后面的叙述很清楚地表明这第三个地区不是格陵兰。它说道:北欧海盗乘着猛烈的西南风驶入了远海,收了帆在风暴中航行,经过四天航行到达格陵兰的赫约尔夫斯尼斯附近。这样的路线大致是向东—向南—向东,如果北方人真的已经到了格陵兰,那这条路线显然是不可能的。他们看到的第三个地区,只能是巴芬岛的南部。

因此,我们掌握了确切证据的第一位发现美洲的人就是布加尼·赫尔鸠夫森,他在985年的航行中发现了美洲。显然他再也没有重新进行这样的探险,这很令人惊奇,我们必须补充这一点。因为他长期地住在赫尔鸠夫森了,也就是格陵兰西南现在的伊齐格特(Ikigeit)。他可能打算临时航行到马克兰德去补充他的木材储备,马克兰德就是布加尼看到森林地带后来的名称。事实上,他很可能这样做了,我们没有得到任

---

❶ point,等于111/4度。——译者

何记载唯一的原因就是：布加尼的传说被关于他的后继者雷夫·艾里克森和托尔芬·卡尔色夫尼更光辉的记述掩盖了，雷夫是红头艾里克的长子，托尔芬是冰岛的一位商人。毫无疑问，他的航行也正是由于雷夫和托尔芬的考察才显示了其重要性。

萨迦说道：布加尼在父亲死后，访问了挪威。在挪威国王艾里克亚尔[1]的宫廷，他受到了强烈的责备，因为他没有探索他看到的陆地。心中带着这些责备，他回到了格陵兰，在这里显然他可以随便发泄自己的愤怒和谈论西方的新国家。我们看到的就是这样：这就刺激了格陵兰人去寻找未知的西方大地。那么，显然这是他同时代人对他的唯一一次责难，这使布加尼深刻地认识到：大洋彼岸的新海岸可能很重要，因此，他现在越来越多地说到它们和到那里的航行。另一方面，格陵兰人逐渐地认识到一个近在咫尺的有森林的国家对他们而言很重要，这也是一个问题。无论如何，令人感到惊奇的是那些有进取心的格陵兰北欧海盗，可以说他们是擅长远距离航海的，却直到公元1 000年才移民到布加尼发现的未知大地，这离那场风暴把他带回他们的海岸已经过去了15年。

二

当人们最终谈到移民计划时，格陵兰的无冕之王，红头艾里克的家族当然是最热情的支持者。艾里克的长子，雷夫本人就是大规模到西方大地探险的首领。《挪威王列传》（*Heimskringla*）讲述了这次探险：

---

[1] Eric the Jarl，斯堪的纳维亚国家的国王。——译者

现在我们知道：布加尼·赫尔鸠夫森从格陵兰拜谒国王艾里克亚尔，国王热情欢迎他。布加尼对国王讲述了自己的航海，当时他看到了前面提到的陆地，那时他无法分辨这些陆地的任何事情，可能被认为他不想急切地了解这些事物，他因此受到责备。布加尼成了国王的卫士，第二年夏天他航海回到了格陵兰，他们在格陵兰说了许多关于发现新大陆的事情。布拉塔利德的红头艾里克的儿子雷夫找到了布加尼·赫尔鸠夫森，并且买下了他的船只，而且还雇佣了总共35个人的船员。雷夫请他父亲当这次航海的首领。他婉言谢绝了，说自己太老了，不能像从前那样经受寒冷潮湿的天气了。雷夫回答说，他与自己的亲人在一起将是这次航海最幸运的事。艾里克最终让步了，当他们骑马从家里出来准备航行时；但是，距离船只还有一小段路时，艾里克骑的马绊倒了，因此，艾里克跌到地上，把脚弄伤了。于是，艾里克说："除了我们生活在这里的格陵兰，命中注定我不应该再去发现别的土地，我们应该彻底放弃这次航行。"现在艾里克又回到了布拉塔利德的家，但是，雷夫和他所有的35位水手一起已经整装待发。这次航行中，有一位南方国家的人，他叫泰克尔。船只已经准备就绪，他们向大海出发了。首先找到了布加尼和他的水手过去发现的陆地。他们向那里航行，抛锚、放下小船，然后登陆，但是，并没有看见草。这里是一片巨大的冰雪荒原（snow-fells）的内陆，从海岸到冰雪荒原的地方，大地上全是石头，他们认为这样的土地没有用。雷夫说："现在我们不想让别人说我们没有登陆上岸，就像他们说布加尼那样。我要给这片土地取个名字，它就叫黑卢兰德，（Helluland，石块裸露的土地。）"然后他们上了船，驾船离去，找到另一块大地，靠近它抛了锚。他们放下一条小船，然后登陆。这片大地很平坦，长满树木；无论他们走到哪里，海滨上都是白沙，海滩很低。雷夫说："这片土地应该有一个适当的名字，我们就叫它马克兰德（有森林的大地）。他们匆忙上了船，又驾船离去了。这时刮起了东北大风，他们航行了两天才看到陆地。他们靠近陆地的时候，他们看出这是一个岛，它坐落在陆地的北面。在天气好转时，他们登上了

第八章 文兰

这个岛,他们看到草上挂着一些露珠。恰巧他们用手指沾了点露珠,放到嘴里,他们觉得这是从来没尝过的甘甜。后来,他们回到船上,驶入这个岛屿与一个向北突出的海角之间的海湾,他们向西穿过了海角。退潮时海水非常浅,他们的船搁浅了,因此,船只距离大海就很远了。但是,他们非常急切地想登陆,他们不等涨潮了,而是跳到岸上,来到一条从一个湖泊流出的小河。当他们的大船浮起来的时候,他们又回到小船上,划向了大船。他们把大船拖向了小河,然后进了湖泊。他们在那里抛了锚,把行李取出来,建造了几间隔开的房间。他们决定在那里过冬,很快就开始建造了一个大屋子。无论是在河里,还是在湖里,都有很多大马哈鱼,他们从来没有看见过这么大的大马哈鱼。他们认为这片土地非常富饶,用不着贮存过冬的牛饲料。这里的冬天不结霜,草也不会严重地枯萎。昼夜也比在格陵兰或冰岛更平均。在冬天最短的日子里,日出或日落太阳都在一个地方(eyktarstad and dagmalastad)。当他们的房子快要盖好了的时候,雷夫对他的伙伴们说:"现在我打算把人分成两部分,以便对这个地区进行探索。一半人留在家里,另一半人进行探索,但是,任何人都不能行走超出当天返回的路程,大家一定不要彼此离得太远。"有一段时间他们这样做了。雷夫自己可以进行一些调整,有时和大家一起出去,有时则留在家里。雷夫是个身高马大的人,很有男子汉的气魄,在各种事情上还很聪明、仔细。

一天傍晚,这个团体中恰巧有一个人失踪了,他是南方国家的人,叫泰克尔,雷夫对此很关心,因为泰克尔曾经与他父亲一起生活过,并在雷夫幼年时照料过他。雷夫责怪他手下的人,并安排了12个人和他一起去找他。但是,他们从家里出来只走了 小段路,就遇到了泰克尔。人家高兴地欢迎他。雷夫很快就看到他的养父很愉快。泰克尔的目光很敏锐,身材矮小、一张小脸很丑陋,但是,他对各种运动都非常内行。雷夫问他:"你为什么回来这么晚,我的养父?你为什么离开自己的伙伴?"起初他说的是土耳其语(1)这个故事的其他版本说泰克尔是德国人。他转着眼睛、皱着眉头,但是,大家都听不懂他说什么。过了一会儿,他用挪威语说:"我并没有比别人走得更远,我要告诉你们一些新鲜事,因为我发现了葡萄藤和葡萄。"雷夫说:"这是真的吗,养父?"他回答说:"没错,这是真的,因为我是从一个有大量葡萄藤和葡萄的国家来的。"他们睡了一整夜,第二天早晨,雷夫对手下的人说:"现在我们每天要注意两件事,首先要去采摘葡萄和砍伐葡萄藤,然后到森林里砍伐树木装到我们的船上。"他们就这样做了。据说,他们的补给船装满了葡萄。为大船也砍伐了一大批木头。他们还发现了一片野生的小麦田和一种叫做马舒尔(massur)的树。各种东西他们都拿了许多,这些树非常大,他们可以用来建造房屋。春天来了,他们准备好了,离开了这片大地。雷夫根据这片土地的产品,把它叫做文兰(Vinland, Wineland.)。(《挪威王列传》,蒙森和史密斯翻译)

这就是《挪威王列传》讲述的雷夫·艾里克森到文兰航海的故事。这种叙述的语气就表明其目的与布加尼的航海日志是截然不同的。专业的航海内容大部分都退到背景中去了。兴趣的中心与其说是陆标、风向和航程,还不如说是在新海岸上乌托邦式的乐园里的神奇遭遇。诚然,它也提到了关于航海的事,比如,黑卢兰德不适合人居住的情况或森林茂密的马克兰德,由于叙述了一年中最短的日子里,太阳的高度,它也试图标明当地的纬度。但是,这种叙述不仅是简单的航海日志,其中包括了有关新国家的大量敏感的信息,对格陵兰人来说,其中大部分听起来就像神话故事。然而,事实上,即使是甜蜜的露珠这样的细节都不是神话故事。在北美洲许多地区,现在还能找到所谓的蜜露(honey-dew);它是某些树虱和蝇类露珠一样的排泄物。关于发现了葡萄藤的报告也是正确的。在美洲东北部,那里有不下30多种的野生葡萄,生长在距离圣劳伦斯湾很近的地方。南森❶对此提出争辩，因此，认为整个叙述都是北欧海盗的违愿梦（wish dream）而不予考虑。毫无疑问，这是错误的。即使是今天，圣劳伦斯湾的附属海湾，从法国人进行殖民以来，仍然叫做Baie du vin，葡萄酒湾。同样，南塔基特海峡中的一个岛也有一个名字：马大的葡萄园。1524年，当意大利人韦拉扎诺❷来到这个地区时，他报道说：

就像在法国南部看到的一样，葡萄藤盘绕在树上。如果有人栽培和照料，用这些葡萄就能酿造出最优良的葡萄酒。因为它们很甜，一点儿都不亚于我们的葡萄。

直到今天仍然有类似的报道。因此，北方人关于文兰的叙述，在这一点上无疑是正确的。考虑到他们看到葡萄藤得到的真正绝妙的意义，他们给这个地区取这样的名字就不足为奇了。

后来冰岛的商人，托尔芬·卡尔瑟福尼又航海来到文兰，关于他打算进行殖民化的活动，《红头艾里克的传奇》做了长篇叙述，因此这个传奇往往也被称为《卡尔瑟福尼传奇》。由于斯科林斯人的攻击他不得不放弃他的定居地。《卡尔瑟福尼传奇》记载了大量的确定文兰地理位置的重要信息。

当然，北方人并不知道他们已经发现了新大陆。大约500年后，冰岛人斯果尔德·斯特凡森画出了黑卢兰德、马克兰德和文兰角的地图，在地图上，这些地区都被表示出与格陵兰的联系，而格陵兰又被表示出

---

❶ 弗里德约夫·南森（Nansen Fridtjof，1861～1930年），挪威北极探险家、博物学家及外交家，曾获1922年诺贝尔和平奖。——译者
❷ Verrazano，意大利航海家。——译者

与布加马兰德或西伯利亚之间的联系。但是,他们并不知道,自从取得了冰岛以后,就已经成就了某件伟大的事业,这是可以与英雄传奇相媲美的事业,确实,它可能超越了英雄传奇的价值,他们确实值得为这一成绩感到骄傲。

三

276　雷夫具体停靠在海岸的哪一个地点依然无法确定。关于这一问题非常广泛的科学讨论中,最常提到的地名是马萨诸塞州。虽然如此,这个

插图48　1570年斯果尔德·斯特凡森到文兰的航海地图。斯果尔德·斯特凡森是冰岛南部斯考尔赫尔特❶大学的校长。地图原稿已经丢失。斯考尔赫尔特主教托尔德·托尔拉克森发现了这副地图的抄本,他在这个抄本上做了注解。我们可以看到,根据那个时期的观念,挪威、布加马兰德、格陵兰和文兰构成了一个单独的复杂陆块。

地点仍然无法确定,因为经常有人要把雷夫·艾里克森的文兰转移到弗吉尼亚、佛罗里达或纽芬兰。然而,这些反对马萨诸塞州的意见没有一个是令人信服的。

在确定文兰的地理位置时,具有非常重要意义的就是传奇的叙述:那里冬天的霜很小,草几乎不会枯萎,牲畜在整个寒季都可以留在露天。正如美国科学家们指出的,这可能是在马萨诸塞州的沿海地区,但是刚刚到了它的北面就不可能这样了。在魁北克,1月的平均温度就已经是结霜的23°[2]了,在更远的内地蒙特利尔,那就更冷了。

当然,马萨诸塞南部的气候条件甚至可能更好些,因此关于温和的冬季的叙述,一般来讲可能更适用于那里。这就导致人们到弗吉尼亚、北卡罗来纳州,甚至佛罗里达去寻找文兰。但是,这个信念与报道中出现的大量大马哈鱼是矛盾的,从格陵兰和挪威来的斯堪的纳维亚人对这种鱼很熟悉。大马哈鱼是冷水鱼,它们最远只到北纬41°的美洲东海岸交配。假设到文兰航行时的气候条件与今天的气候条件大致相同,那么,关于大马哈鱼的叙述就为文兰的位置确定了明确的南部边界。由于提到了野生葡萄,它的北部边界也确定了,野生葡萄不可能在北纬47°以北生长。这些事实都指向了波士顿和纽约之间的地区。

针对这一点,《挪威王列传》的叙述提出一些迹象:在冬至的时候,太阳就停在日出和日落的地方。这一叙述引起了专家们的关注,而且是个有各种不同解释的课题,其中没有任何一种解释得到普遍的承认。根据这一叙述,目前的倾向似乎是把文兰以前的位置再向南推移。

---

[1] Skalholt,是冰岛最早的宗教发源地和宗教中心。——译者
[2] 华氏,等于摄氏-5°。——译者

德国学者奥托·西格弗里德·罗伊特根据它推断出：文兰位于北纬27°到31°之间，也就是在佛罗里达州。而挪威人姆杰尔德则把文兰定位于北纬37°以南的切萨皮克湾地区❶。这种不确定性是因为 eykt and dagmal 这两个概念引起的，它们表示日出和日落某个位置，它们可能是古挪威人仅仅大致上确定的。在观察太阳高度时，仅仅是14分的误差就会造成由此计算出的纬度偏差3度，超过100英里的距离。因此过分看重这一叙述，将是一个错误。它的全部含义就在于："我们已经来到南方这么远的地方了，以至于在一年当中最短的日子里，我们还有许多明亮的时间"，这句话对生活在格陵兰的北方人来说肯定会有极大的兴趣，因为他们在整个冬季都是生活在幽暗或黑暗当中的。

很显然，我们目前的知识还不允许我们确定文兰的确切位置。然而，为了确定雷夫布迪尔（Leifbudir）的位置，即北欧海盗在文兰的真正殖民地的位置，人们进行了大量耐心的研究。为了显示对这一地点进行了怎样彻底的研究，我们将简要地勾勒一位在这一课题上最杰出的专家所提出的假设，他就是美国地理学家E. F. 格雷。他认为北欧海盗的定居地肯定要到波士顿南面的巴恩斯特布尔半岛（Barnstable Peninsula）去寻找。

这一假设的根据就是关于雷夫和卡尔瑟福尼两人的航海传奇，还加上了他个人在可能的地点进行的考察。按照格雷的看法，到达巴恩斯特布尔半岛后，卡尔瑟福尼的考察路线是这样的：首先在查塔姆港地区（这是北方人在草上发现甜蜜露珠的地方）登陆后，他们进入了南塔基特海湾，穿过了名叫马大的葡萄园的岛屿与巴恩斯特布尔半岛最南端的

---

❶ Chesapeake，美国东部马里兰州和弗吉尼亚州之间的海湾。——译者

海角之间一条狭窄的海峡。这个传奇说,这个海岬是向北突出到海里的,可以确定它就是马大的葡萄园向北突出的顶端。马大的葡萄园就是卡尔瑟福尼的溪流岛(Stream-island)(Straumsey),而南塔基特海湾和马大的葡萄园与大陆之间的海峡一起都和溪流峡湾(Stream-firth, Straumfjord)相对应。这些命名是非常贴切的,因为在这个地点,有一条强劲的潮流沿海岸向东流去。

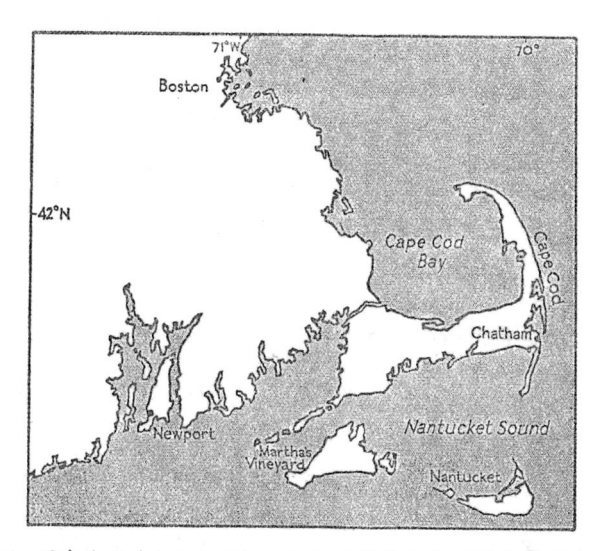

地图23 图中地名(由上至下):波士顿 科德角湾 科德角 查塔姆 纽波特 马大的葡萄园 南塔基特海湾 南塔基特

说明:文兰的位置(根据E.格雷的观点)南塔基特和马大的葡萄园这两个岛屿原来是与无人地(雷夫布迪尔)连在一起的,因此,南塔基特海湾(溪流峡湾)实际上就是一个峡湾。科德角与克加拉尼斯连成一片,巴恩斯特布尔长长的沙岸与福度尔斯特兰德(神奇海滨/Wonderstrands)、南塔基特海湾与溪流峡湾、马大的葡萄园与溪流岛、巴恩斯特布尔半岛北面海滩上的一个地点与克罗散尼斯也都连在一起。格雷指出,早期到美洲的所有探险都是在这里登陆的,比如:1524年的韦拉扎诺、1542年的奥弗斯(Jean Allefonsce)、1602年的戈斯诺尔德、1604年的尚普兰、1614年的史密斯、1614年的亨特、1619年的伯默尔、1620年的五月花号。野生葡萄还在这里生长,巴恩斯特布尔东海岸白色海滩依然引人注目,流向北方的强劲潮流大大地减低了航行速度,以至于航行所用的时间让人感到"奇怪"。格雷进一步指出,溪流峡湾强劲的潮流在1602年阻止了探险家戈斯诺尔德穿越峡湾。

根据传奇的说法，在溪流岛上，做巢的绒鸭（eider bird）非常之多，遍地都是鸭蛋，以至于人们没有立足之地。格雷向我们保证，即使在今天，在马大的葡萄园也仍然是这样，在年初的时候这很明显。因为雷夫和卡尔瑟福尼都是在初夏开始进行他们的冒险的，他们可能是在盛夏开始时抵达巴恩斯特布尔的，那时绒鸭可能已经孵化完了。格雷是用下面这一事实来解释这个差异的：马大的葡萄园有时会受到风暴海潮的袭击，鸟巢和鸟卵就被毁坏了，发生这种情况的时候，各种鸟类，绒鸭、海燕和海鸥刚刚孵化出来，因此，在7月中旬到8月初，还可以看到大量的鸟蛋。这些日期与野生葡萄刚开始成熟的日期是吻合的。因此，如果我们接受格雷的假设，同时也接受传奇关于发现鸟蛋和野葡萄的叙述，那么，我们就会认为卡尔瑟福尼到达文兰的时间大约就在7月末或8月初。

　　克服了南塔基特海湾的潮流后，传奇告诉我们：北方人向西航行，越过了马大的葡萄园的北端。退潮时，这里的海峡非常浅，以至于他们最后搁浅了。这也符合这个岛北面海滩目前的条件。由于有许多非常浅的沙洲，航行变得异常困难。

　　当他们的船搁浅后，雷夫和他手下的人并没有等待涨潮使船浮起来，而是涉水登陆了。他们发现有一条源于内陆湖的小河注入大海，他们把船拖到那里。格雷认为，这指的就是马大的葡萄园上的门纳穆莎（Menemsha）湖，它的位置与传奇中所说的迹象相吻合，而且那里也有大马哈鱼。雷夫布迪尔，就是雷夫过冬的地方，不是马大的葡萄园，而是它南面的一个无人地小岛。格雷的假设是以《卡尔瑟福尼传奇》中的叙述为基础的：传奇说道，溪流岛上的北方人遇到了非常寒冷的冬天，"他们跑到了岛上"。他认为这个"岛"就是无人地，它的位置在温暖的墨西哥湾流的通道上,这样它冬季的温度就与传奇所暗示的相符了,而这并不适用于门纳穆莎湖周围的地区。

关于格雷的理论,我们还有许多要说的。1952年夏季,新闻报道强化了他理论,巴恩斯特布尔半岛出土了似乎是北欧海盗船只残骸的腐烂木材。但是,其他的考察者却抱有截然相反的观点,与格雷的考察同样详尽,从对下述情况所做的简短回顾就可以看出这一点:为了探究文兰准确的地点进行了一切努力,而它们的基础都是不确定的。我们的任务不是更深地进入这个课题,也不是去详细地考虑各种假设、推测和解释之间的冲突。我们必须满足于我们已经注意到马萨诸塞州与传奇中关于文兰的位置所说的迹象最相符合,而且绝对毫无疑问的是:北方人曾经到达过美洲的东海岸,特别是雷夫和卡尔瑟福尼。

关于这是在什么时间发生的,同样也没有什么疑问。这是在我们这一千年的早期发生的。更准确些:雷夫可能是在1000年的初夏开始进行远征的,在1001年的春天回到格陵兰。布加尼·赫尔鸠夫森肯定是第一位历史上证实了的看到美洲的北方人。但是,新世界的发现者却是雷夫·艾里克森。因此,公正地说:在波士顿要为他,而不是为布加尼树立一座宏伟的纪念碑。他的功绩是北欧人的大发现中最辉煌的一页。他的探险不仅跨越了将近5 000英里的距离,仅从巴芬岛到马萨诸塞州几乎就有2 200英里,而且在航行期间,对领导者的智力和航海技术的要求也是异常巨大的。他满足了这些要求,虽然这次旅行用了一年多的时间,但他系统地考察了文兰,尽管有各种冒险,他还能带领自己的伙伴安全和完整地回到格陵兰,这样的事实使他能够名列所有地理发现者的前茅。他有资格与哥伦布和麦哲伦这样的人并肩而立。

从雷夫和托尔芬·卡尔瑟福尼的同时代人直到现在,关于北欧海盗

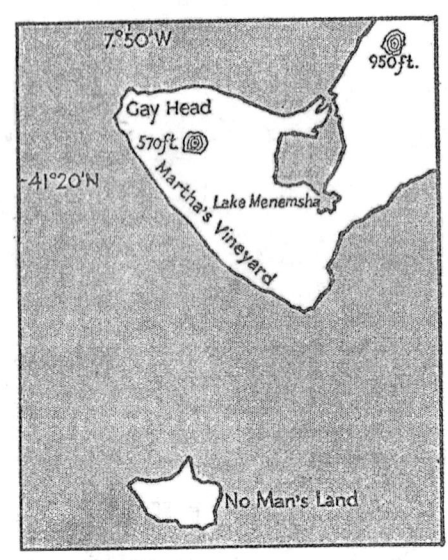

地图24 靠近巴恩斯特布尔的门纳穆莎（Menemsha）湖和无人地。（根据E. 格雷的地图绘制。）图中文字（从上至下）：沙洲头 950英尺 570英尺 马大的葡萄园 门纳穆莎湖 无人地

遭遇到"斯科林斯人"并决定主动放弃在美洲的殖民的信息一直都引起了特殊的兴趣。起初，人们认为美洲的北欧海盗所说的"兽皮独木舟"只能是因纽特人的单人划子。但是，最近科学家已经开始接受这样的观点：这些斯科林斯人是印第安人，而不是因纽特人。因为除了著名的重量很轻的桦树皮做的独木舟，印第安人还有兽皮小船，而因纽特人或者使用单人划子，或者使用可以坐9个人的女人船只：尤米阿克（umiak）。根据许多传奇的描述，美洲北部的印第安人一般都使用中型的小船。另外，因纽特人往往都住在比我们肯定在那里寻找文兰的地区北方更为遥远的地方。他们的定居地几乎完全局限于没有树木的海岸。在凡是有森林的地方，他们常常被印第安人消灭了。这些斯科林斯人实际就是印第安人，其证据在于传奇中提到"一个深颜色的球，"他

第八章 文 兰

们用一根长棍子把这个球甩向敌人北欧海盗。这个可能很有魔力的武器也许就是住在圣劳伦斯湾的西南所谓的阿尔冈昆印第安人的"恶魔的头"。欧洲定居者第一次与红皮肤人发生冲突时,他们就报道了这个东西。这是一种用画过图画的皮子包裹的石头,在战斗中,印第安人借助一根长的抛掷木棍投掷到敌人当中,他们打算让它具有危险的魔力,并让他们的敌人感到恐惧。到这个时代,白人已经不害怕魔鬼的武器了。但北方人并不是这样。从一开始,他们就认为自己面对的褐色巨人会施展魔法,他们同样认为芬兰人和拉普人也会施展魔法。因此,很容易理解:斯科林斯人"深颜色的球"让他们感到恐惧。对魔法感到恐惧,如果可能就逃避它,对北欧海盗来说并不是耻辱。凡是有超人力量介入的地方,任何勇气都是徒劳的。一切都荡然无存,只有逃命!

传奇中关于野葡萄和玉米的说法,被许多作家,特别是南森,当作一种迹象:这说明整个的文兰故事只不过是关于丰饶仙境的普遍传说的挪威版本,这种传说的典范就是古典的《幸福岛》。G. M. 加索尼—哈代(Gathorne-Hardy)在他的著作:《发现美洲的古挪威人》(牛津:克拉林顿出版社,1921年,第154~162页)中,详细地讨论了这一点。提供了压倒性的证据后,他得出结论:"无论如何,他们发现的是野葡萄,我认为这是无可争辩的。"虽然"野生玉米的证明往往是个不能解决的问题,"那里有许多植物北方人都可以叫做玉米。加索尼—哈代写道:"古代关于这些传奇的评论家习惯于认为玉米是指一种野生植物,确切地讲,实际上并非如此,另外,它与欧洲任何的谷物几乎没有相似之处。后来的学派大多数都认为传奇中的玉米就是野生水稻,但是,这又要受到一种反驳:水稻是水生植物。"他本人认为最有可能的解释就是:这是某种沙丘野麦性质的植物(Arunndo arenaria)。然而,这些小的怀疑或不确定,都无法否认古挪威人发现美洲是一个确切无疑的历史事实。

四

283　在11世纪,美洲曾有一个北欧海盗的殖民地。这个殖民地甚至可能存在了将近200年,大约在1342年,从西定居地移民出来的那些人,有一部分就到遥远的西方来寻找这个前哨基地。但是,说起来这是一个很长的故事。

这个故事的最后部分是在1930年5月24日开始的,地点是在比尔德莫尔(Beardmore)附近,这是靠近安大略省尼皮贡湖(Lake Nipigon)

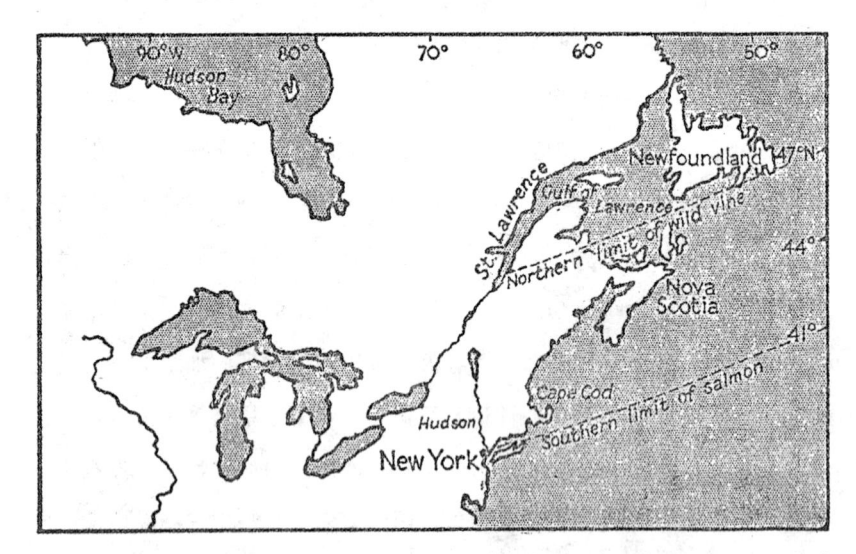

地图25　文兰在哪里?因为大马哈鱼生存的南部界限在北纬41°,而野生葡萄生存的北部界限在北纬47°,那么,就必须在这两条界限之间去寻找文兰。图中地名(自上而下):哈德逊湾　纽芬兰圣·劳伦斯 劳伦斯湾　野生葡萄生存的北部界限　新斯科舍　科德角 哈德逊 纽约 大马哈鱼生存的南部界限

第八章 文 兰

的一个小镇。故事的主人公首先是詹姆斯·爱德华·多德先生,他是加拿大国家铁路公司的货运列车员,业余时间,他是个探矿员,第二个主人公是一位无名的古挪威武士,死了将近1 000年了,他自己全部的武器和甲胄都随他埋葬了,多德先生偶然发掘了他的坟墓。这个故事的第三个角色将由艾里克·格努普森来扮演,他是格陵兰第一任北欧海盗主教,到达自己的主教辖区后几年,他在一次出差时失踪了。

这个神奇的坟墓是以非常平淡的方式被发现的。1930年5月24日早晨,多德先生发现了一处石英矿脉,并提出所有权,他认为这处石英矿很有前途,他打算对它追踪到底。然而,当他用铁锹挖了几锹以后,他遇到了障碍。在土里深深地埋着一段桦树的树桩,它非常坚硬,用斧子、用铁橇棍对它都无可奈何。

这儿有一箱子炸药!多德先生专家似的装好了炸药包,点燃了导火线,自己平扑到地上,随着震耳欲聋的一声巨响,树桩飞到空中。岩石裸露到3英尺6英寸深❶的地方:底部是片岩,在片岩中包裹着一件锈蚀了的铁东西:多德先生仔细观看后,知道这是一把古代的剑,另外还有一把同样锈蚀了的古代斧头,一个手柄,也锈蚀得很严重了,最后还有一件破了的像碗一样的东西,彻底锈蚀了,立即碎成了一片一片的,只能用铲子铲出去了。

多德先生并没有为自己的发现而感动。他不是在找锈烂的破铁片,但是,它们到底是什么呢?早在他以前,肯定有某个探矿者把这些东西扔掉了,而且留在了这里,或者它们也许是古老的印第安人的工具。他觉得有点奇怪,它们是什么东西?尽管这样,傍晚时分,当他返回亚瑟

---

❶ 约1米多深。——译者

港的家的时候，他还是带上了这些铁东西；他甚至费力地把那个破碗的几块碎片搜集起来，一起带了回来。

现在，这个事件与30年前肯辛顿附近的索勒姆的欧罗夫·奥赫曼先生所经历的过程完全一样了。多德对某个人讲了他的发现，他可能打算把它们卖掉。这个人看了这些东西，由于它们很像古代北欧海盗的武器，他很吃惊。多德还不知道发生了什么事，却发现自己被人怀疑正在制造骗局。比尔德莫尔距离海岸有1 030英里。以前从来没有人听说这一地区有这样的发现，也没听说过去斯堪的纳维雅人就生活在周围。完全可以理解，新闻报纸怀疑多德是打算哗众取宠。

报纸上的连篇报道引起了多伦多考古研究所主任库瑞里博士的注意。他是这方面的专家，很快使他感到吃惊的是：加拿大的伟大拓荒者之一塞缪尔·尚普兰曾在1610年报道说，古代印第安人有一种传说：古时候在哈德逊湾曾经有"白色的木船水手"。尼皮贡湖离哈德逊湾并不远。这些奇怪的发现是真的吗？北欧海盗的武器，一座北欧海盗的坟墓？

库瑞里博士来到了比尔德莫尔。他立刻就看出这些是古挪威人的武器，几乎有一千年的历史了，是11世纪初期的东西。这里有一把剑、一把战斧、一个盾牌的把手和一些浅浅突出的盾牌浮雕的碎片。欧洲博物馆的一些馆长后来也肯定了这一点。库瑞里博士还立刻就知道了：这四件同类性质的东西不可能偶然地落到印第安人的手中，然后又丢失了。因为印第安人会马上分发他们的战利品，即使是在1 000年前，他们肯定也会把这么珍贵的锐利武器分配了的。因此，如果它们曾经掌握在印第安人的手中，那么，现在它们就不可能在一起被人发现。

那么，这里埋葬的肯定是一个北方人。被谁埋葬的？同样，肯定不是被印第安人埋的。如果这个北欧海盗是战俘，被杀害以后，他的武器就会被拿走了。印第安人也不会费事去这么深地埋葬现在已经毫无价值的、死去的白人俘虏。库瑞里博士得出结论：这个人肯定是被自己人埋葬的，而且是被很多人埋葬的，他们装备整齐，以至没有必要卸下死去的战友的武器，而且这不是一帮迷路的、饿得半死的绝望的人，而是一支有组织的部队，也许是一支探险队，他们把自己的一位同伴细心地安葬了，而且埋得很深。

在北美洲发现早期斯堪的纳维亚人的武器和用具本身并不十分稀奇，虽然每次发现都是极其幸运的事。8 000个哥特人曾经定居在意大利，但他们在坟墓中留给考古学家的却只不过是30个扣衣针，它们是现代别针的大号的和艺术精致的先驱，在古代是用来扣紧服装上大量衣褶的。因此，在非常辽阔的美洲发现斯堪的纳维亚时代的遗物简直无异于大海捞针。

尽管如此，这里还有一系列完整的发现。早在严肃地考虑北欧海盗在美洲大陆建立殖民地的可能性之前，就在马萨诸塞州的米德波罗（Middlesborough）和佛考奈尔斯（Four Corners）地区哥伦布以前的坟墓中发现了古挪威人的武器和器具，比如汤勺、箭头、银器等。早在1892年，德国的美洲学学者鲁道夫·克罗瑙就出版了他著名的关于美洲的著作，表达了这样的观点：格陵兰的古挪威人对美洲东部肯定产生了持久的文化影响。

赫加马尔·R.赫兰德，我们已经知道他是到现场考察肯辛顿石板的专家。他以令人敬佩的执著跟踪每一份关于斯堪的纳维亚人的发现报道。从新斯科舍开始，走遍了密歇根和明尼苏达，他一直追踪了到那时为止的9处关于古代斯堪的纳维亚人武器的发现。1880年，在新斯科舍发现了可能是11世纪的古代战斧。通过对每处发现及其周围环境最为细致的考察，他为美洲北欧海盗时代投射了几缕穿透朦胧的光线。

但是，比尔德莫尔的发现却是完全孤立和独一无二的，这个发现让人们产生了关于北方人在美洲早期的和成功的殖民冒险的有趣和逻辑上令人信服的推断。

五

学者开始重新考察旧日关于斯堪的纳维亚人的资料。在这个过程中，他们在《1121年冰岛编年史》中看到一条简短的词条：*eirik bykop leitadi Vinlandz*（艾里克主教去寻找文兰）。这一叙述在后面的词条中又多少更详细地重复了一次，实际上在19世纪后半叶，人们就已经知道了这个词条。但是，由于在那时候，人们认为格陵兰的北欧海盗对文兰的探险是不成功的，很快就停止了。这个*leitadi*单词被理解为是艾里克主教去寻找文兰了，而且把它作为以前就没有人发现过文兰的进一步证据。

与此同时，我们还知道，在那时期是不可能"寻找"文兰的。格陵兰的每个孩子都知道"美好的文兰"在什么地方，正如G. M. 加索尼—哈代在《美洲的古挪威人发现者》中指出的，许多事例证明*leita*这个动词只是表示"要访问"。换言之，这句话说的是艾里克主教在1121年访问了文兰。

于是我们遇到了问题：艾里克主教到文兰去做什么？正如丹麦历史学家古斯塔夫·斯多姆证实的，艾里克是1112年作为世界上最北的教区的第一任主教来到格陵兰的。他是冰岛受人高度尊敬的族长格努普松的家族成员，而且毫无疑问，他也是最北方地区所需要的那种坚韧和粗壮的北欧海盗。但是，他高贵的出身使他无法放弃服从教会的义务，确实，他比出身低微的牧师与教会更紧密地联系在一起。而且，无论他祖辈的北欧海盗血统如何驱使他，作为一名主教，他会出发"寻找"文兰，也是完全不可思议的。他向着彼岸航行去访问了，因为那里也属于他的教区，因为那里还有灵魂等待他去拯救，因为北欧海盗的美洲殖民地在野蛮的、异教徒的环境中有要用基督的血肉来加强的非常特殊的权利。正如G. M. 加索尼—哈代所表明的：艾里克甚至有可能立下了"雄心壮志，要通过把斯科林斯人转变为基督教徒去排除在那里定居的障碍。"无论如何，我们可以确信：这位牧羊人只是因为他感觉到，在西面的大洋彼岸要比在格陵兰本身更迫切地需要他出现在那里，他才离开了自己的羔羊。

我们必须承认，直到目前为止，还没有出现令人信服的证据支持这一假设。著名的天主教学者卢卡斯·杰里科1895年在布鲁塞尔的国际天主教会议上宣布：他的考察显示，艾里克·格努普松是1112年被教皇帕斯卡尔二世（1098～1118年）任命为格陵兰及其周围地区主教（*regionumque finitimarum*）的，换言之，他也是文兰的牧师。只是当艾里克·格努普松下定留在文兰的决心时，格陵兰的挪威人才在1121年举行的一次公共会议上要求给他们派一个新主教。然而，直到现在，无论是在梵蒂冈还是在其他地方的档案库里，还没有现成的文献支持这个论题。如果这样的文献依然确实存在，那么时间最终会使它们重见天日。它们肯定曾经存在过。

可以肯定的是，在罗马的库里亚❶掌握了关于格陵兰和文兰的全面

---

❶ Curia，罗马教廷。——译者

和第一手的信息，因为这里有绝对可靠的记录，记录了冰岛人和格陵兰人到基督教世界首都的频繁访问。正如几个世纪以后，梵蒂冈对下列所有情况都了如指掌一样：比如信奉基督教的埃塞俄比亚人、印度的圣托马斯的基督教徒、哈剌和林（Caracorum）的可汗，远在天边的东方神奇的中国大地，因此，在这一时期，毫无疑问它对西方新大陆也是极为了解的。但是，古代的书籍却没有记载，也许因为这个原因，那些石板就将继续高声喊叫，正如在我们的时代已经开始做的那样。直到现在，在北美洲的所有发现都是偶然发现的。我们有理由期待，在未来的岁月里，考古学家有系统的探寻将会使各种新鲜的发现重见天日。

1362年北欧海盗探险者除了五大湖之外，还能去寻找什么？诚然，我们已经知道：除了纯粹对冒险的热爱之外，北欧海盗没有任何明显的理由频繁冒险地深入到明尼苏达或北美洲其他任何地方以外更无法通行的地区，也就是说北极冰雪覆盖的荒原。我们后来会听到他们向南推进了几千英里，我们将会知道他们也许向东穿越了比新地岛[1]更远的地方。但是，所有这些壮举大多都只是短时间的。与它们完全不同，对美国的探险似乎是在几个世纪之间进行的。在比尔德摩尔发现的武器是11世纪的，肯辛顿石板和其他所有密歇根、威斯康星和明尼苏达的发现都是14世纪的。所有这些发现都出自同一地区，这一事实就不能仅仅归于偶然了。更可能的是，北欧海盗有某种特殊的原因要这样到内地去探险。

关于这一点，我们并没有确切的信息，但是，史前史也许会为我们

---

[1] Novaya Zemlya，俄罗斯在北冰洋的群岛，位于巴伦支海与喀拉（Kara）海之间。——译者

提供一条线索。已经得到公认的是：早在白人到来之前，印第安人就知道在苏必利尔湖的自然铜矿区有丰富的铜矿藏。印第安部落常常艰苦跋涉来到这个远离家乡的采矿区。这是制造武器和用具不可缺少的原材料来源，而那些武器和用具则会向东远销到大西洋，向西销到密西西比河，向南则销到墨西哥湾。在各个地方都发掘出了装饰板、念珠和其他个人用的装饰品以及斧子、长矛头、刀子和锥子，这就证明了苏必利尔湖铜矿的重要。而且它们真正是印第安人经营的矿区。现在还可以看到它们的许多踪迹：超过17英尺深的巷道，木头的坑道支柱都建在地下，硕大的梯子、大堆大堆的黄铜、石头制的锤子、黄铜大锤，用来从矿坑中淘水的大木碗和木桶等等。

从这里我们一定可以得出结论：五大湖地区曾经是北美洲印第安文化的中心之一。北方人可能听到了这一点。他们可能认为：印第安人告诉他们的红金属就是黄金，也许他们仅仅是被这丰富的金属矿藏吸引了。因为一个白人殖民地要完全依赖自己的资源，即使黄铜也具有最高的价值。这种本质上较软的金属通过熟练的冷加工，可以充分地坚硬起来去制作箭头和长矛的头、匕首和短剑。文兰的古挪威殖民者遭受过严重的金属短缺的痛苦，在格陵兰这是无法解决的，他们对自己能得到的金属当然感到高兴了。

六

在这一节的开始，有人提到一种观点：命运之神为北欧海盗设下了一个陷阱，把他们引诱到格陵兰去。他们消失了，他们往昔的存在、他们自豪的征服与发现的航行，只留下一些可怜的踪迹。很长时间以来，这是普遍为人所接受的观点。但是，正如理论物理学所教导的那样，物质和能量是不灭的，二者永恒地互相转变，改变自己的外在形式，但是从来没有消失。因此，似乎可以认为：人类作为一个整体，它的道路似乎也从来没有毫无意义地误入歧途。无论如何，这个被人们频繁表述的观点是错误的：北欧海盗到美洲的航行从根本上说是毫无目的的。因为从这些古挪威先驱者到500年后的某些航行之间存在一条直线。马上有人说，哥伦布的地理大发现航行并不直接在这条线上，尽管这位热那亚人知道格陵兰的北欧海盗的维斯特兰（Westland）航海。但是，哥伦布要寻找的不是西方大洋中的土地，而是印度和中国以及从西方通往那里的路线。尽管如此，关于在大洋西面发现了未知陆地的消息肯定会坚定了他对成功的期盼。

把北方人与其后继者联系起来的直线首先通到了佛兰德斯❶、荷兰和弗里斯兰省❷古老的航海地区。海象象牙和海象皮是那里非常受欢迎的商品，我们已经知道格陵兰对海象牙的垄断一直持续到中世纪鼎盛时期。但是，格陵兰与南欧也有很多联系，特别是通过教会组织与罗马的联系。直到1327年，格陵兰还在交付自己的彼得便士❸，或曰罗马教区税以及自己的十字军十一税。在这一年，罗马教廷大使奥特里斯的伯纳德签发了一张关于1吨海象牙的收据：对小小的格陵兰殖民地而言这是相当大的奉献了！教会高级人物其他直接提到北极教区的地方也绝不

---

❶ 中世纪欧洲一位伯爵的领地，包括现比利时的东佛兰德省和西佛兰德省以及法国北部部分地区。——译者
❷ 荷兰省名，靠近北海。——译者
❸ Peter's pence，天主教徒献给罗马教皇的年金。——译者

稀少。教皇们本人记得住格陵兰,即使当官方几乎把格陵兰忘记了的时候,他们也还记得。

然而,即使在南欧,关于格陵兰的知识也不仅局限于教会。在格陵兰与南欧之间很少有直接的商业关系,但赫瓦勒塞❹教堂出现了玻璃窗子就非常有力地指出了与威尼斯的联系。在那个时期,威尼斯是欧洲唯一能在任何规模上生产玻璃的地方。在南方,最大的世俗领主们出于非常特别的原因才关注格陵兰。中世纪的君王和王子们最热衷的运动之一就是利用鹰来打猎。那时人们普遍认为格陵兰的白色猎鹰是最好的猎手,由于它们比较稀少和很难获得,所以价格极其昂贵。这就使得关于格陵兰的知识充满活力,很有意义的是腓特烈大帝能够在他1250年写的著作:《训练猎鹰的艺术》(De arte venandi cum avibus)中假设自己的读者知道格陵兰,知道它的位置离冰岛不远。因为腓特烈大帝主要是生活在古挪威人的西西里,他很熟悉北欧海盗的传统。但是,在15世纪,其他关于猎鹰的教科书仍然明确地谈到:格陵兰猎鹰是最适合这种君王运动的。从这里可以推测出,关于遥远的北方大地的知识要比曾经设想的传播得更为广泛。

在14世纪,搜集和记录关于文兰的传奇在冰岛达到了顶峰。因此,很早以前就在西部大洋中发现了一些未知国家的消息开始以前所未有的普遍形式渗透到欧洲。这个信息不仅传播得更广泛,而且,现在接受的方式也不相同了,因为葡萄牙人无数次的探险已经为探险航海提供了广泛的便捷。因此,在葡萄牙开始出现重新确定注意力方向的趋势。在它

290

---

❹ Hvalsey,意为鲸鱼岛,靠近格陵兰最南部城市卡科尔托克(Qaqortoq),格陵兰西部远古遗址,是格陵兰岛上为数不多的保存完好的遗址之一。——译者

的朝廷里面,商业、基督教、地理和政治事务的利益以一种非凡的形式结合起来。国王阿方索四世(1325~1357年)早在14世纪前25年似乎就发起了一次到西方的长途航行,可能是到加拿利群岛。航海家亨利王子(1394~1460年)继承并延续了这一传统,其目的是寻找一条绕过非洲南端通往印度的道路。一次又一次的探险从里斯本出发了,每一次都走得更远一些。但是,黑色大陆伸展得要比亨利想像的更远,而且直到他生命的尽头,他才认识到要花费很长时间才能找到通往印度的海路,如果真存在这条海路的话。

大约就在他认识到这一点的时候,亨利从他的叔父,丹麦国王艾里克那里收到一件让他极度感兴趣的礼物。这是一张克拉狄·克拉乌斯在1427年画的北欧大地图的副本,克拉乌斯是那时期最著名的斯堪的纳维亚地理学家。这张地图似乎让航海家亨利感到他是否最好要去寻找一条从西北通往印度的海路。也许这条路要比东南方向的路短得多,而他为寻找东南方向的路已经耗费了大量的心血和财富。由于马可波罗的叙述,人们对印度和中国已经很熟悉,而且对那些聪颖的人,这是很显然的:从西方的路线,而不仅是从东方的路线也可以到达这两个国家。显然,航海家亨利向丹麦国王艾里克提出了建议:应该向西北方向派遣探险队。但是,艾里克不久就死去了,把这个建议留给了他的继承人克里斯琴一世。1473年,一项庞大的路索—挪威的(Luso-Norwegian)探险队从冰岛出发了,它向北沿着古代北欧海盗的路线前进。这支探险队在哥伦布沿着布加尼·赫尔鸠夫森的路线到达美洲之前18年就已经抵达美洲了,这不是不可能的。

很久以来人们就知道关于这次航行有些无法理解的记载。其中的关键是1909年发现的基尔的市长卡斯滕·格里普写给丹麦国王克里斯琴三世的一封信，写信的日期是1551年，也就是说，在探险之后80年写的。信是这样写的：

殿下：也许您能从这些礼物上得知陛下格陵兰的领土在向两个方向延伸：一是向新世界方面延伸，一是向着西班牙人和葡萄牙人发现的那些岛屿延伸，这样就可能从格陵兰经过陆地来到那里。今年我看到一张地图，它好像与陛下冰岛的土地有关，它描述了在那里可以看到的各种奇观。这张地图是在法国巴黎绘制的。它还说冰岛有两个在意大利外面的西西里那么大。其中还进一步说道，您的父亲克里斯琴一世陛下的两位海军将领皮宁和波索斯特接受了葡萄牙国王陛下等人的指令带领几艘船只航海到北方新的岛屿和大陆去了。其中说道，由于大批的格陵兰的海盗常常驾驶无龙骨的船只进行袭击，他们在格陵兰外面的瓦特金山（Hvitserk）的岩石上树立了一块巨大的航海标志，与冰岛的斯奈费尔冰川（Snaefellsjökull）遥遥相对……

这份文件说明了1473年探险所追求的目的。那是为了到北方寻找"新的岛屿"和大陆，也可以假设它的目标是东北方面的美洲。无论如何，卡斯滕·格里普市长都很明白：格陵兰距离西方的岛屿和大陆都不远，它们就是西班牙人在大洋外面发现的新世界的一部分。

曾有人推想，除了皮宁和波索斯特这两位在丹麦服役的德国船长，还有第三个重要人物参与了这次勘察航海，他就是葡萄牙人鸠奥·科特·里尔（João Corte Real）。关于他参与任何其他探险活动，没有任何记载，但是，他受到葡萄牙国王的奖赏，因为他发现了"斯多克菲施大地"[1]而被任命为亚速尔群岛中的特塞拉岛的总督。斯多克菲施大地肯

---

[1] Stockfish Land，即鳕鱼干大地。——译者

定是指有丰富渔产的纽芬兰和拉布拉多的沿海。因此，他肯定参与了皮宁和波索斯特领导的这次探险，斯堪的纳维亚的专家们最近对这一观点提供了强有力的支持：科特·里尔是作为葡萄牙王室的联络官参与这次探险的。这看起来似乎很有道理，首先整个事业是由葡萄牙推动的，其次，在1500年，似乎是遵照家族传统，科特·里尔的儿子特别对美洲的这些北部地区进行了考察。

这个鸠奥·瓦兹·科特·里尔（João Vaz Corte Real）和他的儿子加斯帕和米奎勒以一种非常引人注目的方式在古老的北欧海盗美洲的先驱者和美洲的真正发现者哥伦布之间构成了联系。1502年，米奎勒在纽芬兰失踪了。哥伦布传记的作者拉斯·卡萨斯记载了：这位伟大发现者认识加斯帕和米奎勒·科特·里尔。这只能意味着：他也知道他们的父亲到斯多克菲施大地的航行，知道皮宁和波索斯特，知道这次探险的英雄们。因此，他知道在西方有一片大陆，知道有人反复航行到这片大陆。因此，如果科特·里尔和哥伦布没有听到过北欧海盗在文兰的传说，那将是非常奇怪的。

这样一来，早在哥伦布之前大约25年，德国人、丹麦人和葡萄牙人就已经登上美洲大陆了。哥伦布在1498年8月1日抵达了与周围岛屿相对的美洲大陆。英国人在威尼斯人乔瓦尼·卡波托（约翰·卡波特）的领导下也在哥伦布之前到达了美洲。这次探险主要也是受到了北欧海盗传统的刺激，而它的灵感有一部分还是来自对中世纪冒险故事中所说的到巴西那些传奇岛屿的探险航海。

关于这次航行最古老的记载包含在英国牧师伍斯特的威廉编写的一部编年史中，他生活在15世纪：书中写道：

1480年7月15日 小约翰·杰伊号，80吨，从布里斯托尔港起航，向爱尔

第八章 文 兰

兰西面的巴西（Brazylle）岛驶去……9月18日，消息传到布里斯托尔，这艘船在海上航行了大约9个星期。但是，他们没有找到这个岛屿，因为强烈的风暴返航了……

这里所说的巴西岛就是小约翰·杰伊号的目的地，是人类自远古以来就梦寐以求的神话岛屿之一。在中世纪早期，关于远在西部大洋中神奇岛屿的美丽故事从罗马到高卢，传到了爱尔兰。在这里，这个古代传说被海市蜃楼（Fata Morgana）的自然现象遮蔽了，虽然海市蜃楼主要发生在南半球和东半球的沙漠地区，但在爱尔兰西海岸外面也经常出现。而在前面那些地区，景色优美的绿洲和诱人的湖泊都会呈现在干渴的朝圣者面前；而在后面的地区，海市蜃楼则是在地平线边缘魔幻般升起的绿色肥沃的岛屿，当渔民向它们航行的时候，它们却神神秘秘地回避了，就像沙漠中的绿洲在商队队长面前消失一样。爱尔兰民间故事说：只要向这些岛屿上扔一块铁片或射一支箭，它们就能变得"牢固"。但是，在这个爱尔兰的伪装下，古老的传说仍然是清晰可见的。巴西比世界上任何国家都更肥沃。那里生长着金苹果，还有能把白色羊毛染成紫色的染料。正如我们可以看到的，这都是直接来自古代的腓尼基和希腊。在那个时期，丰产、金羊毛和紫色染料就能足以让人幸福。但是，爱尔兰并不满足于这一点，他们又让大批热爱海员的少女们住到这些岛屿上。做完这些事，他们感到有理由把这个大海中孤零零的岛屿命名为"幸运的巴西"。

可以理解的是，无论是这个传说中大批的少女，还是昂贵的紫色染料，都深深地打动了同时代人，并激励他们前去发现这个西方的幸福岛屿。中世纪早期的地图绘制者竭尽自己最好的才华来满足这个愿望。从爱尔兰的西方到加那利群岛的南方，他们使布兰丹、加那利群岛和巴西群岛所位于的大洋原本空虚的海面活跃起来了。1367年,可能是为了扩大国际销路,皮兹加诺(Pizigano)的地图画了三个不同的巴西群岛:一个在爱尔兰西面,一个在它的西南,而第三个则在加那利群岛地区。古代传奇的错觉力量是如此强大,以至在1851年,芬德莱(Findlay)还在他的洋流图中用巴西这个名字来表示大西洋中一块想像的岩石。

现在很难设想:强大的布里斯托尔港头脑冷静的商人王子们在1480年打算自己花钱带着热爱海员的美女去一个岛屿。他们也不可能因为绵羊、金苹果或深红色的染料而受到吸引。腓尼基紫色染料的秘密已经失去它的大部分魅力,因为在此期间已经发现了其他生产有光泽的暖红色的方法。小约翰·杰伊号和其他大约在这时从布里斯托尔出海的船只的主人,就像他们的葡萄牙和西班牙同行一样,此时可能考虑的是怎样到达印度和神州(中国/Cathay)。正如从马可波罗和其他旅行家的叙述中得知,那里有不可思议的财富在向人们招手。巴西这个令人神往的名字似乎只是用来吸引船员的。人们很难指望任何水手会为了遥远和多少有些朦胧的"大汗的国土"拿自己的生命去冒险。巴西幸福的岛屿具有更大的吸引力。我们可以公平地推测,这就是为什么巴西而不是"大汗的国土"被当作目的地的原因。

自1480年以来,有七次这样的航海从布里斯托尔出发了,但都没有结果。然后,在1495年年末或1496年年初,曾在布里斯托尔生活过一段时间的威尼斯水手乔瓦尼·卡波托和他三个儿子领导了这些冒险活动。这使得这些探险的历史进入了新阶段。当然,他不是巴西岛也不是北美洲海岸的发现者。1497年卡波特在哥伦布之前就到达了北美洲,证明那是荒凉、严酷和贫瘠的地方。无论如何,这个新的国度与印度或中国都没有共同之处。有许多互相独立的资料报道了这个巴西—美洲的航海时

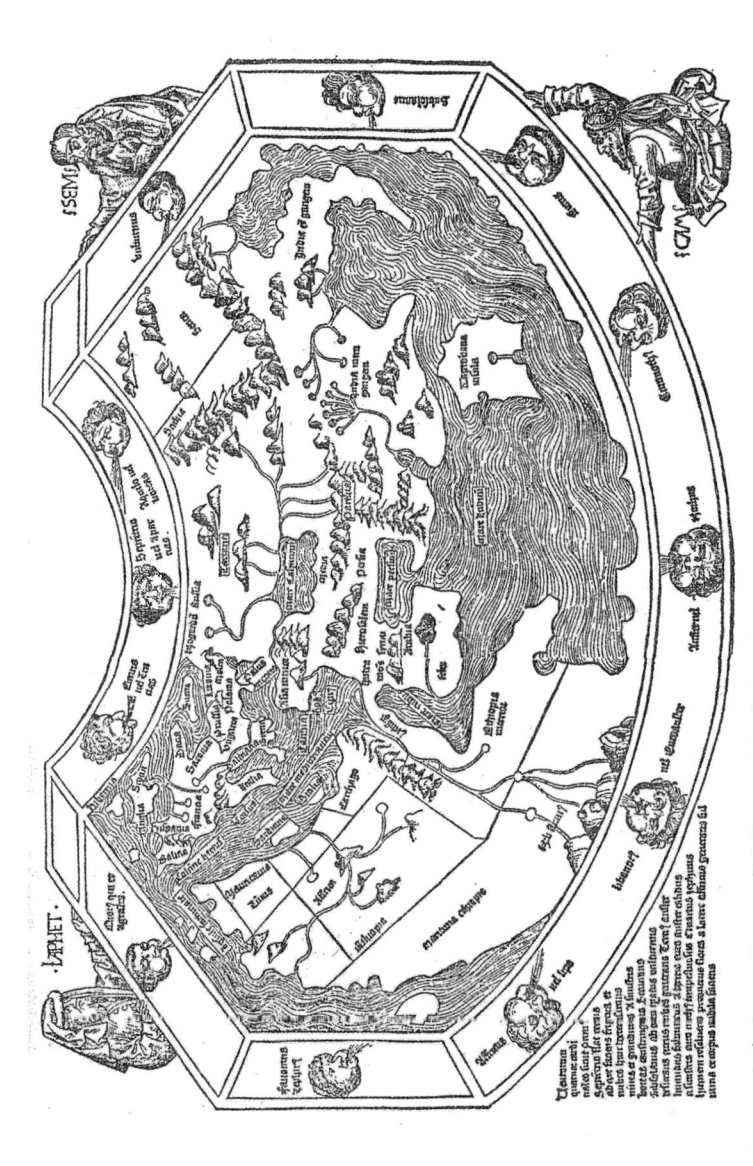

插图49 哈特曼·舍德尔的《世界编年史》中的世界地图。这张地图描绘了15世纪末广为流传的地理概念。亚洲和非洲在南方的边沿相接,印度洋是一个内海。非洲北部的西面有一个"幸福群岛",斯堪的纳维亚是个岛屿,北冰洋远到普鲁士和萨克森。印度洋中最大的岛屿不是澳大利亚,而是锡兰。

代，其中我们将引用威尼斯驻伦敦大使帕斯夸里果的一封私人信件，卡波特可能曾经向他比较详细地展示了自己的计划。

1497年，帕斯夸里果给自己家人写信说：

我们的威尼斯人，一段时间以前，他驾驶一艘小船从布里斯托尔出发，现在他回来了，他说他到达了700意大利里[1]以外由大汗统治的大陆。他沿着这个大陆航行了300意大利里，没有看到一个人。尽管如此，他还是给这个地方的国王留下了几处捕猎野兽的陷阱和一根织网用的针。另外，他发现一些树木上带有刻痕。根据这点，他得出结论：这个领域不是不能居住的。为了谨慎，他再次登船考察。他离开了三个月。这是可靠的。他与妻子和儿子生活在布里斯托尔……他享有大海军上将的头衔，享有很高的荣誉。他穿着丝绸衣服，英国人像傻子一样跟在他后面。然而，他不打算与他们来往……这片领土的发现者在那里升起了英国的旗帜，但是，也升起了圣马可旗，因为他是威尼斯人。因此，我们的旗帜竖立在遥远的土地上……

这个报告肯定具有重大的价值，它显然揭示了：卡波特与皮宁和波索斯特率领的路索—丹麦探险队一样，试图寻找大汗的国土，也就是东亚，或者更远的地方，他确实抵达了美洲海岸。遗憾的是，他没有说他发现的是新世界的哪一部分。一般来讲，卡波特发现的领土位于南拉布拉多、纽芬兰或新斯科舍省，也就是说，是北欧海盗所谓的马克兰德。因为有可靠的资料记载了卡波特是以布里斯托尔的船只马太号进行航海的，一般来讲，这艘船是在布里斯托尔和冰岛之间固定往返航行的，非常可能他是从许多在布里斯托尔停泊的冰岛人那里受到激励开始冒险

---

[1] Italian mile，按南怀仁的数据，约为2.78华里，1.4公里。——译者

第八章 文兰

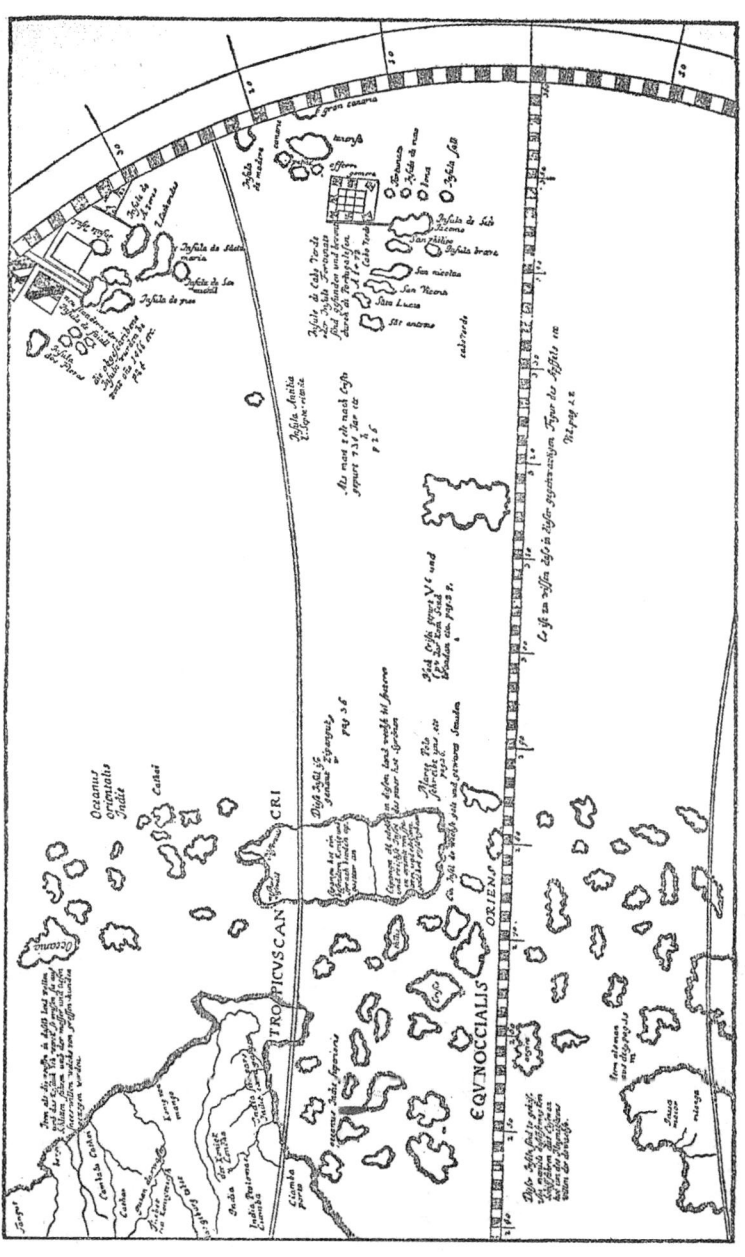

插图50 大西洋中的岛屿。本图是从马丁·贝海姆1493年的地球仪上截选的。

的，这个港口是英国—冰岛贸易的重要港口。他的18名水手可能有几位冰岛人当领航员。无论如何，他是沿着北欧海盗古老的航线经过冰岛到达美洲的。

不言而喻，皮宁和波索斯特、科特·里尔和卡波特的探险非常突出地强调了北欧海盗到文兰和马克兰德的航行的重要意义。从这一角度看，15世纪对美洲的发现似乎是重新发现了一条古老的、长距离和经过验证的路线。这不是偶然现象，而几乎是与古老传统的直接联系。因此，这一观点是谬误的，而且绝对是站不住脚的：北欧海盗到美洲的航行没有实际价值。

这一传统以及15世纪后半期重新向西南进行伟大航海的高潮，都对哥伦布不无重要意义。就我们所知，他与科特·里尔的儿子们很熟识，我们可以设想他曾详细询问过他们的父亲的发现。然而，他关于这些事物的知识是更为直接的，这也是可能的。拉斯·卡萨斯在他的哥伦布传记中，抄录了一段短文，这可能是哥伦布写给儿子的一封信上摘下来的。短文说：

1477年2月，我在图勒之外航行了大约100英里，图勒的北部位于73°，而不是像许多人断言的那样是63°。此外，图勒也不在子午线上，子午线是西半球的起点，而是在西面更远的地方。这个岛屿和不列颠一样大，英国人带着自己的商品航海而来，特别是从布里斯托尔来。我到那里的时候，大海还没有封冻。这里的某些地方，涨潮和落潮之间的差距达到26布拉夏（braccia）。

这样非常详细的叙述，也不是不可想像的，尤其是哥伦布在1492年开始出发发现美洲之前，他进行了一系列的航海。因此，拉斯·卡萨斯书中这一段文字，一直都被认为是真实的。特别是挪威地理学派，直到今天还坚持这一观点。只是最近，塞缪尔·埃利奥特·莫里森，❶在他关于哥伦布的著作中，表达了这样的观点：这位热那亚人实际上没有到过冰岛。尽管如此，也无法摆脱这一事实：拉斯·卡萨斯的引文存在非常多的矛盾。在冰岛的任何地方，潮水落差都没有达到26个布拉夏（一个布拉夏等于22英寸）；冰岛的纬度也不在北纬73°，而是在65°附近。尽管在那个时代，确定纬度很不精确，但这个长期以来为人们所熟知和经常到访的岛屿位移了8°，还是很奇怪的。最后，令人感到惊奇的是：哥伦布竟然宣称他在2月里到达了冰岛。这是极不寻常的，因为在这些水域，冬季就停止航行了。所有这些虽然不能证明哥伦布从来没有到过冰岛，但肯定对拉斯·卡萨斯引证的文件产生了某些怀疑。

但是，哥伦布是否到过冰岛，这是一个相对来说不太重要的问题，因为他的目的与格陵兰北欧海盗的目的截然不同，因此他们的文兰传统对他来说意义不大。那些给他们留下非常深刻印象的东西：广阔的森林、葡萄、野生玉米田、对生活在格陵兰冰天雪地的荒野中的人们而言确实是奇观，但对来自阳光明媚的意大利的旅行家来说，就没有诱惑了。当哥伦布出发去寻找大汗的国土时，他的内心都集中在马可波罗对中国的见闻和对印度与（赤盘谷）日本的耳闻所做的描述所召唤出来的幻景上了：永远都是碧蓝的天空下，肥沃的土地上挤满了人，那里有许多大城市，有数不胜数的黄金、白银和最珍贵的宝石，有大捆大捆昂贵的丝绸，还有堆积如山的在欧洲非常珍贵和非常昂贵的各种香料。这些国家才是哥伦布的目标。即使他真到过冰岛，就像可能的那样，而且在那里听到了文兰，他也不会直接利用这些信息，因为北欧海盗发现的领

---

❶ Samuel Eliot Morison，1869~1963年，美国海军历史学家。——译者

图版 40 格陵兰的北欧海盗坟墓中男子穿的短袖长袍,用非常粗糙的起绒粗呢制作的。

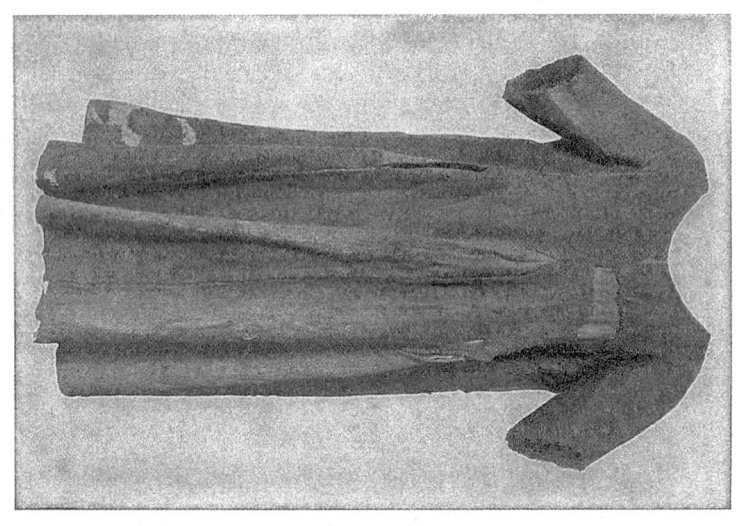

图版 41 牧师的妻子玛格丽特用海象牙为格陵兰主教扬·斯梅里尔制作的牧杖。

第八章 文 兰

图版42 尤利安娜霍布（Julianehaab）附近的赫瓦勒塞（Hvalsey）的教堂遗址。壮观的两层建筑建于1100年，是格陵兰北欧海盗教堂中最著名的。它甚至还有玻璃窗。

图版43 布拉塔赫利德的鸟瞰照片。前景位置是牛棚和饲料仓。右侧是教堂遗址和墓地。背景面向大海的地方是红头艾里克的家宅。

土与他正在寻找的东亚相距非常遥远,那里是遥远的北方。此外,关于这些地方的描写,无论如何都与马可波罗关于中国的描写不相符合。

但是,关于北欧海盗的传统故事增加了他的信心。它们证实了:在西方海洋中有一个大的国家,因此消除了这样的恐惧:在无边无际的大海中航行、看不到陆地、得不到淡水和食物补充。另一方面,人们认为中国伸展到北方非常遥远的地方。关于这些地区,1492年马丁·贝海姆[1]在他的地球仪上写道:

> 俄罗斯人也来到这里的时候,他们必须用有许多大狗拉的雪橇把货物(比如昂贵的皮毛)运走,因为有水和深厚的雪。

所以,如果哥伦布从北欧海盗传说中知道了在赫卢兰德有冰川,在马克兰德有许多可猎的野兽,他很可能就会和卡波特一样相信这些地区就是鞑靼或中国的北部,而印度肯定在它们的南方。这就为古代传说赋予了新的引人注目的意义。要熟悉这一传说,哥伦布没有必要到冰岛去旅行,也没必要认识科特·里尔。据我们所知,在15世纪70年代,他一直在英国,这就足够了,1492年12月21日,他的航海日志有一条写着那时他在英国。我们知道,在那个时期,英国和冰岛之间的海上交通非常频繁。因此,没有什么比这更有可能了:哥伦布一直在搜寻有关西方大地的信息,在他在英国期间,他应该听到了格陵兰的北欧海盗以及他们到文兰的航行。

这并没有减损哥伦布的成就。而是说明成就不是来自纯粹独立的天才闪光,而是那条从格陵兰北欧海盗经过哥伦布传递到我们时代的活生生的链条中的有机联系。几乎早在1000年前航行到美洲的古挪威水手是

---

[1] (Martin von Behaim,1459~1507年),德国天文学家和航海家。——译者

后来者们的先行者和祖先。那种认为他们的航行归根到底是没有效果的观点是没有根据的,他们再次证实了一句古老的谚语:

走遍天涯的人才不知道要到哪儿去。

第九章

从乔顿海马和斯瓦尔巴德到巴格达和广东

总管苏雷曼说:"到刺桐的票已经售完。"/中国平底帆船:有套间、浴室和厕所/法律学生伊本·巴图塔成为全球的漫游者/伊本看到了印度的绳索戏法/一个妾值多少钱?/伊本·巴图塔的女人、椰子与印度大麻/论缎子、"芳香的坚果"与丝绸/中国纸币/Konnungsskuggsja是什么?/它的作者是谁?/但丁怎么知道南十字座?/伊德里斯[1]的世界地图与罗杰的论文/埃及的北极熊皮/阿拉伯人对挪威滑雪的描述/伊卜拉辛·伊本雅格在美因茨[2]感到吃惊/斯堪的纳维亚人使用阿拉伯货币吗?/一本摩尔人从马格德堡到布拉格的"旅行指南"/基辅的内斯特是否讲了真话?/米克拉加德和巴格达的瓦朗吉亚北欧海盗/奥斯里尔船长在阿尔汉格尔/远到乌拉尔与西伯利亚/阿拉伯的巴尔·瓦伦克/合恩的如尼文的石头/童贞女喝水能怀孕吗?/巨人是小精灵之地吗?/斯瓦尔巴特是"寒冷海岸"的意思

一

位尊贵的外交家在中国船只的跳板上愤怒地停下来。搬运工人和仆人呆若木鸡地站在他的身后。港口似乎突然静了下来。碎浪拍打防波堤的声响清晰地回荡着,船只巨大的席帆

---

[1] Idrisi,1099~1166年,阿拉伯地理学家。——译者
[2] Mainz,德国莱茵兰—普法尔茨州的首府,位于莱茵河左岸。——译者

在风中飒飒作响,妇女们在跳板后面咯咯笑着耳语。

印度新德里苏丹穆罕默德的大使阿布·阿布都拉·穆罕默德自然就是尊贵的高官,他负有重要使命前去参见中国的皇帝,携带着自己的女眷:结发夫妻、妾和女奴。

当中国船只上的管理人激动地向他赶来的时候,他突然停下来,抹着额头上的汗水。管理人恭敬地向他敬礼,滔滔不绝地说着。他听到这艘船上的所有头等舱都已经客满了,苏丹的大使很烦恼。

阿布·阿布都拉·穆罕默德,伊本·阿布都拉,伊本·伊布拉欣,大约七百年了都是以伊本·巴图塔的名字著称。他是历代最执著的环球旅行家。按照摩洛哥苏丹的要求,他写了回忆录。在回忆录中,他记述了自己大约在1330年在卡利卡特港口的中国船只上的经历。❶

阿拉伯的货船管理人是靠近巴勒斯坦的阿卡港的萨法德人(Safad)苏雷曼,他说:"中国商人已经定下了往返的客舱,但是,我的内弟有一间客舱,我可以让给你。可惜的是那里没有卫生间。也许阁下在旅途中能用它和某个中国商人调换一下。"

因此,伊本·巴图塔就在没有卫生间或浴室的狭小客舱里开始了自己的旅程。但是,毫无疑问,借助东方历史悠久的小费制度,他是能够得到他想要的客舱的。后来他写道:

"我需要一个自己的客舱,因为我习惯携带女奴……一个客舱分成几个单间,每间都有独立的卫生间和浴室。客舱的房门可以由客人上锁,他有几个女奴和妻妾陪伴。经常有这样的情况:一个男人待在客舱里,只有在某个港口登岸时才能见到旅伴。"

---

❶ Calicut,印度西南部港市科泽科德(Kozhikode)的旧称。——译者

第九章　从乔顿海马和斯瓦尔巴德到巴格达和广东

头等套间、浴室、卫生间、返程船票的预定？是的，往返于中国和印度之间的巨大平底货船，在14世纪初就具备了所有这些东西。事实上，伊本·巴图塔叙说这些事物的口气就表明了：在他那时代，这些都不新鲜了，它们已经是理所当然的事了。

关于这一时期、甚至更早时期的航海情况，通过无数现存的叙述，我们已经掌握了大量的信息。其中之一就是中国的高僧法显留下的。公元414年，比伊本·巴图塔早了将近1 000年，他从爪哇经中国海到广州，乘坐的是一艘预定的舒适的商船，除了货物还有200名旅客。我们还掌握了印度船主对第一次大型航海的大量描述，他命令船只穿过孟加拉湾到马来亚和印度尼西亚，船上装载着运往中国的一群马匹。最后，我们还有古代罗马人在1世纪的航行手册。

这些古代东方的远洋航船没有盥洗室和私人卫生间。但是，迫切的卫生需要，与一小部分富商的舒适无关，肯定在相当早的时期就使它们安装了这些设施。这些巨大的船只上大约都有1 200多人，简直就和中世纪中等城镇的人口一样多，这些船只在海上往往要航行几个月。船上的工作人员就有600人，其中包括划桨手和水手，这个数字很惊人，但是，用竹片编织的像席子一样的巨大船帆极为沉重，需要许多人手来对付。有的时候也需要划桨，每一根这样巨型的木棍都要30多英尺长，需要十多个奴隶才能拨动。因此就要有400个"水兵"，大部分都是阿比西尼亚人，因为他们都是最凶猛的战士，用弩做武器，他们可以用弩发射沾了石脑油的点着火的箭。他们也是不可缺少的。各处都潜藏着海盗，任何不能自卫的人或不能交付高额赎金的人都会被无情地抛到大海里。除了船上这支上千人的队伍，还有200人或300人的乘客。这样多的人，就使得提供浴室和卫生间成为绝对的需要。因为这些船基本上都是

305 货船，所以围栏上捆上了各种货物，它们占的体积非常大，它们的排水量有2 000吨到3 000吨，哥伦布的小吨位轻快帆船与它们比起来就像是玩具。

听起来这好像是非常荒诞的故事。但是，我们有伊本·巴图塔对这些巨型船只的第一手描述：

中国的大船有12张船帆，它们是用竹片编织的像席子一样的巨大船帆。它们从来都不摘下来，而是随着风向转动。当船只抛锚的时候，船帆就在风中飘动。船只上的人员有1 000个男人，600个人是水手，400人是士兵，其中有弓箭手，拿盾牌和劲弩的人，他们可以投掷石脑油……这些船只是在刺桐城❶和新卡兰（Sin-kalan，广州）这两个城市制造的……船只两侧是船桨，它们就像船桅杆那么大，每一根都要由10到15个人来拨动。划船时两队桨手面对面站着。像木棍一样粗的两条大绳子把两排船桨捆起来。两队桨手轮流拉动这两条大绳，一边一下。船只有四层甲板，每层都有房间、客舱和为商人设置的沙龙……

在伊本·巴图塔动笔之前20年，另一位人就写下了类似的情节。他就是色维拉克的多明我会士左当思❷，克罗姆布姆主教❸。1330年出版了他手写的一本小册子，书名是：《奇迹的描述》（*Mirabilia descripta*），这是为了他远在欧洲的教会成员写的。在书中，他以白人的傲慢，偶尔用讨厌的不纯正的拉丁文谈到了中国的平底货船：

Navigia quae navigant in Cathay sunt permaxima。他们驾着前往广州的船

---

❶ 据说五代时割据闽南的清源节度使留从效，曾在泉州环城遍植刺桐树，前来贸易的异域客商因此以"刺桐城"Zaytun或Zaiton称之。——译者
❷ Jordanus de Severac，约1321～1330年。——译者
❸ Columbum，是考兰的拉丁化写法，现在叫奎龙，在印度西南的特拉凡科（Travancore）海岸。——译者

非常巨大,在船的外壳上还有100多个客舱,顺风时他们会挂10张帆。船只非常庞大,是用三层厚木板制造的……它们真的很结实。但是,它们不敢到深海去,印度洋很少有风暴,在他们看来是危险的海洋里航行时,我们的水手可能会说那是好天气。毫不夸张地说,在海上,我们一个水手可以顶他们100多个水手……

这里说的有真有假。毫无疑问,欧洲水手在许多方面要比他们有色的同行高明。他们在航海方面肯定更先进得多。但是,左当思说广州的平底货船只不过是近海船只,这就不公平了,而且是错误的贬低。奎龙的主教在记述印度水手时还是相当公正的,尽管他描述的实际上主要是阿拉伯人建造的、由阿拉伯水手驾驶的船只,但这些船只是属于印度船主的。因为在印度人自己走向大海之前很久,就像显然是内陆型的印欧民族一样,他们并不是自然而然就会航海的。无论如何,左当思主教都认为"这些印度人"的船很神奇: "*sunt mirabilia*"。他写道:

尽管它们很庞大,但它们没有用铁来固定。它们是用针和一种用特定植物制作的绳子缝起来的。这些船从来没有甲板,它们是敞开的。船上常常有许多水,水手经常站在水坑里,往外舀水。

这很像水手辛巴德讲的《天方夜谭》。但是,左当思主教是个高尚的人,他与神话故事毫无关系。他在这里所说的都是绝对真实的。因为现在还有这些"缝制"的船。它们就是毛西姆旅行者,(*mausim-farers*),❶即贸易季风船,在今天,它们也像3 000年前那样能跨越印度的马拉巴海岸与东非的桑给巴尔之间2 800英里的距离,也能逆风行驶在卡利卡特和索科特拉之间1 300英里的海上,或者以4到5节的速度

---

❶ mausim,为阿拉伯语,意为季节季风一词来源于此。——译者

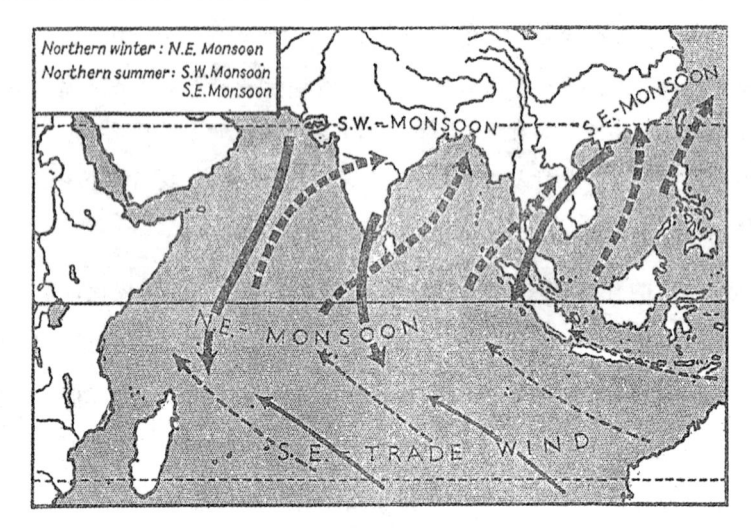

地图26　印度洋上的东北季风和西南季风。（自上而下）北方冬天：东北季风（N. E. Monsoon）　北方夏季：西南季风（S. W. Monsoon）　东南季风（S. E. Monsoon）　东南贸易风（S. E. - TRADE WIND）

往返于锡兰和苏门答腊。

　　这些"缝制的船"身上，没有螺栓，没有钉子。圆材、龙骨、厚木板和风暴板（storm-boards）都是缝制的或捆在一起的，它们是用沥青固定的，然后再用耐磨损、防水的椰壳纤维绳拴起来，这是一种用椰子壳的纤维费力编织出来的绳索。今天这种船就叫恩特普（Ntepe），它们是敞开的或半甲板的船只，大约有40吨，有一个低低的船头，船尾陡然翘起，桅杆向前倾斜，还有巨大的在风中优美摆动的三角帆。

二

　　关于恩特普和奎龙的左当思主教，我们就谈到这里，我们再回到伊本·巴图塔。尽管他对中国船只做了有趣的描述，但他不是水手，而仅仅是一个具有详细记述自己经历的天赋的旅行家，与在他之前许多年的希腊人希罗多德一样。他最初是学法律的学生，但他从来没有参加考试。这不是因为他懒惰，他是个十分勤奋的学生。但是，每个穆斯林，尤其是富贵人家虔诚的穆斯林都有义务，一生中至少要到麦加去朝圣一次。因此，在725年拉嘉伯月（Rajab）2日，星期四，（即1325年6月14日），巴图塔在22岁的时候，离开了他的出生地丹吉尔到天房（穆罕默德在麦加的出生地）和麦地那的先知陵墓去朝圣。

他没有预感：当他"受到要拜谒这些光荣圣殿不可抗拒的欲望感动时，"他决心离开家庭和朋友，而他将在29年之后才能回到家里。他的父母还在世，离别对他们都是痛苦的。

几个月后，伊本·巴图塔来到了麦加。他按照规定绕着克尔白走了七圈，他亲吻了坐落在克尔白天房内的黑色的、镶着银框的陨石（hadshar el aswad），现在该回家了。但是，旅游癖（wanderlust）迷住了他。当一个商队要到东南非洲去的时候，他就加入到里面，他的半生都在世界上来来回回地漫游。他到过埃及、叙利亚和波斯，穿过小亚细亚和黑海到达克里米亚，又北上伏尔加和保尔加，这是与卡马河相接的一座繁华商业城市，然后穿过里海和咸海，沿着一条古代商路穿过阿富汗到达印度。在德里生活了几年后，他又旅行到中国，在离开德里五年后，也就是他离开丹吉尔的22年之后，他又回到印度，经过波斯和埃及来到麦加。1354年1月，他到达摩洛哥的首都菲斯，这里也是摩洛哥苏丹的驻地，他"在苏丹的慷慨资助下，在那里住了下来。"他开始口授自己的回忆录，直到1355年12月9日完成。

这部旅游叙事卷帙浩繁，有些地方很啰唆，但是，包含了许多非常 *308*有趣的内容。巴图塔不是一个富有的追求享乐的人，而是一个边旅行边谋生的人,他做过商人、旅伴、卡迪(地方法官)和外交官,他的叙述具有蓬勃的活力,鲜明生动。在这些记述中,这个年轻人以开阔的眼界,敞开的心灵,在干草原和沙漠中跋涉,穿过沼泽和无边无际的森林,越过高山上冰封的关口,来到繁华的城市。阿拉伯人在谈话时、讲故事和传说的时候都有一种无拘无束的快乐,他就是这样在讲故事,也在听别人讲故事的。但是,他作为学法律的人,仍然保持着警醒,他不是盲目地听信,他会怀疑和表示不相信。因此,当他最后回到故乡时,他并没有按照水手辛巴德的方式写一部异想天开的故事集,而是写一部游记,经过仔细的考察,这是一座名副其实的关于他那时代的东方世界的地理和文化的信息宝藏。

当他来到印度时,这个国家已经被穆斯林教统治了整整一个世纪。伊本·巴图塔觉得自己似乎回到故乡了。他到处都可以遇到自己的同胞。他作为苏丹大使到中国上任去的时候,乘坐的船只的管家就是巴勒斯坦的阿拉伯人。在中国他遇到了阿拉伯的著名法学家齐瓦姆—爱丁—色波体(Kiwam ed-Din es-Sebti),他来自丹吉尔附近的休达。二十五年后,当巴图塔越过撒哈拉回到廷巴克图❶的时候,他遇到了在中国相识的一个男子的兄弟,他在日记里写道:"远隔千山万水的兄弟!"

确实是千山万水!整个世界似乎都成了阿拉伯的世界,从西班牙深入到中国,到南海,从撒哈拉大沙漠里的廷巴克图、从赞比西河河口直到俄罗斯。但是,只有极少数富有的贵族,有魄力的船长和富有冒险精神的商人才会经受风雨、大海的洋流和蜿蜒的河流去闯荡世界。阿拉伯的芸芸众生从来都不会离开故乡的平原和沙漠。当伊本·巴图塔后来重

---

❶ Timbuctoo,马里的历史名城,在尼日尔河中游。——译者

述自己的经历时,他也遇到了马可波罗遇到的怀疑,马可波罗叙述中国的故事给他带来了绰号:百万先生,讽刺他在吹牛。

同样,巴图塔的回忆录也超越了他那时代的理解力;确切地理解和评价它的真实价值还要等待500多年。他记述了这么多的非凡冒险、这么多像神话寓言一样撞击着西方世界的观察,直到后世的作家肯定了它们,它们的价值才得到承认。

比如,这里有一段关于印度托钵僧的著名绳戏的描写,这可能是第一次,其中的奥妙至今也没有揭示出来。关于这点,伊本·巴图塔说:(下面的文字是英国东方学者H.A.R.吉布翻译的)

那天夜晚,全(Qán)的一个奴隶,是一个变戏法的,也在那里。埃米尔对他说,"给我们亮亮你的绝活吧。"于是他就拿出一个有许多洞的木球,球里面有一根长皮鞭。他把球抛到空中。很快球就消失了,因为我们坐在宫殿中央,那时正是酷热难当的季节。这时他手中只剩下一节短小的绳子,他让他的一个徒弟顺着绳子爬上去,他爬上去就消失了。这个变戏法的喊了他三次,没有回答。于是他拿起一把刀子,似乎生气了,他顺着绳子爬上去,他也不见踪影了。接下来,他把那男孩子的一只手扔到地上,然后又扔下他的一只脚,后来又把另外的手和脚也扔下来,再后来把他的身子扔下来,最后把他的脑袋也扔下来。做完这些事,他气喘吁吁地爬下来,衣服上血淋淋的,他亲吻了埃米尔前面的土地,用中文说了几句。埃米尔给他下了什么命令,于是他拾起男孩的手脚,把它们接在一起,踢了他一脚,他就完好无缺地站起来了。我很吃惊,心都快跳出来了。我在印度的王宫里也遇到过这样的事,他们给我服了一剂药,使我平静下来。卡迪❶阿福哈尔·阿丁就坐在我身边,他对我说:真主作证,这

---

❶ qádi,又译"尕最""尕堆",系阿拉伯语音译,意为国家正式任命的行政、司法官吏,主要管辖私法方面的案件,依伊斯兰法审判。——译者

里根本就没有这些事,这全是乱人眼目的戏法。(节选自《伊本·巴图塔游记》,1929年,劳特利奇出版社,第296页)

这个戏法,即使是幻觉,也遭到一次又一次的否认,英国东方学者E.德尼森·罗斯认为这只不过是个传说。"从来没有人发现谁亲眼看到这个戏法的。整个事情都是传说。这个故事一旦出现,就会在人们当中引起再也不会消失的回响。这就成了印度村民口口相传的谣传。毫无疑问,答案就是催眠术!"据说维多利亚女王曾悬赏2 000英镑,想要知道这个戏法的秘密。后来赏额增加到10 000英镑,但是,它仍然存在英格兰银行的地窖里,没有人前来认领。但是,有些今天仍然在世的人看到过并肯定有这样的印度绳子戏法。无论巴图塔所描述的事件后面实际是怎么回事,他肯定是亲眼看到了它们,因为在他那个时代之前,从来没有人记录过这类事情。

然而,巴图塔也关注一些更普通的事物。其中一件就是布里德(Berid),即印度国家邮政。它给这位阿拉伯旅行家留下了非常深刻的印象。他说,在印度有一种特快邮递,叫乌拉克(Ulak)。它就像隼一样迅速,在几天内就可以穿越从北部高山到南部大海之间的遥远距离,它有一套高度有组织的接力系统;此外还有普通的布里德和只能由苏丹使用的国家服务,这也是用快跑者接力完成的。这件事物本身并没有什么新鲜之处。但是,中世纪早已忘记了居鲁士、大流士、亚达薛西和萨珊王朝都用过接力信差。中世纪已经忘记了埃及人曾有过定时投递、固定邮局和官方投递员的邮政系统,过去就有使用灯光信号密码的有效传递系统。它不知道在公元前一世纪的时候,罗马大街上就疾驶着卧铺列车(carruca dormitoria),这些列车装饰得非常松软舒适,政客们的秘书和将军们的副官可以轻松地在那里进行速记。它也没有想到这个系统被拜占庭❶继承下来,因此,印度和蒙古人的国家邮政只不过是前代的继承者。总之,伊本·巴图塔并不知道这些。由于西方旅行家典型的率直迷失在东方专制主义的迷宫中,显然他也没有意识到:布里德同时也是秘密情报和安全勤务部门。它的布里德先生,即邮政局长,在印度的每个省会都是政治官员,他直接隶属于其全部职责就是监督国家机器的哈里发。即使是作为中央权力官方代表的省长也要受到布里德先生的监督,也要日夜担心邮政局长会向德里给他们汇报什么。显然,巴图塔根本不知道这些暗流。他对政治不感兴趣,或者他认为向自己的恩主:摩洛哥的苏丹隐瞒这样的信息是明智的。无论如何,他一点都没谈到这一点。但另一方面,作为商人的儿子和一个古老商业民族的成员,他则详细地谈论了印度的价格:

> 整个世界没有任何地方的价格比这里更便宜。我在孟加拉看到:一头产奶的母牛卖3个银第纳尔(大约合6先令)……15个雏鸽卖1迪拉姆(约合9便士)。我看到一只肥羊卖2迪拉姆;一磅糖卖4迪拉姆;一磅糖浆卖8迪拉姆,一磅烹饪用奶油4迪拉姆,一磅芝麻油2迪拉姆。我还看到30厄尔❷质量最好的棉布只卖2第纳尔,而可以作妾的很漂亮的青年女奴只卖一个金第纳尔,这等于2个半马格里威(Magrevinian)第纳尔(约3英镑)……

他还认为胡椒是一种重要的商品。这是一种调料品,多少世纪以来,阿拉伯人从远东的商队购买来,然后转手卖给欧洲商人,获得巨额利润,欧洲对胡椒有极大的兴趣,但对它却很少了解,甚至是一无所知。另外一种重要商品是肉桂木,著名的苏木或巴西木,在欧洲,它那

---

❶ 拜占庭帝国,395~1453年,即东罗马帝国,是信奉东正教的君主专制国家。——译者
❷ ell,英国旧时量布的长度单位,约等于45英寸,1.14米。——译者

黄红色的木髓是一种染料，而且与黄金等价。这里还有椰子，第一批椰子刚刚运到欧洲，人们认为它有各种可以想像出的药用价值，其中有阿拉伯人特别看重的一种：人们认为它是一种性药！

伊本·巴图塔写道："马尔代夫群岛上的树，大多数都是椰子—棕榈树。它们和海鱼一起为居民提供了主要食品。椰子—棕榈是一种神奇的树。每棵树一年能产12串椰子，每个月一串。有的小一些，有的大一些，有的很干，有的仍然是绿色的，从来没有中断。用这些椰子可以制成椰子奶、椰子油和蜜。他们用椰子蜜制成蜜饯，和干的椰子一起吃。由于吃这些食品和鱼，岛上居民的性欲非常强烈。他们在这方面的表现是无与伦比的。我在这个国家就有四个合法的老婆，这还不算那些妾。我每天都要为她们做好准备，整个夜晚都要与轮到的那位老婆度过。我这样生活了一年半。"

312 在印度生活了五年后，伊本·巴图塔来到中国。事情是这样的：中国皇帝向德里的苏丹派遣了大使馆，并携带了礼品：100名男女奴隶，500件来自泉州的绸缎服装❶（中世纪意大利文Zettani，中世纪西班牙文Aceytuni，英语Satin／缎子一词就起源于此），还有100件杭州绸子服装。自然也要向中国皇帝派遣一个大使馆了，巴图塔就被任命为使馆的领导。

旅途花费了很长时间。但是，当时在远东时间并不像现在这样重要。因此，巴图塔有很多闲暇，一路观光。因为要路过异他群岛，巴图塔就利用这个机会研究了丁香这种植物，因为那时这里是丁香工业的中心。欧洲的娇尔❷，就是异教徒，往他们的葡萄酒和淡啤酒上一把一把

---

❶ Zayton，刺桐，是古代阿拉伯商人称呼泉州的名称。——译者
❷ giaour，伊斯兰教徒用语，指不信伊斯兰教的人，尤指基督教徒。——译者

地撒干的丁香花,而阿拉伯人却无法满足自己的需要。更多的关于丁香这种植物的知识可能会很有用。

丁香树的寿命很长,体量也很大。丁香在异教徒的领土上要比在穆斯林地区多很多,因为那里的丁香长得很多,所以在那里没有私人收藏它们。我们所说的"丁香"就是丁香花的一部分,它们从树上落下来,看起来就像橘子的花一样。丁香树的果实是肉豆蔻,在我们国家叫做"香坚果"(jauz-el-tib)。这种树的花就是肉豆蔻的花。我亲眼看到了这一切。

经过好几个月和经历了各种惊险,巴图塔在中国登陆了。他感到非常惊奇,在这里他也遇到许许多多的同胞。起初,阿拉伯人只是水手和探险家。他们是一个游牧的贸易民族,就像比他们早了几千年的腓尼基人一样,他们也经历了巨大的变迁,转到了海上。与腓尼基人一样,阿拉伯人也经历了漫长的时间才在海洋的风浪中充分成熟起来。第一支阿拉伯舰队大约是公元650年由哈里发·穆拉维亚建造的,他企图用它去征服拜占庭。希腊火是一种用石脑油、烧石灰和硝石制成的喷火器,大约公元330年由君士坦丁大帝主持研制。这种武器使穆拉维亚的所有进攻都化为乌有,但是,阿拉伯舰队的概念却已经建立了,过了不久,地中海有相当一部分地区就已经被阿拉伯战舰控制了。

大约在650年,位于尼罗河和红海之间埃及的古代苏伊士运河,进行了疏浚。以后不久阿拉伯的船只就出现在波斯湾,出现在非洲东海岸和印度。七世纪末,阿拉伯殖民地就包围了印度西海岸,直到印度南端,很快就成了阿拉伯与远东贸易的出发点。中国的商业中心似乎曾经是广府(Khanfu/汉府:广州)。自750年起,那里就有一个很大的波斯—阿拉伯殖民地,几年后,这个殖民地变得非常强大,终有一天它可以攻打和劫掠这个中国城市。整整一百年后,外国人为了这样伤害中国人的民族尊严付出了代价。在警卫军官王楚（Wang chow）❶的放纵下，发生了针对外国人的革命，广州发生了恐怖的屠杀，几千名各种宗教和国籍的外国人丧失了性命。

此后，广州就丧失了它与阿拉伯和波斯世界进行贸易中的主导地位。它的地位被阿拉伯在长江上的殖民地所取代，杭州，即马可波罗所说的行在（Quinsay）和北方城市明州❷已经发挥了重要作用。我们从阿拉伯地理学家伊本·科德布（Ibn Kordadbeh）（大约880年）和阿拉伯商人伊本·瓦哈布（大约870年）那里得到了关于这些的详细信息。瓦哈布自己就在中国，而且还远远地来到南京的皇宫。从他们两人那里，我们知道阿拉伯人出口到中国的主要商品，除了印度的宝石和珍珠，就是来自摩鹿加群岛❸的香料，印度的棉花也很重要。没有证据证明阿拉伯人进口鸦片。大约公元870年以后，阿拉伯独桅帆船送来了在中国非常珍贵的一种新商品：来自非洲东部的黑人奴隶。即使在这样的早期，"黑象牙"的价值也完全值得这样漫长和危险的航程。

因为从印度到中国的航行是极其危险的旅程。根据中国的资料，从11世纪中叶以来，外国航海家就已经使用了罗盘，而熟悉这种磁石的中国人却只是把它用于宗教仪式；但印度洋仍然是不可预测的，许

---

❶ 编辑提出：此人即是黄巢（Wang chow疑为其粤语发音的英文拼写），该事件发生在879年，载于阿拉伯史籍，参阅《剑桥中国隋唐史》第十章，朝廷当时在广州以"禁军中一个较低的职位"为条件招降黄巢。——编者

❷ Ming-chow，Ming-po，编辑指出明州为今宁波港，因在广州的北方，所以文中称之"北方城市"。——译者

❸ Moluccas，印度尼西亚东北部群岛，又称马鲁古群岛，因曾盛产丁香、豆蔻、胡椒等香料，又称香料群岛。——译者

多船只肯定全军覆没了。[1]

伊本·巴图塔经历了许多风险，平安地抵达了中国。他既没有马可波罗的智力水平，也没有他作为中国皇帝大臣的身份。但是，他在这遥远和陌生的土地上看到了足够丰富的事物，这使他一直都保持惊奇的状态。在泉州港口停泊着一百艘巨大的平底帆船，每一艘都像他来中国时乘坐的那艘那样大。他是在泉州登陆的。小一些的船只简直数不胜数。这是世界上最大的港口。嘈杂拥挤的人群有各个民族的人。每个人都穿着绸子衣服。这位阿拉伯人推断，因此绸子肯定很便宜。它为什么这样便宜？"因为生产绸子的昆虫喜爱一种果实，吃这些果实，而且不需要太多的照顾。"巴图塔没有看到丝绸生产中大量的工作。他没有注意到：在中国，庞大的日益增长的人口使得劳动成为廉价商品，也正因为这样，这种劳动的产品——丝绸的价格才这样低，才能为"中国贫困潦倒的人提供衣服"。只有十足的资本家才能忽略这个判断，然后说道："如果没有商人，丝绸将一文不值。一件棉布服装在中国可以卖出好多件丝绸服装的价钱。"

他同样也被纸币的"奇迹"惊得目瞪口呆了，这个奇迹只能用皇帝绝对和无所不在的权威来解释。因为这块只有巴掌那样大的带有皇帝签名的纸，它的信誉没有任何问题。几十年后，当印度和波斯的统治者努力去振兴他们国家破产的经济时，除了彻底混乱，一无所获。只要在对外贸易中，有充足的国际有效货币，权力就是内部汇票充分的保证金，

---

[1] 世界上最早记载指南针应用于航海导航的文献是朱彧在1119年所撰之《萍洲可谈》首记此事："舟师识地理，夜则观星，昼则观日，阴晦则观指南针。"中国使用指南针导航不久，就被阿拉伯海船采取，并经阿拉伯人把这一伟大发明传到欧洲。中国人首先将指南针应用于航海比欧洲人至少早80年。——译者

换言之，只要内部的纸币能作为索取劳动报酬的证明就行。然而，这些思想从来没有进入巴图塔的大脑，虽然他看了、惊奇了、表述了。

三

现在我们就要离开伊本·巴图塔了，离开这个过去的法律学生、探险家和旅游记者，有时还是伊斯兰国家的法官、外交家和商人。我们的叙述水流意外地将我们再次冲向北方的斯堪的纳维亚。那里有个不知名的男子坐在挪威国王的宫殿里，他比巴图塔的出现早了几十年，他对世界和世界之谜进行沉思。他之所以是无名的，是因为虽然历史把这位天才人物的著作带给了我们，但是，他的名字却遗失了。我们不知道他是谁，他是干什么的。然而，他的著作是奉国王的命令，作为正在成长的王子的教科书而写的，这就证明他是一个有声望的人。他的教导肯定是在呼唤一门宇宙学，这是对世界的描述，包罗了那个时代的所有知识。对一个统治者来说，最重要的莫过于能正确地设想地球上的陆地海洋，湾流和风及其冷热地区。万民的君王绝对不能忘记世界上还有其他的人住在高山之上。向挪威国王精力充沛的儿子说明这一点，是教育者的主要任务。

这就是我们上面说的那本王子的教科书：《国王之镜》（*Konnungsskuggsja*），它是以父子对话的形式写作的，总结了那个时代的地理学和科学知识，大约1250年写作于挪威。我们在这本书中看到以下一段：

现在你必须理解：地球的形状是圆的，它的各个地点距离太阳并不都是同样近的。太阳弯曲的轨道与地球最近的地方最热,与连续不断的太阳光线正相反的那些国家有些部分不适合人类居住。但是,被太阳光线斜射的国家是可以居住的……

我曾经说过,热带地区像一条绳子从东到西把地球围起来。如果我这样说是正确的,那么,我认为地球的南端和北端肯定是一样冷的。另外,我相信所有靠近热带地区的国家都是热的,无论是在南面还是在北面,而在两边更远的国家则是冷的。我的孩子,如果你注意到,所有到南方更远地方旅行的人都说那些国家更热,我相信这是因为:你从来没有遇到任何到这条炎热大道南端旅行的人,就像我说过的到这条炎热大道北端旅行过的人一样。如果你说南方更远地区的风要比别处的风更热,这很自然,风吹到我们这里时,会越来越热,即使风是从世界南部的冷冻地区吹来的,因为它要经过炎热的弯曲的环带,所以到北方就热了,即使它是从南方来的冷风。如果人们住得距离南方冷冻地区很近,就像格陵兰人住在北方一样,我认为可以肯定的是:北风吹到他们那里就像南风吹到我们这里一样,因为他们必须向北方去看子午线和太阳的所有运动,就像我们要南方看一样,因为我们住在太阳的北面……当太阳移动到它的对角线之最南部边沿的时候,住在地球最南端的人们就是过夏天,那里阳光充足;但是,我们却在过冬天,阳光很少。然而,当它转到最北端的时候,我们就有充足的阳光,他们就在过寒冷的冬天,这样周而复始,北方升起来,南方降下去;反过来也是一样……

大地是球形的学说是毕达哥拉斯(约公元前580~公元前500年)提出的,后来亚里士多德(公元前384~公元前324年)又坚持他的学说,但是后来却被完全遗忘了,直到15世纪才重新得到普遍承认。考虑到这点,上述简短的阐述就非常引人注目了。它不仅肯定了地球是球形,而且从这一概念还引申出许多含义,比如:地球有一条像带子一样的热带地区;北极和南极肯定是一样冷,最后,北半球和南半球的冬天夏天肯定是交替变化的。《国王之镜》这位不知名的作者是中世纪最伟大的地理学家之一,他对自己的学问非常自信,他有效地反驳了反对者的观点:所有到南方很远地方航行的水手都报告说那里更热了,从来没有人说那里越来越冷。这一点很重要,而且人们认为他在这一问题上的慧眼是来源于杰出的直觉洞察能力。但是,这种直觉的闪光在地理科学中是罕见的,地理学是辛勤的探索和经验的积淀。在这里,这是必须遵循的。《国王之镜》所教导的,不是逻辑推理的结果,而是从到远方实际航行获得的知识。

到目前为止,还没有记载说明挪威人曾经远航到南极的寒冷地区。他们甚至没有远航到赤道。他们怎么能知道北半球的温带和寒带在南半球也有自己的对应地区呢?

这是一个谜,但是,还有许多这样的谜。举例来说,但丁(1265~1321年)在他《炼狱》第一歌里就写下了这样的诗句:

我转向右面,把我的心思
固定在另外一个地极上。
在那里,我看到了从没看到过的
四颗恒星,只有我们的始祖
知道这些星星。它们的光辉
似乎为天空带来了欢乐。
啊,你北方的大地!
因为看不到这些,
你确实被剥夺了,
被遗弃了。

(H. F. 哈里翻译,1921年,牛津大学出版社,P121)

亚历山大·洪堡把这段诗文(22~27行)解释为是对南十字座的描

述,他也进行过仔细的研究。然而,因为在北纬30°根本看不到这个具有南纬度特征的星座,可是但丁对此却这样熟悉,这就非常神秘了。直到15世纪中叶,由于开始了地理大发现的航海,欧洲才知道这些!但丁关于这四颗引人注目的恒星的知识,说明他能够从非常古老的资料中汲取天文学信息。在我们的时代开始前,正如但丁所说,由于春分和秋分的过程,在它们落到地平线以下之前,北半球也可以看到这四颗恒星。但丁还知道大熊星座,或北斗七星,这是北方的星座,人们越往南走,它就降得越低,而南十字座升得越高。上面引述的《炼狱》第一歌下面又写道:

从上面看到的景象,
我直接稍微转向了另一个地极,
现在那里的北斗消失了,我只看了一个老人站在我身旁……
(H. F. 哈里翻译,1921年,牛津大学出版社,P121)

在《炼狱》里,但丁在别处也说他到了南半球,在那里看到了在北方的太阳。对他那个时代和地方的普通人来说,这完全是离奇的观念,我们必须得出这样的推论:这位伟大的佛罗伦萨人不仅仅是根据理论性的论证获得这类知识的。这些知识太精确了。他肯定多少知道北半球的大熊星座在南半球也同样有一个引人注目的星座,即南十字座。但是,在欧洲,地球是圆形的这个信念直到100年后才开始得到普遍承认。那么,但丁是怎样获得这些知识的呢?

我们必须假设:他是从挪威国王西西里的罗杰的宫廷得到的。他的皇宫里汇集着各种北方的北欧海盗和阿拉伯水手与探险家们的地理学知识。

巴勒莫是罗杰的政府所在地,也是南北海上漫游者的势力范围几个

319

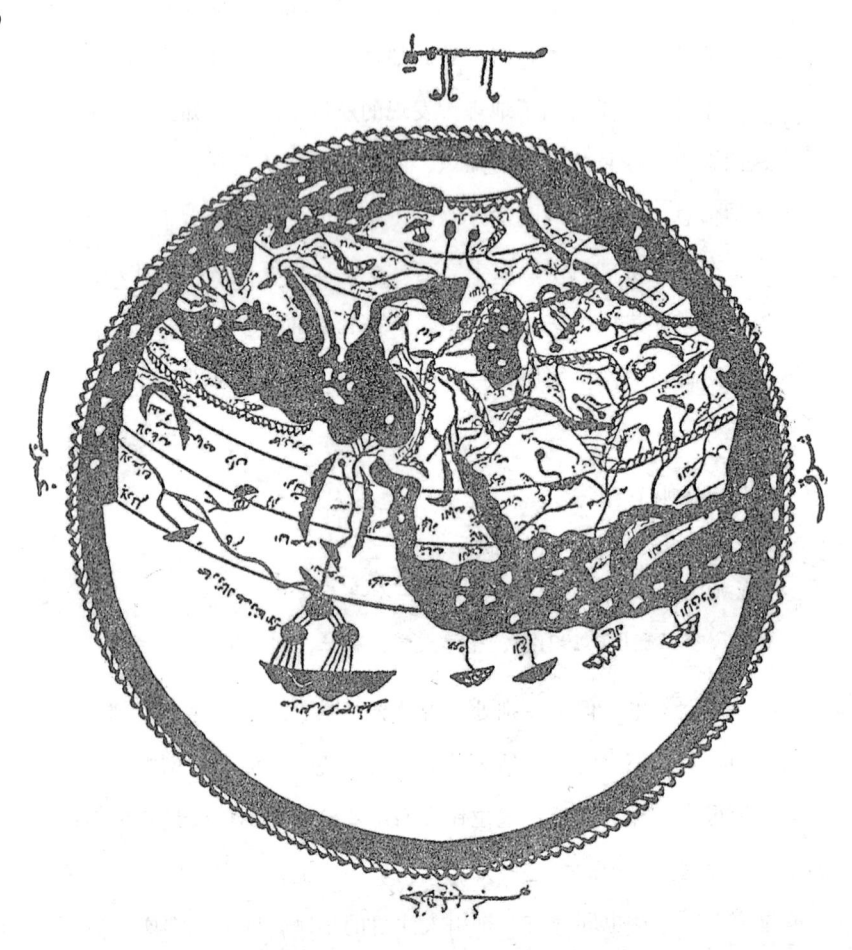

插图51　伊德里斯的地球圆盘。这是著名的地球圆盘15世纪的复制品,与原件一样,它的方向也是朝北的。在最北端是斯堪的纳维亚,被画为一个岛屿,这样一来,在波罗的海和北冰洋之间就出现了一条狭窄的海峡。不列颠群岛被扭曲得无法辨认。德国北部包括了许多湖泊:在这些湖泊中,我们可以比较清楚地看出奥得湾、维斯图拉潟湖,也许还有须得海。西班牙是一个巨大的潮汐海口,意大利显示了靴子样的轮廓,黑海和里海也被标示出来,还有乌拉尔、红海和波斯湾,按照早期地图的典型形象,锡兰被画成了四边形,但是,非洲却向东方无限地伸展出去,尼罗河向西方伸出了臂膀,完全穿越了黑色大陆,直到大西洋。

交叉点之一。这两种人很久以来就互相认识。他们在无数的海战和冲突中互相较量。阿拉伯妇女和姑娘作为俘虏踏上了向北方的道路，北欧海盗大帆船上的奴隶为摩尔人划动战船，摩尔人贵族的随员里有北欧海盗为他们当保镖。这两种人有许多相似之处，他们被一种爱恨相交的奇怪关系捆绑在一起。

九世纪初，古挪威人通过诺尔法海峡（直布罗陀海峡）进入了地中海，1059年他们在西西里和意大利整个南部地区站稳了脚跟。希腊人长期以来就居住在这些地区。中世纪早期，一小部分阿拉伯武士和地主就凌驾于希腊—意大利殖民地的人民之上；150年后古挪威人又随之而来。

后来者是基督教徒，但是，大部分时间他们都卷入了与罗马的激烈争吵。无论如何，教会的长臂都不能伸到西西里的讲堂和书房里，因此，一位科学家就可以自由地发表自己的观点，即使他是阿拉伯人。确实，长着金色头发的北方蛮人对阿拉伯的智慧充满敬意。因此就发生了这样的事情：阿拉伯哲学家、医生和地理学家伊本·伊德里斯[1]与罗杰二世进行了合作。这两个截然不同的人的合作产生了三项体现他们两个民族所积累的知识的成果：天球仪、描绘了当时已知世界的圆盘，这两件东西都是用银子制作的，还有就是地理学专著：著名的罗杰论文（*Rogerian Treatise*）。

罗杰和伊德里斯都有严格的科学态度。他们都在追求知识、追求真理，这是预示新型人类的出现的现代特性，他们漠视一切他们认为是完全不可信的、潮水般向他们涌来的各种报道、故事和传奇。毫无疑问，

---

[1] Ibn Idrisi，1100~约1165年。——译者

他们熟知与格陵兰和文兰有关的斯堪的纳维亚英雄传奇。但是，这两个国家都没有出现在地球仪上，论文中也没有提到它们。因为对这些地区还没有任何确切的认识，在挪威世界中流行的与它们有关的大杂烩报道还只是口头传言，这些报道非常模糊，被极力美化了，因此这两个头脑清醒的人在巴勒莫宫廷的地图桌前就把它们当作水手的无稽之谈全部否定了。因此，冰岛和加那利群岛就成了已知世界的西部边界。

远东的情况也完全一样。他们提到了日本，但名字用的是"西拉群岛"（Sila Islands），可是他们没有谈到波利尼西亚和太平洋的岛屿世界。然而，东部的阿拉伯人对这些星罗棋布的岛屿的存在非常了解，就像北欧海盗水手对格陵兰和文兰的了解一样。阿里·马素迪是一位阿拉伯地理学家，也是许多游记的作者，10世纪初出生在巴格达❶，他甚至用文字对此进行了描述。他在《黄金牧场》一书中写到了波利尼西亚，但罗杰和伊德里斯可能认为他写得不够准确。在他们看来，这太难以置信、太模糊了，因此，他们忽略了它，并且把东方世界的边界定在爪哇、苏门答腊和菲律宾。

向北方，他们的目光伸展到远方的阿尔汉格尔（Archangel）和伯朝拉河的毛皮狩猎地区。他们也提到了拉多加湖和奥涅加湖附近的地区，他们还提到了涅瓦河和德维纳河、伏尔加河、顿河、德涅斯特河和第聂伯河流域的地区。在亚洲，他们还知道贝加尔湖和鄂嫩河、阿穆尔河、伊犁河和叶尼塞河。他们还有一张关于西藏和亚洲内陆高山相当清晰的图画。很自然地，中欧被很清晰地描绘出来，其中包括多瑙河、莱茵河

---

❶ 阿里·马素迪（Al-Masudi，896~956年），逝于开罗，是最早在大型著作中将历史和地理结合起来的科学家之一，原文此处所述其出生年份与多数史料不同。——译者

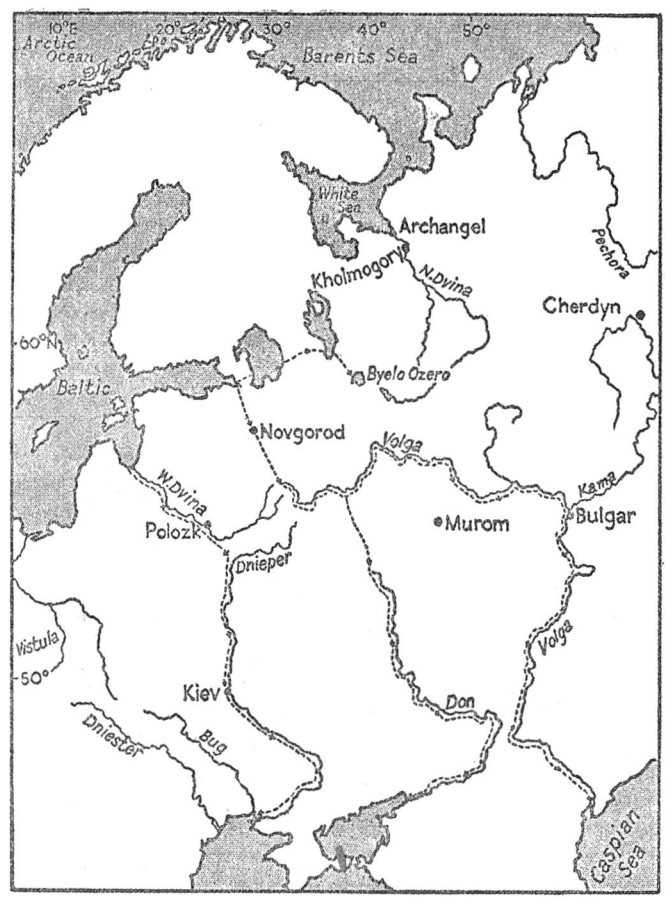

第九章　从乔顿海马和斯瓦尔巴德到巴格达和广东　　413

321

地图27　史前和原史时期俄罗斯的商道。除了通往奥尔比亚的维斯杜拉河—德涅斯特河商道和沿德维纳河和第聂伯河的波罗的海商道以外，大量使用的商道还有北德维纳河—伏尔加河与皮尔卡—卡玛—伏尔加商道。来自珊兰登/Samland（北普鲁士）海岸的琥珀和来自西西伯利亚远销印度的皮毛是这些商道运输的主要商品。格罗诺斯的确切位置不得而知，可能就在后来的保加尔王国（Bulghar）的地方。当然，在中世纪，霍尔姆加德（Holmgard/Novgorod/诺夫哥罗德）就建立了。这个殖民地受到挪威的很大影响，它可能是在史前的猎人和渔人的村庄上建立的。

　　北冰洋　巴伦支海　白海　阿尔汉格尔　霍尔姆果雷（Kholmogory）　阿尔汉格尔　北德维纳河　伯朝拉河　切尔登（Cherdyn）　波罗的海　拜娄　欧泽罗（Byelo ozero）　诺夫格罗德　伏尔加河　西德维纳河　波洛茨克（Polozk）　第聂伯河　穆罗姆　卡玛　保加尔　维斯杜拉河　基辅　顿河　伏尔加河　德涅斯特河　布格河（Bug）　里海

和易北河、大城市、海和海岸。但是，在西非，他们确信在摩洛哥南面就是空白了，因此，他们把听到的关于那里的东西都省略了。而在东非海岸，阿拉伯的独桅帆船远远地航行到了赞比西河和索法拉河，罗杰和伊德里斯坚持古老的托勒密的观念：南部非洲以一个巨大的弧形划向东方，最后与亚洲连接起来，而把印度洋贬低为一个内陆海。

这里有许多明暗交织在一起。但是这二者又无法分开，如果我们希望在三个维度上观察事物，阴影也是不可或缺的。无可怀疑的是，在罗杰和伊德里斯已经阐明的地区以外还存在许多知识。但丁和北方那位写作了《国王之镜》的不知名占星家，知道许许多多在巴勒莫不以为然或根本不知道的东西。虽然到了十字军时代，阿拉伯人和古挪威人之间的联系仅限于敢于冒险的上层商人和大胆的武士阶层，但它显然要比很久以来人们所设想的要密切得多。

这种联系似乎是由时尚而形成的，尤其是由于对皮毛的追求，皮毛的时尚贯穿了整个中世纪。考虑到他们的气候，非常奇怪的是，阿拉伯人也有这种穿戴皮毛的嗜好。无论如何，在遥远的北方，即珍贵的皮毛产地与亚热带、甚至热带国家，比如波斯、埃及、阿拉伯半岛和印度之间很快就形成了繁盛的皮毛贸易。这种贸易主要掌握在阿拉伯商人的手中，皮毛的价格很高，可以获得暴利。由于这种贸易，在埃及出现了北极熊的皮毛，在印度出现了貂皮帽子。为了获利，东方的商人甘心忍受艰难困苦和巨大的危险。开始时，他们只能旅行到保尔加（Bulghar），这是大约在公元700年居住在伏尔加河和卡玛河汇合处的土耳其人的首都。后来他们走向了相当遥远的北方，一直到了西伯利亚和白海。在那里，距离阿尔汉格尔和北欧海盗的诺夫哥罗德省不远的霍尔姆果雷是欧洲皮毛贸易的中心之一。

第九章 从乔顿海马和斯瓦尔巴德到巴格达和广东

我们无法准确地确定这些地区的位置，伊本·福德兰曾经提到过这些地区。他是生活在巴格达的希腊人，后来归依了伊斯兰教，并在哈里发穆克特迪尔（908~932年）的宫廷获得重要位置。这个伊本·福德兰很聪明，显然对地理有非常浓厚的兴趣，920年被任命为前往保尔加人阿勒姆斯国王宫廷的特使。他为人们留下了综合性的叙述，其中他巧妙地把亲身经历与从他人那里搜集来的信息融会在一起。关于北方人，"歌革和玛各"（Gog and Magog）的土地，他叙述得非常有特色：对于在北欧海盗当中获得的对他们而言是非常陌生的条件，阿拉伯人肯定能够构成一副清晰的画面，他的叙述对我们来说非常有兴趣的段落就是：

距离保尔加人的土地20天旅程的地方，有一个叫做伊苏（Isu）的地区，在伊苏的外面，有一种人叫尤拉（Yura）……保尔加人到他们的国家去旅行，带回来服装、盐和其他的贸易商品。为了运输这些东西，他们制作了类似小马车似的车辆。它们是由狗拖动的，因为那里的冰雪很多，其他的动物无法行走。男人把牛的骨头绑在鞋底上，每个人手里拿着两根尖木棍，插到身后的雪中，这样就能在雪上滑行……

保尔加的国王告诉我，距离他的国家三个月的旅程之外，有一种人叫做：维疏（Vishu）。那里的夜晚只有不到一小时。这个地区的海里有一种鱼，他们用这些鱼的牙齿做

插图52　16世纪的滑雪。模仿奥劳斯·马格努斯的木刻：《北方人的历史》。

刀和剑柄。如果船只在这个海里向着北极星的方向航行，在夏季它就会来到一个区域，那里根本没有黑夜，相反，在冬季，在头顶上就看不见太阳了，它像一个磨盘在天穹里转圈。再后来出现一个地区，那里一年只有一次白天一次黑夜……

伊本·福德兰在下面叙述了北欧海盗：

我从来没有看到过身材这么完美的人，他们像椰子树一样高大，长着红头发，脸膛红红的。他们不穿外套也不穿长袍，但是，男人们只有一件粗糙的斗篷，他们把斗篷披在肩头上，这样有一只手就自由了。每个男人都带着一把斧子、一把刀或一把剑，他们从来不会不带这些武器的。他们的剑很宽，上面有波纹的装饰和法兰克的饰品。在剑的侧面，从剑头到剑柄绘有树木、人物等等。女人则穿着铁的、银的、铜的或金的胸甲，这要由她们丈夫的财富来决定。在胸甲上有一个环，上面挂着一把刀，在胸上也挂着一把刀。她们的脖子上戴着金的或银的项圈。如果一个男人有一万迪拉姆（dirhem），他就要为妻子做一个项圈。如果他有两万迪拉姆，她就要有两个项圈，每当男人发了一万个迪拉姆的财，女人就要收到一个新项圈。因为这个原因，一个鲁斯（Rus）女人的脖子上常常有许多项圈。这个民族的人最精美的珠宝就是玻璃珠子，在他们的船上也可以看到这类珠子。他们很珍重这些珠子，花一个迪拉姆去买它们，穿在绳子上送给他们的妻子……

从伊本·福德兰综合性的游记摘录下来的这一小段，毫无疑问，其主要特征还是真实的，这是绝妙的观察能力与对他听到的东西进行区分真伪的能力相结合的产物。热带的居民听到人们穿着牛骨头在雪地上滑雪，而且被一队狗拖拉着，他们肯定感到很奇怪，这些滑雪的人就是我们滑雪者的先驱。即使对古挪威人来说，滑雪也是新奇的事情。从《国王之镜》中对它描述的方式，就可以推断出来。作者要费尽九牛二虎之力才

第九章　从乔顿海马和斯瓦尔巴德到巴格达和广东

插图53　中世纪欧洲地图，选自哈特曼·舍德尔（Hartmann Schedel）1492年的《世界编年史》。考虑到阿拉伯人在10世纪已经具备的关于德国中部的惊人知识，令人感到奇怪的是：正如这幅地图显示的，在15世纪末，地理知识竟然如此有限。[1]

---

[1] 图中文字为拉丁文。——译者

能讲明白，他似乎已经预想到读者的怀疑，至少是预想到他们的无知：

> 但是，当人们听到这样的事情时，依然会感到十分惊奇：那里的人们能够非常熟练地控制几片木头或木板，当他只穿鞋子和光脚时，他并不比别人快，只要他在脚底下绑上长八九厄尔长的木板，他就会超过飞翔的鸟或奔跑冠军：灵缇（greyhound），或者超过驯鹿，驯鹿要比成年牡鹿快两倍。现在，在所有那些人们不懂得是靠什么技艺或技术，仅仅凭借木板就能在大山里达到这样的速度的国家里，这很难让人相信，这似乎很神奇，只要人在脚下绑上木板，那里任何在地上活动的动物就没有希望能逃脱人的飞奔速度。但是，只要他把木板从脚上卸下来，他就不会比别人快。但是，在不习惯这样的人们那里，你几乎不可能找到一个灵敏的男人，只要他（就像我说的那样）在脚下绑上了木板，他似乎还不会损失他所有的敏捷。然而，我们对这件事情非常了解，每年冬天，当大地覆盖了大雪的时候，我们就有机会观看许多掌握这一技艺的人们了。

对那些根本不知道雪是什么东西的人来说，对那些关于快速旅行的概念仅仅限于骑马或骑单峰驼的人来说，这样的叙述似乎就更加不可相信了。这位伊本·福德兰在巴格达王宫冒着名誉上的风险讲述了这种显然是虚假的叙述，表示他的主人哈里发穆克特迪尔的外交家们已经报告过这样的事实。一般而言，在第一个千年，信息的传播可能比我们想像的要有效得多。贸易关系也与今天非常接近。现在还保留着973年阿拉伯人关于德国的皇城美因茨的叙述，这就是名叫易卜拉欣·伊本·亚可伯的摩尔人医生和商人的著作。它清楚地反映了作者对这个城市与远东之间的联系所感到的惊奇。易卜拉欣·伊本·亚可伯说道：

> 马甘德沙（Magandsha）［美因茨］是个非常大的城市，有一部分住有居民，其余部分则是农业用地。美因茨在法兰克的国家里，靠着莱茵河

（Rin），盛产小麦、大麦、斯佩尔特小麦❶［德国小麦］、葡萄和水果。在那里，人们可以看到撒马尔罕造币厂在回历301年和302年（公元913～914年）铸造的迪拉姆，上面有铸造厂主人的名字和铸造日期。我认为这是萨曼·纳赛尔·伊本·阿赫迈德（912～942年）的硬币。还有奇怪的事：那里还有只出产在最遥远的东方的香料，而这个城市却在最遥远的西方，比如胡椒、姜、丁香、干松香、艾菊和高莎草。这是从印度进口的，它们怎么会大量进口的……

插图54　说明：在俄罗斯发现的拜占庭和库法❷的钱币。

这类报告显示，阿拉伯钱币在第一个千年的末期，对东欧和中欧是非常重要的。在别的地方也发现了阿拉伯钱币，而且非常频繁，甚至在冰岛也有发现（不是收藏家的藏品，而是由第一代兰德纳马❸带来的），这并没有引起很大的惊奇。因为在斯堪的纳维亚、俄罗斯和德国的土地上都出土了数以万计这样来自近东的而且在这些遥远的北方地区显然也是流通的钱币，它们记载了从公元700年到1 000年的三个世纪的时间。仅仅在哥特兰岛就发现了3 000枚阿拉伯钱币，另外还有报道说发现了

---

❶ spelt，在德国有4000年的种植历史，含有丰富的植物蛋白以及大量的维生素A、E、B1、B2和盐酸等。其中的脂肪酸和矿物质均高于其他作物，能增强人体自然抵抗力，排毒解毒。——译者
❷ Cufa，伊拉克南部古城，始建于618年，Cufic，库法体，阿拉伯文古老书法体之一。——译者
❸ landnama，即冰岛最初的定居者。——译者

其他数百枚各种大小不一的钱币。甚至在没有阿拉伯商人造访过的瑞典，到1857年为止，也有大约170处的地方出土了这种钱币。

当然，大量的亚洲近处的钱币是古挪威人在他们的劫掠活动中抢夺而来的，他们在这些活动中曾远到里海和巴格达。但是，即使充分考虑到这一点，如此庞大数量的货币的迁徙也是无法解释的。因为阿拉伯人的贸易很自然地都更多地是以易货贸易的形式而不是以支付货币的形式进行的。因此我们必须设想：亚洲近处的货币在俄罗斯、斯堪的纳维亚和德国是作为国内货币流通的。在某种程度上，这一推测是由这一事实产生的：瑞典的北欧海盗使用的称重体系是以波斯体系为基础的。基本单位是德拉克马，（我们的打兰，1/16盎司，常衡），瑞典的一磅重96个德拉克马。

327　　这个问题与许多介于历史学和地理学之间的问题一样，时至今日依然绝对是个谜团。一方面，我们从中世纪统治者的旅程中知道：旅行是多么艰难，他们的通讯又是多么不可靠。另一方面，贸易似乎比1914年以前那几年之外的任何时间都更活跃。阿拉伯人对10世纪德国中部的情况非常了解，这从下面一段同样是由伊本·亚可伯从马格德堡到布拉格的旅程即可看出：

从马格迪封（马格德堡）到布伊斯拉夫（波希米亚的波列斯拉夫二世，964～998年）的领地，从这里到卡尔伯（Kalbe）的城堡（在萨勒河）是10英里，从这里到努布格拉德（瑙姆堡）是2英里。这是一座用石块和灰浆建成的要塞城市，它建在萨拉瓦河（萨勒河）畔，博得河注入萨勒河。从努布格拉德到犹太人的盐矿（杜伦堡/Dürrenberg）是30英里，它也建在萨拉瓦河畔。从这里到布尔德申（乌尔岑/Wurzen），这个城堡建在伏尔塔瓦河❶［穆尔德（Mulde）河］河畔，然后到森林的边沿是25英里。森林从头到尾绵延40英里，坐落在没有道路的高山上（埃尔茨山脉）。两英里后那里有一座木桥跨过沼泽（可能在布鲁塞尔地区）。出了森林，人们就会来到布拉噶城（布拉格）。

伊本·亚可伯认为有必要这样详细地记载他在中欧的旅程，从这一事实我们可以推断：他不是唯一穿越这些地区的人。一千年前，在欧洲的公路上，也许巡游的阿拉伯商人的身影并不是罕见的。伊本·亚可伯从美因茨和马格德堡到了布拉格和克拉科夫，到了波兰和梅克伦堡，又来到石勒苏益格和伊特拉赫特（乌得勒支），瓦特布鲁纳（帕德博恩）和艾布尔达（富尔达），他所有的旅行都是在德国胡托大帝（奥托大帝）的时代进行的。

四

正当阿拉伯人漫游在整个欧洲的时候，北欧海盗也出现在西方世界的各地。然而，他们紧紧靠近海洋和河流，从美洲东部到乌拉尔山，从斯匹兹卑尔根到布拉格，他们的活动主要都局限于海滨和河流区域。当然，在东南，古挪威人移民只能沿着河流行进。德涅斯特河、顿河和伏尔加河载着北欧海盗深深地渗入到欧洲的心脏。

这大约发生在9世纪中叶。在这时，瑞典的北欧海盗瓦朗吉亚人（Varangians）已经侵入了俄罗斯。根据萨迦传奇，某些斯拉夫人为了恢

---

❶ Muldava，捷克语：Vltava，德语：Moldau，是捷克最长的河流。——译者

复秩序和在他们的领土上建立国家，请来了瓦朗吉亚人。早期的俄罗斯历史之父基辅的尼斯特僧侣记录了这个情况。他在12世纪初写作的编年史中，这样写道：

> 在创世记纪元6357年（公元859年），瓦朗吉亚人越过海洋，向楚丹人、斯拉夫人、梅兰人、维斯人和克里威奇人索要贡品。在创世纪纪元6370年（公元862年），后者把瓦朗吉亚人躯赶过了海洋，没有向他们纳贡，开始自己管理自己。在他们当中没有法律，家庭之间互相排挤，到处都是纷争与不和。而且他们开始互相进行征战。于是他们互相商量："让我们选一个君主吧，由他来统治咱们，他能够确立法律！"于是他们越过了海洋，来找瓦朗吉亚人，找罗斯人，他们这样称呼他们，其他人则称之为斯万司，努尔曼斯、安格兰斯，还有的人称之为戈司。楚丹人、克里威奇人和维斯人对罗斯人说："我们的国土辽阔富饶，但是，漫无秩序，因此请来管理和统治我们吧。"因此选了三个罗斯人和他们的家族，他们就和罗斯人一起越过海洋。年龄最长的叫如里克，他统治了诺夫哥罗德。第二位是希努斯，统治了别洛湖（Lake Byelo Ozero），第三位是特鲁夫尔，他在伊兹伯尔斯克进行统治。这片土地，尤其是诺夫格罗德周围的土地，都按照这些罗斯人来命名。这些人是有瓦朗吉亚人血统的诺夫格罗德人，从前诺夫格罗德人就是斯拉夫人。但是，两年后，希努斯和他的兄弟特鲁夫尔死去了。如里克成了唯一的主宰，他为自己的随从分封城市，一位分到了波罗茨克，一位分到了罗斯托夫，另一位分到别洛欧兹罗。瓦朗吉亚人进入了这些城市，在他们之前，斯拉夫人在诺夫格罗德，克里威奇人在波罗茨克，梅兰人在罗斯托夫，威斯人在别洛湖，而穆罗曼斯人在穆罗姆。但是，所有人都把如里克当作自己的统治者。

毫无疑问，基辅的尼斯特的编年史最近有充分的理由受到争议。我们没有义务对这场争论的正反两方进行评价。但是，大约可以肯定的是承认这一点：如里克的加尔达里克（*Gardarrike*）（即要塞王国）

第九章　从乔顿海马和斯瓦尔巴德到巴格达和广东　　423

图版44　斯科林斯人的独木舟。在美洲的北欧海盗认为大海里有某种磨盘在转动。他们从来没有看到过用船桨驱动的船。

图版45　斯瓦尔巴德群岛（Svalbard／冷岸群岛）。处于浓浓的迷雾中，被高山阻隔，被冰雪包围，斯瓦尔巴德，北欧海盗的"严寒海岸"，就是现在的斯匹兹卑尔根，从茫茫的大海中浮现出来。

图版46　北美洲的北欧海盗的武器。这柄石斧来自比尔德莫尔的坟墓,中间的火钢钩(fire-steel)和右面的戟是在挪威湖发现的,那里离肯辛顿不远。

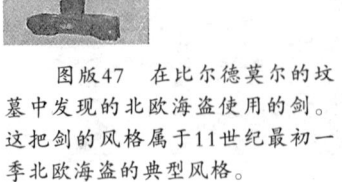

图版47　在比尔德莫尔的坟墓中发现的北欧海盗使用的剑。这把剑的风格属于11世纪最初一季北欧海盗的典型风格。

图版48　肯辛顿的如尼文石板

就是俄罗斯国家的核心,这个王国的主要目的无疑就是要保卫瓦朗吉亚的一些贸易中心,并为进一步的入侵提供跳板。要建立这样的国家,就必然要占领第聂伯河和伏尔加河源头附近的地区,这样就能获得一条穿越俄罗斯森林地区的水路交通路线。正是从这里,瓦朗吉亚人开始扩展他们对俄罗斯的影响。如里克的第一个根据地在拉多加湖的奥岱格俞伯格(Aldaigyuborg),它开通了穿越奥涅加湖和别洛湖通往伏尔加河的道路,他的第二个政府所在地诺夫格罗德大约建于860年,在那里,沃尔霍夫河注入了伊尔门湖,提供了通向伏尔加河和第聂伯河的通路。

罗斯这个名称在语文学上的解释就是:罗斯以前可以追溯到斯拉夫的如斯伊(rusyi),白肤金发碧眼的人,但是,现在一般都认为这是来自名为若茨(Ruotsi)的芬兰人,这就是说他们是波罗的海北岸的"罗斯拉根"(Roslagen)地方的男人。这个解释对下述理论提供了支持:瓦朗吉亚人在俄罗斯的定居是从芬兰湾开始的。基辅的尼司特记录的瓦朗吉亚人的领袖的名字就毫无疑问地来源于挪威。如里克就是斯堪的纳维亚的赫如里克(Hrorik)。希努斯与西格努特相符,特鲁夫尔与北欧人的特欧尔瓦德(Thorvard)相符。虽然北欧海盗到俄罗斯的探险队的领导权似乎是掌握在瑞典的瓦朗吉亚人手中,但是,毫无疑问,挪威人、丹麦人和芬兰人也会参与其中。"瓦朗吉亚人"是斯拉夫人对所有这些团队没有区别的称呼。

自从历史的黎明开始,诺夫格罗德就是重要的贸易中心,就在如里克到那里去的时候,另外两批不属于如里克家族的瓦朗吉亚人也出发前往斯拉夫的土地,他们是哈斯库尔德和戴里。几个世纪前,位于阳光普照的南方的罗马也是召唤北欧海盗的目标,现在这个目标就是拜占庭，瓦朗吉亚人把它称作米拉加德（伟大的庭院），或恰加德（Tzargard）。但是，哈斯库尔德和戴里和在他们身后的任何北欧海盗一样都没有成功地征服拜占庭。沿第聂伯河顺流而下，他们首先来到基辅，这条路线是早在如里克之前由北方人开辟的远到黑海的道路。这座城市是波兰尼亚人的首都，他们对这里感到非常满意，就决定留下来。他们对波兰尼亚人的统治延续了20年，很快就被推翻了。后来他们受到如里克的儿子和继承人赫勒吉的攻击，他在882年打败了他们，并将他们杀掉。从此以后，基辅就成了卢索—瓦朗吉亚王国的首都。有记载称，直到11世纪，北欧海盗政府所在地的大多数居民还是斯堪的纳维亚人。

尽管有了这个定居地，拜占庭依然充满诱惑。在907年，赫勒吉抵达了金角湾（Golden Horn），据说带去了2 000艘舰船。由于花费了巨额赎金，这座城市才免于落入瓦朗吉亚人的手中。941年，另一位北方人，赫勒吉的儿子英格瓦（Ingvar）前来敲打米拉加德的城门。这一次，"希腊之火"拯救了这座受到威胁的大都市，希腊之火给北方人造成了重大伤亡。但是，几年后，英格瓦又带着武器回来了，他的斯拉夫名字叫做伊格尔。拜占庭再次付出了赎金。这使得它获得了一代人的平安。从这时起，俄罗斯就多次试图将君士坦丁堡收到自己的翼下。

北欧海盗为了更接近拜占庭，他们把自己的首都从诺夫格罗德迁移到了基辅，这样做，他们考虑得很不周到。这样一来，他们就延长了与自己故土之间的交通线，以至于它们之间的联系致命地松懈了。斯拉夫人的环境影响是如此强大，以至瓦朗吉亚人很快就完全被属国的民众淹没了。这些冰岛人依然把俄罗斯称作"大瑞典"，而拜占庭皇帝西奥菲洛斯派遣觐见德国皇帝虔诚者路易（Louis the Pious）的特

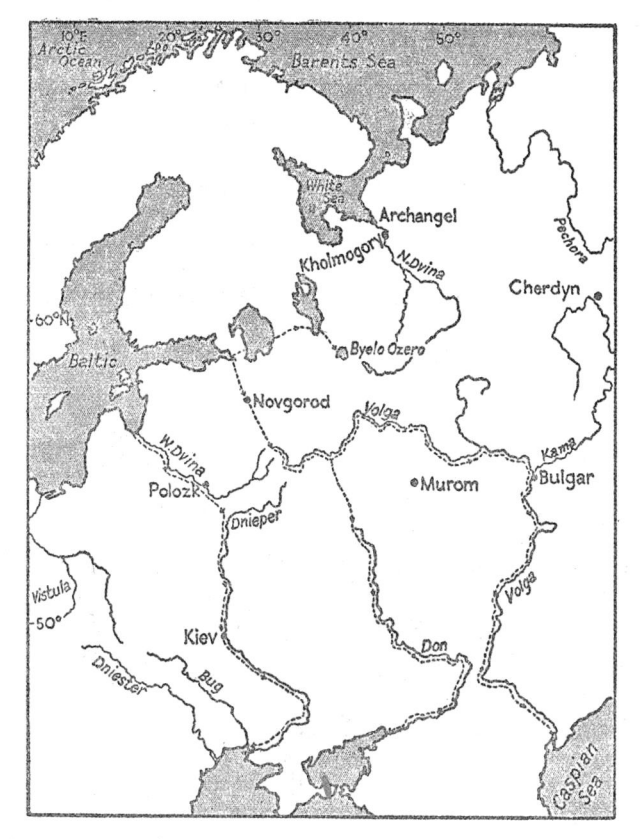

第九章　从乔顿海马和斯瓦尔巴德到巴格达和广东　　427

地图28　北欧海盗进入俄罗斯的路线。图中地名（顺时针）：伯朝拉河　霍尔姆加德（Holmgard，即诺夫哥罗德）　卡玛　伏尔加河　戈罗斯　顿河　奥尔比亚　第聂伯河　西德维纳河

使在839年抵达了巴拉丁❶的因格尔海姆，他宣布罗斯人具有瑞典的血统。甚至直到14世纪初，诺夫格罗德仍然是一座斯堪的纳维亚人的城市。但是，稍后不久，瓦朗吉亚人这个最后的前哨基地也被斯拉夫的洪水淹没了。只有在俄罗斯通俗诗歌的英雄民谣拜里尼（*bylini*）中，还依

---

❶ Palatinate，横跨莱茵河中上游的德意志侯国。——译者

然保留着瓦朗吉亚的影响。直至今日这个民谣依然在俄罗斯北部的民众当中流行。所有这些流传下来的民谣都在提醒我们北欧海盗在俄罗斯的那些早期岁月。而其他的民谣则长久以来就被人们遗忘了。

我们知道,瓦朗吉亚人从来没有成功地征服君士坦丁堡。但是,他们却以商人和士兵的身份大量地渗入了这座城市。特别是在军事方面,他们很快就获得了相当大的影响力。因此拜占庭的皇帝们对自己同胞的忠诚总是感到不放心,他们喜欢组建自己完全是瓦朗吉亚人的卫队。卫队的大多数人都来自俄罗斯,但毫无疑问,也有很少人来自斯堪的纳维亚。第一个被任命为皇帝服务的北方人实际是个冰岛人,经历了一系列奇怪的遭遇,他在950年以前就来到了金城(Golden City)。拜占庭独裁者的瓦朗吉亚人卫队最终形成了国中之国,它有自己的法律和司法权。它的领袖当然总是瓦朗吉亚人,其中一位叫做冷酷的哈拉尔德(Harald Haardraade),后来他成了挪威的国王,后面我们还会谈到他。到了13世纪,来到拜占庭的北欧海盗已经大大减少了。于是瓦朗吉亚人卫队的位置就大量地被英国人占据了。这支卫队一直存在到1453年,那时君士坦丁堡被土耳其人占领了。

从第聂伯河和顿河出发,瓦朗吉亚人前往南方的主要通道是伏尔加河,非常奇怪的是,在挪威的文献中,从来没有提到是哪些大的活动把北欧海盗带到波斯和巴格达的。更令人惊奇的是,巴格达长期以来一直就是许多来自远东的护卫队的终点,它们来自马拉巴尔海岸、霍尔木兹和巴士拉的波斯湾。在哈里发于760年把首都迁到巴格达后,这座城市就被古老的埃及大都会开罗夺去了光辉。因此,人们可能会期望在斯堪的纳维亚的资料中找到关于巴格达的某些参考材料,它是来自东方的运输路线的交汇点。但是,那里根本没有提到巴格达。但是,其中有许多

第九章　从乔顿海马和斯瓦尔巴德到巴格达和广东

地方暗示到拜占庭以及与希腊人进行战斗的战功；但是，关于把北欧海盗带到哈里发的国土上的更广泛得多的战役，我们只能完全依赖阿拉伯人的资料了。

北欧海盗似乎很早很早就来到巴格达了。无论如何，阿拉伯地理学家伊本·科德布（Ibn Kordadbeh）在他论述哈里发王国的道路的伟大著作中，就谈到了北欧海盗商人已经来到巴格达。然而这些北欧海盗商人只是北方人的前卫，这些北方人在870年到880年之间的10年以毁灭性的力量侵入了波斯的北部。但是，直到10世纪，也就是从909年到912年和913年到914年，才发生了最残酷的大屠杀。关于909年到912年之间的几次战役，阿布尔·哈桑·马苏迪的编年史：*Murudsh al Dhabab*，做了全面的记述。其主要论述如下：

北欧海盗的船只一来到亚速海入海口的要塞，他们就派出了晋见哈扎尔（Khazars）国王的使者，请求他允许他们通过他的国家，在顿河上航行，然后进入哈扎尔海（里海）……他们向他许诺：将把一半的战利品赠送给他。他答应了他们。于是他们就进入了海口，进入了顿河，然后进入哈扎尔河（伏尔加河），通过伊提勒城（Itil），这座城市是靠近阿斯特拉罕的历史古城。通过这条河流的河口进入了哈扎尔海。

罗斯人在这个海里待了几个月。沿岸的居民不可能把他们赶走……当北欧海盗获得了充足的战利品和战俘时，他们返航回到哈扎尔河，派遣使者按照他们原来接受的条件带着黄金和战利品赠给皇帝。哈扎尔国王在这个海上没有船只，因为哈扎尔人没有水手。如果他们是水手的话，他们将会对伊斯兰教徒构成非常严重的威胁……

没有什么值得怀疑的：北欧海盗从北方的家乡出发，航行几千英里就是为了军事和商业目的，而不是为了地理原因。掠夺或获利是他们的主要动机。但是，好奇也是另一种刺激。希望发现在遥远的茫茫雾霭之外伸展着什么样的大地,是斯堪的纳维亚人的典型性格。这一愿望驱使着北欧海盗走向四面八方的天涯海角:从北纬75°(格陵兰斯密斯湾不适合人类居住的海岸)到北纬34°附近(与巴格达纬度相同),从西经75°(大约与北美洲东海岸的科德角经度相同)到东经70°(新地岛和北乌拉尔所处的经度)。

到遥远的东北地区进行探险和贸易的航海,可能要比到其他方向的航海更早,因为北方人只能沿着斯堪的纳维亚海岸找到一个陌生的国家。而且这个陌生的国家被证明是盛产皮毛、海象牙和许多其他具有商业价值的货物的。可以肯定:第一批北方人最晚也是在8世纪进入北冰洋沿岸的。但是,关于这些航海最早的文献证明是来自9世纪的。我们将要讨论的这次航海大约是在870年进行的。在那时,这没有什么特别的地方。至少斯堪的纳维亚的萨迦传奇表明:在9世纪到布加马兰德(Bjarmland)的航行相当普遍。这次特殊的航行,其重要性就在于它被详细地记载下来了。

这次航行是由挪威人欧斯里(Othere)进行的。他是挪威北部的哈罗加兰德(Halogaland)一位富有的农民,据说他有600头驯鹿,尽管他很富有,他还是习惯于以捕猎海象和在海上进行贸易来增加收入。这个欧斯里在那时似乎是一个著名的水手,除此之外,我们对他所知甚少。不管怎样,英国的艾尔弗雷德大帝(King Alfred the Great)在皇宫召见他,请他作为英国航海家和水手们的指导者来协助英国舰队。关于欧斯里到白海的航行,艾尔弗雷德大帝亲自做了记载,下面就是这份文献:

于是欧斯里告诉艾尔弗雷德大帝:在所有北方人当中,他住的地方是北方最远的。他沿海岸向北方驶去。那里的陆地向北延伸了很远,但是,除了几处芬兰人居住的地方,那里绝对是荒无人烟的,芬兰人冬季打猎,

第九章 从乔顿海马和斯瓦尔巴德到巴格达和广东

夏季打渔。据他说，他打算知道大地延伸到多远的地方，在荒凉的大地北面还有什么。因此他沿着海岸向北航行。有三天的时间，大海在他的左侧，右侧是荒凉的大地。于是他来到捕鲸鱼者常常到达的很远的北方。但是，他又向北继续航行了三天。这时大地退到了东方，或者说，大海侵入了大地，他说不清楚。无论如何，他要在那里等待从西面或西—北—西吹来的风。于是他在四天里靠近海岸向东偏南航行到力所能及的地方。在那里，他必须等待北风的来临，因为大地已经转向了南方。于是他靠近大地向南航行了五天。这里有一条大河注入大海。他们驶入了河口，但不敢航行得太远，害怕遇到敌人。因为河岸上人烟稠密，已经被人开垦。这是他自从离开自己的家园后，第一次看到这样的情况。因为在整个航行中，在大地上居住的只有渔民、猎人和捕鸟人，而且这些人都是芬兰人。但是，在他左侧，除了茫茫的大海，他从来没有看到任何东西。

这里伸展着布加米尔人的大地，一片精耕细作的土地，但是，不允许他登陆。另一方面，特尔芬人（Terfinns）居住的国家却是荒凉、没有开垦的，那里只有猎人、捕鱼者和捕鸟人居住。布加米人告诉欧斯里许多有关他们国家和周围其他国家的事。但是，他不知道这有多少是真的。他似乎觉得：芬兰人和布加米人大概说的是同一种语言。他之所以航行到这里，是因为他希望对大地和鲸鱼与海象的数量进行勘察。因为海象有非常好的象牙。

欧斯里的报告非常精确，可能是可靠的，但是，按他们的情况来看，关于航行天数的叙述非常值得怀疑。他确切地到了什么地方，尤其是，在白海海岸，他驶入了哪条河流，在艾尔弗雷德大帝记载的记述中都说得不那么明确。那条河可能是德维纳河，它的入海口自历史的黎明期开始就是非常重要的贸易地点。克尔墨果里（Cholmogory）和后来的阿尔汉格尔在这里兴起，都不是偶然的，也不是由于某个专制君主的命

插图55　大漩涡。欧劳斯·马格努斯创作的古老木刻。❶

令兴起的，而是实际商业需要的结果。在那时代，那里是唯一有耕种过的土地的地方。因为摩尔曼海岸过去肯定和现在一样是荒无人烟的。

　　大约在那时，波罗的海的北部和东部也进入了这位航海家的眼界。对这些地区尚不十分了解，甚至欧斯里也只能告诉艾尔弗雷德大帝很少的信息。因此，更有兴趣的是，英国国王已经认识了船长沃尔夫斯坦，他曾经远航到波罗的海的维斯图拉舄湖（Frisches Haff）。沃尔夫斯坦是谁？他是撒克逊人还是像欧斯里那样是个古挪威人，都不得而知。同样不能肯定的还有，他是在什么时候进行波罗的海的航行的。很可能大约是在欧斯里到白海航行的时候，即870年到880年之间。

　　但是，北欧海盗真正的活动领域是西北。这是他们主要的活动方

---

❶ Olaus Magnus，1490～1557年，瑞典学者和高级教士。——译者

向。那里有红头艾里克的格陵兰，美好的文兰（Vinland the Good）。哈拉尔德（Harald Haardraade），东罗马帝国（拜占庭）皇帝的瓦朗吉亚人卫队的著名首领，他担负了到南部欧洲探险的主要责任，最后也被吸引到了北方。在他的那个时代，文兰在整个斯堪的纳维亚都是一个明确定义的地理学概念，如果哈拉尔德忽视了它的召唤，那将会令人吃惊的。到那里去的航行看起来并不特别困难。仅仅有一周的时间就可以抵达冰岛，从这里用四天时间到达格陵兰海岸。还需要另外四天时间沿海岸到达格陵兰北欧海盗的定居地，然后距离文兰就只有一箭之遥了：整个航行不需要多少周的时间。可能是在1065年，这是这位鲁莽的雇佣兵生平中唯一相当平静的一年，哈拉尔德向着文兰起航了。

在关于哈拉尔德的探险的一些陈述中，有一种很强的推测成分，因为唯一的记载是不来梅的亚当所做的简要记述和在挪威的灵厄里克（Ringerike）的洪恩发现的一块如尼文石刻。但是，对这一课题曾进行过仔细研究的古斯塔夫·尼克尔认为有理由得出推论："哈拉尔德国王大胆和扩大了的航海就是要努力把文兰纳入他的版图，当时对这里进行了很多讨论。这个计划将无愧于它的设计者。"无论这个结论是否正确，哈拉尔德肯定是被包括在到北极的勇猛的探险者队伍当中了，在整个历史中，他们都遵从着北方的诱惑。这个队伍总共有多少人，将永远无法得知；一份现存的关于他们的记录，也只是其整体的一个片段。

关于北欧海盗到北方（即他们自己的特定领域）的航行，我们在这方面的知识，明显是不完整的。典型的是下面关于一次从格陵兰到北冰洋探险的奇怪记录，它出现在《挪威历史文献》（*Monumenta Historica Norwegiæ*）中，这是中世纪有关挪威的历史资料：

336

Uon mancherlay gestaltnus der menschen schreibē Plinius: Augustinus vnd ysidorus die hernach ge melt ding. In dem land india sind menschē myt hunds köpffen vnd reden pellede. nerē sich mit fogelgesang vñ claiden sich mit thierhewtten. Item ettlich haben allain ein aug an der stirn ob der nasen vnnd essen allain thier fleisch. Item in dem land libia werden ettlich on hawbt gepoin vnd haben mund vnd augen. Ettlich sind bede lay geschlechts. die recht prust ist in manlich vnd die lingk weibisch vnd vermischen sich vndereinand vñ geperū. Item gegen dem paradis bey dem fluß Ganges sind et lich menschen die essen nichts. dann sie haben so klainen mund das sie das getranck mit einē halm einflössen vnd leben vom gesmack der öpffel vnd plumen. vnd sterben pald von bösem gesmack. Daselbst sind auch lewt an nasen eins ebnen angesichts. Ettlich haben vnden so groß lebsstzen das sie das gantz angesicht damit bedeckē Item ettlich an zungen. die dewten einander ir maynūg mit winckē als die closterlewt. Item in dem land Sici lia haben ettlich so grosse orn die sie den gantzen leib da mit bedecken. Item in dem land ethiopia wandern ettlich nidergebogen als das vih. vnd ettlich lebē vierhundert iar. Item ettlich haben hörner. lang nasen vnd gayßfüß das findest du in sand Anthonius gantzer leged. Itez in ethiopia gein dem nidergang sind lewt mit einem pray ten füss. vnd so schnell das sie die wilden thier erfolgen. Item in dem land Scithia haben sie menschē gestalt vñ pferds füess. Item alda sind auch lewt fünff elnpogen lang vnd werden nicht kranck bis zum tod. Item in dē geschicht des grossen Alexanders liset man das in india menschen seyen mit sechs henden. Item ettlich nacket vñ rawh in den füssen wonend. ettlich die an henden vnd füssen sechs finger haben. ettlich in den wassern wonē de halb menschen vnd halbs pferds gestalt habende. Itez weiber mit perten bis auff die prust auff dē hawbt eben vnd an har. Item in ethiopia gegen dem vndergang ha ben ettlich vier awgē. So sind in Ætipia schön lewt mit kranchßhelsen vnnd snebeln. Doch ist als Augustinus schreibt nit zuglawben das ettlich menschen an dem ort der erden gegen vns da die sunn auff geet. so sie wider ni der geet die versen gegent vnsern füssen kerē. Doch ist ein grosser streyt in der schrifft wider den wone des gemay nen volcks. das geringsumb allenthalben menschē auff der erden seyen. vnd die füß gegen einander kerende dar auff steen. vnnd doch alle menschen ir schayttel gem hi mel keren. in verwunderūg warumb doch wir oder die die ir fersen gegen vnns wennden nit fallen. Aber das kōmbt auß der natur. dann gleicherweis als dez stul des fewrs nynndert ist denn in den fewren. dez wasser nynndert denn in den wassern. vnnd des gaysts nynndert denn in dem gayst. also auch der stul der erden nynndert anderß wo denn in ir selbs.

插图56　大汗国土上的百姓。选自舍德尔的《1493年世界编年史》这些图画表现了16世纪在欧洲普遍流行的关于印度和大汗其他国家的概念。文字内容如下：

关于各种类型的人，普林尼、奥古斯都和伊西多利斯（Isidoris）写下了下面这些文字。在印度的大地上，那里的人长着狗头，说话就是嚎叫。他们靠捕鸟为食，以兽皮为衣。其他人则只有一只眼睛，长在鼻子上面的前额上，他们只吃兽肉。在利比亚，许多人生下来没有头，但是有一张嘴和两只眼睛。许多人是男女两性。右面的乳房是男人的，他们还互相混合，可以生儿育女。靠近恒河上的天堂，那里生活的人不吃任何东西。因为他们的嘴非常小，只能通过草棍吸吮液体的营养，他们靠花和苹果的汁液为生，腐坏的味道几乎会让他们死去。同样，还有人没有鼻子，长着扁平的脸。许多人的下唇非常大，用下唇就能把整个脸遮盖起来。许多人没有舌头，他们通过手势互相交谈，就像修道院里的人一样。在西西里的大地上，许多人长着非常大的耳朵，用大耳朵就可以把全身包裹起来。在埃塞俄比亚，许多人像牛一样弯着身子走路，许多人可以活400年。许多人有犄角，长鼻子和山羊的脚，在圣安东尼的整个传奇里都可以看到。在埃塞俄比亚向西的地方，那里的人长着一只宽大的脚，跑起来就像野兽一样飞快。在塞西亚❶的大地上，他们具有人的形状，但是长着马的脚。那里还有的人很高大，有5厄尔，直到去世，他们从来不生病。在亚历山大的历史中，我们读到：印度有人长六只手。许多人赤裸和简陋地住在河里，许多手上和脚上长着六个指头或趾头，许多人住在水里，一半是人形，一半是马。同上，女人的胡须很长，一直长到乳房，但是，头上却没有头发。埃塞俄比亚向西的地方，许多人有四只眼睛。因此，在艾里皮亚（Eripia），有许多漂亮的人，长着仙鹤的脖子和鸟嘴。但是，正如奥古斯都所写的，男人不相信那些人住在与我们相反的地方，太阳是从那里升起的，那些住在日落的地方的人，他们的脚是朝着我们的。但是，在文献里存在激烈的争论，反驳平常人的愚蠢，他们提出怀疑：为什么无论是我们还是那些朝我们长脚的人（在地球上恰恰相反的位置生活）不会从大地上掉下来。因为在大地上生活的人们互相之间的脚都是相对的，他们的头都是向着天空生长的。如果他们掉下来，那就违反大自然了。这正如火的席位只能在火里，不能在别的地方，水的席位只能在水里，不能在别的地方，精神的席位只能在精神里，不能在别的地方，因此，同样，大地的席位只能在它的自身，这意思大概就是：大地的事物不能从大地上掉下来，但只能朝着它们所属的大地。

---

❶ Scythia，亚洲与欧洲东南部的古老地区。——译者

338 　　有几个海船船长希望从冰岛返回挪威。但是,他们被相反的旋风吹向了北方,最后在布加米尔人和格陵兰人之间的地区登陆了。他们声称他们看到了极其高大的男人,发现这个国家的童女通过喝水就能怀孕。冰雪覆盖的碎礁把格陵兰人与他们隔开了。

　　显然,初看起来,某些船长是在大量蜂蜜酒的影响下,出海航行驶入了那牵强附会的水手故事中的。另一方面,关于童女通过喝水就能怀孕的故事,是中世纪所有北极探险者永恒的"保留剧目"。因此,那位在著名的《历史文献》中有幸被提到的船长就只能重复其他船上的同行在他面前反复讲过的、而那些旱鸭子肯定会想听的故事。

　　这个神奇的关于童女的故事也传到了不来梅的亚当的耳朵里。他把她们的领域挪到了波的尼亚湾,而且添加到他的叙述里:

　　当他们生育的时候,男人的孩子是狗头人,女人的孩子则是最漂亮的女人。女人的孩子只和同性生活在一起,蔑视与男子交往,如果有什么男子过来,她们一定严辞拒绝。狗头人就是那些脑袋长在胸腔上的生物。

　　现在的亚马逊神话就是地球上许多种族的普遍遭遇。它们曾被解释为对早期主要是母系社会秩序的回忆。关于狗头男人的传奇也并不稀奇。它们曾被解释为现代深层心理学伟大的"集体无意识"和它关于时间的朦胧记忆,千万年前,那时现代智人的先祖确实长着狗一样的口鼻,或者是他们遇到了下巴特别突出、面相奇怪的土著人。

　　然而,关于《历史文献》和不来梅的亚当提到的女人国的传奇所做的解释,相对而言是简单了。语文学家指出,芬兰的芬兰—乌戈尔(Finno-Ugric)语名称kainulaiset,是被瑞典人讹用成Quaenland的,因为,从冰岛到阿勒曼尼各省,quaen, cwino 或 queen, 都是表示"女人"的意思,于是很自然:Quaenland就会被翻译成"女人国",而每个

第九章　从乔顿海马和斯瓦尔巴德到巴格达和广东

称职的北极水手都不能不谈这个女人国。

当然，《挪威历史文献》有学问的编辑们不是为了讨论童女喝水就能怀孕而收入这一词条的，而是因为稍后不久出现在《美人萨姆森（Samson）的英雄传奇》（1350年）中的一个报道。这个传奇说：俄罗斯东北部有一个约顿海姆（Jotunheimar）国，巨人和地灵的国家。"从这里朝着格陵兰荒地的方向，还有一片叫做斯瓦尔巴德的大地。"除此之外，《冰岛编年史》还有一个关于1194年的词条，它写道："发现了斯瓦尔巴德"。

初看起来，这一系列报道是令人困惑的。"斯瓦尔巴德"意味着"寒冷的海岸"，肯定表示这是北欧海盗所到达的最北地区。然而，没有清楚地显示那些对寒冷并不感到新奇的北方人所说的"寒冷的海岸"是哪个国家。因此，上述叙述被人们各种各样地认为是东北格陵兰、扬马延岛、斯匹次卑尔根岛、北西伯利亚和法兰兹·约瑟夫大地。对其中的扬马延岛来说，海岸这个词是不适合的，同时，北西伯利亚和法兰兹·约瑟夫大地也可以立刻删除，因为，很显然，根据南森到北极的探险以及他关于漂流和冰雪条件的报道，可以很清楚地知道，顺风航行是绝不可能到达后面这两个地方的。

这样就只留下了斯匹次卑尔根群岛，这一假设明显得到了南森的支持。他指出：一艘船从格陵兰沿格陵兰东部冰雪边沿向北航行，肯定会自动地来到斯匹次卑尔根群岛。这一解释从下列事实获得了可能性：即使今天，斯匹次卑尔根群岛也仍然富有珍贵的毛皮动物。因为在夏季航行到斯匹次卑尔根并不比到北冰洋其他任何地方更困难，很自然，古挪威人会航行到这里，《地名录》后来指出，其航程是四天时间。因此，有充分理由认为：斯瓦尔巴德的名字就是指现代的斯匹次卑尔根群岛。

如果这一假设是正确的，那么，乔顿海马（Jotunheimar）大地肯定就是新地岛。我们已经知道，斯堪的纳维亚人到过伯朝拉河地区。一旦到达这么远的地方，到新地岛群岛就只有一步之遥了，它就在他们走向东方的路上。

　　斯瓦尔巴德似乎是北欧海盗在北极最后的发现。毫无疑问，他们主要的兴趣一方面是西南方的格陵兰，另一方面是白海与伯朝拉河周围富饶的土地，而不是北方和东北方的冰雪覆盖的荒原。这是完全可以理解的。那些日常生活艰苦的人，很少有时间或兴趣仅仅为了发现的乐趣到世界上去旅行。他需要有某个目标，使他的旅行有价值。这个目标就出现在格陵兰之外的路上。它远远地躺在冰天雪地之外，但是，距离一个勇敢的人又并不太遥远。据我们所知，它就叫作文兰，它以野生的葡萄、以天然播种的玉米和木材向人们发出召唤。

　　我们走过了什么样的路，航行过什么样的海洋呀！世界是多么宽广呀，从大海带有咸味的波浪中，涌现出多少新的海岸！到中世纪末，世界上是否还有白人不曾穿越的国家？人们可能对此会表示怀疑。因为后面一章，将说明即使是被浩瀚的沙漠覆盖的亚洲，早在葡萄牙人出发去发现印度之前，也被大量的道路穿越了，也被许多人的双脚踩踏过了。

第十章

十字军东征，祭司王约翰与大汗

西安府的铭文刻石（即大秦景教流行中国碑）/特里高特老爹不是造假者/马利亚是圣母吗？/丝绸之路的历史/拉克坦提乌斯教授论地理学中的不道德/早期游记中的偏见/谁是东方三大博士？/圣多马的基督教/拿破仑为什么没有修建苏伊士运河？/查士丁尼大帝使用经济间谍，波斯人却抢在了前面/中世纪前往圣地的贝德克尔旅行指南/谁是祭司王约翰（Prester John）？/祭司王约翰的公开信是伪造的还是幻想？塞迪库斯（sidicus）的故事/大汗派来的使馆/教皇使者在哈喇和林/特兰斯尔瓦尼亚（罗马尼亚北部地区）专家在阿尔泰山/"Visum fuit mihi, quod evasissem de manibus dæmonum"（我感觉好像逃出魔鬼的手掌）/两个和尚逃走/中国皇帝说："如果你会魔法，我就归依基督教"/马可波罗在"世界屋脊"受冻/中国纸币/赤盘国的魔岛/约翰·孟高维诺成为中国大主教/来自胡椒故乡的报告/汉斯·施尔特贝尔格在异教徒中/方济各修士在阿斯特拉罕

一

我们又再次以一块古代石头上的题刻作为开始的话题了。这一次，这石头不是在美洲发现的，而是在中国发现的，而石头上的题刻也不是如尼文，而是古代中国字。另外，发现的地

点也不是未开发的荒野,而是陕西省首府,著名的西安市。很久以来西安就是中国东部和南部之间重要商道的汇合点,从远古时代开始,它就是通往西方蛮夷国家的丝绸之路的起点。

就在宏伟、高达40英尺(约12米)的城墙外面,1625年早春的一天,十几个苦力正在工作,为了建造新房在挖地下室。苦力们花了很长时间才理解:为什么造一间站立在地上的房屋,却要从地下开始。陕西的许多房屋都没有地下室。但是,受到皇帝恩宠保护的西方外国鬼子要修地下室。他们肯定像老鼠一样住在地下!

他们又十分卖力地干起来。在傍晚他们将会拿到现金,闪闪发光的钱币。他们会反复摩挲这些钱币,再用线绳穿过钱币中间的方孔,把它们挂到脖子上。他们会用这些钱去买从遥远的四川运来的茶,最后他们会再到梦之轩去品尝那让人销魂的香气。

就在这时,一把铁锹在深深的土地里,铲到了一块石头。一块巨大的石块,8英尺3英寸高,3英尺4英寸宽,10英寸厚。❶ 这些苦力虽然既不能读,也不能写,但他们知道文字与信笔涂鸦是不一样的:他们立刻认识到他们发现了重要的东西。其中一个苦力立即跑向巡抚大人曾经为白人外国鬼子安排住宿的那个房子。幸运的是金尼阁神父❷ 正在那里,他在亚洲生活了半生。他立刻跑来了,他惊奇地看到这块石块刻有中国的古文和叙利亚文字。上面记载的是:一个基督教主教亚当,曾在西安府居住过,在刻这块碑的时候,他是"秦尼斯坦教父,区主教兼长老"(Priest and Master of the Law in Tsinistan)。这块碑还提到太宗皇帝的名

---

❶ 约高2.5米,宽1米,厚0.25米。——译者
❷ Nicolas Trigault,1577~1629年。——译者

字。最为奇怪的是，它说到基督教很早很早以前就来到了中国，"在皇帝的内宫研讨"它的教义，唐太宗认识到基督教的正义和真理，就下令可以在中国布道和传教。

显而易见，这个唐太宗皇帝是真实存在过的。他在626年到649年在位，是唐朝第二位皇帝，具有超凡的个性。但是，首先，这一切都是金尼阁神父能够知道的。他所不知道的是基督教传教士竟然在这样早的时期就来了到中国。罗马天主教会只是得到允许派几个传教士到中国。所有这些勇敢的人，主要是耶稣会士，在周围除了最黑暗的异端宗教，没有发现任何东西。这里没有一点点早期基督教的痕迹。而这块石碑却肯定了：在唐太宗时代，中国就有基督教徒？基督教曾经传教了？中国还有一位主教？每个城镇都有基督教堂，而在西安府，由皇帝敕令在638年建造了一座华丽的大教堂？

插图57　西安带有聂斯托利派十字架的石碑。公元781年，为纪念"大秦景教"（基督教）在中国流行而竖立的石碑。

金尼阁神父也是耶稣会士。不幸的是，可能这里还要做些补充。因为在那时，耶稣会士在西方正由于宗教改革运动与反宗教改革运动的狂热和自由思想者的怀疑论而受到动摇，耶稣会的威望并不高。因此，金尼阁神父并不令人信任。人们认为他是个狡猾的造伪者，对他而言，为了目的可以不择手段，大约过了250年，这个判断才被推翻。直到上世纪（即19世纪）中叶，才最后证明了：在7世纪和8世纪之间，基督教在中国确实得到了广泛的传播。

当然，那不是罗马天主教，而是聂斯托利派基督教。这使我们回到更远的200年前，即公元5世纪初，回到了聂斯托利❶，他是君士坦丁堡的大主教，极其聪明、极为虔诚，他对基督的本性冥思苦想。他认为救世主个人身上具有神和人的特性：基督是本体相似于上帝的（homoiousios），但不是与上帝本体同一的（homousios）。基督是一个人，在他存在的本质方面也是这样；因此，基督的母亲马利亚不能称为圣母，只能称为基督的生母。

对不关心这些神学细微差别的现代人来说，这似乎也许十分不重要。但在1 500年前的时候，这些问题就具有极其重要的意义。如果基督被确认为是上帝的儿子，他被钉在十字架上，担当了世界的罪愆，在这些罪愆的重压下死去了，然后又复活升天，那么，对受苦受难的人类来说，得救的前景就非常光明。无论是托尔（北欧神话中的雷神）还是宙斯，无论是朱庇特还是阿蒙❷，无论是犹太人的神耶和华，还是凯尔特人至高无上的神伯尔丰（Borvon），都没有创造出拯救的宗教。那里只有惩罚和复仇：以牙还牙、以眼还眼，直到第三代和第四代。但是，在整个西方世界，在许多年轻人当中，在最真实的意义上而言的信徒当中，在精神生活上迫切需要仁慈和救赎。在这里，基督就必须理解为上帝本人而不是别人，在这里，马利亚似乎显然就是圣母。

在亚洲，情况就截然不同。在那里，由于上帝的仁慈使人类得到救赎的伟大概念并不新鲜。相反，在近东的居民当中，像雨点般撒落了许许多多的拯救教义，以至他们对此产生了怀疑和冷漠，他们更有意接受

---

❶ Nestorius，大约活跃于428~451年。——译者
❷ 古代埃及的太阳神。——译者

那种强调救赎神的人性的宗教。431年，当聂斯托利在狄奥多西二世在以弗所召开的公会议上受到谴责时，聂斯托利派却像野火一样在亚洲得到传播，在几个世纪中，它从头到尾地征服了这个广阔的大陆，赢得了无数的信众。整个小亚细亚、波斯和印度都处于聂斯托利派的影响之下，在这样早的时期，中国也差一点接受了聂斯托利的基督教。

我们必须简要地勾勒一下引向这一值得记忆的历史瞬间的一些事件。我们无法确定连接欧洲与中国的商道的确切年代。它们也许非常非常古老。但是，欧洲是在公元前2世纪初才意识到它们的存在，那时中国成功地突破了好战的游牧民族的包围，他们阻挡了中国通往西方的道路。显然与西方的第一次接触实际上是出自中国人的主动。在汉武帝（公元前186～公元前140年）❶的治下，中国经历了最繁荣和进步的时期。工业生产的高度压力在这一时期似乎增加了，强烈的民族意识驱动了这个庞大国家的统治阶级，这就说明了与西方的商业关系为什么突然出现了加速发展，而这种关系是从公元前100年开始尝试性地发展起来的。根据德国研究丝绸之路的权威阿尔贝特·赫尔曼❷的观点，在这一时期，每年有多达12支商队离开中国前往西方，每支商队都有100人和相应数量的驮畜。

出了帕米尔山口，大多数货物都从中国商队领袖那里取下来，然后被伊朗各部落运到更远的地方。这个重要商业中心显然就是伊朗东部很久就享有盛名的巴克特里亚❸。在中国和罗马这两个东西方大帝国遥

---

❶ 汉武帝刘彻（公元前157～公元前87年），公元前140～公元前87年，在位54年，原书此处显然有误。——译者
❷ 阿尔贝特·赫尔曼（Albert Herrmann，1866～1945年），德国考古学家和地理学家，有著作《中国和叙利亚之间的古代丝绸之路》。——译者
❸ Bactria，亚洲西部阿姆河与兴都库什山之间一古国，即大夏。——译者

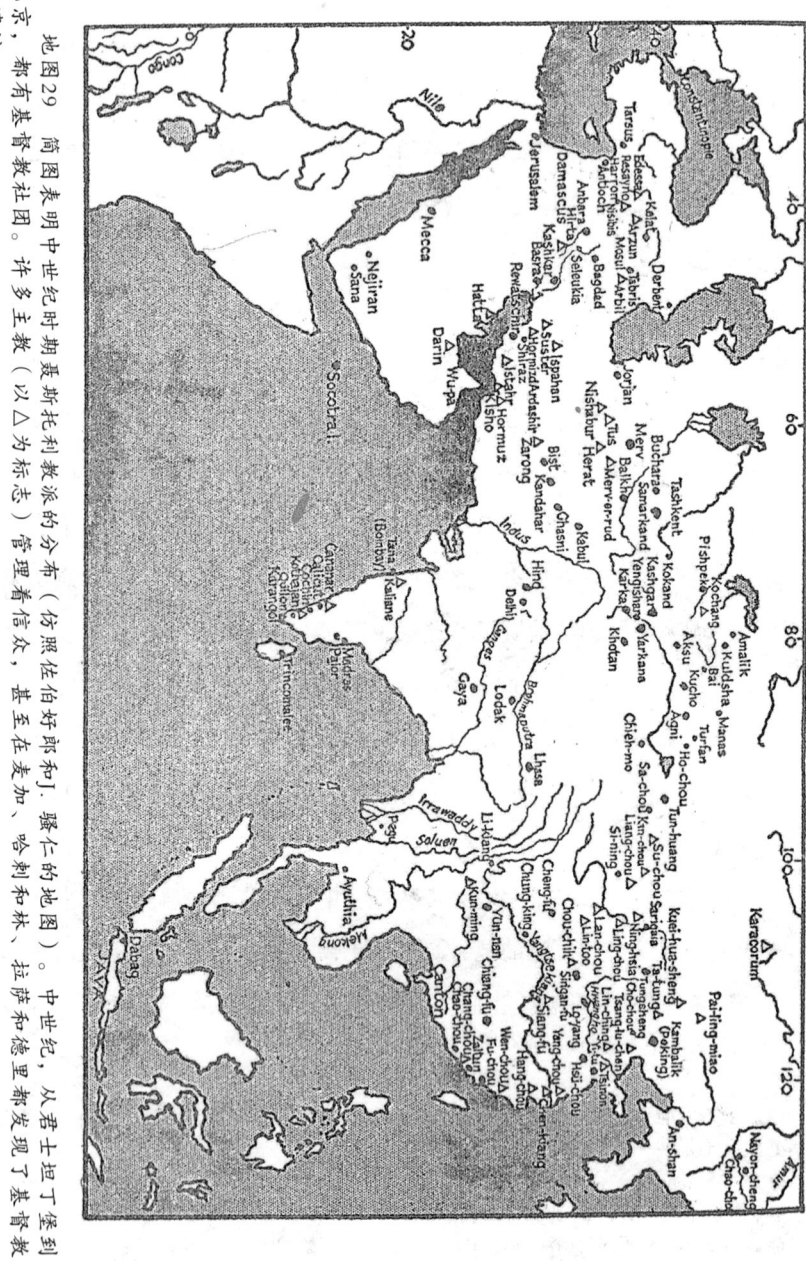

地图 29 简图表明中世纪时期聂斯托利教派的分布（仿照佐伯好郎和J. 骚仁的地图）。中世纪，从君士坦丁堡到北京，都有基督教社团。许多主教（以公为标志）管理着信众，甚至在麦加、哈刺和林、拉萨和德里都发现了基督教的遗迹。

远无际的距离之间横亘着一座活的桥梁,而桥梁的这一部分是由帕提亚人❶构筑的。叙利亚构成了最后一根桥墩;而在这一地区,这条长达6 250英里的贸易桥梁也到达了终点。在本书的前面,我们已经说过,在共和国末期和帝国初期,这条商道对罗马的巨大经济重要性。

大约在这时,罗马推翻了埃及的势力,因而控制了与中国和印度的海上交通,也就是说,在基督降生之前不久,丝绸之路上的商队交通突然中断了两代人之久。匈奴的祖先,匈奴人成了塔里木地区的主人,切断了洲际的贸易联系。这种痛苦的损失对帕提亚人和巴克特里亚人来说,要比对罗马更大,罗马还可以通过在海上向南迁回来避开受到阻碍的塔里木盆地。因此,可以设想,这一次是西方人,如巴克特里亚人和波斯人,在公元1世纪和2世纪之交,向东方推进了。他们发现塔里木盆地的障碍解除了,因为在此同时,中国恢复了势力,并驱逐了匈奴。但是,大约公元130年,中国人的霸权再次垮掉了。塔里木沙漠中的绿洲又落入了匈奴人的手中。因此与远东的海上交通就发展成了定期的机制,丝绸之路逐渐荒废了许多个世纪。中国人的船只也逐渐出现在海上。到公元400年,中国贸易开始向南扩展。利用马六甲做跳板,中国贸易跳跃到锡兰,6世纪后,巨大的平底帆船往返航行到波斯湾。

在中世纪初期,欧洲与亚洲内部的陆路贸易恢复了。我们知道,在7世纪中,穿过帕米尔和塔里木沙漠出现了繁盛的贸易。其原因非常简单。618年,中国的皇宫出现了一位精力旺盛的冒险家。他强迫在位的皇帝退位,自己登基建立了唐朝。由于他掌握了政权,中国的势力达到了顶峰:从黄河几乎到达伏尔加河,只有一个意志,那就是中国皇帝的意

---

❶ Parthians,即安息人,公元前3世纪定居在伊朗帕提亚省的西徐人部落。——译者

志，只有一个权威，那就是中国的权威。塔里木盆地和波斯帝国紧紧地握在天子的手中。

在这时，许多聂斯托利派的传教士踏上前往中国的道路。西安府的聂斯托利石碑大约刻于780年，是由景净牧师（Mar-Its-Busid）撰写的，他是从阿富汗移民到中国的基督教牧师的儿子。将近640年，来了一个叫阿罗本（Olopoen）的叙利亚传教士，说服皇后：称她为基督徒是很公平的，他还对唐太宗本人实施了巨大影响。从711年以后，拜占庭每10年都会向中国朝廷派驻大使馆，其中记载750年来了一位波斯的基督教高级传教士，直到唐太宗去世后200年，即840年，聂斯托利派取得了如此巨大的进展，有25万中国人，确切地说，就是朝廷的部长和武官组成的统治阶层，都成了基督徒。

五年后，基督教势力的全部结构就像一间用纸牌搭建的房屋倾倒了。845年，基督教，主要还有佛教，被皇帝敕令禁止，所有基督教教堂都被夷为平地，首领都被处死，那些有污点的人潜逃了，隐藏起来，其他人则对整个事件无动于衷，完全遗忘了。毁灭和遗忘的是如此彻底，以至800年后金尼阁教父还受到怀疑：他伪造了西安的石碑。这再次像一条瞎道，将人们深深地引到一个陌生的世界，然后逐渐消失于徒劳无功。但是，关于东方基督教社团的某些朦胧记忆依然活在人类心灵的无意识或半意识的层面，而从这里就诞生了神话和传奇。神秘的威胁之光从深深的地层下浮现了出来，这光后来就围绕着"祭司王约翰"这个人物闪现出来，而且包裹了蒙古大汗血腥的幽灵。

然而，尽管有数百人或数千人，在这些年里从印度次大陆（Hither Asia）长途跋涉来到中国，但他们仍然局限于避难者、传教士和皇帝、国王的使节以及一些商人、船长和商队首领。

二

由于各民族迁徙的混乱和罗马帝国的消亡，作为古代世界特征的普世意识，直接体会到的隶属于一种无所不在的文化这一事实，也被丢失了。古典时代世界范围的知识也被遗忘了，要获得这样的知识必须花费无限的劳动。另外，对知识的渴求和获得新知的喜悦，中世纪是完全不能接受的。因此，毫无疑问，在很长时间里，基督教对文化都表现了敌意，而在起初，基督教仅局限于社会底层。一般而言，信仰的祝福都是赐予那些在心灵和肉体上疲倦和屈服的人的。他们需要什么知识或新的事实？心灵的生命再也不能从心灵自身而要从教义得出律法了。正如拉克坦提乌斯，君士坦丁大帝的儿子的家庭教师，大约在公元300年所说的：地理学上的无知特别被认为是值得明确称赞的，是上帝所喜爱的。因此，很长时间以来，只有在文明边沿上的野蛮民族才会从事探险和发现活动，骑在他们的马鞍上或乘坐木板船漫游在远方。在北方，北欧海盗的船只从冰岛急速驶向格陵兰，越过戴维斯海峡在美洲登陆。在南方，阿拉伯商队深深地渗透到非洲的腹地，在东方，他们用没有尽头的长途跋涉穿越了中亚的沙漠。

与此同时，在中欧，由于古老的普救论世界的崩溃，个人的力量得到解放，他们首先转向了内部，转向上帝的王国。大约在925年，在克吕尼和洛林诞生了宗教复兴运动（revivalist movement），它产生了惊人的效果。❶它背后的驱动力很快就变成外向的了。世界各地悲惨的异教民族都

---

❶ Cluny，法国地名，10世纪末~11世纪在此出现天主教会的一次重大改革运动。克吕尼修道院，公元910年，在法国勃艮第索恩—卢瓦尔省克吕尼建立的天主修道院。他们认为：可以凭借逃离世界、禁欲修行的方式使人减灭罪恶本性，达到圣洁。克吕尼是自治修道院，不受任何政府或主教的制裁，以严峻态度坚持禁欲修道的规范。——译者

应该得到救赎，探险和发现成了宗教使命。

由克吕尼的支持者在法国南部的土地上提出十字军的概念，这不是巧合。尽管那个世界存在各种教会热情，但它依然保存着最良好的骑士元素。1095年，教皇乌尔班二世在克勒芒—费兰德会议结束后发出了他最著名的十字军远征的号召，正因为这是在非常狭小的范围内发起的，所以他的想法和方式赢得了广泛的欢呼，就令人感到非常吃惊，这是将精神的与骑士的冒险发展成充满启示录幻想的民众运动的方式。

在这些世纪里，对东方往往是非常血腥的军事远征获得了非常丰富的地理学知识。诚然，他们从来没有超出希腊人和罗马人早已知道的那些地区。那些通过阿拉伯和印度商人的口头传播的、关于世界的模糊谣传，甚至在古代，在最近结束的第一个千年开始时，就已经广为人知。但是，成千上万的人，而不是少数孤立的个人与东方发生了个人的接触，他们接触到东方的神奇，而且这种接触在几十年里，在几个世纪里不断得到更新，这就给十字军在地理学的历史上造成了无可估量影响。

在十字军的时代，大量的阿拉伯单词已经渗透到西方语言当中，这就反映出通过这次与外来文化的紧密接触，它为欧洲留下了多么深刻的影响。首先吸收的表达方式大多数是有关航海的。商船队长、军火库、缆绳和木帆海防舰（admiral, arsenal, cable and corvette）都来源于阿拉伯语。在军队和武器领域里，也出现了这样的情况：许多武器，如石弩，在十字架远征之前，欧洲就根本不知道。在此之后，它们又侵入了日常生活的领域：鲁特琴、壁龛、沙发、床垫、棉花、玻璃水瓶和琥珀也都是来源于阿拉伯语。最后，东方的食物，特别是香料大量地涌入了欧洲，也带来了它们的阿拉伯名称。香料很快就成了欧洲日常饮食不可或缺的因素。

第十章 十字军东征，祭司王约翰与大汗

向欧洲出口的最重要的商品当然是在叙利亚和巴勒斯坦本地生产的。在这些商品当中，最美妙的有水果，如葡萄干、枣、无花果、柠檬、橘子、杏、扁桃、角豆树（carob），特别是蔗糖。原产于小亚细亚的药物和香料，如香脂和橡胶树、没药和笃耨香树的树脂，都特别珍贵。从小亚细亚和阿拉伯运来了龙涎香、芦荟和乳香，它们大部分是经过巴格达和大马士革运来的。商队还运来了稻米和玉米，当然，最重要的是胡椒、丁香、豆蔻和肉豆蔻。

主要的工业品是像棉布一样的纺织品，棉花是家庭种植的植物，这些产品有丝绸织物，如缎子、平纹细布或锦缎，其生产原料或是进口的或是当地生产的。还有玻璃，尤其是镜子，它取代了欧洲用抛光的金属片或纸片做的替代品。大约在这一时间，地毯也赢得了欧洲的兴趣，它们很快就像十字军战士看到阿拉伯人使用的那样被用到了欧洲。阿拉伯人把地毯铺在帐篷内的地上，挂在帐篷的墙壁上。在欧洲的城堡内，人们也照样模仿。这里也到处都是地毯，鉴于他们往往是极为凄凉的寓所内冰冷的石头地面和墙壁，欧洲贵族肯定会对东方的这一发明表示非常感谢。

良好生活中所有这些改善的最大份额自然都是属于商人的，特别是意大利北部的热那亚、比萨和威尼斯的商人，但是奥格斯堡和纽伦堡的德国商人也不太差。意大利的船主开始垄断前往圣地的通道，他们还获得了十字军洒落在西方的相当大份额的奖赏。到叙利亚去的普通朝圣者往返船票是3英镑，在那时这可不是小数目。骑士的随从要在甲板上得到一个位子必须付3英镑10先令，而他的主人，那位骑士要为船舱里的位子付6英镑。一般来说，一艘运送十字军的船可以载乘1 000人到1 500人。这样一来，船主在船只离港之前就可以赚到3 000英镑到5 000英镑

的营业额。当然，他的风险也很大。为了降低风险防备海盗，就要努力结队出航，一般而言，整个航行中船只都要靠近海岸航行。因此这个航程就需要两个月，它们或是早在春天出发，以便乘客到耶路撒冷过复活节，或是在6月末出发，使乘客能赶在8月末或9月初抵达巴勒斯坦。但是，这些船只还有很多安然无恙回家的机会，如果他们不是直接穿过海洋，冒第一场大风暴把船队吹散的风险，驱使孤立的船只投入海盗的怀抱。

这几十年之间，意大利所有港口都毫无例外地为后来的财富设立了基金。它们已经活跃在黎凡特和东方的贸易中。但是，现在必须要做的生意超过了他们以前看到的任何东西。他们手中不仅掌握了旅客的运输，而且还要运送武器、弹药和供应物品。他们垄断了前往东方的交通，如果十字军贸易衰落了，这就为他们提供了一个可以依靠的柔软靠垫。在短时间内，西方的生活标准特别要依靠从东方的进口，以至任何减少都是不可思议的。

人们曾对这种情况进行了分析，以便揭示在欧洲历史的连续性上十字军所造成的意义深远的断裂。毫无疑问，从文艺复兴和人文主义到现代的发展就是从这里开始的。不仅与旧日族长式的风俗相反的新的外向的生活时尚兴起了，而且，人类精神和心理生命的新层面也被开发了。与其他的文化、社会和文明形式发生的碰撞，通过对比，为人们提供了认识自身潜力无与伦比的机会。当然，这首先是指与东方的存在形式进行的比较，其次，法国人、英国人、德国人和意大利人都通过与其他人进行的比较而更清晰地认识到各自的民族个性。"自我"这一概念，是由克吕尼宗教改革运动在精神领域提出来的，在这里形成了世俗的形态。

这对普通民众关于旅行和发现的态度造成了重要的反响。可以说，直到现在，位于探险背后的冲动都是无个性特征的：那是神的使命，比如派遣圣·布兰丹（St. Brandan）在所有白人之前到美洲；宗教迫害使得在祖国无法生活，比如发生在犹太人或聂斯托利派基督教徒身上的事；或者是群体的自我保护本能，出于这种本能，为了寻找木材和其他必需的原料，北欧海盗开辟了到文兰的道路。然而，现在更加个人化的动机似乎在发挥作用。当然，"无个性特征"的冲动在像马可波罗那样的人当中还是起作用的。但是，人们得到了这样的印象：个人和自身的成分在自己身上要比在祖先的身上更加活跃。毫无疑问，他已经被列为文艺复兴的人们，他们是为了冒险而冒险的，因为这代表了自我肯定和自我升华。

三

我们知道，马可波罗绝不是十字军开始后第一个到远东旅行的人。他的旅行肯定是非常广泛的。然而，比其旅行的广阔性更重要的意义就在于这一事实：他的时代认为这些旅行是重要和有趣的。这是一件完全新鲜的事情。诚然，早在这个威尼斯人之前，中世纪的编年史家就记载了各种各样勇敢的旅行。但是，这些记载只不过是些简要、枯燥的笔记。编年史家兴趣的焦点也在别处。某个人进行了探险、在探险的过程中他经历了许多新奇的、以后他做了报道的体验，这本身都不重要。一次探险的价值和重要性在于来自皇帝的命令或来自梵蒂冈旨在带回某些宗教文物的号召，也就是说，其价值和重要性在于它的动机，而不是探险中发生的事件。

大约在公元530年，科斯马斯·印第科普莱特斯（Cosmas-Indicopleustes）（希腊人，印度旅行者）写了一部《基督教世界风土记》（*Topographia Christiana*）。他是埃及商人，后来出家为僧，住在西奈的修道院里。我们从这本书中知道了许多荒诞的理论，据他说，地球是一个四面有墙，顶部有拱形天穹的长方形。但是，遗憾的是，他很少谈到他的旅行，他曾经到过阿比西尼亚、印度和锡兰。只有当他讨论锡兰和印度的圣多马基督徒时，他才谈到一些细节，关于这些基督徒的存在的模糊报告已经传到了欧洲：

甚至在远方印度（Further India，印度洋就在那里）的岛屿塔普罗巴尼（锡兰）上还有一座基督教堂。教堂有牧师和信徒，但是，我不知道教堂外是否还有基督教徒。在叫作马勒（马拉巴尔）的国家，那里生长胡椒，也有一座教堂，在另一个叫卡里纳（卡勒亚纳，孟买附近）的地方，还有一个主教，他是由波斯任命的。同样，在这个也位于印度洋中的叫第奥斯克里德斯（Dioscoridês），即索科特拉岛（Socotra）上，那里的居民讲希腊语，他们原来是被继承了马其顿的亚历山大王位的托勒密发配到这里的殖民者，那里的牧师接受波斯的圣职任命，他们被派到岛上，岛上有大批的基督教徒。我沿着这个岛的海岸航行，但没有登陆。但是，我遇到一些讲希腊语的人，他们曾经到过埃塞俄比亚。同样，在巴克特里亚、匈奴和波斯人当中，其他的印度人、波尔撒门尼亚人（Persarmenians）、米地亚人❶和埃兰人（Elamites）当中以及整个波斯大地都有无数的教堂和主教，有非常大量信基督教的人，还有许多殉道者，僧人像隐士一样生活。（科斯马斯：《基督教世界风土志》，麦克林德尔译，伦敦，哈克卢特协会，1897年，P118后）

---

❶ Medes，古代伊朗西北部一个国家的居民。——译者

在别的地方，他记录了几处有关锡兰岛的事实，这清楚地表明以前的商人的商业兴趣要胜过虔诚的僧人：

事实上，这个岛处于中心位置，经常有来自印度各地和波斯、埃塞俄比亚的船只造访，同样，这个岛自己也驶出许多船只。从最遥远的国家，我说的是秦尼斯塔（Tzinista）[中国]和其他贸易地方，运来了丝绸、芦荟、丁香、檀香木和其他产品。同样这些产品也被运送到这边的市场，比如生长胡椒的马勒和出口铜、芝麻—原木、做衣服的布料的卡里阿纳（Calliana），它也是一个巨大的商业场所。（科斯马斯：《基督教世界风土志》，麦克林德尔译，伦敦，哈克卢特协会，1897年，P365后）。

关于东非，他也告诉了我们一点东西，这次还是与珍贵的商品有关，比如黄金和乳香。但是，这都是附带提到的，归根结底，其兴趣只在于科斯马斯本人。对他的同时代人来说，他的旅行，可以说，是让他们很吃惊，但它显然意义不大。很明显，他的书之所以引起人们的兴趣，是因为它第一次详细地包含了印度基督徒的信息，尽管印度的基督徒被看作是异教徒，但无论如何也是值得关注的。

很久以来，中世纪就认为印度的基督教可以追溯到东方三大博士，当耶稣降生的时候，三大博士来到了伯利恒，后来又回到了东方的故乡。当然，这是虔诚的迷信。因为事实上这几位所谓来自东方的国王，开普勒在17世纪初就推断出，他们是来自巴比伦的犹太天文学家。人们知道，巴比伦附近的西巴尔（Sippar）有一个古老的天文学学校，还有一篇楔形文字的课文，它偶然记录了公元前7年，在西巴尔观察到的土星和木星的著名汇合。从远古时期以来，巴比伦天文学就认为，对叙利亚和巴勒斯坦的西部地区来说，土星就具有特殊的意义。这可能与古代犹太传说有关：土星是以色列之星。这样一颗决定命运的星与皇家之星木星同时出现,早期的天文学家肯定认为是具有极其重要意义的事件。因此完全可以理解:几个犹太天文学家在公元前7年4月12日观察到了这两颗伟大的星汇合了,于是他们决定亲自前往叙利亚。两颗星星在4月12日同时出现后,在10月初和12月初,他们可能又看到它们靠得非常之近,甚至就像是一颗星。所以马太让那三位博士说了这样的话:"那生下来作犹太人之王的在哪里。我们在东方看见他的星,特来拜他。"❶

这就是东方三大博士的故事,事实上,亚洲的基督教与他们根本没有关系。也许是犹太人首先把基督教的观念带到东方的,也许是罗马帝国早期迫害基督教时,大批逃到帝国边沿的难民中某些人把基督教传到了东方。无论如何,正如理查德·亨尼希所说,早在170年,底格里斯就存在一个"组织良好的基督教社团,"而且在这一基础上,在5世纪期间,波斯还建立了一座正式的聂斯托利派的国家教堂。

另一方面,印度的基督教可能要追溯到一位来自亚历山大的叫潘特阿努斯的基督教传教士,他大约在公元200年曾到访印度。关于使徒托马斯❷在52年设法逃到印度、在那里遇到了东方三大博士、并为他们施洗的故事,只是在8世纪才出现在欧洲。圣多马死后,他的同伴安提阿的雅各被认为是继他之后成为印度主教的。然而,马拉巴的基督教要比这个虔诚的传说古老得多。事实上,"圣多马的基督教"可能是从叫作马尔·托马斯的印度富商引申出来的,传说中称赞他曾为马拉巴基督教会捐赠了大量财产。我们知道,他们将近8世纪末时接受了自己大都会的主教:塞维拉克的约丹努斯修士,考拉姆主教(Friar Jordanus of

---

❶ 见《新约:马太福音 2.2》。——译者
❷ Apostle Thomas,《圣经》中译为多马,耶稣十二门徒之一,亦译"多默",又称"低士马",加利利人,渔民出身。——译者

Sévérac，Bishop of Kaulam）。此后不久，一个世俗组织从这个等级森严的僧侣组织发展出来：以国王为首的基督教国家，即所谓的塔穆提里（Tamutiri）。圣多马的基督教徒在教义上是聂斯托利派，他们的礼拜语言是古叙利亚语。本世纪初年（20世纪），在柯钦和特拉凡科[1]他们还有将近50万人。

正如是因为十分特殊的原因，而不仅仅是因为他的旅行，科斯马斯对他的同时代人才有意义的，同样，我们也听到另一位僧人：爱尔兰人费德里斯，在两个世纪后他旅行到了南方。我们要感谢这位旅行家向爱尔兰的地理学家迪奎鲁斯所作的广泛叙述。825年，迪奎鲁斯住在查理大帝的王宫，写下了一部综合性的地理学著作。在这里他谈到一个僧人，大约在750年乘到耶路撒冷朝圣的机会旅行到尼罗河大地，然后沿尼罗河的一条运河进入红海：

> 虽然我从来没有看到任何编年史家说过：尼罗河的支流注入红海，但是，费德里斯修士却亲自肯定地告诉了我这一点。根据他的叙述，教士和一般信徒到耶路撒冷朝圣都是通过尼罗河去的，他们在那里乘船，然后抵达尼罗河在红海的河口……

和我们一样，迪奎鲁斯可能并不知道：尼罗河在红海的这个不知名的河口，实际上是一条运河，他可能也不知道这条运河在多么巨大的程度上缩短了到印度洋的航程。苏伊士运河的修建者内格瑞里和雷赛（Negrelli and Lesseps）在上世纪（19世纪）中叶构想这一计划时，实际是根据人量古代原型设计的。因为两大海洋之间第一个人工建造的联系要追溯到公元前13世纪的拉美西斯二世，这条连线起初是沿尼罗河流经

---

[1] Travancore，印度南部地区。——译者

的弯道进行的。沙漠中的黄沙逐渐把这个庞大建筑吞噬了。700年后，公元前600年前，尼科法老（Necho）疏浚了这条运河。希罗多德称赞它是一件神奇和宏伟的建筑，他说："这条运河很长，要用四天的时间才能从这一端到另一端。而且很宽阔，可以并排行驶两艘三层桨船。河水是从尼罗河引来的，12万埃及人在这项工程中丧生。"

一百年后，波斯国王大流士改善和拓宽了这条水道。公元前5世纪的一段楔形文字铭文证实了这一点。根据现存的遗迹看，这条运河有150英尺（约45.7米）宽，大约20英尺（约6米）深。河岸砌有方石。然后这里就归于沉寂了。半个千年过后，我们从普鲁塔克那里听到：阿克兴战役后，克娄巴特拉❶打算把她的舰队运过地峡，然后在红海集合起来。但是，这个计划流产了，显然是因为运河只有少数河道还可以使用。但是，帝国时期的罗马地理学家都清醒地认识到：两个海洋之间曾经有一条航运连线。他们把苏伊士运河称作图拉真运河❷，从这里曾有人推断出图拉真曾试图让它再度恢复航运。然而，因为关于它没有更多的资料，我们必须假设：图拉真的努力被证明是徒劳无功的。大约在7世纪中叶，哈里发·奥马尔（Caliph Omar）征服埃及后，又重修了运河，此后100年阿拉伯的船只继续使用这条运河，尽管只把它作为尼罗河与红海之间的一条连线。毫无疑问，它主要是运输战舰的，因为哈里发奥马尔在阿拉伯半岛和埃及之间创建快速交通线的主要动机肯定是军事性的。但它也承载商船和客船，因为费德里斯就是在这个时期沿这条河道航行而去的。大约在770年，阿拔斯王朝的首都建于巴格达，它的哈里发阿

---

❶ 公元前69~公元前30年，埃及女王。——译者
❷ Trajan，即Marcus Ulpius Trajanus，52~117年，罗马皇帝，98~117年在位。——译者

布·贾法尔把运河很长的段落都填塞了,以防止南方阿拉伯叛军利用这条水道到埃及。

此后又是漫长的沉寂。但是,将近15世纪末,古代运河的痕迹还是清晰可见。1484~1485年,当僧人和平信徒兄弟在教皇的号召下前往阿比西尼亚的时候,他们惊奇地看到盖满黄沙的遗迹。

这些牧师绅士中的一位,一个叫巴蒂斯塔·德艾莫拉的报道说:"从开罗出发第二天,我们就到了红海,接下来的一天,我们徒步穿过了一条宽阔的河道。这是埃及国王塞索斯特里斯❶和在他之后的波斯大流士和托勒密开凿的。河道有100英尺宽,也就是说,53步宽,30英尺深,它把红海与地中海连接起来。但是,因为印度洋比地中海的海平面高,这些国王就不打算把运河修通了。因为打通两大海洋后,将会把整个埃及淹没。运河现存的遗迹依然令人惊奇,尽管西蒙风❷吹来的黄沙已经填埋了某些河段。"

两百年后,1671年,一份文件摆在法国国王路易十四的案头。在这份装潢华丽的宫廷文件的封面上,有一个奇怪的标题:*Consilium Ægyptiacum*,《埃及建议》。它的作者是著名的德国数学家和哲学家莱布尼茨。因为这个远在汉诺威的人非常有名,甚至凡尔赛的侍臣都知道他,他们不敢把这个文件扣下不呈递给国王,尽管它就像那些德国人胡编乱造的其他任何东西一样绝对是荒唐的。

陛下:

陛下的聪慧盛名鼓舞了我向您呈递我对一项工程的深思熟虑,根据许多杰出人物的判断,这一工程可能隶属于那些最伟大的设想和最容易实施的工

---

❶ Sesostris,埃及十二王朝三位国王的希腊文写法,古典作家误认为这三个国王就是一个人,故有此说。——译者
❷ simoom,非洲与亚洲沙漠地带的干热风。——译者

程之一。我指的是征服埃及……占领埃及将会为法国打通一条前往最富饶的东方的快速通道。它将把与印度的贸易和法国联系起来，而且打通成为伟大首领的道路，继续进行无愧于亚历山大的征服……

这就是我们在《埃及建议》中看到的。当然，它一个字也没有提到地中海和红海之间的运河，而且，这个伟大的汉诺威人肯定不能作为苏伊士运河之父与拉美西斯二世和大流士并列。但是，同样肯定法国将会在这两个海洋之间修建一条这样的航海通道：如果它到了埃及的话！

但是，法国没有到埃及去，它对低地国家发动了徒劳的进攻，莱布尼茨的备忘录就在路易十四的档案库里归档了。

拿破仑在那里找到了它。伟大的德国哲学家的建议得到了伟大的科西嘉国务活动家的批准。1799年，他发动了对埃及的征服，很快他就亲自站在了那个古代人工开凿的水道清晰可辨的遗迹前，这个水道已经冲破了"红海与地中海之间的间隔。" "诸位先生，那就是法老的运河！"（*Messieurs, voilà le canal des Pharaons!*）

但是，他那些以总设计师勒佩瑞为首的工程师们却表示了严重的忧虑。就像2 000年前伟大的拉美西斯的石匠，就像中世纪的学者们，他们认为红海的海平面要比地中海的海平面高，他们估计两者海平面的差距有4英尺，因此，他们认为必须建造一个人工水闸系统以防止印度洋吞没陆地，把整个埃及淹没。他们把这个意见报告给波拿巴。

他们还把同样专业性的意见透露给新闻界。公众被说服了。拿破仑也相信了。只有一个人反对，这个人就是法国物理学家和数学家拉普拉斯，他以犀利的语言证明了整个概念都是无稽之谈，各个海洋之间的海平面不可能有任何差距。但是，没有人相信他。因为将近2 500年以来，人们都"知道"红海的海平面高。再多的逻辑和数学证明也无法反驳这一点!

因此,苏伊士运河就没有建造。在1827年,歌德告诉艾克曼,要想亲眼看到劈开欧洲和亚洲海洋之间的地峡,"值得再麻烦活上50年"。他早在这项伟大的工程铲起第一锹沙土之前就去世了。甚至奥地利叱咤风云的首相梅特涅亲王也在运河开凿之前就去世了,1846年,他凭借自己的能力成立了一个协会研究苏伊士运河的问题。去世的还有工程师内格瑞里,他的计算和技术建议构成了这项伟大建筑工程的基础,还有几十万埃及工人也消失在沙漠中。但是,运河就在那里,苏伊士运河公司(*Compagnie Universelle du Canal Maritime de Suez*)的股东们获得了巨额的红利,这在某种程度上肯定了尼科法老的祭司们宣布的神奇的神谕:"陛下,停止这个计划吧。如果您实施了这个计划,那将不利于埃及,而是有利于贪婪的野蛮人!"

与此同时,科斯马斯和费德里斯正在中东和印度旅行,旅行的规模远远超过了欧洲所习惯的范围。拜占庭皇帝查士丁尼时代(527~565年)曾记载:两位基督教僧人从遥远的东方国家塞林达(Serinda)来到拜占庭,他们带来了重要的机密。于是古书告诉了我们一点商业间谍活动和那时期大国之间的经济纠纷,这恰恰与今天关于石油和铀的狂热争吵相似。

当然,他们谁都不关心这些易燃物质,因为那时候它们对人类没有用,而是关心丝绸。国王、公爵、主教、富商和大学者都穿丝绸衣服,他们的大人都用最精细的丝绸材料进行打扮。在任何要求享有社会地位的家庭中,这种神奇的纺织品都毫无例外地扮演了重要角色。在开国皇帝的罗马,大城市对丝绸无节制的需求已经严重地危及了欧洲与东方贸易的平衡。与此同时,因为教会作为丝绸的大宗购买者进入了市场,问题变得更加严峻。特别是拜占庭的一些教会使用了大量的丝绸。

如果原来由中国皇帝开辟的通往亚洲的丝绸之路仍然畅通,那么,所有这些还不会这样糟糕。但是,大约在公元130年,塔里木盆地被野蛮的匈奴—蒙古部落占领了,他们在这里切断了丝绸之路。于是丝绸就启用了通往西方世界的海路,而这条海路的终点是帕提亚人的国家,波斯人的萨珊王朝后来继承了它的权力和权利。帕提亚人和波斯人立刻认识到他们获得了多么重要的垄断权,这两个民族竭尽一切努力从中榨取最后一滴利润,在罗马皇帝奥勒留的时代❶,一磅丝绸可以卖到大约180英镑,而大约在公元550年,在查士丁尼时代,同样的商品却要卖到500英镑。

这是一个沉重的打击。除此之外,在拜占庭和波斯人之间还有许多政治分歧。如果皇帝用武力解决,那么,丝绸供应就会立即中断,查士丁尼的耳朵就不仅会响起皇后和女儿的抱怨,而且更糟糕的是,他的主教和元老也会抱怨起来。

局势很困难。查士丁尼打算用他沾沾自喜地设想出来的商业策略来对付它。自4世纪初以来,拜占庭与阿克苏姆❷的基督教王国就建立了非常紧密的政治—外交关系,阿克苏姆大约就在今天的阿比西尼亚的北部。阿克苏姆的基督教国王们凭借自己的敏锐和精力逐渐把势力伸展到了红海。很久以来,他们的港口阿杜里斯(Adulis),即现在的马萨瓦南边的祖拉(Zula),就成功地超过了古代亚历山大的辉煌与重要地位。阿克苏姆的统治者们甚至跨越到了阿拉伯半岛,从大约520年起,希米亚里特王

---

❶ 马可·奥勒留,公元121~180年,公元161~180年在位,全名为马可·奥勒留·安东尼·奥古斯都,Marcus Aurelius Antoninus Augustus。——译者

❷ Axum,公元1~6世纪东非古国,包括今天埃塞俄比亚和苏丹大部分地区。——译者

国（Himyarite），即现在的阿拉伯半岛南部与也门，就毫无争议地属于阿克苏姆的势力范围。自从远古时代，阿拉伯半岛南部就出现了印度洋上最优秀的航海家和水手。查士丁尼想：怎样借助他们的帮助把丝绸贸易抓到自己的手上？如果拜占庭派自己的船只到当时的世界丝绸市场锡兰去，那么帕提亚人和波斯人就休想得到它了。当然，查士丁尼也必须付给阿克苏姆人和希亚米特人相当多的佣金。然而，能把无耻贪婪的波斯商业公司排挤出丝绸市场，依然是一笔绝妙的生意！

公元535年，查士丁尼派出了他最优秀的外交家舰队司令诺诺苏斯（Nonnosus）到阿克苏姆和也门。在红海的两岸，提议中的交易都获得了赞许，关于佣金，经过漫长的讨价还价，合伙人最终达成协议，万事俱备，就差趁下一次季风航行到锡兰了。结果空喜欢一场的不是波斯人，而是查士丁尼和他的商业伙伴：波斯人肯定莫名其妙地在拜占庭、阿杜里斯和也门进行谈判的船主、丝绸商人和金融家当中偷偷安插了间谍。因此，当希亚米特人的船只停靠在锡兰的时候，那里连一寸的丝绸都没有了。波斯人抢先了一步，他们的间谍买下了全部存货，而且接管了全部储存设备，也门的船长们除了咒骂着、眼睁睁地看着一大包一大包珍贵的纺织品装到外国船上，什么也做不了。

就在这一时刻，拜占庭时代早期最著名的历史学家普罗柯比[1]记载了：两位长期居住在塞林达（Serinda）而且知道丝绸秘密的基督教僧人来到拜占庭。"经过反复针对丝绸真相的询问，两位僧人告诉皇帝，这种材料的真正生产者乃是一种特殊的昆虫，它的天性就是不停地奉献自

---

[1] Procopius，约500～565年，拜占庭历史学家，查士丁尼皇帝的同时代人，有历史著作《战记》《秘史》等。——译者

图版49 诺德斯图尔（Nordrsetur）：北欧海盗在格陵兰的北方捕猎场。因纽特人将这一地区称作乌马纳克，即"让心灵安静的地方。"

第十章 十字军东征，祭司王约翰与大汗 463

图版50 从隐湖（Lake Hidden）出土的黄金装饰品。这些装饰品可能属于丹麦国王哈拉尔德（蓝牙王），986年去世。它们的总重量大约17.5盎司（约496克）。程式化表现的猎鹰的头上有一个十字形的坠子。

图版51 东普鲁士的威斯吉奥滕（Wiskiauten）出土的黄金装饰品。这个北欧海盗项链上垂有六枚波斯金币，项链的时间大约在公元1000年。在威斯吉奥滕坟场出土。

己去生产丝绸。"两位僧人还说,他们认为这些昆虫没有理由在拜占庭帝国就不能生产丝绸了。他们只能在塞林达得到它们。"它们不能活着弄到手。但是,这种昆虫很快就可以获得,因为每一代的卵多得数不胜数。"

很自然,查士丁尼被这个报告深深打动了。他立即派这两个僧人返回塞林达,我们不知道这个国家的准确位置,但是,它可能就是新疆西南的和田绿洲,丝绸文明早在200年前就传播到了这里。几年后,两位牧师走私者返回了拜占庭。在他们挖空了的朝圣手杖里暗藏着无数的蚕卵。普罗柯比说:"它们已经变形了,通过再生又变成了昆虫,蚕依靠桑树叶子为生。从那以后,罗马帝国就能生产丝绸了。"在希腊,特别是在伯罗奔尼撒半岛丝绸生产得到突出的发展。由于它有许多丝绸农场以及许多桑树,整个中世纪伯罗奔尼撒半岛都被称为摩里亚(Morea)半岛,这是因和田白桑(*Morus alba*)而得名的。

四

这些叙述说明:即使没有十字军的刺激,朝圣者和其他人也会到东方去旅行。尤其是到耶路撒冷的圣墓朝圣更是历代都有的,尽管是零星的,但无论如何却是不绝于途。多少世纪以来,即使是在阿拉伯人和土耳其人的统治下,除了受到土匪团伙偶然的袭击和海关官吏日常的刁难,这样的旅行也和其他的旅行一样是困难和危险的。在八九世纪之交,查理大帝和哈伦—赖世德,[1]定期交换大使,建立了友好关

---

[1] Haroun al-Rashid,约764~809年,阿拔斯王朝第五代哈里发,786~809年。——译者

第十章 十字军东征，祭司王约翰与大汗 465

系。很自然，这些外交上的礼尚往来对日常事务会产生影响。到圣地的旅行似乎变得非常容易了，以至于值得出版适用的旅行指南。旅行家们（Peregrinatores），是一群准备写作这些"贝德克"❶的作家，起初他们仅限于简要地介绍路线、距离、住宿、通行费和税收。后来，这些简略的陈述就加入了一些涉及各个国家、民族、名胜、奇闻逸事和地理特征的短评，于是这些作品就非常近似于我们的旅行手册了。

这可能让人感到吃惊。但实际上，这只是恢复了一种非常古老的习惯。因为在古代就已经有了旅行指南，其中包括到中国的指南，尽管它没有保存下来，而且我们只是道听途说地听到而已。显然，在古代世界就有强烈的旅行欲望。比如，在古代埃及法老的陵墓的某些石柱上，就可以看到惊奇地站在金字塔前面的古代娱乐性旅游者（pleasure-travellers）涂鸦乱写的名字。我们知道过去就有为外国游客到特洛伊和雅典的指南，还有繁荣的纪念品工业。希拉波里斯❷的弗吉尼亚城，

```
ΒΑΣΙΛΕΟΣΕΛΘΟΝΤΟΣΕΣΕΛΕΦΑΝΤΙΝΑΝΨΑΜΑΤΙΧΟ
ΝΑΥΤΑΕΓΡΑΨΑΝΤΟΙΣΨΝΨΑΜΜΑΤΙΧΟΙΤΟΙΘΕΟΚΛΟΣ
ΕΠΛΕΟΝΗΛΘΟΝΔΕΚΕΡΚΙΟΣΚΑΤΥΠΕΡΘΕΥΙΣΟΠΟΤΑΜΟΣ
ΑΝΙΒΑΛΟΓΛΟΣΟΣΕΤΕΠΟΤΑΣΙΜΤΟΔΙΓΥΠΤΙΟΣΔΕΑΜΑΣΙΣ
ΕΓΡΡΦΕΔΑΜΕΑΡΧΟΝΑΜΟΙΒΙΧΟΚΑΙΠΕΛΕΡΟΣΟΥΔΑΜΟ
```

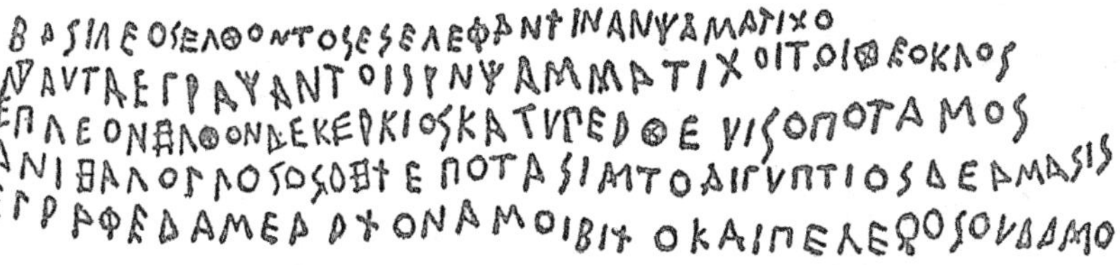

插图58　大约在公元前590年，普撒美提克二世的希腊雇佣兵在努比亚的阿布—辛拜勒❸的一个巨人的腿上涂鸦乱写的文字。

---
❶ Baedeker，德文，即导游手册。——译者
❷ Hierapolis，即圣城，位于今土耳其中南部的帕穆卡勒，最早建于公元190年的帕加玛王朝。——译者
❸ Abu Simbel，古埃及规模最大的岩窟庙建筑，位于埃及最南端的阿斯旺。为第19王朝法老拉美西斯二世（约公元前1304~公元前1237年在位）所建。——译者

有一位大企业家弗拉威乌斯·泽乌西克斯,他生活在第一个罗马皇帝的时期,特意地在他的墓志铭中宣称自己曾经到意大利旅行过21次。很自然,早在2 000年前,某个具有创造性思维的人会设想出旅行指南的观念。那些最著名的古代"贝德克"就是保萨尼亚斯❶大约在公元200年写作的10卷本的希腊旅行指南。从那时起,由这样的作品构成的一条长长的、从没有彻底间断的链条就一直延伸到现代的旅行指南。

随着十字军远征,亚洲这个斯芬克斯,在它浩瀚的沙漠的沙幕后面,逐渐变得越来越熟悉、越来越引人注目了。这个辽阔的大陆已经被看作是有奇异魔力和超自然的、充满无法用理性解释的奇迹的大地。东方,特别是印度的神话和传奇在西方诗歌中的传播,其中出现了狮子、蛇、巫师、智者和(经历了奇异冒险的)海员(模仿了辛巴德的事迹),这是从十字军远征开始的,这清楚地表明欧洲对这个神秘莫测和陌生世界的恐惧而惊奇的态度。当人们看到伊斯兰世界出现了强烈的基督教影响时,当基督教朝圣者从印度、波斯、阿比西尼亚和其他遥远的地方进入圣地的时候,距离诞生关于神秘的祭司王约翰那半是基督教、半是异教的神话也就只有一步之遥了,据神话说,他住在亚洲深处茫茫的大山和浩瀚的沙漠里。神话还说,基督被钉上十字架后,他"没有看到死亡",

插图59 据说是祭司王约翰的旗帜。根据《知识大全》(The Libro del Conoscimiento)复制,此书是一位西班牙僧人大约于1350年写作的一部旅行浪漫传奇。

---

❶ Pausanias,公元2世纪罗马时代的希腊地理学家。——译者

在人们的心目中,他与施洗者约翰和耶稣喜爱的门徒保持着联系,他不为人知地到了亚洲,在亚洲他脱离了岁月和死亡,在那里建立了庞大的基督教王国,他是王国的主宰和最高的神父。

这个寓言出现的第一步就是所谓的约翰主教,印度的大主教,1122年到罗马拜访了教宗卡利克斯图斯二世Calixtus(Pope Calixtus II),他讲述了许多神奇的事。然而,这个神话被弗赖辛的奥托❶推向了最高潮,奥托是中世纪最著名和最有学问的历史学家之一。1145年秋天,弗赖辛的奥托被请去到意大利的维泰博与教皇尤金尼厄斯三世会谈,在他停留在宗座廷(Papal Court)的时候,他结识了叙利亚的安提阿克的主教。弗赖辛的奥托为给后代留下记载:这个教会的王公告诉他,几年前有个约翰曾住在波斯和亚美尼亚以外最遥远的东方,他同时既是国王,又是牧师,他与自己的臣民都信仰基督教。他还对米地亚人❷和波斯人的国王发起战争,占领了埃克巴坦那(哈马丹的旧称)作为首都。这似乎极其难以相信,然而,在东方还是爆发了一场大战,准确的时间就是根据伊斯兰教纪元536年,即公元1141年,❸阿拉伯的资料也记载了此事。因此,我们认为这是真实的:弗赖辛的奥托记述的主要事件,东方大战,是依据事实的。做出下列假设也是公平的:其附带地论述,即胜利的军队的领袖是基督徒,也有某些根据。

谁是祭司王约翰(Presbyter)?这一问题现在还没有找到最后的答案。圣多马的基督教的牧师兼国王可能就是祭司王约翰神话的原型,也

---

❶ Otto of Freising,日耳曼西多会修道院院长。——译者
❷ Medes,古代亚洲西部,伊朗西北部的人。印欧人种之一,与波斯人有血缘关系。——译者
❸ 根据伊斯兰教纪元,希吉拉,Hejira,公元622年,穆罕默德从麦加到麦地那逃亡的时间即为伊斯兰教元年,此处应为1158年,原著恐误。——译者

可能它说的是阿比西尼亚的基督教统治者,还有可能它说的是西辽汗国❶的首领耶律大石❷,西辽人是12世纪初生活在天山北部的契丹人,这种解释的可能性最大。一部分西辽人信奉聂斯托利派的基督教,也有一部分人信奉佛教。耶律大石王在1125年到1144年之间建立庞大的帝国,人们认为他是聂斯托利派信徒。

1141年,他在撒马尔罕❸附近毁灭性地打击了穆罕默德·塞尔柱。现在整个中亚地区的宗主权都归于西辽汗国,人们认为耶律大石打算像在他之前的匈奴和在他之后的成吉思汗那样正准备向西方进军。由于某些未知的原因,他从来没有把自己的计划付诸实施。耶律大石死于1144年,随着他的去世,他建造的庞大帝国就悄然垮塌了。

我们曾经说过,我们完全没有把握:这个据说是基督教信徒、也可能是佛教徒的契丹王真的就是祭司王约翰传说的原型。然而,某些细节支持了这一说法。在第一次十字军远征成功后,阿拉伯人对入侵的欧洲军队发起了一系列灾难性的反击,而就在这时,一位基督教国王毁灭性地击败了穆斯林军队的消息传到了欧洲。1144年圣诞节的第一天,伊斯兰教徒又重新攻占了伊德萨❹。这是一个痛苦的损失,从圣地令人沮丧的情况看,这似乎是进一步逆转的前奏。最初是模糊的谣传,后来不久是更准确的关于撒马尔罕战斗的报告传到欧洲,这时那种假设:在遥远的

---

❶ Kara Khitai,一译哈剌契丹。西辽汗国为契丹族建立的朝代。——译者
❷ Yeliu Tashi,1087~1143年,一说1094~1143年,西辽皇帝、政治家和军事家。——译者
❸ Samarkand,乌兹别克斯坦第二大城,人口37.1万(1985)。中亚历史名城,有2 500年的历史,《史记》《汉书》称康居地,《明史》始称此名。——译者
❹ Edessa,又译作埃德萨伯国,是十字军1099在中东地区建立的三个附属小国之一,主要领土位于今土耳其境内。——译者

亚洲，一位基督教统治者势不可挡地击溃了先知❶令人畏惧的追随者，自然会留下深刻的印象。这个陌生、遥远的君王，从这场战斗中胜利地浮现出来，他似乎是上帝派遣的，因此祭司王约翰的传说就可能在混合着绝望与希望的心情中脱颖而出了。

在这种情势下，1147～1148年第二次十字军远征的失败造成了更加低落的情绪，这时又出现了开天辟地以来的头等轰动，引起了欧洲王公大臣们的骚动：希腊国王曼努埃尔❷、罗马皇帝腓特烈、教皇和其他基督教的君主竟然收到一封来自祭司王的信！这是一封极端专横、极端傲慢的信！当时三大势力至高无上的代表都要明确无误地理解：他们的权力和财富与祭司王约翰绝对的完美相比则毫无价值。

曼努埃尔，如果你能认识到我的伟大和我的完美，如果你能知道在地上我们万能的主在哪里做王，你就应该承认，应该毫无疑问地相信：我，祭司王约翰，是万王之王，我的财富、仁慈和无限权力超过了世界上所有的君王。七十二个国王只称颂我们。

这封信以这种口气又写了好几页。祭司王约翰详细地描绘了他的国家的奇观，河谷里有大量的黄金和宝石，他雄伟的宫殿，他肥沃的田野和花园，但是，他还说道：他的国家没有战争、没有私人财产，因此也就没有贫穷，最后他强调：尽管他是无限完美的，但是，在上帝面前，他只是一个纯朴、谦卑的牧师。

因此你不要对你的精明的判断感到惊奇：我们的贵人不能使用任何比祭

---

❶ 即穆罕默德。——译者
❷ 此处原著恐怕有误，查历史资料，该国王应为拜占庭国王Manuel I Comnenus，而不是希腊国王。曼努埃尔，生于1120年，卒于1180年，1143～1180年在位。——译者

司王约翰（presbyter或priest）更尊贵的名字。在我们的宫廷里，我们有许多具有宗教官职和尊严的大臣。比如，我们的总管大臣就是大主教和国王，我们的侍酒者就是国王和主教长，我们的宫廷大臣就是主教和国王，我们的典礼官就是国王和修道院长，我们御膳房的首领就是国王和男修道院长。因此，阁下就不适合使用我们宫廷里到处使用的称号和官衔。所以，诸位公卿还是谦卑地选择更低微的称呼和官职吧。

这封信明显是伪造的，但是，它能流传似乎也有充分的理由。它勾画出的政治乌托邦是打算致力于减轻当时的不公平和凌辱。无论是它那异想天开的描述，还是它那傲慢的笔调，都是为了保证这封信能得到最大限度的传播。

事实上，这封据说是祭司王约翰的信已经被翻译成多种欧洲语言，毫无疑问，这位不知名的作者已经成功地把他关于天然民主的概念推到广大读者面前，他的概念与两个世纪后库萨的尼古拉[1]所阐释的概念很相似。欧洲与祭司王约翰的理想国在各种条件之间的差异非常明显。中世纪的皇帝们继续自命和自尊为是神授的，而无比强大的祭司王却宣布自己是个凡人，而且尽管他几乎具有神的全能，他却满足于做一个纯朴的牧师。当欧洲新兴的货币经济开始在贵族和市民与被压迫的农民和被剥夺了公民权的散工工人之间痛苦地、明显地形成了"天赐的"对立时，祭司王约翰的信的作者提倡的基督教共产主义强调了这一事实：在东方无限辽阔而富有的大地上没有私有财产，因为一切都属于上帝，都属于上帝的高等牧师。最后，在12世纪的欧洲，战争、内讧、分裂、嫉妒、谋杀和暴力到处猖獗，而祭司王约翰的大地却生活在永久和平和宁

---

[1] Nicholas of Cusa，1401~1464年，德国哲学家和神学家，著有《有学识的无知》《论智慧的追求》等。——译者

静之中，受到法律保护，除了万能的上帝，没有任何恐惧。

这样一来，这封神秘书信不知名的作者就能在他那时代血腥和动荡的舞台上投入一个中世纪所盼望和等待着的理想统治者的形象。如果这里简略勾勒出的论点是正确的，那么，我们就能理解为什么这封信要寄给12世纪的三大敌手：腓特烈一世（Frederick Barbarossa）、拜占庭皇帝和教皇，为什么这三位被提到的人中只有最后一位才打算要回信。因为欧洲两位最伟大的世俗君王没有给那个自命的（Soi-disant）祭司王约翰回信。教皇原本也可以这样做，相反，事实上他用很长的篇幅回了信，似乎表示他承认其作为乌托邦的政治纲要的特征。

1177年，教皇亚历山大三世给高贵的印度国王，至圣的祭司，（Magnificus Rex Indorum, Sacerdotum sanctissimus）祭司王约翰写了一封长信，虽然他不知道这封信的地址，也没有人能告诉他应该寄到哪里。但教皇必须写这封信，因为祭司王的宣言极为广泛地流传，迫使他要说：在基督教的西方，那些基本的道义已经统治了将近1 200年。但是，梵蒂冈似乎并没有赋予这封信很重要的外交意义。它以相当直率的措辞让远方的祭司王约翰不要怀疑：圣彼得只有一个继承人，那就是罗马教皇，而他祭司王约翰，如果把这一事实记在心上，才可能希望从罗马得到友好的对待。对一位曾自夸有七十二位国王称颂他，国王、公爵和伯爵都伺候他进餐的君王来说，这是非常粗鲁的语言。无论如何，这封信被托付给刚刚从中东旅行归来的教皇的私人医生迈吉斯特·菲利普斯去交给祭司王约翰。事实上，菲利普长老确实出发履行自己的外交使命了。不用说，他从此再也没有露面，而且从此再也没有听到祭司王约翰的消息。

自封的祭司王约翰致欧洲统治者的公开信被译入的许多语言中，它留下了广泛的印象。这些译文当中最引人注目的一份就是迪耶默兰让[❶]的奥托翻译的，他是梅斯（Metz）的教士。这篇译文出现在14世纪早期，而且把原文扩展成一本类似通俗读物（folk-book）的书。下面我们节选了其中的四段，因为除了其他的原因，关于14世纪欧洲学者的地理学概念，它们还提供了一幅清晰的画图。

首先，那里有一个遥远的仙境般的印度，从耶路撒冷归来的十字军战士就听到过，并不断重复过：

印度是一个非常辽阔的国家，印度有超过世界各国的土地。巴比伦王国的国王、波斯的耶尔斯（Yerses）、亚历山大和罗马人都踏上过到那里去的道路。

于是就出现了关于塞迪库斯（*Sidicus*）鸟的故事，十字军战士说它会说像人一样说话。这就是鹦鹉，那时的西方世界还不知道它，关于这事，迪耶默兰让的奥托写道：

那里有各种商品，还有一种塞迪库斯，它是一种美丽的鸟。它懂得人的语言：这些鸟互相交谈就像人说话一样准确，它们很有学问……除了脚和嘴是红的，这鸟全身都是绿色的。它还有一个像人一样的舌头，又长又细，比啄木鸟的大不了多少……

在介绍性的几章里，迪耶默兰让谈了这件和类似的趣闻之后，就谈到正题了：

祭司王约翰的治下有72个王国，由一些领主治理，他们每个人手下又都有几个王；祭司王约翰就像中国的大汗一样住在潘特索利亚（Pentexoria）

---

❶ Diemeringen，法国下莱茵省的一个市镇，属萨韦尔恩区。——译者

的大地上,经常娶大汗的女儿为妻……他住在一个叫做苏撒(Susa)的城市里,那里的大部分地区经常有12个大主教和20个主教和他住在一起,他们都是无所不能的领主、国王和国君。他的廷臣和国家里有许多优秀的基督教信徒,虽然他们不相信我们的许多条款,但他们信仰圣三位一体。他们也不太知道基督教世界,也不知道我们的教义和我们的教皇……他们有一位长老,就像我们的教皇一样;就像服从祭司王约翰一样他们也服从这位长老……如果祭司王约翰发动战争,他什么也不需要,只需要在胸前带一个木制的十字架,这是出于恭敬的谦卑,另外,任何时候,他的前面都带着一个装满泥土的金盆,以表示他承认自己的领域就在尘世,他的肉体肯定要在泥土中腐坏,然而他还是一个伟大的君王。这是非常明智的。

在对祭司王约翰本人和对他宫廷里的宝物进行描述之后,迪耶默兰让的奥托为我们又讲述了一些关于亚洲的神奇。这位梅斯的教士的叙述带有暖人心房的天真:

祭司王约翰的国家有许多奇怪的地方和奇怪的关于人与动物的风俗。在他国家的一端有一处沙海,就是一片被流沙覆盖的海,沙子非常多,也非常深,以至人们无法确定沙子下面有没有水。两边都有动物像鱼一样跑出来;但是,它们不像真正的鱼。它们很好吃。沙海远远地伸延到印度的沙漠,因此没有人能到那里。在荒野和沙漠中旅行三天,那里有一条山脉,山里流出水来,水里生长着就像曾经描述过的那样的宝石。在水的外面是一片宽阔的平原,完全是沙子。它有这样一种特性:每天太阳升起来的时候,一些小树就从地上长出来,而且随着太阳从土里往上长,当太阳西斜和落山的时候,它们就在土壤下面消失了,直到第二天早晨再出来,如此反复……沙漠里还有许多这类的奇观。那里还有许许多多的野人,他们头上长着角,不懂任何语言,他们像猪一样地尖叫和哼哼。在同一地区还有许多塞迪库斯,也就是鹦鹉。它们飞向野外的人们,和他们说话,用正确的词语欢迎他们,就像人说话一样。祭司王约翰还有金子和其他金属的山;那里的老鼠、蚂蚁和其他动物把黄金挖出来，因此，黄金很漂亮、很纯粹，这不像在我们国家这是非常艰苦的工作……

我们到这里就要结束迪耶默兰让的奥托的记述了。可以看到：古代传说中的各种事情，比如挖掘黄金的"老鼠和蚂蚁"，在这里都与现代元素混合在一起了，例如他说祭司王约翰曾娶了大汗的女儿为妻。他的叙述包括自然历史中的观察和地貌学的报告，如有关印度沙海的报告，而沙海则是对中亚沙漠滚滚起伏的沙丘最初的印象。这里到处都有迪耶默兰让的观点：这个世界的国王和君主都只不过是凡人；这是一个本质上民主的观念，它清晰地预示了具有人权概念的未来。

他叙述中的偏见与科斯马斯·印第科普莱特斯或僧人费德里斯明显的偏见截然不同。对迪耶默兰让的奥托来说，神奇、辽阔的大地本身和旅行者穿越这大地时的冒险经历本身就是惊人和值得叙述的。这个观点与贯穿其中的民主线条是密不可分的。因为新型的人类和新的精神状态已经开始出现在欧洲。然而迪耶默兰让的奥托是完全属于中世纪的。因为在他长篇大论的叙述中，除了这几处脱颖而出的插曲，还有许多很可能是来自中世纪关于魔法的传奇故事的冗长段落，因此我们在这里没有兴趣加以介绍。

尽管传奇性的祭司王约翰让期待中的欧洲感到非常失望，但是，关于一个强有力的基督教君王正在亚洲某地进行统治的希望依然活跃了很长时间。马可波罗在他的旅行记中谈到，那个叫祭司王约翰的统治者早已死去了，但甚至在他的旅行记出版后，盼望从远东得到基督教援助的想法还是一次又一次地闪现出来。西方世界一直在等待东方伟大的国王，直到早已进入了15世纪。那时祭司王约翰也就终于安息了。

五

所有的钟都敲响了。

日正中午,从遥远的大地传来阵阵轰鸣的钟声。阿维尼翁也敲响了自己的那些钟。阿维尼翁是一座教皇城,1338年7月的一天,它召唤虔诚的信徒前去祈祷。

在阿维尼翁的钟声所到之处,每个地方的男人都脱去帽子,妇女和儿童都合拢双手虔诚祈祷。

奇迹出现了!不可思议的奇迹!这个消息就向野火一样从古城弯弯曲曲的街道传到周围的村庄:中国的大汗向教皇派遣了由修士安德鲁和15名鞑靼王公组成的大使馆。现在所有的钟都敲响了,巴黎圣母院深沉的钟声响起了,圣马利亚的清脆悦耳的钟敲响了,德维勒旅馆沙哑的钟也敲响了,他们正在进城。

最前面的是城市卫队,后面是教皇本笃十二世(Pope Benedict XII)的卫队,然后这位高级牧师在绸制的伞盖下面走来,长长的行列缓缓地在街道中迂回。队伍踌躇地越过了通往教皇宫狭窄的圣贝内泽桥(Saint Bénézet)。他们就在那里:身穿毛衬衣的安德鲁修士,他谦卑地低着头,手中拿着蜡烛,他的身后是长长的一队鞑靼人,所有人都穿着奇妙的厚重丝绸服装,上面缀满珍贵的石料和宝石。在他们高高的、带尖刺的头盔下面,他们的前额都很宽,突出的颧骨分得很开,眼睛狭小而倾斜,目光时而扫过欢迎的人群,时而扫过冒着泡沫的河流,时而扫过这个城市筑有垛口的防御土墙。

在教皇宫入口前面的前院里,队伍分开了。牧师转向里面,教皇华丽夺目、闪光发亮的卫队围成半圆,钟声依然在响。僧人安德鲁跨步上前，现在全城都沉浸在深深的、肃穆的沉寂当中，他的声音在皇宫里响起来，他请求进入皇宫：

> 信靠全能的上帝的力量！这是万王之王的命令：
>
> 我们派遣我们的大使法兰克人安德鲁和15名伙伴，穿过七处大海，来到法兰克人的国家、基督教世界的君王教皇面前，那是日落的地方，我们要开辟一条可以经常向教皇派遣大使的道路，教皇也可以经常向我们派遣大使。我们请求教皇能为我们祝福，在教皇神圣的祷告中常常记住我们。我们把我们的仆人，教皇的基督教儿子们，阿兰人推荐给他！❶

讲到这里，安德鲁修士停顿了。因为大汗顺帝（蒙古名为：妥欢帖睦尔，Togan Timur 1332～1370年）❷的信中下一段不是公开诵读的，只是请教皇亲自阅览。他知道，其中包含了这位君王非常热切的个人愿望。顺帝在写完的书信上迅速补充了一句："能否从日落之地给我们送来马匹和其他绝妙的物品。"这句话在信的严肃正文与整个文件的签名之间显得有些局促。它的签署是："拉提年六月，新月的第三日于汗八里。"

信是两年前，即1336年7月写的。安德鲁修士记得很清楚。现在他是在阿维尼翁，这一时刻，他将看到教皇了。然后他还要在这些高大威严的城墙后面，诵读第二封信，他始终把这封信装在口袋里，信是四位阿兰人写的，信奉基督教的蒙古王公被称作阿兰人：

---

❶ Alans，原定居在亚速海和高加索之间的野蛮民族，409年一部分侵入高卢。——译者
❷ 元惠宗孛儿只斤·妥欢帖睦尔（1320～1370年5月23日），元朝第11位皇帝，蒙古帝国第15位大汗。1368年9月，明朝军队从元大都齐化门外攻城而入，蒙古退出中原，元朝结束对全国的统治。1370年5月死去，庙号惠宗，明太祖认为他"顺天应人"，给他加谥号顺皇帝。——译者

信靠全能的上帝的力量！以我们的主人，皇帝的名义！

我们是福提姆·云思、卡提参·图恩吉、吉木博噶·爱温齐和约翰·尤克伊，我们叩见并亲吻教宗、我们的教皇的双脚，以表敬意！我们恳求他的祝福、他的仁慈，也恳求他在祷告中记住、永不遗忘我们。我们想让陛下知道：很久以来，我们就接受了天主教信仰，我们得到您的使节约翰兄弟［孟高维诺的约翰（John of Monte Corvino），汗八里的大主教］有益的指引和很多抚慰，他是一个坚强、神圣和有耐心的人。但是，八年前他去世了。从那时起，我们就没有牧师了，也没有了精神上的安慰。我们非常高兴地听到您做出安排，为我们再派遣一个使节。但是，他现在还没有到。因此，我们恳求陛下为我们派遣一位优秀的、耐心的和聪明的使节，他将照看我们的灵魂拯救。他应该快些到来，因为我们的处境很悲惨，我们没有最高的首领，也得不到安慰。同时，我们恳求您的圣明给我们的主人、我们的皇帝一个友好的回音，这是他本人的希望，这样一来，你们彼此之间就能打开自由、令人愉快的经常互派大使馆的道路，因此你们之间就能建立友谊。因此，希望陛下关照一下，以便他能收到明确的回答和接受一个如同教皇陛下的大使馆，因为基督教信徒在这些地区享有巨大的荣誉，即使在那里某些时候也会有谎言和欺骗。

拉提年六月，新月三日（1336年7月）于汗八里

安德鲁修士递交的是两封非常天真的信。他肯定不是骗取信任的骗子，他那些黄皮肤的中国同伴肯定也不是用虚假借口求见本笃十二世教皇的商人。顺帝匆忙插入的一段话，说他非常希望从日落之地得到几匹马和其他绝妙的物品，当然那是阿拉伯纯种马，因为在汗八里有许多长满粗毛的小个子蒙古矮种马，这显然是一个酷爱马的人真切愿望的坦率表达，这肯定是大汗亲手加上去的。

阿兰王公们信中顺从的措辞，显然是出于他们对国家无限威权的亲

身体验,同样也强烈地显示出蒙古君王就是这次使命的主宰。

鞑靼派遣的这个大使馆并非是完全意想不到的。自从祭司王约翰的神话出现以来,即自1150年以来,每个教皇都努力去追寻在远东的传说中的基督教国王。在12世纪中叶,可以说亚洲在欧洲是个"时髦",正如中国在18世纪末,日本在19世纪末和20世纪初是时髦一样。尽管如此,梵蒂冈决定与这个东方大国建立关系既不是出于短暂的时尚,也不是由于偶然,而是出于有远见的政治打算。正是这一点,才促使梵蒂冈为这一使命选用了其最优秀的人物之一,方济各会修士约翰·普兰诺·卡皮尼(John of Plano Carpini)❶。在1245年春天,普兰诺·卡皮尼接到指令从教皇那里率领大使馆前往鞑靼人的大汗,与蒙古人建立友好关系。

我们不知道这一使团的根本目的是否或是在多大程度曾透露给卡皮尼。但是,他是一位经验丰富、感觉敏锐的外交家,这些目的几乎无法一直瞒着他。前一年的夏天,即1244年8月中旬,耶路撒冷再次沦陷于异教徒之手。对圣地的基督教事业来说,情况更加糟糕,在中欧教皇也遇到严重的麻烦。他有充分的理由把触角伸到非欧洲的帝国。毫无疑问,这一决定中有一个因素就是希望能够激起伊斯兰教的死敌:蒙古人去反抗穆罕默德的追随者,以便缓解中东的局势。那时距条顿骑士被来自阿尔卑斯山北方很远的蒙古骑兵和炮队在东方大地上歼灭并没有多少年,东方大地刚刚被殖民化。蒙古人现在也能被派遣去对抗巴格达?

这就是1245年年初,在库里亚❷做出这个与蒙古统治者建立联系的决定时的处境。这一行动显然受到非常的重视。四个不同的小组被派

---

❶ 一译勃拉奴—克劈尼;或柏朗嘉宾。——译者
❷ Curia,教皇宫廷。——译者

去平行地工作。第一组由普兰诺·卡皮尼率领。其使命完全是政治性的，目的地是蒙古国的夏都和大汗本人的驻地哈喇和林。第二组由葡萄牙的劳伦提乌斯（Laurentius）率领。它也直接前往哈喇和林，但其使命却纯属传教的性质。它的命运如何，未见记载。第三组亚洲东方考察队是由安塞姆修士率领的，被派去寻找他能见到的第一位鞑靼将军，无论在无比辽阔的东方任何地方找到他都行。通过谈判从他那里获得了保证：他不再向欧洲发起战役。第四组由隆瑞莫的安德鲁（Andrew of Longjumeau）率领的，它与第二组一样，其使命也是在未开化的人当中去传教。但是，它的目的地不是哈喇和林，而是和第三组一样，去寻找他能遇到的第一座蒙古军营。

第一个出发长途跋涉的是普兰诺·卡皮尼·约翰，他在1245年复活节的星期天离开了。卡皮尼是阿西西的圣方济各[1]弟子和最亲密的助手，已经不是年轻人了。当他接到教皇的指令去开创这项不无危险的事业时，他已经60多岁了。但是，他曾经旅行过很多地方，已经习惯了艰难困苦。他曾先后在萨克森、波希米亚、匈牙利、洛林、挪威和西班牙的圣方济各修会服务过，经验丰富。因此，他似乎是命中注定要承担这一新的危险而负有责任的使命的。他穿过了波希米亚和基辅的波兰，从这里渡过顿河和伏尔加河到达萨拉托夫。他在那里听到成吉思汗的孙子贵由大汗正住在哈喇和林，现在这是乌尔加西南的一座城市，在鄂尔浑河（Orkhon）上游的山坡上。他竭尽全力加速沿着蒙古国家驿站的道路前进，卡皮尼骑着不断更换的驿马穿过了亚洲，绕过咸海的北面、穿过准噶

---

[1] St. Francis of Assisi，1181~1226年，天主教托钵修会方济各会创始人，生于意大利阿西西，倡导观察自然，试图从科学意义上探究人生。——译者

尔山口,走了足足四个月,来到大汗的夏都。如果有必要的文书,沿蒙古国的驿道,可以从基辅一口气跑到广州。在那里,于1246年8月末,他出席了新的蒙古皇帝贵由的加冕典礼,终于能够递交了教皇的信件。

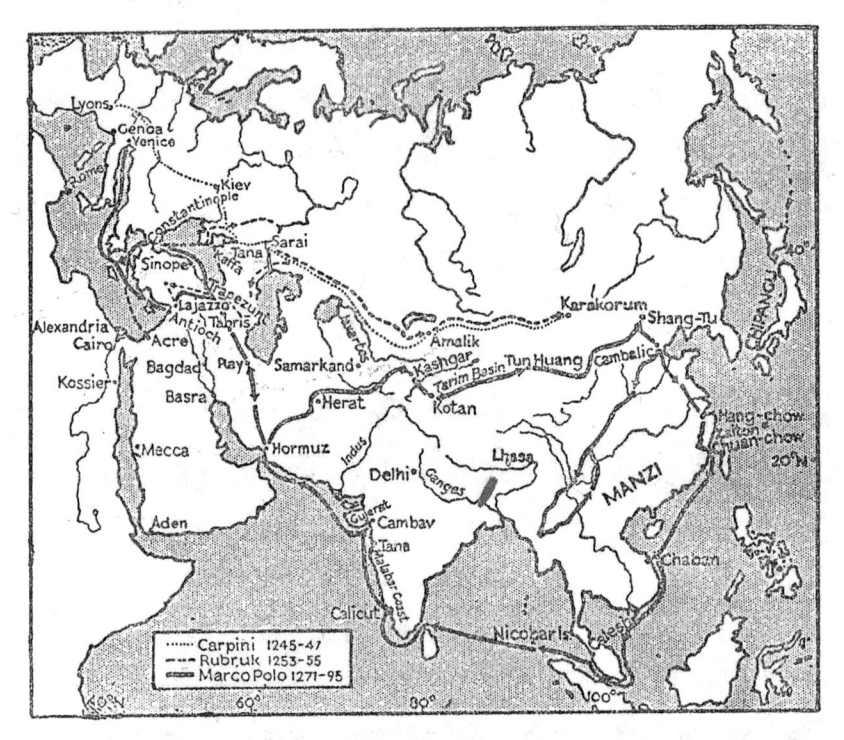

地图30 蒙古时期到东亚去的陆路和海路交通。
图中图例:
······卡皮尼 1245～1247年
--- 卢布鲁克(法国国王路易九世亲信 1253～1255年)
—— 马可波罗 1271～1295年
地名:(逆时针方向)里昂 热那亚 威尼斯 罗马 基辅 君士坦丁堡 锡诺卜 卡法 亚那 萨莱 特拉布宗 拉加祖 塔布里斯 安提俄克 亚历山大 开罗 阿卡 库赛尔 巴格达 巴士拉 雷伊 麦加 亚丁 撒马尔罕 赫拉特 霍尔木兹 印度河 阿那里克 喀什(原名喀什葛尔) 天山盆地 敦煌 和田 德里 恒河 古吉拉特 康巴夫 塔纳 马拉巴海岸 卡里卡特 拉萨 蛮子省 尼科巴群岛 卡勒士 喀剌和林 上都 汗八里 赤盘谷(日本) 杭州 刺桐 泉州 查板

从某些方面看，他的代表团的条件完全不是不利的。贵由最亲密的合作者喀达克、他的几位医生和一位将军都是基督教信徒，蒙古人本身对宗教事务很淡漠，甚至是容忍的。除此之外，还有一件事实，在其过去几十年的征服过程里，蒙古帝国已经扩展了疆界，把许多基督教民族囊括进来，把数千名基督教俘虏带回到亚洲腹地。比如，教皇的特使们在准噶尔阿尔泰山区的塔拉斯就遇到了大批替蒙古人开采金矿和制造武器的德国人，那显然全部都是流放犯的特兰西瓦尼亚采矿村。哈喇和林明显地到处都是法国人、佛兰芒人、英国人和德国人，他们在这里住在自己的商队旅馆中，他们是来做生意的。

因此鞑靼人很了解基督教。贵由曾经下令："根据上帝的律法，拉丁人、希腊人、亚美尼亚人、聂斯托利派、多明我教派和所有信奉十字架的人之间不得有任何区别。"然而，在哈喇和林与罗马之间，这个世界看起来是截然不同的。在聚集在大汗的首都的几千名高等权贵之中，卡皮尼只是众人当中的一员，而教皇的信件也是被当作通常的效忠表示而受到欢迎和理解的。这些高等权贵有俄罗斯的大公、巴格达的哈里发、土耳其人、波斯人、朝鲜人和中国人派来的使者和中东的许多尊贵王公。因此，贵由回信说：

因此，你本人必须率领你所有的王公前来这里，并对我们表示忠诚和臣道。如果你蔑视上帝的旨意，不服从我们的命令，我们就把你视为敌人。任何人只要承认和臣服上帝之子、世界的君主，即大汗，他就能够得救；任何人拒不屈服，就将被彻底摧毁。

这有一种冒犯的意思。但是，贵由继续说：

"你们西方大地上的居民认为只有自己才是基督教徒，而藐视他人。你们怎么知道：以上帝的目光来看，谁值得分享他的仁慈呢？当你们对自己说：'我是基督教徒，我对上帝祈祷，我是上帝的仆人，我仇恨其他人'的时候，你怎么知道上帝认为谁是正直的，他将对谁施加他的仁慈呢？"

这可能是一种带有亚洲特征的哲学反思引起的回声。但是，这封信也几乎带有一种民族主义的意味，至少带有对傲慢的西方公然反对的意味，从那时起，从亚洲就不断地传来诸如此类的话。面对这样的态度，卡皮尼的使团注定是要失败的，而且就其原来的政治和神学目的而言，它确实是失败了。但是鉴于它揭示了这一点：由于有适当的好运气，这样漫长的旅程也可以完成，它又是成功的。换言之，即使从陆路走，也可以绕过阿拉伯人在通往印度的道路上设置的封锁。

经过非常困难的冬季旅行，卡皮尼安然无恙地回到了欧洲。他肯定是在1247年11月抵达里昂的教皇宫的。他在《蒙古行记》（*Historia Mongolorum*）中生动地记载了他的印象和带回来的报告，鉴于这点，梵蒂冈肯定感到非常犹疑，试图与中亚的新兴大国建立联系是否还有任何成功的前景。然而，其他的西方统治者却涌入了梵蒂冈留下缺口。六年后，1253年冬天，法国国王路易九世[1]也向哈喇和林的大汗派遣了大使馆，这也许是在无意识地追求法兰克人世代以来扩张自己势力范围的梦想，他们要赢得远在东方的朋友，无论后者与他们有多么格格不入，也要保持良好关系。在查理大帝时代，他是哈伦·拉希德，[2]现在他就是大汗！

这个使团是由佛兰芒人方济各会修士瑞斯博克（Ruysbroek）的威廉率领的，他是头脑冷静的人，人们认为他不会喜欢自己的使命，尤其是

---

[1] Louis IX, 1214~1270年，又名圣路易。——译者
[2] Haroun al Rashid, 阿拔斯王朝第五代哈里发，786~809年在位。——译者

他本人与我们上面谈到过的教皇派到异教徒当中的传教士隆瑞莫的安德鲁相识,从他那里肯定了解到了哈喇和林的真实情况。另一方面,从亚洲又一直传来相当真实的报告,大意是说蒙古的某些王公和其他人都是基督教信徒。

看起来似乎蒙古统治阶层的各种成员都接受了洗礼。但是,这些"基督教信徒"显然认为洗礼就是一种新的预防魑魅魍魉的方法,而没有领悟到这一高尚的宗教哲学的任何内在含义。在另外的情况下,这些"基督徒"实际上就是佛教徒,来自西方的肤浅观察家曾被这种教义与基督教之间许多的接触点所蒙蔽。

无论如何,瑞斯博克的威廉还是在1253年前往东方了。他也是穿过了咸海地区,穿过准噶尔山口旅行的,即沿北面的商道走的。他原来的目的地是伏尔加河下游的大草原,据说表面上是基督教信徒的蒙古亲王撒里答❶就驻在那里。瑞斯博克见到了撒里答,但是,被他推荐给他在萨拉托夫的父亲:拔都亲王❷。反过来,拔都又把他推荐给在哈喇和林的大汗,撒里答和拔都都说这事情超出了他们的权限。瑞斯博克对撒里答没有留下非常愉快的印象。在他的旅行报告中,他说:

"我不知道撒里答是否信奉基督。但我知道,他并不希望被称作基督徒。在我看来,他是在奚落基督教徒……"

无论如何,瑞斯博克肯定的是:亚洲中部有许多基督教徒。在1253

---

❶ Sartak,第二任可汗,拔都之子。他镇守于黑海之北。1253年,撒里答接见法国国王派遣的传教士,送他到撒拉托夫见拔都。1255年,拔都去世,他回国即位,但回国后不久就去世了。他是基督徒,一位亚美尼亚作家说是俄罗斯人为他洗礼的。——译者
❷ Batu,约1200~1255年,钦察汗国的创建者,成吉思汗长子术赤之嫡次子。蒙古历史上最杰出的军事统帅之一,蒙古人因他对部下宽大,称他为撒因汗意为好汗。——译者

年11月30日，即圣安德烈日 ❶，他写道：在靠近卡来克 ❷（七河地区的考帕勒）的一个村子里，有一座聂斯托利派教堂。"我们走进去，尽情、愉快地歌唱《圣母颂》（Salve regina），因为我们很久没有看到教堂了。"但是，他的判断力很强，他没有从这里得出任何普遍的结论，他也没有认为亚洲基本上是一个基督教的省份。1253年12月末，他来到蒙哥（Mangu）汗的宫廷，蒙哥是掌权的大汗铁木真的孙子。铁木真曾以不友好的态度接见了西方的代表团。1254年5月，在哈喇和林围绕着各种宗教信条进行了长时间的讨论，在讨论过程中，蒙哥表示屈尊接受这个佛兰芒僧人就宗教问题做一次长时间的私人谈话。但是，这一切并没有留下任何明显的结果；瑞斯博克的叙述偶尔给读者留下这样的印象：他能很好地理解蒙古全能的统治者认为天主教徒与聂斯托利派基督教徒、犹太人、伊斯兰教徒和佛教徒之间的宗教差异，都是小事情。至少他看到了在辽阔无际的亚洲，衡量各种事情必须用另一些尺度，而不是用欧洲的尺度，即使在那些时代，欧洲的尺度也已经受到大量历史记忆的约束和压制。无论如何，瑞斯博克以冷静而客观的文字结束了他的叙述：

"在我看来，一位弟兄再像我和多明我会修道士一样再次到蒙古去，那是徒劳的。"

瑞斯博克的威廉对宗教事务具有冷静观察的天赋，这种天赋并没有在毫无疑问他比较陌生的其他领域离弃了他。根据基督教的标准，他很自然地对聂斯托利派基督教徒的散漫生活方式表示反对，因为他看不惯从远古以来就在中国形成的中亚一夫多妻的风俗。从他那时代的精神来

---

❶ St. Andrew，耶稣十二门徒之一，天主教将这一天定为他的瞻礼日。——译者
❷ Cailac，在今伊犁河以北与巴尔喀什湖以南地区。——译者

看，很自然，他不会为伊斯兰教徒说一句好话的。

尽管有这些肯定让他相当苦恼的事情，但他还不能不注意到他来到了一个秩序井然的国家。他特别吃惊的是，蒙古统治者宏伟的帝国大道上的交通是准时而迅速的。然而，他不像其他许多的西方旅行家，他在大汗的国家里并没有感到十分安逸。比如，关于他与鞑靼的第一次会面，他写道："我们见到了鞑靼人。我一来到他们当中，就似乎觉得我走进了另一世纪。"当他安全地穿过一群紧紧盯着他的鞑靼人的时候，他宽慰地叹了口气："我感觉好像逃出了魔鬼的手掌。"从这里我们可以做出判断：他自愿投身到鞑靼人的势力当中，是要具备大量的个人勇气的，即使他是教皇的特使，享受外交保护。大量的旅行家，许多人是基督教传教士，为自己的勇敢付出了生命。尽管如此，瑞斯博克的威廉还是带回了大量有价值的信息，比如：中国已经有了纸币，里海不是南洋（Southern Ocean）的一个海湾，而是巨大的内陆海，中国的字母表不是由字母组成的，而是由符号构成的，还有其他更多的事情。

然而，瑞斯博克的威廉真正的传教目的根本没有达到。相反，蒙哥汗直截了当地让这个"西方鬼子"理解到：越快回家越好。这样一来，法国国王的代表团与教皇派往远东的传教士一样都没有取得成功。因此，任何向遥远的亚洲进行广泛传教的概念就一度被放弃了。

六

除了所有这些有点非生产性的事业之外，却取得了一项的重要成功：欧洲越来越明确地了解了西亚和中亚，而且逐渐进入了大商人的操作范围。在这方面,领先任何人的是威尼斯。

这座泻湖上的美丽城市,大约在13世纪中叶,达到了它势力的顶峰。开始时它只是一个渔村,即使有极为有利的位置,也没有引人注目。在公元5世纪和6世纪匈奴人和伦巴第人入侵的时期,它成了威尼托(Venetia)大部分城市居民的避难所,因此在落后渔民的底层之上建起了由富裕市民构成的上层建筑。拜占庭与伦巴第人之间的战争让威尼斯暗自发笑,并获得利益。早在7世纪,它就打造了一支舰队,很快就发展成相当可观的军事力量。地中海的贸易将不可避免地落到它的手中,而经过与查理大帝进行熟练的谈判还为它确保了在中欧和西欧的陆路贸易中也发挥占优势的影响。

十字军远征进一步扩大了威尼斯的影响,使它无可争议地获得了"亚得里亚海的霸主"的称号。皇帝与教皇之间永无休止的冲突,正如500年前拜占庭与伦巴第人之间发生的争议一样,给这个拥有优越外交手腕的泻湖城市带来一个机会:去巩固它作为主权国的地位。它的影响很快就扩展到埃及和黑海以及俄罗斯的南部,这是中世纪与亚洲贸易的两个焦点。威尼斯商人驻扎在克里米亚和顿河河口的塔纳(Tana),前者是为了俄罗斯南部的谷物,后者是因为我们曾经谈到的贸易古道可以从这里延伸到俄罗斯的腹地和西伯利亚,但是,威尼斯商人也在小亚细亚黑海海岸上的锡诺普和特拉比松[1]定居。因为从中亚到西方的许多重要商队路线都以此为终点,而从波斯湾过来的物流有相当部分是流向这个方向的。威尼斯曾是世界贸易的重要市场。因为来自东方的货物都经过这个城市设在利多的帐房分发出去,传到北方和西方。如果奥格斯堡、纽

---

[1] Sinope and Trebizond,二者均为土耳其城市。——译者

伦堡或斯德哥尔摩的主妇能够在这时从杂货商那里买到马拉巴尔胡椒、阿拉伯香料和没药、中国大米、西班牙或意大利的藏红花、锡兰的桂皮、南亚的高莎草和印度的姜以及来自西非的"摩洛哥豆蔻"(Grains of paradise),她真要为了这些外国货好好感谢威尼斯呢。

我们只能预想:来自这个世界贸易第一城的代表们现在应该加入了前往亚洲的客流。与意大利其他城市的竞争迫使它要保持活力。然而,尼可罗(Nicolo)与马菲奥·波罗(Maffeo Polo)兄弟二人都在克里米亚有一家工厂,他们纯粹是为了私人的商业目的出发到亚洲的,而不是受到国家的命令。当他们在1255年开始旅行的时候,他们没有任何到中国去的打算。他们试图会见蒙古的巴卡亲王(Barca),他轮流把伏尔加河上的两个大城市保尔加和萨莱当作首都。事实上,他们确实到了巴卡的宫廷,但当他们希望回家的时候,命运插了一手。巴卡和其他蒙古亲王之间爆发了战争,因此,到西南去的陆路旅行变得不安全了,于是这两个威尼斯人就旅行到东南去了,他们来到不花拉(Bokhara),在那里与被派前往新大汗忽必烈的大使馆会合了。

尼可罗与马菲奥·波罗大约是1260年到达不花拉的,一两年后他们来到汗八里,即今天的北京,忽必烈已经把这里作为首都。大约在1265年,他们开始返回,1269年春天到达阿克(Arce)。他们带回了忽必烈给教皇的信息:请求西方基督教世界的领袖给他派100名虔诚的僧人。

忽必烈颁发给这两位威尼斯客人的金牌,保证他们在整个亚洲都能受到优惠待遇。毫无疑问,在欧洲这也能证明他们与忽必烈有很好的关系。尽管如此,库里亚还不能下决心按照请求派出100名牧师。这样做是有充足理由的。因为在波罗兄弟离开之前,大汗召见他们并宣布:

你们怎样让我变成一个基督教徒?你们看到了:这里的基督教徒是这样

的无知,他们什么也没做,他们也不会做什么,而你们看那些偶像崇拜者,他们想做什么事都能做,这样一来,我坐在桌子前,装满葡萄酒或其他酒的杯子就从大厅中间来到我的面前,而任何人都没碰它们,我就用它们饮酒。他们还能呼风唤雨,随意让风雨改变方向,他们还能做出许多其他的奇迹。你们知道,他们的偶像还会为他们选择的任何事情说出预言。但是,如果我信奉了基督,变成了基督教徒,那么,我的贵族和其他没有改变信仰的人就会说:"是什么让你去受洗信奉基督的?你看到他显示了什么力量或奇迹呢?"(你们知道这里的偶像崇拜者说他们的奇迹都是出自他们偶像的神圣和力量。)喔,我真不知道怎么回答他们,因此,他们只能坚持自己的错误,这些偶像崇拜者非常精通这样令人惊奇的艺术,他们会很容易地用计谋杀害我。现在你们要回到教皇那里去了,请替我请求他派一百个通晓你们法则的人来,他们要有能力当着偶像崇拜者的面揭穿他们,而且告诉他们:他们也会做这些事,但是,他们不愿意做,因为这是借助魔鬼和其他幽灵的帮助做的,而且应该这样控制偶像崇拜者:让他们无法在他们面前表演。当我们亲眼看到这件事的时候,我们就会废除偶像崇拜者和他们的宗教,我也会接受洗礼,如果我接受了洗礼,那么,我的所有贵族和首领也都要受洗,他们手下的人也要受洗,这样一来,这里的基督教徒就比你们那里的还要多。(马可波罗游记,亨利·尤鲁译 伦敦:约翰·莫瑞,1874年,第二版,卷一第339页后)

库里亚显然不能答应这些条件,当这两个威尼斯人带着尼可罗17岁的儿子于1274年再次出发到中国的时候,教皇格列高利十世为他们派了由两位僧人组成的宗教护送者:维琴查的尼古拉斯和的黎波里的威廉。但是,这两位传教士对这条到一群黄面孔、细眼睛和梳辫子的人那里去的道路感到恐惧。刚到了亚美尼亚的亚历山大勒达湾❶,他们就返回

---

❶ Alexandretts,土耳其南部港市。——译者

了，当然，他们没有禀报教皇。马可波罗认为这次胆怯的擅离职守妨碍了忽必烈改变信仰，否则这将改写整个世界的历史。这是否正确是另一个问题。诚然，1214年出生的大汗是成吉思汗的孙子[1]，他是真正伟大的人，毫无疑问是所有蒙古统治者当中最杰出者之一。而成吉思汗那些直接的继承人则是些虚张声势的武夫，对精神事务不感兴趣。忽必烈于1256年登基，他是非常聪明、有教养的人，对学术问题有浓厚的兴趣。无疑，马可波罗了解他的这位皇帝朋友，就像一个欧洲人了解一个亚洲人一样。但是，绝对不要忘记：任何时候亚洲都是以不同于欧洲的角度进行思考的。我们已经知道，在蒙古皇帝的随从当中许多有影响的人都是受过洗的基督教徒。但是，这对这个亚洲强国的政策并没有造成可以感知的影响。

无论如何，两位牧师擅离职守以后，我们这三位威尼斯人只能孤独地踏上旅程。我们不知道他们确切的行程，无论是通过摩苏尔和巴格达，还是通过艾尔祖鲁姆[2]向更北的地方。他们一定是穿过了霍尔木兹海峡到了喀什噶尔。从这里他们走南路，经过叶尔羌（Yarkand）、和田和车尔成[3]抵达沙洲，在那里，他们已经到了大汗的真正疆域。在唐古惕（西夏）西部省的首府甘州，他们遇到了忽必烈派来的仪仗队，仪仗队引导他们先沿黄河走，通过震旦省的北面，到达单都（Chandu）（即柯勒律治的元上都），这是皇帝的夏都，他们大约在1275年5月到达。

大汗极其热诚而尊重地欢迎这三个意大利人。年轻的马可波罗是在

---

[1] 各种史料记载：忽必烈生于1215年9月23日，乙亥年，1260年5月5日～1294年2月18日在位，在位34年，此处原文与下文关于登基年代恐怕都有错误。——译者
[2] Erzrum，土耳其东北城市，旧译埃尔斯伦。——译者
[3] Charcham，今新疆且末。——译者

他父亲第一次离家到亚洲旅行后不久出生的,他很快赢得了皇帝特殊的信任和友谊。他成了皇帝的私人秘书,最后当了扬州的地方长官,扬州是忽必烈刚从南宋夺取的蛮子南省的首府。这样马可波罗就可以很好地利用他在忽必烈皇宫里度过的17年时光,尽情地进行观察。卡皮尼和瑞斯博克谁都没有真正透彻地了解中国,而他却有一切机会彻底地进行了解。他不懂中文,但他会讲蒙古语、波斯语和阿拉伯语,他后来写的叙述准确而生动,这表明语言不通并没有阻止他对中国的观察。

马可波罗是以自己在旅途上得到的印象和经历开始叙述的。他说到鞑靼人和他们的蒙古包,可以尽可能收卷起来的毡子帐篷,他还报道了他们的生活方式、食品、妇女、马匹和狗。然后,他谈到在帕米尔高原上的征途:

这个地区非常之高,非常之冷,甚至看不到任何飞鸟。我必须注意这点,因为这种酷寒,火都烧不旺,火都不像平常那样热,饭都煮不熟。(马可波罗游记,卷一,第181页)

我们知道,这两项观察都完全正确。只有非常少数的例外,在这样高的海拔是看不到鸟的,在这样的高度,空气含氧量低,火就不能像接近海平面那么热。当然,马可波罗的物理学知识并不足以解释这些现象,他满足于注意它们,然后又去描写中国高度文明、人口稠密的地区,而那里才是比帕米尔荒原让他更感兴趣的地方。他详细地记述了伟大的城市甘州城[1](Canpchu)(甘肃的甘州),那里有三座聂斯托利派教堂,他谈到他们沿着前进的古老的帝国丝绸之路;他详细地讲述了黄河,他们在这条大河上向东北方漂流。距离黄河不远,他们进入了天德

---

[1] 甘州,今甘肃的张掖。——编者

军大省（Tenduc），即现在的天德❶，马可波罗相信这个地区曾经是祭司王约翰的家。

天德军是位于东方的一个省，包括许多城镇和乡村，其中有一个大城市，也叫作天德。这省的王具有祭司王约翰的血统，名叫乔治，他在大汗（Great Kaan）之下占有土地，他不像祭司王约翰那样拥有一切。我可以告诉你，这是一种习惯：有祭司王约翰血统的这些王都会娶大汗的女儿或他家族其他的公主为妻。

在这个省有一种石头，用它可以制作天青。它是从地上的矿脉获得的，品质非常精良。这里还有一个用驼毛生产各种颜色的精美羽纱的庞大的制造业。这里的人依靠牲畜和耕地以及贸易和手工艺品生活。

我曾告诉过你，这个省是由基督教徒统治的，但是，这里也有许多偶像崇拜者和穆罕默德的礼拜者。这里还有一个称作阿尔贡斯（Argons）的阶层，用法语说就是Guasmul，换言之，就是来自两个不同种族，也就是天德省的偶像崇拜者和穆罕默德的礼拜者。这些男人比这个国家其他的当地人都要漂亮，他们也更有能力获得权威，他们也是资本商人（capital merchants）。（马可波罗游记，卷一，第275页。）

当马可波罗开始叙述忽必烈皇帝的时候，一开始他的描述似乎是从祭司王约翰写给欧洲各位君王的信里摘录下来的。但是，很快就逐渐显露出了差别，显示了马可波罗与大汗个人之间的亲密友谊：

在我们的书里，在此处我要告诉你现在在位的大汗的伟大和神奇的高贵，他的名字叫忽必烈汗（Cublay Kaan），汗是一种称号，表示"万王之王"，或皇帝。而且他肯定有充分的权利得到这个称号，所有人都确实知

---

❶ 天德，今内蒙古河套地区。——编者

道：从我们的祖先亚当的时候起，直到今日，在现存和过去的世界上，他在力量、土地和财富各方面都是最有权势的人。（马可波罗游记，卷一，第323页。）

现在我就要告诉你大汗，万王之王，忽必烈个人的相貌。他的身材很好，既不高，也不矮，身材中等。肌肉匀称，四肢形状美观。面色白中带红，眼睛黑亮，鼻子形状很好看，位置也很合适。（马可波罗游记，卷一，第348页。）

这个忽必烈汗是正宗皇家血统，是所有鞑靼人的第一个君主成吉思汗的嫡传后代。在这个世系中，他是第六位皇帝，我在本书里已经告诉过你了。他在1256年登基，他能掌管帝国是因为他的能力、勇气和巨大的财富以及公正和理性。（马可波罗游记，卷一，第324页。）

这个威尼斯人以同样清晰的笔触描写了大汗周围的事物：忽必烈在上都的夏宫（卡耳干，Kalgan东北的上都），它肯定像洛可可时代欧洲的任何城堡一样引人注目，还有他在汗八里（北京）这个大城中的冬宫。作为欧洲行政管理最好的单位威尼斯的市民，马可波罗对大汗的行政管理留下特别深刻的印象，对此他详细地进行了描述。他书中的这一章，在西方引起了极大的兴趣，那时西方正努力摆脱陈旧过时和毫无用途的政府形式。正是马可波罗叙述的这一方面，在欧洲旅行者当中激起了前往大汗国度去旅行的广泛欲望。

你必须知道，大汗选了十二位亲王（great Baron），他把三十四个大省所有必要的事务都交给了他们。现在我要特别把有关他们的情况和他们的机构告诉你。

你必须知道：这十二个亲王都一起住在一个非常富有而美丽的宫殿里，宫殿在汗八里城内，由各种各样的大厦组成，还有许多成套的寓所。每个省都派有一位法官和几个书记员，他们也住在这个宫殿里，但他们都有单独的住所。在十二位亲王的指导下,这些法官和书记员管理他们省内所有的事务。不过,遇到非常重要的事务,十二位亲王就要请示皇帝,皇帝按他认为是最好的办法做出决定。但是,这十二位亲王的权力还是非常巨大的,他们可以选择我说的那三十四个省的省长,而且只有他们选择了以后才向皇帝报告。皇帝批准后,为被任命者发一块与他的政府职位相应的金牌。

这十二位亲王还有这样的权威:他们可以调动军队,他们可以根据他们的意愿调动多少和到任何地点。这是要经过皇帝认可的,然而命令还是由他们发布的。它们被称作省,这就等于是"最高法院",而他们所住的宫殿也叫作省。这个机关构成了大汗宫廷最高的权威,他们确实可以宠爱和提拔他们喜欢的人。(马可波罗游记,卷一,第417页。)

皇帝的造币厂就在汗八里城内,它的制作方式是这样的:你可能会说他完全掌握了炼金术的秘密,而且你可能是正确的!

他让他们采用某种树的树皮,事实上就是桑树,桑树的叶子可以喂蚕,这些树非常之多,整个区域到处都是。他们采用的是树干和厚厚的外皮之间某种精细白色的韧皮纤维,然后他们把它做成像纸片一样的东西,但是,它们是黑色的。当这些"纸"片做好后,它们就被切成各种尺寸的小块。尺寸最小的值半个托尼色勒(tornesel),大一点的值一个托尼色勒,再大一点的值威尼斯的半个银格罗特(groat),另外的值一个格罗特,其他还有值两个格罗特、五个格罗特和十个格罗特的。还有一种能值一个金拜占特❶,其他的值三个,以至值十个金拜占特。他们发行这些纸片非常严肃,并具有权威,好像它们就是纯金白银。在每片纸上,负责的各级官员都必须签上自己的名字,盖上自己的印章。当这一切都及时地准备好的时候,由汗授权的主管官员就把托付给他的印章涂上朱红色印油,然后印到纸上,这样印章的形式就用红色留在纸上,这样货币就得到了认可。伪造者将被处死。汗每年都要下令制作大量的他什么都没花费,但却必须等同于世界上所有的金银财宝

---

❶ Bezant,拜占庭帝国时期的金币或银币名称。——译者

的货币。

他用我曾描述过的这些纸片来支付他所有的消费,他让这些钱在他所有的王国、省和领地里普遍流通,凡是他的权力和主权伸展到的地方,都可以流通。任何人,无论自认为有多么重要,胆敢拒绝这些钱币,就要处死。确实,人人都乐意接受它们,因为在大汗的疆域,任何地方的人都会看到这种纸的钱币,用它们就像用纯金币一样可以买卖货物。(马可波罗游记,卷一,第409页。)

马可波罗还热情地描述了大汗的国家邮政:

现在你必须知道:从汗八里城延伸出许多道路和公路,通往各省,一个省到另一个省;每条道路都有所到各省的名称,这是一个非常合乎情理的计划。从汗八里出来的皇帝信使可以选择任何道路,每隔25英里(约40公里)就有一个叫作杨伯(Yamb)的驿站,我们可能把它叫作"拴马房"(Horse-Post-House)。信使使用的每个驿站都有高大漂亮的建筑,给他们提供食宿,在这里他们看到每个房间都有精美的床和其他用华丽丝绸制作的必需用品,他们想要什么东西都能得到。如果一位国王来到这些驿站,他也会觉得招待得很好了。

此外,在某些驿站还会拴着400匹马,随时准备为信使使用。其他驿站可能拴着200匹马,这要根据需要来定,也要根据皇帝在各地的决定而定。(马可波罗游记,卷一,第419页)

这个威尼斯人又解释了:忽必烈王国的力量和效率大部分是因为它庞大的人口,反过来,庞大的人口是因为未开化的人一夫多妻的习俗造成了大家庭,另外,也是由于这些居民几乎完全靠这个国家大量生产的大米、荞麦和小米为生的能力。他还讲到,遇到天灾农业歉收的时候,大汗不仅免除了农民的税赋,而且还通过官员为他们提供口粮和来年的种子。这些粮食是从特大丰年贮存在国家粮仓里的储备中提取的,在需要的时候，这些粮食仅以平时价格的四分之一出售。大汗还对农民遭受疫病的兽群提供类似的援助，从国家的兽群为他提供牲畜。

忽必烈为他的臣民着想，有一个例子，马可波罗感到印象特别深刻，这就是：忽必烈在道路两旁栽种树木的做法，他写道：

皇帝还下令：信使和普通百姓所走的公路都要隔几步远就种上成排的大树，这样距离很远就可以看见这些树木了，无论白天还是黑夜，谁都不会迷路了。即使通过无人居住的地区，也要这样种树，这对旅客来说可能就是最大的安慰。凡是有用的地方，都是这样做的。大汗更加乐意种这些树，是因为占星家和占卜师告诉他，种树的人能够长寿。

但是，在多沙石的地方和在沙漠中，树木无法生长，他下令设置其他地标、柱子或石块标明道路。（马可波罗游记，卷一，第426页）

我们已经说过马可波罗的报告对欧洲造成的巨大影响。他影响的不仅是地理学的知识，而且是文化演进的实际过程。那些关于大汗疆土的叙述可能为欧洲很好地提供了在公路旁栽种树木和使用纸币的最初动因。他的叙述中另一个肯定引起强烈兴趣的地方就是：提到了从山上挖出来的可以像木炭一样燃烧的"黑石头"。欧洲也知道"黑石头"，9世纪初英国曾经谈到过沥青煤❶，而从13世纪开始，人们就明确地在那里开采了它。关于这个题材，威尼斯人说：

事实上，在整个中国，山里的矿床都有一种黑石头，他们把它挖出来像木柴一样燃烧。如果你在夜间用黑石头燃火，它们就烧得很旺，直到早晨还在燃烧，他们在整个国家里都使用这种主要的燃料，而不用其他燃料。（马可波罗游记，卷一，第428页）

---

❶ pit-coal，一译煤炭。——译者

马可波罗对中国人的宗教观念当然具有特殊的兴趣。他是第一个让欧洲知道灵魂转世概念和以祖先崇拜为基础（如孔子的教导）的宗教的人。

他们的灵魂不朽的观点就是以这种方式形成的。他们相信人死后，他的灵魂就会立即进入另一种身体，生前的善恶决定了他的好坏。这就是说，如果一个穷人，一生都行善而有节制，他就会投胎一个贵妇人，生为一个高贵的人；他第二次将投胎一个公主，生为公子，这样下去，一直上升，直到成神。但是，如果一个高贵的人的儿子，自己作恶，将来就会投胎做农民的儿子，再投胎变成狗，而且越来越低下。

他们对父母特别尊敬，如果谁家的儿子冒犯了父母，或没有尽赡养义务，那里就有公众会所专门惩罚那些被证明不孝敬父母的违背人性的子女。（马可波罗游记，卷一，第438页）

对马可波罗游记所做的这些简短摘录，显示了他叙述的热情和气势。我们可以看到，他的记录远远超过了地理学的范畴，其中包括了大量的几乎是关于生活各方面有价值的信息。中世纪没有其他关于中国如此全面的叙述。

另外，马可波罗还代表忽必烈汗到中国之外进行广泛的游历。在他的第一次旅行中，他到了大汗刚刚征服了的西藏。威尼斯人从这里到了缅甸，他详细地描述了缅甸的奇异之处，然后向东拐了一个大弯，向北又回到大汗的驻地。在另一次长途旅行中，马可波罗同样是向南，来到了行在（Kinsay）：华南城市浙江的杭州。这是宋朝原来的首都，华南世袭的皇室，从远古以来它就是文化中心，比起本质上多少有些粗俗的汗八里来，它更有教养、在传统上也更无限地丰富。马可波罗的判断标准来源于威尼斯，完全可以理解，他在这里要比在大汗北方的首都感觉得更自在。他甚至无法在米兰生活,他习惯世界大都市的广阔视野和繁忙的节拍,而在汗八里很自然地弥漫的从单一大陆的角度看待事物的方式,是他终生无法接受和不喜欢的。

在行在这里,他称之为"天上的城市",人们真的能闻到海上的咸味。各国来的水手在街上四处闲逛,那里有各种种族的人,棕种人、黑人和黄种人。港口中有成千上万的桅杆指向天空。港口还有大型远洋货船,它们远航到印度、波斯和爪哇周围有星罗棋布的岛屿的大海,与它们并列的还有定期航行在中国南部海岸的无数平底帆船和在内陆运河航行的小船。色彩多么丰富的一幅图画!然后是城市庞大的居民人口。在马可波罗的时代,皇帝的税吏估计大约有160万户人家住在这里,也就是说,相当于500多万居民。当然,行在也是极为富有的城市。因为它生产盐,据马可波罗说,仅此一项,皇帝就能提取600万威尼斯达克特(ducat)的岁入,除此之外,商业和其他工业也要收税,因为巨额财富就从行在流入了皇帝的金库。

当马可波罗住在中国南方的时候,他第一次听到:在世界最东方的海岸更遥远的东方,有一个无限富有的岛屿横亘在浩瀚的海洋里,赤盘国(Chipangu),就是我们说的日本。在中国人的想像里,赤盘国似乎是神话般的岛屿。它距离中国海岸只有1 500英里,然而到达赤盘国的人很少。大汗也无法征服它。但这个岛非常富有。比如,它的皇宫就"完全是用纯金铺设屋顶,就像我们的教堂是用铅盖屋顶一样""皇宫的所有路面和室内地面也都全是用像石板一样的金箔铺设的,金箔足有两指厚,窗子也是用黄金做的。"此外他们还有大量精美的珍珠和其他宝石。

可以想像,像这样的报告会在西方引起极高度的关注。各文明国家的航海家都在努力寻找到这个丰饶的大地最短的路线,这些报告起了主要作用。马可波罗明晰简洁的叙述从许多模糊和朦胧的谣传中脱颖而出。然而马可波罗写这些叙述纯属偶然。他写作的时候已是一个战俘。1298年,在他从中国安全返回家乡之后三年,他参加了威尼斯和热那亚之间的海战,战斗中他落入了热那亚人的手中。他利用大约10个月的战俘生活,写他的书。他回到威尼斯,带回了大量财宝,这为他赢得尊敬和羡慕起了不小的作用,但他也招致了大量的嘲讽。因为他经常间接地提到许多欧洲不习惯的巨额数字,在他活着的时候,他得了一个绰号:马克百万先生(*Messer Marco Million*)。毫无疑问,他常常弄错了数字,也许他为了打动习惯了大数字的威尼斯人,有时做了夸张。但是,马可波罗游记包含着一个坚实的真理内核,意大利的一部古老的编年史报告说:1324年当他濒临死亡的时候,他坚决拒绝收回他所写的任何东西,它们都是完全可信的。据说,他说他连他那令人惊奇的经历的一半都没有写出来!

七

当三位波罗正从海路经过印度支那、苏门答腊和锡兰返回欧洲的时候,一位西方人却向东航行,与他们擦身而过,并在中国生活了将近40年。这就是圣方济各僧人孟高维诺的约翰(John of Monte Corvino),他是基督教会所产生的最伟大的牧师和传教士。我们回想起两位年长的波罗在1270年从他们第一次中国旅行归来的时候,大汗请教皇给他派遣一百名基督教传教士。我们也知道,当他们再次前往中国的时候,两个僧人被派跟随他们,但是,他们刚走到小亚细亚的时候,两个僧人就回去了。现在格列高利十世的继承人,精力充沛的教皇尼古拉四世又重新拾起了这个计划。1288年,孟高维诺带着教皇致大汗的信出发前往亚洲。他的第一站是波斯,它的蒙古人国王阿博噶(Aboga)是忽必烈的侄子。那时他正受到向东开拓的阿拉伯人的威胁,因此,毫无疑问,他非常愿意与阿拉伯人的另一个敌人欧洲接触。

可能是在1290年,孟高维诺才从波斯前往印度,在那里他在科罗曼德尔海岸与圣多马派的基督教徒一起生活了将近一年。然后,他从海路到了忽必烈的北平。三十六年以后,在年富力强的时候,经历了无可争辩的成功之后,他在北平闭上了眼睛。在1330年,他甚至成功地说服了在位的大汗海山❶接受洗礼,武宗是铁木儿的继承人,是忽必烈汗的孙子。由于孟高维诺在1307年被任命为契丹大主教,而且有九个主教被派往中国,(但只有三四个最后到达他们远东目的地),这就为这惊人的归依行动铺平了道路。在一时间内,这似乎被看做是基督教在中国已经处于日益增长的影响边沿。

正如我们所知,大约一千年前,在中央王国有一段时期,基督教信仰已经十分广泛地扩散开了。受到(唐)太宗和他的继承者的宠爱,聂斯托利派赢得了许多信徒,如果有某一位皇帝接受了洗礼,那么它就可能上升为国教。但是,已经确立起来的各种事物倒塌了,基督教也就消失不见了。多少世纪以来,来到中国的各种外国宗教都受到无情的镇压。然而聂斯托利派的许多踪迹还存在,我们在几个场合曾听到欧洲旅行家在前往哈喇和林或北平的路上偶然遇到过基督教的教堂和聂斯托利

---

❶ 武宗,1281~1311年,元朝第三位皇帝,蒙古帝国第七位大汗,1307~1311年在位,在位4年,元世祖之曾孙。——译者

派的社团。

想到早期的基督教时代，还有更重要的是看到忽必烈汗对基督教的同情，那么，直到马可波罗他们三人离开北平，孟高维诺还没有到达北京，此时忽必烈汗几乎是80岁了，他太老了，已经不能为新的教义提供积极有效的支持，这一事实就被哀叹为命运的灾难性失误。人们曾经勾勒出最大胆的远景：如果孟高维诺早一点到达那里，那会出现什么情况呢？如果年轻一点的忽必烈汗投奔了基督教，并按照说过的那样，凭借他的人格力量带领他的人民信奉基督教，那么，历史就将改写。对过去可能发生的事情进行沉思总是毫无意义的，但是，对这个特殊的情况而言，在事件发展的过程中，任何根本的变化可能带来的机会实际上并不像看起来那么伟大。现代对东西方文化关系进行的研究揭示了这类问题的复杂性。即使完全自发地接受了欧洲的思维方式和道德价值，亚洲的观念是否改变了，或能否改变，都是成问题的。无论如何，正如亚历山大大帝未能见到印度才华横溢的统治者旃陀罗笈多[1]一样，教皇和大汗现在也没有相见。甚至几个世纪后，尽管不断重复最初进行融合的努力，但是，两大半球之间始终没有任何真正的联合。也许互相理解的时代还没有到来。

正是因为这个原因，我们都更深切地被欧洲到东方的精神使者之一所写的信打动了。这封信是方济各修士佩鲁贾的安德鲁（Andrew of Perugia），刺桐港主教在1326年冬天写的。他写给"佩鲁贾修道院尊敬的修士之父和修道院长。"信中说道：

小兄弟会的佩鲁贾的安德鲁修士，按照神的旨意离职的受任主教致信于

---

[1] Chandragupta，约公元前324~公元前300年在位，古代印度国王。——译者

第十章 十字军东征，祭司王约翰与大汗

佩鲁贾修道院尊敬的修士之父和修道院长，致以问候，并祝永久平安。

由于我们之间的陆路和海路的遥远距离，此信能否到达您的手中，我几乎不抱希望。

您已经知道，我和佩雷格利努斯修士，我那已故的助教同事，我漫游中唯一的同伴，克服了陆地和水上的长途跋涉和精疲力竭、饥饿和各种折磨，我们被抢劫一空，甚至我们的僧袍和内衣都被抢劫了，最后凭靠上帝的帮助，我们到达了汗八里（北平），大汗和皇帝的皇宫就在那里。我相信这是我们的主道成肉身后的1308年。在我根据罗马教廷的指令被任命为主教后，我们在那里住了将近五年。在这期间，我们从慷慨的皇帝得到一份阿尔法，这足够供给八个人的衣食之用。这份阿尔法是一种津贴：是皇帝为了数不清的理由而发给各显贵王公的使者、演讲家、将军、各门艺术的艺术家、标枪投手、穷人和种类繁多的各种人的。津贴超过了罗马大多数国王的经费。

关于这位伟大帝王的财富、慷慨和声望，关于他无限辽阔的疆土、关于他众多的人口、关于他的城市的数目和规模、关于皇帝制定的规则（由于这些规则，没有人敢对自己的邻居动刀舞剑），我是不会谈论的，因为我没有地方来写它们，也因为读者将认为这是不可相信的。甚至是生活在这里的我，听到许多事情，几乎也不相信。

在大海之滨，有一座大城市，在波斯语中，它叫做刺桐（Zayton），［泉州］。在这个城市里，一位富有的亚美尼亚夫人建造了一座宏大而非常精美的教堂，主教把它建成了一座大教堂，而且在他在世的时候，他将它交给吉拉德主教以及和他在一起的修士。当这个主教死后被埋葬在这个教堂里的时候，大主教希望我做他的继承者，但是，无论是对这个地方，还是对这种继承，我都不喜欢，于是他将它们转交给上述的佩雷格利努斯修士，他立即前来这里。在这个职位上服务了几年后，于1322年在这里去世，圣彼得和圣保罗后的第九天❶。他死后大约四年，在没有得到汗八里适当鼓励的情况

---

❶ nine days after St. Peter and St. Paul，原文如此。——译者

下，我成功地安排上述的阿尔法或皇家救济金为我拨发到剌桐城，而这里距离汗八里几乎有三个月的路程。

391 从那时起，我就固定地生活在这里，从上述的皇家救济金支付我的开销。根据热那亚商人的货币计算，这份救济金大约等于每年一百个金弗罗林。我用其中大部分修建了一座修道院教堂。我不知道在我们全省还有没有其他的寺院能在美观和普遍的舒适上能与我们相比。最后，在佩雷格利努斯兄弟死后不久，我接到大主教的命令任命我掌管这个教区。我有充分的理由同意了，现在我完全是根据自己的意愿在上述城市的教堂里或在修道院里度过我的时光。由于我身体很健康，只要分派给我的寿命允许，我很有可能在这个领域再工作几年。当然，一部分是因为身体受了伤，一部分因为上了年纪，我老了。

在这个庞大的帝国，这里有太阳下的各种民族，也有各教派的人。它允许所有人根据自己的信仰生活，每个社团都一样。在这里他们都有一种观点，或更确切地说，有一种错误的观点：每个人都可以从自己的教义得救。因此，我们可以自由地生活，没有危险地讲道；但是，从来没有一个犹太人或伊斯兰教徒改变自己的信仰。许多偶像崇拜者接受了洗礼，虽然许多受洗的人并没有踏上真正的基督教的道路。

我们有四个兄弟在印度在异教徒手中成了殉道者。其中一个两次被投入大火中，但是毫发无伤地出来了。尽管有这样令人惊奇的奇迹，但没有一个异教徒相信这是真的。

我前面简略地向阁下叙述的所有东西，您都可以告知他人。我没有给我主内的兄弟写信，也没有给我的密友们写信，因为我不知道他们谁已经去世，谁还在世。因此我请求他们原谅。我向所有人致以最衷心的问候。

我主1326年1月于剌桐。

剌桐是孟高维诺在1313年设立的主教辖区之一，那是库里亚派给他的九位僧人中的幸存者抵达之后设立的。佩鲁贾的安德鲁提到了剌桐精美的教堂和美轮美奂的修道院，从这里可以得出结论：他在这个思想开放和理智上完全清醒的海港的工作结出了果实。然而在当时的任何中文记载中都没有提到基督教徒。甚至大汗的诸侯之一，据说是祭司王约翰后裔的天德省的乔治王（King George），带领他的大部分人民信奉了基督教，也没有中文的记载，这实在是孟高维诺能够在1305年向罗马报告的一个重大事件。这确实很明显：在中世纪的中国，基督教只能是秘密存在的，在某种程度上是处在边缘和不为人注意地存在着。

孟高维诺的约翰面对不理解或公开的敌意，在一个虽然是高度文明但对他却是如此陌生的环境里仍坚定不移地坚持自己的信仰和使命。外在的毫无意义把他的光辉形象铸成了更加坚强的浮雕。

在1305年，他非常顺从地给罗马写信："我已经垂垂老矣，看起来就像一个老人，虽然我只有59岁。我可以非常流畅地说和书写鞑靼语。我已经把《新约》和《圣诗集》翻译成这种语言，我务必把它们翻译得尽可能地完美。我在写作中、朗诵中和祷告中公开见证了基督拯救的教义。"

然而，大主教在中国的活动并不是完全没有效果。正如他在信中所说的，除了大汗本人之外，他还能为了基督教而对大约5 000个灵魂施洗和进行拯救。与中世纪中国已经拥有的庞大人口相比，这是相当少的，而且，在天德的乔治去世后，孟高维诺只能眼看他的臣民渐渐地放弃了基督教。尽管如此，在他本人大约于1330年去世的时候，在北平已经有了三座圣方济各派的修道院，而且在刺桐、行在和长江的扬州府（Yang-sho-fu）还各有一座。在那时归依基督教的人可能达到几十万人。虽然如此，孟高维诺肯定会关切地感到疑惑：他死后他的传教工作会变得怎样？

在孟高维诺之后，另一位更高层的天主教神职人员来到中国：教廷使节马里诺拉的约翰于1338年前往东方，直到15年后，于1353年才返回欧洲。然后是1368年，民族主义的、排外的和反基督教的明朝在中国执掌政权。这样一来，西方在中央之国产生影响的各种可能性都终结了将近整整300年。

马里诺拉的约翰于1338年12月前往中国，那是在上述的顺帝派遣的大使馆到达阿维尼翁的六个月后。他带去了给大汗的礼物和本笃十二世亲笔签名的信件。教皇非常聪明，他给大汗天真而又真诚的书信写了热情的回信，但他特别注意强调了自己的尊严和高高的地位。我们可以想像，在他写回信的时候，教皇不可能不受到不要激怒大汗的恳求的影响，从福田·云斯（Futim Yuens）及其手下王公来信的字里行间可以看出这种恳求。

这样马里诺拉的约翰就出发来到中国。他对旅途和其他事情留下了详细而不无兴趣的记述，他写道：

> 我们是小兄弟会（Order of the Minorites）佛罗伦萨的约翰兄弟，谦卑的比西尼亚（Bysinia）主教，于我主1338年受教宗本笃十二世在罗马教廷派遣携带信件和礼物，作为前往所有鞑靼人的伟大皇帝大汗的使节。大汗的疆域和权势伸展到几乎半个东方，他拥有数不胜数的国家、城市、人民、语言和财富。我们在［1338年］12月离开阿维尼翁，在大斋节开始的时候到了那不勒斯，在那里一直等到复活节，这年的复活节是在三月末。这时鞑靼人的使者乘着一艘热那亚的船来了，他是（那里最伟大的城市）汗八里的大汗派遣来请教皇派使节开通道路，并与基督教信徒建立联盟的，因为他热爱并尊重我们的信仰。
>
> 离开宗座廷（Papal court）后三年，我们来到了阿力麻里❶和塞罗斯卡贡（Cyolloskagon）的边境，即到了沙丘地区，那是由于大风形成的，在沙

---

❶ Armalec, 据称在今新疆霍城县境内。——译者

图版52 沙漠的魅力。一个骑骆驼的蒙古人,在死一般孤寂的戈壁沙漠中。

图版53　在塔里木盆地的沙漠中。古老的丝绸之路上的旅人战栗地从背景中可见的山上俯视大沙漠瀚海。

图版54　安拉愤怒的时候就刮起了西蒙风❶。这是一小片绿洲上的沙尘暴巨大烟尘中的空隙。黑暗很快就会降临绿洲。灼人的热浪很快就会从紧闭的窗子中挤进来，用它那令人窒息的爪子扼住人们的喉咙。

---

❶ Simoom，非洲与亚洲沙漠地带的干热风。——译者

丘与鞑靼人之间的土地是不适于人类居住的，确实，很难想象在此之外还会有任何土地存在。然而鞑靼人凭借上帝的意志穿越了沙丘，因此发现了一片广阔的平原，哲学家把它称为热地带（hot terrestrial belt），认为它是不可穿越的。然而，鞑靼人穿越了它，而我是穿越了两次。

当大汗看到我们的小马和其他礼物以及教皇诏书和我们本人的时候，他非常高兴。他认为一切都好，或者说是绝妙的，对我们极为尊敬：我穿着僧侣的法衣，带着一个非常漂亮的十字架，他们让我举着蜡烛和香，带着十字架朝见大汗。大汗坐豪华的宫殿里。我开始唱道："我坚信唯一的真神"，当咏唱结束时，我深深地祝福他，他谦恭地接受了祝福。然后我们被引到皇宫内一间装饰极其精美的寓所，并给我们分配了两个王子，他们通过皇帝的仆人为我们提供饮食和各种必需品，甚至有点灯用的纸莎草。在将近四年的时间里，这两个王子对我们极为尊敬，为我们和我们的仆人提供了昂贵的服装，这样一来，我们还有这32个人，精确地计算一下，就要花费400多英镑。和犹太人以及其他人进行了许多宗教辩论，但是，也有许多人归依了。小兄弟会在汗八里紧靠皇宫的地方有一座天主教堂，城里还有一个豪华的大主教管区，几座有钟的教堂，都很荣耀地与皇帝共同进餐。

皇帝非常不愿意我离开这里，只有看到我决意离开的时候，他才给了我三年的开销和给教皇的非常重要的礼物，但条件是或是我本人，或是其他有适当权威的红衣主教要返回汗八里，做这里的主教。这是东方所有居民，无论是否是基督教徒，所具有的最高尊严，主教应该还是小兄弟会的主教。因为他们只认识这样的教士……

马里诺拉继续描述他返回时的困难和危险，主要是突出他个人与成就。这就使得他的叙述让人感到一些反感。尽管如此，他的叙述，比如关于长江、杭州（行在）、刺桐、汗八里、科隆布姆（奎隆）[Columbum / Quilon]和锡兰等城市的叙述，并非没有魅力。在他那时代，刺桐还有三座基督教堂，科隆布姆（奎隆）是印度胡椒的生产和贸易中心之一，而锡兰则生长着印度面包树、椰子和香蕉。下面就是他对长江的描述：

> 我曾经渡过长江，长江两岸有非常大而美丽的城市，富有黄金，但在江上，那些手艺最熟练的工匠长期生活在木房子里，他们主要是丝线和金线的纺织工，他们的数量非常多，整个意大利都没有这么多，他们住在房子里在江上旅行，而不需任何改变，带着家眷，制作丝绸，两岸生产的丝绸要比整个世界生产的都多。我曾经亲眼看到……

关于科隆布姆，马里诺拉说：

> 在1357年的棕枝主日，我进入了科隆布姆。它是全印度最著名的城市，世界上所有的胡椒都在这里生长。它生长在攀缘植物上，与葡萄的种植方法完全一样，首先长出绿色的野葡萄。随后长成包着红色浆液的葡萄，我曾经亲手在盘子上挤出这浆液当作调料。然后它们就在树上成熟、干燥。当太阳的高热把它们晒硬的时候，人们用木棍把它们打下来，用铺在地面上的亚麻布收集起来。我曾经亲眼看到这些，而且在14个月里都亲手摸过它们。胡椒并不像误传的那样辣，也不是长在沙漠里，而是长在花园里。它们的主人不是撒拉森（Saracens）人，而是圣多马派的基督教徒。他们从输送到世界的每一磅胡椒中扣除一份贡金，我根据我作为教皇使节的身份，每月从中抽取一百个金扇（*fan of gold*），最多是一千个。在科隆布姆有一座圣乔治的拉丁教堂，我就住在那里并传播基督教的知识，那里装饰有美丽的图画……

尽管他进行了仔细的观察，而且往往讲述得很有魅力，还有许多无可争辩的个人功绩，但是，马里吉诺拉缺少那种使孟高维诺获得如此成功的人文素质。与此同时，还必须注意到：顺帝皇帝是忽必烈汗的一个软弱而缺乏活力的后裔，他显然不能给库里亚的使者任何帮助。在他在位期间，中国的事情很不顺利。那里连年干旱歉收，1334年可怕的饥馑夺去了大约1 000万人的生命，除了发行越来越多的纸币，顺帝想不出别的补救办法。

即使在他那个时代，这显然也绝对不是抚慰绝望的人民和让他们相信其领袖的管理能力的恰当方法。马里诺拉刚刚离开中央之国，一场反抗顺帝和蒙古人的起义就爆发了。为了努力驱逐这些危险的外族人，任何不是中国的东西都被不分青红皂白地毁灭和抛弃了。在起义中，中国的基督教社团被消灭了，教皇乌尔班五世在1370年和1371年派往中国的各位使节都无声无息地消失了。然而，西方宗教传统的某些遗迹似乎在这场浩劫中幸存了下来。比如，理查德·亨尼希❶讲道：一位耶稣会教父17世纪在中国工作期间发现了一个中国官员收藏的一本用哥特手写体写在羊皮纸上的圣经。

八

在这里我们必须加上一个关于中世纪晚期受尽折磨的人物之一的附录。来自慕尼黑附近的弗赖津根（Frisingen）的巴伐利亚人汉斯·施尔特贝格。1394年，他作为国王西格蒙德手下的骑士赖因哈特·理查廷格的侍从对异教徒开战了。但在1427年，做了32年的战俘之后才返回家乡。回到家乡不久，他简略地写下了他在遥远的东方的经历。

他的奇遇是1396年9月28日国王西格蒙德与苏丹巴亚捷进行尼科堡战役（Battle of Nicopolis）时开始的。据施尔特贝格说，战斗过程中，

---

❶ Richard Hennig，德国历史学家。——译者

勃艮第公爵过早地发起了骑兵攻击，把他带到了第三线的土耳其人那里，他无法从那里脱身。基督教徒遭到惨败，第二天苏丹巴亚捷把所有俘虏都砍了头。施尔特贝格是几个幸存者之一，因为苏丹的儿子为这个16岁的小伙子说了情。施尔特贝格来到苏丹的王宫，最初他是一个跑腿的听差，后来当了骑马侍从。[1]

> 我被带到了土耳其国王的王宫，六年里我不得不用两只脚跟着别人到处跑，无论他到什么地方，我都要跟着。那里有一种习俗，老爷前面要有人随从。六年后我可以骑马了，我骑马跟了他六年，这样我一共跟了他十二年。（《约翰·施尔特贝格旅行记》，J. 巴肯·特尔弗译，哈克卢特学会，1879年，第7页）

记述了一次不成功的逃跑尝试和土耳其统治者王宫里的其他事件后，施尔特贝格继续描述在1402年7月20日蒙古的铁木儿·贝格（Tamburlaine）和巴亚捷一世之间发生在安古拉（Angola，现安卡拉）的一场大战，大战中巴亚捷失地丧命，而施尔特贝格从土耳其的俘虏变成了蒙古人的俘虏。

毫无疑问，施尔特贝格在过去的岁月里，心肠已经变硬了。但是，铁木儿令人惊骇的残忍还是让他感到震撼。多年以后，他描绘了蒙古大汗一个典型的场面。铁木儿攻占了伊斯法罕的首都，用卫戍部队占领城市。他刚刚离开，市民就爆发了反抗外国雇佣军的起义，并把他们杀死。铁木儿停止了进军，像风暴一样横扫了这个叛乱的城市。然后开始毛骨悚然的屠杀。

---

[1] Nicopolis，据维基百科：此次战役发生在今保加利亚境内的尼科波尔，北纬43°，东经24°。希腊北部亦有同名城市，即胜利城。Nike希腊语：胜利，耐克品牌即源于此，polis：城市、城邦。——译者

第十章 十字军东征，祭司王约翰与大汗

他把所有市民集合起来，命令把所有14岁以上的人砍头杀掉。14岁以下的男孩获得赦免，然后用这些人头在城中心建造一个塔。后来又命令把妇女和儿童带到城外的平原上，把七岁以下的儿童分开放到一处，然后让他的人骑马践踏这些孩子。他的顾问和这些孩子的母亲看到这些，都跪倒在他的面前，请求他不要杀死他们。他生气了，亲自骑马冲到他们中间，他说："现在我要看看谁不跟着我骑马过来？"然后他们都不得不骑马冲向这些孩子，这些孩子都被践踏了。那是七千人。然后他放火烧掉了城市，把其他的妇女和儿童带到自己的城市。后来就到了他叫作斯默尔鏖特（Semerchant）[撒马尔罕]的首都，他在那里待了不到12年。（《约翰·施尔特贝格旅行记》，J.巴肯·特尔弗译，哈克卢特学会，1879年，第27页后）

几位东方的作者都把这个可怕的残忍行动归咎于铁木儿。只有施尔特贝格说到他手下的人不情愿执行他的命令，而据我们所知，他们是不大可能有任何这样的犹豫的！

铁木儿死后，施尔特贝格又落到他的儿子沙阿·罗赫（Shah Rokh）的手中，他在呼罗珊王国[1]的赫拉特生活。当一位住在沙阿·罗赫王宫里的年轻鞑靼王子被召回自己的国家继承王位时，施尔特贝格受命陪伴前往。经过长途跋涉到西伯利亚后，他回到了卡法（克里米亚的费多西亚，Feodosia）。从这里，他和其他四个基督教徒俘虏成功地逃跑到海上，他们在那儿登上了一艘欧洲的船只；经历了更多的冒险，他终于在1427年回到了慕尼黑，几乎是50岁了。

我们简略地回顾了施尔特贝格的漫游历程，这表明他并没有到过他那时代任何完全不为人知的国家。因此，他不能被看做是个发现者。然而，我们还不能不谈到汉斯·施尔特贝格。因为关于他冒险的记述，就

---

[1] Khorasan，伊朗三十个省份之一，首府：马什哈德市。该省位于伊朗东北部。——译者

像马可波罗的记述一样，在中世纪晚期的广大公众当中激起了地理学的兴趣，为很快就渐露端倪的西方大发现时代做好了准备。施尔特贝格不是马可波罗那种水准的人物。也许他不应该因为其个人的力量而受到评价，但应该作为那些随着十字军远征被裹胁流浪到东方的芸芸众生的符号与象征而受到评价。那些人以各种方法在暮年的时候回到了欧洲，他们当中大多数人不会写作，他们只能用自己的冒险经历来取悦自己所能遇到的听众了。

在我们所讨论的这个时期，人类发生了多么巨大的变化啊！在一开始，对他们而言世界的辽阔毫无意义。科斯马斯·印第科普莱特斯和费德里斯的记述在某些修道院的图书馆里被束之高阁；伊本·巴图塔的报告被人遗忘了，马可波罗的报告受到嘲讽。现在各地的人们都可以坐在村中的绿地上，或城市的小旅馆和小酒馆里目瞪口呆地听旅行家的故事。他们获得了什么新的精神？

在我们之前几乎20代人的时间里，我们时代的精神刚开始形成，使这些人成为我们真正的祖先。中世纪渐告终结，现代时代展露黎明。

从海路到印度，最初是为了寻找到天堂的入口，那时人们相信这个实际存在的入口依然就在亚洲的某处荒原里，随着这个故事，我们现在还要讲一个故事：我们进入了两个时代之间曙光的无人地带。我们的叙述在新时代破晓的时候结束了。

第十一章

葡萄牙与非洲

第一份德国菜单与古老的德文食谱／每天都吃咸肉／针对西方的冷战／天堂在阿比西尼亚吗？／欧洲与东方的贸易赤字／关契斯人[1]是什么人？／他们从哪里来？／来自索法拉（Sofala）的黄金／马来人发现马达加斯加／航海家亨利王子与非洲／简·梅尔莫兹飞过诺尔港／黑奴，轰动欧洲的新闻／塞内加尔是尼罗河的三角洲吗？／葡萄牙与祭司王约翰／迭戈·康（Diego Cão）标出一切东西／马丁·贝海姆与星盘／通往非洲的新航向／本笃·戴在廷巴克图（马里城市）／欧洲通货膨胀，百夫长银行与金本位／安东尼奥·马尔凡特在撒哈拉／葡萄牙打了两张好牌／卡博·托曼托索与佩德罗·考威豪的探险／从萨兹的庄稼汉到新时代

一

前面大多数篇章都是以古代刻有如尼文或其他铭文的石版开始的，我们在这一章就以一张菜单做开头。这是一张任何欧洲国家都谈过的第一张菜单，上面列出的菜肴要比菜单还早几

---

[1] Guanches，关契斯人是加那利群岛的原住民，目前作为一个独特的民族关契斯人已经消亡了。——译者

个世纪。

在1555年帝国议会的许多宴会之一，这张德文菜单摆在不伦瑞克公爵亨利旁边，他是个非常肥胖和讲究吃喝的人。这显然是亨利公爵的私人发明，这是他与安排这次宴会的厨师长之间深思熟虑的结果。

所有这些都被亨利的餐友齐美尔的豪克伯爵记录下来。他看到不伦瑞克公爵的盘子旁有一张长长的卡片，他不断地查看。于是，他问亨利这是什么意思，由于在他看来这件事很重要，他就在家族的编年史《齐美尔年代纪》（Zimmerian Chronicle）记述了下来：

在餐桌，亨利公爵手边有一张长长的卡片，他不断地看它。豪克伯爵坐在他对面，他很奇怪公爵为什么总是看这张卡片，最后他鼓起勇气请教公爵。于是，公爵就把卡片递给他。厨师长在卡片上按顺序写下了所有食品和饮料。亨利公爵就能按照它来安排进餐，为最美味的佳肴留下胃口。

齐美尔的豪克伯爵心里想，多么狡猾的老狗。但是，他也费尽心思地利用了厨师长的卡片，为"最美味的佳肴"留下胃口。

菜单上写的是什么？遗憾的是，年代纪并没有告诉我们。但是，我们确实知道那个时代人们认为什么是鲜美的菜肴。因为14世纪中叶一本古老的德文烹饪书记载的100多份食谱表明了那时德国密切关注的食品。这本烹饪书是1844年由斯图亚特文学会出版的，书名是《关于美食的书》，这是讲究饮食的人寻找世俗之乐的源泉。然而也要以最谨慎的态度使用它，因为这些食谱的味道非常浓烈，里面加满了各种调料，比如：胡椒、姜、薄荷、小豆蔻、高莎草、肉豆蔻、鼠尾草、西芹、香菜籽、藏红花、八角茴香、大蒜、杏仁、丁香、洋葱等等，让人喘不出气来，让人两眼流泪。

像这本烹调书上的菜肴，肯定会出现在亨利公爵的菜单上，下面我

第十一章 葡萄牙与非洲

们就介绍两个最流行的菜肴。

鱼肉馅饼。做鱼肉馅饼,先刮掉鱼鳞,去皮,然后用开水焯一下。剁成碎末,与西芹碎末和鼠尾草一起搅拌,再加上大量的胡椒、姜、薄荷和藏红花。然后把整个混合物用葡萄酒调湿。做一个薄而硬的生面团,将鱼放入其中,浇上葡萄酒,再用生面团包起来。上面开一个口,用面团盖上。然后烘焙。此法同样可用于鸡、肉、野味、鳝鱼或鸟。

这个肯定就是不伦瑞克和齐美尔伯爵留下胃口等待的"最美味的佳肴"之一。另一个很可能是夹馅鳝鱼,这是喝酒不可缺少的下酒菜:

夹馅鳝鱼:取新鲜鳝鱼,洗净黏液和泥土。将其头部的皮剥开,拉到鱼尾。将鼠尾草和西芹剁碎,加入大量姜、胡椒、八角茴香的细末和盐。将其撒在鳝鱼上面,再把鳝鱼皮拉上。用细盐撒在鳝鱼身上,用木制的烤肉叉烤熟,然后上桌。

毫无疑问,这是人们特别喜欢的佳肴。但是,我们会发现这是完全无法入口的,因为我们从来没有和这么大量的胡椒、姜、盐和八角茴香打过交道。我们也食用了酸辣酱(tart sauces)、配料和调味品。但是,我们做了某些调整。另一方面,在500年前的食谱上,"大量的"这样的字眼总是不断出现的。在使用各种调料时,那个时代的厨师显然是非常随意的。

这并不是由于内在的癖好要过量使用调料,而是出于简单的农业性理由。在引进根块农作物和轮种之前,欧洲的农业无法为任何牲畜提供足够的冬饲料。因此在寒季来临的时候,特别是在欧洲北部,能够屠宰的牲畜都被屠宰了,并腌制起来。要使这种单调的咸肉变得可口,就加入了大量的调料,改变口味。我们必须记住:中世纪的欧洲还不知道马铃薯和我们所知的一些蔬菜,他们所有的只是几种洋白菜。在饮料方面也是如此。咖啡、茶和可可都没有人知道。葡萄酒是富人的饮料。中等阶级的人可以喝一点啤酒和多少带酒精的果酒,这种果酒加上东方的香料后,就变成了一种似是而非的潘趣酒❶。

因此每个富有的家庭都使用大量的香料,从其价格而言,这就构成了沉重的财务负担。另外,那时的医药也大量使用香料。对付每一场频繁爆发的流行病,首先使用的方法就是焚香;焚香无效时,就使用药丸和干药糖剂❷,据说,它们的味道越辛辣、越令人作呕,价钱越贵、原料的产地越远,则疗效越大。由于有大量的经纪人卷入从这些产品出产国到消费国的运输,其价格非常昂贵。比如,在13世纪的马赛,两英担(101千克)的胡椒值50英镑,同样重量的胡椒在英国值70到80英镑。这是无法维持的局面,因为没有办法可以减少欧洲对东方和非洲商品的偏好,与南方和东方的生产国建立直接联系的需求已经增大到这种程度:到15世纪末,发现直接到这些国家的道路成了欧洲国家的迫切要求。

除了这急切的经济需要,还有直接的政治需求。甚至最高的精神权威罗马教皇发布的法令都不能证明是有效地打破了埃及人和奥斯曼土耳其人对海上贸易的控制。但是,除非打破这种控制,欧洲就容易长期受到经济封锁。诚然,它的主食供应没有受到真正的威胁。但是,土耳其人和埃及人可以很轻松地切断香料的供应,仅此一招就会造成无可估量的后果。在1453年,君士坦丁堡陷落之后,通往亚洲的大门之一,黑海被关闭了。1517年,土耳其人又征服了埃及,奥斯曼帝国的战舰在整个地中海巡逻。国家本身一定要做出某些事情来,一定要采取某些措施。

---

❶ punch,用果汁、香料、茶、酒等掺和的甜饮料。——译者
❷ elctuary,药物与蜂蜜或糖浆混合的糊状物。——译者

小小的葡萄牙是第一个认识到这种必要的国家,它肩负了这个重担。

这对伊比利亚半岛西海岸上贫穷、主要是农业的国家来说,不是一件容易事。阿拉贡❶和卡斯提尔❷很久以前就走向了海洋,派出船只往返于地中海和佛兰德斯❸,反之,直到14世纪末,葡萄牙在精神上还是内陆性的,那时,由于英国的支持,它才从卡斯蒂利亚赢得了完全的独立。现在开始出现了全新的发展。1415年,葡萄牙占领了阿拉伯城市塞卜泰❹,这是赫克勒斯石柱之一,从此获得了他们现在就开始远征非洲的跳板。

当然,到中世纪末期,希望降低进口香料价格的愿望只是突然把全部兴趣集中在黑暗大陆的原因之一。确实,首先宗教的动机是更为突出的。因为中国明朝的兴起断绝了基督教与亚洲结盟反对伊斯兰教的希望,当时在亚洲没有找到"祭司王约翰",欧洲的地理学兴趣非常合乎逻辑地转向了非洲,梵蒂冈转而关注阿比西尼亚,事实上,它的国王是基督教徒。

阿比西尼亚是中世纪早期阿克苏姆地区的著名强国。长期以来,它的影响远达阿拉伯半岛南部,在公元四世纪就成为基督教国家。这不是巧合的。许多世纪以来,世界关于阿比西尼亚的兴趣在于它是战象的"生产中心",当罗马人征服埃及后,他们也开始关注这个南方的高原了。首先来了测量员,他们给这个陌生的国家测绘地图。然后来了批发商和商人。商人们逐渐在基督教社区形成组织,因此在三世纪阿比西尼

---

❶ Aragon,西班牙东北部地方。——译者
❷ Castile,15~16世纪伊比利亚半岛上一个人口稠密的富强王国。——译者
❸ Flanders,中世纪欧洲一伯爵领地,包括现比利时的东佛兰德省和西佛兰德省以及法国北部部分地区。——译者
❹ Ceuta,一译塞卜泰。——译者

亚开始基督教化。据传说，圣马太已经把基督这个词传到了阿比西尼亚，他在那里殉教而亡。但是，直到350年，基督教才升为国教，大约与此同时，阿拉伯半岛也归依了基督教。但是，在阿拉伯半岛，基督教教义只是暂时站住了脚，穆罕默德出现后就销声匿迹了。阿比西尼亚仍然忠于基督教，虽然对我们来说，是以一种科普特教会的异化形式。亚洲和非洲有几个遵循基督教教义长达1 500多年之久的地区，它就是其中之一。

欧洲与阿比西尼亚之间的联系，直到七世纪中叶穆罕默德兴起和阿拉伯人征服埃及的时候依然没有中断。但是，那时这陌生的大地变得几乎无法进入，它成了大量神话传奇的主题。确实，尽管有各种危险，阿比西尼亚与梵蒂冈之间的直接联系似乎仍持续到1267年。诚然，教皇就明确地要求多明我派向阿比西尼亚派遣传教士。既然亚洲已经退出了竞赛，那么，笼罩这个国家的神秘色彩就使它成了安放祭司王约翰神秘莫测的王国的明显地方。到14世纪末，甚至库里亚似乎已经接受了这个观点。现在人们确切地认为：祭司王约翰和古代圣经中受到上帝管理的天堂，（中世纪的人相信这是一个真实、有形的存在，）肯定就在阿比西尼亚，而不在别处。

因为阿拉伯人的敌意，很快就不能通过埃及到阿比西尼亚了，因此合乎逻辑的就是考虑是否可以从西非的北方去找祭司王约翰。这是中世纪晚期在欧洲开始出现了对黑暗大陆的兴趣的另一个原因。第三个原因还是经济性的：黄金！

北非转向伊斯兰教之后，地中海两个对立的海岸之间长期的战争状态就首先出现了，这导致了两岸都受到掠夺性的入侵和劫掠。而两个大陆的经济又是非常互补的，非洲对人口密集的欧洲极为有利可图的市场抱有非常直接和迫切的兴趣,因此,11世纪后,以突尼斯和摩洛哥苏丹国为一方,以西西里的古挪威人与西班牙和意大利的商业城市为另一方,建立了复杂协议体系,这几乎彻底消除了军事骚乱。现在贸易开始流通。诚然,非洲的出口不像亚洲的那样多种多样和丰富多彩,它们主要限于黄金、象牙、黑奴、胡椒和乌木。但是,从数量上讲,它们肯定超过了亚洲,而在价值上,它们至少与其相当。黄金主要来自塞内加尔和尼日尔。黄金首先被运到撒哈拉大沙漠南部边沿的廷巴克图,然后从这里通过两条商道之一运到马拉喀什。第三条商道在图瓦特分开向奥兰和君士坦丁堡的两条岔道,这就把廷巴克图和地中海沿岸地区直接联系起来了。

东方和非洲商品在欧洲的市场要比非洲和东方吸收欧洲出口的能力大得多,因此易货贸易的可能性很快就枯竭了。因此除了用贵金属支付东方的进口之外,没有其他选择。正如戴克里先的时代一样,这导致了欧洲黄金储备的严重流失,在14世纪和15世纪期间,达到了这种情况:旧世界的金银矿再也无法填补其每年对东方的财政损失。在这一时期,每年仅仅用威尼斯三桅划桨战舰就为亚历山大送去了30万个金达克特,这可是巨额款项。这就导致了在欧洲黄金与玉米的比价翻了一番。这对广大的农民、工匠和做散工的人来说就意味着这一事实:在这一时期,在格拉茨❶的赖兴斯坦金矿的矿工必须上50个班,才能挣到一块金币,这是德国矿物学家海因里希·克维灵揭示的。很自然,这是欧洲人对非洲产生兴趣的另一个动因。

根据记载,我们知道许多航行曾经沿着非洲东西海岸进行的。它们

---

❶ Glatz,波兰西南部西里西亚城市。——译者

没有人获得任何关于黑暗大陆的广泛知识。如果不是因为黄金的引诱，就不会进行任何航行了。北非缺水的海岸非常不适合人居，对地理考察没有吸引力，因此，这些航行的地理学意义很小。然而，进行这些航行的船长确实取得了一项成功：重新发现了加那利群岛。这份叙述的前几段告诉我们，远古的时候就已经知道加那利群岛了。特别是，腓尼基人经常访问那里，他们从他们那里得到了"龙血"和生产泰尔红紫时使用的染工地衣（石蕊）。无疑，希腊人也知道大洋中的这些岛屿。但是，这些花木扶疏、果实累累的岛屿却被丢入了忘川。在整个中世纪，他们似乎被彻底遗忘了。这几乎让人无法相信。从很远的地方就能看到特内里费峰，从非洲西海岸还可以看到从它的火山口冒出烟来。阿拉伯地理学家易德里西[1]谈到过它，人们可以想像某一艘或其他船只航行到西方很远的地方还能看到冒烟的地方。但是，由于没有任何关于这类观测的记载，而加那利群岛突然出现在14世纪初期的航海图上，我们只能从这里假设：这组岛屿是在中世纪晚期被首次重新发现的。

当这件事发生的时候，加那利群岛上住着几乎是未开化的、白皮肤、蓝眼睛，显然是北欧的人，即关契斯人（Guanches），他们在17世纪灭绝了。这些人是什么时候和怎样来到这个岛屿的，始终没有答案。很有可能的是：关契斯人是公元前三世纪似乎把欧洲淹没的印欧种族的一个分支。很有可能：他们是由于意外事故而被抛到加那利群岛的哥特人或汪达尔人，然后就退化为14世纪中期最初的报告中所描述的赤身、野蛮的部落。

---

[1] Idrisi，1100～1165年。——译者

马德拉岛 ❶ 可能也是大约在这时被重新发现的。学者现在还不能告诉我们，是谁在什么时候发现的。在这里，我们也只能从早期地图包括了马德拉岛而做出推断：这肯定是在大约1350年发生的。除此之外，我们就茫然无知了。

14世纪初发现马德拉群岛和加那利群岛，随后大量的航船来到这些群岛，在这个过程中，关于非洲西北海岸的地理知识无疑得到了深化。但是，它们不可能扩展到北纬26°上的博哈多尔角（Cape Bojador）之外。无论如何，在这个时期的地图上，都没有标明这个点以南的沿海地区。

中世纪对非洲东部海岸的认识要比对其西部海岸更为清晰。首先，在东非海岸航行就不像在西海岸航行那样危险，其次，从古代开始，远至南纬27°的科连特斯角（Cape Corrientes）地区就有人航行了。很久以来，马达加斯加和非洲海岸之间的莫桑比克海流就构成了不可逾越的障碍。打算向北返回的船只必须向南绕一个大弯，然后再绕过马达加斯加的东边。阿拉伯人似乎是最早对付急速的莫桑比克海流的人，后来的人就很多了。即使在那时，他们也没有到过南纬20°的索法拉（Sofala）之外很远的地方，肯定没有超过科连特斯角。然而，索法拉对阿拉伯人来说具有重要意义。因为桑给［zandj］（阿拉伯人对黑人的称呼）是在这里从穷乡僻壤把黄金运出来的。阿拉伯人在索法拉接过黄金，然后运到北方。当然，在西方这是常识，由于人们普遍都知道索法拉的金锭纯度很高，情况就更是这样了。在这里不像在西非那样，必须用水银对纯度不高的黄金进行处理。某些欧洲个人不可能到索法拉去旅行，只有犹太人才是那个时期的伟大旅行家。但是，直到足足两百年

---

❶ Madeira，北大西洋中东部岛屿，葡萄牙语意为木材之岛。——译者

后，才有欧洲人到这些海域考察的记载，那时第一批欧洲人成功地进行了环非洲的航海，正如大约在公元前600年，在尼科法老命令下，腓尼基人所做的一样。

在这里，我们必须简要地考虑一下：地理学和航海上的伟业不是从欧洲及其文化圈发起的，而是由马来亚—波利尼西亚（Malayo-Polynesia）发起的，这就是：发现了马达加斯加，前面我们已经间接提到了这一点。尽管这个岛面积相当大，但直到16世纪开始时，葡萄牙的船长科蒂尼奥和洛佩斯偶然登上了这个岛，欧洲才知道它。然而早在大约1 500年前它就已经被发现和有人居住了，那时大约是基督诞生的时间，而且恰恰是横跨了浩瀚的印度洋才发现的。大约在这时期，一位希腊航海家和冒险家来到马达加斯加，在那里发现了主要是马来人血统的高度文明的人类。无可否认，我们没有其他文献证据。不久之后，在12世纪，易德里西描述了爪哇和马达加斯加之间的贸易关系和旅行：

马达加斯加的人没有航海船只，阿曼和其他地方的船会来到这里。然后他们就航海到德加瓦噶（爪哇）群岛，那里是印度群岛的一部分。外国水手与马达加斯加的水手交换物品。德加瓦噶岛上的人乘小船和大船来找他们，出口他们的物品，他们互通语言。

易德里西的这段描述写于1144年。它的含义很明确：在易德里西的时代，爪哇和马达加斯加之间的直接贸易一直在进行，他们说的是同一种语言。两个种族都与索法拉和东非有联系，但是，马达加斯加人不能长途航海，因为他们没有大型船只。马尔加什人原来的服装有沙龙（sarong）和兰巴（lamba），他们的武器是吹矢枪，舷外支架独木舟是马来—波利尼西亚的航海船；在马达加斯加和印度尼西亚都种植稻米和甘蔗。与印度尼西亚一样，马达加斯加的社会生活也受到禁忌和固定而不可侵犯的宗教禁律的约束。易德里西之前的一位阿拉伯地理学家，伊本·赛义德,很明确地说马尔加什人曾经是从印度尼西亚移民过来的。

因此可以假设:马达加斯加人有相当一部分原来是从印度尼西亚一路航海而来的。如果人种学和语言学的证据不能毫无异议地支持这一假设,那么它就应当作为谬误而被抛弃。但是,在马达加斯加始终还有100万棕种人生活,他们与马来人紧密的血族关系是无可争辩的。他们的先祖在公元一世纪到10或11世纪连续不断的移民浪潮中来到这个岛屿,这些先祖是如何乘坐原始的、按我们的标准看是不适于航海小船跨越了爪哇和马达加斯加之间无比浩瀚的海洋的,完全是个谜。但是,他们跨越了。而且不是一次偶然的,而是经过几百次的航行。这些航行不是由某些勇敢的驾船水手完成的鲁莽冒险,而是有大量满载妇女、儿童和家用物品的船只参与的远航。如果想要用什么事情来说明世界各个角落都是由那些跨越无限遥远距离到达新家园的人们定居的,那么,这就是马达加斯加殖民开拓的故事。遗憾的是,大多数情况下,虽然我们推测曾经发生过这样的迁徙,但是,它们的踪迹已被严重地抹去了,不能确切地加以证明。

二

如果葡萄牙政府没有以王子的身份介入,那么,许多到非洲的航海将不会产生确实或持久的结果。王子就是葡萄牙的亨利亲王,史称"航海家亨利"。

1415年,他年方21岁,但在攻占塞卜泰的行动中发挥了决定性作用。这为他未来的生涯定下了基调。葡萄牙发展成海洋国家,完全是出自他的手笔。

起初他像中世纪的纯真儿童一样，他也坚信祭司王约翰的传说，也坚信在地球遥远的荒原上依然存在圣经中的天堂那样虔诚的神话故事。攻占塞卜泰后，落到他手中的惊人珍宝似乎在他内心激起了到达这些珍宝的原产地的愿望。这个用魔法自动召唤出来的传奇性祭司王朦胧的身影，完全符合他的时代。政治状况排除了任何通过尼罗河和红海找到他的可能性。伊斯兰教徒对向东方的道路的封锁，很久以来就是不可逾越的。根据亨利亲王的报告，沿着撒哈拉沙漠商队的踪迹有组织地前进，成功的希望同样很小，因为人员和牲畜的损失可能高达90%。因此，别无选择，只能勘察第三条道路：出海，沿非洲海岸向南走。

亨利亲王的第一次航海远征没有获得任何特殊的声誉，得到的新信息也很少。但是，1432年，王子派出了一支由几艘小吨位轻帆快船组成的探险队，命令他们探察西方海洋中到底有没有大地。这次探险很有可能是受到了不知名的海员传说的模糊流言的推动，他们说在大洋中曾经看到过大地；亨利亲王也可能受到富于想像力的地图绘制者的激励，他们在大西洋里画上了许多岛屿；还有可能：他牢牢地坚信地球是圆的这一概念，他自己也开始向西探寻自己的道路。但是，无论动机如何，亚速尔群岛被发现了，或者说，被重新发现了，因为迦太基人几乎肯定早在公元前320年就登上了亚速尔群岛，而葡萄牙人的船只是在1432年到达这里的。

可以很容易想像出这次的航海发现在葡萄牙引起的轰动，它的鼓舞性心理效果非常可能促成了两年后（1434年）环绕声名狼藉的博哈多尔角的航行。阿拉伯人传播的古代传奇说：黑暗之海，也就是世界的尽头。直接从这个明确标出的点的南面开始，那里可能是比这一地区的强劲急流、倾泻着泡沫的汹涌波涛和远远突入大海的山峰与海岸上空的滚滚雷霆都更难于超越的障碍。任何人在自己宁静的书斋中阅读古人关于这一令人沮丧的地区的描述时,或乘坐我们豪华的客轮在海岸西侧平静地向远处的南方航行时,都会将所有这些视为笑谈。但是,那个乘坐一架30年代的脆弱飞机前往南美洲飞经这一地点的人,与第一批经过此地的欧洲船员一样,肯定都会战栗地想到这片"黑暗之海。"1935年,经过多次成功的飞行后,法国越洋飞行家让·梅尔莫兹(Jean Mermoz)在从南美洲返回的途中,就消失在黑色之点(Pot-au-Noir)低垂的云堤(低密的积云)里。我们应当感谢让·梅尔莫兹的传记作者,他对这个地狱般的地区为我们做了非常惊人的描述:

在白天最后一抹微光中,梅尔莫兹看到在他前面闪烁着红绿光芒的大海上升起一堵巨大黑色的墙。"黑色之点"的云堤那丧礼上的黑色似乎与洋面融合了。当他靠近了的时候,梅尔莫兹认为他能够在黑色的洋面与乌云的边沿之间死里逃生。对着这个缺口,他把飞机拉起来。很快他就意识到:在这黑色旋风女巫狂欢的时刻,要从这里溜出去,那是他必须做到的极为困难的事情,他的机翼像利剑切入了黑暗。在没有光明的世界深处,他还能分辨出水柱和以巨兽、怪异的城堡、地狱般的深渊等形象出现的阴沉团块。所有这些无法触摸的无边无际、不停地旋转着的黑色形体,似乎被永恒而无知觉的匆忙紧紧抓住了。它又像一场没有风的龙卷风。深不见底的火山口张着大嘴,充满了乌云,一瞬间又在可怕的沉寂中从四面八方迸出新的雪崩。

飞机发出火热的闪光在这黑暗的裂缝中穿行了几个小时,突然一阵滚开的热水像雨一样冲进机器里。周围到处都是威胁,梅尔莫兹已经无法躲避,他只能飞入一阵好似熔化的岩浆般的暴雨中。飞机座舱被淹没了。令人窒息的蒸汽扼住了三人的喉咙。他们受尽干渴的折磨。梅尔莫兹第一个被击中,身体早已透支,比他的同伴更加痛苦。然而他们所有人的安危都有赖于他的每个动作。机器震动了，颤抖了，下落了，滑入了无形的陷阱。以三个人的生命为代价，他每一秒钟都绝对不能失去控制。第二股水流吞没了他们，冲进了引擎，使它灭火了，淹没了它。

大海和乌云肯定也为那些在500年前试图环绕博哈多尔角航行的船长们留下非常相似的印象。经过几次尝试，葡萄牙人成功地环绕了这个海角，令他们惊奇的是：他们发现在这个险地的南面既没有把他们牢牢粘住的胶状、凝冻的大海，也没有令人憎恶的海兽把他们的船只拖入深渊，他们任何人也没有被灼人的阳光烤成黑人。但是，那些大部分是从古代流传下来的噩梦般的故事是如此根深蒂固，亨利亲王只能亲自出马施加压力，让那些船长听命环绕那令人毛骨悚然的海角航行。

虽然其实际效果很一般，但这个伟大的成就毕竟打开了局面。七年后，葡萄牙人甚至远航到了布朗科角（Cape Blanco）。这次远征带回来了黑人，他们在欧洲引起了轰动，因为欧洲虽然熟悉棕色的阿拉伯人和印度人，但它对真正黑色皮肤的种族却毫无所知。诚然，在欧洲的奴隶贸易中也会偶然出现黑人，甚至有记载说一个体面的法国殖民先驱者从非洲带回了一个黑人妻子和黑人仆人。但是，显然黑人只是被当作棕色人种的黑色"变种"看待的。只是到现在欧洲才认识到：在非洲还有一个真正的黑色人种。这在当时是一个极为轰动的发现，而且有不少人宣称这些厚嘴唇、长着浓密卷发的两足动物就是动物。但是，这种观点并没有获得普遍的认同，因此，就开始出现了"黑色象牙"的贸易。只有在他们是人类的情况下，这些生物才能从持久的永罚中得救而归依基督教，这样就出现了把黑奴从非洲带回来的基督教行动。这并不意味着在想出这种道德上的翻转回环（moral double-somersault）之前就没有奴隶贸易。同样，也不是每个黑人当了奴隶就要受罪。因为奴隶相当于一种资本投资，也许是可观的利润，无论是奴隶商人还是奴隶保有者，对待他们的财产时都会尽可能小心。虽然如此，奴隶贸易许多世纪以来都是与白人的地理大发现不可分割地共存的，这是历史上非常令人不愉快的一个篇章。任何人想要为其开始确定一个年代，那么，记住这个1441年是不会错误的。

四年后，1445年，又出现了一个轰动。一艘葡萄牙船发现了塞内加尔，于是人们普遍设想终于抵达了尼罗河的西部支流的入海口，古代世界不断地推测存在这个入海口。对出发寻找通往祭司王约翰的水道的航海家来说，这一发现自然是极为重要的，尤其是亨利亲王曾对船长们预言，在沙漠地区南面，他们将会找到尼罗河的西入海口。通过阿拉伯旅行家的报告，塞内加尔，或至少是这一事实：非洲西北部有一条大河，在欧洲有学问的制图人的范围内是人所共知的。因此，亨利亲王的预言就没有什么惊奇的。但是，很奇怪，葡萄牙人起初似乎没有任何认真的打算沿着塞内加尔或冈比亚深入到非洲腹地，冈比亚是后来不久被发现的。直到10年后，我们才听到一位为葡萄牙服务的热那亚船长安东尼奥·乌塞迪马雷航行到了冈比亚。

1446年，葡萄牙人抵达佛得角，即"绿色海角"。这次探险也引起了轰动。一方面，迄今为止遇到的荒凉多沙的海岸证实了古代地理学家的论述：在温带纬度南面有一片太阳灼烤的无人居住的不毛之地，现在这里出现了植物的痕迹，而且他们越向南走，植被就越茂盛。因此，王子团队的一个同时代观察家：葡萄牙人迪戈·戈麦斯，辛特拉城堡总督，能够听到这个发现而写下记述：

> 托勒密把世界分成三部分，即世界中心有人居住的部分，北方由于极度寒冷无人居住的部分，还有赤道上那部分，因为极端炎热也无人居住。我们

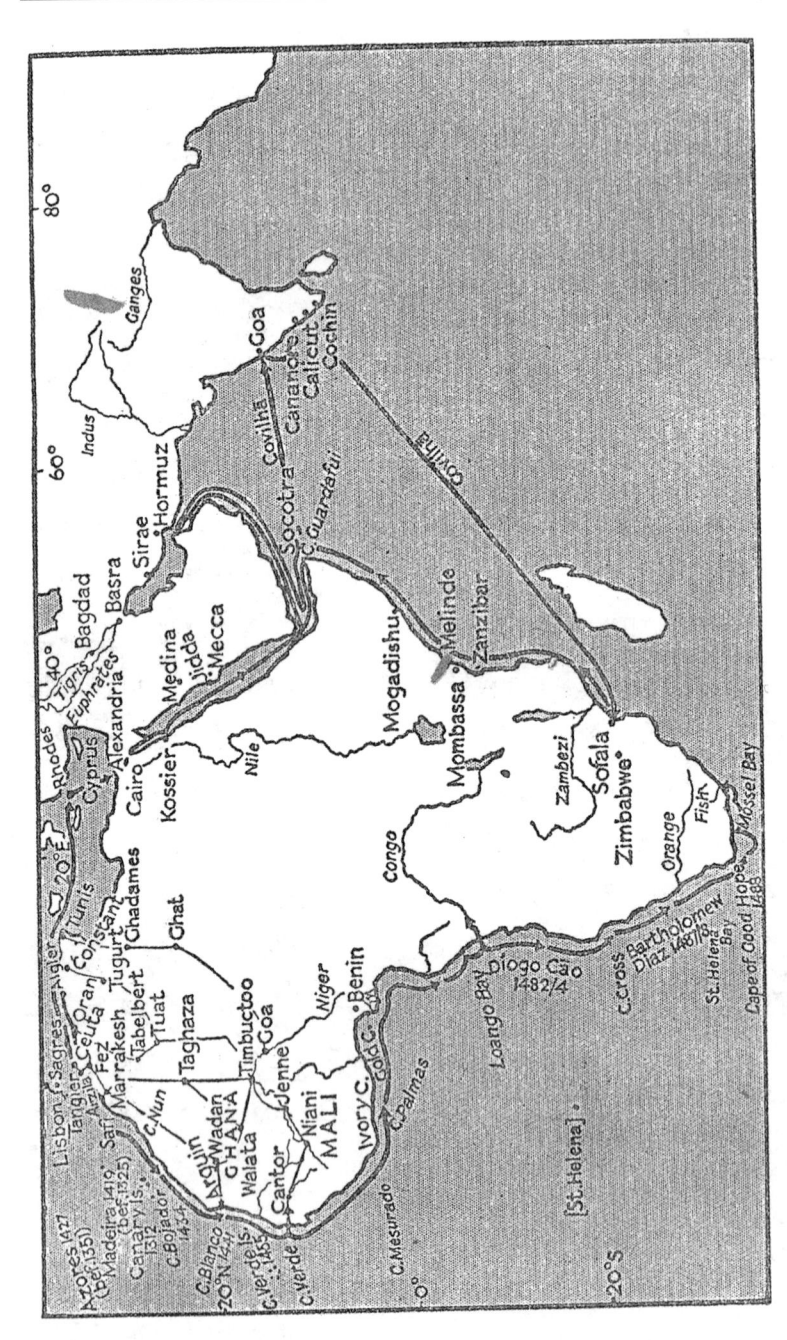

地图 31　葡萄牙人环绕非洲的大发现航海

第十一章　葡萄牙与非洲

图中地名：

A	GHANA	Benin	圣海勒拿岛
Azores	加纳	贝宁	C.Cross
亚速尔群岛	Walata	Algier	十字架角
1427年（1351年以前）	瓦拉塔	阿尔及尔	Bartholomew Diaz
Madeira	Cantor	Tunis	1487/1488
马德拉群岛	康托尔	突尼斯市	巴塞罗缪·迪亚士
1419年（1325年以前）	Niani	Constant	1487～1488年
Canary Is	尼阿尼	康斯坦特	St.Helena Bay
加那利群岛 1312年	MALI	Tugurt	圣海勒拿湾
C. Bojador	马里	图古尔特	Cape of Good Hope 1488
博哈多尔角 1434年	Ivory C	Ghadames	好望角 1488年
C.Blanco	象牙海岸	盖达米斯	Zambezi
布朗科角 1441年	Gold C	Ghat	赞比西河
C. Verde Is	黄金海岸	加特省	Sofala
佛得角群岛 1455年		Rhodes	索法拉
C.Mesurado	Oran	Cyprus	Zimbabwe
梅苏拉多角	奥兰	罗德岛	津巴布韦
C. Palmas	Ceuta	Alexandria	Orange
帕尔马斯角	塞卜泰（一译休达）	塞浦路斯	奥兰治河
Lisbon	Marrakesh	Cairo	Fish
里斯本	马拉喀什	亚历山大港	大鱼河
Sagres	Tabeibert	Kossier	Mossel Bay
萨格里什	塔贝贝尔特	开罗	莫赛尔港
Tangier	Tuat	Nile	
丹吉尔	图瓦特	库赛尔港	C
Arzila	Taghaza	尼罗河	Tigris
阿尔吉拉	塔嘎扎	Congo	底格里斯河
Safi	Timbuctoo	刚果河	Euphrates
萨菲	廷巴克图		幼发拉底河
C.Nun	Goa	B	Bagdad
努恩角	果阿	Loango Bay	巴格达
Arquin	Jenne	卢安果湾	Basra
阿奎因	杰尼	Diogo Cao 1482/4	巴士拉
Wadan	Niger	迭戈康 1482～1484年	Medina
瓦丹	尼日尔	St.Helena	麦地那

Jidda	
吉达	
Mecca	
麦加	
Mogadishu	
摩加迪沙	
Sirae	
锡拉伊	
Hormuz	
霍尔木兹	
Socrata	
索科特拉岛	
C.Guardafui	
瓜达富伊角	
Indus	
印度河	
Ganges	
恒河	
Goa	
果阿	
Cananore	
卡纳诺尔	
Cochin	
科钦	
D	
Melindi	
马林迪	
Mombassa	
蒙巴萨港	
Zanzibar	
桑给巴尔	
Covilha	
科维良	

现在发现的情况恰恰相反。因为我们看到直到北极的北部地区还有人居住，而在赤道上有黑人居住，他们部落的数目多得数不胜数。而南方部分到处都是树木和水果，当然，品种都很新奇，树木几乎是不可思议地粗壮高大。

除此之外，还有一个事实：海岸从原来的西南方向开始转向东南方向。从这里人们抱有希望地推测：很快就能到达黑暗大陆的南端了。

直到1446年，亨利亲王已经派出和资助了50多艘船到南方去航行。但是，除了几次科学性的轰动，他从中毫无所获，可以理解的是：这一时期王子在国内享受更多的是声名狼藉而不是名望。诚然，他已经成功地满足了葡萄牙人的民族自豪感，丹麦人、德国人和意大利人都申请得到他的批准参加他的探险舰队，这肯定使他很得意。但是，这并没有改变这一事实：到1450年代末，他已经债台高筑。另外，他的探险也引起了与卡斯提尔的摩擦，卡斯提尔也宣称发现了非洲西海岸，这个摩擦最终导致了葡萄牙与卡斯提尔之间的三年战争。1455年争端由双方请来的仲裁者教皇尼古拉五世的裁决而终结。他将非洲的发现判给葡萄牙，随之新的冒险之门就向航海家亨利打开了。

因此，同一年，在热那亚人安东尼奥·乌塞迪马雷的指挥下，一艘轻快帆船向非洲出发了。亨利亲王似乎需要大家都看得见的、有直接实效的成功。因此，他命令这个热那亚人航行到冈比亚，这样最后找到阿比西尼亚和祭司王约翰。显然乌塞迪马雷真的航行到了冈比亚河，当然，是徒劳无功的。他多少有些自吹自擂和十分不准确地宣称：他距祭司王约翰的王国仅有300英里了。遗憾的是，由于当地人的敌意，他不能再前进一步了，他们向他的船只放了许多毒箭。于是他只好返回。很明显，乌塞迪马雷本人认为他距离阿比西尼亚已经很近了。他甚至能说出这个在位的祭司王的名字。乌塞迪马雷报告说，他叫约翰五世，由于他声称他曾与这个约翰五世的士兵交谈过,他的叙述在家乡人看来肯定是十分可信的。乌塞迪马雷在冈比亚河没有深入很远。无论如何,他根本没有谈到巴拉孔达·拉皮兹附近的著名城市康托尔(Cantor),从这里开始,在冈比亚河上,任何规模的船只都无法通行了,现在也是如此。

两年后,1457年,另一支葡萄牙探险队抵达了康托尔。在康托尔,葡萄牙人听到了廷巴克图这个地方,来自撒哈拉的阿拉伯商队的头领一直谈论着它的名字,而且还知道了来自非斯、突尼斯、开罗和北非沿岸其他城市的商人到这里购买黄金。葡萄牙人比任何时候都更相信他们已经接近了祭司王约翰的大地。

航海家亨利亲王在世时再也没有看到其他到非洲的探险。首先,他因为缺钱而被束缚了双手,其次,他又忙于对摩尔人的新战争。1460年,66岁时他猝然辞世,此前他再也没有机会将自己的计划付诸实施。

现在葡萄牙的海洋开发出现了长时期的停顿。虽然亨利亲王在拉各斯建立了一所航海学校,装备了当时所有的航海辅助设备,培养了一批坚韧、无畏和训练有素的航海家,但非洲探险的策划者没了,葡萄牙迟疑不决地摇摆着,无法下定决心去做什么。这种不确定似乎导致了葡萄牙人要向15世纪后期最主要的科学权威:佛罗伦萨的地理学家和内科医生托斯卡内利❷询问它还能否向西横跨大西洋到达印度。遗憾的是,关于这次询问没有文字记载。但是,托斯卡内利的答复依然存在。它非常明确地说,一艘船穿越西部海洋将很快遇到陆地,而这块陆地就是亚洲的东海岸。因为地球是球体,穿越大洋肯定能抵达亚洲。

---

❶ Paolo dal Pozzo Toscanelli,1397~1482年,意大利天文学家、数学家和宇宙结构学家。——译者

那是葡萄牙试图沿着古老的北欧海盗路线经过遥远的北方到亚洲去的时期。我们就知道了科特·里尔的名字,他陪伴皮宁—波索斯特参加了探险。但是,他关于大洋西面新大陆的报告听起来不是很有希望,此外,就在1473年这一时刻,与西非所有的贸易利润,特别是从胡椒、黑奴、象牙和黄金的贸易中获得的利润,都分派给了葡萄牙的当然继承人(后来他就是约翰二世国王)作为私人财产。因此,最终从亨利王子发动的非洲探险中获取某些商业功效,对他乃是有直接兴趣的。

因此,1481年12月中旬,一支由几艘船只组成的舰队在他信任的舰长迭戈·康(Diego Cão)的指挥下扬帆驶向非洲了。四周后,这支探险队在黄金海岸登陆了,这里大约就是现在的三尖角(Cape Three Points)的东面,他们建立了埃尔米纳(Elmina)要塞和城镇。完成这次任务后,迭戈·康向南面大约在南纬14°的圣马利亚(Santa Maria)角航行。我们可以准确地追寻他的航程,因为康自己做了标记。自1467年以后,所有葡萄牙的船长都得到指示:凡是进入未开发地区者,都要在沿岸明显位置竖立木制的十字架,用铭文记录他们的发现。在潮热的热带,很快就证明木制的十字架是不适当的。因此,康用船带来了大理石的十字架。在19世纪,还发现了其中的三个十字架。一个就在刚果河河口的紧南侧,另一个在葡属西非洲本格拉❶的圣马利亚角,第三个是1485年到1486年,迭戈·康第二次航行时在南纬22°十字架角竖立的,那里距斯瓦科普河入海口稍向北一点。

这些十字架都刻有葡萄牙国王的纹章,上面所有铭文都严重风化了,但是,十字架角石刻的铭文还可以辨认。铭文如下:

---

❶ Benguela,安哥拉中西部省份,濒大西洋。——译者

自从世界被创造以来，已经经过了6 685年，自基督诞生以来已经经过了1 485年。葡萄牙最卓越和安详的约翰国王陛下命令他的骑士迭戈·康在此竖立此一石柱。

关于这次航行的另一份证据，我们应当感谢纽伦堡的贵族施瓦茨巴赫[1]的马丁·贝海姆[2]。1484年夏天，作为年轻的商人，在一次商务旅行中，他恰巧路过里斯本。贝海姆真正的活动领域是佛兰德斯的贸易，他曾几次亲自出海，因此，当纽伦堡的数学家雷格蒙塔努斯[3]向他展示星盘的用法时，他极为感兴趣，他与雷氏可能是家族的朋友。在15世纪末，六分仪的这个非常重要的先驱尚未得到广泛的认识。葡萄牙人根本不知道它。他们当然知道那种能够计算出船只位置的仪器的价值，当葡萄牙国王约翰听说年轻的德国商人懂得怎样使用星盘的时候，他很快就邀请他参加他的 *junta dos matemáticos*，天文—航海学会。当迭戈·康从第一次探险成功地归来时，贝海姆为他以后的历次航行担任了航海顾问。

这位著名航海家的第二次航海是1485年开始的，19个月后于1486年结束。在这次航海中，他至少是远到了十字架角，上述的石柱就是在那里发现的。在马丁·贝海姆后来制作的地球仪上，关于这次航海有一段简短的题记：

当我主基督诞生1484年后，安详的国王约翰陛下在葡萄牙装备了两艘船，就是小吨位轻快帆船，配备了船员和足够三年使用饮食和武器。船员和

---

[1] Schwarzbach，意为黑色溪流。——译者
[2] Martin Behaim，1459~1507年，德国地理学家，航海家，世界第一个地球仪的制造者。——译者
[3] Regiomontanus Johannes，1436~1476年，德国数学家、天文学家，对欧洲数学的发展起了重要的推动作用。——译者

船只接到以国王名义发布的命令：驶往赫克勒斯在非洲竖立的石柱之外，一直向南，向日出的地方驶去，越远越好。陛下还为船只装备了各种可以买卖的货物和商品。

417　　这份报告最引人注目的是说到迭戈·康的第二次探险得到命令要一直向南航行，如果可能，就向东方、朝日出的地方航行。迄今为止，给探险队首领的指令无疑都是寻找一条通往祭司王约翰的道路，也就是沿着所谓的尼罗河的西部支流到阿比西尼亚的路。这里没有再次地谈到它。它说探险队向南，然后向东。对马丁·贝海姆的原文唯一可能的解释就是：葡萄牙探险队现在唯一、毫不含糊的目的就是环绕非洲航行。

　　这样改变目标是什么原因？为什么突然不再提著名的祭司王的名字了？难道已经再也不需要他作为宣传的辅助手段了？也许这一问题的答案就在这一简单的事实里：迭戈·康已经到达了南纬度非常高的地方，（尽管他们测量太阳高度的手段很原始，但葡萄牙人毫不怀疑他们已经超过他们所知的任何欧洲前人，到达了南方更远的地方。）在任何情况下，祭司王约翰都不可能在那里，在非洲和在亚洲一样，他像一缕轻烟似的消失了。他再也没有用途了，航海家亨利披在他第一次非洲冒险行动上面的这块面纱悄然落地了。迭戈·康也意识到了这点，他的第二次探险比他第一次向南整整推进了八度，这一事实使我们做出推断：在这第二次尝试中，他是打算环绕非洲的。因为他的舰队是为三年航海进行装备的，所以环绕好望角第一人的名誉完全有可能归于迭戈·康。为什么这次探险仅仅经过了19个月就中断了，我们不得而知。也许正如现在所设想的，在这次航行中，他生病了，甚至去世了。再也没有人提到他，甚至是马丁·贝海姆。

三

在这里我们必须把话题岔开。到目前为止，我们的叙述可能会造成这样的印象：白人对非洲的探索完全限于海路。仅就葡萄牙人而言，这是非常正确的。由于他们完全是有系统地和为了国家的目的而进行的，从一开始，他们就很清楚非洲绝不能通过陆路加以控制，撒哈拉地带对任何规模的冒险事业都是完全不可逾越的障碍。

然而，这并不意味着北非是一个完全无人知道、无人涉足的地区。在中世纪鼎盛时期，就有商队定期穿越北非，就像穿越西伯利亚和中亚一样，白人旅行家和商人也容易来到这里。如果另一位不知名的佛罗伦萨商人贝内代托·戴的私人信件不是偶然地被保留下来，那么，我们对此就会一无所知。他的信件写于1470年代，非常漫不经心地谈到：在1470年，他旅行到了廷巴克图，"柏柏尔王国的一个城市。"更令人惊奇的是，以后再也没有人谈到任何到廷巴克图，"撒哈拉的女王"，旅行的欧洲人，直到四个世纪以后，汉堡的探险家海因里希·巴尔特才在1853年来到这个城市。直到那时，对所有扎奥尔❶，即基督教徒来说，这个伟大的商队沙漠城市就像麦加一样是遥不可及的。在贝内代托的时代，似乎没有困难。这个佛罗伦萨人显然没有意识到他的旅行有什么引人注目的地方。他当然不是出于什么地理学的兴趣被迫到那里去的。他没有叙述自己是如何与通过哪条路线横贯撒哈拉的沙漠之海的，实际上，他所说的就是廷巴克图有伦巴第厚布的贸易。由于贝内代托·戴在信的其他地方没有什么特殊的克制，而是愉快地吹嘘自己的其他成就，

---

❶ giaour，异教徒，伊斯兰教徒用语，指不信伊斯兰教的人，尤指基督教徒。——译者

他很随便地谈到人们可能会认为是他旅行的真正壮举的那些事情,这就让人推断出:在他那个时代,廷巴克图是一个经常有商队光顾的著名中心,所以不值得多谈。我们可以有把握地假设:尽管有困难和危险,贸易和交通在北非也比我们肯定知道的要广泛得多。

贝内代托·戴纯粹是一个商人,他不关心国家及其人民,他只对处理自己的货物感兴趣,但是,另一个完全不同类型的人在1450年来到撒哈拉,比他早了20年。他是银行专家和探矿者热那亚的安东尼奥·马尔凡特。他没有到廷巴克图那么远,而只到了图瓦特❶绿洲。他没有必要再向前去寻找他所要找的东西了,也就是说,在撒哈拉没有黄金,来到北非海岸的阿拉伯黄金商队是从非常遥远的南方地区来的。

马尔凡特并不是为了自己而旅行的,而是代表热那亚的银行和商业公司百夫长而旅行的,它是一家在15世纪中叶具有世界影响的公司,它在热那亚、克里米亚的卡法、马略卡岛、里斯本、卢昂、安特卫普、布鲁日和布里斯托都有分支机构。这家公司的业务由于贵金属迅速流向中东和远东,也由于15世纪带来的政治巨变而受到沉重打击。那些政治巨变包括:法国和英国之间的百年战争,德国的混乱和东罗马帝国(拜占庭)的陷落,这导致土耳其人攻占了君士坦丁堡。由于日益明显地缺少货币,结果每一个选帝侯和国王都在掌握了权力的时候就铸造新币,而这些新币虽然与旧币面值相同,但其内在价值则毫无例外要低于旧币。欧洲货币关系到处都很混乱,货币到处贬值,到处都把兴趣集中于"实际价值",超国家的贸易关系由票据交换所协议而艰难地维系着,简言之,通货膨胀的趋势已经以不祥的力量崭露头角了。

---

❶ Tuat,阿尔及利亚中部沙漠地区。——译者

这些货币骚乱也许非常有利于欧洲艺术的发展，对于某些时候提出的论点：通货膨胀导致资本进出了"实际价值"，我们还有很多话要说。资本进入"实际价值"就是建造华丽的房屋和购买绘画、雕塑和昂贵的珠宝，人们把这称之为"投资。"从长远来看，这个几乎没有掩饰的通货膨胀，对那个时期的大银行机构来说是很伤脑筋的，而对国王和皇帝们来说则是危险的，后者受到其臣民实际收入下降和自身高筑的债台的威胁。在高度资本主义化的意大利北部，对普遍形势的不满，表现得最强烈。无论如何，一个专家委员会在百夫长公司的支持下，于1447年在热那亚做出决定：引进金本位制。作为这一措施合乎逻辑的结果，百夫长公司派出自己的代表安东尼奥·马尔凡特在同年到撒哈拉，去查明出口到欧洲的黄金到底来自非洲腹地的哪个部分，是否有任何机会直接插手黄金产品的销售。

马尔凡特是一个探矿者，但不是像我们在萨克拉门托或克朗代克淘金热的故事中所熟悉的那类冒险家。很自然，这个热那亚人也不是没有冒险的倾向。但他是一个有贵族气派的人，因此他远到图瓦特绿洲的撒哈拉探险就具有一种骑士的色彩，而不是纯商业的色彩。马尔凡特在他致他热那亚的朋友乔万尼·马里奥尼的信中非常生动地描绘了他的旅行：

在胡奈因（可能是阿尔及利亚的特累姆森港），我们把大海甩在身后，很快就踏上了向南的道路，骑马走了大约12天。一连七天，我们都没有看到有人居住的地方。到处都是多沙的平原，就像大海一样，白天我们依靠太阳确定方向，夜间则靠星辰确定方向。过了七天，我们发现了一处有防御工事的定居点（塔巴贝尔特绿洲）。那里的居民非常贫穷，他们唯一的食物就是水和贫瘠土地上很少的一些产品。他们很少播种，但是，他们有足够的椰枣维持生命。

于是我们经过上述的有防御工事的村庄前往图瓦特。图瓦特是由一道大墙围起来的地方，里面有18个由寡头统治的定居点。每处定居点的首领都维护自己的利益，而无论自己是否有道理，虽然他们互相之间都划定了界线，但每个首领都想尽力扩张。如果有旅行者来到这里，马上就会有一位定居点的首领保护他，而且会誓死保护他。因此，在这里商人绝对安全，我觉得这里比在特累姆森和突尼斯王国更安全。

我是基督教徒，但没有人说我的坏话，他们说他们从来没有见过基督教徒。确实，在一开始，当我刚到这里的时候，我很不高兴，因为每个人都想看看我，而且惊奇地大叫："这个基督教徒也有一张和我们一样的脸！"因为他们认为基督教徒的脸是畸形的。他们的好奇心很快就缓和了，我走到任何地方都没有人说我的坏话。

这里有许多犹太人。他们生活得很好，因为他们受到定居点首领的保护，每个首领都积极地支持他的被保护人。所以他们的生活很平静。他们掌握着这里的贸易，他们大多数人处处都受人信任。

这里是前往摩尔人的地方的驿站，商人到那里去出售自己的商品。他们把黄金带到这里，然后卖给从沿海来的人。这个地方叫德·阿曼门图（De Amamento）❶，而且这里有许多富人。然而，大多数人极端贫穷，因为什么也不能播种，除了椰枣什么也不能收获，他们就靠椰枣为生。他们唯一的肉食是阉割了的骆驼肉。这种肉很罕见，但是，味道极为鲜美。

和我们一起从海岸来到这里的阿拉伯人，把玉米和大麦带到了塔门提特，一年到头都按撒拉森货币五弗罗林的价格出售。

这里从来不下雨。如果下雨，人们的房屋就会毁掉了，因为它们是用盐和芦苇做的框架建成的。这里也从来不刮风。到夏天，这里出奇的热，以至于这里的人几乎都是黑色的。15岁以前男女儿童都是赤身裸体的。当地人信

---

❶ 塔门提特，Tamentit，阿尔及利亚的阿德腊尔中南部城镇。——译者

奉伊斯兰教。这里周围有150到200个绿洲。

在这些国家的南方,有一条非常大的河流,一年中有几次洪水泛滥。这条河穿过塔姆贝特(廷巴克图),是从埃及来的。它在开罗入海。河上有许多小船在做生意。据说,如果不是有一处300厄尔深的悬崖,沿这条河就可以顺流而下到埃及。任何船只都无法通过这个瀑布❶往来。从这里到这条大河,骑马要走20天。

如果我听到的没有错误,这里的人就是印度人的邻居。印度商人到这里来,通过翻译进行交流。这些印度人是基督教徒,他们崇拜十字架。

我经常问他们,黄金是在什么地方发现和收集的。我的保护人回答说:"我在黑人当中生活了14年,我一直在留心地听。但是,我从来没有听到确切的说法。'我就是这样看见的,就是这样发现和拾来的。'因此必须这样假设:它来自很远的地方,我认为,是来自一个很特殊的地区。"与此同时,他还告诉我,他到过一些领域,那里的黄金与白银的价钱相等……

人们可以看到,信的作者在自己所处的陌生环境中进行了清醒的观察。他很快就知道了撒哈拉不产黄金,他也非常清楚地知道为什么非洲的大部分黄金都汇集到这个特殊的地点。因为这里出产盐,这是热带非洲所缺少的矿物,他们要用黄金购买。这里的黄金来自南方很远的腹地,在撒哈拉和沿海都找不到黄金,它在可望而不可即的远方。

因此,马尔凡特给百夫长公司的报告不是非常令人鼓舞的。因为他还知道黄金贸易是被人牢牢控制的。诚然,尽管他作为基督教徒和欧洲人在图瓦特绿洲没有遇到敌意,我们必须补充一下:这是很令人吃惊的。但是,没有疑问,他给乔万尼·马里奥尼这封信的大意是:涉足黄金贸易的阿拉伯人小心提防着自己的利益,在图瓦特设立一家百夫长的

---

❶ ells,厄尔,英国旧时量布的长度单位,等于45英寸,约1.14米。——译者

分公司是没有意义的。他在给百夫长公司的报告中肯定也包括了这一论述：通过流经廷巴克图的河流是可能抵达埃及的，毫无疑问，在欧洲会认为这是肯定了来自古代的信息，这个观点也得到了马尔凡特本人充分的赞同。无法确定的是，他关于图瓦特绿洲的印度商人的报告实际是指印度人，还是指阿比西尼亚人。完全可能的是，他们真的就是印度人，因为在14世纪和15世纪期间，廷巴克图与埃及和小亚细亚的贸易很繁荣，印度商人很有可能发现了通往这里的道路。

四

虽然马尔凡特的旅行肯定只是欧洲发起的许多深入非洲腹地的探险活动之一，正如卡皮尼和鲁斯布鲁克（Ruysbroek）到亚洲腹地旅行一样，都不是孤立的功绩，但海上的进展的地理学意义可能远远超过了无数的陆地旅行。因为一般来说，发现一个未知国度的幅员和形态要比发现其内陆地区的性质更为重要，对腹地的勘察通常都是对沿海绘制海图后的后续行为。

因为这一原因，葡萄牙人一次又一次更新他们向南的推进。迭戈·康在第二次航海到达南纬22°时，他可能从当地人那里听到了传闻：环绕非洲进行航海是可能的。中世纪晚期的欧洲地理学怀疑能否环绕非洲航海，他们认为印度洋是一个内海，反之，大多数阿拉伯地理学家则认为环绕黑暗大陆航海是可能的，尤其是那些亲自到过阿拉伯东非的人。他们有充分理由相信这一点。不仅因为南非东海岸向西拐了一个很平缓的弧线，这与古代认为非洲是与印度相连的观点完全矛盾的，而且，毫无疑问，阿拉伯的船长们曾经一次又一次远航越过科连特斯角❶，这是阿拉伯在非洲的势力范围的南部界限。在阿拉伯古老传说中，有一种说法：早在1420年，一艘阿拉伯船就绕过了好望角。迪戈·康绝不可能不知道这一点。

但是，当他的船队失败地回到里斯本的时候，对通过海路到达印度洋的可能性似乎再度出现了怀疑。这些怀疑更有说服力，因为接近15世纪末，欧洲又出现了许多要求恢复古代沿印度河而上，沿阿穆尔河而下的亚洲贸易路线的呼声。在其他赞成这条艰难路线的理由中，有一条非常重要：即使有海路可以绕过非洲南端通往印度，那也将耗费很长时间，以至让昂贵的印度香料饱受几周和几个月炽热的灼烤。这将使它们的芳香受到有害的影响，这就引起了恐慌：变质的香味将会减少利润，而高额利润可以抵消巨大的风险因素。

在这一时期，里斯本显然决定对这种形势做出最后的澄清。1487年，葡萄牙王室在这场博弈中一次就打出了两张王牌：它派一组信赖的贵族通过陆路到印度和阿比西尼亚去，同年又派遣巴塞洛缪·迪亚士（Bartholomew Diaz）率领两艘50吨的轻帆快船和一艘护航船去完成环绕非洲的航行，打开通往印度的海路。

陆路探险队于1487年5月离开葡萄牙，巴塞洛缪·迪亚士于8月起锚开始伟大航程。一开始，福星高照。北风驱使这支小舰队快速南进。一次顺利通过了可怕的博哈多尔角。葡萄牙人在沿海建立了一个又一个要塞和据点：西北非的布朗科角快速兴起的阿古云（Arguyn），是穿越撒哈拉的古老商道的终点，后来它首先被勃兰登堡占据了，其次又被法国

---

❶ Cape Corrientes，原文如此，译者对此表示存疑。——译者

占据了，越过此地就是黄金海岸靠近三尖角同样繁华的埃尔米纳。再下面就是迭戈·康竖立的大理石十字架：刚果河入海口一个，本格拉的圣马利亚角一个，最后是斯瓦科普的十字架角上的一个。

现在葡萄牙面对的是一片未开垦的领地：一条艰难的海岸，被暗礁和沙丘撕裂了，被无情的太阳灼烤着，还有贫瘠、无法居住的山地。1487年的圣诞节，他们在南纬26°35′的安格拉佩克纳湾登陆了，庆祝耶稣诞生，并稍事休息。这个深阔的海湾是唯一的避风港。想到他的舰队在风暴中是那么脆弱，巴塞洛缪·迪亚士的心都凉了。节日过后再次扬帆远航时，他将坚定不移地走向大海。上帝帮助任何在这里跌倒的人，甚至是在沙丘上搁浅的人！没有水、没有居民、任何地方都没有一棵植物。而且一天接一天都是无情的烈日。但是，他进行了一次令人鼓舞的观察：那些从陆地流淌而来的河流，与他们几周前通过的刚果河相比只不过是涓涓细流而已。这只能意味着这些河流没有为他们注入河水的内陆。因此这里的陆地肯定很狭窄，而且它们穿过刚果后就会越来越狭窄，它肯定是向南方的某一个点流去的。他的脑子里一遍又一遍想到马丁·贝海姆告诉他的话和迭戈·康确认的事：东非海岸似乎向南收缩了，它似乎向西退却了。而在他曾欢庆圣诞节的这处海岸，它是否转向了东方？他是否每过几天就把船向左舷转了几个罗经点？

他们听着弥撒曲，还有一份多给的朗姆酒，这里有淡水，他们在船上和索具中欢呼雀跃。圣诞节已经过了，有一天大副吹起哨子来。帆船升起了风帆，在强劲的西北大风的啃咬中，这三艘轻快帆船起锚向着外海出发了。西北大风越刮越猛，迪亚士担心这危机四伏的海岸。西北大风变成了八级大风。远离陆地，上帝保佑我们吧！"正南方，"他在风暴的咆哮中大声喝道，"正南方，"舵手回答道；三艘船更急

第十一章　葡萄牙与非洲

剧地向背风面倾斜过去，海岸沉到参差不齐的地平线下面去了。风暴还在继续。把帆桁拉得紧紧的，他们迅速向南驶去，离开陆地，只有离开陆地才行！

到1488年1月中旬，这场风暴才停。风向前改变了方向，然后持续地向西吹；迪亚士向正东航行。大地会在什么地方？一天过去了，又一天过去了。还没有看见大地的影子。船员开始烦恼了。小伙子们害怕了。不可否认，供应情况很糟糕。咸肉没保持好。放到白铁盘子里，肉都是灰绿色的，存肉就像宰马场一样臭气熏天。迪亚士命令："正北，"圆

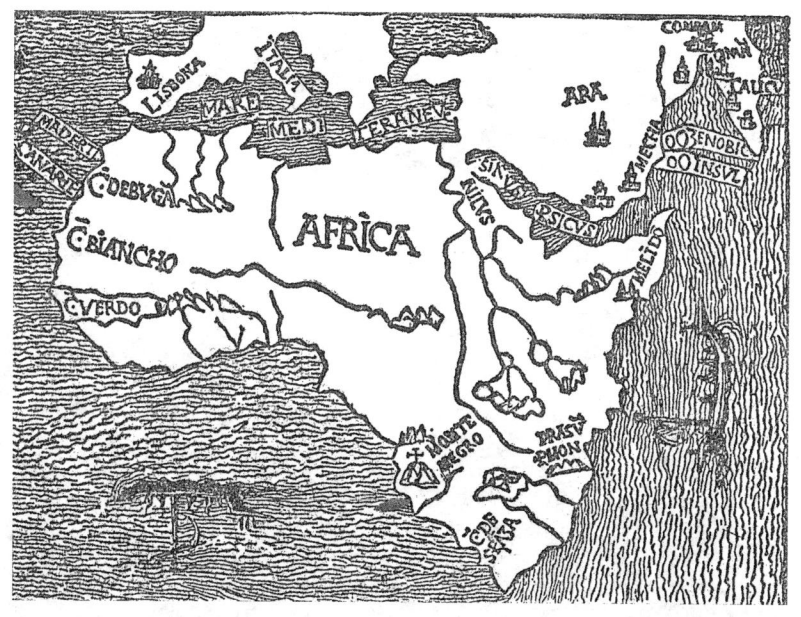

插图60　意大利人的非洲地图。这张地图绘制于1508年的米兰。所谓的Itinerarium portugallensium，或葡萄牙人的航行，再现了现代时代开始时意大利关于非洲海流的形状。C.Debuga对应于博哈多尔角，C.Biancho就是布朗科角，C.Verdo就是佛得角，Monte Negro是一块高地，1486年迭戈·康在上面竖立了大理石十字架。波斯湾被错误地放到红海中，麦加的位置完全错了。Zenobic Insul究竟是哪，含混不清。印度的Compan代表坎贝，外印度（Hither India）的其他两个城市是坎纳诺尔和卡利卡特。

图版55 葡萄牙亨利亲王，航海家。15世纪晚期微型肖像。

图版56 15世纪末的葡萄牙船员。来自西非贝宁的黑人雕刻。

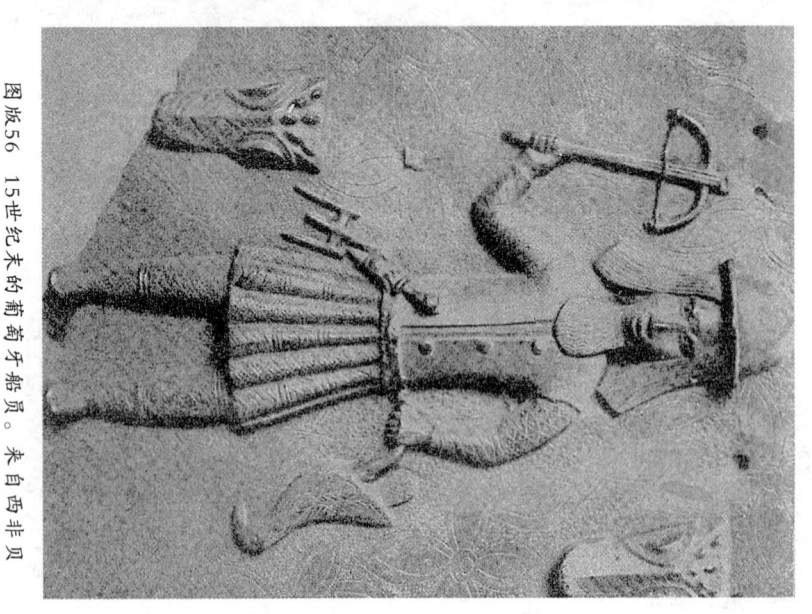

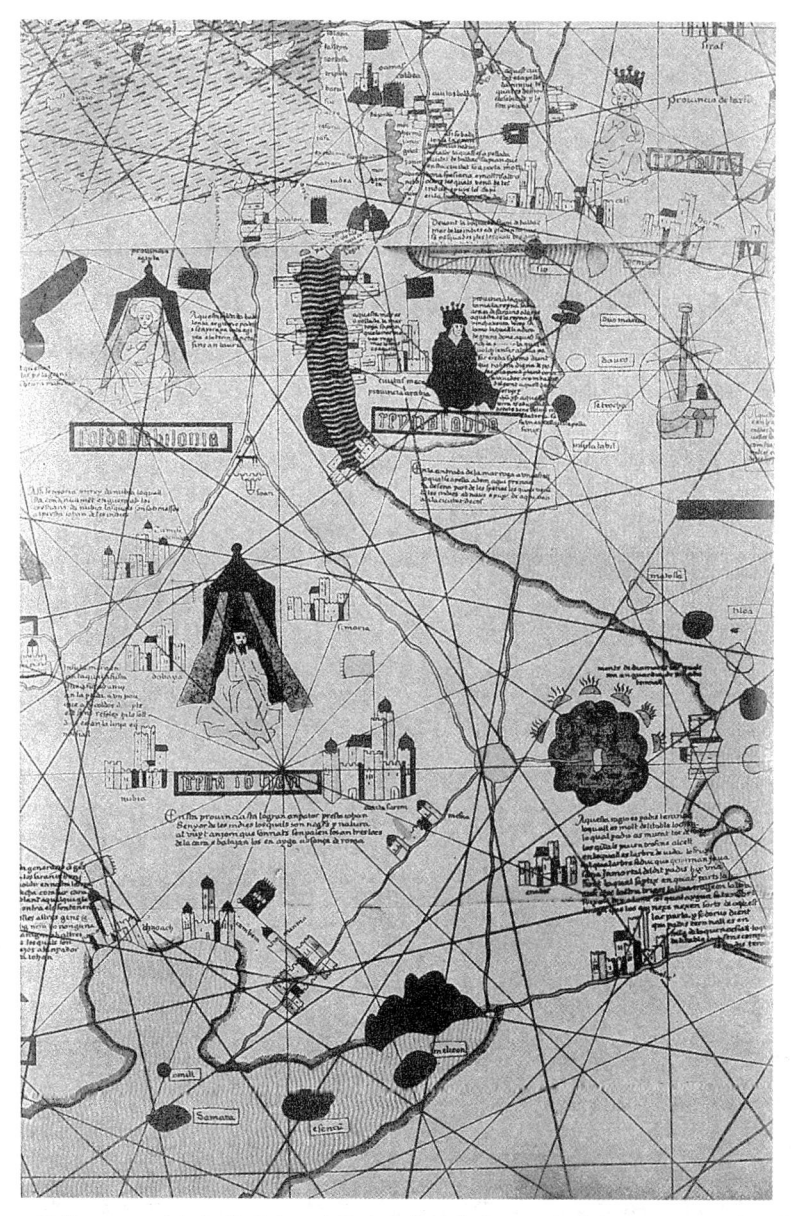

图版57　15世纪加泰罗尼亚世界地图中的东非。虽然到这时，人们沿非洲东海岸航行到索法拉那么远的地方已经有4 500年的历史，但中世纪晚期对它还是充满误解。

桶状的船只笨拙地转向新的方向。

第三天黄昏时分,从船员的住所,从船头瞭望台传来一声喊叫:大地!大地!嗨,陆地!从前甲板看去,除了大海和一道长长翻滚的波浪,还是什么都看不见。不,那就是陆地!一条纤细的灰色条纹逐渐变粗、变黑了,越来越清晰。毫无疑问,那就是陆地!

那是1488年2月初。迪亚士不知道自己在什么地方,我们也不知道。很可能他是在好望角东面200英里的莫塞尔湾地区。也许他有一种预感,在这几天的风暴中他已经绕过了非洲。但是,他还不敢确定。因此,他沿海岸向北又航行了几天。这时他知道自己已经绕过了非洲。他终于完成了航海家亨利在世纪之初开创的事业。非洲已经被人环绕航行,已经找到通往印度的海路!

在伊丽莎白港和东伦敦之间的大鱼河,迪亚士的船员哗变了,他们强迫他掉转航向。他顶着持续不断的风小心翼翼地向西巡航。当他经过好望角的时候,他遇到了风暴,所以他把它称作风暴角(*Cabo Tormentoso*)。葡萄牙的约翰二世不喜欢这个名字。他把它改为好望角,因为通往印度的海路终于被证实了。

巴塞洛缪·迪亚士没有意识到有希望通过这条路可以到达印度,而毫无疑问他对此也是坚持的。他舰队的设备本来在航行中不会受到严重损失的。无论如何,在通往印度的海路的地理图上,还有一个缺口,自从亨利亲王建立了航海学校以来,它就渐渐浮现出来。这个缺口被在迪亚士和他的小舰队出发的同年前往印度的陆地探险队填补上了。探险队的领队是科威勒豪的佩德罗(Pedro de Covilhao)骑士,他首先经过亚丁前往印度的马拉巴尔海岸,在他返回的时候,他考察了远到赞比西和索法拉港的东非。他的观察与巴塞洛缪·迪亚士的观察联系起来,最终就清楚了：大西洋和印度洋是相通的，而且，毫无疑问，通过海路可以到达印度。

在我们关于非洲和葡萄牙人的这一章里，1488年这一年还填补了最后一个空白。这一章在开始的时候，出现了航海家亨利这个引人注目的人物，在其结束的时候，葡萄牙人打通了通往印度的海路。这一成就完全是王子的功劳，他独自一人承担了把葡萄牙发展成航海国家的重任。尽管葡萄牙具有海洋地理位置、曲折的海岸线和完美的港口、人口大多从事渔业，因此它已经习惯沿海航行，但迄今为止，葡萄牙还没有显示出任何航海国家的迹象。正是亨利王子凭借对航海的狂热，驱使葡萄牙人走向公海。无论是个人创造历史，还是像亨利这样的人只是非个人的历史力量借以通过其得到表现的媒介，但有一点可以肯定：打通通往印度的海路的不是葡萄牙的乡绅、农民和工人，尽管所有这些人也为这一历程奉献了鲜血和生命，而是航海家亨利。虽然他从来没有亲自航海，虽然直到他在坟墓中已经躺了整整一代人的时间后，人们才到达了好望角。

我们的叙述结束了，但与此同时，我们也来到一个新时代的门口。

这个时代之所以为新，不仅是因为已经找到向东通往神奇美妙的印度，向西通往新世界的海路，因此地球上所有的神奇都涌向了欧洲。它之所以为新，是因为它诞生了新的人类。

新型人类的出现几乎就在一瞬之间，就在仅仅半个世纪之内。它在外部世界的代表，有形的成就是像哥伦布、科尔特斯❶和皮萨罗❷那样的人物。而在精神世界则出现了像哥白尼、鹿特丹的伊拉斯谟、丢勒和

---

❶ Cortés, Hernan, 1485~1547年，西班牙殖民地征服者，探险家。——译者
❷ Pizarro, Francisco, 1470~1541年，西班牙探险家，秘鲁的征服者。——译者

乌尔里希·冯·胡滕[1]这样的人物,我们仅举四例而已。

在他们出现之前,那里到处是哭声和切齿之声。对那个时代的人来说,迷惘、没有信仰、背信弃义和怀疑从来没有达到这样的程度;他们认为战争从来没有这样血腥,谋杀从来没有如此频繁,毒药、匕首和各种懦弱的行为从来也没有如此普遍,人们认为世界末日从来没有像15世纪最后的几十年里那样迫在眉睫。

古老的恐惧在到处高视阔步。古代条顿人的神圣女预言家在几千年前就已经预言了可怕的最后决战。现在这些形象在一个基督—东方的外罩下已经变得朦胧模糊了。帕塔拉的美多迪乌(Methodius of Patara)在公元800年写作的关于世界末日的神秘诗歌,于1475年在科隆又被重印。早在20年前,土耳其人就已经攻占了圣城拜占庭,进行了可怕的屠杀,美多迪乌的警告在倾听的世界引起了战栗:

阿加门尼(Agareni)在日耳曼大地上重新集合,并从荒野走出来的时候即将来临。他们将占据这个世界长达八年。他们将使城市和王国堕落,他们将在神圣的地方扼杀牧师。他们将与女人睡觉,将用神圣的器皿饮酒。他们将在神圣的陵墓上拴他们的野兽。

祭司王约翰致中世纪鼎盛时期三大人物(教皇和两位皇帝)的神秘信件中,就已经敲响了预示大灾变的暗示。现在突然降临大灾难的恐惧已经上升到使人惊骇的准确程度。1485年,整个欧洲都可以看到日全食,随后又出现了木星和土星这两个强大灾星的汇合,这时所有有理解能力的人都清楚了这一点:

---

[1] Ulrich von Hutten,1488~1523年,德国人文主义者、诗人和讽刺作家,曾对王公和罗马天主教会进行了刻骨铭心的抨击,他是路德的支持者。——译者

这次日食和黑暗带来的迹象和惊奇是可怕的，几乎是令人恐怖的。如果有人经历和亲眼看到它们，那可能更加恐怖。以至于我不敢说出它们的含义。

这是阿尔萨斯学者和占星家约翰·利希滕贝格在一本广泛流行的小册子里写的。W. E·波伊科特（W. E. Peukert）在他那部有趣的书：《大转折时刻》（见参考书目）中详细地记述了这一点。毫无疑问，约翰·利希滕贝格仅仅表达了各种人物的看法，比如：在行将离去的中世纪的大规模资本主义面前发抖的农民、受到不断掠夺和常年暴力行为威胁的市民、处在互相之间永无止息的世仇之中的国王和大公、满身罪恶和违法行为的僧人和教皇。

但是，各种人都试图将这次"日食和黑暗"归咎于某些别人。负债的农民归咎于在全国各地屠杀他们的犹太人，胡斯和威克利夫猛烈抨击罗马天主教徒的罪恶生活；皇帝和王公们互相把腐败归咎于对方；病态的思维产生了女巫铁锤的概念，*malleus maleficarum*，（邪恶的锤骨），而最深刻和尖锐的内心悲痛使得弗里德里希三世的历史学家约瑟夫斯·葛伦佩克（Josephus Grünpeck）向着冷漠的天堂呼唤：

诚然，当你察觉到整个基督教世界和所有值得称赞的风俗、规则和法律令人痛苦的腐败时，觉察到各个阶级的悲惨、各种瘟疫、这个时代的变化和各种奇怪的意外时，你就知道世界末日已经接近了。灾难的洪水将淹没整个基督教世界。

这种呼唤也在我们的耳中回响，似乎那就是我们自己的挽歌，我们自己求助的呼求。

但是，天堂依然沉默无语，深渊却敞开了。鲜花不再凋谢，但它们腐烂了。死神不再是正在消退的夏日结束时的宁静，而是露出牙齿狞笑着的骷髅，冷漠地挥舞着他的长柄镰刀。一切都倒在他的打击之下：绿草、鲜花、正在成熟的玉米、鲜嫩的幼苗和枯萎的叶子。死神嘲弄着他的收获物：1424年，他第一次被画在巴黎圣婴教堂公墓的墙壁上，他在欢快地舞蹈。从那时起，人们就用木刻、雕塑和浮雕上千次地这样描绘了死神，而在丢勒的《死神舞》的可怕讽刺中达到了极致。丢勒为哈特曼·舍德尔1493年的《世界编年史》做了这幅插图。

这就是死神与"萨兹的农夫"彼得·克滕费尔之间的对话的背景，克滕贝尔年轻的妻子，就是1400年横扫黑暗王国的大收获者（Great Reaper）玛格雷特小姐，今天，我们大多数人已经看到黑暗大领主的许多业绩，他说：

你们问我们从那里来：我们是从人间天堂来的。上帝在那里创造了我们。而且给我们起了真名，他说：你吃的日子你必定死。因此，我们显示了自己：我们是死神，主宰和地上、空中和大海中的强者。

但是，人们试图用病态的放纵、酗酒、音乐、赌博、妓院卖淫和裸体舞来忘记一切，这也是这种努力的背景。《齐默尔编年史》（*Zimmerian Chronicle*）常常说到"某些女人完全赤裸地与荒唐的人跳舞，伴随着难以启齿的荒淫。"快给你自己再切上一大块面包吃吧，因为明天一切都可能遭遇可怕的终结，这也是当时的迹象之一。

这一切是多么熟悉啊！我们所有人都亲身经历过，我们自己的神灵都被深深地埋葬了。

然而，今天正如500年前一样，人性是不会泯灭的。因为，当整个世界神魂颠倒地盯着最后的事情（Last Things）构成的深渊时，被恐怖征服了和为它感到高兴，新时代的大门却缓缓地打开了。起初，无所感觉，渐渐地越来越明亮，最后变得光彩夺目、闪闪发光，光线洒满昏暗的牢房。穿过碧蓝的天空加速航行，似乎来到了从虚空中升起的新的彼岸。

几十年后,胡滕的乌尔里希受到令人憎恶的疾病的折磨,溃烂的伤口让他痛苦不堪,他却以炽热的热诚高呼:"精神已经苏醒,活着多么快乐啊!"

也许这段话就是讲给我们听的?在我们面前展开的对人物和事件进行的描述中,我们是否经常无法认识我们自己?也许我们正站在一扇开始慢慢打开的门前,我们已经听到最后的号角(Last Trump)的召唤。

我们不得而知。但是,我们宁愿相信如此,我们必须相信如此,我们有充足的理由相信。因为,只要人类还在地球上,浮士德博士古老的预言就一次又一次被证明是真实的:"新的一天把我们引向新的海岸。"

【索引】

Abalus（Heligoland），
  阿巴卢斯岛，即赫里格兰，110
Abu Simbel，
  阿布-辛拜勒，362
Abul Hazan Masudi，
  阿布尔·哈桑·马苏迪，332
Abyssinia，
  阿比西尼亚，
  360，364，404–405，414，417，423
Adam of Bremen，
  不来梅的亚当，335，338
Aden，
  亚丁，55，61
Adige, river，
  阿迪杰河，16，41
Adriatic Sea，
  亚德里亚海，16，42，72，90，92
Adulis（Zula），
  阿杜里斯（祖拉），360
Ælius Gallus，
  伊利乌斯·加卢斯，133
Ætius of Antioch，
  安提俄克的埃提乌斯，108
Afghanistan，
  阿富汗，307
Africa，
  非洲，320
Afterworld, notions of，
  阴间的概念，158–159
Agamemnon，
  阿加门农，88，89
Akaba，
  阿卡巴港，67
Akka, negroes，
  阿卡黑人，135
Aldaigyuborg，
  奥岱格俞伯格，328
Alexander the Great, Indian expedition of，
  亚历山大大帝对印度的远征，112–114
Alexander III, Pope，
  教皇亚历山大三世，365，366
Alexander VI, Pope，
  教皇亚历山大四世，261
Alexandria，
  亚历山大，138，160，360
Alfonso IV of Portugal，
  阿方索四世，290
Alfred the Great，

阿尔弗雷德大帝，333，334
Algonquin Indians,
　阿尔冈昆印第安人，282
Ali Masudi,
　阿里·马素迪，320
Almeria,
　阿尔梅里亚，28
Alphabets：Etruscan,
　伊特拉斯坎人的字母，46；medieval runic，中世纪如尼文字母，225；Chinese，中国的字母表，377
Alps,
　阿尔卑斯山，40，41，42
Altamira cave-paintings,
　阿尔塔米拉洞穴绘画，6
Amazon myths,
　亚马逊神话，338
Amazon region,
　亚马逊地区，204；alleged Phœnician inscriptions,
　所谓的腓尼基，213-214
Amber：trade in,
　琥珀：琥珀的贸易，17-21，43，45
America：identified with Atlantis,
　美洲：被认为就是亚特兰蒂斯岛，28-29
Amenhotep II,
　阿蒙霍特普二世，89
Amenhotep III,
　阿蒙霍特普三世，89
Amu-Darya, river,
　阿姆河，115，422
Amur, river,
　阿姆河，320
Ancestor-worship,
　祖先崇拜，386
Andrew of Longjumeau,
　隆瑞莫的安德鲁，372，375
Andrew of Perugia, Bishop of Zayton,
　佩鲁贾的安德鲁，刺桐港主教，390-391
Angora, battle of,

安古拉（现安卡拉）的一场大战，396
Angra Pequeno Bay,
　安格拉佩克纳湾，423
Annius Plocamus,
　安纽斯·普洛卡姆斯，147
Antibes,
　安提比斯，102
Antimony,
　锑，51，57
Antioch,
　安提俄克，152
Ants, gold-digging Indian,
　挖掘黄金的印度蚂蚁，121-122
Aphrodisiacs,
　性药，311-312
Aquileia,
　阿奎雷亚，19；amber route to Samland,
　阿奎雷亚至珊兰登的琥珀之路，20，43-45
Arabia,
　阿拉伯半岛，54-55
Arabs：and incense,
　阿拉伯人和香，54-55
Aradus,
　阿拉杜斯，63
Arbela,
　阿贝拉，114，117
Archangel,
　阿尔汉格尔，320，322，334
Arctic Ocean,
　北冰洋，109，264-265，333，335-338
Ari the Viking,
　阿里-北欧海盗，172，173
Aristotle,
　亚里士多德，17，32，114，159，160
Arrianus, Flavius,
　弗拉乌斯·阿里阿纳斯，118-119，120-121，123
Artaxerxes III,
　亚达薛西三世，116

索 引

Artemidorus,
阿特米多勒斯, 139
Asciburgium (Eschenburg),
阿喜布尔基乌姆城, 43, 106
Asia: Alexander's concept of,
亚洲：亚历山大的概念, 114-115
Asia Minor,
小亚细亚洲, 45, 64, 101
Assyria,
亚述, 68
Astrolabe, use of,
星盘的用法, 416
Asvaldson, Thorvald,
索伐尔德·阿斯伐尔德松, 246
Aswan,
阿斯旺, 133, 160
Athens,
雅典, 98, 103, 362
Athos canal,
阿索斯运河, 137
Atlantic Ocean: and Atlantis legend,
大西洋：和大西岛的传说, 28-29
Atlantis legend,
大西岛的传说, 28-30, 159
Atlas Mountains,
阿特拉斯山, 93, 133-134
Aurignac man,
奥瑞纳克人, 7
Avignon,
阿维尼翁, 369-370
Axum (Abyssinia),
阿克苏姆 (阿比西尼亚), 360, 404
Ayllus (Inca clan),
氏族艾柳, 183, 184
Azores, Carthaginian discovery of,
亚速尔群岛, 迦太基人发现, 82-83, 410
Azov, Sea of,
亚速海, 114, 115, 332
Azetecs, and legend of Quetzalcoatl
阿兹台克人, 165, 188; 奎兹尔考特的传说, 166-172, 173
Babylon,
巴比伦, 112
Bactria,
巴克特里亚, 345
Baffin Island,
巴芬岛, 270, 271, 281
Bagdad,
巴格达, 331-332
Baikal, Lake,
贝加尔湖, 320
Bajazet I,
巴亚捷一世, 395-396
Balearic Islands,
巴利阿里群岛, 69
Baltic provinces,
波罗的海各省, 228; Swedish immigration,
瑞典移民, 229-230
Baltic Sea,
波罗的海, 40-41, 334-335; Roman discovery of,
罗马人发现, 132-133
Baluchistan,
俾路支沙漠, 119
Banking system,
银行系统, 127-128
Barca,
巴萨, 102
Bardsen, Ivar,
艾法尔·巴德森, 250, 259-260, 262, 263
Barnstaple Peninsula,
巴恩斯特布尔半岛, 278, 279, 280
Barygaza (Broach),
巴里加扎, 142, 146, 148, 154
Basques, and discovery of Newfoundland,
巴斯克人, 和纽芬兰的发现, 209-210
Beardmore, Norse grave in,
比尔德莫尔, 古挪威人在这里的坟墓,

284–286

Behaim, Martin,
贝海姆，马丁，297, 299, 416–417

Belgium, flint-mining in,
比利时，比利时的燧石矿，11

Benedict XII, Pope,
教皇本笃十二世，269–270, 392

Bergen,
卑尔根，254–257

Berid（Indian State Post）
布里德，（印度国家邮政），310

Berzelius, Jons Jakob,
贝采利乌斯，25–26

Berytus,
贝来图斯，63

Bhamo,
八莫，155, 156

Bhulgar,
保尔加，307, 321, 322

Birca,
比尔卡，40

Bird images, cultic,
鸟形象的崇拜，204–205

Biscay, Bay of,
比斯开湾，36, 37

Bison, Stone Age drawings of,
石器时代的野牛画，3–4, 6, 7, 9

Bjarmalnad（Siberia）,
布加马兰德，（西伯利亚），275, 333–334

Bjarni Herjulfson,
布加尼·赫尔鸠夫森，271–272, 280
first recorded European to discover America,
第一位有明确证据发现美洲的欧洲人，269, 281

Black Death,
黑死病，257

Black Sea,
黑海，41, 42, 45, 72, 307

'Blessed, Isles of the',
神圣群岛，79, 403

'Blood-letting homunculus',
放血的小人儿，188, 189

Bochica,
波齐亚，169; legend of,
关于他的传说，186–187

Bock, Friedrich S.,
弗里德里希·萨缪尔·博克，19

Bohuslän rock drawings,
布胡斯的岩画，228

Bokhara,
不花拉，379

Bombard, Louis Alain,
路易斯·阿兰·庞巴德，214

Bontius, Willem,
威勒姆·邦提乌斯，81

Bordeaux,
波尔多，37

Borneo,
婆罗洲，155, 156

Bornholm,
博恩霍尔姆岛，228

Boroanos Indians,
巴罗阿诺斯印第安人，175

Bothnia, Gulf of,
波的尼亚湾，338

Bottle gourd,
瓠瓜，200–201

Brandan, St., alleged voyage of,
圣·布兰丹的航海，174, 215, 352

Brandenburg,
勃兰登堡，11

Brazil：alleged Phœnician inscriptions in,
巴西所谓的腓尼基铭文，210–214, legends of, 关于巴西的传说，293–294

Breda, Professor O. J.,
O. J. 布里达教授，222–223

Bremen,
不来梅，258

Brenner Pass,
勃伦纳山口，16, 41

索 引

Bristol, far-western expeditions from,
布里斯托尔，从这里向更远的西方探险，
174, 294
Britain- see England
见英格兰
Brittany, tin-veins of,
布列塔尼的锡矿矿脉，34
Broach,
布罗奇，146
Bronze: effect of discovery,
青铜：发现青铜的影响，25-26, 30
Bronze Age: 'dollars' of,
青铜时代：青铜时代的"美元"，33
Brunswick, Duke Henry of,
不伦瑞克公爵亨利，401
Bubastis,
布巴斯迪斯，75
Buck, Peter H., on Polynesia,
彼得·H.巴克，谈论波利尼西亚，
196-198, 200, 202, 203, 209
Burdisala (Bordeaux),
波尔萨拉（波尔多），37
Burma,
缅甸，386
Burma Road,
缅甸公路，155, 156
Byblus,
比伯劳斯，63, 64, 65
Byzantium,
拜占庭，213
　Vikings in,
　在拜占庭的北欧海盗，329-330; trade war
　with Persians,
　与波斯人的贸易战争，359-361
　over run by Turks,
　被土耳其人超越，427

Cabot, John,
约翰·卡波特，292, 294, 296
Cadiz,
加的斯，76-77
Cæsar Julius,
尤利乌斯·恺撒，108
Caffa (Feodosia),
卡法（费多西亚），397
Cairo,
开罗，331, 414
Calendar, used by Chichiba Indians,
日历，奇布查人使用的日历，188
Calixtus II, Pope,
教宗卡利克斯图斯二世，363
Calypso,
卡里普索，102
Cambaluc (Peking),
汗八里（北京），371, 379, 383-384,
386-387, 390, 393-394
Cambyses,
冈比西斯，133
Cameron, Mount,
喀麦隆山，79-80
Canals,
运河，137
Canary Islands,
加那利群岛，35, 77, 78, 79, 93, 162,
406
Candia, Pedro de,
皮德罗·德·坎迪亚，181-182
Canton,
广州，313
Cão, Diego,
迭戈·康，415-417, 422, 425
Cape Blanco,
布朗科角，411, 423, 425
Cape Bojador,
博哈多尔角，407, 425; Putuguese
circumnavigate，葡萄牙人环绕航行，410,
411, 423
Cape Corrientes,
科连特斯角，407, 422
Cape Cross,

十字架角，416，423
Cape Farewell，
  费尔韦尔角，247，254
Cape of Good Hope，
  好望角，417，422，424
Cape Guardafui，
  瓜达富伊角，59，64
Cape Santa Maria，
  圣玛丽亚角，415，416，423
Cape Three Points，
  三尖角，415，416，423
Cape Verde，
  佛得角，130，162，412，425
'Capitalism'，Bronze Age，
  "资本主义"，青铜时代，38-39
Caracorum，
  哈剌和林，347，372，373-374，375，376
Carolina，
  卡罗来纳，210
Carpathians，
  喀尔巴阡山，42
Carpini，John de Plano，emissary to Great Khan，
  约翰·普兰诺·卡皮尼，
  向大汗派遣的特使，372-375
Carthage：mastery of seas，
  迦太基，对海洋的控制，36-38；
  reconnoiters Atlantic Ocean，
  对大西洋进行勘察，130-131
Caspian Sea，
  里海，114，115，116，332，377
Castile，
  卡斯提耳，414
Castillo cave-drawings，
  卡斯提罗洞穴壁画，6
Cathay（China），
  契丹（中国），294，298，299，305
Catlin，George，
  乔治·卡特林，176-177，179
Cattigara（probably hangchow），

卡蒂加拉（可能是杭州），148，155，156
Catula，
  卡图拉，28
Caucasus，
  高加索，97
Caves，Stone and Ice Age drawings in，
  洞穴，石器时代和冰川时代洞穴壁画，
  3-10
Cavalry，new mode of warfare，
  骑兵，新的战争方式，87-88
Celts，
  凯尔特，34，35
  early voyages into northwest Atlantic，
  早期到西北大西洋的航行，209
Centaur legend，
  半人半马的怪物的传奇，87
Ceuta，
  休达，404，409
Ceylon，
  锡兰，147-148，353-354，360
Chaldees，
  迦勒底，54
Chamisse，Adalbert von，
  阿德尔贝特·冯·沙米索，206，207
Champlain，Samuel，
  尚普兰，塞缪尔，176，279，285，444
Chandragupta，King，
  旃陀罗笈多王，117，121
Chandu，
  单都（上都），380，382
Chariot，outmoded，
  战车，过时的，87-88
Charlemagne，
  查理大帝，316，378
Cheops，Pyramid of，
  胡夫金字塔，14
Chibcha Indians，
  奇布查印第安人，186-188
Chicken，in India and China，
  鸡，在印度和中国，195

索 引

Chile, white Indians of,
  智利,在智利的白色印第安人,175
China: first contacts with West,
  中国,第一次与西方接触,148-150
Chipangu (Japan),
  赤盘谷（日本）,298,387
Cholmogory,
  克尔墨果里,332,334
Cholula,
  乔鲁拉,171
Christianiy: link with Wotan legend,
  基督教,与沃坦传奇的联系,166-167
Chronometers,
  高精度记时器,141
Chuan-chou,
  泉州,390
Cicero,
  西塞罗,131
Claudius Clavus, and map of northern Europe,
  克拉狄·克拉乌斯画的北欧地图,290
Cleopatra,
  克娄巴特拉,356
Clermont-Ferrand, Council of,
  克勒芒-费兰德会议,350
Cloves,
  丁香,312
Cluny,
  克吕尼,349,350,352
Cnossos,
  克诺索斯,34
Coal,
  煤,385-386
Cochin,
  柯钦,355
Coco-palm,
  可可棕榈,311
Colæus of Samos,
  萨摩斯的柯莱欧司,97
Colchis,
  科尔喀斯,90,91

Colombia: and Bochica legend,
  哥伦比亚,波奇卡传奇,186-187, idols of,
  偶像,202
Columbum (Quilon),
  科隆布姆（奎隆）,394
Columbus,
  哥伦布,161,179,180,210,227,228
Congo,
  刚果,416,423
Constance, Lake: tool industry,
  康斯坦茨湖,工具工业,11
Constantinople,
  君士坦丁堡,330,331
Cook, Captain,
  库克船长,192,196,197,198,204
Copenhagen,
  哥本哈根,132
Copper,
  铜,26-27,288
Corbilo,
  科比罗,108
Corfu,
  科孚岛,102
Corinth,
  科林斯,39
Cornelius Balbus,
  高乃里乌斯·巴尔布斯,133
Corte Real, Joao,
  鸠奥·科特·里尔,292,296,415
Cortés, Fernando,
  费尔南多·科尔蒂斯,166-168
Corvo, island of,
  科尔武岛,82-83
Cos,
  考斯岛,152-153
Cosmas Indicopleustes,
  科斯马斯·印第科普莱特斯,353-354
Covilhao, Pedro de,
  科威勒豪的佩德罗,425

Cowrie shells,
   考里贝壳，14，47
Cranganore,
   格朗格努尔，146
Crete：amber in graves,
   克里特：坟墓中的琥珀，17；and overseas trade，海外贸易，30–32
Crimea,
   克里米亚，307，378，397
Cronau, Rudolf,
   鲁道夫·克罗瑙，285
Crusades,
   十字军，350，351–352，364
Cuba,
   古巴，166
Cumæ,
   库梅，101
Curely, Dr.,
   库瑞里博士，285
Curme, Professor George O.,
   乔治·欧·库尔姆教授，223
Cusco,
   库斯科，183
Cyrenaica,
   昔兰尼加，102

Dalecarlia, runic alphabet from,
   达勒卡里亚，如尼文字母，225
Dalmatia,
   达尔马提亚，17
Dante, and Southern Cross,
   但丁，南十字座，316–318
Danube, river,
   多瑙河，17，41–42，90，131，320
Dardanelles,
   达达尼尔海峡，97，98
Darius I,
   大流士一世，356，358
David, King,
   大卫王，68

Davis, John,
   约翰·戴维斯，243
Dei, Benedetto,
   贝内代托·戴，418
Deir el Behri, temple of,
   黛尔·埃鲁–巴赫瑞的寺庙，53，58，59
Delhi,
   德里，307，347
Denmark, kökkenmöddingar of,
   丹麦，228；in colonization of Iceland, 在冰岛的殖民化，239
Diaz, Bartholomew,
   巴塞洛缪·迪亚士，423–425
Diocletian, decrees of,
   戴克里先的法令，153–154
Disco Bay,
   迪斯科湾，253，256
Dixon, R. B.,
   迪克松，200
Dnieper, river,
   第聂伯河，45，328，329，331
Dniester, river,
   丹尼斯特尔河，100
Dodd, James Edward,
   多德，詹姆斯·爱德华，284–285
Dogger Bank,
   多哥滩，231
Dogs, in Polynesia,
   波利尼西亚的狗，195
Don, river,
   顿河，100，105，115，331，332
Dordogne, cave-drawings in,
   多尔多涅岩洞壁画，4，5，8–9
Dorians,
   多利安，88，97
Dragon ships,
   龙船，233
Drangaland,
   德朗加兰德，246
Duisburg,

索 引

杜伊斯堡, 43
Duvensee,
  达文西, 288
Dvina, river,
  德维纳河, 334
Dwarfs,
  侏儒, 56, 135
Dyestuffs,
  染料, 77-78
Dzungarian Gate,
  准噶尔山口, 373, 375

East Africa: incense and gold in,
  东非的香和黄金, 55, 57-59, 69, 72
East Prussia,
  东普鲁士, 11, 14
Easter Island: statues on,
  复活节岛的雕像, 192-194, 202-203
Eberswalde, gold treasure at,
  埃泊斯瓦尔德的黄金宝库, 45
Ecbatana,
  埃克巴坦那, 363
Edessa,
  伊德萨, 364
Egede, Hans,
  汉斯·艾格德, 241-242, 250
Egypt: amber in,
  埃及的琥珀, 18
Elbe, river,
  易北河, 16, 41, 72, 131, 320
Elephant: in Mediterranean zone,
  地中海地区的大象, 20
Elephantine,
  埃勒芬蒂尼, 51, 56, 133
Elmina,
  埃尔米纳, 415, 423
Elysian Fields,
  天国祝福之地, 159
England: flint-mining in,
  英格兰的燧石矿, 11

Eratosthenes, his measurement of earth,
  埃拉托斯特涅斯, 他对大地的测量, 159-160
Eric, Bishop of Greenland,
  艾里克, 格陵兰主教, 284, 286-287
Eric, King of Denmark,
  艾里克, 丹麦国王, 291
Eric the Red,
  红头艾里克, 240, 246-249, 259, 266, 269
Eric VI of Norway,
  艾里克, 挪威六世国王, 257
Ericson, Lief,
  艾里克松, 雷夫, 254, 259; Voyage to Vinland, 到文兰的航行, 271-274, 275, 278, 280-281
Eritrea,
  厄立特里亚, 56, 58
'Erythræan Sea',
  厄立特里亚海, 114, 116, 118
Eskimoes,
  因纽特人, 266, 282
Ethiopia,
  埃塞俄比亚, 133, 137
Etruscans: and amber,
  伊特拉斯坎和琥珀, 20
Euphrates, river,
  幼发拉底河, 114, 120
Euripides,
  欧里庇得斯, 101
Europe: early trade routes,
  欧洲: 早期贸易路线, 13-14, 17, 20-21, 44
Fystribyggd,
  艾斯垂拜哥德, 242, 243, 245, 252, 253, 259-260
Ezion-Geber (Akaba),
  以旬-迦别 (阿卡巴港), 67, 69

Fa-hien,

法显, 303
Falcons, Greenland,
格陵兰猎鹰, 290
Falmouth,
法尔茅斯, 35
Far East, Roman interest in,
罗马在远东的利益, 146–156
Feodosia,
费多西亚, 397
Ferrand, Gabriel,
加布里埃尔·弗兰德, 190
Fez,
菲斯, 307
Fezzan,
费赞, 133
Fidelis, Friar,
僧人, 费德里斯, 355–356, 357
Finland: Swedish immigration,
芬兰: 瑞典移民, 229
Flanders,
佛兰德斯, 289
Flaten, Nils,
尼尔斯·福拉滕, 220, 221, 222
Flint–mining,
燧石矿, 11–13, 228
Florida, supposed site of Paleface Land,
佛罗里达, 白人之地的据点, 173
Font–de–Gaume wall picture,
高姆城城堡壁画, 8–9
Food, medieval,
食物, 中世纪, 401–403
Forster, Georg,
福斯特, 格奥尔格, 192, 196, 197, 198, 204
Franklin sir John,
约翰·富兰克林, 264
Franz Josef Land,
法兰兹·约瑟夫大地, 339
Frederick Barbarossa,
腓特烈巴巴罗萨, 365, 366

Frederick II, Holy Roman Emperor,
腓特烈二世, 罗马帝国皇帝, 290
Friedell, Egon,
埃贡, 弗里德尔, 95–96
Friesland,
弗里斯兰德, 289
Furs, Arab trade in,
皮毛, 阿拉伯贸易, 322

Gades (Gadiz),
加的斯, 76–77
Gaffarel, Paul,
葛发雷, 保罗, 210
Galapagos Islands,
加拉帕戈斯群岛, 209
Gambia, river,
冈比亚河, 414
Ganges region,
恒河地区, 117
Garama,
嘎拉玛, 133
Garamantes,
加拉曼特, 133
Gardar,
加达尔, 242, 250, 252, 259
Gathorne–Hardy, G. M.,
加索尼–哈代, 282–283, 286, 287
Gaugamela,
高加米拉, 112, 114, 117
Gaul, Roman Colonization of,
高卢, 罗马帝国殖民地, 131
Gaza,
加沙, 63
Geleich, Eugen,
格莱西, 欧仁, 210
Gelonos,
格罗诺斯, 321
Genière–Ain,
格涅埃勒–安, 9
George of Tenduc, King,

天德省的乔治王, 391-392
Gerland, Georg,
　格兰德, 格奥尔格, 201
Germany,
　日耳曼, 109, 110
Gibraltar, Straits, of,
　直布罗陀海峡, 35, 36, 73, 75, 102,
　106-107
Glass,
　玻璃, 180-181, 290
Gokstad ship,
　高克斯塔德号船, 232-233
Gold, in Mashonaland,
　黄金, 马绍纳兰, 37, 45, 57, 72
Golden Fleece legend,
　金羊毛传说, 90-92
Gomez, Diego,
　迪戈·戈麦斯, 412
Gorillas,
　大猩猩, 79-80
Gothland,
　哥特兰, 228, 239, 326
Gourd, bottle,
　瓠瓜, 200-201
Gray, E. F.,
　格雷, 278, 279
Great Lakes,
　五大湖, 241, 288
'Greater Ireland', early name for America,
　大爱尔兰, 美洲早期的名称, 172, 173
Greece: seaborne trade of islands,
　希腊诸岛的海运贸易, 31
Greely, A. W.,
　格里利, 264
Greenland,
　格陵兰, 167, 170, 238
Greenlander, Jon,
　格陵兰人乔恩, 266
Gregory X, Pope,
　教皇格列高利十世, 380, 388

Grünpeck, Josephus,
　约瑟夫斯·葛伦佩克, 427-428
Guanches, the,
　关契斯人, 406
Guides, travellers',
　旅行指南, 362
Gulf Stream,
　墨西哥湾流, 235, 247, 248
Gunnbjörn Skerries,
　贡比约恩碎礁, 247

Hadramat,
　哈德拉毛, 54, 55, 61, 133
Hallstatt salt-mines,
　哈尔施塔特盐矿, 16-17
Hamburg,
　汉堡, 258
Hanchir Bou Chateur,
　罕奇尔城堡, 77
Hangchow,
　杭州, 148, 155, 313, 386, 394
Hanno, African coastal voyage of,
　汉诺沿非洲海岸的航行, 79-81, 129, 130
Hanseatic League,
　汉萨同盟, 30-31, 256, 257, 258
Harald Fairhair,
　哈拉德 哈拉尔, 238, 239
Harald Haardraade,
　冷酷的哈拉尔德, 331, 335
Harappā,
　哈拉帕, 27, 194
Haroun al Rashid,
　哈伦-赖世德, 361
Hatshepsut, Princess of Egypt, and expeditions to Punt,
　哈特舍普苏特, 埃及公主, 到朋特的探险
　51-54, 56, 58-60
Hawaii,
　夏威夷, 200, 203
Heimskringla (lives of *the* Norse kings),

《古代挪威国王生平》, 249, 272–274, 277
Heine–Geldern, Robert,
　罗伯特·海因-格尔登, 194
Heligoland,
　赫里戈兰, 110, 231; Bay of,
　赫里戈兰湾, 16, 106, 107
Hellas: legends of,
　希腊传奇, 90–97, 159; Capital Loans,
　借贷资金, 100
Helluland,
　黑卢兰德, 273, 274
Hennig, Richard,
　理查德·亨尼希, 82, 93, 104, 156, 211, 355, 395
Henry the Navigator, Prince,
　亨利亲王, "航海家亨利", 37
Hercules legend,
　赫拉克勒斯传说, 92–93
Hercules, pillars of (Gibraltar),
　赫拉克勒斯之柱（直布罗陀海峡）, 159
Herjulfnes (Ikigeit),
　赫约尔夫斯尼斯, 266, 271
Herodotus,
　希罗多德, 93, 112, 114, 124, 141
Hesperides, Apples of the,
　赫斯帕里德斯的苹果, 92–93
Heyerdahl, Thor,
　图尔·海尔达尔, 185, 186, 190, 202, 203, 208–209, 214
Hierakonpolis,
　赫界, 61
Himilco,
　希米尔科舰队, 77, 79
Himyarites,
　希米亚里特王国, 360
Hiram, king of Tyre,
　提尔国王希兰, 67, 68
Hittites,
　赫梯族, 76, 88
Hiung–nu,
　匈奴, 346
Holand, Hjalmar, R.,
　赫加马尔·赫兰德, 220, 224, 227, 286
Hollingstedt,
　霍棱斯泰德, 40
Holmgard,
　霍尔姆加德, 321, 322
Homburg–vor–dr–Höhe,
　洪堡-沃尔-霍荷, 39
Homer,
　荷马, 93, 102, 103; and Isles of the Blessed, 赐福之岛, 36, 159
Hönen rune stone,
　在洪恩发现的如尼文石刻, 335
Hou–han–shu (Chinese annals),
　后汉书, 149–150
Hour, reckoning of,
　时间计算, 140–141
Hova tribe,
　霍瓦部落, 190
Huayna Capac the Great,
　怀那·卡帕, 182–184
Huber, Siegfried,
　西格弗莱德·胡珀, 183, 186
Humboldt, Alexander von,
　亚历山大·冯·洪堡, 93, 102, 105, 173, 175, 210, 317
Humboldt Current,
　洪堡洋流, 206, 208, 209
Havlsey,
　赫瓦勒塞, 290
Hvitramanna Land,
　惠特拉马纳, 72–173, 215
Hwang–ho,
　黄河, 381
'Hyperboreans', land of,
　希帕波利安大地, 94, 110
Hydaspes, river,
　赫达斯浦河, 116–117, 118
Hyksos nomads,

索 引

希克索斯游牧民族，31，52，56
Hyphasis, river,
　吉帕斯河，116，117
Ibn Batuta, travels of,
　伊本·巴图塔的旅行，303-304，307-314
Ibn Fudhlan,
　伊本·福德兰，322-323
Ibn Idrisi,
　伊本·艾德里斯，138，318-320，406，408
Ibn Kordadbeh,
　伊本·科德布，313，332
Ibn Wahab,
　伊本·瓦哈布，313
Ibrahim Ibn Jaqub,
　易卜拉欣·伊本·亚可伯，324-326，327
Ice Age, cave-drawings of,
　石器时代洞穴画，5-10
Iceland: chronicles of,
　冰岛：编年史，172，236，246-247，249
Ikigeit,
　伊齐格特，271
Iliad,
　伊利亚特，95，135
Ilipa,
　里帕，27
Incas-see Peru
　印加，参见秘鲁
Incense,
　香，54-60，64
India,
　印度，56，161
Indian Ocean,
　印度洋，73，75，119，313
Indians (American): Pausanias' mention of,
　印第安人：帕萨尼亚斯的报道，160-161
Indo-Europeans,
　印欧人，87-88，198
Indus, river,
　印度河，115-116，119，194，422

Ingelheim,
　因格尔海姆，331
Inn, river,
　因河，41
Ireland: and gold,
　爱尔兰：黄金，37
Iron,
　铁，26，36，253
Irrawaddy, river,
　伊洛瓦底江，155，156
Islam,
　伊斯兰，172，404，405
'Isles of the Blessed',
　赐福之岛，79，159
Ispahan,
　伊斯法罕，396
Italy, bronze production in,
　意大利，17；青铜生产，46-47
Ivory,
　象牙，20-21，256

Jacob of Antioch,
　安提俄克的雅格，355
Jan Mayen Island,
　扬马延岛，339
Japan,
　日本，298，320，387
Jason legend,
　伊阿宋传奇，90-92
Jaussen, Bishop,
　乔森主教，204
Java,
　爪哇，190，408
Jerusalem,
　耶路撒冷，361
Jesuits,
　耶稣会士，344
Jews: voyage to Ophir,
　犹太人到俄斐的航行，69，72
John, Bishop, Patriarch of India,

约翰主教，印度的大主教，363
John of Marignola,
　马里诺拉的约翰，392–395
John of Monte Corvino, Archbishop of China,
　约翰·孟高维诺，中国的大主教，371,
　388–389, 391, 392, 395
Joppe,
　约普，63
Jordanus, Bishop of Columbum,
　左当思，克罗布姆主教，305–307, 355
Justinian, Emperor,
　查士丁尼皇帝，359–361
Jutland,
　日德兰半岛，18, 43, 72

Kara Khitai race,
　西辽汗国，一译哈剌契丹，364
Karnak,
　卡纳克，64
Karlsefni, Thorfin,
　图尔芬·卡尔瑟弗尼，172, 173
Karsten, Rafael,
　拉飞尔·卡斯滕，185, 186
Keftiu ships,
　克弗悌乌舰队，31
Kensington rune stone,
　肯辛顿如尼文石块，219–227
Khotan oasis,
　和田绿洲，361
Kiev,
　基辅，329, 330
Kinsay（Hangchow），
　行在（杭州），386–387, 392, 394
Kiwam ed-Din es-Sebti,
　齐瓦姆-爱丁-色波体，308
Knemhotep, and journey to Punt,
　尼姆霍提普到朋特的航行，51, 56, 57
Knorr（Viking ship），
　诺尔（北欧海盗船），233
"Knot" writing,

"结点"书写，199
Knutsson, Powell,
　鲍威尔·克努特松，260
Kobau rongo–rongo（"news–woods"），
　科号 荣戈-荣戈（新闻木片），193
Kon–Tiki, Incas' white god,
　孔-提奇，印加的白人的神，183, 196,
　202, 203, 209
Konnungsskuggsja（the King's Mirror），
　《国王之镜》，315–316, 320, 323
Koppenow,
　库潘瑙，38
Kosseir,
　库塞尔，56, 59
Krickeberg, Walter,
　沃特尔·克里克贝尔格，169
Kublai Khan,
　忽必烈汗，379–385
Kühn, Herbert,
　赫伯特·库恩，9
Kuyuk, Great Khan,
　贵由大汗，383–385
Kyme（Cumæ），
　库梅，101

Labrador,
　拉布拉多，270–271, 292, 296
Lactantius Firmianus,
　拉克坦提乌斯，349
Ladoga, Lake,
　拉多加湖，328
Land–portage installations,
　土地搬运装置，39–40
Land–surveyors, Roman,
　土地测量员，罗马人，129
Lándnamabók（Iceland chronicle），
　冰岛编年史，172, 173, 236, 238, 239,
　246–247, 249, 250
"Lands of the Great Khan"（Eastern Asia），
　大汗的国土（东亚），294, 296, 337

索 引

Laplace, Marquis de,
  皮埃尔-西蒙·拉普拉斯侯爵, 358
Lebanon, cedars of,
  黎巴嫩的杉木, 62, 63
Leibniz, Baron von,
  莱布尼茨男爵, 357-358
Leidarstein (Iodestone),
  天然磁石, 234
Leif Ericson—see Ericson, Lief
  雷夫·艾里克松 参见艾里克松, 雷夫
Leif the happy,
  快乐的雷夫, 170
Leifbuder (No Man's Land),
  雷夫布迪尔（无人大地）, 278, 279, 280
Lemuria,
  雷姆利亚, 193
Leptis,
  莱普提斯, 139, 140
Lhasa,
  拉萨, 347
Lichtenberger, Johann,
  约翰·利希滕贝格, 427
Lighthouses,
  灯塔, 138
Linnæus,
  林奈, 81-82
Lipari Islands,
  利帕里岛, 14
Louis IX,
  路易九世, 375
Louis XIV,
  路易十四, 357
Lüneburg Heath,
  吕讷堡灌丛, 11
Lyons,
  里昂, 131
Lysias,
  吕西阿斯, 33

Madagascar,
  马达加斯加, 190, 407-409
Madeira,
  马德拉群岛, 35, 36, 77, 78, 102, 406-407
Madoc, King of Wales,
  威尔士国王马多克, 174-175, 178, 210
Madras,
  马德拉斯, 148
Magdeburg,
  马格德堡, 327
Magnus, Olaus, woodcuts by,
  奥劳斯·马格努斯的木刻, 323, 334
Magnus Erikson of Norway, King,
  挪威国王马格努斯·埃里克松, 259-260
Mahomet,
  穆罕默德, 172, 404
Main, river,
  美因河, 11, 43
Mainz, Arabian account of,
  阿拉伯人关于美因茨的叙述, 324-326
'Makar, Isles of',
  "马卡尔群岛", 79
Malabar, Christianity in,
  马拉巴尔的基督教徒, 353, 355
Malacca,
  马六甲, 155, 156, 348
Malayo-Polynesians, and Madagascar,
  马来亚-波利尼西亚和马达加斯加, 190, 407-408
Malfante, Antonio,
  安东尼奥·马尔凡特, 418-421
Malta, colonized by Phœnicians,
  腓尼基人对马耳他的殖民, 76
Mandan Indians,
  曼丹印第安人, 175-178, 179
Mangareva Islands,
  芒阿雷瓦岛, 203, 209
Mangu Khan,
  蒙哥汗, 376, 377
Manuel, Greek Emperor,

希腊国王曼努埃尔, 365
Marcellino de Santuola, Don,
　马塞李诺·德·索图拉侯爵, 6–7
Marco Polo—see Polo, Marco
　马可波罗参见波罗, 马可
Marcus Aurelius,
　马可·奥勒留, 149–150, 152
Margaret of Denmark,
　丹麦玛格丽特女王, 258
Marignola, John of,
　马里诺拉的约翰, 392–395
Marina, Doña, and Cortés,
　唐纳·玛丽娜和科尔特, 166–167
'Markland',
　马克兰德, 253, 263, 271, 273, 274, 296, 299
Marquesas Islands,
　马尔库萨群岛, 197, 203, 204
Marrakesh,
　马拉喀什, 405
Marseilles,
　马赛, 40, 42–43, 101
Marshall, John,
　约翰·马绍尔, 194
Martha's vineyard,
　马大的葡萄园, 275, 278, 279, 280
Mashonaland: gold in,
　马绍纳兰的黄金, 57, 72
Massachusetts,
　马萨诸塞州, 172
Massawa,
　马萨瓦, 67–68
Massilia (Marseilles),
　马希利亚 (马赛), 42–43, 101
Matthias, Bishop of Greenland,
　马蒂亚斯, 格陵兰主教, 261
Mayas: and Wotan legend,
　玛雅: 和沃坦的传奇, 167–172, 173
Mecca,
　麦加, 307, 347, 425

Medea legend,
　美狄亚的传说, 90–92
Medinet,
　梅迪内, 88
Mediterranean sea,
　地中海, 30–31, 36–38, 47, 97, 128
Megasthenes,
　麦加斯蒂尼, 121–122
Melanesia,
　美拉尼西亚, 204
Menemsha, Lake,
　门纳穆莎湖, 280, 281
Menhirs, in Peru,
　秘鲁竖石纪念碑, 191, 193
Menu card, first German,
　第一份德文菜单, 401–402
Mer-en-Ptah, king of Egypt,
　埃及国王米尔恩塔, 88
Merchant: origin of,
　商人的起源, 21–22
Merian, F.,
　F·梅里安, 201
Mermoz, Jean,
　让·梅尔莫兹, 410–411
Mesopotamia,
　美索不达米亚, 14
Messina, Straits of,
　墨西拿海峡, 102
Mestemaker, Gert,
　格尔特·梅斯特马克, 258, 266
Methodius of Patara,
　帕塔拉的美多迪乌, 427
Métraux, Alfred,
　阿尔弗雷德·梅特劳克斯, 194
Metuonis, Gulf of,
　梅图欧尼斯海湾, 107, 110
Mexico: legends of,
　墨西哥的传说, 165–172, 184, 186
Miklagard (Byzantium),
　米拉加德 (拜占庭), 329–330

索 引

Miletus,
　米利都，45，98
Ming Dynasty,
　明朝，392，404
Ming-Chow,
　明州，313
Minnesota, Kensington rune stone in,
　明尼苏达，肯辛顿如尼文石板，219-227
Minos, king,
　米诺斯国王，32
Mohenjo-daro,
　摩亨佐—达罗，27
Moldau, river,
　莫尔道河，41
Molina, Alonso de,
　阿隆索·德·莫利纳，181
Möller, K. von,
　K·冯·穆勒，205
Moluccas (Spice Islands),
　香料群岛（马六甲），154，313
Money: invention of,
　货币的发明，32-34
Mongols, Vatican embassies to,
　梵蒂冈派往蒙古的特使，372-377
Monsoons, 396, early knowledge of,
　早期关于季风的知识，59，61，136，137，146
Monte Corvino, John of,
　孟高维诺的约翰，371，388-389，391，392，395
Montelius, Oskar,
　蒙特留斯，奥斯卡，7
Montezuma I,
　蒙特祖马一世，165
Montezuma II,
　蒙特祖马二世，166，168，183
Morgan, Jonas,
　乔纳斯·摩尔甘，210
Morocco,
　摩洛哥，20，307

Mozambique Channel,
　莫桑比克海峡，190，407
Muraviya, Caliph,
　哈里发·穆拉维亚，312-313
Murzuq,
　迈尔祖格，133
Muziris (Cranganore),
　穆兹里斯（格朗格努尔），146，148
Myceæ,
　迈锡尼，88-90

Nanos mountains,
　纳诺斯山脉，39，43，92
Nansen, Fridtjof,
　弗里乔夫·内森，109，275，282，339
Nantucket sound,
　南塔基特海峡，275，278，279
Naples,
　那不勒斯，101
Napoleon, and a Suez Canal,
　拿破仑和苏伊士运河，358
Narbada, river,
　纳巴达河，146-147
Narwhal tusks,
　独角鲸牙，255-256
Navigation: costal,
　沿海岸航行，137
Neanderthal man,
　尼安德特人，7
Nearchus, Alexander's admiral,
　亚历山大的舰队司令尼亚库斯，116，117，118-121
Necho II of Egypt,
　埃及法老尼科二世，356，359
Neckel, Gustav,
　古斯塔夫·尼克尔，335
Negroes: Akka,
　阿卡黑人，135
Neolithic Age—see Stone Age
　新石器时期

Nero, and Roman expeditions,
尼禄和罗马人的探险队, 132, 134–135
Nestor of Kiev,
基辅的尼斯特, 328
Nestorianism,
聂斯托利派基督教, 345–346, 347, 348, 355, 364, 376, 389
Nestorius,
聂斯托利, 345
Neuchâtel, lake of,
纳沙泰尔湖, 13
Newfoundland,
纽芬兰, 209–210, 292, 296
New Zealand,
新西兰, 198, 200, 203
Nice,
尼斯, 102
Nicholas IV, Pope,
教皇尼古拉四世, 388
Nicholas V, Pope,
教皇尼古拉五世, 414
Nicolet, Jean,
让·尼可莱特, 176
Nicopolis, battle of,
尼科堡战役, 395
Nile,
尼罗河, 61, 64, 73, 75
Nîmes,
尼姆, 131
Nipigon, lake,
尼皮贡湖, 284, 285
No Man's land,
无人地小岛, 279, 280, 281
'Noble savage' theory,
"高尚的野蛮人"理论, 196
Nordenshiöld, Erland,
厄兰德·诺登斯奎尔德, 198
Nörlund, Paul,
保罗·诺伦德, 244
Normandy, tin-veins of,
诺曼底的锡矿矿脉, 34
Norsemen–See Vikings
古斯堪的纳维亚人, 参见北欧海盗
North Atlantic Drift,
北大西洋暖流, 235, 237, 247, 254
North Sea: Roman exploration of,
罗马人关于北海的探险, 131–132
Norway: emigration to Iceland,
挪威: 到冰岛的移民, 238–239, 314–316
Nova Scotia,
新斯科舍, 286, 296
Novgorod,
诺夫格罗德, 329, 330, 331
Novaya Zemblya,
新地岛, 255, 288, 339
Nuraghi (defence towers),
努拉吉(防御碉堡), 69–70

OAheatua,
阿黑图阿, 197
O'Curry, E.,
欧库利, 215
Oddson, Bishop of Skalholt,
斯卡洛特主教吉斯勒·欧德松, 263
Oder, river,
奥得河, 17
Odyssey,
奥德赛, 43, 93, 95, 102
Oegmund, Bishop of Skalholt,
冰岛主教欧格芒德, 266
Ogygia, island of,
奥杰吉厄岛, 102
Ohman, Olof, and Kensington rune stone,
欧罗夫·奥赫曼, 肯辛顿如尼文石板, 219–224, 226
Olbia,
奥尔比亚, 45, 100–101
Olympus, Mount,
奥林匹斯山, 97
Onega, lake,

索 引

奥涅加湖, 329
Onon, river,
　鄂嫩河, 320
Ophir: Solomon's voyage to,
　俄斐: 所罗门王到俄斐的航行, 67-69
Orang-outang,
　猩猩, 81
Orotava, dragon tree of,
　奥罗塔瓦的龙血树, 78
Othere, and voyage to White sea,
　欧斯里, 到白海的航行, 333-335
Otto of Diemeringen,
　迪耶默兰让的奥托, 367-369
Otto, Bishop of Freising,
　弗赖辛的奥托, 363
Outriggers, Polynesian,
　波利尼西亚人, 舷外浮材船, 206-207
Ox-heads (Bronze Age "dollars"),
　牛首形砝码 (青铜时代的美元), 33-34

Pachacamac,
　帕恰卡马克, 182, 204
Pacific Ocean: Heyerdhl's raft crossing of,
　太平洋: 海尔达尔乘木筏穿越太平洋, 190
"Paleface Land",
　"白脸人大地", 172-173
Palermo,
　巴勒莫, 318, 320
Palestine,
　巴勒斯坦, 20, 350, 351, 354
Pamir Passes,
　帕米尔山口, 346, 381
Pantænus of Alexandria,
　来自亚历山大的潘特阿努斯, 355
Parahyba, inscription of,
　帕拉海巴铭文, 210
Parthians,
　帕提亚人, 152, 154, 156, 346
Paul III, Pope,
　保罗三世, 教皇, 186

Pausanias: and American Indians,
　帕萨尼亚斯: 和美洲印第安人, 160-161
Pechora, river,
　伯朝拉河, 320, 339
Pedra da Gavea, "Phænician" inscription at,
　平台石, 腓尼基文铭文, 212-214
Peking,
　北平, 379, 383, 388-390, 392
Pepper,
　胡椒, 394, 403
Peregrinatores,
　旅行家们, 362
Persia,
　波斯, 154, 307
Persian Gulf,
　波斯湾, 425
Peru,
　秘鲁, 27
Peschel, Oskar,
　奥斯卡·佩舍尔, 160
Phæcians, land of the,
　法埃亚科安人的土地, 97, 102
Pharos lighthouse,
　法罗斯灯塔, 138
Phasis,
　费希斯, 100
Phasis, river,
　费希斯河, 90, 91, 92
Phazania (Fezzan),
　法赞尼亚, 即费赞, 133
Phænicia: seaboard of,
　腓尼基沿海, 63
　see also Carthage
　参见,迦太基
Pining-Pothorst expeditions to America,
　皮宁和波索斯特北美洲探险, 291, 292, 296
Pizarro, Francisco,
　弗朗西斯科·皮扎罗, 181, 207
Pizarro, Pedro,

佩德罗·皮扎罗, 184-185
Plato,
　柏拉图, 28, 101, 159, 161
Pliny,
　普林尼, 19, 45, 55, 129, 132, 134, 146
Plutarch,
　普鲁塔克, 119, 120, 161, 162, 356
Poducta（Pondicherry）,
　普杜克塔（即本地治里）, 148
Pokorny, Julius,
　尤利乌斯·伯克尼, 215
Polanians,
　波兰尼亚人, 329
Polo, Marco,
　马可波罗, 291, 294, 298, 308, 352, 353, 388
Polo, Nicolo and Maffeo,
　尼可罗与马菲奥·波罗, 378-381, 388
Polybius,
　波利比乌斯, 129-130
Polynesia,
　波利尼西亚, 192, 320
Pomponius Mela,
　庞波尼乌斯·梅拉, 132, 134, 161
Pondicherry,
　本地治里, 148
Pontic coast: Greek occupation of,
　本都王国：希腊人的占领, 98
Pontus,
　彭透斯, 104, 105
Porea（Polynesia）,
　珀里亚（波利尼西亚）, 197, 198
Portugal,
　葡萄牙, 403-404
Postal systems,
　邮政系统, 310, 384
Potato,
　马铃薯, 200
Poti,
　波提, 91

Prague,
　布拉格, 327
Prester, John,
　祭司王约翰, 363, 369, 381-382, 405, 409, 412, 414, 417, 427
Procopius,
　普罗柯比, 361
Ptolemy, Claudius,
　克劳迪乌斯·托勒密, 73-75, 149
Punt, the land of God: incense expeditions to,
　朋特，黄金大地：香的探险, 51, 53-60, 64
Purple, Phœnician,
　紫色染料，腓尼基人, 77-78, 406
Pytheas,
　皮西亚斯, 43

Quetzalcoatl, Mexican legend of,
　奎兹尔考特, 168-172, 173, 186
Quilon,
　奎隆, 394

Rafts, American Indian,
　木筏，美洲印第安人, 190, 207, 208, 209
Rainbow, as divine symbol,
　彩虹，神圣的象征, 186, 187, 203
Raivavae,
　赖瓦瓦埃岛, 203
Ramese II,
　拉美西斯二世, 356, 358
Rameses III,
　拉美西斯三世, 55, 57, 69, 88
Rasmusson, R. J.,
　R. J. 拉斯穆森, 220-223
Red Sea,
　红海, 54, 55, 56, 59, 66, 69, 75, 112, 114, 356-358
Regiomontanus,
　雷格蒙塔努斯, 416
Reindeer, Stone Age drawings of,
　驯鹿，石器时代绘画, 4-5, 6, 7

Rhine, river,
  莱茵河, 16, 320
Rhodesia, Southern,
  南罗得西亚, 69-72
Rhone, river,
  罗讷河, 16, 72
Rio de Janeiro, "Phœnician" inscription near,
  里约热内卢附近, "腓尼基"铭文, 211-214
Rio Tinto, copper and tin in,
  里约·廷图, 铜与锡, 27
Rion, river,
  里昂河, 91
Rock drawings,
  岩画, 3-10, 228, 229
Roger, king of Sicily,
  西西里的国王罗杰, 318-320
Roggeween, Jacob,
  雅可布·洛洁文, 192
Rome, Romans:
  economic rivalry with Carthage,
  罗马, 罗马人：
  迦太基人经济上的对手, 37
Rome, Church of: and Greenland,
  罗马, 教会和格陵兰, 259-263, 287, 289-290
Rope trick, Indian,
  绳戏, 印度人, 309
Rousseau, J. J.,
  卢梭, 196
Rügen Island,
  吕根岛, 13
Ruiz, Bartolomeo,
  巴托洛梅奥·鲁伊兹, 207
Rune stone, Kensington,
  如尼文石刻, 肯辛顿, 219-227
Rurik,
  如里克, 328-329
Russia: trade routes in,
  俄罗斯：商道, 321

Sahara Desert,
  撒哈拉大沙漠, 417, 418, 419, 421
Sahu-Rê, Pharoah,
  萨胡拉法老, 55-56
St. Lawrence, Gulf of,
  圣劳伦斯湾, 275
St. Thomas's Christians,
  圣多马基督徒, 353-354, 355, 364, 388, 394
Salt trade,
  食盐的贸易, 15-17
Salzkammergut,
  食盐皇家领地, 16-17
Samarkand,
  撒马尔罕, 364, 396
Samland,
  珊兰登, 17, 18, 72
Sample-cases, Bronze Age,
  样品箱, 青铜时代, 38-39
Santillana del Mar,
  桑提兰纳·德·玛尔城堡, 5
Sardinia: nuraghi in,
  撒丁岛：努拉吉, 69
Sartak, Prince,
  亲王撒里答, 376
Scandinavians—see Vikings
  斯堪的纳维亚人—参见北欧海盗
Schedel, Hartmann, World Chronicle of,
  哈特曼·舍德尔, 《世界编年史》, 255, 325, 336-337, 428
Schiltberger, Hans,
  施尔特贝格, 汉斯, 395-397
Schleswig,
  石勒苏益格, 40
Schleswig-Holstein,
  石勒苏益格-荷尔斯泰因, 110, 228
Schliemann, Heinrich, and Mycenæan civilization,
  海因里希·施里曼, 迈锡尼文明, 86-90
Schulten, Adolf,

阿道夫·舒尔腾, 28
Scilly Isles, tin-mines,
　　锡利群岛, 锡矿, 34
Scipio Æmilianus,
　　西庇阿·艾米里阿努斯, 129-130
Scylax,
　　西拉克斯, 120, 141
Scythians,
　　塞西亚人, 100-101
Sea of Darkness legend,
　　黑暗海洋的传说, 310
Sea traffic,
　　海运交通, 30-32, 35-42, 47, 48
Seal stones,
　　石头印章, 31
Sedan chair,
　　轿子, 180
Scleucia,
　　塞琉西亚, 152
Seleucus,
　　塞鲁卡斯, 118, 121
Seljuks,
　　塞尔柱, 364
Selonus,
　　塞卢努斯, 105
Semmering Pass,
　　塞默灵山口, 17, 43, 92
Seneca,
　　塞涅卡, 134
Senegal,
　　塞内加尔, 130
Senegal, river,
　　塞内加尔河, 405, 412
Sennacherib of Assur,
　　亚述的西拿基立, 98
Serinda,
　　塞林达, 359, 361
Sheshank II,
　　舍珊克二世, 68
Shetland Island,

　　设得兰群岛, 70, 108
Ships: Keftiu,
　　克弗悌乌舰队, 31
Shun-ti, Great Khan,
　　顺帝, 大汗, 369-372, 392, 393, 395
Si-li-shi, Chinese Empress, and invention of
　　silk-weaving,
　　中国皇后西陵氏, 发明丝绸纺织, 151
Siberia,
　　西伯利亚, 105, 275
Sicily: colonized by phænicians,
　　西西里: 腓尼基人的殖民化, 76
Sidicus bird,
　　塞迪库斯鸟, 367
Sidon,
　　西顿, 63, 68-69
Sigerus,
　　西格鲁斯, 146
Silicia,
　　西西里, 337
Silk: Chinese invention of weaving,
　　丝绸: 中国人发明的纺织技术, 151-152
Silk roads,
　　丝绸之路, 346, 348, 359
Sillustani Peninsula,
　　斯鲁斯塔尼半岛, 193
Silva Ramos, Bernardo da,
　　贝尔纳多·达·希尔瓦·拉莫斯, 212-214
Sinai,
　　西奈山, 61
Singanfu, inscribed stone,
　　西安府石碑, 343-344, 348
Singapore,
　　新加坡, 156
Sinope,
　　锡诺卜, 98-100, 378
Sioux Indians,
　　苏族印第安人, 176
Sippar,
　　西巴尔, 354

Skeene, W. F.,
W·F·斯可尼, 215
Sking, among Vikings,
北欧海盗的滑雪技术, 323-324
Skone, runic alphabet from,
斯库尼, 如尼文字母, 225
Skrælings—see Eskimos
斯克林人, 参见因纽特人
Slave trade,
奴隶贸易, 411-412
Sliesthorp,
斯利斯索普, 40, 41
Socotra,
索科特拉, 61, 353
Sofola,
索法拉港, 61, 407, 424
Solem, Kensington rune stone at,
索勒姆镇, 肯辛顿如尼文石刻, 220-227
Solinus,
索里努斯, 109
Solomon, voyage to Ophir,
所罗门: 到俄斐的航行, 67-69
Solomon Islands,
所罗门群岛, 204
Sopatma (Madras),
索普特马 (马德拉斯), 148
Sorcery, Ice Age pictures and,
魔幻, 冰川时代绘画, 8-9
Souls, transmigration of,
灵魂转世, 386
South Seas,
南海, 196, 197
Southern Gross, Dante and,
但丁和南十字座, 316-318
Spain: centre of bronze production,
西班牙: 青铜生产中心, 26, 27-28, 30, 46, 47, 64
Spice Islands,
香料群岛, 154
Spices, importance in medieval diet,
香料: 在中世纪饮食上的重要性, 402-403
Spina,
斯皮纳港口, 47
Spitzbergen,
斯匹次卑尔根岛, 339
Stechow, Eberhard,
艾伯哈德·斯特乔, 190
Stefansson, Sigurd, his map of Vinland voyages,
斯果尔德·斯特凡森和文兰航海地图, 275, 276
Stefansson, Vilhjalmar,
"Stockfish Land",
斯多克菲施大地, 292
Stone, importance of,
石头的重要性, 10-11
Stone Age: drawings,
石器时代: 绘画, 4, 5, 7-10
Stonechenge,
英国巨石阵, 14, 94, 96, 193
Storm, Gustav,
古斯塔夫·斯多姆, 286
Strabo,
斯特拉博, 37, 91, 102, 108, 111, 112, 133
Staumfjord (Nantucket Sound),
溪流峡湾 (南塔基特海湾), 278, 279
Straumsey (Martha's Vineyard),
溪流岛 (马大的葡萄园), 278, 279, 280
Suetonius Paulinus, crosses Atlas Mountains,
苏埃特尼乌斯·保利努斯, 越过了阿特拉斯山, 134
Suze Canal, forerunners of,
苏伊士运河的先驱们, 75, 356-359
Sumeria,
苏美尔, 30
Sun, measuring altitude of,
测量太阳高度, 143
Sunda Islands,
巽他群岛, 312
Sunda Straits,

巽他海峡，155，156
Superior, Lake,
　苏必利尔湖，288
Susa,
　苏萨，112，367
Svalbard（Spitzbergen），
　斯瓦尔巴德（斯匹次卑尔根岛），339
Swans, singing,
　天鹅，歌唱，94
Sweden：flint-mining in，
　瑞典，燧石矿，11
Symplegades, legend of，
　叙姆普勒加得斯的传奇，96，98
Syr-Darya, river,
　锡尔河，115
Syracuse, sea-power of,
　锡拉库萨，海上霸主，131
Syria,
　叙利亚，20，64，76，307，346，350，354-355

Tacitus,
　塔西佗，109，132
Tahiti,
　塔希提岛，197
Tai-tsung, Emperor,
　唐太宗皇帝，34
Talas,
　塔拉斯，374
Tamburlaine the Great,
　铁木尔·贝格，396
Tamentit,
　塔门提特，420
Tana,
　塔纳，378
Tanais,
　塔奈斯城，100，115
Tane, Polynesian god,
　塔尼，波利尼西亚人的工匠之神，202，203

Tang Dynasty,
　唐朝，348
Tangaloa, Polynesian god,
　汤加洛雅，波利尼西亚人的神，201
Tangier,
　丹吉尔，77
Tanum rock drawings,
　塔努姆岩画，229
Taprobane（Ceylon），
　塔普拉班（锡兰），147
Tarim basin,
　塔里木盆地，156，346，348，359
Tartessus（Tarshish），
　塔提色斯（他施），97，102
Teak,
　柚木，14-15
Temixtitan,
　特米斯蒂安，165
Tenduc（T'ien-te），
　天德军大省，381-382
Teneriffe,
　特内里费岛，78，93，97，406
Teyjat,
　台耶特，5，8
Thebes,
　底比斯，33，54
Thera,
　锡拉岛，76
Thompson, William E.,
　威廉·E.汤姆森，196
Thotmes I,
　托特美斯一世，52，56，58
Thotmes II,
　托特美斯二世，31，52，59，89
Thule：Pytheas' voyage to,
　图勒，皮特阿斯到图勒的航行，108-111
Thuringia,
　图林根，11，14
Tiahuanacu,
　蒂亚瓦纳科，182

Tibet,
西藏，320，386
Tide problem, Pytheas' study of,
潮汐现象，皮特阿斯对潮汐现象的研究，108
Tien shan,
天山，364
T'ien-te,
天德，381-382
Tiglath-pileser,
提格拉-帕拉萨，68
Tigris, river,
底格里斯河，114，119，355
Timbuctoo,
廷巴克图，308，405，414，418，420
Time, measurement of,
时间，关于时间的测量，140-141，234-235
Tin,
锡，26-27，34-35，36-37
Tin, Islands,
锡之岛，104，106
Tingis (Tangier),
廷加斯（丹吉尔），77
Tiryns,
梯林斯，88，90，97
Titicaca, Lake,
的的喀喀湖，182，183，203
Tollan,
托兰，170-171
Toltecs,
托尔特克人，165，188
Tonga Islands,
汤加群岛，201
Tongking, Gulf of,
北部湾，156
Tools, travel and,
旅行和工具，10-15
Topographia Christiana,
《基督教世界风土记》，353-354

Torquemada, Juan de,
图尔奎马达，若望-德，170-171
Toscanelli, Paolo dal Pozzo,
托斯卡内利，保罗·达尔·波佐，415
Trade routes,
贸易路线，37，74
Trade winds,
贸易季风，130，190
Trajan, Emperor,
图拉真，罗马皇帝，356
Trapezus (Trebizond),
特拉裴苏斯（特拉布宗），100
Travancore,
特拉凡科，355
Travellers' guides,
导游手册，362
Trebizond,
特拉比松，100，378
Trigault, Father,
金尼阁神父，343-344，348
Trinity: Mayan symbols of,
三位一体：玛雅人关于三位一体的象征，173
Tripoli,
的黎波里，63
Trousers, Greek aversion to,
裤子，希腊人对裤子的厌恶，101
Troy,
特洛伊，30，35，88，97-98，362
Trujillo,
特鲁希略罐，205
Truso,
特鲁索，45
Tuat oasis,
图瓦特绿洲，418，420，421
Tumbez,
图姆布兹，181
Tunnits (Eskimoes),
突尼茨（因纽特人），264-265
Tunugdliarfik,

图奴格德里阿菲克，249
Tupac Yupanqui,
　图帕克·尤潘基，209
Tupi Indians,
　图皮印第安人，186
Turkey,
　土耳其，403，427
Tuscany,
　托斯卡纳，46，47
Tuscarora Indians,
　图斯卡罗拉人，175，210
Tusks, walrus and narwhal,
　长牙：海象和独角鲸，255-256
Tyre, purple dye of,
　提尔，63，68-69，泰尔红紫染料，77-78，406

Upernivik, rune stone at,
　乌佩尼维克，如尼文石块，226
Urals, the,
　乌拉尔山，105
Urban II, Pope,
　乌尔班二世，教皇，350
Urban V, Pope,
　乌尔班五世，教皇，395
Urga, trunk road to,
　乌尔加乌兰巴托的旧称，
　通往乌尔加的干道，104-105
Ushant,
　乌尚特岛，34
Usodimare, Antonio,
　安东尼奥·乌塞迪马雷，412，414
Utica,
　乌蒂卡，77

Valltorta canyon,
　瓦尔托塔大峡谷，8
Varangians: invade Russia,
　瓦朗吉亚人：入侵俄罗斯，328-331
Venezuela, white Indians of,
　委内瑞拉的白种印第安人，175
Venice,
　威尼斯，378-379，388
Verandrye, Sieur de la,
　德·拉·魏兰得莱先生，176，177
Verrazanno, Giovanni da,
　韦拉扎诺，乔万尼·达，275，279
Vestribyggd,
　维斯垂拜哥德，242，244，245，253，259-260，262，263
Victoria Island, "whites Eskimoes" on,
　维多利亚岛上的白色因纽特人，264-265
Vikings: ships, discovery of America,
　北欧海盗：船只，168，231-233，
　发现美洲，167，172-174，179，227，240-241，269-288，296，298
Vinland, Norsemen's name for America,
　文兰，222，224，263，古挪威人对美洲的称呼，172-174
Virakocha: "Incas" myth of,
　威拉括查：印加人关于他的神话，
　182-186，201，204，209
Virchow, Rudolf,
　菲尔绍，鲁道夫，6，38
Virginia,
　弗吉尼亚州，210
Vistula, river,
　维斯杜拉河，17，45-46
Volga, river,
　伏尔加河，307，328，329，331，332

Waggons, covered,
　带篷的马车，33
Wales: King Madoc of,
　威尔士国王马多克，174-175，178，210
Wall paintings,
　壁画，3-10
Walrus tusks,
　海象牙，255-256
Weapons, Stone Age manufacture,

石器时代制造的武器，12-13
Weight：Cretan units of,
  砝码：克里特的单位，33-34
"Welshland",
  威尔士兰，92
West Africa,
  西非，36，405
Whales,
  鲸鱼，120-121
Wheel, Indian knowledge of,
  车轮，印第安人关于车轮的知识，179-180
White man：Wotan legend of their coming to Mexico,
  白人：沃坦关于白人到墨西哥的传说，165-172
  Virakocha myth of, in Peru,
  威拉括查在秘鲁的神话，182-186，201
White Sea,
  白海，333-335，339
William of Ruysbroek,
  瑞斯博克的威廉，375-377
William of Worcester,
  伍斯特的威廉，293
Wineland—see Vinland
  葡萄大地-参见文兰
Wise Men from the East,
  东方三大博士，354-355
Wotan legend of Yucatan,
  沃坦关于尤卡坦的传说，167-172，173
Wu-ti, Emperor,
  汉武帝，346
Wu-Tsung, Great Khan,
  武宗，大汗海山，389
Wulfstan,
  沃尔夫斯坦，335

Xanadu（Chandu），
  元上都，（单都），380

Yang-chou,
  扬州，381
Yangtse Kiang, river,
  扬子江，155，156，313，394
Yeliu Tashi,
  耶律大石，364
Yemen,
  也门，14-15，55，360
Yenesei, river,
  叶尼塞河，320
Yucatan,
  尤卡坦，166，172，186
  Fue-chi tribe,
  月氏部落，148
Yunnan,
  云南，155，156
Yuri tribe,
  尤里斯部落，204

Zabæ（Singapore），
  萨拜（新加坡），156
Zambesi,
  赞比亚，425；antimony from，赞比亚的锑，57
Zayton（Chuan-chow），
  刺桐（泉州），314，390-391，394
Zimbabwe,
  津巴布韦，69-72
Zula,
  祖拉，360

【参考书目】

[1] 贝特霍尔德·阿尔特纳尔：《13世纪的多明我会传教士》，哈贝尔施威特，1924年。

[2] 尤利乌斯·安德烈：《远古时代的采矿》，莱比锡，1922年。

[3] 弗里德里希·贝恩：《史前时代的文化》，柏林，1950年。

[4] 赫尔穆特·贝尔弗：《古代的生产力》，慕尼黑，1949年。

[5] E.博尔夏特：《撒胡-热法老的墓碑》斯图亚特，1912年。

[6] A.布拉格海尼：《大西洋的阴影》，伦敦，1937年。

[7] J. H.布雷斯特德：《埃及历史》，纽约：斯克里伯纳，1905年。

[8] 《不来梅的亚当：汉堡教会史》，施梅德勒尔-斯泰因伯格出版，莱比锡，1926年。

[9] A.布罗伊辛格：《古代航海学》，不来梅，1886年。

[10] A. W.布吕格尔：Vinlandsferdene,奥斯陆，1937年。

[11] 彼得·H.巴克：《日出时的北欧海盗》，纽约，1938年。

[12] F.卡里加：《巴西古代腓尼基人旅行记》，阿尔及尔地理学会年报，巴黎，1899年。

[13] J.卡克皮诺：《古代罗马的日常生活》，E. O.罗里米尔译，伦敦：路特利治，1941年。

[14] 拉斯·卡萨斯：《印度历史》（西班牙历史文献汇编），马德里，1875/6年。

[15] 乔治·凯特林：《北美印第安人》（1832-1839年在北美最野蛮的印第安人部落中八年旅行期间写下的书信笔记，涉及其礼节、风俗和生活条件），爱丁堡：约翰·格兰特，1926年。

[16] A. V.沙米索：《1815-1818年间的世界稻米》，莱比锡，1842年。

[17] E. Chavannes：Les Pays d'occident d'après le Heou-han-chou, 巴黎, 1907年。

[18] 海德·卡拉克：《大西洋传说的考察》，皇家历史学会会刊，伦敦，1885年。

[19] 康达迈因：《关于秘鲁印加神庙纪念碑的报告》，（秘鲁学会的科学论

[20] 鲁道夫·克罗豪:《美洲: 从古到今的历史发现》, 莱比锡, 1892年。
[21] 查尔斯·库雷利:《巴尔的摩附近发现的北欧海盗武器》,《加拿大历史评论》, 慕尼黑, 1939年。
[22] 恩斯特·库齐乌斯:《希腊历史》, 维也纳, 1935年。
[23] TH. W. 丹泽尔:《哥伦布之前拉丁美洲文化手册》, 汉堡, 1927年。
[24]《伊本·巴图塔的航行》, 巴黎, 1848年。
[25] H. 迪内尔:《纺织品: 文化史分支》, 迈森海姆, Gl., 1949年。
[26] R. B. 迪克松:《波利尼西亚的红薯问题》,(《美洲人类学家》1932年第1期34卷)。
[27] 马克斯·艾贝特:《古代的俄国南部》, 波恩和莱比锡, 1921年。
[28] Camilie Enlart: "Le Probleme de al vieille tour de Newport", in Revue de l'art chretien, Vol. 60, Paris, 1910.
[29] 卡尔·埃德曼:《十字军思想的产生》, 斯图亚特, 1935年。
[30] 加布里埃尔·费朗:《昆仑国与古代南海航海》, 亚洲报, 巴黎, 1919年。
[31] 弗兰茨·费尔德豪斯:《古代与中世纪的技术》, 莱比锡, 1931年。
[32] B. 菲门:《克里特–迈锡尼文化》, 莱比锡, 1924年。
[32] 欧·芬施:《南海活动/Sudseearbeiten》, 汉堡, 1914年。
[34] 约翰·费斯克:《美洲的发现》, 伦敦, 1892年。
[35] 弗拉姆夫人:《石勒苏益格地峡诺曼人时代的发掘与考察》,《历史杂志》, 151卷, 柏林, 1933年。
[36] 乔治·弗洛林: Nordens Befasta Rundkirkor, 斯德哥尔摩, 1911年。
[37] 乔治·弗里德里茨:《南海各族人与美国的联系》,《德国殖民地的报告》, 柏林, 1928年, 第36卷第1部。
[38] E·弗里德尔:《埃及与古代东方文化史》, 慕尼黑, 1951年。
[39]《希腊文化史》, 慕尼黑, 1949。
[40] 卡尔·弗罗姆:《北方日耳曼人在大西洋地区的殖民》, 基尔, 1939年。
[41] P. Gaffarel: Les Irlandais en amerique avant colomb, 巴黎, 1890年。
[42] G. M. 噶斯罗内–哈代:《古挪威人: 美洲的发现者》, 牛津大学出版社, 1921年。
[43]《最近到北部拉布拉多的旅行》, 地理学杂志, 59卷, 伦敦, 1922年。
[44] K·格斯勒:《复活岛: 南海中史前文化的地点》, 柏林, 1883年。
[45] 欧仁·盖勒齐赫:《纽芬兰的发现与加斯科涅的捕鱼行为》,《地理学学会会刊》, 柏林, 1883年。
[46] 乔治·格兰德:《关于灭世洪水的神话》, 波恩, 1912年。
[47] H. A. R. 吉博:《伊本·巴图塔游记选》, 伦敦, 路特利治, 1929年。
[48] 弗朗西斯科·洛佩斯·德·果马拉:《印度史》, 威尼斯, 1564年。
[49] E. F. 格雷:《雷夫·埃里克逊: 美洲的发现者》, 纽约, 1930年。
[50] 西格蒙德·京特:《大发现的时代》, 莱比锡, 1901年。
[51] 德·基涅:《匈奴、突厥、蒙古及其他西鞑靼人通史》, 巴黎, 1736年。
[52] 艾里希·哈恩里希:《蒙古时代中国文化的发展》,《历史杂志》, 164卷, 柏林, 1911年。
[53] R. 哈曼:《埃及的艺术》, 柏林, 1944年。
[54]《希腊的艺术》慕尼黑, 1949年。
[55] 亨利·哈里斯:《约翰·塞巴斯蒂昂·卡博特》, 巴黎, 1882年。
[56] 增吉桥本:《罗盘的起源》,《研究回忆

录》，东京文库，第1卷，37章。

［57］罗伯特·海涅-格勒德尔恩：《东南亚的巨石文化及其对解开欧洲和波利尼西亚的巨石阵疑问的意义》，Authrops XXIII.维也纳，1928年。

［58］R. 亨尼希：《早期对指北磁性的认识》，《技术与工业历史文集》，21卷，1931年。

［59］《中世纪亚洲的基督教与祭司王约翰传奇的影响》，《历史学期刊》，1929年第1季度，德累斯顿，1934年。

［60］《未被认知的大地》，1—4卷，莱顿，1936年。

［61］《天堂在哪里》，柏林，1950年。

［62］《威廉·冯·鲁布鲁克斯·赖斯布莱西特：国王路德维希九世》，莱比锡，1925年。

［63］阿尔贝特·赫尔曼：《世界地图/原本圣经》，布伦瑞克，1931年。

［64］《马可波罗：大汗的宫廷》，莱比锡，1949年。

［65］《古代中国与叙利亚之间的丝绸之路》，柏林，1910年。

［66］E. 赫尔曼：《北冰洋》，柏林，1949年。

［67］P. 赫尔曼：萨克索·格拉玛提库斯著的《丹麦人的业绩》，莱比锡，1901年。

［68］《伟大的冒险》，柏林，1936年。

［69］托尔·海伊尔达勒：《孔·提奇的探险。乘木筏穿越南海》，F. H. 莱昂译，伦敦。艾伦-昂温出版社，1950年。

［70］I. C. 海伍德：《梵蒂冈机密文件选表》，罗马，1893年。

［71］赫尔斯夫人：《中国与东罗马帝国》，莱比锡，1885年。

［72］赫加马尔·R. 贺兰德：《肯辛顿石板：哥伦布前的美洲研究》，伊弗雷姆（以法莲）威斯康辛州，1932年。

［73］《文兰以西》，纽约，1940年。（1942年再版）

［74］《1355—1364年间的美洲》，纽约，1904年。

［75］阿尔弗雷德·赫尔德：《古凯尔特语词汇》，莱比锡，1904年。

［76］A.霍普斯：《日耳曼古文化研究全书》，莱比锡，1923年。

［77］西格弗里德·胡贝尔：《印加帝国》，奥尔滕，1951年。

［78］A. V. 洪堡：《历史地理评论集》，巴黎，1836年。

［79］《论大自然》，斯图亚特，1851年。

［80］《批判的研究》，柏林，1852年。

［81］贡纳尔·伊萨克：《诺曼人在峡湾捕猎向北航行到多远》，《挪威地理杂志》，第4卷，奥斯陆，1932年。

［82］J.埃威尔森：《格陵兰沼泽地质考察》，丹麦地质协会报告，第8期，哥本哈根，1934年。

［83］赫伯特·雅恩库恩：《海特哈布》，莱比锡，1937年。

［84］乔治·雅各布：《9—10世纪阿拉伯关于日耳曼侯爵使节的报告》，柏林，1927年。

［85］L. 杰里克：《哥伦布前美洲的福音传播》，in Compte rendu du quathrieme congres scientifique international des catholique, section V, 布鲁塞尔，1895年。

［86］J·约翰逊：《居住在俄亥俄州的印第安人的现状》，《美洲考古》，波士顿，1819年。

［87］彼得·卡勒姆：《北美洲的旅行》。J. R. 福斯特译为英文，伦敦，1771年。

［88］拉菲勒·卡斯滕：《印加帝国古代秘鲁人》，莱比锡，1949年。

［89］理查德·卡茨：《亚马逊》，苏黎世，1946年。

[90]　C. M. 考夫曼：《美洲与早期基督教》，慕尼黑，1924年。

[91]　约瑟夫·科瑟尔：《梅尔莫兹》，弗罗伊登施塔特，1948年。

[92]　海因里希·基佩特：《古代地理学教科书》，柏林，1878年。

[93]　H. L. 克拉普罗斯：Tableaux historique de l'Asie，巴黎，1824年。

[94]　瓦尔特·克诺齐：《复活岛》，康塞普西翁，智利，1923年。

[95]　奥古斯都·库斯特尔：《公元前三-二千年地中海东部的航海与贸易交通》，莱比锡，1924年。

[96]　《古代航海史研究》，柏林，1934年。

[97]　H. 屈恩：《冰川时代的人类》，威斯巴登，1950年。

[98]　瓦尔特·克里克贝尔格：《阿兹台克、印加、玛雅和Muiska的童话》，耶纳，1928年。

[99]　J. M. 拉彭贝尔格：《下萨克森语言中的汉堡特征》，汉堡，1861年。

[100]　《下萨克森语言中汉堡编年史》，汉堡，1860年。

[101]　勒克勒尔·格雷：《哥伦布之前的美洲发现者》，莱比锡，1939年。

[102]　瓦尔特·勒曼：《古代美洲的文化》，《拉丁美洲档案》17卷，柏林，1943/4年。

[103]　《古代美洲高等文化对一般人类历史的含义》，《拉丁美洲档案》17卷，柏林，1943/4年。

[104]　A. 勒斯基：《大海。希腊走向海洋的道路》，耶纳，1947年。

[105]　勒斯特尔·米拉特：《人类学概论》，拉尔，1948年。

[106]　CL. CHR. 莱珊德尔：《格陵兰编年史》，1608年。

[107]　J. W. 迈克伦德尔：《科斯马斯（印地括普卢斯特斯）的基督教地形学》，伦敦。哈克路特协会，1897年。

[108]　F. 马克瓦尔特：《10世纪阿拉伯关于北极地区陆地的报告》，《匈牙利年鉴》，1924年，年度4。

[109]　约翰·马绍尔：《摩亨佐-达罗与印度文化》，伦敦，1931年。

[110]　A. 马丁：《塔特苏斯》，塞维利亚，1940年。

[111]　F. G. 门内尔特：《1339–1353年之间马里吉亚诺的约翰在东方的旅行》，布拉格，1820年。

[112]　鲁道夫·迈斯讷：《国王箴言》，哈勒，1944年。

[113]　梅里安：《汤加群岛的原住民》，伦敦，1818年。

[114]　塞缪尔·E. 莫里逊：《海上将军。克里斯托夫·哥伦布生平》，波士顿，1942年。

[115]　艾尔弗雷德·梅特奥克斯：《复活岛》，《主教博物馆公告16卷》，火努鲁鲁，1938年。

[116]　艾德华·迈尔：《古代历史》，斯图亚特，1901年。

[117]　海因茨·米夏埃利斯：《巨舰》，《海洋学》第8卷，第3册，柏林，1914年。

[118]　M. 穆杰尔德；《东定居点问题与文兰旅行》，《历史杂志》，第5期，1927年。

[119]　C. V. 莫雷尔：《复活岛与秘鲁》，《人种学杂志》1–3册，1937年。

[120]　奥斯卡·蒙特鲁斯：《远古时代的贸易》，《史前史杂志》，1910年。

[121]　G. De Mertliet：Origine de la peche，巴黎，1890年。

[122]　弗莱特珏夫·南森：《在北方迷雾中》，伦敦，1911年。

[123]　I. Nasntth：Itineraria Symonis Simeonis et Willelmi de Worcester，剑桥，1778年。

[124] 古斯塔夫·内克勒：《北部日耳曼人首先发现美洲》，莱比锡，1934年。
[125] 保罗·诺伦德：《北欧海盗在格陵兰的殖民：他们的兴起及命运》，莱比锡，1934年。
[126] 厄兰德·诺登斯克俞德：《南美洲印第安文明的起源》，哥德堡，1931年。
[127] 莱奥纳都·奥尔斯基：《传道者约翰的信件》，《历史杂志》，144卷，慕尼黑，1931年。
[128] 古斯塔夫·奥佩尔特：《约翰长老》，《传说与历史》，柏林，1864年。
[129] 卡尔·帕格勒：《汉萨同盟》，奥尔登堡，1942年。
[130] O.帕瑞特：《史前时代新画卷》，斯图亚特，1948年。
[131] S.帕萨格尔：《地理民族学》，柏林，1951年。
[132] E.帕斯托尔：《德国人了解的球型地球》，《守卫东方》，但泽，1938年。
[133] 奥托·佩勒卡：《琥珀》，柏林，1920年。
[134] O.佩施勒：《地理学的历史》，慕尼黑，1877年。
[135] 阿尔弗雷德·佩特劳：《人类生命的论文及著作》，柏林，（无年代）。
[136] W. E.波伊克尔特：《伟大的转折》，汉堡，1948年。
[137] 格特鲁德·格拉芬·冯·波德威勒斯-丁尼茨：《奇布查族的传说》，斯图亚特，1930年。
[138] 珀皮格：《科迪勒拉的阴影，在智利旅行》，斯图亚特，1927年。
[139] Arthur Posnansky: "Precursores de Colon.Las Perlas Agre Nosotros", 1933.
[140] 汉斯·普鲁茨：《十字军远征的文化历史》，柏林，1883年。
[141] 海因里希·克维灵：《黄金的历史》，斯图亚特，1950年。
[142] 贝尔纳多·拉莫斯：《史前美洲的传统》，里约热内卢，1932年。
[143] C. CHR.拉夫恩：《古代美洲》，哥本哈根，1837年
[144] O. S.鲁伊特尔：《日耳曼人的天文学》，慕尼黑，1934年。
[145] F. V.李希霍芬：《中国》，柏林，1878年。
[146] Ch. De·La·Ronciere: La decouverte de l'afrique au moyen age，开罗，1927年。
[147] 弗里茨·洛克：《古代世界中消失的托尔特克文化关系》《人类学学会报告》，维也纳，1922年。
[148] E.D.罗斯：《马可波罗与他的著作》，《英国皇家学院会议录》，20卷，伦敦，1933年。
[149] 索弗斯·鲁齐：《哥伦布》，柏林，1902年。
[150] 汉斯·沙勒：《从物物交换到世界贸易》，莱比锡，1931年。
[151] R.舍皮格：《康的十字架角石柱》，《实科中学改革340纲要的科学增刊》，基尔，1903年。
[152] 亨利·斯库克拉夫特：《美国印第安种族的历史、状况与前景的历史与统计信息》，费城，1851-1857年。
[153] W.H.朔夫：《红海周航记》/Periplous Maris Erythraei》，斯图亚特，1912年。
[154] 佩尔西·施拉曼：《皇帝，罗马与Renovatio》，莱比锡，1929年。
[155] 舒尔茨-迈泽尔夫人：《复活岛》，莱比锡，（无年代）。
[156] 阿道夫·舒尔滕：《塔特苏斯》，汉堡，1922-51年。
[157] 奥斯卡·舒曼：《冰岛殖民区的殖民活动》，《地理学协会报告》，莱比锡，1899年。

[158] G. 施万特斯：《施勒苏益格–荷尔斯泰因的史前时代》，《施勒苏益格–荷尔斯泰因的历史》，基尔，1934年。

[159] J. 瑟夫顿：《红头埃里克的传奇》，《利物浦文学与哲学学会会议录》，34卷，1880年。

[160] 亚历山大·塞佩尔：Rerum 探索 Normannicarum Fontes Aracici，奥斯陆，1896年。

[161] 弗雷亚·斯塔克：《阿拉伯的南大门：在哈德拉毛的旅行》，伦敦，1946年。

[162] 特奥多尔·斯泰赫：《诺曼人发现美洲》，汉堡，1934年。

[163] 《北部日耳曼人到文兰的旅行及其影响》，《德国语文学杂志》，哈勒，1935年。

[164] 埃贝哈德·斯特科夫：《古典时代的地理历史问题》，《自然科学评论》，11期，1950年。

[165] 《圣托里尼大灾难与埃及日食》，《研究与进步》，柏林，1950年。

[166] 《古代认识马达加斯加岛吗》《彼得曼地理学通告》3–4期，哥达，1944年。

[167] 《马来人最初什么时间到达马达加斯加》，《研究与进步》，18期，1944年。

[168] 《佩里普鲁斯·汉诺航行的转折点》，《研究与进步》，21–23期，同年，第10–12期，柏林，1944年。

[169] 威勒嘉姆尔·斯特芬逊：《爱斯基摩人的秘密》，莱比锡，1920年。

[170] F. 施托贝格：《中世纪东非阿拉伯地理报告》，图宾根，1912年。

[171] 古斯塔夫·施托姆：《1121年莱斯尼亚尼Reseniani编年史》，克里斯蒂安那，1888年。

[172] 《欧德松主教编年史》，《北方语文学档案》，第5卷，隆德，1890年，克里斯蒂安那，1888年。

[173] Ed. 施图肯：《在美洲与苏美尔的波利尼西亚语汇》，《前亚洲与埃及学会报告》，柏林，1926年。

[174] 斯诺里·斯蒂德吕松：《挪威王列传》，欧凌·蒙森和A. H. 史密斯译为英文，剑桥：W. 黑费尔，1932年。

[175] 约翰·R. 斯旺顿：《文兰的航行》，《史密森尼杂项收藏》，116卷第3期：华盛顿，1947年。

[176] J. 巴肯·特尔弗：《约翰·施尔特贝格在欧洲、亚洲和非洲的奴役与旅行（1396–1427年）》，伦敦，哈克卢特学会，1879年。

[177] 威廉·萨尔毕泽尔：《格陵兰与明尼苏达的两块如冠文石版》，《史密森尼杂项收藏》，116卷第3期：华盛顿，1951年。

[178] 卡尔·索恩贝格：《瑞典发掘的东方钱币》，斯多哥尔摩，1857年。

[179] J. 托布勒：《圣经地理的巴勒斯坦》，莱比锡，1867年

[180] W. 特雷乌：《征服地球》，柏林，1939年。

[181] 胡安·迪托克玛达：《印第安君王礼仪21种》，马德里，1723年。

[182] 卢卡·瓦丁：《小兄弟会编年史》，夸拉奇，1932年。

[183] 安妮·特里：《逝去的世界：考古中的冒险》，伦敦：哈普，1943年。

[184] 冯·威拉姆茨·莫伦多夫：《荷马研究》，柏林，1884年。

[185] 海因里希·温特尔：《诺曼人的航海术及其对欧洲航海发展的意义》，但泽，1938年。

[186] N. 温色尔：《法罗群岛古代史》，哥本哈根，1857年。

[187] 威尔海姆·温特尔：《古典时代的字典》，斯图亚特，1950年。

[188] 亨利·玉尔：《东域纪程录丛——古代中国闻见录》，伦敦，哈克卢特学

会，1866年。
[189]《威尼斯人马可波罗的著作》，伦敦：约翰·穆雷，1824年，（1875年修订版）。
[190] 弗里德里希·灿克：《祭司王约翰》，《萨克森皇家科学研究院论文集》，哲学历史类，第7卷，莱比锡，1879/83年。
[191] 艾格蒙特·策林：《世界海洋史》，汉堡，1947年。
[192] E.茨赫拉尔：《朋特大地》，《土著语言杂志》，莱比锡，1941/2年。